2016 解读浙江经济
评价浙江发展

王　杰 主编

图书在版编目(CIP)数据

2016 解读浙江经济、评价浙江发展 / 王杰主编. —杭州：浙江工商大学出版社，2016.7

ISBN 978-7-5178-1672-0

Ⅰ. ①2… Ⅱ. ①王… Ⅲ. ①区域经济发展－研究－浙江省－2016②社会发展－研究－浙江省－2016 Ⅳ. ①F127.55

中国版本图书馆 CIP 数据核字(2016)第 123593 号

2016 解读浙江经济　评价浙江发展

王　杰 主编

责任编辑　刘　韵

封面设计　流　云

责任校对　严月玲

责任印制　包建辉

出版发行　浙江工商大学出版社

(杭州市教工路 198 号　邮政编码 310012)

(E-mail:zjgsupress@163.com)

(网址:http://www.zjgsupress.com)

电话:0571-88904980,88831806(传真)

排　　版　杭州朝曦图文设计有限公司

印　　刷　杭州恒力通印务有限公司

开　　本　710mm×1000mm　1/16

印　　张　31.25

字　　数　545 千

版 印 次　2016 年 7 月第 1 版　2016 年 7 月第 1 次印刷

书　　号　ISBN 978-7-5178-1672-0

定　　价　68.00 元

版权所有　翻印必究　印装差错　负责调换

浙江工商大学出版社营销部邮购电话　0571-88904970

编辑委员会

主　编　王　杰

副主编　竺　园　沈　强　方腾高　王美福

张　斌　左南丁　陈　红　郁志君

编　委　（按姓氏笔画排列）

王启金　王科跃　边红霞　朱飞飞　朱天福

刘迎春　吕国堂　李　新　沈　毅　张晟立

张　卫　陈良汉　陈晓明　林　云　明升利

周东春　周云云　胡　迪　胡永芳　姚剑平

郎初华　徐海彪　郭慧敏　黄　平　黄则钏

傅吉青　蔡　特　潘强敏

编　辑　潘东兴　黄洪琳　端木晶　胡　东　毛惠青

何春燕

策　划　傅吉青　黄洪琳

目　录

经济监测

专题研究

统计评价

市县经济

经济监测

砥砺奋进　转型发展

——“十二五”时期浙江经济社会发展报告

“十二五”时期，面对国内外形势的深刻复杂变化，全省上下以“八八战略”为总纲，按照干好“一三五”、实现“四翻番”部署，抓改革、强创新，稳增长、调结构，治环境、惠民生，防风险、促和谐，主动适应经济发展新常态，坚定不移打好转型升级系列组合拳，经济持续平稳健康发展，社会保持和谐稳定，“十二五”规划目标胜利实现，为高水平全面建成小康社会奠定了坚实基础。

一、综合实力连上台阶，全面小康水平位居全国前列

生产总值连上三万、四万亿台阶，稳居全国第四。2015年，全省生产总值(GDP，当年价)从2010年的2.77万亿元跃升至4.29万亿元，“十二五”时期年均增长8.2%，超出规划目标0.2个百分点，高于7.8%的全国年均增幅。GDP总量占全国的比重为6.3%，继续列广东、江苏、山东之后，连续20年居全国第4位。

人均GDP列省区第二，达到中上等发达国家和地区水平。2015年，人均GDP为77644元，“十二五”时期年均增长7.5%，超出规划目标0.7个百分点，是全国(49351元)的1.57倍，列天津、北京、上海、江苏之后，居全国第5、省区第2位。按当年平均汇率折算，2012年我省人均GDP突破1万美元，2013年开始超过世界人均水平，2015年达12466美元。

全面小康水平明显提升，综合评价值居全国第一。按照国家统计局制定的《全面建成小康社会统计监测指标体系》测算，2014年，浙江全面小康社会实现程度为97.2%，比2010年的91.65%提高5.56个百分点，居全国各省区市第一。

二、经济增速平稳换挡，提质增效取得成效

经济增速由高速增长转向中高速增长。GDP年均增速由“十一五”时期的11.9%放缓至“十二五”时期的8.2%，回落3.7个百分点，实现了从高速增长向中高速增长的平稳过渡，其中，全部工业增加值年均增速比“十一五”时期回落4.4个百分点。

增长质量不断提升。财政收入更加丰盈。财政总收入从2010年的4895

亿元增加到2015年的8549亿元，一般公共预算收入从2608亿元增加到4810亿元，分别增长74.6%和84.4%，年均增长11.8%和13.0%。企业效益持续改善。2015年，规模以上工业企业实现利润3718亿元，比2010年增长31.2%，年均增长5.6%；从业人员平均劳动报酬从2010年的2.8万元增加到2015年的5.6万元，翻了一番，年均增长15%。居民收入增长与GDP基本同步，农村快于城镇。2015年，城镇常住居民人均可支配收入43714元，比2010年年均增长9.8%，扣除价格因素年均增长7.5%；农村常住居民人均可支配收入21125元，按可比口径计算，比2010年年均增长11.4%，扣除价格因素年均增长8.4%。城镇居民人均可支配收入水平连续15年居全国第3位，省(区)第1位；农村居民人均收入水平连续31年居全国省(区)第1位，2014年首次超过北京，列上海之后居全国第2位。城乡居民收入倍差从2010年的2.42缩小至2.07，小于2.36的"十二五"目标，也小于全国(2.73)。低收入农户家庭人均纯收入4600元以下贫困现象全面消除。

城市化水平不断提升。2015年，全省常住人口为5539万人，比2010年增加92.5万人，年均增加18.4万人；人口自然增长率为5.02‰，五年均控制在6‰的"十二五"约束性目标之内。城镇人口比重(城市化率)为65.8%，比2010年提高4.2个百分点，2012年就提前达到63%的"十二五"预期目标。五年累计转移85.5万农村劳动力就业。

三、产业结构调整优化，转型升级积极推进

三次产业结构实现了从"二三一"到"三二一"的历史性跨越。2015年，第一产业增加值1833亿元，与2010年相比，年均增长1.8%；第二产业增加值19707亿元，年均增长7.2%；第三产业增加值21347亿元，年均增长9.8%。三次产业比例由2010年的4.9∶51.1∶44.0，调整为2015年的4.3∶45.9∶49.8，2014年三产比重首次超过二产，2015年超过48%的"十二五"规划目标。

农业内部结构进一步调整。加快粮食生产功能区和现代农业园区建设，粮食等主要农产品增产提质，优化种植业、提升畜牧业、发展现代林业、拓展远洋渔业、修复振兴浙江渔场，养殖过载区生猪总量大幅下调，加快建设绿色农业强省。2014年，全省耕地保有量达3093万亩，大于2863.5万亩的"十二五"目标。农业结构向多元化方向发展。随着我省一系列惠农政策的进一步落实，农产品生产效益提高，农业内部结构进一步调整，根据初步资料，2015年，农、林、牧、渔业总产值的比例为48.6∶5.4∶14.5∶29.4，与2010年相比，农业和渔业比重分别提高0.8和5.2个百分点，牧业比重下降6.1个百分点。累计建成粮食生产功能区7000余个，面积676.7万亩；建成现代农业园区面

积516.5万亩、高标准基本农田1049万亩。经济作物在十大主导产业中占比稳步提高。2014年，蔬菜、花卉苗木、茶叶、药材等主要经济作物产值占农业十大主导产业产值比重分别为21.4%、8.3%、6.4%、2.3%，比2010年分别提高2.7、0.8、0.8、0.5个百分点。拆除部分违规养殖建筑，减少粗放式养殖对生态环境的污染，规模化经营快速发展。休闲旅游观光等绿色农业迅速发展。2014年，休闲农业观光区总产值181亿元，旅游观光总收入110亿元，分别是2010年的2.0倍和2.1倍。

工业转型升级取得新进展。"十二五"期间，省委、省政府出台了一系列政策措施，推动我省从工业大省向工业强省、制造大省向"智造强省"迈进。2015年，全部工业增加值占全省GDP的40.1%，比重比2010年下降4.9个百分点。规模以上工业增加值13193亿元，年均增长7.5%；规模以上工业企业劳动生产率从2010年的12.9万元/人提高到19.3万元/人，按可比价格计算，年均提高9.3%。高新技术产业、装备制造业增加值分别占规模以上工业的37.2%和36.8%，2011 2015年年均分别增长9.8%和8.7%(按可比价计算)，增幅比规模以上工业分别高2.3和1.2个百分点；战略性新兴产业增加值占规模以上工业的25.5%；八大高耗能产业比重从2010年的36.7%下降到35.5%。2015年淘汰2000多家企业落后产能、2.2万家小作坊。

服务业成为经济增长新引擎。"十二五"时期，服务业对GDP的增长贡献率达55.2%，2015年达65.7%，服务业增加值比重接近50%，比2010年上升4.8个百分点，上缴税收占全部税收收入的比重为51.5%，已成为我省财政收入的重要来源。2015年，批发零售业增加值5202亿元，年均增长11.6%，占服务业增加值的24.4%，仍是服务业中占比最高的行业。交通运输业发展平稳，年均增长7%。快递业务量38.3亿件，居全国第2位，年均增长72.7%。金融业和房地产业在调控中稳步发展，年均增长6.4%和4.1%。2015年1—11月，全省2079家规模以上高技术服务业企业实现营业收入3590亿元，比上年同期增长31.4%，增幅居各省市第1位，比全国平均水平高21.9个百分点，占全国的8.8%；营业收入利润率达22.8%，比全国平均水平高5.9个百分点，居各省市第1位。

以互联网为核心的信息经济引领发展。成功举办两届世界互联网大会，省交通运输物流公共信息平台加快建设，加快发展信息、环保、健康、旅游、时尚、金融、高端装备制造等七大产业，把发展以互联网为核心的信息经济作为七大产业的重中之重，加快培育"互联网+"新业态，云计算、大数据、物联网、电子商务、软件、信息产品制造等产业快速崛起、蓬勃发展。2015年，信息经济核心产业增加值为3310亿元，比上年增长16%，占GDP的7.7%；金融业增加值3049亿元，按可比价格计算增长12.3%，占GDP的7.1%。在规模以上工业中，健康产品制造、节能环保产业增加值分别增长6.2%、5.9%。旅游总收入7100亿元，比上年增长13%，五年年均增长16.5%。

集聚建设加快推进。15个省级产业集聚区已开发建设面积383.9平方公里，投产企业3477家，其中世界500强企业35家。2012—2014年，固定资产投资年均增长27.1%，实际引进内资年均增长30.5%；产业增加值年均增长16.8%；企业利税总额、利润总额、企业所得税、劳动报酬等年均分别增长26%、31.2%、37%和17%。2015年前三季度，省级产业集聚区固定资产投资增长14.5%，规模以上工业总产值增长10.9%，服务业营业收入增长38.4%，利税增长10.7%，从业人员增长6.2%，均明显快于全省平均增速。100家省级现代服务业集聚示范区吸收入园单位13.6万家；从业人员84.2万人，实现营业收入9064亿元，营业利润744亿元，上缴税收204.7亿元，分别比上年同期增长16.8%、18%、72.5%和14%，各项指标比2010年年均有较大增长。

特色小镇创建助力产业转型发展。规划建设特色小镇是我省近期培育新产业、生成新生产力、促进新融合、加快产业转型升级的新举措。各地充分利用我省块状经济、山水资源、历史文化的比较优势，利用我省在新一轮信息技术和新业态发展中的领先优势，通过资源整合、项目组合、功能集合，聚焦七大产业、龙头企业主导、嵌入创新要素，助力产业转型发展，促进经济转型升级。山南基金小镇、云栖小镇、梦想小镇等37个小镇成为首批省级创建特色小镇，前三季度固定资产投资346亿元。特色小镇成为我省再创发展新优势的重要载体。

四、三大需求协调发力，内需对经济增长拉动力增强

2015年，固定资产投资、社会消费品零售总额、外贸出口额分别达到26665、19785和17174亿元(2767亿美元)，“十二五”时期年均分别增长18.4%、13.8%和8.9%，与“十一五”时期13.3%、16.9%和18.6%的年均增速相比，内需对经济增长的拉动力增强，外需的增长率回落9.7个百分点，经济增长由主要依靠投资、出口拉动向依靠投资、消费、出口协调拉动转变。对外依存度明显降低。2015年，全省进出口总额21566亿元(3474亿美元)，比2010年年均增长6.5%，相当于GDP的50.3%，其中，出口相当于GDP的40%，外贸依存度和出口依存度分别比2010年下降11.6和4个百分点。

投资增长较快。“十二五”时期，固定资产投资累计10.16万亿元，年均增速(18.4%)比“十一五”时期加快5.1个百分点，民间投资比重从2010年的

57.4%提高到60.4%。基础设施投资年均增长19.5%，比"十一五"时期快10.5个百分点。工业投资年均增长13.7%，其中，工业技术改造累计投资23382亿元，年均增长19.3%，占工业投资的比重从2010年的60.2%上升到2015年的76.6%。第三产业累计投资65419亿元，年均增长21.1%。房地产开发累计投资30291亿元，年均增长18.6%，其中，2015年在商品房库存较大的情况下，房地产投资下降2.1%。累计销售商品房2.3亿平方米，其中住宅销售面积1.9亿平方米。五年累计建设城镇保障性安居工程99万套左右，提前和超额完成58万套的"十二五"目标。浙商回归到位资金累计8352亿元。

消费市场稳定增长。社会消费品零售总额和人均社会消费品零售总额均稳居全国第4位。从限额以上批发零售业商品零售额增长速度看，增长最快的是建筑及装潢材料、家具、通讯器材、五金电料、金银珠宝类，2011—2015年年均分别增长56.9%、51.0%、30.7%、25.9%、25.8%，均快于社会消费品零售总额的增长；汽车、石油及制品类值最大，2015年分别达到3109和1241亿元，占限额以上批零贸易业零售额的36.7%和14.7%。"互联网+"等新业态迅猛发展。据省商务厅统计，2015年，全省电子商务交易额突破3万亿元；实现网络零售额7611亿元，比上年增长49.9%，比2012年增长2.8倍，年均增长55.4%，相当于社会消费品零售总额的比例从14.3%提高到38.5%；省内居民实现网络消费额4012亿元，比上年增长39.6%。

出口结构不断改善。2015年，纺织品、服装、箱包、鞋类、玩具、家具、塑料制品等7大类传统劳动密集型产品占出口总额的比重下降到38.6%；机电产品出口占出口总额的比重为42.1%。私营企业出口主体地位凸显。私营企业占出口总额的比重从2010年的51.3%提高到2015年的70%，提高18.7个百分点。市场采购贸易出口和跨境电子商务成为外贸增长新亮点。2015年，市场采购贸易出口1766亿元，比上年增长42.6%，占全省出口的10.3%，拉动全省出口增长3.1个百分点。跨境电商进出口额约占全国的16%，居全国第2位，其中，跨境电商出口比上年增长34.7%。服务贸易发展初具规模。国际服务贸易进出口额由2010年的201亿美元增加到2015年的442亿美元，年均增长17.1%，占货物贸易和服务贸易总额的比重由2010年的7.3%上升到2015年的11.3%；国际服务贸易进出口额相当于GDP的比例由2010年的5.0%上升到2015年的6.4%。

五、创新驱动不断增强，创业活力进一步释放

万众创新成果累累。全面实施创新驱动发展战略，集聚创新资源，激活创新要素，转化创新成果，健全以企业为主体、市场为导向、产学研相结合的自主

创新体系，建设科技强省。创新能力大幅提升，2014 年，科技综合实力由 2010 年全国第 7 位上升到第 6 位，区域创新能力继续保持全国第 5 位。2015 年，地方财政科技支出 250.8 亿元，与 2010 年相比，五年年均增长 15.6%；规模以上工业科技活动经费支出年均增长 11.4%。预计 R&D 支出 1000 亿元，比 2010 年增长 1 倍多，五年年均增长 15.2%，相当于 GDP 比例约为 2.33%，比 2010 年提高 0.55 个百分点，年均提高 0.11 个百分点。2015 年，发明专利授权量 23345 件，比 2010 年增长 2.6 倍，年均增长 20.2%，发明专利授权量居全国前列。规模以上工业新产品产值率为 32.2%，比 2010 年提高 12.6 个百分点。取得了一大批科技创新成果，有些成果达到全国乃至世界先进水平。2011—2015 年，获得国家自然科学奖 9 项，国家技术发明 21 项，国家科技进步奖 99 项，合计 129 项；1420 项科技成果获省科技进步奖。围绕机器换人、智慧城市建设等，大力推广应用一批先进适用技术；促进科技成果资本化、产业化，通过项目实施，突破了一批核心关键技术，转化了一批重大科技成果，产生了显著的经济效益。加快人才培养和引进，科研人才队伍进一步壮大。

大众创业持续升温。新设企业持续增加。据省工商局资料，2014—2015 年，两年来新设企业 46.5 万户，新设个体工商户 107.8 万户。截至 2015 年末，全省在册市场主体 471 万户，五年净增 178 万家，比 2010 年增长 60.8%；注册资本（金）总额 9.6 万亿元，增长 1.9 倍，其中，企业 144.7 万户，增长 85.6%；个体工商户 319 万户，增长 50.7%；农民专业合作社 6.3 万户，增长 125%。市场主体总量居全国第四，人均市场主体拥有量居全国第一。

六、“五水共治”倒逼产业转型，美丽浙江建设稳步推进

环境整治强力推进。坚定实施省委《关于推进生态文明建设的决定》，大力推进“五水共治”“三改一拆”等战略举措落实。2014 年以来，全面实施“十百千万治水大行动”，建立健全五级“河长制”，累计消灭垃圾河 6496 公里，治理黑臭河 5106 公里，建设城镇污水管网 6437 公里。2013—2015 年，“三改一拆”改造旧住宅区、旧厂区、城中村面积 5.8 亿平方米，拆除违法建筑面积 4.7 亿平方米。2015 年，145 个跨行政区域河流交接断面中，水质达到或优于水环境Ⅲ类标准的断面占 72.4%。省控断面劣Ⅴ类水比例下降到 6.8%。满足功能要求的断面（即水质达标率）为 73.1%，比 2010 年上升 12 个百分点。全面实施大气污染防治行动计划，2015 年，全省平均霾日数 53 天（比 2010 年增加 2.6 天）；设区城市环境空气 PM2.5 年均浓度为 47 微克/立方米，比 2013 年下降 23.0%；设区市城市空气质量优良达标天数比例为 78.2%，比 2013 年提高 9.8 个百分点。

美丽乡村建设深入推进。2010年，制定了《浙江省美丽乡村建设行动计划（2011—2015年）》。2015年，全省开展10010个村的农村生活污水治理，受益农户（已接入和正在接入）245万户；在建历史文化村落保护利用重点村130个，保护利用一般村649个；开展农村垃圾减量化资源化处理村1620个；各级投入美丽乡村建设资金达到254.1亿元。到2015年末，98%以上的村实现生活垃圾集中收集处理，78.98%的村实现生活污水有效治理（农户受益率80%以上），全省农村生活污水治理农户受益率达到65.5%。有58个县（市、区）成为美丽乡村创建先进县。

节能减排成效显著。“十二五”前四年，浙江单位GDP能耗累计下降17.8%，预计五年超额完成下降18%的“十二五”节能降耗约束性目标。非化石能源（含外来水电）占一次性能源消费总量的比重从2010年的9.8%上升到2014年的13.6%，接近15%的“十二五”预期目标。单位工业增加值用水量从2010年的47.8立方米/万元下降到2014年的33.1立方米/万元，好于58立方米/万元的“十二五”约束性目标。化学需氧量、氨氮、二氧化硫和氮氧化物四项主要污染物指标全面完成国家下达的“十二五”减排任务。基于能源活动的二氧化碳排放总量有望如期完成国家下达的下降19%的“十二五”目标任务。

七、社会发展稳步推进，民生保障日益加强

教育事业进入一个崭新发展阶段。2014年学前3年到高中段的15年教育普及率为98.4%，9年义务教育的普及程度名列全国前茅。2015年普通高等学校108所，普通高考录取率为87.1%；高等教育毛入学率为56%，比2010年提高11个百分点，达到“十二五”预期目标。普通高等学校在校学生由2010年的93.3万人增加到2015年的105.5万人，增长13.1%；毕业学生由2010年的24.5万人增加到2015年的28.1万人，增长14.7%。职业教育加快发展。2015年，中等职业教育学校（含技工学校）357所，招生22.9万人，在校生64.6万人，毕业生21.4万人。中职毕业生中获得职业资格证书的人数为17.4万人（不含技工学校）。

文化综合实力不断增强。2014年，文化及相关特色产业增加值2188亿元，占GDP的5.5%，比2013年提高0.5个百分点，其中文化产业增加值1942亿元，占GDP的4.8%，比2010年提高1个百分点。2011—2014年，全省文化发展指数（CDI）分别比上年提高16.96、4.21、4.32和13.89个百分点，呈稳步提高态势。2014年，文化馆和图书馆分别达到102和98个，博物馆187个。至2015年末，建成农村文化礼堂4928个，村级文化活动室覆盖率达100%，基

本实现省、市、县、乡、村五级文化设施网络全覆盖。一大批标志性文化设施相继建成，文艺精品创作成果丰硕。2011 年杭州西湖申遗成功，2014 年大运河成功列入《世界遗产名录》，国家级重点文保单位增至 231 处，居全国第 4 位。有杭州、绍兴、宁波、临海、衢州、金华、嘉兴、湖州 8 座国家级历史文化名城，中国历史文化名镇、名村 30 个。大力推进全民阅读和“书香浙江”建设，制定实施《浙江省 2014 年全民阅读重点活动安排》，推动各地开展丰富多彩的全民阅读活动，2013 至 2014 年浙江成年居民综合阅读率达 86.4%，居全国前列。2015 年，预计全省有线广播电视用户数 1538 万户，广播、电视人口综合覆盖率分别为 99.6%和 99.7%。

医疗服务水平持续提高。2014 年，已设立卫生机构 30360 家；医疗机构床位数 24.6 万张，比 2010 年增长 33.7%，每千人床位数达 4.46 张，比 2010 年增加 3.38 张；卫生技术人员 37.6 万人，比 2010 年增长 30.3%。每千人执业(助理)医师 2.65 人(按常住人口计算)；每千人注册护士数达 2.63 人，比 2010 年分别增长 26.2%和 44.5%；甲、乙传染病报告发病率为 193.92/10 万，比 2011 年的(261.76/10 万)下降 26.5%，处于历史最低水平；出生缺陷率明显下降。全民体育健身运动蓬勃开展，人民健康水平不断提高，人均期望寿命从 2010 年的 77.29 岁提高到 2014 年的 78.09 岁，基本达到中等发达国家水平，提前超过 78 岁的“十二五”预期目标。

平安浙江建设引领全国。加强社会治理方式创新，健全重大决策社会稳定风险评估机制，创新信访工作机制，加强城乡社区建设，有效预防和化解各类社会矛盾。健全公共安全体系，加强食品药品和农产品质量安全监管，深化安全生产管理体制改革，建立隐患排查和安全预防控制长效机制，有效防范安全事故，保持生产安全事故起数、死亡人数和直接经济损失持续下降。2015 年，发生各类事故起数和死亡人数分别比 2010 年下降 36.1%和 22.6%，亿元生产总值安全事故死亡率为 0.112%，控制在 0.13%的“十二五”目标内，比 2010 年下降 0.11 个百分点。据“平安浙江”建设人民群众安全感满意率抽样调查，2011—2015 年，群众安全感满意率分别为 96.08%、95.93%、96.09%、96.2%和 96.3%，均高于同期全国平均水平，浙江被认为是最具安全感的省份之一。

就业基本稳定，社会保障体系框架基本形成。2014 年，全省从业人员为 3714 万人，比 2010 年增加 78.1 万人，平均每年增加 19.5 万人。2011—2015 年，新增城镇就业 505 万人，提前超额完成 300 万人的“十二五”五年的约束性目标，城镇登记失业率分别为 3.12%、3.01%、3.01%、2.96%、2.93%，均控制在4%的“十二五”目标内。2015年末，全省基本养老保险参保人数达3790万人，其中，企业职工参保2398万人，基本医疗保险参保人数为5195万人，均提前和超额完成“十二五”规划目标。加快社会保险制度城乡统筹，实施机关事业单位养老保险制度改革，积极推进社会保障从制度全覆盖提升到人的全覆盖。加快养老服务体系建设，发展社区居家养老服务，提升残疾人共享小康水平，加强慈善公益服务。完善城乡居民最低生活保障制度，社会救助体系基本实现城乡全覆盖。2015年，全省在册低保对象66.5万人，共有645.3万人次获得基本生活救助。2011—2015年，医疗救助受益困难群众1435万余人次，共支出医疗救助资金52.5亿元。

“十二五”时期我省经济社会发展上了一个新台阶，《纲要》确定的主要指标目标任务基本实现。但也要看到，经济社会发展中也存在一些矛盾和问题，主要是自主创新能力不强，经济转型升级尚处于从量变到质变的过程中，成长较快的新兴产业还不能对冲传统产业过剩产能出清的下行压力，城乡区域发展还不够平衡，资源约束趋紧，环境承载力下降，劳动人口规模持续减少，人口老龄化压力加大，加强基本公共服务供给、补齐民生领域短板任务还比较重，金融、安全生产等领域潜在风险隐患增大。

“十三五”时期是充满挑战和机遇的转型时代，是浙江现代化建设的关键时期。推动经济发展进入“增长中高速、质量中高端”的健康轨道，实现“四翻番”，高水平全面建成小康社会，协同推进“两富”“两美”建设，增强人民群众获得感，是“十三五”时期浙江经济社会发展的新任务。我们相信在党中央和省委、省政府的坚强领导下，经过全省人民的共同努力，浙江高水平全面建成小康社会的目标一定会如期实现。

（浙江省统计局综合处　傅吉青）

2015 年浙江经济高开稳走向好

2015 年，全省上下按照习近平总书记提出“干在实处永无止境、走在前列要谋新篇”的新使命，全面落实中央和省委、省政府决策部署，主动适应经济发展新常态，坚定不移打好转型升级组合拳，经济运行总体呈现高开稳走向好的态势。

一、经济保持平稳较快增长

总体看，全年经济增速高开稳走，处于合理增长区间。初步核算，2015 年，全省生产总值 42886 亿元，按可比价格计算，比上年增长 8%，高于上年 0.4 个百分点，高于预期目标 0.5 个百分点，高于全国 1.1 个百分点。分季度看，一季度同比增长 8.2%，上半年增长 8.3%，前三季度增长 8%。分产业看，第一产业增速相对稳定，增加值 1833 亿元，增长 1.5%，增幅比上年略回升 0.1 个百分点；第二产业增加值 19707 亿元，增长 5.4%，增幅比上年回落 1.8 个百分点；第三产业增加值 21347 亿元，增长 11.3%，增幅比上年提高 2.7 个百分点，弥补了工业增速回落的影响。从三大需求看，出口增长回落，投资和消费稳中有升。

1. 农业生产基本稳定。2015 年，农林牧渔业增加值 1865 亿元，比上年增长 1.6%。受台风和持续阴雨天气影响，粮食生产略有下降。粮食播种面积为 1277.8 千公顷（1916.8 万亩），增长 0.9%；总产量为 752.2 万吨（150.4 亿斤），下降 0.7%，其中春粮增长 6.5%，秋粮减产 1.0%，秋粮减产与持续阴雨天气导致晚稻收割延缓有关。效益农业持续发展。蔬菜、中药材、果用瓜面积分别增长 2.6%、7.9%和 3.9%，产量增长 4.3%、12.3%和 2.9%；花卉苗木播种面积增长 5.1%。畜牧业生产下降，渔业生产增长。肉类总产量 130.2 万吨，下降 16.6%，其中，猪肉产量下降 18.6%；水产品总产量 603.2 万吨，增长 4.9%。

2. 工业生产增速缓中企稳。2015 年，规模以上工业增加值 13193 亿元，比上年增长 4.4%，增幅比上年回落 2.5 个百分点，低于一季度的 5.1%、上半年的 5%，高于前三季度的 4.2%。月度增幅下半年逐步企稳回升（从 7 月份的 2.5%回升至 12 月的 5.2%）。同期全国增幅从一季度的 6.4%回落到全年的

6.1%。小微企业增长快于大、中型企业,增加值分别增长 5.2%、4.1%和 3%。重工业增长快于轻工业,增幅分别为 4.8%和 3.5%。国有及国有控股企业增长快于私营企业,增幅分别为 6.5%和 3.6%。

3.服务业增速快于 GDP,快于全国。2015 年,服务业增加值增幅比同期 GDP 增幅高出 3.3 个百分点,占 GDP 的 49.8%,拉动 GDP 增长 5.3 个百分点,增长贡献率达 65.7%。其中,营利性服务业、金融业和房地产业增长较快,分别增长 22.0%、12.3%和 9.9%,拉动 GDP 增长 1.6、0.9 和 0.5 个百分点。规模以上服务业(不包括批零住餐、银证保和房地产开发)企业实现营业收入 8903 亿元,比上年增长 16.7%,增速高于全国平均 9.6 个百分点,在全国各省(市、区)中居第二位。其中,信息传输、软件和信息技术等行业发展势头较好,营业收入增长 35.7%,对规模以上服务业的增长贡献率达 66.5%。

4.项目投资保持较快增长,房地产投资下降。2015 年,固定资产投资 26665 亿元,比上年增长 13.2%,高于全国 3.2 个百分点。其中,除房地产开发投资外的项目投资 19553 亿元,增长 20%。在商品房库存总体较多的情况下,房地产投资渐趋理性,2015 年,房地产开发投资 7112 亿元,从一季度的增长 12.7%逐季回落到全年的下降 2.1%,低于全国 3.1 个百分点。

房地产销售市场回升。上半年商品房销售增速走高,下半年随着同期基数的扩大,增速高位趋缓。商品房销售面积增幅从一季度的 15%提高到上半年的 49.6%(最高点),放缓至全年的 28%,高于全国的 6.5%;商品房销售额从一季度的 9.5%提高到上半年的 48.5%,全年为 28%,高于全国的 14.4%。全年商品房销售面积和销售额增幅分别比上年回升 32.3 和 36.8 个百分点。

5.消费增长稳中趋升,与房地产相关的商品销售增长较快。随着杭州小客车限牌影响逐步减弱,在购置税减半等政策提振下,汽车销量回升,再加上借力"双 11""双 12"网购节以及岁末促销,消费品市场"线上+线下"互动明显,促进了各类消费品零售增长。2015 年,社会消费品零售总额 19785 亿元,比上年增长 10.9%。从限额以上单位分类商品零售额统计看,汽车零售额从一季度下降 5.3%回升到全年增长 5.5%,对社会消费品零售总额的增长贡献率从-13.7%回升到 8.3%。由于石油价格下降,使石油及制品类零售额下降 7.1%,拉低社会消费品零售总额增长 1.4 个百分点。与商品房销售回升有关的家具、建筑装潢材料、五金电料等增长较快,分别增长 59.3%、43.3%、27.5%;服装、文化办公、饮料、食品、日用品、家电类商品平稳较快增长,分别为 23.8%、20.3%、19.7%、17.5%、16.5%和 15.5%。

6.出口好于全国和沿海主要省市。在全球经济整体复苏动能不足、外需持续低迷的影响下，全国及沿海主要省市出口均出现不同程度负增长，我省出口仍然保持增长。2015 年，全省海关进出口总值 21566 亿元（3474 亿美元），比上年下降 1.1%（－2.1%），其中，进口 4392 亿元（707 亿美元），下降 12.5%（－13.4%）；出口 17174 亿元（2767 亿美元），增长 2.3%（1.2%）。以美元计价的出口增幅比全国（－2.8%）高出 4 个百分点，也高于上海（－6.8%）、江苏（－0.9%）、福建（－0.4%）、山东（－0.5%）、广东（－0.4%）。

二、提质增效取得积极进展

1. 财政收入平稳增长，民生支出继续加大。2015 年，财政总收入 8549 亿元，公共财政预算收入 4810 亿元，比上年分别增长 8.7% 和 7.8%，增幅比上年回落 0.2 和 0.7 个百分点。在公共财政预算收入中，税收收入 4168 亿元，增长 8.1%，增幅比上年回落 0.6 个百分点，占公共财政预算收入的比重为 86.7%。在税收收入中，企业所得税、增值税、营业税及改征增值税、个人所得税分别增长 4.2%、7.1%、11.2% 和 22.2%。非税收收入增长 5.7%。公共财政预算支出 6648 亿元，增长 21.1%。其中，交通运输、住房保障、节能环保、城乡社区、商业服务、文化体育和传媒支出分别增长 42.4%、41.1%、39.2%、38.9%、38.5% 和 34.2%。

2. 企业利润平稳增长，效率有所提高。工业企业利润增速高于收入增速。2015 年，规模以上工业实现利润总额 3718 亿元，增长 5%，增幅高于主营业务收入 6.1 个百分点。在生产增速低于全国的同时，利润增速高于全国 7.3 个百分点。规模以上工业 38 个大类行业中，20 个行业利润同比增长。主营业务利润率为 5.9%，高于全国 0.14 个百分点；每百元主营业务收入中的成本为 84.8 元，低于全国 0.9 元。企业从业人员减少 3.5%，劳动生产率为 19.3 万元/人，按可比价计算增长 8.1%。规模以上服务业（不包括批零住餐、银证保和房地产开发）企业利润总额 1481 亿元，增长 17.5%，增幅比上年提高 2.9 个百分点。

3. 居民收入平稳增长，农村快于城镇。2015 年，全省居民人均可支配收入为 35537 元，比上年增长 8.8%，扣除价格因素增长 7.3%。农村居民收入增长快于城镇，城镇、农村居民人均可支配收入分别为 43714 和 21125 元，比上年分别增长 8.2% 和 9.0%，扣除价格因素增长 6.7% 和 7.5%。城乡居民收入倍差从上年的 2.09 缩小至 2.07，低于全国的 2.73。全面消除低收入农户家庭人均纯收入 4600 以下贫困人口的目标已经实现。2015 年全省低收入农户人均纯收入 8765 元，比上年增长 20.9%。低收入农户（"低保"除外）家庭人均纯收入超过 8000 元的户数比重为 62.6%，比上年提高 26.6 个百分点。

三、转型升级取得积极成效

1.产业结构调整加快推进。2015年,信息经济核心产业增加值为3310亿元,比上年增长16%;金融业增加值为3049亿元,按可比价格计算增长12.3%。旅游总收入7139亿元,增长13%。高新技术产业、战略性新兴产业、装备制造业增加值分别增长6.9%、6.9%和6.3%,增幅均高于规模以上工业,分别占规模以上工业的37.2%、25.5%和36.8%,比重比上年提高1.3、0.6和1.5个百分点,高新技术产业对工业增长的贡献率达到55.7%。而八大高耗能行业比重下降,增加值同比增长3.5%,增幅比规模以上工业低0.9个百分点,占规模以上工业的比重为35.5%,比上年减小0.4个百分点。据省经信委资料,全年淘汰落后产能涉及企业2000多家,累计整治淘汰"低小散"企业(作坊)2.2万家。

2.投资结构优化。工业技术改造、服务业、基础设施投资增长较快,2015年,工业和制造业投资分别增长11%和11.1%,其中工业技术改造投资增长23.6%,占工业投资的76.6%;服务业项目投资(除房地产开发外)增长28.5%,其中,生态环保投资增长89.3%,交通运输、仓储和邮政业投资增长33.7%;基础设施投资增长29.2%,占固定资产投资的27.8%,对投资增长的贡献率达53.9%。浙商回归态势良好,2015年,浙商回归省外到位资金3066亿元。其中,浙商回归产业项目省外到位资金2516亿元;浙商资本回归省外到位资金550亿元。引进省外综合性、地区性和功能性总部149个。

3.出口结构改善。从出口商品看,机电产品和高新技术产品出口增长较快,以人民币计价(下同)分别增长4.7%和10%,占全部出口商品的42.1%和6.1%,比重比上年提高1.0和0.4个百分点,而传统的纺织制品和服装衣着出口分别下降2.6%和1.8%。市场采购贸易出口增长42.6%,增速远快于一般贸易(0.3%)和加工贸易(下降8.9%),拉动全省出口增长3.1个百分点。对美国、东盟、"一带一路"沿线国家及部分新兴市场的出口保持增长,对美国出口增长7.3%,比重提升至17.7%,为2008年金融危机以来的最高值;对东盟出口增长7.7%,对"一带一路"沿线国家出口增长2.9%;对印度、墨西哥、沙特阿拉伯、埃及为代表的部分拉美新兴市场的出口保持较高增速,分别达13.5%、15.2%、18.3%和18%。

4.特色小镇和产业集聚区建设加快推进。特色小镇创建工作扎实推进,成为我省再创发展新优势的重要载体,首批37个特色小镇加快建设,前三季度固定资产投资346亿元,特色小镇成为我省经济和投资的新增长点。产业集聚区提升取得明显成效,重点规划区建设取得重要进展,前三季度省级产业集聚区固定资产投资增长 14.5%，规模以上工业总产值增长 10.9%，服务业营业收入增长 38.4%，利税增长 10.7%，从业人员增长 6.2%。

5.“互联网+”等新业态和新产品继续迅猛发展。在 2015 年限额以上单位商品零售额中，实物商品网上零售额增长 54.5%，通讯器材零售额增长 73.6%，均远超过社会消费品零售总额增长速度。据商务厅统计，2015 年全省网络零售额 7611 亿元，增长 49.9%，总量居全国第二位，其中农产品网络零售额居全国首位。全省拥有快递企业 1335 家，快递业务量 38.3 亿件，增长 55.9%，快递业务量和快递收入均居全国第二。电子商务交易额突破 3 万亿元，其中跨境电商进出口额约占全国的 16%，仅次于广东居全国第二。2015 年规模以上工业新产品产值增长 13.8%，增幅比规模以上工业产值高 13.0 个百分点；新产品产值率为 32.2%，比上年提高 3.7 个百分点。在规模以上工业中，新一代信息技术和物联网、新能源、新能源汽车、新材料、生物、海洋新兴产业增加值增长 15.1%、17.1%、10.9%、8.1%、6.6%和 6.1%，增速快于规模以上工业增加值。

6.“双创”持续升温，市场活力进一步释放。一是科技创新投入增加。预计 2015 年 R&D 经费支出 1000 亿元，占 GDP 比重在 2.33%左右。2015 年地方财政科技支出 251 亿元，比上年增长 20.6%，增幅比上年提高 12.2 个百分点。规模以上工业科技活动经费支出 852.8 亿元，增长 2.8%，增幅高于主营业务收入 3.9 个百分点；购置技术成果费用增长 25.5%。二是新设企业持续增加。据省工商局资料，2015 年新设企业 22.9 万户，新设个体工商户 55.5 万户。截至 2015 年末，全省在册市场主体 471 万户，比上年增长 12%；注册资本（金）总额 9.6 万亿元，增长 27.8%。其中，企业 144.7 万户，增长 13.9%；个体工商户 319 万户，增长 11.3%；农民专业合作社 6.3 万户，增长 5.9%。市场主体总量居全国第四，人均市场主体拥有量居全国第一。三是“个转企”“小升规”企业增加。据工商局统计，全省新增“个转企”1.8 万家，其中转公司制企业 1.5 万家。据初步统计，2015 年新进入国家统计局联网直报平台的单位共 8018 家，其中规模（限额、资质等）以下转以上的单位共 7535 家。

7.节能减排成效明显，生态环境不断改善。前三季度单位 GDP 能耗下降 3.8%，预计将超额完成“十二五”节能降耗目标。2015 年规模以上工业单位增加值能耗下降 2.2%。38 个行业大类中，26 个行业的单位工业增加值能耗下降，下降面近 7 成。八大高耗能行业单耗下降 0.6%，降幅比规模以上工业低 1.6 个百分点。提前一年完成国家下达的化学需氧量、氨氮、二氧化硫和氮氧化物“十二五”减排目标。2015 年，“五水共治”整治黑臭河 446 公里，深化提升整治1500公里;建设城镇污水管网3549公里,54家城镇生活污水处理厂基本完成一级A提标改造。“三改一拆”改造旧住宅区、旧厂区、城中村21596万平方米,拆违15836万平方米。美丽乡村建设深入推进,污水治理取得成效,2015年开展10010个村生活污水治理,新增受益农户245万户,到2015年末,98%以上的村实现生活垃圾集中收集处理,78.98%的村实现生活污水有效治理(农户受益率80%以上),58个县(市、区)成为美丽乡村创建先进县。

四、要素供给有所改善

1.金融运行基本平稳。2015年末,金融机构本外币存款余额90302亿元,比上年末增长10.2%,增幅比上年末提高2.7个百分点,全年新增存款8705亿元,同比多增1380亿元。本外币贷款余额为76466亿元,增长7.1%,增幅比上年末回落2.1个百分点;全年新增贷款4957亿元,同比少增786亿元。在非金融企业及机关团体贷款中,短期贷款下降2%,中长期贷款增长6.6%,票据融资增长88.1%。2015年,社会新增融资规模为6292亿元,其中直接融资(股票、债券融资)比重为32.2%,比上年提高10.5个百分点。

2.用电量增速平缓。2015年,全社会用电量3554亿千瓦时,比上年增长1.4%,其中,工业用电量2584亿千瓦时,下降0.5%。2015年用电量增速总体较低,既有夏季高温天气较少的客观因素,也有主动加快节能改造、加大产业结构调整的主观因素。

3.货运量增速回升,沿海港口货物吞吐量保持增长。2015年,全社会货运量20.1亿吨,比上年增长3%;货运周转量9878亿吨公里,增长3.5%。沿海港口吞吐量11亿吨,增长1.6%,集装箱吞吐量2294万标箱,增长6%。其中,宁波—舟山港货物吞吐量8.9亿吨,增长1.8%,吞吐量连续四年居全球海港首位。

4.工业生产者出厂价格(PPI)降幅扩大。在工业品市场需求萎缩和去产能压力延续的情况下,PPI已连续48个月下降。2015年,工业生产者出厂价格(PPI)比上年下降3.6%,购进价格下降5.5%,降幅分别比上年扩大2.4和3.7个百分点,但比全国小1.6和0.6个百分点。

五、民生继续改善

1.就业保障切实加强。据人力社保厅资料,2015年,城镇新增就业110.5万人,年末登记失业率为2.93%,比上年末下降0.03个百分点。年末基本养老保险参保人数达3790.2万人,其中,城镇职工参保2398.4万人;基本医疗保险参保人数为5195万人,其中,城镇职工参保人数为1992.7万人,增加92.7万人。据省建设厅资料,2015年全省新开工城镇保障性安居工程住房

(含货币化安置)26.7 万套(其中 2014 年结转 6.17 万套),基本建成 27 万套,竣工 19.7 万套,均超额完成国家下达任务。

2.居民消费支出稳定增长。2015 年,全省居民人均生活消费支出 24117 元,增长 6.9%,扣除价格因素增长 5.4%,比上年下降 1.7 个百分点,增速放缓。城镇和农村常住居民人均生活消费支出分别为 28661 和 16108 元,分别增长 5.2%和 11.1%。八大类生活消费支出呈全面增长态势,其中,人均交通通信支出和教育文化娱乐支出增长较快,分别增长 7.2%和 12.0%。据浙江消费者信心指数调查显示,四季度,就业信心、收入信心、消费意愿指数分别为 109.47、115.81 和 106.78,比三季度回升 6.12、3.86 和 5.54 点,均呈回升态势。

3.平安浙江建设深入推进。加强社会治理方式创新,健全公共安全体系,开展各类社会风险排查化解管控工作,有效防范安全事故,继续保持事故起数、死亡人数、单位生产经营活动死亡率“三下降”,2015 年,全省共发生各类事故起数 16767 起,死亡人数 4815 人,分别比上年下降 5.5%和 4%。据建设“平安浙江”群众安全感满意率抽样调查,2015 年,群众安全感满意率为 96.34%,比上年上升 0.14 个百分点,群众对政府抓平安建设的满意度为 90.6%,比上年提高 0.5 个百分点。

4.人口适度增长,城市化率提高。2015 年末,全省常住人口 5539 万人,比上年增加 31 万人;城镇人口比重(城市化率)65.8%,比上年提高 0.9 个百分点;人口自然增长率 5.02‰。

六、市场价格基本稳定

1.居民消费价格温和上涨。2015 年,居民消费价格(CPI)比上年上涨 1.4%,涨幅比上年回落 0.7 个百分点,与全国持平。八大类消费价格同比七涨一跌,食品、烟酒、医疗保健和个人用品、衣着、娱乐教育文化用品及服务、家庭设备用品及维修服务、居住价格分别上涨 3.3%、3.3%、2.7%、1.8%、1.4%、0.9%、0.8%,交通和通信类价格下降 4%。

2.房价涨幅扩大。12 月份,全省新建商品住宅销售价格环比上涨 0.7%,同比上涨 3.3%。在全国 70 个大中城市中,杭、温、金、甬 4 城市新建商品住宅销售价格环比分别上涨 1.2%、0.5%、0.4%和 0.3%。与上年同比,杭、甬、温、金 4 城市分别上涨 5.8%、3.6%、1.8%和 1.4%。

总的来看,2015 年浙江经济保持平稳较快增长,转型升级取得积极成效。但受国内外发展环境和多方面因素影响,我省经济在新旧发展动力转换期也存在一些矛盾和问题,突出表现在经济分化态势比较明显,企业生产经营面临不少困难。从行业看，发展比较好的是信息传输、软件、信息技术服务业和社会服务业，而工业、批发零售、住宿餐饮、交通运输增长相对较缓。在规模以上制造业 31 个行业大类中，增加值增长 10%以上的只有汽车、通信电子、废弃资源、烟草、化纤等 5 个行业，25 个行业增加值增速比上年回落。主营业务收入和利润双增长的行业只有汽车制造、医药、电气机械、通信电子、仪器仪表、家具、造纸、文教用品、纺织、服装、木材加工等行业。从企业看，一批企业主动通过科技创新、机器换人等成为产业转型升级的引领者，但也有一些企业生产经营困难。12 月末，规模以上工业有亏损企业 5821 家，亏损面 14.5%，比上年末扩大 3.1 个百分点，亏损额增长 34.3%。规模以上工业主营业务收入比上年末下降 1.1%，企业应收账款依然增长 8.2%。产能利用率低位徘徊。第四季度，规模以上工业产能利用率为 75.2%，比二季度和三季度分别下滑 1.3 和 0.2 个百分点。经济运行中也存在一些风险隐患。金融机构不良贷款增加，企业逃废债，不法分子借互联网金融之名非法集资等现象也有发生。

2016 年，是实施“十三五”规划的开局之年，是推进结构性改革的攻坚之年。省委、省政府主动适应经济新常态，坚定不移、齐心协力打好转型升级系列组合拳，加大供给侧结构性改革力度，增长动力结构正在发生积极变化，创新创业热度持续升温，以新产品、新技术、新业态、新模式、新产业引导的新动力和新增长点加快孕育，七大万亿产业等新兴产业和服务业正在成长和走强，特色小镇加快建设。同时，市场需求拉动力减弱，行业、企业、地区之间分化，经济下行压力较大。预期 2016 年浙江经济将在经济新常态下逐步向增长中高速和质量中高端迈进。

（综合处　傅吉青　黄洪琳）

附表　2014—2015 年全省主要经济指标

	2015 年					2014 年	
	全年		前三季度	上半年	一季度	全年	
	绝对值	增长%	增长%	增长%	增长%	绝对值	增长%
地区生产总值(GDP)(亿元)	42886	8.0	8.0	8.3	8.2	40173	7.6
第一产业	1833	1.5	1.1	1.2	1.1	1777	1.4
第二产业	19707	5.4	5.4	5.8	6.0	19175	7.2
第三产业	21347	11.3	11.3	11.4	10.8	19221	8.6
规模以上工业增加值(亿元)	13193	4.4	4.2	5.0	5.1	12543	6.9
装备制造业	4856	6.3	6.0	7.0	8.5	4328	8.9
高新技术产业	4910	6.9	7.1	7.2	7.3	4283	8.5
战略性新兴产业	3367	6.9	7.0	6.9	7.2	3075	8.6
规模以上工业销售产值(亿元)	64544	0.24	−0.04	1.5	2.2	64392	5.9
出口交货值	11707	−3.7	−3.3	−1.8	1.6	12085	5.2
规模以上工业利润总额(亿元)	3718	5.0	4.9	7.9	6.1	3544	5.1
全社会用电量(亿千瓦时)	3554	1.4	1.8	3.0	2.4	3506	1.5
工业用电量	2584	−0.5	−0.2	1.2	0.1	2597	2.0
全社会货运量(亿吨)	20.1	3.0	1.9	1.5	0.05	19.3	3.7
固定资产投资(亿元)	26665	13.2	11.2	12.3	17.0	23555	16.6
工业投资	8747	11.0	4.6	4.8	5.8	7879	12.2
技术改造投资	6701	23.6	17.0	13.7	6.8	5420	16.2
房地产投资	7112	−2.1	2.4	7.8	12.7	7262	16.8
商品房销售面积(万平方米)	5985	28.0	39.6	49.6	15.0	4677	−4.3
社会消费品零售总额(亿元)	19785	10.9	8.0	7.7	6.8	17835	11.7

续 表

	2015 年					2014 年	
	全年		前三季度	上半年	一季度	全年	
	绝对值	增长%	增长%	增长%	增长%	绝对值	增长%
进出口总额(亿元)	21566	−1.1	−2.6	−2.5	3.0	21817	4.7
出口	17174	2.3	1.2	2.3	13.4	16793	8.8
进口	4392	−12.5	−15.0	−16.8	−22.8	5024	−7.0
进出口总额(亿美元)	3474	−2.1	−2.8	−2.4	2.7	3550	5.8
出口	2767	1.2	1.1	2.4	13.1	2733	9.9
进口	707	−13.4	−15.2	−16.8	−23.1	817	−6.0
财政总收入(亿元)	8549	8.7	8.8	8.3	8.7	7522	8.9
一般公共财政预算收入	4810	7.8	8.2	7.5	8.6	4122	8.5
金融机构本外币贷款余额(亿元)	76466	7.1	8.3	9.0	8.7	71361	9.2
居民消费价格涨幅(%)		1.4	1.2	0.9	0.6		2.1
工业生产者出厂价格涨幅(%)		−3.6	−3.4	−3.0	−2.9		−1.2
全省居民人均可支配收入(元)	35537	8.8	9.2	8.8	9.2	32658	9.7
城镇常住居民人均可支配收入	43714	8.2	8.4	8.1	8.3	40393	8.9
农村常住居民人均可支配收入	21125	9.0	9.5	9.3	9.7	19373	10.7

2015 年一季度浙江经济运行总体平稳

2015 年以来，面对复杂严峻的外部环境和经济下行的压力，浙江坚持以“八八战略”为总纲，以提高经济发展质量和效益为中心，坚定不移打好“五水共治”“三改一拆”“四换三名”等转型升级组合拳，全省经济运行总体平稳正常，新生动力加快孕育，积极因素不断累积，在新常态下实现新发展。一季度GDP 增长 8.2%，高出全国同期 1.2 个百分点。

在工业增幅回落的同时，服务业快速增长，创新升级和结构调整步伐加快，效益效率稳步提升；投资、出口增长较快，消费增长回落；财政收支增长加快，金融机构贷款同比多增；市场价格低位运行；居民收入较快增长，就业社保稳定改善。但反映产业结构调整的工业和技改投资增长较缓，部分行业和企业生产经营困难，金融风险防控压力较大。由于今年春节较迟，大部分企业放假延续到 3 月份，3 月份实际工作日比去年同期减少，致使当月工业生产和用电量等指标同比、环比增速均明显回落；社会消费品零售总额受汽车限牌后销售大幅回落影响，同比增速明显回落。

一、经济运行的基本态势

一季度，全省生产总值为 8342 亿元，按可比价格计算，比去年同期增长 8.2%，增幅比去年同期和全年分别提高 1.2 和 0.6 个百分点。其中，第一产业增加值 278 亿元，增长 1.1%；第二产业增加值 3772 亿元，增长 6.0%；第三产业增加值 4292 亿元，增长 10.8%。服务业的快速增长，不仅弥补了工业回落的影响，也有力地支撑了 GDP 的较快增长。

（一）工业生产增幅回落，服务业快速增长

1. 工业生产总体正常，效益效率提升。一季度，规模以上工业增加值 2690 亿元，比去年同期增长 5.1%，增幅同比回落 1.1 个百分点，比 1—2 月回落 1.9 个百分点；销售产值 13504 亿元，增长 2.2%，其中，出口交货值 2537 亿元，增长 1.6%，增幅比 1—2 月回落 2.8 和 5.3 个百分点。1—3 月工业增加值月度增速分别为 10%、2.5%和 2.1%，因为今年春节较迟，加上火车票预定提前 60 天，部分企业放假较早且放假时间延长到 3 月份，2、3 月份实际工作日比去年同期减少，致使月度工业增加值和用电量等指标同比、环比增速均明显

回落。一季度，全社会用电量773.7亿千瓦时，增长2.4%，其中，工业用电量527亿千瓦时，增长0.1%，增幅同比分别回落2.2和3.8个百分点，比1—2月回落5.7和5.6个百分点。制造业用电448.5亿千瓦时，增长0.4%。3月份，全社会用电量282亿千瓦时，工业用电量211.7亿千瓦时，同比分别下降6.2%和7.2%。随着元宵节以后企业陆续开工，3月中旬以来生产恢复正常。

创新升级和结构调整步伐加快。一季度，财政科技支出28.9亿元，比去年同期增长1.5%，规模以上工业科技活动经费支出156.8亿元，增长8.6%，新产品产值3994亿元，增长17.2%，增幅比规模以上工业总产值高14.8个百分点，新产品产值率为28.5%，同比提高3.6个百分点。装备制造业、高新技术产业、战略性新兴产业增加值增长较快，比重提高，一季度增加值分别为934、948和660亿元，增长8.5%、7.3%和7.2%，增幅高于规模以上工业3.4、2.2和2.1个百分点，占规模以上工业的比重为34.7%、35.2%和24.5%，同比提高1.6、1和0.5个百分点。装备制造业对规模以上工业增长的贡献率55%，拉动规模以上工业增长2.8个百分点。战略性新兴产业中，新能源产业(17.1%)、新能源汽车(16.6%)、新一代信息技术和物联网产业(11.8%)、海洋新兴产业(11.2%)、新材料产业(8.8%)增加值增长较快，高端装备制造业增加值增长5.3%。从38个行业大类看，比重较大的前15个行业均保持增长，增长较快的有汽车(34.3%)、烟草(11.6%)、化纤(8.3%)、医药(7%)、通信电子(6.7%)、电气机械(5.9%)等，其他增长较快的行业还有铁路船舶(8.1%)、文教工美体育娱乐用品(7.8%)、仪器仪表(7.3%)、家具(6%)等。节能降耗继续取得新进展。一季度，单位GDP能耗同比下降5%左右，规模以上工业单位增加值能耗下降4.8%。八大高耗能行业增加值增速低于规模以上工业，比重下降，一季度增加值为925亿元，增长4.1%，增幅比规模以上工业低1个百分点。按可比价计算，高耗能行业增加值占规模以上工业的比重为35.2%，同比下降0.3个百分点。效益效率稳步提升。一季度，规模以上工业企业主营业务收入增长1.2%，实现利润增长6.1%，利润增长超过主营业务增幅4.9个百分点，好于全国下降2.7%的平均水平。主营业务利润率为4.83%，同比提高0.22个百分点。企业从业人员减少1.5%，劳动生产率为16.1万元/人(折年)，按可比价计算增长6.7%；人均创利税增长11.4%。

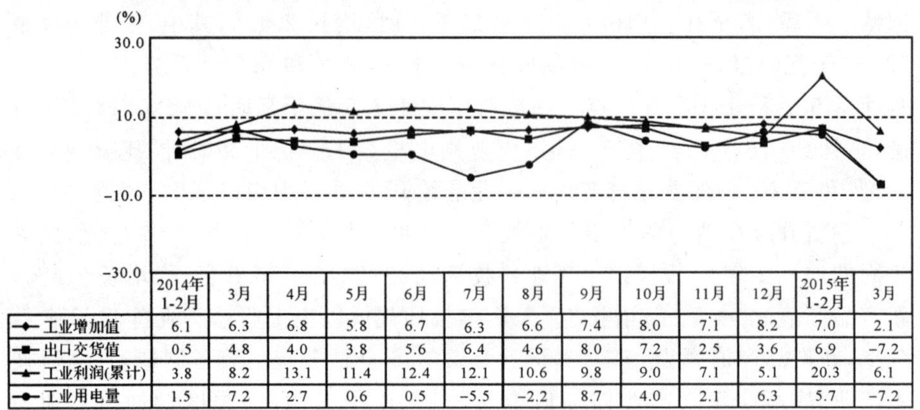

	2014年1-2月	3月	4月	5月	6月	7月	8月	9月	10月	11月	12月	2015年1-2月	3月
工业增加值	6.1	6.3	6.8	5.8	6.7	6.3	6.6	7.4	8.0	7.1	8.2	7.0	2.1
出口交货值	0.5	4.8	4.0	3.8	5.6	6.4	4.6	8.0	7.2	2.5	3.6	6.9	−7.2
工业利润(累计)	3.8	8.2	13.1	11.4	12.4	12.1	10.6	9.8	9.0	7.1	5.1	20.3	6.1
工业用电量	1.5	7.2	2.7	0.6	0.5	−5.5	−2.2	8.7	4.0	2.1	6.3	5.7	−7.2

图 1　工业增加值、出口交货值、工业用电量当月增速和工业利润累计增速

2. 服务业快速增长。一季度，服务业增加值增幅高出 GDP 增幅 2.6 个百分点，拉动 GDP 的增长 5.3 个百分点。服务业增长主要来自金融业、房地产业和营利性服务业。金融业增加值增长 16.3%，拉动 GDP 增长 1.5 个百分点。房地产业增加值增长 7.1%，对 GDP 增长的贡献由－0.3 个百分点回升至 0.3 个百分点，同比提高 0.6 个百分点。营利性服务业增加值增长 19.3%，拉动 GDP 增长 1.3 个百分点，电信、互联网和相关服务、软件和信息技术等营利性服务业企业营业收入均增长 30%以上。非营利性服务业、批发和零售、住宿和餐饮业、交通运输仓储和邮政增加值分别增长 10.3%、7.1%、6.7%、4.7%。全社会铁、公、水路货运量同比持平，货物周转量增长 3.4%。快递业务量 6.13 亿件，增长 49.2%。8 千多家规模以上服务业企业实现营业收入 1786 亿元，增长 14.8%，增幅在各省市区中居首位。

3. 农业增长稳定。一季度，全省农林牧渔业增加值 286 亿元，比去年同期增长 1.3%。其中，农、林、牧、渔业增加值分别增长 3.5%、6.1%、－10.8%、5.4%。预计春粮播种面积 193 千公顷，增长 1.8%；油菜籽播种面积减少 1.8%。药材、花卉苗木、蔬菜、瓜果等效益农业稳定发展，播种面积分别增长 3.8%、4.3%、3.2%、3.8%。一季度，肉类总产量 44.3 万吨，下降 11.0%，其中，猪肉产量 34.95 万吨，下降 13.2%；水产品总产量 105.25 万吨，增长 5.7%。

4. 小微企业增长较快，新市场主体不断涌现。一季度，规模以上工业中，小微企业工业增加值增长 8.1%，增幅分别比大型(2.7%)、中型(2.3%)企业高出 5.4 和 5.8 个百分点。规模以下工业增加值增长 5.9%，比规模以上工业快 0.8 个百分点。据省工商局资料，一季度，新设企业 4.7 万户，增长 3.8%；新设个体工商户 10.8 万户。截至 3 月底，全省在册市场主体 430.4 万户，增长 14.1%，注册资本(金)总额 7.8 万亿元，增长 4.6%。其中，企业 130.7 万户，增长 18%；个体工商户 293.6 万户，增长 12.6%；农民专业合作社 6 万户，增长 10%。市场主体总量仍居全国第四，人均市场主体拥有量居全国第一。

(二)投资和出口较快增长，消费增长回落

1. 固定资产投资增长较快，商品房销售增长。一季度，固定资产投资 4821 亿元，比去年同期增长 17%，增幅比去年同期提高 0.9 个百分点，比 1—2 月回落 1.2 个百分点。基础设施投资增长较快，为 1191 亿元，增长 32.9%，对投资总额的增长贡献率达 42.1%。房地产开发投资保持增长，投资 1481.8 亿元，增长 12.7%，增幅比 1—2 月回升 1.5 个百分点，但比去年同期回落 3.5 个百分点。商品房销售增长，商品房销售面积从去年一季度的下降 25.6%逐季回升至今年一季度的增长 15%，销售额从 1—2 月下降 1.4%转为增长 9.5%。投资资金基本以自筹为主。固定资产投资本年资金来源合计 9854 亿元，增长 6.5%，其中，占 63.4%的自筹资金增长 11.2%，占 5.4%的国家预算内资金增长 29%，债券有 5.6 亿元，增长 2.3 倍，而占 13.6%的国内贷款下降 18.6%。

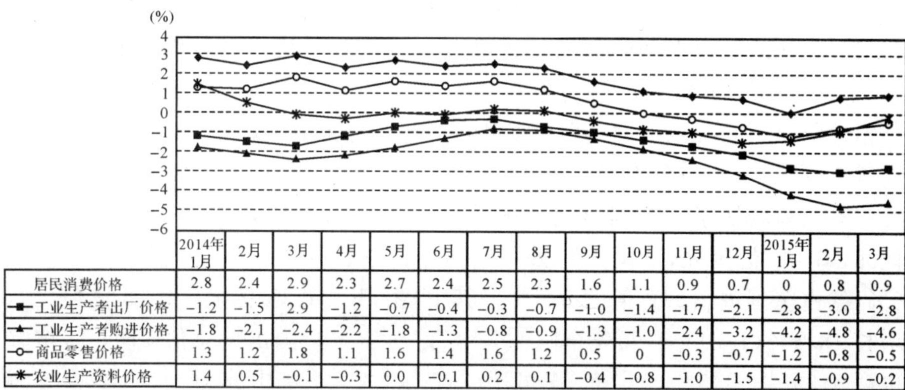

	2014年1月	2月	3月	4月	5月	6月	7月	8月	9月	10月	11月	12月	2015年1月	2月	3月
居民消费价格	2.8	2.4	2.9	2.3	2.7	2.4	2.5	2.3	1.6	1.1	0.9	0.7	0	0.8	0.9
工业生产者出厂价格	−1.2	−1.5	2.9	−1.2	−0.7	−0.4	−0.3	−0.7	−1.0	−1.4	−1.7	−2.1	−2.8	−3.0	−2.8
工业生产者购进价格	−1.8	−2.1	−2.4	−2.2	−1.8	−1.3	−0.8	−0.9	−1.3	−1.0	−2.4	−3.2	−4.2	−4.8	−4.6
商品零售价格	1.3	1.2	1.8	1.1	1.6	1.4	1.6	1.2	0.5	0	−0.3	−0.7	−1.2	−0.8	−0.5
农业生产资料价格	1.4	0.5	−0.1	−0.3	0.0	−0.1	0.2	0.1	−0.4	−0.8	−1.0	−1.5	−1.4	−0.9	−0.2

图 2　固定资产和房地产投资累计增速、社会消费品零售额、汽车零售额和出口当月增速

分产业看，服务业投资增长较快，投资 3212 亿元，增长 22.9%，其中，水利、环境和公共设施管理业投资增长 38.5%，信息传输、软件和信息技术服务业投资增长 1.4 倍，交通运输仓储业投资增长 43.1%，广电、教育、卫生设施投资分别增长 58.7%、35.1%和 58.5%。工业投资增长平缓，工业投资、技改投资分别为 1557 和 1004 亿元，增长 5.8%和 6.8%，技改投资占工业投资的 64.5%。战略性新兴产业和高新技术产业投资增长较快，分别增长 11.8%和

9.4%，快于制造业投资增速 7.1 和 4.7 个百分点。

2.社会消费总体平稳，汽车和石油制品销售回落。一季度，社会消费品零售总额 4479 亿元，比去年同期增长 6.8%（扣除价格因素，实际增长 7.7%），名义增幅同比回落 6.3 个百分点，比 1—2 月回落 1.4 个百分点。社会消费品零售总额同比增速回落较多，主要是受以下三个方面的因素影响：一是汽车消费下降。一季度汽车零售额为 707 亿元，下降 5.3%，而去年同期为增长 25.9%，对社会消费品零售总额的增长贡献率从去年同期的 33.4% 回落到 −13.7%，拉低社会消费品零售总额增长 0.9 个百分点。主要是去年 4 月开始受杭州汽车限牌影响，去年一季度杭州及周边城市汽车销售火爆，导致汽车类零售额去年同期对比基数较大。二是石油制品类销售下降。受石油价格下降较多影响，石油及制品类零售额同比下降 10.2%，去年同期为增长 8.2%。三是黄金饰品销售回落较多。随着国际金价的走低，黄金投资的热度也有所减退。金银珠宝的销售仅增长 4.8%，而去年同期为增长 19.4%。

从消费形态看，一季度，限额以上餐饮收入 124 亿元，增长 3.6%，限额以上商品零售收入 1898 亿元，增长 2.5%。网络销售持续快速发展。一季度，全省共实现网络零售额 1227 亿元，增长 28.6%，相当于社会消费品零售总额的 27.4%，比重同比上升 3.4 个百分点；省内居民实现网上消费 654 亿元，增长 24.9%。从限额以上企业商品零售额看，通讯器材、建筑及装潢材料、五金电料、家具类零售额增长较快，分别增长 54.1%、46.4%、21.6% 和 20.9%；服装鞋帽针纺、粮油食品、中西药品、家用电器和音像器材、文化办公用品、日用品类零售额稳定增长，分别增长 17.4%、16.5%、13.4%、12.4%、11.6%、5.6%。

3.出口较快增长。据杭州海关统计，一季度，浙江省进出口总值 4774.8 亿元（779.1 亿美元，下同），与去年同期相比增长 3%（2.7%），同期全国下降 6%，约占全国进出口总值的 8.6%。其中，出口 3742.5 亿元（610.8 亿美元），增长 13.4%（13.1%），领先全国 8.5 个百分点，占全国出口总值 11.9%，增幅也高于福建（8.5%）、广东（2.6%）、江苏（2.4%）、山东（−0.7%）、上海（−1.6%）；进口 1032.3 亿元（168.3 亿美元），下降 22.8%（23.1%），全国下降 17.3%。由于今年与去年春节错月，各月出口波幅较大，1、2 月份分别增长 3.3% 和 93.2%，3 月份出口 788.7 亿元，下降 26.6%。

外贸出口开局良好，主要得益于以下几个方面：一是全省产业结构转型升级成效明显，外贸出口产品核心竞争力和市场占有率不断提升。一季度，机电产品出口增长 17.6%；高新技术产品出口增长 9.6%；文化产品出口增长 40.4%；传统劳动密集型产品出口 1386 亿元，增长 11.3%。二是国际市场缓慢复苏，美国市场活跃，对新兴市场出口快速增长。对美国、东盟、拉丁美洲、非洲和印度出口分别增长 20.1%、23.9%、18.3%、25.5%和 32.7%，对一带一路沿线国家出口 1244.7 亿元，占出口总额的 33.3%，增长 16.4%，对欧盟出口增长 10.1%。三是改革红利不断释放，“市场采购”对全省出口拉动作用明显，一季度，具有较强自主性的一般贸易夯实全省出口增长基础，一般贸易出口 2867.2 亿元，增长 10.3%，占出口总值的 76.6%。“义乌小商品”出口增长 1 倍，占出口总值的 10.3%，比重同比提高 4.6 个百分点；对全省出口增长贡献率达 44.3%，拉动全省出口增长 5.9 个百分点。四是民营经济特色优势突出。以小微民营企业为主体的外贸出口主体依托市场大省，更好地适应了小、散、短单为主的外贸需求。一季度，民营企业出口 2624.6 亿元，增长 18.5%，占全省出口总额的 70.1%，比重同比提高 3 个百分点。

一季度，新批外商投资企业 321 家，下降 1.8%，合同外资 53.8 亿美元，增长 1%，实际利用外资 38.8 亿美元，下降 15.5%。

（三）财政收支增长较快，金融机构贷款同比多增

1. 财政收支增长较快。一季度，财政总收入 2351 亿元，比去年同期增长 8.7%。一般公共财政预算收入 1378.4 亿元，增长 8.6%，增幅同比分别提高 0.6 和 1 个百分点。其中，3 月份，财政总收入 651 亿元，一般公共预算收入 392 亿元，分别增长 17.7%和 11.2%。在一般公共预算收入中，税收收入 1198 亿元，增长 6.2%，占公共财政预算收入的 86.9%，比重同比回落 2 个百分点。在税收收入中，企业所得税增长 9.1%，增幅同比提高 4.5 个百分点，增值税、营业税及改征增值税分别增长 5.3%和 8%，个人所得税增长 21.8%。土地增值税和契税分别下降 8.1%和 23%。一季度，一般公共财政预算支出 1311 亿元，增长 21.2%，增幅同比提高 13.4 个百分点。

2. 贷款同比多增，存款同比少增。3 月末，金融机构本外币存款余额 84367 亿元，比去年同期增长 8.1%，增幅比 2 月末回落 1.4 个百分点，新增存款 2770 亿元，同比少增 642.8 亿元。本外币贷款余额为 73626 亿元，增长 8.7%，增幅比 2 月末回落 0.5 个百分点，新增贷款 2117 亿元，同比多增 19.5 亿元。从境内贷款投向看，住户贷款增长 8.3%，非金融企业及机关团体贷款增长 8.9%。一季度社会融资规模为 2590 亿元，同比少增 48 亿元。

（四）价格水平低位运行

1. 消费价格略涨。一季度，居民消费价格（CPI）同比上涨 0.6%，比全国涨幅低 0.6 个百分点，比 1—2 月略高 0.2 个百分点，为 2010 年以来近 6 年来同期涨幅较低水平。其中，3 月份，同比上涨 0.9%，也低于全国 1.4%的涨幅，

环比下降 0.4%。一季度，八大类消费价格同比六涨二跌，医疗保健和个人用品、食品、衣着、家庭设备用品及维修服务、居住、娱乐教育文化用品及服务类价格分别上涨 2.9%、2.1%、1.0%、1.0%、0.5%、0.1%，交通和通信、烟酒类价格分别下降 4.4%、0.5%，其中，食品价格上涨影响居民消费价格总水平上涨 0.7 个百分点。

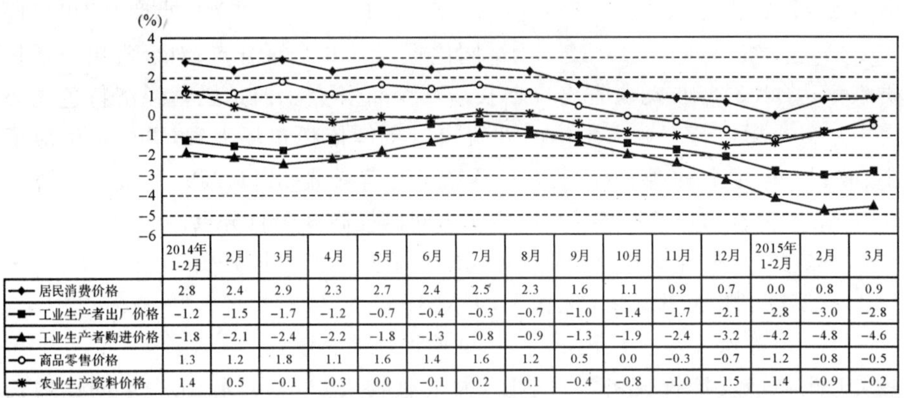

	2014年1-2月	2月	3月	4月	5月	6月	7月	8月	9月	10月	11月	12月	2015年1-2月	2月	3月
居民消费价格	2.8	2.4	2.9	2.3	2.7	2.4	2.5	2.3	1.6	1.1	0.9	0.7	0.0	0.8	0.9
工业生产者出厂价格	−1.2	−1.5	−1.7	−1.2	−0.7	−0.4	−0.3	−0.7	−1.0	−1.4	−1.7	−2.1	−2.8	−3.0	−2.8
工业生产者购进价格	−1.8	−2.1	−2.4	−2.2	−1.8	−1.3	−0.8	−0.9	−1.3	−1.9	−2.4	−3.2	−4.2	−4.8	−4.6
商品零售价格	1.3	1.2	1.8	1.1	1.6	1.4	1.6	1.2	0.5	0.0	−0.3	−0.7	−1.2	−0.8	−0.5
农业生产资料价格	1.4	0.5	−0.1	−0.3	0.0	−0.1	0.2	0.1	−0.4	−0.8	−1.0	−1.5	−1.4	−0.9	−0.2

图 3　各类价格月度涨幅

2. 生产价格月度降幅收窄。一季度，工业生产者出厂价格(PPI)同比下降 2.9%，购进价格同比下降 4.5%，降幅与 1—2 月持平，比全国同期小 1.7 和 1.1 个百分点，但比去年同期扩大 1.4 和 2.4 个百分点。3 月份，出厂价格同比下降 2.8%，已连续 39 个月下降，购进价格下降 4.6%，两项价格降幅均比 2 月收窄 0.2 个百分点，环比分别下降 0.1%和 0.3%。

3. 新建商品住宅销售价格持续下降。3 月份，列入国家统计局监测的 70 个大中城市新建商品住宅(不含保障性住房)价格，与去年 3 月同比，杭州下降 11.2%，连续 8 个月居末位，宁波、金华均下降 6.9%，居并列第 45 位，温州下降 4.3%。与上月环比，杭州下降 0.5%，居第 63 位，宁波、温州、金华分别下降 0.1%、0.2%、0.3%。据浙江调查总队资料，3 月份全省新建商品住宅价格环比下降 0.3%，同比下降 8.6%。11 个设区市城区中新建商品住宅销售同比和环比价格均有不同程度下降。除上述 4 城市外，同比降幅较多的有：舟山下降 10.2%，台州下降 8.6%，绍兴下降 7.3%。环比下降较多的有：衢州下降 0.8%，湖州下降 0.6%。

(五)居民收入较快增长，民生继续改善

1. 居民收入较快增长，城乡差距进一步缩小。根据城乡一体化住户调查，一季度，全省居民人均可支配收入 11090 元，增长 9.2%，扣除价格因素实际增长8.5%，实际增幅高于全国0.4个百分点，其中，城镇常住居民人均可支配收入13363元，农村常住居民人均可支配收入7128元，分别增长8.3%和9.7%，扣除价格因素实际增幅分别为7.7%和8.9%，农村居民收入增长快于城镇，城镇居民人均收入实际增幅高出全国0.7个百分点，农村居民人均收入水平列上海(7257元)之后居全国第2位。城乡居民收入差距进一步缩小，城乡居民人均可支配收入倍差1.87，比去年同期缩小0.03。

2.就业情况基本稳定，社会保障进一步加强。一季度，全省城镇新增就业25.7万人，城镇登记失业率为2.89%，比去年末降低0.07个百分点。基本养老保险参保人数达3891.7万人，其中，企业职工参保2473.6万人，比上年末新增31.1万人；基本医疗保险参保人数为4863.1万人，比上年末新增15.6万人，其中，城镇职工医疗保险参保人数为1903.9万人。

3.财政民生支出保障有力，保障性安居工程进展顺利。一季度，地方财政对城乡社区、节能环保、社会保障和就业、住房保障、卫生计生、文体传媒、公共安全等支出分别增长39.1%、35%、16.7%、15.7%、15%、11.5%、9.2%。全省新开工城镇保障性安居工程13.73万套(含2014年结转6.17万套)，竣工5.28万套，新开工公共租赁住房2.02万套(含2014年结转1.02万套)，已分别完成省政府年度目标任务的63.6%、44.0%和83.8%。

二、当前经济运行存在的主要问题

一季度，浙江主要经济指标增长情况好于全国，很大程度上是因为去年一季度是全年的最低点，使得今年的对比基数较低，而全国的低点在去年三、四季度。由于国内外经济形势依然复杂严峻，较快增长的可持续性值得高度关注。就目前情况来看，反映产业结构调整的工业和技改投资增长较缓，部分行业企业生产经营困难，市场风险防控压力较大。

1.投资后劲略显不足，工业和技改投资增长较缓。3月末，固定资产投资施工项目23499个，同比下降7.3%，其中，新开工项目4848个，下降4.5%，新开工计划总投资下降1.7%。一季度，工业投资增长5.8%，工业技术改造投资增长6.8%，增幅同比回落3.4和7.5个百分点，制造业投资仅增长4.7%，同比回落1.9个百分点，制造业新开工项目完成投资仅增长2.3%，均低于投资总额增幅10个百分点以上。非国有投资3234亿元，民间投资2901亿元，分别增长11.9%和12.6%，低于投资总额增幅5.1和4.4个百分点，民间投资占投资总额的60.2%，比重同比下降2.4个百分点。

2.市场需求仍然不旺，部分行业和企业生产经营困难。一季度，规模以上工业产能利用率为74.99%，虽然略高于去年同期，但从去年二季度以来逐季回落，去年一至四季度分别为 74.93%、76.19%、75.53%、75.03%。工业出厂价格下降和劳动力成本上升等挤压企业盈利空间。工业生产者出厂价格已连续 39 个月下降。一季度出厂价格降幅较大的是：石油工业下降 23.7%，煤炭及炼焦工业下降 9.9%，冶金、化学、建材工业分别下降 5.6%、5.4%和 5.3%，造纸、机械、纺织、食品行业分别下降 2.3%、1.5%、0.8%和 0.6%。一季度，规模以上工业企业应付职工人均薪酬同比增长 12.6%。3 月末，规模以上工业亏损企业 10172 家，亏损面为 25.6%，亏损企业亏损额上升 15.1%，升幅同比提高 5.2 个百分点；利润增长主要集中在汽车（对利润总额增长贡献率 41.8%，增长 46.4%，下同），家具（16.2%，124.9%），医药（15%，26.2%），化纤（14.9%，36.3%），纺织（11.5%，11.1%），化学原料（7.8%，5.5%）等行业，这 6 个行业新增利润占全部新增利润的 107.2%。但电力行业累计利润从 1—2 月的 103.7 亿元减少到一季度的 88.6 亿元，减少了 15.1 亿元，同比增幅从 1—2 月的 72.2%回落到 3.1%，对利润总额增长贡献率从 61.2%回落到 7.1%；酒饮料精制茶制造、非金属矿物制品、电气机械、专用设备、通用设备、石油加工等行业利润下降较大，分别下降 18.8%、14%、10.4%、8.4%、7.3%、7.1%；船舶、废弃资源综合利用、机械设备修理、水的生产供应等行业全行业亏损。

3. 市场风险防控压力较大。金融不良贷款“双升”。3 月末，全省金融机构不良贷款余额 1563.6 亿元，比年初增加 166.6 亿元，不良贷款率为 2.13%，比年初上升 0.17 个百分点。关注类贷款比例为 4.54%，比年初上升 0.38 个百分点，企业资金链、担保链风险的化解尚需时日。商品房库存量高，去库存压力大。今年一季度商品房销售面积和销售额的增长是在去年大幅下降的较低基数上实现的，商品房待售面积仍然增长 35.9%。截至 3 月底 11 个设区市市区新建商品住宅库存套数为 29.7 万套，比去年同期增长 38.6%。以 2014 年月均商品住宅销售 1.5 万套测算，去库存化周期长达近 20 个月。非刚需的商业综合体库存更大，风险不容忽视。杭州商铺去库存的周期高达 57 个月，新的商业综合体还在不断竣工。

一季度 GDP 增速虽总体较快，但与去年全年相比，工业、交通、批零业增速较低。由于 2014 年主要经济指标基础数据大部分低开高走，导致今年基数前低后高，特别是影响较大的工业、金融、房地产、营利性服务业尤其值得关注，保持经济平稳发展的任务依然艰巨。

（综合处　傅吉青　范菁雁）

附表:2014—2015 年浙江主要经济指标

	2015 年			2014 年			
	一季度		1—2 月	同比增速%			
	绝对值	增长%	增长%	一季度	上半年	前三季度	全年
地区生产总值(GDP)(亿元)	8342.4	8.2	—	7.0	7.2	7.4	7.6
规模以上工业增加值(亿元)	2690.2	5.1	7.0	6.2	6.4	6.6	6.9
工业销售产值(亿元)	13504.3	2.2	5.0	4.4	5.1	5.7	5.9
#出口交货值(亿元)	2536.8	1.6	6.9	2.2	3.7	5.1	5.2
利润总额(亿元)	640.9	6.1	20.3	8.2	12.4	9.8	5.1
全社会用电量(亿千瓦时)	773.7	2.4	8.1	4.6	3.6	0.5	1.5
#工业用电量(亿千瓦时)	527.0	0.1	5.7	3.9	2.4	1.3	2
全社会货运量(万吨)	40932	持平	13.5	6.4	5.0	4.4	3.7
固定资产投资(亿元)	4820.9	17.0	18.2	16.1	17.0	16	16.6
#工业投资(亿元)	1557.4	5.8	7.7	9.2	7.8	8.3	12.2
#房地产投资(亿元)	1481.8	12.7	11.2	16.2	19.1	20.9	16.8
商品房销售面积(万平方米)	902.7	15.0	0.7	−25.6	−22.6	−12.9	−4.3
社会消费品零售总额(亿元)	4479.4	6.8	8.2	13.1	12.1	11.9	11.7
进出口总额(亿美元)	779.1	2.7	14.8	2.9	6.0	6.7	5.8
#出口总额(亿美元)	610.8	13.1	32.5	2.3	8.2	10.2	9.9
人民币计价:进出口总额(亿元)	4774.8	3.0	15	持平	3.8	5.2	4.7
#出口总额(亿元)	3742.5	13.4	32.7	−0.5	5.9	8.6	8.8
财政总收入(亿元)	2350.7	8.7	5.7	8.1	8.2	7.6	8.9
#一般公共预算收入(亿元)	1378.4	8.6	7.6	7.6	8.2	8.2	8.5
金融机构本外币贷款余额(亿元)	73625.7	8.7	9.2	9.6	9.1	8.6	9.2
居民消费价格(CPI)涨幅(%)		0.6	0.4	2.7	2.6	2.4	2.1
工业生产者出厂价格涨幅(%)		−2.9	−2.9	−1.5	−1.1	−1.0	−1.2

续　表

	2015 年			2014 年			
	一季度		1—2 月	同比增速％			
	绝对值	增长％	增长％	一季度	上半年	前三季度	全年
全省居民人均可支配收入(元)	11090	9.2		10.3	10	9.8	9.7
＃城镇常住居民人均可支配收入(元)	13363	8.3	—	9.8	9.4	9.2	8.9
农村常住居民人均可支配收入(元)	7128	9.7	—	10.8	10.9	10.8	10.7

注：GDP、工业增加值增速为可比增速。

2015年上半年浙江经济运行总体平稳向好

2015年以来，浙江坚持和深化“八八战略”，牢牢把握习总书记对浙江提出的“干在实处永无止境，走在前列要谋新篇”的新使命，主动适应经济发展新常态，打好转型升级组合拳。二季度，经济运行总体延续一季度高开稳走态势，经济转型升级成效逐步显现，积极因素不断累积，上半年经济运行呈现高开稳走向好态势。在国际国内经济环境复杂严峻的情况下，随着去年同比基数的逐渐抬高，下半年经济增速将有所减缓，要实现全年预期目标，还需付出更大努力。

一、经济运行出现企稳态势，活跃度、景气度有所增强

上半年，全省GDP为19281亿元，按可比价格计算，比去年同期增长8.3%，增速比一季度提高0.1个百分点，比去年同期提高1.1个百分点。分产业看，第一产业增加值763亿元，增长1.2%；第二产业增加值8871亿元，增长5.8%；第三产业增加值9647亿元，增长11.4%，房地产业、金融业、营利性服务业等行业对GDP的增长贡献率大幅提高。

从各月主要经济指标看，工业产销、用电量、货运量、消费和出口等指标的增速的谷底都在3月份，4月份开始出现企稳回升态势，但上半年工业产销累计增速仍低于一季度；投资保持较快增长，但增幅逐月回落，商品房销售同比转降为升，大幅增长；出口累计增幅快速回落；财政收支和存贷款稳定增长；市场价格仍处低位；就业和居民收入稳定增长。

（一）经济增长总体平稳

1.工业产销、产能利用率、用电量等指标企稳回升。月度增速缓中有升。规模以上工业增加值增速3月份触底（2.1%），4、5月份以每月1.2个百分点的速度小幅回升，6月份继续回升至6%；销售产值转降为升，出口交货值降幅收窄；工业用电量4月份开始转降为升，6月份增长4.1%（详见图1）。上半年，规模以上工业增加值、销售产值和出口交货值分别为6131、30092和5567亿元，增长5%、1.5%和－1.8%，但仍低于一季度的5.1%、2.2%和1.6%。上半年，全社会用电量1676亿千瓦时，增长3.0%，其中，工业用电量1215亿千瓦时，增长1.2%，增幅分别比一季度回升0.6和1.1个百分点。二季度，规模以上工业产能利用率为76.5%，比一季度和去年同期分别提高1.5和0.3

个百分点，为 2013 年以来最高值。

重点行业和大中型企业稳增长支撑作用增强。上半年，在规模以上工业中，产值规模前十大行业除服装行业外全面增长，其中，汽车、通信电子、电气机械、化学原料等行业增加值增长较快，分别增长 23.9%、12.5%、5.7%、5.2%。其中，通信电子、化学原料增加值增速分别比一季度提高 5.8 和 2.3 个百分点，纺织、电力、金属制品、橡胶和塑料、通用设备增加值分别增长 4.6%、3.9%、3.1%、2.9%、0.9%，服装下降 1.6%，其他规模较大和增长较快的行业还有烟草(12.5%)、化纤(12%)。利润规模前十大行业中，5 月份有 9 个行业当月利润增长，比上月增加两个行业，汽车、化纤和化学原料行业增长较快，分别增长 45%、39.8%和 37.4%。大中型企业生产回升明显，小微企业增长较快。6 月份，大、中、小微企业工业增加值分别增长 6.4%、4.7%和 6.6%，比 3 月份回升 5.5、5.7 和 1.7 个百分点，上半年分别增长 3.6%、2.5%和 6.9%。规模以下工业增加值增长 6%。

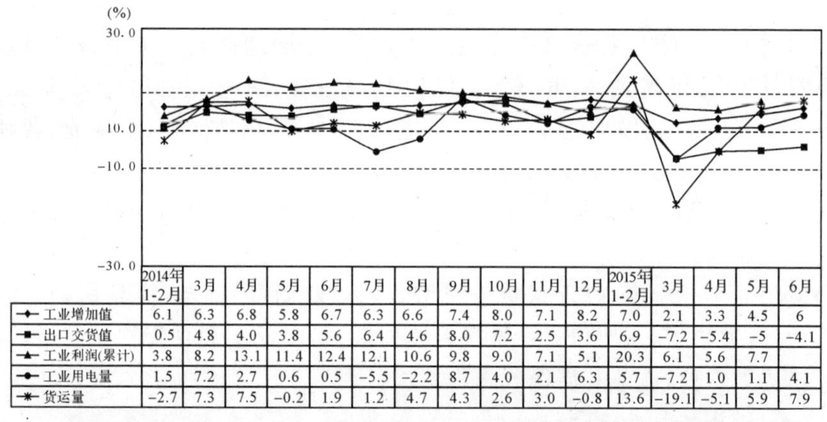

	2014年1-2月	3月	4月	5月	6月	7月	8月	9月	10月	11月	12月	2015年1-2月	3月	4月	5月	6月
工业增加值	6.1	6.3	6.8	5.8	6.7	6.3	6.6	7.4	8.0	7.1	8.2	7.0	2.1	3.3	4.5	6
出口交货值	0.5	4.8	4.0	3.8	5.6	6.4	4.6	8.0	7.2	2.5	3.6	6.9	-7.2	-5.4	-5	-4.1
工业利润(累计)	3.8	8.2	13.1	11.4	12.4	12.1	10.6	9.8	9.0	7.1	5.1	20.3	6.1	5.6	7.7	
工业用电量	1.5	7.2	2.7	0.6	0.5	-5.5	-2.2	8.7	4.0	2.1	6.3	5.7	-7.2	1.0	1.1	4.1
货运量	-2.7	7.3	7.5	-0.2	1.9	1.2	4.7	4.3	2.6	3.0	-0.8	13.6	-19.1	-5.1	5.9	7.9

图 1　工业增加值、出口交货值、工业用电量当月增速和工业利润累计增速

2. 服务业加快发展。上半年，营利性服务业、金融业、房地产业增加值比去年同期分别增长 20%、18.2%和 13.7%，增幅比一季度提高 0.7、1.9 和 6.6 个百分点，3 个行业对 GDP 的增长贡献率达 43.2%，比一季度提高 5.3 个百分点。商品房销售面积 2566 万平方米，销售额 2689 亿元，分别增长 49.6%和 48.5%，增幅同比大幅回升 72.2 和 76 个百分点，比一季度提高 34.6 和 39 个百分点。货运量和港口货物吞吐量转降为升。据省交通运输厅资料，全社会铁、公、水路货运量和货物周转量同比分别增长 1.5%和 3.1%；港口货物吞吐量增长 0.2%，其中，沿海港口增长 1.9%。据省邮政管理局资料，上半年全省快递业务量达 14.9 亿件，增长 52.2%。1—5 月，8616 家规模以上服务业企业实现营业收入 3103 亿元，同比增长 15.7%，增幅在各省市区中居第 3 位。

3. 农业生产基本稳定。上半年，全省农林牧渔增加值为 779.5 亿元，增长 1.4%，增幅比一季度回升 0.1 个百分点。粮食生产持续增长，春粮播种面积为 196 千公顷，增长 3.3%，总产量(薯类折干)72.3 万吨，增长 6.5%；预计早稻播种面积 116.6 千公顷，增长 0.2%。蔬菜、水果、中药材、花卉苗木等效益农业面积扩大，效益提高。牧业生产继续下降，生猪价格“先抑后扬”，养殖效益逐步回升；渔业生产增长较好。上半年，肉类总产量 71.6 万吨，同比下降 16.9%；水产品产量 199 万吨，增长 5.6%，其中，远洋捕捞增长 34.3%。

（二）投资、出口增幅回落，消费回升

1. 投资增幅回落，但新开工项目投资增势较好。上半年，固定资产投资 12134 亿元，比去年同期增长 12.3%，增幅比一季度回落 4.7 个百分点。其中，项目投资 8603 亿元，增长 14.3%。基础设施投资增长 26.8%，占投资总额的 26.3%，增幅比一季度回落 6.1 个百分点。房地产投资增长减缓。上半年，房地产开发投资 3531 亿元，增长 7.8%，增幅比一季度回落 4.9 个百分点，但新开工面积、土地购置面积、土地成交价款等房地产开发投资先行指标继续大幅下降 36.4%、47.7%、52%。

新开工项目投资增长较快。上半年，投资新开工项目 13601 个，同比下降 1.8%，降幅比 1—2 月的 14.4%明显收窄。新开工项目投资 3447 亿元，增长 16.8%，其中，工业投资占 54%，基础设施投资占 32.2%。新开工项目计划总投资增幅从 1—4 月的下降 5.2%转为增长 0.1%，表明投资增长后劲有所增强。

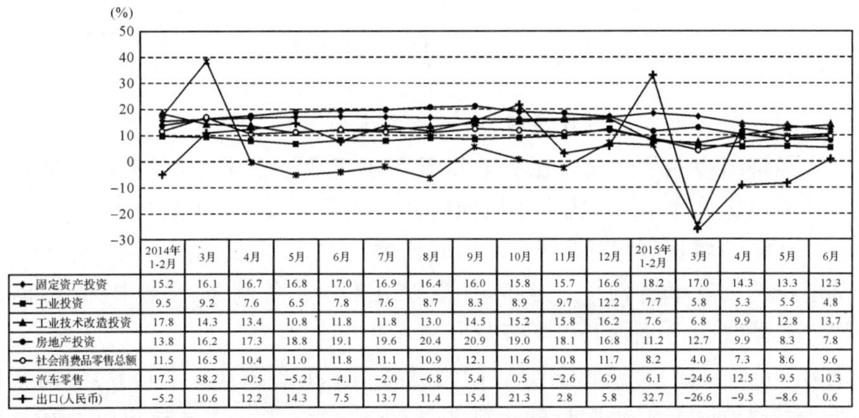

	2014年1-2月	3月	4月	5月	6月	7月	8月	9月	10月	11月	12月	2015年1-2月	3月	4月	5月	6月
固定资产投资	15.2	16.1	16.7	16.8	17.0	16.9	16.4	16.0	15.8	15.7	16.6	18.2	17.0	14.3	13.3	12.3
工业投资	9.5	9.2	7.6	6.5	7.8	7.6	8.7	8.3	8.9	9.7	12.2	7.7	5.8	5.3	5.5	4.8
工业技术改造投资	17.8	14.3	13.4	10.8	11.8	11.8	13.0	14.5	15.2	15.8	16.2	7.6	6.8	9.9	12.8	13.7
房地产投资	13.8	16.2	17.3	18.8	19.1	19.6	20.4	20.9	19.0	18.1	16.8	11.2	12.7	9.9	8.3	7.8
社会消费品零售总额	11.5	16.5	10.4	11.0	11.8	11.1	10.9	12.1	11.6	10.8	11.7	8.2	4.0	7.3	8.6	9.6
汽车零售	17.3	38.2	-0.5	-5.2	-4.1	-2.0	-6.8	5.4	0.5	-2.6	6.9	6.1	-24.6	12.5	9.5	10.3
出口(人民币)	-5.2	10.6	12.2	14.3	7.5	13.7	11.4	15.4	21.3	2.8	5.8	32.7	-26.6	-9.5	-8.6	0.6

图 2 固定资产投资累计增速、社会消费品零售额、汽车零售额和出口当月增速

2. 消费市场销售回升，汽车销售和餐饮收入增势较好。上半年，社会消费品零售总额 9019 亿元，增长 7.7%，增幅比一季度回升 0.9 个百分点，月度增幅逐月回升，6 月份比 3 月回升 5.6 个百分点。去年 3 月杭州汽车限牌前销售火爆的影响正在逐渐消退，4 月份开始汽车销售转降为升，上半年增长 2.4%(6 月增长 10.3%)，但石油及制品由于价格下降较多，零售额下降 7%。餐饮住宿业明显回升。上半年，限额以上企业(单位)餐饮收入 912 亿元，增长 9.2%，增幅比一季度回升 5.6 个百分点。

3. 出口月度转降为增，累计增幅继续回落。据杭州海关统计，上半年，进出口总值 10099 亿元(1647.2 亿美元)，同比下降 2.5%(−2.4%)，今年来已连续 3 个月累计负增长，其中，出口 7944 亿元(1296 亿美元)，增长 2.3%(2.4%)，增幅比一季度回落 11.1(10.7)个百分点；进口 2154 亿元(351.3 亿美元)，下降 16.8%(−16.8%)。月度出口转降为升。6 月份，全省进出口总值 1883 亿元，同比增长 0.4%，其中，出口 1489 亿元，增长 0.6%，从上月的分别下降 9.5%和 8.6%均转为增长；进口 394 亿元，下降 0.5%，降幅比 5 月份收窄 12.6 个百分点。上半年，我省出口增幅高于全国 1.4 个百分点，但领先优势比一季度减小 7.1 个百分点，低于福建(4.3%)、广东(3.9%)，高于江苏(−1.3%)、山东(−0.9%)、上海(−5.4%)。“义乌小商品”出口是拉动全省出口增长的重要引擎，上半年出口 803 亿元，增长 47.9%，拉动全省出口增长 3.35 个百分点。受益于美国经济复苏和美元相对强势，对美国进出口增长 10%，占 15.9%，比重上升 1.8 个百分点，其中出口增长 11.8%。对东盟、非洲、印度、墨西哥、沙特阿拉伯等新兴市场出口分别增长 8.7%、5.9%、15.2%、23.6%和 24.7%；对巴基斯坦、埃及、伊拉克和孟加拉国等“一带一路”沿线国家出口增速均超过 17%。但对欧盟、日本、俄罗斯进出口分别下降 3.4%、11.2%和 33.9%。

(三)转型升级成效逐步显现，新增长点不断涌现

1. 经济结构继续优化。服务业增长快于工业。上半年，服务业增加值占生产总值的比重为 50%，比去年同期提高 2 个百分点，高于第二产业 4 个百分点，对 GDP 的增长贡献率达 64.9%，同比提高 12.1 个百分点。高技术产业对经济增长的贡献率提高。上半年，规模以上工业装备制造、高新技术、战略性新兴产业增加值分别增长 7%、7.2%和 6.9%，明显高于全省平均增速；比重分别为 36.4%、36.3%和 25.4%，同比提高 1.4、1.2 和 0.5 个百分点，高新技术产业对规模以上工业增长的贡献率达到 52.9%。1—5 月规模以上高技术服务业营业收入增长 23.3%。高能耗行业比重下降。上半年，八大高耗能行

业增加值增长4.4%,增幅比规模以上工业低0.6个百分点,高耗能行业增加值占规模以上工业的比重为35.7%(按可比价计算),同比下降0.2个百分点。规模以上工业能耗总量同比增长2.3%,单位增加值能耗同比下降2.6%,38个行业大类中,29个行业单位增加值能耗下降。工业技术改造投资和服务业投资比重上升。上半年,工业投资3887亿元,占投资总额的32%,增长4.8%。其中,工业技术改造投资2751亿元,增长13.7%,增幅比一季度提高6.9个百分点,占工业投资的70.8%,比重比一季度提高6.3个百分点。高新技术产业、战略性新兴产业投资分别增长12.4%和10.3%。服务业投资增长16.3%,占投资总额的66.8%,其中,高技术服务业投资增长28%,信息传输、软件和信息技术服务业投资增长36.9%,交通运输仓储邮政业投资增长36.8%,广电、卫生、教育设施投资分别增长53.2%、43.1%和33.5%。消费升级相关商品销售保持较快增长。上半年,限额以上贸易企业零售额中,通讯器材零售额增长74.3%;与房地产市场销售回升关联度较高的建筑装潢材料、家具、五金电料类等零售额分别增长48.8%、38.1%、28.9%。出口商品结构改善。上半年,机电产品和高新技术产品出口分别为3357和483亿元,增长5.3%和6.3%,增幅高出全省出口3和4个百分点,6月份高新技术产品出口增长11.5%,上半年两者分别占全省出口的42.3%和6.1%,比重同比提高1.2和0.2个百分点。造船行业景气度回升,船舶出口增长22.8%。塑料制品、玩具出口分别增长21.7%和24.4%,灯具、电路开关等电气装置、太阳能电池、医疗仪器及器械出口分别增长8.6%、11.9%、7.4%、13%。

2.信息经济等七大产业发展势头良好。上半年,全省信息经济核心产业增加值为1450亿元左右,占GDP的7.5%,比去年同期增长12.9%,按可比价计算增长13.2%。其中,规模以上信息经济核心产业制造业部分增加值580亿元,增长7.6%,增幅高于规模以上工业2.6个百分点,占9.5%。1—5月规模以上信息传输、软件和信息技术服务业营业收入1073亿元,增长28.4%。据省商务厅统计,上半年网络零售额3002亿元,增长51.4%;省内居民网络消费1696亿元,增长45.1%。据海关数据,上半年跨境电子商务出口13.2亿元,增长144.4倍。上半年,全省金融业增加值1582.6亿元,增长18.2%。在规模以上工业中,高端装备制造、时尚、节能环保产业、健康产品制造业增加值分别为742、529、429和716亿元,分别增长5.3%、3.3%、5.1%、3.7%,分别占12.1%、8.6%、7.0%和11.7%。据省旅游局资料,上半年,全省实现国际旅游(外汇)收入29.6亿美元,增长8.8%;根据抽样调查测算,接待国内游客25050万人次,增长9.9%,实现国内旅游收入2950亿元,增长

13.5%。实现旅游总收入 3132 亿元，增长 13.3%。

3.创新创业联动推进。上半年，地方财政科技支出 92.8 亿元，增长 10.5%。1—5 月，规模以上工业科技活动经费支出增长 7.8%。规模以上工业新产品产值率为 28.9%，同比提高 3.2 个百分点。新市场主体不断涌现，大众创业氛围浓厚。据省工商局资料，上半年，新设企业 11.1 万户，增长 3.3%；新设个体工商户 27.6 万户，增长 9.8%。截至 6 月底，全省在册市场主体 441.4 万户，增长 12.6%，注册资本(金)总额 8.3 万亿元，增长 26.4%。其中，企业 135.2 万户，增长 16.4%；个体工商户 299.3 万户，增长 11%；农民专业合作社 6.1 万户，增长 8%。

4.效益效率持续提高。1—5 月，规模以上工业企业实现利润总额 1312 亿元，同比增长 7.7%，增幅比一季度提高 1.6 个百分点，比去年全年提高 2.6 个百分点，其中，5 月份，利润总额为 348 亿元，增长 14%，增幅比 4 月提高 9.6 个百分点。总资产贡献率为 10.41%，主营业务利润率为 5.54%，成本费用利润率为 5.91%，同比分别提高 0.23、0.39 和 0.44 个百分点；每百元主营收入中的成本为 84.7 元，同比减少 0.8 元；应付职工薪酬增长 8.3%。企业从业人员减少 2.4%，劳动生产率为 17.4 万元/人(折年)，按可比价计算增长 7.3%。亏损情况好转。5 月末，规模以上工业亏损企业比 3 月末减少 1775 家，亏损面 21.1%，比 3 月末缩小 4.7 个百分点；亏损企业亏损额上升 8.3%，升幅比一季度回落 6.8 个百分点。1—5 月，规模以上服务业实现营业利润 375 亿元，同比增长 3.7%，应付职工薪酬增长 29.8%。

5.财政收入稳定增长。据省财政厅数据，上半年，财政总收入 4730 亿元，增长 8.3%，一般公共财政预算收入 2709.5 亿元，增长 7.5%。税收收入增长 6.3%，占一般公共财政预算收入的 85.8%，非税收入增长 15%。在地方税收收入中，增值税、营业税及改征增值税分别增长 7.9%和 10%，个人所得税增长 22.3%，但企业所得税增幅回落到 1.9%。公共财政预算支出 2705 亿元，增长 14.5%，其中，城乡社区、住房保障、节能环保、社会保障和就业、卫生计生、公共安全、一般公共服务等支出分别增长 29.5%、27%、21.8%、13.4%、11.5%、9.9%和 5.4%。

(四)CPI 和 PPI 仍处低位，房价环比回升

1.居民消费价格(CPI)略涨。据国家统计局浙江调查总队资料，上半年，居民消费价格总水平比去年同期上涨 0.9%，涨幅比一季度回升 0.3 个百分点，6 月份环比上涨 0.1%。八大类消费价格同比七涨一跌，其中，食品类价格上涨 2.6%，拉动 CPI 上涨 0.8 个百分点，是拉动 CPI 上涨的主要因素；医疗保

健和个人用品、烟酒、衣着、家庭设备用品及维修服务、居住、娱乐教育文化用品及服务类价格分别上涨 3.0%、1.1%、1.1%、0.9%、0.5%、0.4%，交通和通信类价格下降 4.0%。

2. 工业生产者价格(PPI)降幅继续扩大。据国家统计局浙江调查总队资料，上半年，工业生产者出厂价格和购进价格同比分别下降 3.0%和 4.5%，出厂价格降幅比一季度扩大 0.1 个百分点。6 月份 PPI 同比下降 3.4%，降幅比上月扩大 0.4 个百点；与上月环比，出厂价格和购进价格分别下降 0.4%和 0.2%。按工业部门分，上半年，15 个工业部门产品出厂价格 3 涨 1 平 11 降，价格下降较多的行业主要是石油加工、煤炭及炼焦、冶金、建材、化学工业，同比分别下降 22.2%、11.8%、6.3%、6.0%、5.2%。

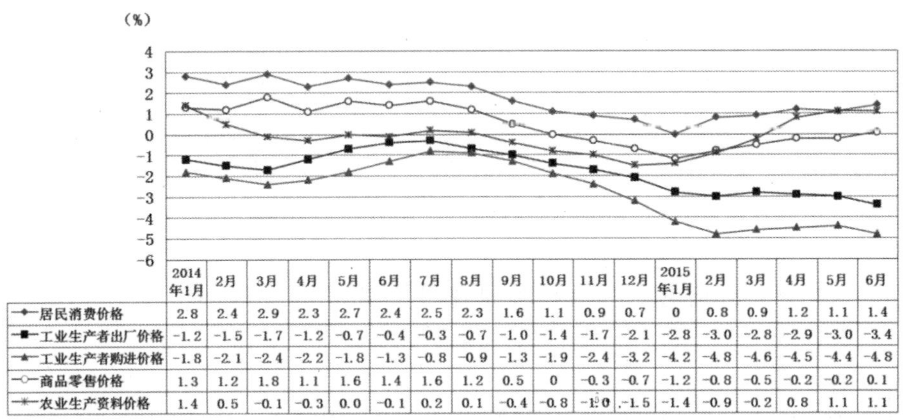

	2014年1月	2月	3月	4月	5月	6月	7月	8月	9月	10月	11月	12月	2015年1月	2月	3月	4月	5月	6月
居民消费价格	2.8	2.4	2.9	2.3	2.7	2.4	2.5	2.3	1.6	1.1	0.9	0.7	0	0.8	0.9	1.2	1.1	1.4
工业生产者出厂价格	-1.2	-1.5	-1.7	-1.2	-0.7	-0.4	-0.3	-0.7	-1.0	-1.4	-1.7	-2.1	-2.8	-3.0	-2.8	-2.9	-3.0	-3.4
工业生产者购进价格	-1.8	-2.1	-2.4	-2.2	-1.8	-1.3	-0.8	-0.9	-1.3	-1.9	-2.4	-3.2	-4.2	-4.8	-4.6	-4.5	-4.4	-4.8
商品零售价格	1.3	1.2	1.8	1.1	1.6	1.4	1.6	1.2	0.5	0	-0.3	-0.7	-1.2	-0.8	-0.5	-0.2	-0.2	0.1
农业生产资料价格	1.4	0.5	-0.1	-0.3	0.0	-0.1	0.2	0.1	-0.4	-0.8	-1.0	-1.5	-1.4	-0.9	-0.2	0.8	1.1	1.1

图 3　各类价格月度涨幅

3. 房价环比回升。6 月份，在全国 70 个大中城市中，我省 4 城市新建商品房住宅销售价格环比涨幅居前，杭州、宁波、温州和金华新建商品住宅销售价格环比分别上涨 1.3%、0.6%、0.4%和 0.2%，分别居第 5、6、10 和 17 位；同比下降 5.6%、3.3%、2.6%和 4.6%。据国家统计局浙江调查总队资料，4、5、6 月份，全省新建商品房住宅销售价格环比分别上涨 0.2%、0.4%和 0.8%，结束了 2014 年 3 月份以来连续 13 个月逐月下跌的态势；同比分别下降 8.0%、6.8%和 4.7%，降幅比 3 月份(8.6%)明显收窄。11 个设区市城区新建商品住宅销售价格环比 7 涨 4 降，上涨的为上述 4 城市和绍兴(0.5%)、嘉兴(0.3%)、丽水(0.1%)；下降的有衢州、舟山、湖州和台州，分别下降 0.3%、0.2%、0.1%和 0.1%。

(五)贷款需求有所增加

据人行杭州中心支行数据，6月末，金融机构本外币存款余额87480亿元，同比增长7.2%，新增存款5883亿元，同比少增1063亿元。本外币贷款余额75393亿元，增长9.0%，增幅比3月末回升0.3个百分点；新增贷款3884亿元，同比多增380亿元。上半年，社会融资规模为5906亿元，同比增加1116.9亿元。

(六)民生继续改善

1. 就业形势总体趋好，社会保障继续加强。据省人力社保厅统计，上半年，城镇新增就业56.1万人，城镇失业人员再就业21.8万人，其中就业困难人员再就业7.3万人。6月末，城镇登记失业率为2.9%；基本养老保险参保人数达3916万人，比年初新增96.9万人；基本医疗保险参保人数4906万人，新增3.3万人。

2. 居民收入稳定增长，农村快于城镇。据国家统计局浙江调查总队调查数据，上半年，全省居民人均可支配收入18753元，同比增长8.8%；扣除价格因素增长7.8%，增幅比去年同期提高0.6个百分点。按常住地分，城镇、农村居民人均可支配收入分别为22640和12005元，分别增长8.1%和9.3%，农村居民收入增长快于城镇居民1.2个百分点。

二、两大问题依然突出，保障经济协调运行困难不小

1. 工业生产企稳回升力度不强，企业两极分化突出。规模以上工业增加值增速虽然触底企稳，但上半年累计增速仍低于一季度，也低于去年同期。部分行业企业生产经营困难。在规模以上制造业31个大类行业中，上半年增加值下降的有食品(－1%)、饮料(－4.8%)、服装(－1.6%)、木材加工(－1.9%)、黑色金属(－0.7%)和其他制造业(－2.2%)等6个行业，增速在2%以下的有通用和专用设备、非金属矿物制品、皮毛羽制品和农副食品加工等5个行业。5月末，规模以上工业亏损企业仍有8397家，亏损面(21.1%)大于去年同期1.8个百分点。规模以上服务业亏损企业有3272家。工业生产回升力度不强的主要原因是工业品市场需求持续低迷。工业生产者出厂价格已连续42个月下降，长期处于下降通道且降幅扩大。出口增速大幅回落是影响工业生产增长的主要因素。规模以上工业出口交货值已连续4个月下降，上半年下降1.8%，比一季度的增幅回落3.4个百分点，严重影响工业产销增长。目前有出口实绩的企业数占规模以上工业的40.3%，总产值占49.9%，上半年，出口规模前十大行业中有八大行业出口交货值负增长，电气机械、纺织、通信电子、通用设备、服装、金属制品、皮毛羽毛、橡胶和塑料制品(按出口

交货值从大到小排序）分别下降0.8%、5.2%、4.4%、1.7%、4.2%、0.9%、2.5%、3.9%。工业企业投资意愿不强影响工业增长后劲。上半年，工业投资增幅比一季度回落1个百分点。31个制造行业中，有11个行业投资下降。也有一些企业在前期证券市场赚钱效应的吸引下将投资资金投入证券市场。

2.防控市场风险压力较大。金融机构不良贷款增势趋缓，但化解处置难度增大，“两链”风险尚未从根本上扼制。据省银监局资料，6月末，全省金融机构不良贷款余额1677亿元，比上月末减少134.8亿元，比年初增加280亿元；不良贷款率为2.23%，比上月末下降0.2个百分点，比年初上升0.27个百分点。资金链、担保链风险的化解处置尚需时日，企业逃废债现象仍有发生，证券市场大幅波动，对于进入证券市场的实体企业的资金保值增值风险也在加大，房地产企业去库存压力仍较大。

总体来看，由于国内外经济形势依然复杂严峻，随着下半年对比基数逐渐抬高，预计下半年浙江经济增速将有所回落，全年有望完成7.5%以上的预期目标。

附件：1—6月浙江省主要经济指标

（综合处　傅吉青）

附件　1—6 月浙江省主要经济指标

	2015 年					2014 年 1—6 月增长%
	1—6 月		增长%			
	绝对值	增长%	1—5 月	1—4 月	一季度	
地区生产总值(GDP)(亿元)	19280.7	8.3			8.2	7.2
第一产业	763.3	1.2			1.1	0.9
第二产业	8870.6	5.8			6.0	6.5
第三产业	9646.8	11.4			10.8	8.4
规模以上工业增加值(亿元)	6131	5.0	4.7	4.7	5.1	6.4
装备制造业	2234	7.0	6.9	7.4	8.5	9.0
高新技术产业	2227	7.2	6.7	6.9	7.3	8.3
战略性新兴产业	1555	6.9	6.5	6.6	7.2	7.8
规模以上工业销售产值(亿元)	30092	1.5	1.1	1.5	2.2	5.1
出口交货值	5567	−1.8	−1.4	−0.2	1.6	3.7
规模以上工业利润总额(亿元)			7.7	5.6	6.1	12.4
全社会用电量(亿千瓦时)	1676	3.0	2.7	2.6	2.4	3.6
工业用电量	1215	1.2	0.5	0.4	0.1	2.4
全社会货运量(万吨)	92519	1.5	0.1	−1.5	0.05	5.0
固定资产投资(亿元)	12134	12.3	13.3	14.3	17.0	17.0
工业投资	3887	4.8	5.5	5.3	5.8	7.8
技术改造投资	2751	13.7	12.8	9.9	6.8	11.8
房地产投资	3531	7.8	8.3	9.9	12.7	19.1
商品房销售面积(万平方米)	2566	49.6	39.3	29.1	15.0	−22.6
社会消费品零售总额(亿元)	9019	7.7	7.3	7.0	6.8	12.1
进出口总额(亿元)	10098.6	−2.5	−3.1	−1.2	3.0	3.8
出口	7944.2	2.3	2.7	6.5	13.4	5.9
进口	2154.4	−16.8	−19.8	−21.3	−22.8	−2.0
进出口总额(亿美元)	1647.2	−2.4	−3.2	−1.4	2.7	6.0

续 表

	2015年					2014年1—6月增长%
	1—6月		增长%			
	绝对值	增长%	1—5月	1—4月	一季度	
出口	1295.9	2.4	2.6	6.2	13.1	8.2
进口	351.3	−16.8	−19.9	−21.6	−23.1	0.1
财政总收入(亿元)	4730	8.3	7.8	8.3	8.7	8.2
一般公共财政预算收入	2710	7.5	6.8	6.9	8.6	8.2
金融机构本外币贷款余额(亿元)	75393	9.0	8.8	8.7	8.7	9.1
居民消费价格涨幅(%)		0.9	0.8	0.7	0.6	2.6
工业生产者出厂价格涨幅(%)		−3.0	−2.9	−2.9	−2.9	−1.1
全省居民人均可支配收入(元)	18753	8.8			9.2	10.0
城镇常住居民人均可支配收入	22640	8.1			8.3	9.4
农村常住居民人均可支配收入	12005	9.3			9.7	10.9

注:GDP、工业增加值增速按可比价格计算。

2015 年 1—9 月浙江经济运行情况

2015 年以来，浙江坚决贯彻落实党中央、国务院稳增长、调结构、促改革、惠民生、防风险的一系列政策措施，按照习近平总书记对浙江提出的“干在实处永无止境，走在前列要谋新篇”的新要求，主动适应经济发展新常态，打好转型升级组合拳。浙江经济运行总体呈现“高开稳走向好”的态势，转型升级取得新进展，积极因素累积增多。但经济运行中也存在一些问题和风险，需要积极应对和妥善解决。

一、经济运行主要特征

经济增长处于合理区间。1—9 月 GDP 为 29684 亿元，按可比价计算，比去年同期增长 8%，增幅同比提高 0.6 个百分点。分产业看，第一产业增加值 1161 亿元，增长 1.1%；第二产业增加值 13665 亿元，增长 5.4%；第三产业增加值 14858 亿元，增长 11.3%。9 月份，工业、投资、消费、出口等主要经济指标增速与 7、8 月份相比回升明显，结构继续优化，消费稳中有升，财政收支增长加快，存贷款增长较快，市场价格仍处低位。

(一)三大产业增长总体平稳

1. 工业生产增速企稳。1—9 月，规模以上工业增加值 9433 亿元，比去年同期增长 4.2%，增幅比上半年回落 0.8 个百分点，其中，9 月份，规模以上工业增加值 1156 亿元，增长 3.7%，增幅比 7、8 月份分别回升 1.2 和 1 个百分点。销售产值 46334 亿元，同比下降 0.04%，比上半年增幅回落 1.5 个百分点，其中，国内销售产值 37748 亿元，增长 0.7%；出口交货值 8586 亿元，下降 3.3%，降幅比上半年扩大 1.5 个百分点，9 月份出口交货值下降 6.2%。1—9 月，全社会用电量增长 1.8%，工业用电量下降 0.2%，增幅分别比上半年回落 1.2 和 1.4 个百分点。9 月份用电量下降，全社会用电量和工业用电量比去年同期分别下降 0.8%和 4.6%，比上月增幅回落 4.4 和 7.7 个百分点。

2. 服务业较快增长。1—9 月，服务业增加值占 GDP 的 50.1%，拉动 GDP 增长 5.3 个百分点，增长贡献率达 66.4%，比上半年提高 1.5 个百分点。其中，金融、房地产和其他服务业增长较快，分别增长 16.1%、12.0%和 14.8%，批发和零售、交通运输仓储和邮政、住宿和餐饮业增加值分别增长 5.9%、

5.7%和6.3%。1—8月，规模以上服务业企业实现营业收入5293亿元，同比增长17.7%，增速高于全国同期10.2个百分点；利润总额799亿元，增长14.8%，增速比上半年提高6.8个百分点。其中，信息传输、软件和信息技术等行业发展势头较好，营业收入和利润总额分别增长38.1%和11.1%。1—9月，全社会货运量和周转量分别比去年同期增长1.9%和3.6%，增幅比上半年回升0.4和0.5个百分点。其中，9月份分别增长3.4%和7.9%，增幅比上月回升1.7和10.1个百分点。1—9月，港口货物吞吐量增长1.5%，其中，沿海港口吞吐量增长3.5%，增幅分别比上半年回升1.3和1.6个百分点。

3.农业生产基本稳定。1—9月，农林牧渔业增加值1185亿元，比去年同期增长1.3%，增幅比上半年回落0.1个百分点，其中，农、林、牧、渔业分别增长3.3%、6.5%、－13.2%、4.2%。早稻播种面积增长0.2%，预计秋粮播种面积增长0.5%。效益农业面积扩大，效益提高。1—9月，蔬菜、中药材、花卉苗木、果用瓜面积分别增长3.5%、6.7%、4.3%和0.6%。畜牧业生产下降，渔业生产增长。肉类总产量104.3万吨，下降14.7%，其中猪肉产量81.9万吨，下降17.2%。水产品产量300.2万吨，增长3.7%。

（二）投资、消费、出口增速回升

1.投资增速企稳回升，房地产投资和销售增速减缓。1—9月，固定资产投资19062亿元，比去年同期增长11.2%，增幅比1—8月回升0.4个百分点。扣除价格因素增长13.8%，实际增幅比上半年回落0.7个百分点。其中，除房地产投资外的项目投资增长较快，项目投资13662亿元，增长15.1%，增幅比1—8月提高1个百分点。新开工项目投资等先行指标增长较快。9月末，投资新开工项目22421个，增长2.7%，新开工项目投资增长17.6%，增幅比全部投资高6.4个百分点。其中，工业投资增长10.9%，占52.5%；基础设施增长31.4%，占33.2%。

房地产投资低位增长，销售增速环比减缓。1—9月，房地产开发投资5400亿元，增长2.4%，增幅比上半年回落5.4个百分点，同比回落18.5个百分点，拉动投资增长仅0.7个百分点。房屋新开工面积下降35.1%，待售面积增长21.4%。商品房销售面积4100万平方米，增长39.6%，销售额4306亿元，增长40.5%，增幅分别比去年同期回升52.5和60个百分点，但随着去年同期基数的扩大，比上半年分别回落10和8个百分点。

2.消费品市场基本稳定，与互联网和房地产的相关商品销售增长较快。1—9月，社会消费品零售总额13840亿元，比去年同期增长8%，增幅比上半年回升0.3个百分点，其中9月份增长8.5%，扣除价格因素增长8.2%，实际增幅与上半年持平。由于石油价格下降，使石油及制品类零售额下降 7.8%，如剔除石油及制品类零售额，全省社会消费品零售额增长率可达 9.3%。从限额以上单位分类商品零售额统计看，通讯器材、家具、建筑装潢材料、五金电料等增长较快，分别增长 87.6%、56.2%、48.4%、29.9%；金银珠宝、服装、食品、饮料、家电类商品增长平稳，分别增长 15%、19.8%、15.7%、20.1% 和 13.1%。汽车销售对消费增长的贡献回落，汽车类零售额 2168 亿元，增长 2.8%，对社会消费品零售总额的增长贡献率从去年同期的 11.4% 下降到 5.8%。

3. 进出口月度转降为升，累计增速企稳回升。据海关统计，1—9 月，全省进出口总值 15902 亿元（2585 亿美元），同比下降 2.6%（－2.8%）。其中，进口 3270 亿元（531 亿美元），下降 15%（－15.2%）；出口 12633 亿元（2054 亿美元），增长 1.2%（1.1%），增幅比上半年回落 1.1（1.3）个百分点，但比 1—8 月回升 0.8（0.4）个百分点。其中，9 月份，进出口总额 1964 亿元，增长 2.3%（－0.6%），其中，进口 377 亿元，下降 14.3%（－16.9%），出口 1587 亿元，增长 7.2%（4.3%），出口增幅比 7 月的－8.5%和 8 月的 0.5%分别回升 15.7 和 6.7 个百分点。以美元计价的出口累计增幅领先全国（－1.9%）3 个百分点，高于江苏（－1.4%）、上海（－5.3%）、山东（－3.2%）、广东（0.8%），但低于福建（2.2%）。

（三）转型升级取得积极成效

一是信息、环保、健康、旅游、时尚、金融、高端装备制造等七大重点产业取得长足发展。1—9 月，全省信息经济核心产业增加值为 2288 亿元，金融业增加值 2228 亿元，按可比价计算，同比分别增长 13.7% 和 16.1%，其中信息产业增速比上半年提高 0.5 个百分点。旅游总收入 4962 亿元，增长 12.7%。在规模以上工业中，高端装备制造、节能环保产业、健康产品制造业增加值分别增长 4.4%、5.6%和 6.3%。二是结构调整成效显现。1—9 月，规模以上工业高新技术业、战略性新兴产业、装备制造业增加值分别增长 7.1%、7%和 6%，增幅比规模以上工业高 2.9、2.8 和 1.8 个百分点，高新技术产业对工业增长的贡献率达到 59.4%。新产品产值增长 12.8%，增幅比规模以上工业高 12.4 个百分点；新产品产值率为 30.2%，比去年同期提高 3.3 个百分点。主动淘汰落后产能涉及企业 1500 家，整治和淘汰 109 个“低小散”块状区块问题企业（作坊）1.9 万家。八大高耗能行业增加值同比增长 3.7%，增幅比规模以上工业低 0.5 个百分点。投资结构优化。工业投资 6133 亿元，增长 4.6%，制造业投资 5280 亿元，增长 6.4%，制造业投资增幅比上半年回升 1.2 个百分点；工业技术改造投资4535亿元，增长17%，增幅比上半年提高3.3个百分点，占工业投资的73.9%；除房地产开发外的服务业投资7286亿元，增长25.9%，其中，交通运输、仓储和邮政业投资增长34.1%，生态环保投资增长70.6%。出口商品结构改善。机电产品和高新技术产品出口分别增长3.5%和7%，占全部出口商品的41.7%和5.9%，比重同比提高0.9和0.3个百分点，传统的纺织服装出口下降3%。转变外贸出口方式取得初步成效，市场采购贸易出口增长52.4%，拉动全省出口增长3.6个百分点。服务贸易出口增势较好，增长15.8%。三是浙商回归和特色小镇建设加快推进。1—9月，浙商回归新引进项目1567个，其中浙商资本回归项目221个，累计省外到位资金2345亿元，完成目标任务78.2%。其中，浙商回归产业项目省外到位资金1959亿元，完成目标任务78.4%，同比增幅20.1%；浙商资本回归省外到位资金386亿元，完成目标任务77.2%。特色小镇创建工作扎实推进，成为我省再创发展新优势的重要载体，首批37个特色小镇加快建设，成为我省经济和投资的新增长点。四是"互联网+"等新业态和新产品继续迅猛发展。在1—9月限额以上单位商品零售额中，实物商品网上零售额增长42.7%，通讯器材零售额增长87.6%。据省商务厅资料，1—9月，全省实现网络零售额4721亿元，同比增长46.3%，其中省内居民消费2560亿元，增长33.7%。快递业务量24.2亿件，增长53%。跨境电子商务出口2.5亿美元，增长337倍。五是"双创"氛围较浓。1—9月，地方财政科技支出149.2亿元，比去年同期增长23.6%，增幅比上半年提高13.1个百分点。1—8月规模以上工业科技活动经费支出增长5.6%，增幅高于主营业务收入6.7个百分点。规模以上科技型企业5724家，1—9月增加值1373亿元，利润总额357.7亿元，同比分别增长4.5%和6.1%，增幅高于规模以上工业0.3和1.4个百分点，比重分别为14.6%和15.9%。其中，高新技术企业3027家，增加值872亿元，利润260亿元，同比分别增长5.6%和7.1%。据省工商局资料，1—9月，全省新设企业17.1万户，新设个体工商户42.5万户。截至9月底，全省在册市场主体456.7万户，增长12.6%，注册资本(金)总额8.9万亿元，增长27.7%。其中，企业139.8万户，增长15.3%；个体工商户309.8万户，增长11.6%；农民专业合作社6.2万户，增长6.8%。六是企业效益效率持续提高。1—8月，规模以上工业企业实现利润总额2246亿元，同比增长4.7%，增幅比主营业务收入高5.8个百分点，高于全国6.6个百分点。规模以上工业38个大类行业中，19个行业利润同比增长。主营业务收入利润率为5.67%，高于全国0.29个百分点。企业从业人员减少3.3%，劳动生产率为18.2万元/人(折年)，按可比价计算增长

7.9%。规模以上服务业企业利润总额 799 亿元,同比增长 14.8%,增幅比上半年提高 6.5 个百分点,比工业高出 10.1 个百分点。七是小微企业相对活跃,龙头企业增势较好。规模以上工业中,1—9 月,小型企业增加值增长 5.5%,高于大、中型企业 4.0%和 2.9%的增幅。去年销售产值达 10 亿元以上的工业企业有 860 家,占规上工业企业数的比重为 2.1%;1—9 月实现增加值 3921 亿元,同比增长 6.2%,增幅比规模以上工业高 2 个百分点;增加值占 41.6%,拉动规模以上工业增加值增长 2.5 个百分点。八是生态环境不断改善。1—9 月,规模以上工业单位增加值能耗同比下降 2.5%。提前一年完成国家下达的化学需氧量、氨氮、二氧化硫和氮氧化物“十二五”减排目标。“五水共治”整治黑臭河 415 公里,深化提升整治 1411 公里,新建污水管网 2832 公里。“三改一拆”改造旧住宅区、旧厂区、城中村 14011 万平方米,拆违 11419 万平方米。

(四)财政收支增长加快,金融存贷款增长较快

1.财政收支增长加快,民生支出继续扩大。1—9 月,财政总收入 6694 亿元,一般公共预算收入 3834 亿元,分别增长 8.8%和 8.2%,增幅比 1—8 月提高 0.3 和 0.5 个百分点,其中,9 月份,财政总收入为 602.3 亿元,一般公共预算收入为 350.4 亿元,分别比去年同期增长 11.4%和 13.7%,增幅比上月加快 6.8 和 7.6 个百分点。在一般公共预算收入中,税收收入 3292 亿元,增长 7.5%,占一般公共财政预算收入的 85.9%,其中,增值税、营业税及改征增值税、企业所得税、个人所得税分别增长 7.2%、12.3%、4.4%和 23.2%。非税收入 542 亿元,增长 12.7%。

1—9 月,公共财政预算支出 4416 亿元,增长 23%,增幅比上半年提高 8.5 个百分点,其中,节能环保、城乡社区、住房保障、科技、社会保障和就业、公共安全、卫生计生等支出分别增长 55.4%、35.8%、26.7%、23.6%、13.6%、10.1%和 8.2%。9 月份,公共财政预算支出 808.2 亿元,增长 54.1%。

2.银行存款同比多增,贷款增速回落。9 月末,金融机构本外币存款余额 88485 亿元,同比增长 9.3%,新增存款 6888 亿元,同比多增 604 亿元。本外币贷款余额 75820 亿元,增长 8.3%,增幅比上月末回落 0.3 个百分点,新增贷款 4311 亿元,同比少增 41 亿元。境内贷款余额 75495 亿元,增长 8.1%。其中,住户贷款增长 12.1%;非金融企业及机关团体贷款增长 6.5%。在非金融企业及机关团体贷款中,中长期贷款增长 15%,短期贷款下降 2%,票据融资增长 71.8%。1—9 月,社会融资规模为 6382.1 亿元,同比多增 175.1 亿元。

（五）CPI小幅上涨，PPI降幅较大，房价快速回升

CPI同比小幅上涨，环比下降。9月份，居民消费价格总水平（CPI）同比上涨1.7%，涨幅比上月回落0.2个百分点，其中，食品价格上涨3.1%。CPI环比下降0.2%。1—9月，居民消费价格总水平同比上涨1.2%，涨幅比上半年回升0.3个百分点。八大类消费价格同比七涨一跌，食品、医疗保健和个人用品、烟酒、衣着、家庭设备用品及维修服务、娱乐教育文化用品及服务、居住类价格分别上涨3.1%、2.9%、2.6%、1.6%、0.9%、0.7%、0.6%，交通和通信类价格下降4.2%。

PPI降幅较大，但比上月略有收窄。工业生产者出厂价格（PPI）已连续45个月下降。9月份，工业生产者出厂价格同比下降4.3%，降幅比上月收窄0.1个百点，是自今年3月份以来首次收窄，环比下降0.1%。购进价格同比下降6.8%，降幅比上月扩大0.5个百分点，环比下降0.7%。1—9月，工业生产者出厂价格和购进价格分别下降3.4%和5.1%，降幅比上半年扩大0.4和0.6个百分点，进出价差为1.7个百分点。

房价环比五连涨，同比降幅收窄。8月份，全省新建商品住宅销售价格环比上涨0.5%，呈现自4月份以来的五连涨；同比下降0.9%，降幅比上月收窄1.7个百分点。在全国70个大中城市中，杭、甬、金、温4城市新建商品住宅销售价格环比涨幅居前，分别上涨0.7%、0.6%、0.4%和0.2%，分别居第7、9，并列第14和并列第25位。与去年同期相比，杭州、宁波自2014年7月份以来首次止跌回升，分别上涨0.3%和0.1%，居第7位和并列第8位；金华、温州降幅快速收窄，分别下降1.7%和2.1%，居第14位和并列第16位。

（六）居民收入较快增长，就业形势稳定

居民收入增长与经济发展同步。1—9月，全省居民人均可支配收入为27469元，比去年同期增长9.2%，增幅比上半年回升0.4个百分点；扣除价格因素增长7.9%，实际增幅比上半年回升0.1个百分点。城镇、农村居民人均可支配收入分别为33464和17004元，比去年同期增长8.4%和9.5%，增幅比上半年提高0.3和0.2个百分点。就业形势总体稳定。据省人力社保厅资料，1—9月城镇新增就业83.9万人，提前完成80万的年度预期目标。三季度末城镇登记失业率2.88%，比上年末下降0.08个百分点。社会保障进一步加强。9月末，基本养老保险参保人数达3967万人，比年初新增161.8万人。其中，企业职工参保2580万人，新增137.7万人；基本医疗保险参保人数4934万人，新增31.1万人，其中，城镇职工基本养老保险参保人数1971万人，新增71万人。

二、经济运行中存在的主要问题

在世界经济增长乏力、国内三期叠加的环境下，我省经济运行也存在不少问题。比较突出的有：

1.经济分化态势比较明显，企业生产经营面临不少困难。从行业看，比较好的是信息传输、软件、信息技术服务业，社会服务业，而制造业、建筑业、批发零售、住宿餐饮、交通运输相对不怎么景气，上半年发展较快的金融业、房地产业增速有所减缓。规模以上工业增加值增速从上半年的5%回落到1—9月的4.2%，在制造业31个行业大类中，有18个行业的增加值增速比上半年回落。从制造业看，主营业务收入和利润双增长的行业只有汽车制造、通信电子、家具、化纤、石油加工、医药等少数行业。1—9月，规模以上工业38个大类行业中，增加值增长10%以上的只有汽车、通信电子、化纤等7个行业，而近一半行业下降或略增(11个下降，6个低于2%)。1—8月，电力、石油加工、汽车3个行业合计拉动利润总额增长5.2个百分点(增长贡献率达109.4%)，而有55%的行业利润下降或略增(19个下降，2个低于均值)。在企业调研中，企业普遍反映下半年生产经营比上半年困难。据省统计局对3.8万余家规模以上工业企业的调查，三季度，总产值占23.8%的企业认为本行业本季度总体运行状况“乐观”，65%的企业认为“一般”，11.2%的企业认为“不乐观”。8月末，规模以上工业有亏损企业7326家，亏损面18.3%，亏损企业亏损额增长22.6%。规模以上工业主营业务收入同比下降1.1%且降幅比上月扩大，但企业应收账款和产成品存货依然增长，分别增长7%和2.4%，企业资金回笼困难。企业订单短期化，订单指数长期徘徊在临界值上下，高端产品订单向欧美国家、中低端产品订单向东南亚国家转移。

这些行业企业生产经营困难，有市场需求制约因素，也有自身结构性素质性因素。中高端产品有效供给不足，追求质优、高效、安全等中高端需求随着境外游和海外代购大量流出国内省内，需求外溢，而低端产品成本优势不再，供需结构性矛盾进一步加剧。第三季度，规模以上工业产能利用率为75.4%，比二季度下滑1.1个百分点；工业生产者出厂价格已连续45个月下降且降幅呈扩大趋势，1—9月下降3.4%，出口商品综合平均价格下降2.7%；规模以上工业企业出口交货值已连续7个月下降，1—9月下降3.3%。在外需疲软的同时，产品内销也不理想，1—9月规模以上工业企业国内销售产值仅增长0.7%。受此影响，企业实体投资意愿不强。1—9月，民间投资比重(59.9%)同比回落1.7个百分点，工业投资仅增长4.6%。

2.经济运行也存在一些风险隐患。9月末，全省金融机构不良贷款余额比年初增加 380.6 亿元；不良贷款率为 2.35%，比年初上升 0.39 个百分点。“两链”风险在一些区域仍然存在，特别是企业逃废债等行为趋增。银行经营压力增大，“贷款难”和“难贷款”问题突出。商品房去库存压力仍然较大。商品房去库存周期虽然明显下降，但 1—9 月待售面积仍增长 21.4%，而商品房施工面积增长 0.7%，竣工后库存又会增加。与此同时，房地产企业本年实际到位资金下降 0.4%，低于投资增幅 2.8 个百分点，比上半年回落 3.7 个百分点，房地产市场投资风险仍不容忽视。

总体来看，浙江经济运行健康正常，积极因素在累积，国家采取的一系列稳增长措施和我省转型升级组合拳正在逐步见效，大众创业、万众创新的氛围越来越浓厚，以新产品、新技术、新业态、新模式、新经济引导的新的增长动力正在成长和走强，考虑去年同期基数提高等因素，预计全年有望完成 GDP 增长 7.5%以上的预期目标。

附件 1：1—9 月浙江省主要经济指标

附件 2：主要经济指标月度增速统计图

（综合处　傅吉青　黄洪琳　毛惠青）

附件 1　1—9 月浙江省主要经济指标

	2015 年							2014 年 1—8 月
	月度增速%			1—9 月		上半年	一季度	1—9 月
	9 月	8 月	7 月	绝对值	增长%	增长%	增长%	增长%
地区生产总值(GDP)(亿元)				29684	8.0	8.3	8.2	7.4
第一产业				1161	1.1	1.2	1.1	1.1
第二产业				13665	5.4	5.8	6.0	6.9
第三产业				14858	11.3	11.4	10.8	8.4
规模以上工业增加值(亿元)	3.7	2.7	2.5	9433	4.2	5.0	5.1	6.6
装备制造业	4.7	4.2	4.2	3425	6.0	7.0	8.5	9.3
高新技术产业	6.7	7.0	7.2	3404	7.1	7.2	7.3	8.7
战略性新兴产业	7.3	7.6	6.8	2410	7.0	6.9	7.2	8.6
规模以上工业销售产值(亿元)	−1.7	−4.0	−3.3	46334	−0.04	1.5	2.2	5.7
出口交货值	−6.2	−5.2	−5.3	8586	−3.3	−1.8	1.6	5.1
规模以上工业利润总额(亿元)		4.7	6.4			7.9	6.1	9.8
全社会用电量(亿千瓦时)	−0.8	2.6	−2.3	2652	1.8	3.0	2.4	0.5
工业用电量	−4.6	3.1	−6.1	1898	−0.2	1.2	0.1	1.3
全社会货运量(万吨)	3.4	1.7	2.5	144756	1.9	1.5	0.05	4.4
固定资产投资(亿元)	11.2	10.8	10.9	19062	11.2	12.3	17.0	16.0
工业投资	4.6	3.5	3.3	6133	4.6	4.8	5.8	8.3
技术改造投资	17.0	14.3	14.2	4535	17.0	13.7	6.8	14.5
房地产投资	2.4	3.4	5.5	5400	2.4	7.8	12.7	20.9
商品房销售面积(万平方米)	39.6	44.2	48.5	4100	39.6	49.6	15.0	−12.9
社会消费品零售总额(亿元)	8.5	9.4	7.4	13840	8.0	7.7	6.8	11.9
进出口总额(亿元)	2.1	−2.5	−7.6	15902	−2.6	−2.5	3.0	5.2
出口	7.2	0.5	−8.5	12633	1.2	2.3	13.4	8.6
进口	−14.8	−14.4	−4.3	3270	−15.0	−16.8	−22.8	−4.6

续 表

	2015 年							2014 年 1—8 月
	月度增速%			1—9 月		上半年	一季度	1—9 月
	9 月	8 月	7 月	绝对值	增长%	增长%	增长%	增长%
进出口总额(亿美元)	－1	－1.8	－7.0	2585	－2.8	－2.4	2.7	6.7
出口	4.2	1.2	－7.9	2054	1.1	2.4	13.1	10.2
进口	－17.4	－13.8	－3.7	531	－15.2	－16.8	－23.1	－3.2
财政总收入(亿元)	11.4	4.6	12.8	6694	8.8	8.3	8.7	7.6
一般公共财政预算收入	13.7	6.1	10.2	3834	8.2	7.5	8.6	8.2
金融机构本外币贷款余额(亿元)	8.3	8.6	9.2	75820	8.3	9.0	8.7	8.6
居民消费价格涨幅(%)	1.7	1.9	1.6		1.2	0.9	0.6	2.4
工业生产者出厂价格涨幅(%)	－4.3	－4.4	－3.9		－3.4	－3.0	－2.9	－1.0
全省居民人均可支配收入(元)				27469	9.2	8.8	9.2	9.8
城镇常住居民人均可支配收入				33464	8.4	8.1	8.3	9.2
农村常住居民人均可支配收入				17004	9.5	9.3	9.7	10.8

注:工业利润、投资和商品房销售面积月度增速均为累计增速。

附件 2 主要经济指标月度增速统计图

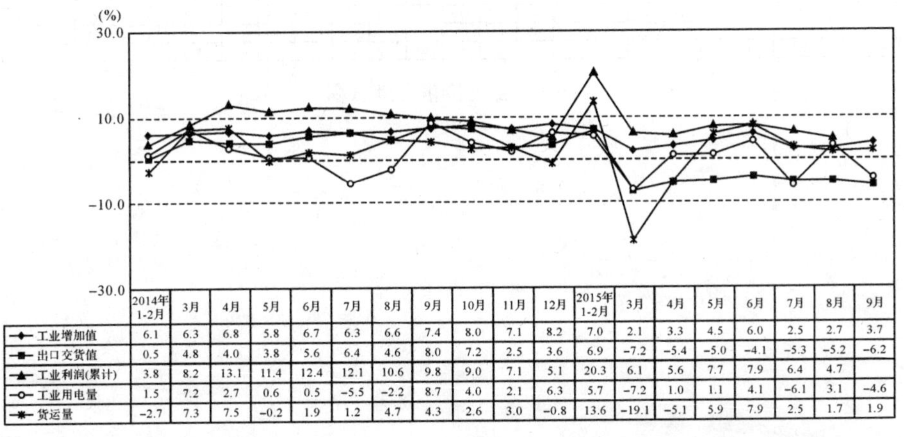

	2014年1-2月	3月	4月	5月	6月	7月	8月	9月	10月	11月	12月	2015年1-2月	3月	4月	5月	6月	7月	8月	9月
工业增加值	6.1	6.3	6.8	5.8	6.7	6.3	6.6	7.4	8.0	7.1	8.2	7.0	2.1	3.3	4.5	6.0	2.5	2.7	3.7
出口交货值	0.5	4.8	4.0	3.8	5.6	6.4	4.6	8.0	7.2	2.5	3.6	6.9	-7.2	-5.4	-5.0	-4.1	-5.3	-5.2	-6.2
工业利润(累计)	3.8	8.2	13.1	11.4	12.4	12.1	10.6	9.8	9.0	7.1	5.1	20.3	6.1	5.6	7.7	7.9	6.4	4.7	
工业用电量	1.5	7.2	2.7	0.6	0.5	-5.5	-2.2	8.7	4.0	2.1	6.3	5.7	-7.2	1.0	1.1	4.1	-6.1	3.1	-4.6
货运量	-2.7	7.3	7.5	-0.2	1.9	1.2	4.7	4.3	2.6	3.0	-0.8	13.6	-19.1	-5.1	5.9	7.9	2.5	1.7	1.9

图 1 工业增加值、出口交货值、工业用电量当月增速和工业利润累计增速

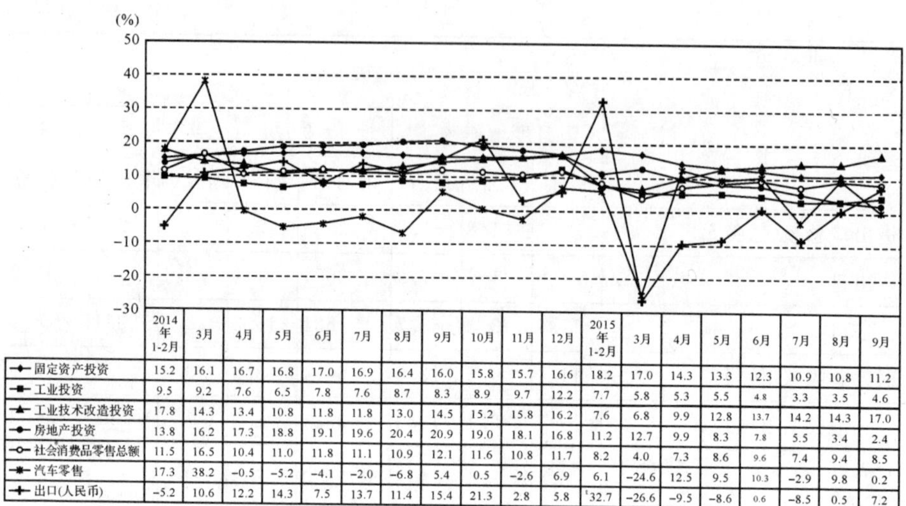

	2014年1-2月	3月	4月	5月	6月	7月	8月	9月	10月	11月	12月	2015年1-2月	3月	4月	5月	6月	7月	8月	9月
固定资产投资	15.2	16.1	16.7	16.8	17.0	16.9	16.4	16.0	15.8	15.7	16.6	18.2	17.0	14.3	13.3	12.3	10.9	10.8	11.2
工业投资	9.5	9.2	7.6	6.5	7.8	7.6	8.7	8.3	8.9	9.7	12.2	7.7	5.8	5.3	5.5	4.8	3.3	3.5	4.6
工业技术改造投资	17.8	14.3	13.4	10.8	11.8	11.8	13.0	14.5	15.2	15.8	16.2	7.6	6.8	9.9	12.8	13.7	14.2	14.3	17.0
房地产投资	13.8	16.2	17.3	18.8	19.1	19.6	20.4	20.9	19.0	18.1	16.8	11.2	12.7	9.9	8.3	7.8	5.5	3.4	2.4
社会消费品零售总额	11.5	16.5	10.4	11.0	11.8	11.1	10.9	12.1	11.6	10.8	11.7	8.2	4.0	7.3	8.6	9.6	7.4	9.4	8.5
汽车零售	17.3	38.2	−0.5	−5.2	−4.1	−2.0	−6.8	5.4	0.5	−2.6	6.9	6.1	−24.6	12.5	9.5	10.3	−2.9	9.8	0.2
出口(人民币)	−5.2	10.6	12.2	14.3	7.5	13.7	11.4	15.4	21.3	2.8	5.8	32.7	−26.6	−9.5	−8.6	0.6	−8.5	0.5	7.2

图2　固定资产和投资累计增速、社会消费品零售额、汽车零售额和出口当月增速

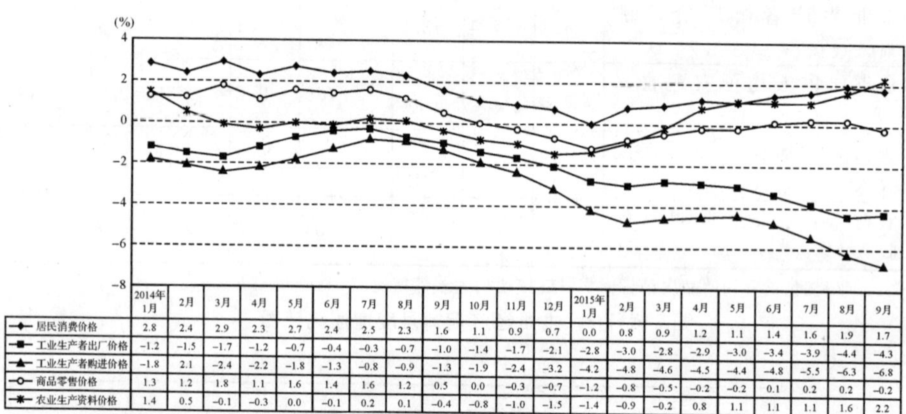

	2014年1月	2月	3月	4月	5月	6月	7月	8月	9月	10月	11月	12月	2015年1月	2月	3月	4月	5月	6月	7月	8月	9月
居民消费价格	2.8	2.4	2.9	2.3	2.7	2.4	2.5	2.3	1.6	1.1	0.9	0.7	0.0	0.8	0.9	1.2	1.1	1.4	1.6	1.9	1.7
工业生产者出厂价格	−1.2	−1.5	−1.7	−1.2	−0.7	−0.4	−0.3	−0.7	−1.0	−1.4	−1.7	−2.1	−2.8	−3.0	−2.8	−2.9	−3.0	−3.4	−3.9	−4.4	−4.3
工业生产者购进价格	−1.8	2.1	−2.4	−2.2	−1.8	−1.3	−0.8	−0.9	−1.3	−1.9	−2.4	−3.2	−4.2	−4.8	−4.6	−4.5	−4.4	−4.8	−5.5	−6.3	−6.8
商品零售价格	1.3	1.2	1.8	1.1	1.6	1.4	1.6	1.2	0.5	0.0	−0.3	−0.7	−1.2	−0.8	−0.5	−0.2	−0.2	0.1	0.2	0.2	−0.2
农业生产资料价格	1.4	0.5	−0.1	−0.3	0.0	−0.1	0.2	0.1	−0.4	−0.8	−1.0	−1.5	−1.4	−0.9	−0.2	0.8	1.1	1.1	1.1	1.6	2.2

图3　各类价格月度涨幅

2015 年浙江居民收入情况分析

2015 年，浙江居民收入继续保持稳步增长，但增速有所放缓。居民收入差距进一步缩小，收入水平继续居全国各省区首位。

一、全体居民人均可支配收入增长 8.8%

2015 年浙江全体居民人均可支配收入 35537 元，和上年相比增加了 2879 元，同比名义增长 8.8%，增幅比上年同期回落了 0.9 个百分点；扣除价格影响因素，实际增长 7.3%，实际增幅比上年同期回落了 0.1 百分点。

分季度看，一季度增长 9.2%，上半年增长 8.8%，前三季度增长 9.2%，全年增长 8.8%，增幅总体呈回落态势(见图 1)。

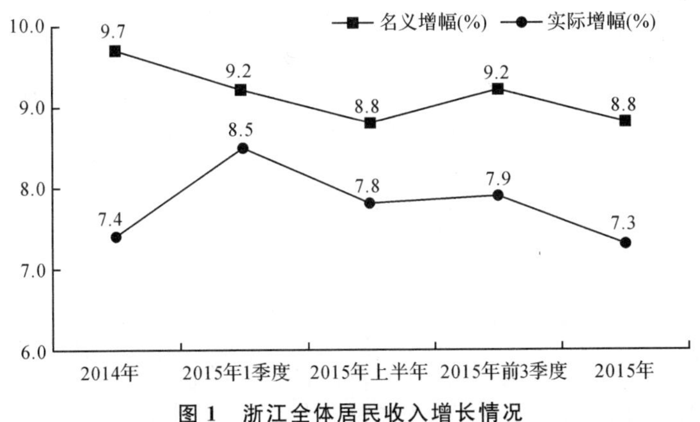

图 1 浙江全体居民收入增长情况

按收入来源分，人均工资性收入 20654 元，同比增长 8.3%，拉动可支配收入增长 4.8 个百分点；人均经营净收入 6182 元，同比增长 3.7%，拉动可支配收入增长 0.7 个百分点；人均财产净收入 4079 元，同比增长 13.7%，拉动可支配收入增长 1.5 个百分点；人均转移净收入 4622 元，同比增长 14.3%，拉动可支配收入增长 1.8 个百分点。

二、城镇常住居民人均可支配收入增长 8.2%

2015 年浙江城镇常住居民人均可支配收入 43714 元，和上年相比增加了 3321 元，同比名义增长 8.2%，增幅比上年同期回落了 0.7 个百分点；扣除价格影响因素，同比实际增长 6.7%，实际增幅比上年同期回落了 0.1 个百分点。

分季度看，一季度增长 8.3%，上半年增长 8.1%，前三季度增长 8.4%，全年回落到 8.2%，增幅总体呈回落态势（见图 2）。

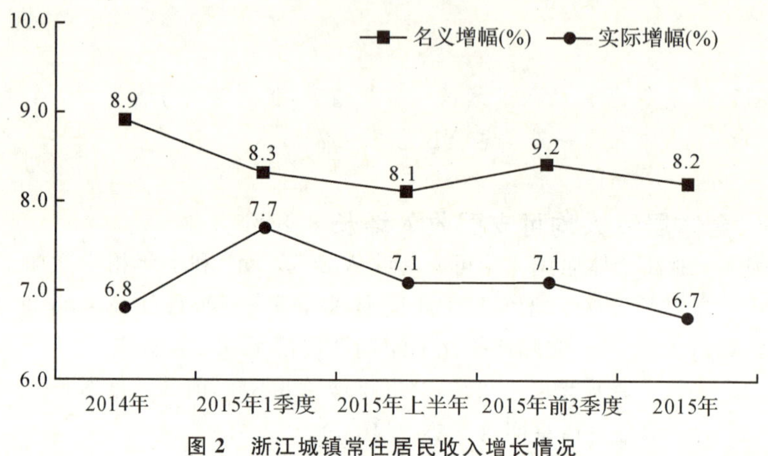

图 2　浙江城镇常住居民收入增长情况

按收入来源分，人均工资性收入 24948 元，同比增长 7.0%，拉动可支配收入增长 4.0 个百分点；人均经营净收入 6646 元，同比增长 4.2%，拉动可支配收入增长 0.7 个百分点；人均财产净收入 6048 元，同比增长 12.9%，拉动可支配收入增长 1.7 个百分点；人均转移净收入 6073 元，同比增长 13.8%，拉动可支配收入增长 1.8 个百分点。

三、农村常住居民人均可支配收入增长 9.0%

2015 年浙江农村常住居民人均可支配收入 21125 元，和上年相比增加了 1752 元，首次登上“两万元”新台阶。人均可支配收入同比名义增长 9.0%，增幅比去年同期回落了 1.7 个百分点；扣除价格影响因素，同比实际增长 7.5%，实际增幅比上年同期回落了 0.8 个百分点。

分季度看，一季度增长 9.7%，上半年增长 9.3%，前三季度增长 9.5%，全年回落到 9.0%，增幅总体呈回落态势（见图 3）。

按收入来源分，人均工资性收入 13087 元，同比增长 11.2%，拉动可支配收入增长 6.8 个百分点；人均经营净收入 5364 元，同比增长 2.4%，拉动可支配收入增长 0.7 个百分点；人均财产净收入 608 元，同比增长 12.0%，拉动可支配收入增长 0.3 个百分点；人均转移净收入 2066 元，同比增长 13.4%，拉动可支配收入增长 1.3 个百分点。

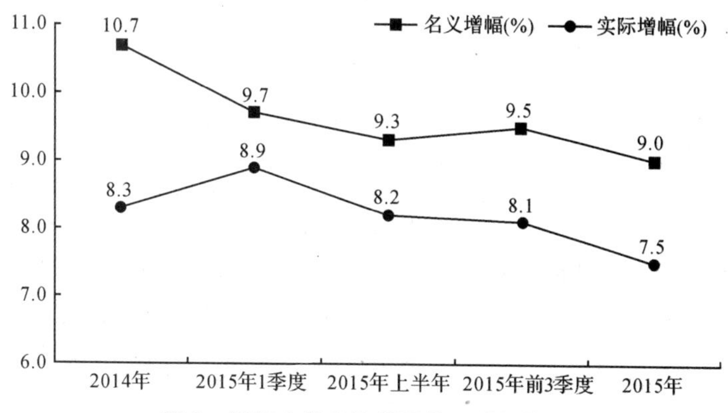

图 3　浙江农村常住居民收入增长情况

表 1　2015 年浙江居民收入情况表

指标名称		2015 年(元)	2014 年(元)	名义增长(%)	实际增长(%)
全体居民	人均可支配收入	35537	32658	8.8	7.3
	(一)工资性收入	20654	19069	8.3	
	(二)经营净收入	6182	5959	3.7	
	(三)财产净收入	4079	3586	13.7	
	(四)转移净收入	4622	4044	14.3	
城镇常住居民	人均可支配收入	43714	40393	8.2	6.7
	(一)工资性收入	24948	23317	7.0	
	(二)经营净收入	6646	6379	4.2	
	(三)财产净收入	6048	5358	12.9	
	(四)转移净收入	6073	5338	13.8	
农村常住居民	人均可支配收入	21125	19373	9.0	7.5
	(一)工资性收入	13087	11773	11.2	
	(二)经营净收入	5364	5237	2.4	
	(三)财产净收入	608	543	12.0	
	(四)转移净收入	2066	1821	13.4	

注:2015 年居民消费价格指数:全省 101.4;城镇 101.4;农村 101.4。

四、居民收入差距进一步缩小

2015 年,按全省居民五等份收入分组,低收入组人均可支配收入 11574

元，中等偏下收入组人均可支配收入 22730 元，中等收入组人均可支配收入 31443 元，中等偏上收入组人均可支配收入 43085 元，高收入组人均可支配收入 75072 元。高收入组与低收入组收入差距倍数由上年的 7.28 倍下降到 6.49 倍，其中城镇 20%最高收入组与 20%最低收入组收入差距倍数由上年的 5.09 倍下降到 4.66 倍，农村 20%最高收入组与 20%最低收入组收入差距倍数由上年的 6.39 倍下降到 6.04 倍，城乡居民内部的收入差距倍数均有所缩小。

2015 年浙江城镇常住居民人均可支配收入和农村常住居民人均可支配收入的比值（即城乡居民收入比）为 2.07，分别比 2013 年的 2.12 和 2014 年的 2.09 下降了 0.05 和 0.02，比 2015 年全国平均水平的 2.73 小 0.66 倍，城乡居民收入差距进一步缩小。

五、居民收入中位数增速较快

2015 年浙江居民家庭人均可支配收入中位数为 31499 元，同比增长 10.2%。浙江居民家庭人均可支配收入中位数绝对值比人均可支配收入低 4038 元，名义增幅比人均可支配收入高 1.4 个百分点。分常住地看，其中城镇居民家庭人均可支配收入中位数 40161 元，同比增长 10.3%，绝对值比人均可支配收入低 3553 元，名义增幅比人均可支配收入增幅高 2.1 个百分点；农村居民家庭人均可支配收入中位数 20665 元，同比增长 11.9%，绝对值比人均可支配收入低 460 元，名义增幅比人均可支配收入增幅高 2.9 个百分点。

六、居民收入水平继续保持全国前列

2015 年浙江居民人均可支配收入 35537 元，比全国平均水平的 21966 元高 13571 元，居全国 31 个省（区、市）第三位，省（区）第一位。人均可支配收入水平位于全国前两位的分别是上海（49867 元）和北京（48458 元），此外，天津（31291 元）、江苏（29539 元）、广东（27859 元）、福建（25404 元）、辽宁（24576 元）、山东（22703 元）和内蒙（22310 元）的居民收入绝对值也高于全国平均数。从增速看，2015 年浙江居民人均可支配收入同比名义增长 8.8%，比全国水平低 0.1 个百分点，增速和河北、山东并列全国第十八位，位次较 2014 年的第十九位提升了一位。增速慢于浙江的有江苏（8.7%）、海南（8.6%）、广东（8.5%）、广西（8.5%）、上海（8.5%）、内蒙古（8.5%）、天津（8.5%）、山西（8.0%）、辽宁（7.7%）、黑龙江（6.8%）和吉林（6.6%）。2015 年全体居民人均可支配收入增速最快的是西藏（14.2%）。

分城乡看，2015 年浙江城镇常住居民人均可支配收入 43714 元，比全国平均水平的 31195 元高 12519 元，居全国 31 个省（区、市）第三位。城镇常住居民人均可支配收入位于全国前两位的分别是上海（52962 元）和北京（52859

元)，此外，江苏(37173 元)、广东(34757 元)、天津(34101 元)、福建(33275 元)和山东(31545 元)的城镇常住居民人均可支配收入绝对值也高于全国平均数。从增速看，2015 年浙江城镇常住居民人均可支配收入同比名义增长 8.2%，增幅与全国持平，与江苏、天津、宁夏并列全国第十七位，位次较上年的第十五位下降了两位。增速慢于浙江的有广东(8.1%)、四川(8.1%)、山东(8.0%)、河南(8.0%)、内蒙古(7.9%)、海南(7.6%)、山西(7.3%)、吉林(7.2%)、广西(7.1%)、黑龙江(7.0%)和辽宁(7.0%)。2015 年城镇常住居民人均可支配收入增速最快的是西藏(15.6%)。

2015 年浙江农村常住居民人均可支配收入 21125 元，比全国平均水平的 11422 元高 9703 元，居全国 31 个省(区、市)第二位。农村常住居民人均可支配收入位于全国第一的是上海(23205 元)，此外，北京(20569 元)、天津(18482 元)、江苏(16257 元)、福建(13793 元)、广东(13360 元)、山东(12930 元)、辽宁(12057 元)、湖北(11844 元)的农村常住居民人均可支配收入绝对值也高于全国平均数。从增速看，2015 年浙江农村常住居民人均可支配收入同比增长 9.0%，高于全国水平 0.1 个百分点，增速与北京、福建、广西并列全国第十五位，位次较上年的第二十四位提升了九位。增速慢于浙江的有河南(8.9%)、青海(8.9%)、山东(8.8%)、江苏(8.7%)、天津(8.6%)、河北(8.5%)、宁夏(8.4%)、内蒙(8.0%)、新疆(8.0%)、辽宁(7.7%)、山西(7.3%)、黑龙江(6.1%)和吉林(5.1%)。2015 年农村常住居民人均可支配收入增速最快的为西藏(12.0%)。

表 2 2015 年浙江居民收入与全国比较表

指标名称		绝对值(元)	名义增长(%)	实际增长(%)
全国	全体居民收入	21966	8.9	7.4
	城镇常住居民收入	31195	8.2	6.6
	农村常住居民收入	11422	8.9	7.5
浙江	全体居民收入	35537	8.8	7.3
	城镇常住居民收入	43714	8.2	6.7
	农村常住居民收入	21125	9.0	7.5

(居民收支调查处 殷柏尧)

2015 年浙江农业生产形势分析

2015 年以来，我省农业发展呈现小幅波动、稳中有进的发展态势。2015 年全省农林牧渔业增加值为 1865 亿元，比上年增长 1.6%。其中，种植业增加值 1025.9 亿元，增长 2.8%；林业增加值 113.8 亿元，增长 5.3%；牧业增加值 189.6 亿元，下降 13.7%；渔业增加值 503.5 亿元，增长 4.7%；农林牧渔服务业增加值 32.4 亿元，增长 9.6%。分季度看，一季度农林牧渔业增加值增长 1.3%，二季度增长 1.5%，三季度由于受“灿鸿”“苏迪罗”台风接连影响，增速回落到 1.1%，四季度在渔业增长拉动下，增速提升到 2.0%。

一、种植业稳中有升，结构优化

2015 年，浙江粮食生产呈现高开低走态势，春粮开局良好，早稻和晚稻遭受“灿鸿”“苏迪罗”台风的影响，旱粮生产保持较好增长，全年粮食生产总体保持平稳态势。全省粮食播种面积为 1916.8 万亩，比上年增长 0.9%；单产为 392 公斤/亩，下降 1.5%；总产量为 752.2 万吨，下降 0.7%。蔬菜、药材、花卉苗木等经济作物持续增长，种植业结构进一步优化，种植效益不断提升。

（一）春粮实现面积和产量“双丰收”

2015 年，春粮播种面积为 293.9 万亩，比上年增加 9.5 万亩，增长 3.3%；总产量为 72.3 万吨，比上年增加 4.4 万吨，增长 6.5%。其中，小麦播种面积为 134.7 万亩，增长 9.4%，总产量为 35.1 万吨，增长 13.5%；马铃薯播种面积为 82.3 万亩，增长 8.0%，总产量（折干）为 21.9 万吨，增长 7.1%；蚕（豌）豆播种面积为 47.5 万亩，下降 0.1%，总产量为 7.2 万吨，增长 6.3%。

（二）早稻单产下降明显

2015 年以来，各级政府进一步提升早稻种植补贴，积极推进农作制度创新，着重探索“早稻—蔬菜”水旱轮作新模式，保证早稻播种面积的稳定增长。浙江早稻生长前期气候较为有利，3 月份早稻育秧播种，4、5 月份分蘖拔节期气候条件良好。随着厄尔尼诺现象逐步显现，6 月份浙江入梅后区域性、阶段性的强降水和连阴天气不利于早稻拔节灌浆，影响早稻正常授粉，降低结实率。7—8 月受“灿鸿”“苏迪罗”台风接连影响，部分地区早稻大面积倒伏和受淹，甚至绝收，导致早稻单产下降明显。2015 年早稻播种面积为 174.9 万亩，比上年增长 0.2%，增幅比上年回落 0.9 个百分点；单产为 387 公斤/亩，下降 5.5%；总产量为 67.7 万吨，下降 5.3%。

（三）晚稻面积略有下降，秋旱粮种植持续升温

2015 年，秋粮播种面积为 1448 万亩，比上年增长 0.5%；单产为 423 公斤/亩，下降 1.4%；总产量为 612 万吨，下降 1.0%。其中，晚稻播种面积为 1058.8 万亩，下降 0.3%；单产为 481 公斤/亩，下降 1.5%；产量为 509.5 万吨，下降 1.8%。晚稻播种面积和产量均下降的主要原因：一是部分地区单晚改为双晚，早稻种植面积平稳略增，相应的双晚种植有所增加，双晚单产明显低于单晚，间接引起晚稻总量下降；二是厄尔尼诺现象带来的阴雨天气对晚稻种植产生一定影响，特别是“灿鸿”“苏迪罗”台风直接促使我省出现连续降水，导致单季晚稻分蘖慢，无效分蘖增多，局部地区叶瘟发生严重，直接导致晚稻产量下降。

2015 年，夏秋玉米的面积为 104.3 万亩，产量为 31.1 万吨，分别比上年增长 4.5%和 3.3%；夏秋薯类的面积为 101.5 万亩，产量为 30.4 万吨，分别增长 2.1%和 7.9%。秋旱粮作物生产稳定增长，农户种植意愿持续升温，主要得益于各级政府的旱粮生产扶持政策，同时，各地积极开展高产优质旱粮基地建设，进一步提高了农民种植旱粮的积极性。

（四）油菜籽种植连续七年下降

自 2009 年以来，油菜籽播种面积已连续七年持续下降。油菜籽播种面积虽因观赏性油菜种植面积的增加有所变化，但仍因其难以推广机械化的种植特点和收购价长期低位徘徊的市场行情，农户种植积极性始终不高，种植面积持续下降。2015 年，油菜籽播种面积为 183.5 万亩，比上年下降 3.2%；总产量为 25.1 万吨，下降 3.0%。

（五）经济作物稳定发展

2015 年，中药材播种面积预计为 59.2 万亩，比上年增长 7.9%；产量为 17.3 万吨，增长 12.3%。近年来，由于中药材经济价值高、销路好，并获得地方政府大力扶持，部分地区引领产业升级，实行“公司＋基地＋农户”产业运行模式和产加销一条龙的发展体系，农民种植积极性高涨，铁皮石斛等中药材种植持续升温。

2015 年，花卉苗木播种面积预计为 220.7 万亩，比上年增长 5.1%。今年市政工程量和房地产绿化订单的减少，对花卉苗木销售产生一定压力，但在省政府“两路（即高速公路、铁路）两侧”“四边三化”（即公路、铁路、河道、山旁边等区域的洁化、绿化、美化）战略决策的指导下，全省范围内 3800 多公里的高

速公路、重点区域的国省道和 2400 多公里的铁路沿线展开了新一轮的“四边三化”行动，沿江沿河绿化工程、防沙保护工程等众多生态项目对绿化苗木存在刚性需求，同时，各地积极加快创建森林城镇和美丽乡村建设步伐，市场对花卉苗木和盆栽类园艺的需求数量日益增多，始终保持在求大于供的状态。

2015 年，蔬菜播种面积预计为 932.9 万亩，产量预计为 1805.4 万吨，分别比上年增长 2.6%和 4.3%；果用瓜播种面积预计为 149.2 万亩，产量预计为 279 万吨，分别增长 3.9%和 2.9%。据农业厅数据，全年菜价波动较小，年度均价为 3.69 元/公斤，比上年略增。各地强化蔬菜基地建设，加强预测预警，提高果蔬作物抗风险能力，优化种植技术，推广优良品种，使得蔬菜、瓜果产业化效应逐步显现。

2015 年，茶叶产量为 16.9 万吨，比上年增长 2.0%。茶叶增产的主要原因：一是良好的气象条件使得茶叶全年生产季节长，品质较好；二是随着“机器换人”的不断推进，名优茶自动化生产流水线的应用发挥了规模化扩大茶叶产能的作用，同时，各地积极调整产品结构，有机高端茶叶出口增长明显；三是农村电子商务平台为茶叶消费拉动提供强劲动力，茶农种植意愿较高；四是绍兴市、安吉县率先试点茶园政策性保险，提高了茶农生产的信心。

二、林业发展全面推进，科学有序

（一）绿化造林平稳推进

近年来，浙江坚持把绿化造林作为生态建设的基础工程，科学制定规划，精心描绘生态建设蓝图，做到生态效益和经济效益有机统一，推进林业可持续发展。另一方面，随着绿化造林的深入推进，可造林地逐年减少。2015 年，浙江绿化造林任务如期完成，完成造林面积 45.3 万亩，比上年下降 23.3%，其中：人工造林 29.5 万亩，下降 26.5%；无林地和疏林地封育 15.8 万亩，下降 16.7%。浙江完成人工更新面积为 14.2 万亩，比上年下降 34.0%。

（二）木材、竹材、竹笋产量“一降两增”

2015 年，木材产量预计为 125.4 万立方米，比上年下降 0.6%，木材平均销售价格为 895 元/立方米，增长 2.3%；竹材产量预计为 19293 万根，增长 7.0%；鲜竹笋产量预计为 157.2 万吨，增长 13.3%。鲜竹笋增幅较大的主要原因：一是良好的气候条件有利于竹笋的生长，二是政府的科技扶持项目有利于竹笋单产的提高，三是林产品企业经营水平的提高有利于竹笋的生产和销售。各地积极规划以竹林、经济林基地为竹笋重点产区，以现代林业园区建设为依托，积极推进设施化经营，增强基地抗旱能力，促进了竹林规模化、集约化、组织化经营水平的提高。

三、畜牧业转型深入，效益凸显

（一）生猪生产下调趋缓，迎来新发展

2015年末，生猪存栏为730.2万头，比上年下降24.3%，降幅比三季度末缩小4.7个百分点。其中，能繁母猪存栏为61.1万头，下降22.2%，降幅比三季度末缩小10.6个百分点。出栏肉猪为1315.6万头，下降23.7%。生猪生产下调趋缓，产能不断优化，价格持续攀高，效益不断凸显，生猪行业迎来发展的“甜蜜期”。

2015年初以来，猪价延续2014年走势，持续震荡下跌，3月18日跌至最低点，受清明节、“五一”等节日消费拉动后持续增长，特别是进入7月后加速上涨，9月下旬后开始回调，进入12月份后略有回暖，总体呈现“先抑后扬、小幅震荡”走势。据省畜牧兽医局资料，2015年，待宰活猪、仔猪和去骨带皮猪肉集市均价分别为15.7元/公斤、21.2元/公斤和26.2元/公斤，分别比上年增长15.8%、22.1%和10.9%。同时，猪粮比平均为6.28∶1，比上年的5.16∶1高了1.12。

（二）家禽养殖仍处下调，恢复需要过程

2015年末，家禽存栏为7518.2万只，出栏为15202.3万只，分别比上年下降10.6%和12.5%，降幅分别比三季度末扩大7.3和4个百分点。受2013年以来H7N9疫情和“杀白上市”政策导向的影响，家禽业的恢复仍有一个过程

据省畜牧兽医局资料，活鸡价格2015年一季度末开始趋跌，5月20日调整至16.9元/公斤，而后回升，到9月23日为18.4元/公斤，上涨9.1%，但仍未回升至年初19.4元/公斤的水平。同时，全省鸡蛋价格延续2014年11月以来连续36周的跌势，到7月8日跌至9.3元/公斤的最低点，随后连续8周回温反弹，至9月2日达11.2元/公斤，上涨20.97%，目前呈趋跌回调态势，12月30日全省鸡蛋平均价格为10.8元/公斤。此外，2015年鸭蛋的平均收购价为11.20元/公斤，比上年下降8.9%。

（三）牛羊养殖“一减一增”，效益稳中有升

2015年末，牛存栏为15万头，比上年下降4.8%，其中，奶牛存栏为4.4万头，下降5.2%，降幅比三季度末缩小2.6个百分点；牛出栏为8.3万头，增长1.3%。面对进口奶粉和液态奶对浙江奶业的持续冲击，养殖户为保持利润，淘汰低产牛，生产效益总体稳定。

羊存栏为113.4万只，出栏为111.7万只，分别比上年增长1.8%和7.5%。由于各地畜禽养殖结构不断调整优化，湖羊产业振兴计划政策进一步落实，湖羊养殖产业保持良好发展态势，效益稳中有升。

(四)畜禽产品产量总体下降

2015 年,肉类产量预计为 130.2 万吨,比上年下降 16.6%。其中,猪肉产量为 103.3 万吨,下降 18.6%;牛肉产量为 1.2 万吨,增长 2.6%;羊肉产量为 1.8 万吨,增长 6.5%;禽肉产量为 23.7 万吨,下降 6.5%。禽蛋产量为 33.3 万吨,下降 14.7%;牛奶产量为 16.5 万吨,增长 3.8%。

四、渔业生产趋于稳定,保持增长

2015 年,浙江渔业养殖产量稳中有升,捕捞产量趋于合理、稳定,总产量保持稳步增长。据省海洋与渔业局统计,水产品总产量预计为 603.2 万吨,比上年增长 4.9%。其中,国内海洋捕捞为 338.4 万吨,海水养殖产量为 93.8 万吨,分别增长 4.3%和 4.4%;淡水捕捞产量为 9.1 万吨,基本持平;淡水养殖产量为 102.8 万吨,增长 5.2%;远洋渔业产量为 59 万吨,增长 9.0%,增幅放缓。渔业生产保持增长的主要原因:

一是国内捕捞生产形势好转,渔业资源有所恢复。从海洋渔业资源监测情况看,趋势向好,海洋渔业资源有所恢复,渔民出海生产积极性较高。一是得益于"一打三整治"行动深入开展,再加上渔场振兴修复和增殖放流等措施,渔业资源恢复成效初步显现。其次,柴油价格下降明显,渔民捕捞意愿较大,捕捞作业时间增加。2015 年柴油均价维持在 6000 元/吨,比上年每吨下降 1000 元左右。第三,受 2014 年渔业油价补助申报政策的调整,大多数渔船坚持每月生产,往年 5—6 月份是渔船停港季度,今年大部分渔船生产持续到休渔期。

二是水产养殖开始回稳,逐步走政策调整出阵痛期。2015 年海洋养殖得益于气候适宜少病害、设施提升增产能、浅海养殖拓空间等利好,保持了较好的增长态势。进入第三季度后,由于受到"灿鸿"等台风影响,沿海海水养殖受损情况比去年严重,但总体上全省海水养殖产量保持平稳增长。此外,为降低市场风险,提高水面利用率,水产养殖多品种立体混养的模式开始得到不断推广。淡水养殖正逐步走出"五水共治"、山塘水库禁限养区划定、温室甲鱼整治等政策性调整阵痛期。

三是远洋渔业生产保持增长,但增幅放缓。2015 年,浙江投产远洋渔船共计 572 余艘,远洋渔业生产能力进一步提升,产量稳中有升,但价格低迷。远洋渔业产量增幅放缓的原因:一是 2014 年东南太平洋(阿根廷)鱿鱼旺发,单船产量在 1700 吨左右,属于历史高水平,2015 年下半年开始,阿根廷鱿鱼资源量明显较去年下降,产量回落;二是 2014 年 12 月份以来,印尼实施新海洋法,针对非法进入本国水域的外国渔船,实施了零容忍政策,措施强硬,在印尼作业的 50 余艘远洋渔船处于停港状态；三是远洋渔业产品国际市场低迷，由于我国与拉美国家自由贸易协定实施，秘鲁、智利等国廉价的境外鱿鱼制品大肆进口冲击国内市场，远洋鱿鱼价格出现暴跌，对远洋渔业生产积极性造成了一定的打击。

（省地方统计调查局一产处　吴圣寒）

工业生产缓中企稳　提质增效持续推进

——2015 年浙江工业经济运行情况分析

2015 年，在经济发展新常态背景下，我省工业领域扎实推进“稳增长、调结构、促改革、控风险”各项工作，积极应对工业经济持续下行压力，努力保持工业经济稳定增长，不断提高工业经济增长质量。在工业生产增速低于年初预期和全国平均水平的情况下，提质增效亮点增多，转型升级步伐加快。

一、工业经济缓中企稳

2015 年，全省规模以上工业增加值 13193 亿元，比上年增长 4.4%，增速比上年回落 2.5 个百分点。从运行趋势看，工业增加值各季增速分别为 5.1%、4.6%、3.0%和 4.7%，各月增速在 7 月份下探到 2.5%的年度次低点后逐月有所回升，12 月份回升至 5.2%，但仍低于年初的 7%。

1.技术和资金密集型行业生产增长较快。2015 年，全省 38 个工业行业中，有 28 个行业工业增加值比上年增长。增长较快的行业主要集中在技术和资金密集型行业，如：汽车制造（增加值同比增长 19.3%，下同），通信电子（14.8%），化学纤维（10.8%），石油（10.0%）和医药（7.6%）等行业。增长低迷的行业主要集中出口行业、大宗商品行业和部分投资品行业，如：纺织（3.8%）、服装（－1.4%）、皮革（0.5%）、黑色金属冶炼（－1.3%）、非金属矿物（－0.2%）、通用设备（－0.8%）、专用设备（0.2%）和金属制品（1.7%）等行业。供应业需求普遍低迷。电力、燃气和水供应业增加值分别增长 2.1%、3.6%和 4.1%。

2.有限责任公司和小微企业增长较快。2015 年，从主要经济类型看，有限责任公司工业增加值增速（9.2%）高于全省平均水平。私营企业（3.6%）、股份有限公司（3.2%）、港澳台投资企业（2.8%）、国有企业（2.4%）和外商投资企业（1.1%）工业增加值增速低于全省平均水平。从规模看，小微企业工业增加值增长 5.2%，增速高于全省平均水平；大型和中型企业工业增加值分别增长 4.1%和 3.0%，低于全省平均水平。

3.企业盈利水平有所提高。2015 年，全省规模以上工业企业利润总额 3718 亿元，比上年增长 5.0%，增速与上年基本持平。逐步扭转了经济效益水平长期不如全国的状况，利润总额增速高于全国 7.3 个百分点。主营业务收入利润率为 5.9%，比全国高 0.3 个百分点，为近几年较高水平。38 个大类行业中，20 个行业利润比上年增长，17 个行业利润下降。汽车制造、石油和电力等 3 个行业对规模以上工业利润增长的贡献最大，利润分别增长 40.2%、1.7 倍和 14.8%，拉动规模以上工业利润分别增长 2.2、1.9 和 1.3 个百分点。

二、提质增效亮点多

1.加强管理降成本。面对严峻形势，企业主动转变发展理念，加强管理，控制成本，加大挖掘增效力度。2015 年，全省规模以上工业企业三项费用增速比上年有不同程度回落。其中，销售费用增长 3.8%，增速比上年回落 3.6 个百分点；管理费用增长 6.5%，增速与上年基本持平；财务费用下降 9.6%，比上年增长 3.5%，大幅回落 13.1 个百分点。成本控制下，规模以上工业企业主营业务成本占主营业务收入的比重为 84.8%，比全国低 0.9 个百分点。

2.加快科技创新出成果。2015 年，全省规模以上工业新产品产值 21555 亿元，比上年增长 13.8%，增速比规模以上工业总产值高 13.0 个百分点；新产品产值率为 32.2%，比上年提高 3.7 个百分点。有新产品生产的企业工业总产值增长 5.1%，增速比没有新产品生产的企业高 11.5 个百分点。高新园区是科技创新的主力军。高新园区规模以上工业增加值 2439 亿元，增长 9.6%，增速比规模以上工业高 5.2 个百分点。“机器换人”深入推进，工业技改投资增长 23.6%，全员劳动生产率增长 8.1%。

3.加快去库存出效率。针对市场需求不足，企业积极调整生产经营战略，加快消化库存，全省规模以上工业产成品库存增速由上半年的 5.9%降至全年的 1.0%，在一定程度上有利于企业尽快回笼资金，提高资产利用率。2015 年，规模以上工业企业总资产贡献率为 11.4%，比上年小幅回落 0.2 个百分点，回落幅度低于全国回落 1.1 个百分点的水平。

三、转型升级稳中有进

2015 年，全省工业领域大力推进改革创新，着力打好转型升级“组合拳”，突出表现在产业结构升级、生产方式升级和业态升级全面提速。

1.产业结构升级。产业结构逐步高端化。2015 年，全省规模以上工业企业中，装备制造业、高新技术产业和战略性新兴产业增加值同比分别增长 6.3%、6.9%和 6.9%，增速分别比规模以上工业高 1.9、2.5 和 2.5 个百分点，分别占规模以上工业增加值的 36.8%、37.2%和 25.5%，比重比上年分别提高 1.5、1.3 和 0.6 个百分点。信息经济引擎作用增强，信息经济核心产业制造业增加值增长 9.3%，增速比规模以上工业高 4.9 个百分点。30 年来，电气机械行业工业总产值首次超过纺织业，成为我省第一大工业行业，以轻纺为主的产业结构出现拐点式优化升级趋势。

2.生产方式升级。低碳生产、绿色发展引领工业发展。2015 年，全省规模以上工业单位增加值能耗比上年下降 2.2%。38 个行业大类中，26 个行业的单位工业增加值能耗下降，下降面近 7 成。八大高耗能行业比重下降，工业增加值增长 3.5%，增速比规模以上工业低 0.9 个百分点，占规模以上工业的比重为 35.5%，比上年减小 0.4 个百分点。全年淘汰落后产能涉及企业 2000 多家，累计整治淘汰"低小散"企业（作坊）2.2 万家。

3.业态升级。随着科技和产业加速融合、以互联网为代表新一代信息技术的应用，我省工业发展的产业形态、组织方式、商业模式等方面正逐步发生着深刻变革。"三新"（新产业、新业态、新商业模式）企业的大量涌现和"三新"经济的蓬勃发展，极大激发了市场活力，成为促进转型升级的新亮点。不少龙头骨干企业开始研发集研发、设计、采购、生产和销售为一体的全流程电子商务，越来越多的中小企业利用第三平台开展电子商务，不少企业开始尝试"以销定产""个性化定制"等经营方式。在规模以上工业中，新一代信息技术和物联网、新能源、新能源汽车、新材料、生物、海洋新兴产业增加值同比分别增长 15.1%、17.1%、10.9%、8.1%、6.6%和 6.1%，增速高于全省平均水平。

四、工业经济运行中的主要问题

1.有效需求不足和有效供给相对不足并存。市场需求持续萎缩，是导致工业经济增速放缓的主要原因。12 月份，我省工业生产者出厂价格指数下降 4.4%，已连续 48 个月下降，降幅屡创新低。国际市场需求长期低迷的同时，一向表现较好的国内市场需求也出现萎缩迹象。2015 年，全省规模以上工业出口交货值下降 3.7%，国内销售产值增长 1.2%，增速比上年分别回落 8.9 和 4.9 个百分点。规模以上工业产品产销率 96.3%，下降 0.5 个百分点，比金融危机期间影响最严重的 2009 年初还要低 1.6 个百分点。从供给角度看，目前我省迎合现阶段市场需求变化的产品有效供给不足，质优、高效、安全等中高端需求无法满足，而低端产品供给又存在严重的产能过剩。四季度，规模以上工业生产能力利用率仅为 75.2%，远低于合理区间。有效供给不足的直接原因在于我省多数工业企业创新不足。规模以上工业企业科技活动经费支出总额仅增长 2.8%，增速比上年回落 4.8 个百分点。

2.盈利艰难与负担总体较重两头挤压。不少企业通过加快转型升级实现了收入和利润双增，但仍有相当数量的企业生产经营较为困难。12 月末，全省规模以上工业亏损企业 5821 家，亏损面 14.5%，比上年末扩大 3.1 个百分点，高于全国 1.3 个百分点，亏损额增长 34.3%。在规模以上工业主营业务收入同比下降 1.1%的同时，应收账款依然增长 8.2%，部分企业资金回笼困难。尽管国家出台一系列减税降费政策，但数据显示企业税负仍较重。2015 年，规模以上工业主营业务税金增长 13.1%，增速比主营业务收入高 14.1 个百分点。与此同时，企业用工支出持续增加也加重了企业负担。2015 年，规模以上工业企业人均劳动报酬比上年增长 11.1%。

3.企业发展信心和投资意愿呈现双降。当前，很多民营企业家对后期发展信心不足。据省经信委对全省 6000 家样本企业增长预测调查，28%的企业预测 2016 年工业总产值将会出现负增长，41.1%的企业预测工业总产值增速在 0—5%。产能过剩、市场消费不旺、投资热点缺乏、技术储备不足等一系列因素导致企业投资不足，影响工业发展后劲。2015 年，全省工业投资同比增长 11.0%，增速比上年回落 1.2 个百分点。12 月末，规模以上工业贷款余额仅增长 0.7%，增速比上年回落 2.9 个百分点。除 12 月份银行贷款余额少许增加之外，下半年其余 5 个月均减少。

2016 年是全面实施“十三五”规划的第一年，是全面建成小康社会决胜阶段的开局之年，是推进结构性改革的攻坚之年。浙江要主动适应工业经济发展速度变化、结构优化、动力转化的新特点，妥善化解工业经济运行存在的主要问题，积极培育工业发展新动能，着力改造工业发展传统动能，努力打好转型升级“组合拳”，切实做好工业稳增长调结构增效益工作。

（工业处　徐　璐）

2015 年规模以上服务业运行情况简析

2015 年浙江省规模以上服务业企业总体发展平稳，总量规模继续扩大，主要行业和重点产业发展快速，结构不断优化，企业效益平稳上升，各项主要经济指标均居全国前茅，为全省经济的稳定发展和产业结构转型升级做出了重要贡献。

一、总体情况

2015 年，全省 8741 家规模以上服务业企业(不包括批发零售住宿餐饮、房地产开发和银行、证券、保险，下同)共实现营业收入 8903 亿元，比上年增长 16.7%；实现利润总额 1481 亿元，比上年增长 17.5%；受“营改增”政策影响，营业税金及附加继续下降、增值税快速增长，全年营业税金及附加为 101 亿元，比上年下降 3.1%，缴纳增值税 214 亿元，比上年增长 31.1%；应付职工薪酬 1395 亿元，比上年增长 16.7%，增幅比上年回落 2.7 个百分点；平均从业人员数 154.2 万人，比上年同期增加 4.1 万人。

二、企业经营情况

(一)营业收入增幅位居全国第二

2015 年规模以上服务业企业营业收入比上年增长 16.7%，增幅比上年回落 0.6 个百分点，比 2012 年、2013 年分别高 2.5、2.3 个百分点，增幅仅次于重庆(18.1%)，在全国各省市中居第二位，分别比江苏(11%)、山东(9.6%)、上海(6.1%)、广东(9.6%)高 5.7、7.1、10.6、7.1 个百分点。从各月累计情况看，收入增长较为平稳，其中增幅最低月份(1—4 月 15.5%)与最高月份(1—10 月 19.9%)相差 4.4 个百分点；与其他全国各省(市、区)相比，各月增幅均列全国前茅，其中除 1—4 月、1—5 月、1—11 月、1—12 月分别居第二、三、二、二位外，其余月份均居全国第一。

(二)利润增速逐步上升

2015 年，全省规模以上服务业企业利润总额比上年增长 17.5%，比上年提升 2.9 个百点。其中信息传输、软件和信息技术业实现利润总额居各门类之首，为 809.5 亿元，占全省利润比重的 54.6%，比上年增长 17.2%；其次是租赁和商务服务业，为 322.5 亿元，增幅达到 32.9%，其中投资收益规模达到

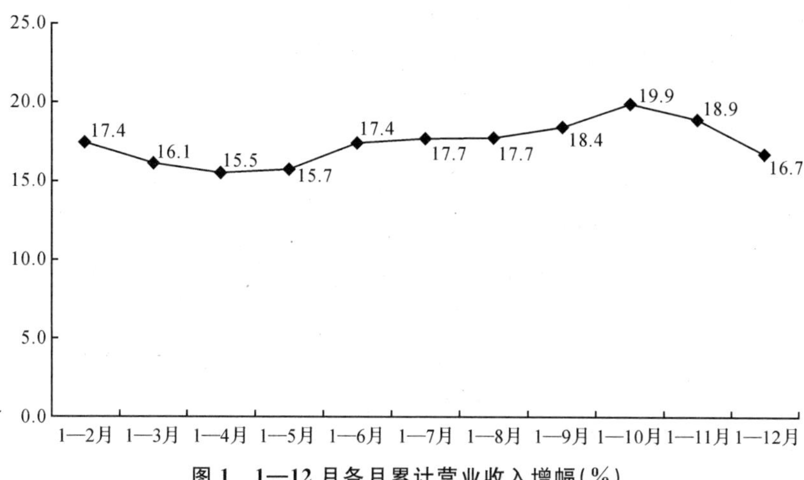

图1 1—12月各月累计营业收入增幅(%)

178亿元,占所在行业利润的55.2%;其他有三个行业门类利润总额比上年下降,分别是交通运输、仓储和邮政业,科学研究和技术服务业,居民服务、修理和其他服务业下降了9.8%、1%和13.5%。从各月累计看,利润增幅整体呈现逐步上升态势,1—2月与1—3月于年初受阿里巴巴股权解禁、股权激励因素影响同比分别下降4.2%和3.1%;1—4月上扬到9.5%;1—5月又回落到2.9%;1—6月到1—10月平稳上升,从8.3%升到19.6%;1—12月略回落到17.5%。

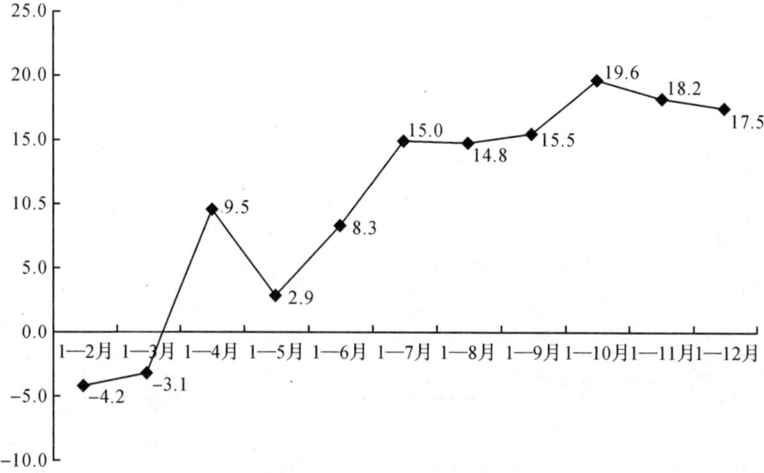

图2 1—12月各月累计利润总额增幅(%)

(三)企业经营效益较优,获利能力表现良好

2015 年规模以上服务业企业效益指数为 105.6,比上年上升 1 个百分点,显示企业效益运行在优水平。获利表现依然是经营效益中的亮点所在,全年规模以上服务业企业营业利润率(利润总额/营业收入)为 16.6%,比上年提升 0.1 个百分点。所有行业中,信息传输、软件和信息技术服务业,租赁和商务服务业,文化、体育和娱乐业利润率居各门类前三名,分别达到 25.1%、18.1%和 30.3%。与上年相比,信息传输、软件和信息技术服务业利润率下降 4 个百分点,文化、体育和娱乐业上升 7.1 个百分点,其余行业利润率较为平稳。

三、主要行业与重点产业

(一)信息传输、软件和信息技术服务业企业引领服务业发展

分行业门类看,信息传输、软件和信息技术服务业企业营业收入仍居主体地位,而且发展较快。全年信息软件服务业企业实现营业收入 3223.4 亿元,占全省的 36.2%,比上年增长 35.7%,对全省规模以上服务业营业收入增长的贡献率达到 66.5%。交通运输、仓储和邮政业增长较缓,实现营业收入 2242 亿元,比上年增长 1.6%;租赁和商务服务业,科学研究和技术服务业,水利、环境和公共设施管理业,文化、体育和娱乐业发展较为平稳,分别实现营业收入 1783.6 亿元、753.8 亿元、232.3 亿元、300.3 亿元,比上年分别增长 16.6%、7.0%、8.5%和 13.3%。

表 1 2015 年规模以上服务业主要行业营业收入情况

行业	营业收入(亿元)	增长速度(%)
总计	8903.1	16.7
交通运输、仓储和邮政业	2242.0	1.6
信息传输、软件和信息技术服务业	3223.4	35.7
房地产业(除房地产开发经营)	186.9	10.2
租赁和商务服务业	1783.6	16.6
科学研究和技术服务业	753.8	7.0
水利、环境和公共设施管理业	232.3	8.5
居民服务、修理和其他服务业	49.1	3.9
教育	43.6	3.1
卫生和社会工作	88.2	22.2
文化、体育和娱乐业	300.3	13.3

（二）战略性新兴服务业、生产性服务业企业规模持续扩大

2015底，浙江有2091家规模以上服务业企业涉及战略性新兴产品的生产和6665家具有生产性服务业内涵的企业，比年初分别增加21家和55家。全年规模以上战略性新兴服务业、生产性服务业收入分别达到2938.5亿元和7826.5亿元，比上年同期分别增长36.7%和17.5%，增幅在全国各省市中均遥遥领先，分别高于全国平均水平24.7和11个百分点。战略性新兴服务业总量列北京、广东、上海之后居全国第四，占全国的比重达到了10.3%，比上年提升1.8个百分点，比全部规模以上服务业企业营业收入占全国的比重(6.7%)高3.6个百分点。生产性服务业总量列北京、上海、广东、江苏之后居全国第五，占全国的比重为6.7%，比上年提升0.6个百分点。

（三）高技术服务业、科技服务业企业增速位居全国第一

2015年全省2078家规模以上高技术服务业企业和2999家科技服务业企业分别实现营业收入4124.2亿元和5146亿元，比上年分别增长28.9%和25.6%，增幅均居全国各省市第一位，比全国平均水平分别高19.5和17个百分点。规模以上高技术服务业业营收入占全国总量为8.7%，比北京(24.9%)、广东(11.9%)、上海(10.1%)分别低16.2、3.2、1.4个百分点，比江苏(7.4%)、山东(4.4%)高1.3、4.3个百分点。高技术服务业企业营业利润率（利润总额/营业收入）达到23.1%，居全国各省市第一位，比全国平均水平高5.4个百分点，分别比北京、上海、广东、江苏高0.7、8.7、2.5和9.1个百分点。规模以上科技服务业营收入占全国总量为7.5%，比北京(25.7%)、广东(11.5%)、上海(13.2%)、江苏(8.6%)分别低18.2、4、5.7、1.1个百分点，比山东(4.1%)高3.4个百分点。科技服务业企业营业利润率（利润总额/营业收入）为22.8%，居全国第七位，比全国平均水平低2.7个百分点。

（省地方统计调查局三产处　陈志林）

2015 年浙江信息经济发展良好

近年来，省委省政府以“八八战略”为总纲，按照“干好一三五，实现四翻番”的决策部署，抢抓新一轮科技革命、信息革命、产业变革的重大机遇，以转变经济发展方式为主线，加快信息基础设施建设，大力发展信息产业，加快发展电子商务，推进以“机器换人”为核心的“两化”深度融合，推动信息技术在经济社会各领域的应用，全省信息经济呈现良好的发展势头。

一、综合实力增强，核心产业地位进一步提高

信息经济核心产业是信息经济发展的技术和支撑。进入新世纪以来，我省初步形成通信、计算机及网络、电子元器件及材料、信息机电、应用电子，以及软件与信息服务业等多个特色优势产业，在数字视频监控、IP 网络设备、集成电路设计、光纤通信器件、磁性材料等领域占据国内领先地位。2015 年，全省信息经济核心产业增加值 3310 亿元，比上年增长 15.1%(可比价)，比全省 GDP 同口径增幅高 7.1 个百分点，占全省 GDP 的比重为 7.7%，比上年提高 0.6 个百分点。

二、创新投入增加，核心产业附加值提升

我省鼓励企业加大技术创新投入，加强企业技术中心、重点企业研究院、行业公共技术研发中心等多层次创新体系建设，创新步伐不断加快。2015 年，全省规模以上信息经济核心产业中制造业(以下简称信息制造业)科技活动经费支出 190 亿元，比上年增长 10.1%，科技活动经费支出占主营业务收入的比重达到 3.0%，高出全省规模以上工业科技活动经费支出占比 1.6 个百分点；信息制造业新产品产值 3532 亿元，增长 18.5%，占全省规模以上工业新产品产值的 16.4%，新产品产值率达 52.4%，高出全省规模以上工业 20.3 个百分点，信息制造业已成为我省工业新产品的高产区。创新带来了较高附加价值，提高了企业的核心竞争力。2015 年，信息经济核心产业劳动生产率为 29.7 万元/人，比上年增长 20.2%。

三、企业盈利情况良好，信息服务业优势明显

2015 年，全省规模以上信息经济核心产业主营业务收入 9869 亿元，比上年增长 13.0%，利润总额 1373 亿元，增长 17.4%。其中，规模以上信息制造

业企业主营业务收入为6432亿元，占核心产业主营业务收入近七成，利润总额481亿元，占比近四成，其主营业务收入和利润分别增长4.2%和12.5%。规模以上信息经济服务业（以下简称信息服务业）盈利情况良好，利润总额为891亿元，增长20.2%，增幅比信息制造业高7.7个百分点，对信息经济核心产业利润增长的贡献率达73.7%；信息服务业主营业务利润率25.9%，比核心产业和信息制造业分别高11.9和18.4个百分点。

四、产业结构优化，特色产业逐步壮大

近年以来，在大众创业、万众创新的氛围下转型升级组合拳的成效逐步放大，信息软件、信息网络传输和电子信息机电制造等优势产业快速发展，促进全省信息经济核心产业盈利能力有较大的提高。从规模以上信息经济六大核心产业看，信息网络传输及其服务业利润总额646亿元，比上年增长11.8%，拉动规模以上信息经济核心产业利润增长5.8个点；软件及其服务业利润总额164亿元，增长44.6%，拉动规模以上信息经济核心产业利润增长4.3个点；电子信息机电制造业和广播影视数字内容及其服务业利润总额分别为151和82亿元，分别增长25.2%和61.6%，增幅比上年提高9.9和51.0个百分点，拉动核心产业利润增长2.6和2.7个点；计算机、通信和其他电子设备制造业和专用电子设备制造业利润分别为277和53亿元，分别增长8.2%和4.1%，拉动核心产业增长1.8和0.2个百分点。

五、电子商务快速增长，浙江领跑全国

电子商务已成为我省经济的重要增长点。全省电子商务交易、跨境电商进出口额占全国的比重较大，跨境电商进出口额仅次于广东，位居全国第二。农村电子商务领跑全国，极大地促进了我省县域经济的快速发展。据相关数据显示，我省列入2015年全国电子商务百强县和淘宝村的数量分别达41个和62个，均居全国第一。2015年上半年全国网商创业最活跃的25个城市中我省上榜7个，其中金华、杭州分别居第2位和第4位；网商创业最活跃的25个县中浙江占11个，其中义乌、天台分别居第1位和第2位。据省商务厅统计，2015年，全省实现网络零售额7611亿元，比上年增长49.9%；实现省内居民网络消费4012亿元，增长39.6%。网络零售额总量居全国第二位，其中农产品网络零售额居全国首位。

六、各地信息经济发展较好，杭州宁波走在前列

杭州将“发展信息经济推进智慧应用”作为全市“一号工程”，举全市之力推进发展，近年来连续出台了打造信息经济“六大中心”等一系列政策扶持，信息经济得到长足发展。2015年，杭州市规模以上信息经济核心产业主营业务

收入和利润分别为 4645 和 954 亿元，从业人员数为 33.3 万人，占全省比重分别为 47.1%、69.5%和 33.2%，比上年提高 6.0、3.8 和 1.6 个百分点；收入、利润和人数分别增长 29.7%、24.1%和 2.9%，比全省平均水平分别高出 16.7、6.7 和 5.0 个百分点。宁波市规模以上信息经济核心产业主营业务收入和利润分别为 1723 和 133 亿元，从业人员数为 25.8 万人，占全省比重分别为 17.5%、9.7%和 25.7%。宁波主营业务利润率为 7.7%，比上年提高 0.6 个百分点。嘉兴和湖州主营业务收入分别为 903 和 640 亿元，主营业务利润率分别为 10.4%和 7.9%，比上年分别提高 0.2 和 1.0 个百分点。温州、金华、绍兴和台州主营业务收入依次为 574、506、357 和 266 亿元，衢州、丽水和舟山的主营业务收入分别为 135、90 和 29 亿元，总体呈较快增长态势。

（工业处　蒋晓雁）

附表 1　2015 年浙江规模以上信息经济核心产业主要指标

主要指标	2014 年	2015 年			
		1—3 月	1—6 月	1—9 月	1—12 月
总产出(亿元)	10510	—	—	—	—
增加值	2854	568.6	1454.5	2287.7	3309.5
增加值增速(%)	14.4	12.2	13.2	13.7	15.1
占 GDP 比重(%)	7.1	6.8	7.5	7.7	7.7
其中:信息制造业增加值增速(%)	8.2	6.7	7.6	8.2	9.3
全省工业增加值增速(%)	6.9	5.2	5.0	4.2	4.4
主营业务收入(亿元)	8693.8	1704.9	4307.9	6771.9	9869.2
主营业务收入增速(%)	10.4	11.8	11.1	12.1	13.0

附表 2　2015 年浙江规模以上信息经济核心产业主营业务收入

指标名称	2014 年		2015 年	
	绝对值(亿元)	同比增长(%)	绝对值(亿元)	同比增长(%)
信息经济核心产业	8693.8	10.4	9869.2	13.0
1. 制造业	6095.0	5.0	6431.5	4.2
计算机、通信和其他电子设备制造业	2691.6	10.1	2824.2	4.3
电子信息机电制造业	2927.9	1.3	3102.7	4.7
专用电子设备制造业	475.6	1.9	504.6	0.3
2. 服务业	2598.8	25.3	3437.7	34.5
软件及其服务业	815.9	58.4	1444.0	78.3
信息网络传输及其服务业	1597.1	14.5	1779.4	13.7
广播影视数字内容及其服务业	185.8	13.5	214.3	18.0

附表 3　2015 年浙江规模以上信息经济核心产业利润总额

指标名称	2014 年		2015 年	
	绝对值（亿元）	同比增长（%）	绝对值（亿元）	同比增长（%）
信息经济核心产业	1136.1	17.8	1372.6	17.4
1.制造业	420.1	10.9	481.2	12.5
计算机、通信和其他电子设备制造业	254.7	11.5	277.3	8.2
电子信息机电制造业	117.5	15.2	150.7	25.2
专用电子设备制造业	47.9	−1.2	53.2	4.1
2.服务业	716.1	22.3	891.4	20.2
软件及其服务业	109.5	57.2	163.7	44.6
信息网络传输及其服务业	552.3	18.3	645.8	11.8
广播影视数字内容及其服务业	54.3	10.6	81.9	61.6

附表 4　2015 年各市规模以上信息经济核心产业主要指标

地区	主营业务收入		利润总额		从业人员平均人数	
	同比增长（%）	绝对值（亿元）	同比增长（%）	绝对值（亿元）	同比增长（%）	绝对值（万人）
浙江省	9869.2	13.0	1372.6	17.4	100.2	−2.1
杭州市	4645.5	29.7	953.6	24.1	33.3	2.9
宁波市	1722.7	−2.7	132.7	5.0	25.8	−5.3
温州市	574.2	3.4	59.8	2.0	9.0	−0.1
嘉兴市	902.9	12.8	71.3	29.2	11.3	2.3
湖州市	639.5	5.3	35.9	30.2	3.9	−7.1
绍兴市	357.5	2.1	22.7	−7.0	3.4	−20.1
金华市	506.5	−0.4	62.0	−13.0	6.8	−3.0
衢州市	135.1	−0.9	5.3	−32.8	1.5	−1.6
舟山市	28.8	−32.8	0.7	35.3	0.4	−21.5
台州市	266.1	−5.8	24.6	−6.9	3.5	−6.9
丽水市	90.3	−4.3	4.0	61.7	1.3	−6.4

2015 年浙江固定资产投资运行分析

2015 年，面对复杂多变的国际国内经济形势，全省上下继续坚定不移地实施扩大有效投资的一系列政策措施，加大重点项目推进力度，落实房地产市场调控政策，全年固定资产投资增速呈现高开低走再回升的运行态势，增长总体平稳。

一、固定资产投资运行的主要特征

2015 年，全省固定资产投资 26665 亿元，比上年增长 13.2%，增幅比 1—3 月回落 3.8 个百分点，但比 1—6 月、1—9 月分别回升 0.9 和 2.0 个百分点。从全国及部分东部省份看，浙江投资增幅比全国、江苏分别高 3.2 和 2.7 个百分点，但比广东、山东分别低 2.7 和 0.7 个百分点。其中，项目投资 19553 亿元，增长 20.0%；房地产开发投资 7112 亿元，下降 2.1%。全省固定资产投资运行的主要特征：

1. 第二产业投资稳中趋快，投资结构继续调整。从产业投资结构看，2015 年下半年以来，第二产业投资增速平稳且持续加速，与第三产业投资增长差距逐步缩小。2015 年，全省第一产业投资 339 亿元，占全部投资的 1.3%，增长 28.7%；第二产业投资 8803 亿元，占全部投资的 33.0%，增长 11.0%，增幅比 1—9 月回升 6.4 个百分点，下半年以来加速态势明显；第三产业投资 17523 亿元，占全部投资的 65.7%，增长 14.1%，增幅比 1—9 月回落 0.6 个百分点。扣除房地产开发投资外的第三产业投资增长 28.5%，增幅分别高于第三产业投资、全部投资 14.4 和 15.3 个百分点。第三产业中，信息传输软件和信息技术服务业、租赁和商务服务业、居民服务及其他服务业增幅居前，分别增长 30.8%、27.9%和 36.5%。

2. 战略性新兴产业投资增长较快，装备制造业投资不断回升。2015 年，全省工业投资 8747 亿元，比上年增长 11.0%，增幅分别比 1—3 月、1—6 月、1—9 月回升 5.2、6.2 和 6.4 个百分点。其中，工业技改投资 6701 亿元，增长 23.6%，增幅比 1—9 月提高 6.6 个百分点；战略性新兴产业投资 2545 亿元，增长 15.8%，增幅比 1—9 月提高 4.4 个百分点，其中，新能源产业、新能源汽车、新一代信息技术和物联网产业、海洋新兴产业、生物产业等投资增幅分别达到 36.0%、25.1%、19.0%、18.6%和 18.3%。

2015 年,全省制造业投资 7579 亿元,增长 11.1%,增幅比 1—9 月回升 4.7 个百分点。其中,装备制造业投资 3658 亿元,增长 14.7%,增幅比 1—9 月提高 4.8 个百分点,明显高于全部制造业投资。九类装备制造业投资中,仅有金属制品机械和设备修理业呈下降态势,降幅为 24.7%。其余 8 个行业均呈现增长态势,其中汽车制造业、计算机通信和其他电子设备制造业等两个行业增长较快,增幅分别为 27.0%和 24.6%。

3. 基础设施投资快速增长,撑起投资增长的半壁江山。2015 年,全省基础设施投资 7418 亿元,占固定资产投资的 27.8%,比上年增长 29.2%,增幅比 1—9 月回升 4.3 个百分点。基础设施投资对全部投资增长的贡献率达到 53.9%,拉动投资增长 7.1 个百分点。2015 年,全省继续深入推进"三改一拆""五水共治"等重大民生工程建设,水利环境和公共设施管理业投资快速增长,增幅达 38.7%。其中,水利管理业、生态保护和环境治理分别增长 13.8%和 89.3%。此外,与人民生活息息相关的部分基础设施行业投资也保持快速增长势头,如交通运输仓储和邮政业、广播电视电影和音像业、卫生设施等增幅分别为 33.7%、33.4%和 33.2%。

4. 新开工项目个数回升明显,投资增长较快。2015 年,全省固定资产投资施工项目 48022 个,比上年增长 2.2%。其中,本年新开工项目 30106 个,增长 8.8%,增幅分别比 1—3 月、1—6 月、1—9 月提高 13.3、10.6 和 6.1 个百分点。新开工项目投资 10329 亿元,增长 22.5%,增幅分别比 1—3 月、1—6 月、1—9 月加快 14.2、5.7 和 4.9 个百分点。在新开工项目投资中,第一产业投资 240 亿元,增长 33.4%;第二产业投资 5262 亿元,增长 16.3%。其中,工业、制造业投资分别为 5221、4625 亿元,分别增长 16%和 15.1%;第三产业投资 4828 亿元,增长 29.5%。

5. 房地产开发投资出现下降,商品房销售面积增速高位放缓。2015 年,全省房地产开发投资 7112 亿元,比上年下降 2.1%,分别比 1—3 月、1—6 月、1—9 月回落 14.8、9.9 和 4.5 个百分点。一季度以来基本呈现逐月回落的态势。其中,住宅投资 4451 亿元,下降 3.1%。全年商品房销售面积和销售额分别为 5985 万平方米、6299 亿元,均增长 28%。2015 年以来,随着国家房地产政策的调整,房地产销售市场回升,上半年全省销售增速持续走高,1—6 月商品房销售面积和销售额分别增长 49.6%和 48.5%,达到全年最高点,其后随着销售市场趋稳和上年同期基数的扩大,下半年各月累计增速逐步放缓。

二、值得关注的问题

2015 年，全省固定资产投资总体呈现平稳较快增长态势，但仍存在一些需要重点关注的问题。

1. 投资增长依靠基础设施“一枝独秀”难以持久支撑。总体上看，2015 年全省有效投资保持了平稳较快的增长态势。但是近两年，全省投资增长主要依靠基础设施投资带动的局面仍然没有任何改观，基础设施投资对全部投资增长的贡献率超过 50%，制造业投资仍然处于低位增长区间，房地产投资步入下行期，2016 年全省形势仍然不容乐观。从全省投资新开工项目个数看，尽管 2015 年下半年以来增速不断提高，但全年增长也仅有 8.8%，新开工项目个数的增长仍明显落后于投资的增长。同时，全省亿元以上新开工项目个数下降 13.1%，投资仅增长 10.8%，均明显低于全部新开工项目，对投资的支撑不足。同时，固定资产投资本年资金来源增速仅有 8.2%，也远远低于投资增速。

2. 民间投资贡献明显回落，有待进一步发力。2015 年，全省民间投资 16109 亿元，占固定资产投资的比重为 60.4%，仅增长 9.2%。民间投资对全部投资增长贡献率为 43.4%，拉动投资增长 5.7 个百分点，而在 2014 年民间投资贡献率高达 73.6%。其中，民间投资新开工项目 20935 个，仅增长 7.8%。总的说来，目前浙江民营企业投资意愿不强、信心不足，今年以来全省民间投资增速远远落后于国有投资(24.2%)，占全省投资主导地位的民间投资意愿不足给实现有效投资的平稳增长带来严峻的挑战，有待于 2016 年进一步发力。

3. 制造业投资增长乏力。2015 年下半年以来，尽管全省制造业投资已经开始逐步回升，并于全年达到 11.1%的增速。但总体来说，近两年全省制造业投资增速一直在低位运行，且各行业之间投资增速差异较大，部分行业还处于下降状态，在 31 个制造业行业中，有 6 个行业增速下降。

4. 房地产开发投资、销售市场面临重重压力。2015 年，全省房地产开发投资下降 2.1%，全年呈现持续回落的运行态势，基本处于 2000 年以来的最低增长水平。商品房销售增速虽然还比较快，但下半年以来回落较为明显，商品房销售市场还远没有达到活跃的程度，尤其是三、四线城市。同时，全省房屋施工面积下降 1.1%，房屋新开工面积下降 32.5%，房地产开发企业购置土地面积下降 46.4%，房地产开发本年实际到位资金下降 3.1%，其中国内贷款下降 34.2%。这些先行指标的大幅下降预示着未来房地产开发投资还将持续低位。

三、2016 年发展趋势展望

2016 年是“十三五”开局之年，随着全省“三改一拆”“五水共治”“411”重大项目行动计划、特色小镇建设等重大举措的进一步深入推进，《中国制造 2025》推动高成长性制造业发展等各项创新驱动战略、社会资本参与基础设施及公共服务领域投资、支持浙商回归投资等政策的持续贯彻实施，将会给未来我省投资增长和结构调整产生强大推动作用。但仍面临着经济复苏前景不明朗，企业的经营效益下滑，投资意愿、信心不足的问题。同时，面临着全省固定资产投资规模日益增大，在此基础上实现较快增长的难度进一步加大等挑战。总体上看，只要坚定信心，举措到位，2016 年全省固定资产投资仍有望实现平稳适度增长。

（投资处　杨士鹏）

2015年浙江消费品市场运行情况分析

2015年，面对世界经济复苏乏力、国内经济下行压力加大的复杂形势，全省上下积极应对，千方百计扩大消费需求，全省消费品市场保持平稳增长，年内消费增速稳中有升。

一、消费品市场基本情况

1.社会消费品零售总额增速基本平稳。2015年，全省社会消费品零售总额19785亿元，比上年增长10.9%，增幅比上年回落0.8个百分点；扣除价格因素增长11%，比上年提高0.3个百分点。

2.乡村消费品市场占比有所提高。按经营单位所在地分，2015年，城镇消费品零售额16523亿元，比上年增长10.6%，增幅比上年回落0.8个百分点；乡村消费品零售额3262亿元，比上年增长12.4%，增幅比上年回落0.5个百分点。乡村消费品零售额比重有所提高，占社会消费品零售总额的16.5%，比上年提高0.2个百分点。

3.商品零售增速快于餐饮收入。按消费类型分，2015年，商品零售17797亿元，比上年增长11.1%，增幅比上年下降0.8个百分点，其中限额以上单位增长9.9%；餐饮收入1988亿元，比上年增长9.8%，增幅比上年提高0.2个百分点，其中限额以上单位增长5.5%。商品零售增速快于餐饮收入1.3个百分点。

4.批发零售企业销售额增速基本稳定。2015年，全省批发零售企业销售额82454亿元，比上年增长9.8%，增幅比一季度和上半年分别回落0.5和0.6个百分点，比前三季度提高0.2个百分点。其中，批发企业销售额58559亿元，比上年增长9%，增幅比一季度和上半年分别下降0.9和1个百分点，比前三季度提高0.2个百分点；零售企业销售额23895亿元，比上年增长12%，增幅比一季度、上半年和前三季度分别提高0.6、0.5和0.6个百分点。

5.住宿餐饮企业营业额增速逐季提高。2015年，全省住宿餐饮企业营业额2956亿元，比上年增长15%，增幅比一季度、上半年和前三季度分别提高0.5、0.4和0.2个百分点。其中，一季度增长14.5%，二季度增长14.8%，三季度增长15%，四季度增长15.5%。住宿企业营业额538亿元，比上年增长

9.7%，增幅比前三季度提高 0.6 个百分点，与上半年持平；餐饮企业营业额增幅逐季提高，营业额 2418 亿元，增长 16.2%，增幅比一季度、上半年和前三季度分别提高 0.6、0.4 和 0.1 个百分点。

二、消费结构进一步优化

1.基本生活类消费平稳较快增长。2015 年，全省限额以上批发零售企业服装、鞋帽、针纺织品类零售额 828 亿元，比上年增长 23.8%；粮油食品类零售额 658 亿元，比上年增长 17.5%；日用品类零售额 279 亿元，比上年增长 16.5%，分别高于全省社会消费品零售总额增幅 12.9、6.6 和 5.6 个百分点。吃穿用消费占到全省限额以上批发零售企业零售额的 21%，对全省社会消费品零售总额增长起到稳定的支撑作用。

2.消费升级类商品销售快速增长。2015 年以来，受信息消费的持续升温影响，通信器材类商品销售一直保持高速增长。2015 年，全省限额以上批发零售企业商品零售额中，通讯器材类零售额 143 亿元，比上年增长 73.6%，增幅比上年提高 62.4 个百分点。金银珠宝类、体育娱乐用品类和书报杂志类也快速增长，零售额分别为 210 亿元、19 亿元和 57 亿元，比上年增长 16.9%、14.7%和 12.3%，增幅比上年提高 11.8、13.5 和 8.5 个百分点。

3.房地产相关商品销售趋好。受商品房销售形势持续转好因素拉动，2015 年，全省限额以上批发零售企业家具类、建筑及装潢材料类和五金电料类商品消费均保持快速增长，零售额分别为 84 亿元、120 亿元和 35 亿元，比上年增长 59.3%、43.3%和 27.5%，三者合计拉动限额以上批发和零售业零售额增长 1 个百分点，比一季度、上半年和前三季度提高 0.5、0.3 和 0.1 个百分点。

4.汽车类消费小幅增长，石油类消费增幅持续下降。2015 年，汽车类零售额 3109 亿元，比上年增长 5.5%，增幅低于上年 1.2 个百分点，比一季度、上半年和前三季度分别提高 10.8、3.1 和 2.7 个百分点；石油类零售额 1241 亿元，下降 7.1%，降幅比一季度和前三季度收窄 3.1 和 0.7 个百分点，与上半年基本持平。这两类商品零售额占全省全社会消费品零售总额的 22%，对全省社会消费品零售总额增长影响较大。

表 1 2015 年限额以上主要商品类别零售额分季增长情况

单位:%

主要商品类别	2014 年增速	2015 年第 1 季度增速	2015 年上半年增速	2015 年 1—3 季度增速	2015 年增速
合计	11.0	2.5	6.9	7.5	10.0
其中:通讯器材类	10.2	54.1	74.3	87.6	73.6
家具类	36.9	20.9	38.1	56.2	59.3
建筑及装潢材料类	58.2	46.4	48.8	48.4	43.3
五金电料类	47.5	21.6	28.9	29.9	27.5
服装鞋帽针纺织品类	18.9	17.4	20.8	19.8	23.8
粮油食品类	14.3	16.5	14.5	15.7	17.5
金银珠宝类	5.1	4.8	12.5	15.0	16.9
日用品类	14.1	5.6	7.2	15.0	16.5
体育娱乐用品类	1.2	2.7	2.6	10.4	14.7
书报杂志类	3.8	0.8	16.1	15.2	12.3
汽车类	6.7	−5.3	2.4	2.8	5.5
石油类	8.8	−10.2	−7.0	−7.8	−7.1

三、原因分析

1. 收入增速放缓影响居民消费信心。2015 年,浙江居民人均可支配收入 35537 元,比上年增长 8.8%,增幅比上年和前三季度回落 0.9 和 0.4 个百分点。其中,城镇、农村居民人均可支配收入分别为 43714 元和 21125 元,比上年分别增长 8.2%和 9.0%,增幅比上年回落 0.7 和 1.7 个百分点。收入增速放缓会影响居民对未来的消费预期,从而可能增加预防性储蓄,不利于消费需求的进一步释放。

2. 石油类消费拉低社会消费品零售总额增幅。2015 年,受石油价格持续大幅下降因素影响,全省石油类零售额持续负增长,持续拉低社会消费品零售总额增长。2015 年,全省石油类零售额比上年下降 7.1%,拉低全省社会消费品零售额增长 1.4 个百分点。

3. 网上购物、境外游和海外代购等新兴模式对消费品市场影响持续加大。近年来,随着人们经济条件的提高和消费观念的转变,网上购物、境外游和海外代购等新兴消费模式日渐普及。质优、高效、安全等中高端需求随着境外游和海外代购等大量流出，需求外溢。网上购物模式的互联网经济迅速发展，加之网络媒体新兴的团购、电视电话购物以及跨境交易模式等，对传统商业造成较大冲击，传统商业面临消费分流。2015 年，全省限额以上单位零售业中，百货店、专业店和专卖店销售分别增长 4.3%、3%和 4.7%，增速比前几年有所回落。根据对杭州大厦、银泰百货、杭州解百和杭州百大四家在杭大型综合零售企业数据监测显示，一季度、上半年、前三季度和全年四家企业零售额同比分别下降 2.8%、1.9%、1.6%和 4.2%。

4.政府出台刺激商品消费政策的力度减低。前几年政府推出“家电以旧换新”和“汽车下乡”的惠民政策，补贴家电、汽车消费，对消费增长起到了重要的拉动作用，极大地带动市场的繁荣和活跃。近年来，随着观念和政府职能的转变，大规模直接补贴消费的政策没有再现，消费品市场的增长很难依靠外部拉动，2015 年推出的小排量乘用车购置税优惠政策对小排量汽车的销售起到一定的提振作用，但对消费品市场的增长影响不大。

四、对策建议

1.进一步完善收入与社会保障体系。收入是消费的基础。刺激居民消费，就需要提高居民收入，完善社会保障体系，消除消费者的后顾之忧。因此要加快收入分配制度改革，稳步提高最低工资标准，积极推进基本养老、基本医疗、基础教育、保障性住房以及最低生活等保障体系建设，扩大社会保障范围，增加社会保障项目，提高社会保障水平，从而降低居民预防性储蓄动机，形成更加乐观的未来预期，增强其即期消费意愿。

2.积极培育新的消费热点。随着居民消费观念和消费方式逐步转变，消费结构升级，信息消费、健康养老消费、休闲旅游消费、文化体育消费、医疗保健消费、教育消费、绿色循环消费等新型消费日益成为生活的主题。消费结构的不断升级必将带动相关产业结构的升级。要积极完善教育、文化、健身、旅游等基础设施，健全和完善休假制度，大力发展消费信贷，促进新型电子产品、智能家电、节能环保汽车、环保家居建材等绿色循环消费，适应居民消费习惯的转变，从而带动相关产业的发展，培育新的消费热点，促进消费品市场健康持续发展。

3.规范发展电子商务。各级政府要紧紧抓住国家大力发展电子商务的各项政策机遇，充分利用浙江作为电商大省的优势，合理规划电商发展布局，加强电子商务支撑体系建设，推进骨干企业电子商务，扶持面向中小企业的第三方电子商务平台，促进我省电子商务的全面发展。一方面支持物流配送终端及智慧物流平台建设，合理布局物流仓储设施，进一步完善电商基础设施建设，为大力发展电子商务奠定良好的基础；另一方面鼓励传统商贸企业充分利用互联网新媒介，依托自身实体经济的资源优势，开展线上线下融合的经营方式，扩大营销范围，以“网络销售带动实体经营，实体经营支撑网络销售”的方式，不断开辟营业收入增长的新通道。政府部门还应进一步放开消费领域的行政性限制，充分利用“中国(杭州)跨境电子商务综合试验区”的先导经验，加强跨境电子商务建设，引导境外消费回流。

4. 加速开拓农村市场。2015 年末，全省常住人口 5539 万人，农村人口比重 34.2%，农村市场消费潜力很大。一方面坚持贯彻对农村居民的“多予少取放活”的方针，切实减轻农村居民负担，用足用好国家惠农政策，增加农村居民收入，提高实际购买力；另一方面建立健全以医疗保险和养老保险为主的农村社会保障网络，让农村居民逐渐从“看病贵、上学难、存钱养老”的顾虑中走出来，改变消费观念，充分有效地释放农村居民消费潜力。同时，加快推进农村地区的交通、通信和互联网等基础设施建设，方便乡村的优质资源走向市场，积极优化农村的消费环境，引导、鼓励流通企业向农村延伸网点，引进大型便利店和超市等，方便农民消费，从而打通农村消费的“最后一公里”。

(服务业处　王华山)

难中有进 稳中趋优

——2015 年浙江外贸形势简析

2015 年，面临全球经济整体复苏动能不足、外需持续低迷的不利影响，浙江充分发挥民营企业出口的中流砥柱作用，千方百计拓展市场，大力发展跨境电子商务，出口实现正增长，增速好于全国和东部沿海主要出口省市。据杭州海关统计，2015 年，浙江进出口总额 21566 亿元，比上年下降 1.1%；出口 17174 亿元，增长 2.3%；进口 4392 亿元，下降 12.5%。出口增速高于全国(−1.8%)，也高于广东(0.8%)、江苏(0.1%)、上海(−5.7%)、山东(0.7%)和福建(0.7%)。从规模看，浙江进出口额超过北京，从全国第 5 位升至第 4 位，占全国进出口总额的比重从上年的 8.3%提高到 8.8%；出口额保持全国第 3 位，所占比重从 11.7%提高到 12.1%。

一、全年出口呈高幅开局、急降稳行走势

受 2015 年春节前订单需求旺盛、企业节前赶工影响，1—2 月份出口额激增 32.7%，此后出口增速逐步放缓，1—5 月、1—6 月、1—7 月出口分别增长 2.7%、2.3%和 0.4%，7 月份后企稳回升，1—10 月、1—11 月、1—12 月出口分别增长 1.5%、1.3%和 2.3%。其中 12 月份出口 1759 亿元，增长 12.2%，出口额为 2015 年单月最高值，增速回升较快。

2015 年以来，全国外贸形势整体低迷，浙江出口增速虽已降至近五年最低，但各月累计增速均高于全国平均水平。从图 2 看，浙江出口增速走势和全国基本一致，在 2 月份走高后增速大幅回落，但浙江于 7 月份开始企稳回升，增速优势逐月巩固。1—7 月浙江出口增幅仅高出全国 1.3 个百分点，1—12 月增速超过全国 4.1 个百分点。

二、出口结构趋优向好，贸易格局呈现新变化

1. 出口商品结构进一步优化。与江苏、上海、广东相比，浙江的机电产品和高新技术产品出口比重相对偏低，而在传统产品出口方面具有比较优势。浙江加快推进“四换三名”，充分挖掘出口产品附加值和品牌潜力，力促出口转型升级。2015 年，附加值较高的机电产品和高新技术产品分别出口 7236 亿元和 1047 亿元，保持较快增长，占全省出口的比重分别提高到 42.1%和 6.1%。

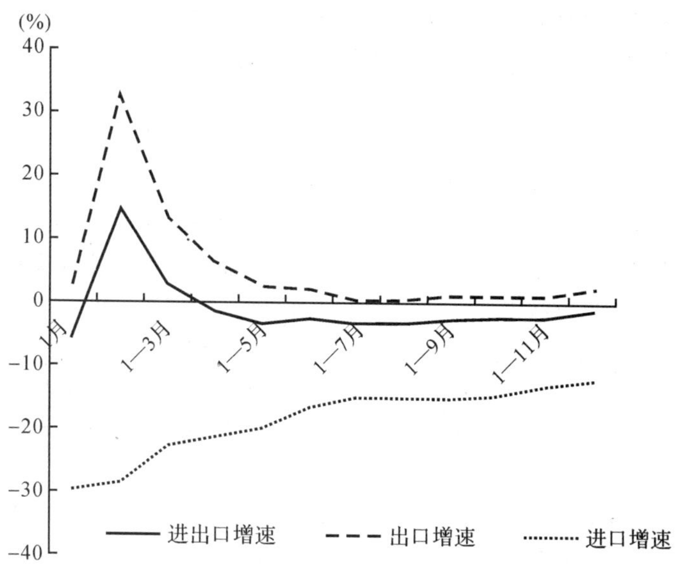

图1　2015年浙江进出口、出口和进口增速

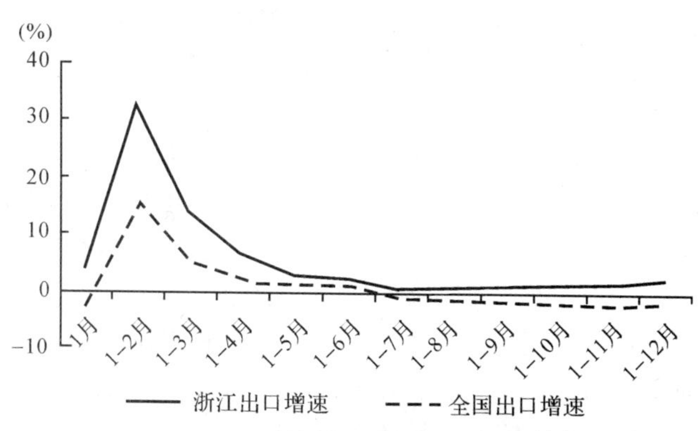

图2　2015年浙江出口增速与全国对比

尤其是高新技术产品增长10.0%，增速领先全省平均增速7.7个百分点。半导体器件、太阳能电池、手用或机用工具、船舶、灯具等出口快速增长，比上年分别增长47.5%、39.8%、16.4%、14.0%和11.3%。而七大类劳动密集型产品出口6500亿元，增长0.7%，占全省出口比重比上年下降0.6个百分点，降至37.8%。其中，纺织品出口2255亿元，下降2.6%；服装出口2007亿元，下降1.8%；玩具和塑料制品分别增长20.7%和17.9%。机电和高新技术产品比重提升，劳动密集型产品份额下降，“一升一降”反映转型升级成效显现。

2. 贸易方式呈现新的“811格局”。义乌市场采购贸易试点三年后于2014年11月正式实施，发展势头迅猛，目前出口规模已和加工贸易相当。2015年市场采购贸易出口1766亿元，增长42.6%，占全省出口的比重从上年的7.4%提高到10.3%，拉动全省出口增长3.1个百分点，成为拉动外贸出口的重要增长极。一般贸易出口13361亿元，增长0.3%，占全省出口的77.8%，拉动全省出口增长0.3个百分点；而加工贸易出口1827亿元，下降8.9%，占全省出口的10.6%。在贸易方式上，一般贸易、加工贸易和市场采购所占市场份额形成新的“811格局”。

3. 私营企业出口贡献突出。与经济结构相类似，浙江出口以私营企业为主。在本轮外贸低谷期，私营企业呈现出较好的抗压性，在三大出口主体中增速一直领先。2015年，私营企业出口12025亿元，增长7.9%，增速超出全省平均水平5.6个百分点，拉动全省出口增长5.2个百分点，占全省出口的比重从上年的66.4%提高到70%，出口主体地位进一步巩固。国有企业出口1081亿元，下降9.9%，比重从7.1%降至6.3%。外商投资企业出口3513亿元，下降8.6%，比重从22.9%降至20.5%。从企业规模看，小微企业出口增长快于大中型企业。省商务厅数据显示，1—11月全省39816家小微企业出口增长22.6%，出口增长的企业面为43%；3243家大中型企业出口下降16.6%，出口增长的企业面为33.9%。

4. 对美国和东盟出口稳定增长。在主要发达经济体中，除对美国出口增长较快外，其他经济体需求普遍疲弱。2015年，对美国出口3042亿元，比上年增长7.3%，拉动全省出口增长1.2个百分点；对欧盟、日本和中国香港分别出口3761亿元、737亿元和352亿元，下降2.3%、5.6%和1.4%。对新兴经济体出口状况总体略好于发达经济体，对东盟、非洲和大洋洲等新兴市场均实现较快增长。对东盟出口1502亿元，增长7.7%，其中对老挝、缅甸、菲律宾、柬埔寨和泰国的出口增势较好，分别增长64.8%、23.5%、20.1%、19.5%和15.2%。对非洲出口1436亿元，增长6%；对大洋洲出口441亿元，增长11.5%。

5. 浙江中西部出口增速快于东部。丽水、衢州和金华等浙江中西部地区出口增长迅速，增速位列全省前三。丽水一般贸易出口发力，带动丽水全年实现出口197亿元，增长21.5%；金华出口2959亿元，规模居全省第3位，增长21.4%；衢州出口205亿元，增长15.5%。宁波出口规模居全省首位，出口4437亿元，下降1.2%；杭州出口3108亿元，增长2.9%，杭甬两市出口合计占全省的43.9%。舟山和湖州出口分别增长8.2%和1.6%。绍兴、温州、嘉兴和台州出口分别下降7.9%、6.8%、2.1%和1.7%。

三、进口降幅逐季收窄

受国际大宗商品价格下跌和传统进口商品需求由强转弱的影响，2015年进口仍呈下降态势，但降幅逐季收窄。一季度、上半年和前三季度进口分别同比下降22.8%、16.8%和15%，至全年降幅收窄为12.5%，略好于全国平均水平(—13.2%)。我省进口商品以原材料资源型商品为主，受国际大宗商品价格下跌的影响，大部分原材料资源型商品进口额下降，其中初级形态的塑料、废金属、铁砂矿及其精矿分别进口373亿元、254亿元和222亿元，下降7.3%、18%和42.2%。部分商品企稳回暖。酒类、粮食、医药品和水海产品进口分别增长93.7%、38.5%、19.7%和13.1%；电容器、自动数据处理设备及其部件、集成电路等电子类产品进口大幅增长，分别增长32.5%、23.1%和13.8%。

四、前景展望：低位增长

从国际环境看，全球经济总体处于低速复苏态势。发达国家经济增速从低谷缓慢爬升，对全球经济的贡献增强。其中，美国经济虽有起伏，但仍延续增长态势，欧元区经济有所企稳。据美国商务部数据显示，2015年二、三季度美国经济分别增长3.9%和2%，在发达经济体中增速处于较高水平。受益于宽松的货币政策、弱势欧元和原油等初级产品价格下跌，欧元区经济指标总体呈好转趋势，经济增速企稳。IMF在2016年1月预测指出，2016年美国和欧元区经济增速分别为2.6%和1.7%，均高于2015年增速。新兴经济体经济增长有所放缓，但仍高于发达经济体。IMF预计，2016年全球经济将增长3.4%，较2015年3.1%的增速略高0.3个百分点。

从国内形势看，国内经济增速虽然放缓，但政策逐步落实见效，新的竞争优势正在积累。中国经济在新旧动能转换中平稳运行，2015年经济增长6.9%，增速略有回落，但稳中有进、稳中向好的态势没有改变，结构优化成效突出。跨境电子商务、市场采购贸易的发展和自贸协定的实施，为外贸出口增添新的动力。杭州跨境电子商务综合试验区建设全面推进，跨境电商园区和公共海外仓建设的稳步推进，都为发展跨境电子商务带来有力支撑。目前已在全省多地建设培育了24家省级跨境电商园区和31个省级公共海外仓，覆盖了浙江主要出口国家和“一带一路”重点市场。杭州海关为跨境电商出口量身定制“清单审核、汇总申报”模式，直接为企业解决了通关、结汇、退税等诸多问题。据杭州海关统计，今年前11个月我省跨境电子商务同比增长225倍。继义乌市场采购正式实施后，2015年7月海宁皮革城纳入全国第二批市场采购贸易方式试点，将有望成为另一个增长点。我省建立省级协调小组，加快海关监管场站建设和市场主体的培育，并已完成海宁市场采购贸易方式的启动测试。2015 年浙江对澳大利亚、韩国出口均保持增长，中韩、中澳自贸协定已于 12 月正式生效，有望进一步扩大全省对韩、对澳贸易投资，有利外贸出口。

然而，全球经济低增长、国际市场需求不足的局面难有根本改变，全球贸易复苏缓慢。WTO 预计，2016 年全球贸易量将增长 3.9%，仍将低于过去 20 年 5%的平均水平。波罗的海干散货综合运价指数(BDI)自 2015 年 8 月 1222 的高点一路下跌至目前的 358，预示近期市场需求低迷。

同时，传统竞争优势进一步弱化，贸易摩擦加剧，部分国家地区政治动荡加剧，都对我省出口增长造成不利影响。我省外贸以劳动密集型传统商品为主、轻工业发达的格局并未改变，目前增势良好的高新技术产品出口比重仍然偏小。而传统产品受用工、土地、融资等经营成本上升的影响，产业向内陆或周边东南亚国家转移，成本优势受到侵蚀。全球贸易保护主义高发的势头一直没有明显缓解。2015 年，浙江省共遭遇来自美国、印度、巴西等 18 个国家和地区发起的贸易救济调查案件 91 起，涉案金额同比增加 8.6%，而欧美等发达国家和地区针对光伏等我省重点行业产业发起数起案件，波及范围广、涉案金额高。

据商务厅监测数据显示，2015 年以来企业在手订单情况持续下行，但 12 月份出口订单景气指数和企业后期出口信心指数均出现回升，环比分别上升 2.3 个和 2.6 个百分点，预计 2016 年一季度出口情况将有所好转。但总体上浙江面临的外贸形势依然严峻，预计 2016 年出口低位增长。

(服务业处　廖　珺)

2015年浙江省居民消费价格运行情况分析

2015年浙江经济发展步入新常态，经济运行保持在合理区间，物价总水平基本维持稳定。全年全省居民消费价格总水平上涨1.4%，涨幅较上年缩小0.7个百分点。其中城市和农村均上涨1.4%；食品类价格上涨3.3%，服务项目价格上涨1.6%，工业品消费品价格下降0.4%。

一、全省居民消费价格运行总体情况

（一）月同比价格阶梯式上涨，月环比价格窄幅震荡

与上年同月相比，1—12月份各月同比价格总体呈阶梯式上涨态势（见图1）。1月份受春节错月因素和成品油价格下降的影响，同比涨幅回落至0，创下近62个月的低点；2月份受春节商品及服务价格上涨的影响，同比涨幅回升至0.8%；3—5月份随着上年负翘尾因素的减弱，同比价格出现回升，涨幅分别为0.9%、1.2%和1.1%；6—8月份受食品价格涨势增强的影响，涨幅逐月扩大，分别为1.4%、1.6%和1.9%；9—10月份由于食品价格涨势减弱，同比涨幅小幅回落至1.7%；11—12月份随着负翘尾因素的消失，同比涨幅逐月扩大，分别为2.0%和2.5%。

与上月相比，1—12月份各月环比价格“六涨六降”，总体呈窄幅震荡态势。1—2月份受春节因素影响，环比价格上涨，其中2月份涨幅最大，为1.7%；3—5月份随着节后商品及服务价格陆续回落环比价格也随之小幅下降；受猪肉价格触底回升、夏季高温和灾害性天气拉动蔬菜价格上涨等因素的共同影响，6—8月份环比价格逐月攀升，涨幅分别为0.1%、0.6%和0.3%；9—11月份随着猪肉价格回稳、水产品及鲜菜价格季节性因素回落的影响，环比价格再次小幅下降；12月份受天气因素拉动鲜菜等食品价格上涨的影响，环比价格上涨0.6%。刨除春节因素，3—12月份环比涨幅在－0.4%至0.6%之间波动，运行较为平稳。

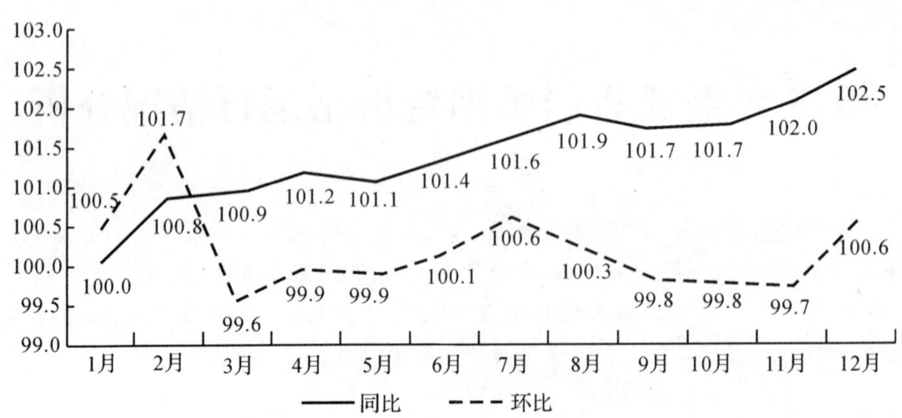

图 1　2015 年 1—12 月浙江 CPI 同比和环比走势

（二）八大类价格呈"七涨一跌"格局，食品类价格上涨成为拉动居民消费价格总水平上涨的主因

八大类消费品及服务项目价格呈现"七涨一跌"的格局，其中食品类价格上涨 3.3%，烟酒类价格上涨 3.3%，医疗保健和个人用品类价格上涨 2.7%，衣着类价格上涨 1.8%，娱乐教育文化用品及服务类价格上涨 1.4%，家庭设备用品及维修服务类价格上涨 0.9%，居住类价格上涨 0.8%；交通和通信类价格下降 4.0%。食品类价格上涨拉动居民消费价格总水平上涨 1.0 个百分点，涨价贡献率达 71.4%（见图 2）。

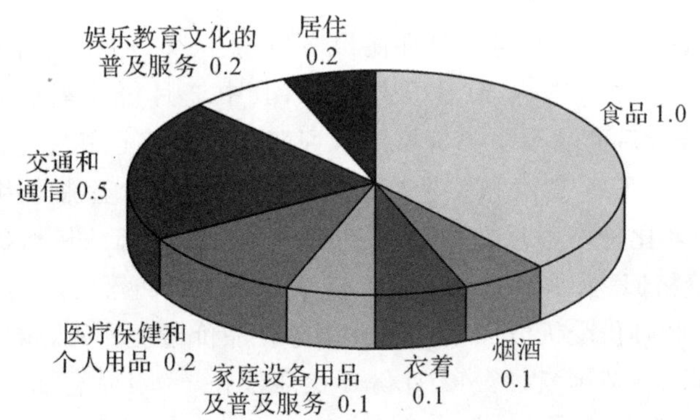

图 2　2015 年浙江 CPI 八大类价格对总指数的拉动影响（%）

（三）浙江 CPI 与全国平均水平相当

2015 年浙江居民消费价格总水平上涨 1.4%，与全国平均涨幅相同。在全国 31 个省（市、区）中与辽宁、湖南并列第 17 位。在华东六省一市中列第 5

位，分别比上海、江苏、福建、江西低 1.0、0.3、0.3 和 0.1 个百分点，高于安徽、山东 0.1 和 0.2 个百分点。

所调查的八大类消费品和服务项目价格与全国走势基本一致（见表 1）。在价格上涨的类别中，食品类、烟酒类、医疗保健和个人用品类、居住类涨幅分别高于全国 1.0、1.2、0.7 和 0.1 个百分点，娱乐教育文化用品及服务类涨幅与全国持平，衣着类、家庭设备用品及维修服务类价格涨幅分别低于全国 0.9 和 0.1 个百分点。在价格下降的类别中，交通和通信类价格降幅高于全国 2.3 个百分点。

表 1　2015 年浙江 CPI 与全国比较

	浙江省	全国	差距
居民消费价格总指数	101.4	101.4	0.0
一、食品	103.3	102.3	1.0
二、烟酒	103.3	102.1	1.2
三、衣着	101.8	102.7	−0.9
四、家庭设备用品及维修服务	100.9	101.0	−0.1
五、医疗保健和个人用品	102.7	102.0	0.7
六、交通和通信	96.0	98.3	−2.3
七、娱乐教育文化用品及服务	101.4	101.4	0.0
八、居住	100.8	100.7	0.1

从价格指数构成看，浙江由于上年 CPI 前高后低的走势对 2015 年全年为负翘尾影响（−0.5 个百分点），对价格总水平起到下拉作用，而全国为正翘尾影响（0.5 个百分点）；新涨价因素为 1.9 个百分点，高出全国 1.0 个百分点，表明 2015 年浙江物价上行的势头强于全国。

二、主要商品（服务）价格运行特点

（一）食品类价格多数上涨

全省食品类价格上涨 3.3%，涨幅比上年（3.1%）扩大 0.2 个百分点。在所调查的 16 个中类食品价格中，除油脂类、干鲜瓜果类和液体乳及乳制品类价格下降外，其余食品类价格全部上涨。

1. 粮油价格走势持续背离。受国家多次上调粮食收购价格及农业生产、流通成本增加等因素的影响，浙江粮食价格自 2006 年以来连续 10 年出现上涨。2015 年粮食价格比上年同期上涨 2.5%，其中玉米粉、小米等其他粮食价格上涨 5.1%，粮食制品价格上涨 2.7%，大米价格上涨 2.3%，面粉价格上涨 1.6%。食用油价格在原材料价格持续下跌、市场供应宽松的影响下，自 2013 年开始一直处于下降通道中，2015 年全省油脂类价格下降 5.5%。

2. 肉、禽、水产品、鲜菜等价格集体攀升。由于上年猪肉价格连续低迷，养殖户纷纷减栏降低亏损，加上各地推进生猪养殖减量提质工作，导致生猪存栏大幅缩减，市场供求偏紧。全省猪肉价格从 5 月份开始连续 4 个月上涨，至 9 月份受储备肉投放及出栏量增加的影响价格才逐渐回稳。2015 年全省猪肉价格上涨 11.2%，扭转了 2012 年以来的下降态势。牛、羊肉价格分别小幅上涨 2.0%和 0.6%。禽类价格在禽流感疫情影响逐渐消退的情况下明显回升，上涨 5.7%，涨幅比上年扩大 2.8 个百分点。水产品价格上涨 2.6%，其中鱼类价格上涨 4.4%，其他水产品价格上涨 1.1%。由于较上年相比，全省灾害性天气偏多，地产蔬菜产量下降，2015 年全省鲜菜价格大幅攀升 11.4%，成为推动食品价格上涨的首要因素。在外用膳价格在上述食品类价格集体攀升的带动下，上涨 3.4%。

3. 鲜瓜果、液体乳及乳制品价格近年来首次下降。由于今年部分常见水果丰收，供应量显著增加，加上去年同期部分常见水果主产区气候异常、产量偏低导致价格走高的基期因素影响，2015 年全省鲜瓜果价格八年来首次出现下降，降幅为 4.1%。液体乳及乳制品价格自 2003 年来以来始终处于上涨通道中，2015 年受国际奶源价格下跌、国内原奶供过于求的影响由升转降，下降 0.1%。

（二）服务项目价格普遍上涨

全省服务项目价格上涨 1.6%，涨幅比上年（3.0%）收窄 1.4 个百分点。所调查的 58 种基本分类中，仅 6 种服务项目价格下降，涨价面近九成。

1. 劳动力成本上涨推动。近年来浙江不断提高最低工资标准，健全社会劳动报酬增长机制，同时随着城乡居民生活水平的提高，家庭及个人服务需求显著增加，劳动密集型的服务项目价格出现较快上涨。全省家庭服务（保姆、钟点工）价格上涨 7.6%，衣着加工服务价格上涨 2.8%，个人服务（理发、美容）价格上涨 2.7%，车辆使用及维修费价格上涨 2.4%，住房维护修理价格上涨 1.6%。

2. 政策性因素拉动价格上涨。受公立医院综合改革的影响，全省医疗保健服务价格上涨 0.3%。受多数市县上调幼儿园、民办中学及大学收费标准的影响，教育服务价格上涨 3.0%。受新型城镇化建设不断推进和房地产市场回暖的影响，租房市场需求趋旺，带动私房房租价格上涨 2.4%。

（三）工业消费品价格小幅下降

全省工业生产者出厂、购进价格持续下降，生产领域价格压力减小，加上钢铁、水泥等行业产能严重过剩，技术进步加快产品更新换代的速度，工业消费品价格结束了自 2010 年以来连续五年上涨的态势，小幅下降 0.4%。

1. 国际原油价格低位波动影响油脂品价格大幅下降。今年以来国家连续 19 次调整成品油价格，其中 7 次上涨，12 次下降。全年价格大幅下降，汽油、柴油、液化石油气价格分别下降 18.2%、20.1%和 19.5%。受此影响，交通和通信类价格下降 4.0%，拉低居民消费价格总水平 0.5 个百分点。

2. 技术进步及市场供过于求导致部分工业品价格下降。在技术进步及市场供过于求格局的推动下，部分工业消费品价格持续下跌，其中通信工具价格下降 3.6%，交通工具价格下降 2.0%，家庭设备价格下降 1.2%，文娱用耐用消费品价格下降 0.8%。

三、2016 年价格走势预期

2015 年浙江 CPI 创 6 年来新低，是国内外多种因素共同影响的结果。一方面，国内传统增长动能减弱，部分行业产能过剩，需求疲软；另一方面，全球经济复苏低于预期，大宗商品价格持续低迷，国际金融市场动荡加剧。

展望 2016 年，上述抑制价格的因素短期内依然存在，但经济长期向好的基本面没有改变，仍具有巨大韧性和潜力。供给侧结构性改革将深入推进，积极的财政政策以及上年降息、降准等一系列货币政策的滞后影响将逐步显现，国际大宗商品价格有望筑底企稳，物价上涨的动力可能增强。综合来看，影响 2016 年价格走势的因素错综复杂，预计全年将维持整体平稳的态势，涨幅较 2015 年相比有所回升。

（一）推动价格上涨的因素

1. 积极的财政政策与稳健的宏观政策共同推进。2016 年国家将进一步加大积极的财政政策力度，实行减税降费等政策，降低企业成本，为实体经济发展创造更好的大环境。同时，上年央行出台的降准、降息和稳定金融市场等一系列调控举措的滞后影响也将进一步显现，保持流动性合理充裕。

2. 劳动力成本上升趋势长期存在。“十二五”期间，浙江省建立最低工资标准与人均地区生产总值联动增长机制，最低工资标准稳步增长。“十三五”规划中明确提出了 2020 年人均收入比 2010 年翻一番的目标，劳动力成本上升成为常态，将直接或间接地推高了农产品、劳动密集型产品和服务项目价格，对价格总水平的拉动作用将持续存在。

3. 价格改革的深入推进。作为供给侧结构性改革的重要环节，浙江省的价格改革始终走在全国前列。随着价格改革的深入推进，全省各地包括水、电、燃气等资源型产品价格仍将上涨。另外随着浙江省部分具备放开条件的商品和服务项目的价格改革陆续出台，也将在一定程度上拉动物价上涨。

4. 猪肉价格高位运行。目前国内生猪养殖规模化水平得到有效提高，中小规模散养户明显减少。据农业部数据显示，截至 2015 年 11 月，全国生猪存栏已连续 14 个月环比下降，能繁母猪存栏已连续 27 个月环比下降，存栏基数的大幅下降制约生猪出栏量难以短时期内大幅度增加，预计 2016 年在没有受到进口猪肉大幅冲击的前提下，猪肉价格有望维持高位运行，推高物价总水平。

（二）平抑价格上涨的因素

1. 全球需求低迷，大宗商品价格低位徘徊。目前国际经济环境复苏乏力，外部需求持续低迷，国际金融市场动荡加剧。原油、大宗农产品、大宗矿产品等价格仍然在低位运行，在一定程度上带来输入性通缩压力。

2. 国内部分行业产能过剩，传统增长动能减弱。受国内需求结构变化的影响，部分行业产能过剩，工业品价格持续回落，企业利润下降。传统增长动能明显减弱，新的增长极、增长带的形成仍需较长时间，当前处于供给侧结构性改革的阵痛期。

3. 粮食高产量、高价格、高库存的现状在一定程度上抑制食品价格。2004 年至今，我国粮食生产已经实现"十二连增"。政府出台了提高粮食最低收购价格、发放粮食直补等一系列扶持政策。目前国内的粮食库存处于高位，粮食价格高于国际市场，不存在明显的上涨动力，将在很大程度上抑制食品类价格的上行。

（三）不确定性因素

1. 国际政治局势局部动荡。国际局势正在发生深刻变化，不稳定、不确定因素明显增加，地缘政治及突发事件都将会对国际大宗商品价格的走势产生影响，进而引起 CPI 的变动。

2. 灾害性气候因素的影响。灾害性气候造成的农产品减产，对食品价格以及居民消费价格总水平影响较大。浙江农产品消费的对外依存度较高，全国范围内的灾害性气候的发生，存在较大程度影响 CPI 变动的可能性。

（消费价格处　华　敏）

2015年浙江省工业生产者价格降幅创四年来最大

受全球经济复苏缓慢，国内经济下行压力加大，国际大宗商品价格深度下跌等因素影响，2015年浙江工业生产者价格延续上年的下降态势继续震荡下行。全年工业生产者出厂价格(PPI)比上年下降3.6%，工业生产者购进价格(IPI)比上年下降5.5%，工业生产者价格购销“剪刀差”由上年的0.6个百分点扩大为1.9个百分点。

一、2015年浙江工业生产者价格运行特点

(一)工业生产者价格环比指数低位震荡，同比降幅创四年来最大

1.工业生产者价格环比指数低位震荡运行。2015年PPI和IPI月度环比价格基本呈现下行态势(见图1)，震动幅度较大，除5月份PPI和IPI均微涨0.1%外，其余各月都处于负增长区间，其中1月份PPI和IPI分别下降0.8%和1.1%，为全年最大降幅。

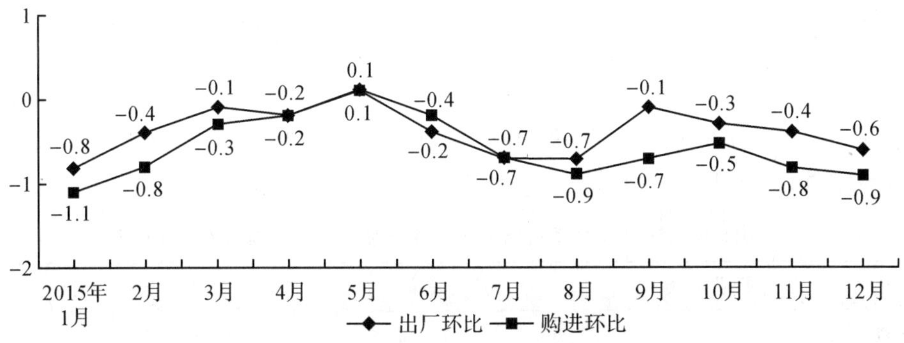

图1 2015年1—12月浙江工业生产者价格月度环比涨(跌)幅(%)

2.工业生产者价格同比降幅创四年来最大。2015年PPI和IPI分别比上年下降3.6%和5.5%，降幅均创四年来最大，各月价格降幅基本呈现逐月扩大的运行态势(见图2)。其中8月份和12月份PPI下降4.4%，降幅比全年最小的1月份扩大1.6个百分点，12月份IPI下降6.9%，降幅比1月份扩大2.7个百分点。

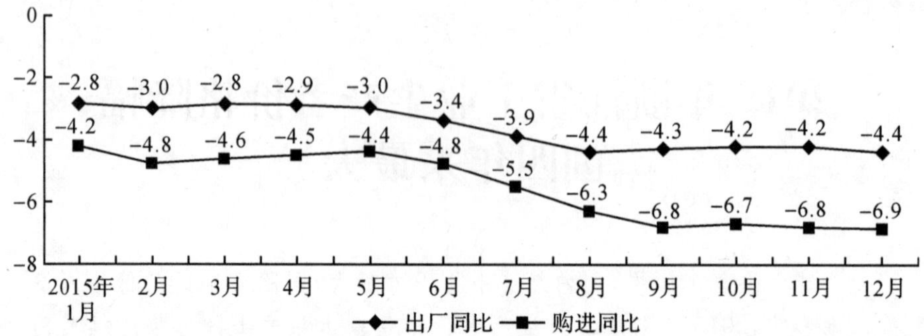

图 2　2015 年 1—12 月浙江工业生产者价格月度同比涨(跌)幅(%)

(二)PPI 分类产品价格普遍下降

1. 两大部类产品价格双双下降，生产资料类价格变动影响 PPI 的主导作用更明显。2015 年浙江生产资料类产品出厂价格同比下降 4.8%，拉动 PPI 下降 3.5 个百分点。其中，采掘工业价格下降 5.8%，原料工业价格下降 8.1%，加工工业价格下降 3.5%，生活资料类价格同比下降 0.4%，拉动 PPI 下降 0.1 个百分点。其中，食品价格下降 0.6%，衣着价格上涨 0.5%，一般日用品价格下降 1.2%，耐用消费品价格下降 0.4%。

2. 工业大类行业产品价格下降面为四年来最大，重点行业产品价格变动影响 PPI 走势明显。与上年相比，2015 年所调查的 38 个大类行业中，产品价格呈"4 升 33 降 1 平"的运行态势，价格下降面达 86.8%，为四年来最大，分别比 2012 年、2013 年、2014 年扩大 26.3、15.7、13.1 个百分点。PPI 权重占比排名前十的行业产品价格全面下降，拉动 PPI 下降 2.3 个百分点(见表 1)，其中黑色金属冶炼和压延加工业、化学纤维制造业、化学原料和化学制品制造业产品价格降幅较大，分别为 13.0%、10.4%和 6.9%，拉动 PPI 下降 1.4 个百分点。

表 1　2015 年浙江 PPI 权重占比前十行业产品价格涨跌幅度及对 PPI 影响

工业行业分类	涨跌幅度(%)	对 PPI 影响(百分点)
纺织业	－1.2	－0.1
电气机械和器材制造业	－2.5	－0.2
电力、热力生产和供应业	－1.4	－0.1
通用设备制造业	－1.7	－0.1
化学原料和化学制品制造业	－6.9	－0.5

续 表

工业行业分类	涨跌幅度(%)	对 PPI 影响(百分点)
橡胶和塑料制品业	−4.0	−0.2
金属制品业	−2.9	−0.1
汽车制造业	−1.4	−0.1
黑色金属冶炼和压延加工业	−13.0	−0.5
化学纤维制造业	−10.4	−0.4

(三)IPI 分类价格全面下降

2015 年浙江 IPI 比上年下降 5.5%,所调查的 9 个大类产品价格呈不同程度下降,其中降幅较大的有:黑色金属材料类价格下降 10.5%,燃料动力类价格下降 8.4%,化工原料类价格下降 8.2%,有色金属材料及电线类、木材及纸浆类、建筑材料及非金属类、其他工业原材料及半成品类、农副产品类、纺织原料类价格降幅介于 0.5%—7.9%之间。

二、浙江 PPI 高于全国

(一)浙江 PPI 高于全国 1.6 个百分点

2015 年浙江 PPI 为 96.4,较 94.8 的全国平均水平高 1.6 个百分点,各月指数均高于全国(见图 3)。在全国 31 个省(区、市)中,与四川并列第 6 位;在华东六省一市中,浙江 PPI 低于福建 0.6 个百分点,分别高于上海、江苏、山东、安徽、江西 0.3、1.1、1.2、2.5 和 2.7 个百分点。

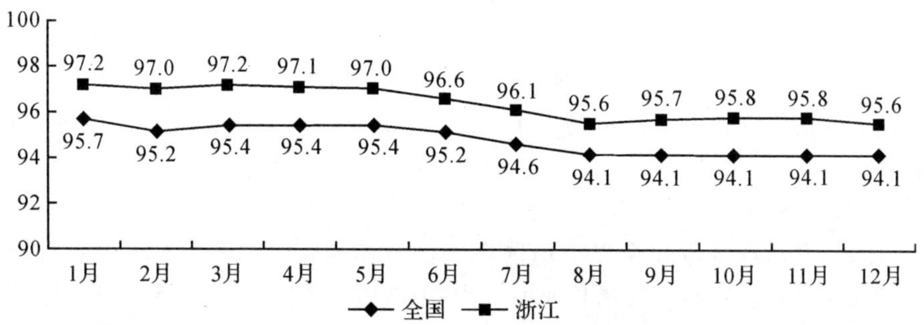

图 3 2015 年 1—12 月浙江 PPI 与全国比较

(二)工业行业产品出厂价格下降面大于全国

在全国所调查的 41 个行业中,产品价格下降的行业有 34 个,占全部行业的 82.9%;在浙江省调查的 38 个行业中,产品价格下降的行业有 33 个,占全部行业的 86.8%，价格下降面大于全国 3.9 个百分点。从价格指数看，在对应的 38 个行业中，浙江有 30 个行业产品价格指数低于全国，其中燃气生产和供应业、黑色金属矿采选业、废弃资源综合利用业、石油加工炼焦和核燃料加工业价格降幅分别大于全国 7.8、7.7、4.3、2.8 个百分点。一方面由于少了石油和天然气开采业产品价格下降的大幅拉动(全国为－37.3%)，另一方面受产业结构差异而形成的行业权重占比不同的影响，浙江省价格下行的大类行业对 PPI 的下拉作用小于全国，从而导致浙江省 PPI 高于全国。

三、工业生产者价格变动的主要因素及原因分析

(一)国际大宗商品价格大幅下跌

在世界经济步履蹒跚，国际贸易持续低迷，金融市场大幅动荡下，国际大宗商品价格深度下跌。据美国商品调查局大宗商品 CRB 价格指数显示，这一指数在 2015 年跌到 2008 年全球金融危机时的水平。据中国海关总署统计数据显示，2015 年我国铁矿砂、成品油、煤、铜等大宗商品进口平均价格也纷纷下跌，同比跌幅分别为 39%、38.3%、21.8%、17.1%。受此影响，在浙江工业企业购进价格中，铁矿石价格下降 35.4%，原油价格下降 21.0%，烟煤购进价格下降 12.0%。工业企业主要原材料购进价格的下跌，降低了企业生产成本，决定了工业生产者价格下降的总基调。

(二)行业产能过剩，供需矛盾激化

随着近几年实体经济走势减缓，产能基数过于庞大的钢材、水泥、造船等传统行业供需矛盾激化，市场竞争同质化严重，同行业间竞争越演越激烈，以钢材为例，据冶金工业规划研究院报告显示，2015 年我国钢材实际消费量为 6.68 亿吨，同比下降 8.4%，这是自 1995 年以来我国钢材消费量首次出现下降。2015 年高耗能行业 PMI 全年均值为 48.7%，比上年低 1.2 个百分点，供过于求的格局使得上下游市场需求进一步减弱，导致工业生产者价格进一步走低。

(三)投资不足，市场需求乏力

国际发达经济体和新兴市场国家经济复苏缓慢，中国经济正处于“新常态”下的换挡调整期，经济增长速度转为“中高速增长”。2015 年浙江省固定资产投资增长 13.2%，增幅比上年回落 3.4 个百分点，增幅连续 4 年回落；社会消费品零售总额增长 10.9%，增幅比上年回落 0.8 个百分点。从国际需求看，2015 年浙江出口总额 2767 亿美元，增长 1.2%，低于上年同期 8.7 个百分点。市场总需求疲软，导致资金密集型和劳动密集型传统行业产品需求明显减弱，工业生产者价格回升的动力不足。

四、2016 年一季度浙江 PPI 走势预测

预计 2016 年一季度浙江 PPI 仍将继续呈现低位运行态势，抑制和拉动 PPI 上涨的因素同时存在。

(一)抑制 PPI 上涨的因素

1.国内外经济下行压力仍然较大，全球总需求不足。国际金融危机深层次影响还在继续，世界经济仍然处在深度调整期。各国宏观经济政策分化加剧，世界经济增长不确定性加大。国内资源环境和劳动力等要素成本上升导致中国产品价格的国际竞争力有所下降，人民币汇率剧烈震荡，全球贸易摩擦升温，出口导向型企业产品价格上升空间很小。国内传统行业产能过剩问题仍比较突出，钢铁、水泥、平板玻璃、船舶制造等行业产能过剩问题在未能得到有效化解前，供大于求的市场格局仍将持续打压产品价格的上涨。

2.国际大宗商品价格进入“低价”时代。受世界经济复苏不及预期、地缘政治问题突出及美元进入新一轮上升周期等不确定因素影响，国际大宗商品价格走势仍将处于低位运行的态势。铁矿石、原油、煤、有色金属等资源类价格将低位震荡运行，从 2016 年 1 月 1 日起，我国将燃煤发电上网电价全国平均每千瓦时降低约 3 分，原料价格走低从生产成本上抑制出厂价格走高。

(二)拉动 PPI 上涨的因素

1.政策效力继续发挥。中国经济持续增长的良好支撑基础和条件没改变，从降准降息到减税降负，从“互联网＋”到“中国制造 2025”等一系列即利当前又利长远的政策相继出台，经济增长中的积级因素将进一步累积，政策措施效果进一步显现。随着供给侧结构性改革的推进，将倒逼过剩产能退出市场，淘汰一批“僵尸企业”和低效供应，势必改善钢材、水泥、有色金属等传统行业市场供求关系，生产资料类价格有恢复性上涨的可能。

2.下游需求的提升。2016 年将是中国宏观经济最艰难的一年，各类宏观经济指标可能进一步回落，这将给中国进行实质性的存量调整、供给侧结构性改革以及更大幅度的需求性扩展带来契机。决策层提出，通过加快农民工市民化，推进以满足新市民为出发点的住房制度改革，增加有效住房需求，稳定房地产市场。随着房地产库存的大幅下降，房地产投资意愿的增强，对生产生活领域产品的需求势必相应增加，市场新生增长动力不断增强，企业生产经营状况的好转，将一定程度上推动工业企业产品价格的上升。

(生产投资价格调查处　李　莉)

2015 年浙江住宅销售价格运行情况分析

2015 年，浙江房地产市场经历了一季度的短暂低迷后，受“330 楼市政策”的刺激，二季度迅速升温，市场信心得到恢复和提振，购房需求得以集中释放，住宅销售价格环比逐月攀升，整体上呈现积极向好的可喜变化。2015 年全省新建商品住宅(11 个设区市城区合计，下同)共成交 20 万套，二手住宅共成交 16.4 万套，同比分别增长 35.6%和 64.8%。新建商品住宅销售价格同比下降 2.7%，二手住宅同比下降 2.1%，降幅分别比上年缩小 0.2 和 1.1 个百分点。

一、2015 年浙江住宅销售市场运行情况

(一)成交量大幅回升，改善型占比扩大

一季度浙江房地产市场成交低迷，1—3 月份全省新建商品住宅分别成交 15428 套、8620 套和 14385 套，4 月份起全省新建商品住宅连续 9 个月成交破两万套，其中 12 月份受年终冲量拉动，成交量达到年内最高值 2.8 万套。全年共成交 20 万套，同比增长 35.6%，整体成交量创近年来新高。二手住宅成交量自 3 月份开始均破万套，其中五月份达到高峰值 1.7 万套，全年共成交 16.4 万套，同比增长 64.8%。

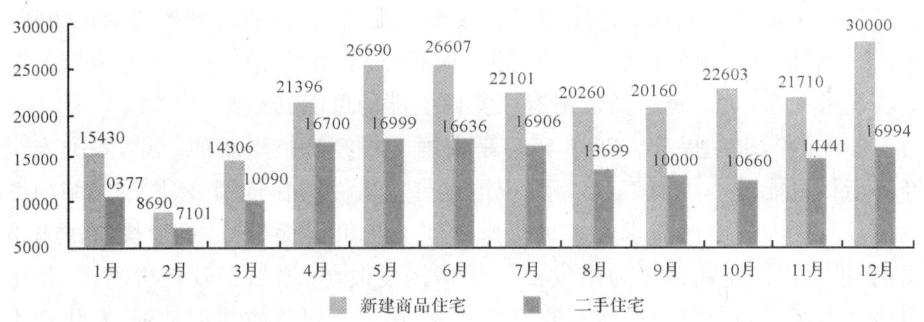

图 1　2015 年浙江住宅成交套数

从成交结构看，改善型需求得到了有力拉动。2015 年 90—144 平方米户型新建商品住宅成交面积占 46.3%，分别比 90 平方米以下和 144 平方米以上两种户型占比大 17.4 和 21.5 个百分点，成为成交主流。与 2013 年和 2014 年相比，该户型占比分别扩大 3.6 和 1.2 个百分点，表明了浙江房地产市场改

善型住宅需求强劲。

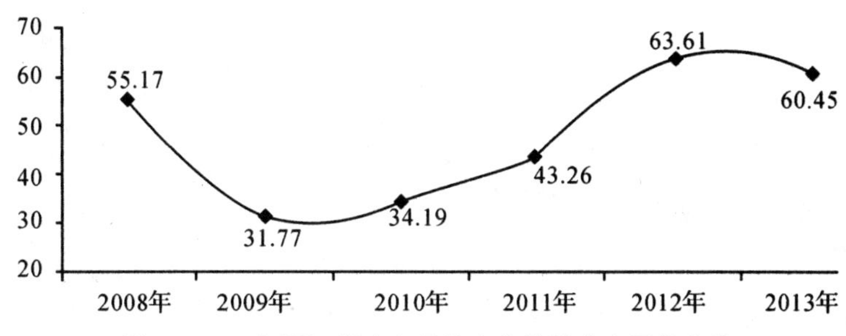

图 2 2015 年浙江新建商品住宅分类型成交面积占比

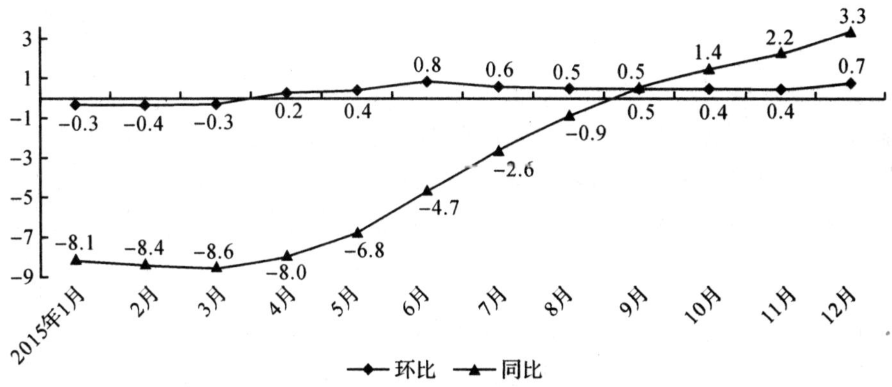

图 3 浙江新建商品住宅销售价格涨跌幅(%)

(二)新建商品住宅销售价格逐步回升

1—3 月份全省新建商品住宅销售价格环比分别下降 0.3%、0.4%和 0.3%;同比涨幅逐月扩大,分别下降 8.1%、8.4%和 8.6%。4 月份起随着市场逐步回暖,环比价格止跌回升,上涨态势持续至年底,各月环比涨幅在 0.2%—0.8%;同比降幅逐月收窄,9 月份止跌回升,上涨 0.5%。四季度同比涨幅逐月扩大,10—12 月份分别上涨 1.4%、2.2%和 3.3%,其中 12 月份销售价格指数较 1 月份扩大 11.4 个百分点。

分类型来看,90 平方米以下户型价格波动幅度最大,12 月份同比涨幅为 4.9%,与 1 月份 9.9%的降幅相比扩大 14.8 个百分点,涨幅大于中大户型。12 月份 90—144 平方米户型同比价格上涨 2.8%,144 平方米以上户型同比价格上涨 3.1%。

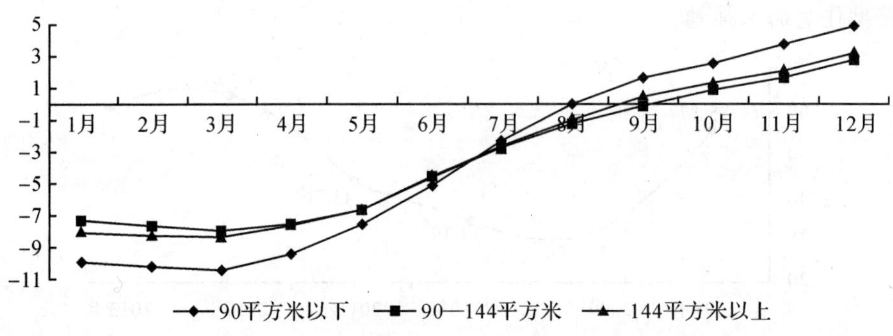

图 4 2015 年浙江新建商品住宅分类型同比涨跌幅(%)

(三)二手住宅销售价格企稳回升

1—3 月份全省二手住宅销售价格环比分别下降 0.3%、0.4%和 0.2%。随着营业税免征"5 改 2"政策在 3 月底的出台,4 月份起全省二手住宅销售价格环比止跌回升,随后各月环比涨幅在 0.1%—0.7%。全省二手住宅同比价格自 9 月份转正,涨幅逐月扩大,12 月份上涨 2.4%,销售价格指数较 1 月份扩大 8.8 个百分点。

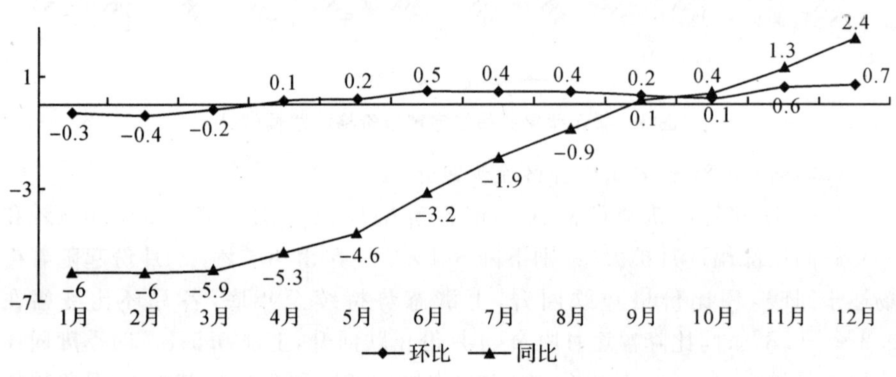

图 5 2015 年浙江二手住宅销售价格涨跌幅(%)

分类型来看,12 月份 90 平方米以下户型同比上涨 2.9%,90—144 平方米户型同比价格上涨 2.3%,144 平方米以上户型同比价格上涨 1.5%。

(四)设区市城区新建商品住宅销售价格涨跌不一

随着市场供求关系的不断变化,全省 11 个设区市城区的新建商品住宅销售价格呈现不同的运行态势。从环比价格走势看,杭州、宁波、温州和金华四个城市自 4 月份起止跌回升,随后 9 个月价格逐月攀升;丽水和绍兴均于 5 月份开始上涨;湖州、衢州分别于 8 月份、10 月份企稳回升;而舟山和台州始终未出现反弹。从同比价格走势看,杭州和宁波 8 月份起转正,结束了自 2014 年 7 月以来的下降态势;金华、温州和绍兴分别自 10 月份和 11 月份起转正,其中温州结束了自 2011 年 9 月以来连续 50 个月的下降态势。而舟山和台州依然处于持续下降通道。

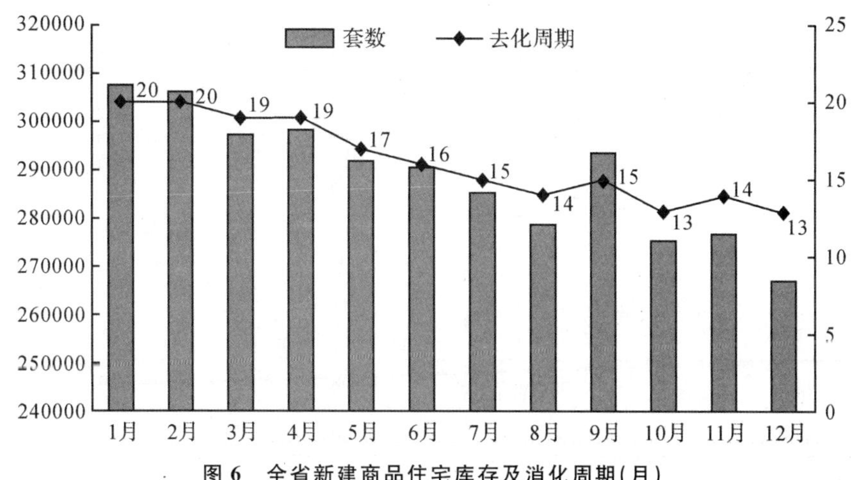

图 6 全省新建商品住宅库存及消化周期(月)

(五)库存去化加快,周期缩短

在成交量大幅上升的拉动下,全省新建商品住宅库存快速消化。12 月底全省新建商品库存套数为 26.8 万套,比上年同期减少 12%。以 2015 年全省新建商品住宅月均销售 2 万套测算,当前库存消化周期为 13 个月,比 1 月份缩短 7 个月。

分地区来看,11 个设区市新建商品住宅库存情况不尽相同。从数量上来看,温州新建商品住宅库存为 6000 余套,仅供销售 7 个月,为消化周期最短的地区;而杭州以 9.2 万套的绝对数量稳居高库存的榜首,但 2015 年月均 8679 套的销量,使其消化周期为 11 个月,仅长于温州。台州新建商品住宅有 2.2 万套的库存,以月均 1089 套的销量计算,消化周期长达 21 个月,为全省最高。舟山和绍兴分别以 19 个月和 18 个月的消化周期居第 2、3 位。

表 1　全省及 11 个设区市城区新建商品住宅消化周期

城市名称	12 月底库存套数	2015 年月均销售套数	消化周期(月)
全省	266751	20518	13
杭州	91930	8679	11
宁波	43930	3454	13
温州	6884	1026	7
嘉兴	23000	1397	16
湖州	20200	1158	17
绍兴	17237	980	18
金华	17369	1159	15
衢州	7186	552	13
舟山	12720	670	19
台州	22382	1089	21
丽水	4710	353	13

(六)70 个大中城市住宅市场冷热不均

据国家统计局调查数据反馈,3 月份起 70 个大中城市住宅环比销量明显回升,12 个城市环比价格趋稳回升,随后价格上涨,城市个数逐月增加。8 月份 70 个大中城市新建商品住宅销售价格同比综合平均上涨 1.7%,为 2014 年 9 月份以来首次转正。12 月份,新建商品住宅价格同比上涨的城市有 21 个,二手住宅价格同比上涨的城市有 35 个,同比综合平均涨幅为 7.7%和 7.6%,分别高于上月 1.2 和 1.4 个百分点。

由于各城市供需状况不尽相同,城市间房价分化现象仍非常明显。一线城市房价在“330 新政”之后价格快速上涨,其中深圳新建商品住宅销售价格 12 月份同比涨幅高达 47.5%。大部分二线城市房价温和上涨,12 月份同比涨幅基本在 2%—8%之间;大部分三线城市仍然处于库存逐步消化阶段,环比和同比仍处于双双下降的通道。浙江省杭州、宁波、金华和温州分别以 5.8%、3.6%、1.8%和 1.4%的涨幅位于 70 个大中城市的第 7、9、13 和 19 位。

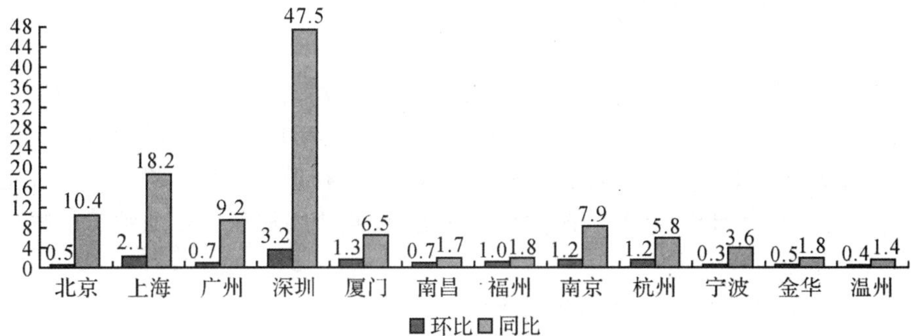

图 7　12 月份全国主要城市新建商品住宅销售价格涨跌幅

二、2015 年全省住宅销售价格变动原因分析

(一)宏观政策不断释放,恢复市场信心

2015 年是“去库存”年,以年初两会《政府工作报告》提出的“稳定住房消费,支持自住和改善性住房需求”为标志,从“330 新政”开始,一系列鼓励支持住房需求的政策相继出台,逐渐恢复了市场信心,使得购房者对房价走势的预期发生变化。全省住宅销量逐步上升,价格逐步企稳回升。

(二)多轮降息助力,构建金融宽松环境

2015 年央行持续实施稳健货币政策,改善信贷结构,推动购房需求入市。一年来央行先后 5 次降息,五年以上贷款利率调整为 4.9%,累计降息 1.25 个百分点。当前贷款基准利率已达到历史低位,最直观的就是购房者房贷成本下降,以商业贷款 100 万 30 年期计算,月供比调整前减少 785 元,利息总计减少 28 万元。

从全省房地产贷款投放看,2015 年全省个人住房贷款余额 9445.6 亿元,同比多增 1177.8 亿元,同比增速逐月扩大,从年初的 9.9%增加到 12 月的 23.9%。

(三)公积金政策全面支持,释放购房需求

2015 年,个人住房公积金房贷利率也经历了 4 次下调,调整后五年以上贷款利率为 3.25%,累计降息 1 个百分点。同时,首付比例大幅调低、缩短连续缴存期限至 6 个月、提高贷款额度(如杭州从 80 万元调至 100 万元)和异地贷款在全省范围取消户籍限制等政策都减少了购房者的压力。目前全省住房公积金贷款率达 95.2%,达到历史最高水平,也高出全国平均水平 15.1 个百分点。同时,还通过“公转商”贴息贷款扩大公积金贷款的受益面,即把公积金贷款转成商业性个人住房贷款,公积金中心补贴利差,待公积金中心资金充裕时

再转回来，这些政策都有效地促进了购房者的入市。

(四)各级政府组合拳，降低购房成本

在去库存的基调下，各级政府纷纷出台相关政策促进购房需求，如契税补贴、人才补贴、货币化安置等。温州宣布 4 月 9 日至 12 月 31 日期间，个人首次购买新建普通商品住宅，给予购房款 0.6%的补助；宁波宣布 7 月 1 日至 2016 年 6 月 30 日期间，购买住宅和非住宅，按其所购房屋实际缴纳契税额度的 50%给予购房补贴。

(五)推地节奏放缓，市场量缩价涨

从供应端看，2015 年，在国土部"有供有限"的指导思想下，浙江省各城市均缩减了土地供应量。2015 年全省供应住宅用地 3.12 万亩，同比减少 17.7%；出让成交均价为每平方米 6567 元，同比增长 29.7%。开发商拿地更加谨慎和有所选择，受各地房地产市场冷热不均影响，热门城市和区域推出的土地受到多家房企争夺，溢价率飙升，单价和总价地王频频被刷新，推动周边房价继续走高。如杭州滨江奥体板块、未来科技城等地价屡屡刷新，同时拿地热也促使了该区域在售项目价格上涨；与此相反，临平、萧山等区域因当前库存高企，新推出地块中止出让或以底价成交。

(六)开工面积下降，供给速度减缓

2015 年，全省房地产开发投资总额除一季度有小幅上扬外，基本上呈逐月回落的态势。全年开发 7112 亿元，比上年下降 2.1%。其中住宅施工面积 25117.15 万平方米，同比下降 2.9%；住宅竣工面积 3938.03 万平方米，同比下降 5.3%。房地产开发投资的回落，使得住宅市场供应速度减缓。

(七)市场分化加剧，价格涨跌互现

经过近一年的楼市宽松刺激政策，大中城市如杭州、宁波等市场自 4 月份起整体回暖，呈现量价齐升的良好态势，而舟山、衢州、台州等小城市，人口增长缓慢，购房需求不足，加上三、四线城市的供应量不断增加，积累了过多的库存，一时难以消化，使得购房者预期下降，购房信心不足。

三、2016 年浙江住宅销售价格走势及对策建议

中央经济工作会议提出 2016 年要化解房地产库存，促进房地产持续健康发展。浙江省住房城乡建设工作会议上也亮出"组合拳"，提出 2016 年要将全省商品住宅消化周期控制在 12 个月以内。在国家和省级层面都大力去库存的背景下，预计 2016 年浙江住宅销售价格将呈现量升价稳态势。各城市间房价分化现象仍将持续，杭州、宁波等城市，受地价高企、需求旺盛影响，价格将持续温和上涨；衢州等城市在高库存压力下，房价上涨动力不足，将逐步企稳。

(一)掌握库存数量和结构

中央经济工作会议明确,去库存为2016年结构性改革五大任务之一。然而摸清房地产的库存数量和结构是首要前提。当前各级政府掌握和公布的主要是显性库存,既开发商已经领出预售证且未销售的房屋数量。严格意义上说,库存应该包含已拿地未开工、已开工未办理预售审批、已办理预售审批未竣工、已竣工等4个阶段,目前对于已拿地未开工和已开工未办理预售审批的房屋数量目前官方还没有掌握具体情况,很多地方这部分的数量甚至远大于目前掌握的显性库存数量。同时,当前的库存过大并不是全面过剩而是局部过剩,还应该搞清库存的结构性,包括不同区域、不同面积类型的情况,有相当一部分库存因为户型、品质等各方面原因难以消化。只有清楚地掌握浙江省库存的数量和结构分布,才能在去库存这个问题上有的放矢,制定相关政策。

(二)细化政策激发合理需求

中央经济工作会议提出,要通过加快农民上市民化,扩大有效需求,打通供需通道,消化库存,稳定房地产市场。同时鼓励投资者购买库存商品房,成为租赁市场的房源提供者,鼓励发展以住房租赁为主营业务的专业化企业。浙江省"十三五"规划也明确提出要继续强势推进"三改一拆",这将为浙江住宅市场增加很大一批购房需求。各级政府要尽快出台人才购房补贴、农民进城购房优惠等相关细则办法,研究起草发展住房租赁市场的实施意见,鼓励自然人和各类机构投资购买库存商品房,发展以住房租赁为主营业务的企业,推动住房租赁规模化专业化。

(三)加强城市基础设施配套

从当前"学区房"价格不断攀升、"地铁盘"销售火爆等现象不难发现,房价差异、是否热销很大程度上取决于基础配套设施是否完善。当前很多区域去库存困难,主要受周边配套设施不完善所致。因此完善房地产项目配套设施也是解决当前楼市问题的重要手段。各级政府要通过加大城市公共基础设施和公共服务设施投入,包括提供基础教育设施,设立医疗机构,建立购物场所以及改变交通出行方式等,促进区域城市均衡发展。

(四)房地产企业要走创新之路

市场的急剧分化告诉我们,房地产企业的黄金时代已经过去。市场供应端和需求端的不平衡,使得房地产行业的整体利润率在下降,一些拿地价格过高、财务成本过大的企业甚至要亏本销售,过去单纯的卖房市场已经不复存在。今后的房地产企业必须更加专业化,要充分考虑市场的需求设计自身产品，避免扎堆开发和产品同质化，将从追求数量向追求质量转变，改善型、季节性、第二住房、高舒适度住宅、适老住宅、青年公寓等差异化、特色鲜明的需求，将成为市场供给重点。

(生产投资价格调查处　毛昭君)

2015年四季度浙江消费者信心指数运行情况分析

省统计局开展的浙江消费者信心指数调查显示，四季度，浙江居民就业信心和收入信心向好，消费意愿增强，消费者信心指数明显回升。

一、消费者信心指数明显回升

四季度，全省消费者信心指数（CCI）为112.08，比三季度上升4.99点，回升势头明显。其中，反映消费者对当前经济生活评价的消费者满意指数为109.57，比三季度上升5.51点；反映消费者对未来经济生活预期的消费者预期指数为113.75，比三季度上升4.64点。从全省消费者信心指数走势看，在连续三个季度呈下行态势后，四季度消费者信心指数明显回升，表明随着我省转型升级组合拳的发力及互联网经济对消费的促进，消费者对我省未来经济发展持乐观预期。

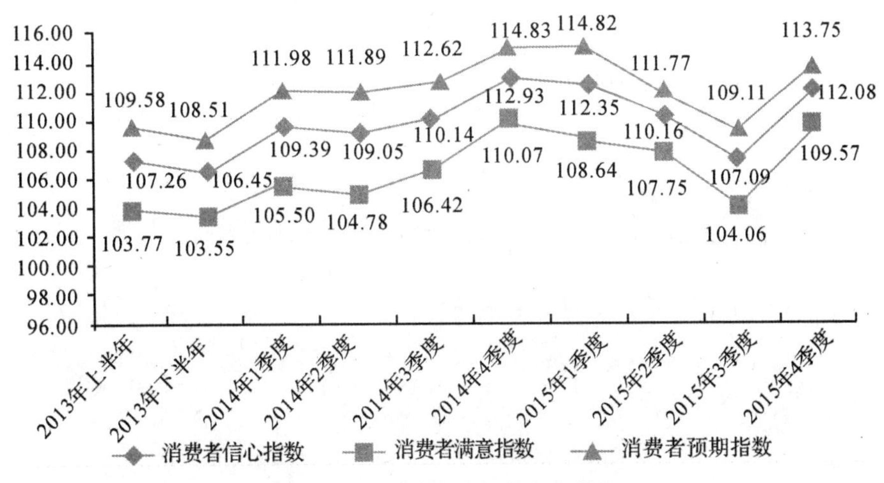

图1　全省消费者信心指数走势图

11个地市的消费者信心指数均处于“乐观”区间。其中，嘉兴、湖州、绍兴和杭州的消费者信心指数相对较高，分别为118.09、117.48、116.63和

116.44，均高于 115 点位；温州、金华、丽水和衢州的消费者信心指数相对较低，分别为 103.61、106.21、109.31 和 109.69，均低于 110 点位。

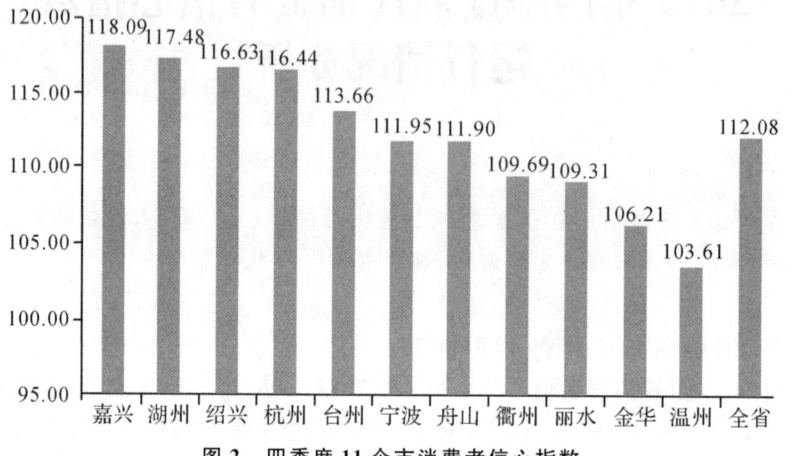

图 2　四季度 11 个市消费者信心指数

城乡消费者信心指数均有回升，其中，城镇消费者信心指数为 113.31，比三季度提升 5.25 点；农村消费者信心指数为 110.23，比三季度提升 4.61 点。从城乡消费者信心指数走势来看，城镇消费者的信心指数提升较快，达到自 2013 年以来的最高点，成为拉动我省消费者信心指数回升的主要群体。

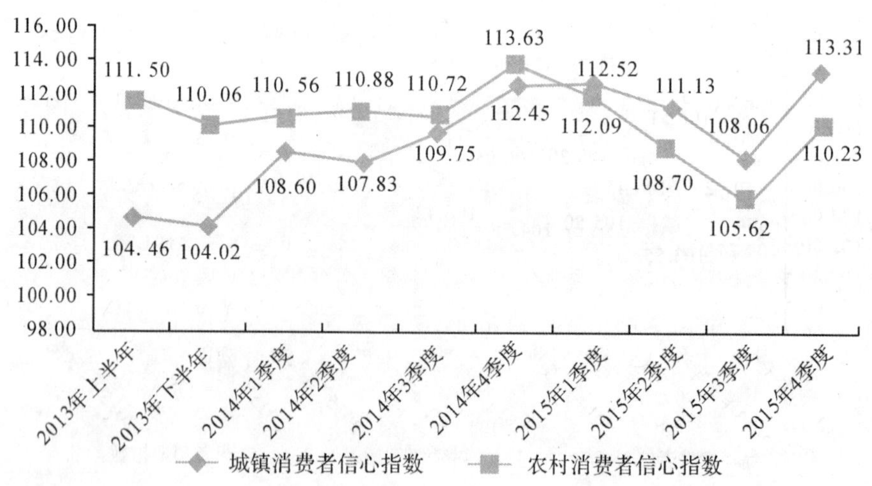

图 3　城乡消费者信心指数走势图

主力消费人群对经济环境的信心回升。其中，21—30 岁、31—40 岁和 41—50 岁人群的消费者信心指数分别为 112.46、107.66 和 104.23，比三季度分别上升 3.36、7.01 和 6.55 点。全职工作和非全职工作人群的消费者信心指数分别为 110.85 和 107.24，比三季度分别上升 6.01 和 6.89 点。

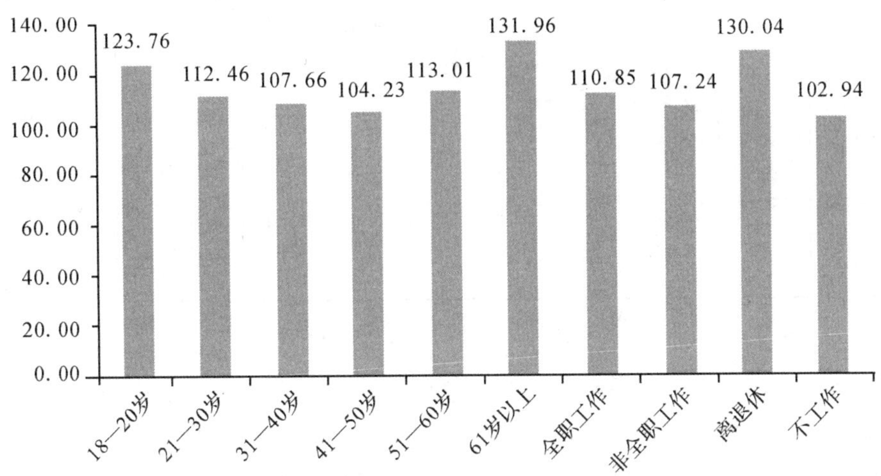

图 4 四季度各分组人群消费者信心指数

二、影响四季度消费者信心指数变动的几个主要因素

(一)就业信心回升

四季度，消费者对就业形势的判断普遍乐观，就业信心指数为 109.47，比三季度上升 6.12 点，位于“乐观”区间。其中，反映消费者对当前就业状况评价的就业满意指数为 107.81，比三季度上升 6.93 点；反映消费者对未来就业状况预期的就业预期指数为 110.57，比三季度上升 5.57 点。从我省就业信心指数走势来看，2015 年受到经济下行压力的影响，就业信心下滑较快，但随着创业创新政策的逐步显效，社会就业压力有所减轻，就业信心仍有进一步回升空间。

主力消费人群对就业形势的判断趋于乐观，其中，21—30 岁、31—40 岁和 41—50 岁年龄段人群的就业信心指数分别比三季度上升 3.38、9.47 和 6.50 点；全职工作人群和非全职工作人群的就业信心指数分别比三季度上升 6.30 和 10.05 点；城镇和农村居民的就业信心指数分别比三季度上升 5.83 和 6.56 点。

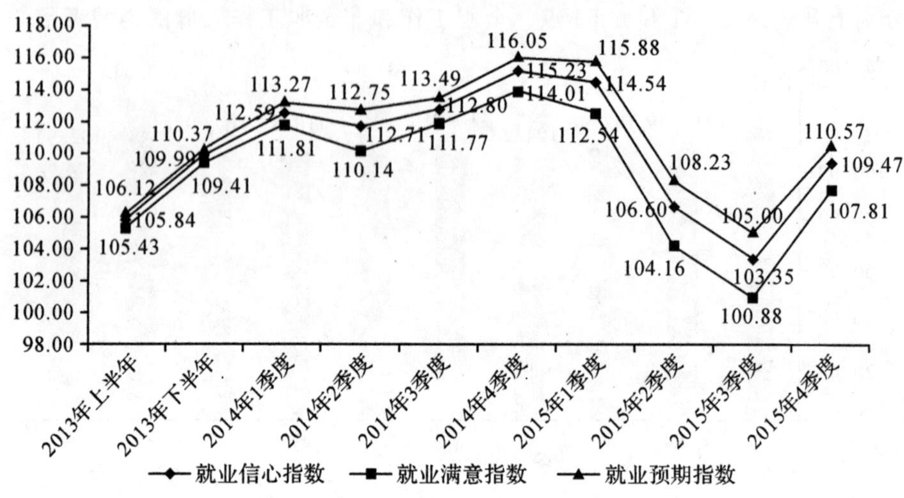

图 5　全省消费者就业信心指数走势图

(二)收入信心向好

四季度,消费者收入信心指数为 115.81,比三季度上升 3.86 点,位于“乐观”区间。其中,反映消费者对当前收入状况评价的收入满意指数为 114.12,比三季度上升 4.06 点;反映消费者对未来收入状况预期的收入预期指数为 116.93,比三季度上升 3.72 点。从我省收入信心指数走势来看,总体保持平稳向好的运行趋势,四季度收入信心指数达到自 2013 年以来的最高点。

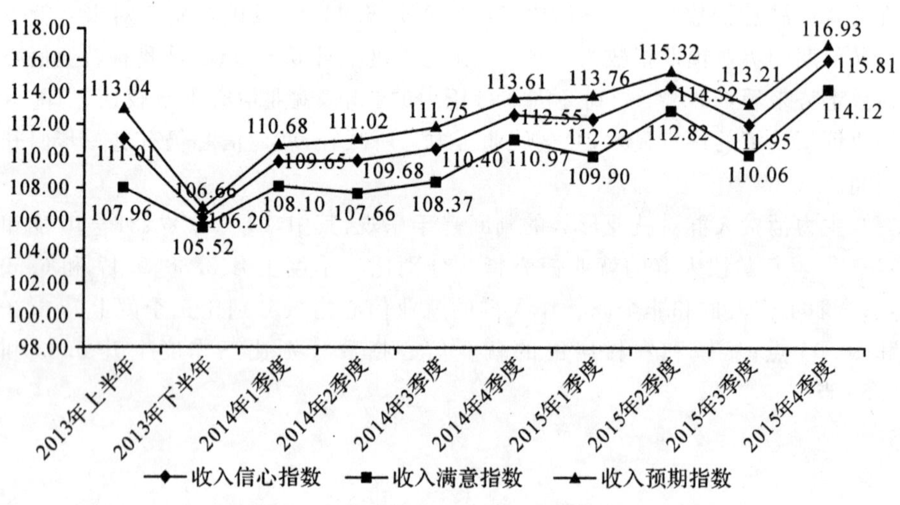

图 6　全省消费者收入信心指数走势图

主力消费人群的收入信心普遍向好，其中，21—30岁、31—40岁和41—50岁人群的收入信心指数分别比三季度上升3.20、5.41和5.71点；全职工作和非全职工作人群的收入信心指数分别比三季度上升5.58和5.39点；城镇和农村居民的收入信心指数分别比三季度上升4.64和2.68点。

（三）消费意愿增强

随着"双11""双12"网络购物节和年底促销热潮的到来，消费者的消费意愿明显增强。四季度，消费意愿指数为106.78，比三季度上升5.54点，位于"乐观"区间。其中，认为当前购买所需物品（房地产除外）的时机"非常好"和"比较好"的消费者占56.56%，比三季度提高4.13个百分点。从消费意愿指数走势来看，随着互联网经济对消费的促进作用日益显著，居民消费意愿总体呈现上升态势，但随着年底消费热潮的结束，预计明年一季度消费意愿指数将会小幅回调。

主力消费人群的消费意愿明显升温。其中，21—30岁、31—40岁和41—50岁人群的消费意愿均从"悲观"区间跃升入"乐观"区间，分别比三季度提升5.41、5.19和9.52点；全职工作和非全职工作人群的消费意愿指数分别比三季度提升7.01和3.11点；城镇和农村居民的消费意愿指数分别比三季度提升6.15和4.62点。

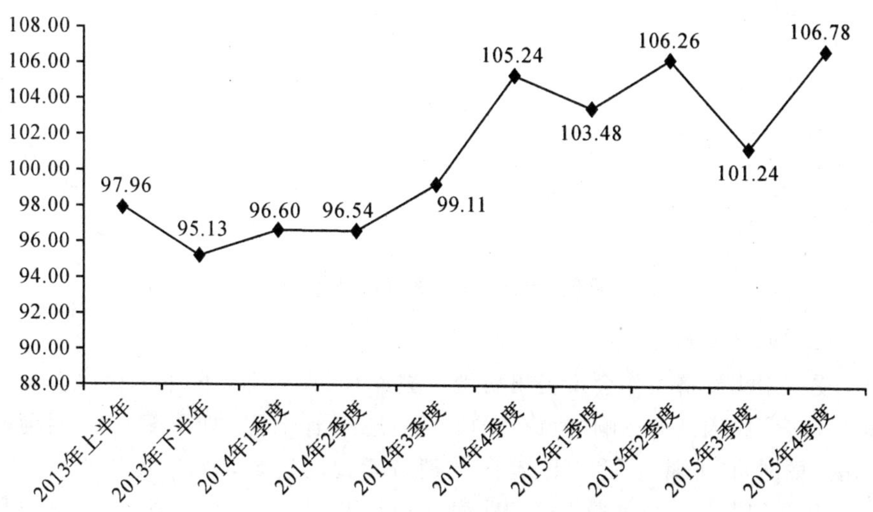

图7 全省消费者消费意愿指数走势图

三、值得关注的几个消费变化

(一)通胀预期继续走高

四季度,对未来 6 个月总体物价水平持“上升”预期的消费者比例为 44.04%,持“基本不变”预期的比例为 42.10%,持“下降”预期的比例为 12.24%,另有 1.62%的消费者表示“不清楚”。其中,看涨未来 6 个月总体物价水平的消费者比例比三季度上升 3.71 个百分点,消费者通胀预期继续走高。

主力消费人群看涨物价的比例普遍升高。其中,21—30 岁、31—40 岁和 41—50 岁人群看涨物价的比例分别比三季度提高 4.58、4.14 和 2.66 个百分点;全职工作和非全职工作人群看涨物价的比例分别比三季度提高 4.22 和 3.13 个百分点;城镇和农村居民看涨物价的比例分别比三季度提高 4.74 和 2.15 个百分点。

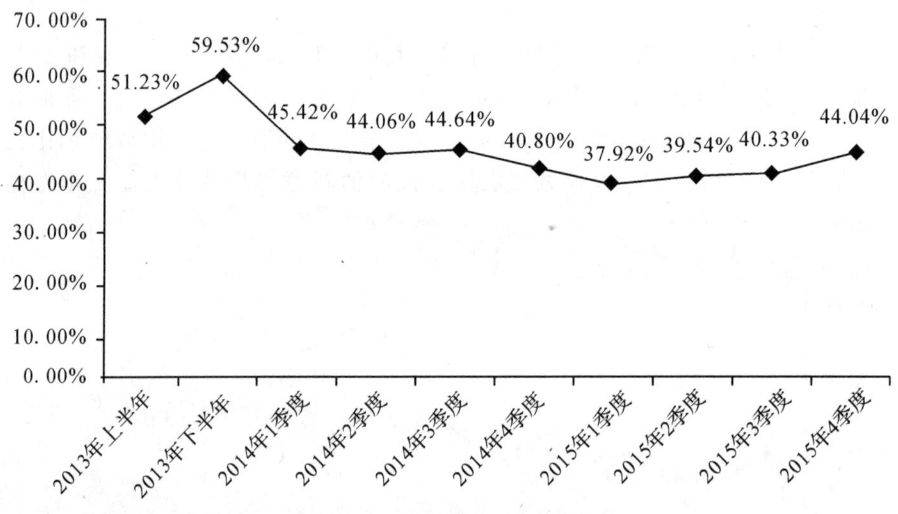

图 8　全省消费者通胀预期走势图

(二)购房意愿升温

受到中央经济工作会议提出房地产去库存、央行降息降准和金融投资市场低迷等多重因素的影响,消费者的购房意愿逐渐升温。四季度,认为目前购买房产的时机“非常好”和“比较好”的消费者比例达 38.02%,比三季度上升 3.55 个百分点。主力消费人群的购房意愿上升,其中,21—30 岁、31—40 岁和 41—50 岁人群看好购房时机的比例分别比三季度上升 5.73、3.23 和 1.00 个百分点;全职工作和非全职工作人群看好购房时机的比例分别比三季度上升 3.56 和 6.76 个百分点。分地区看,绍兴、湖州、嘉兴和舟山的消费者看好购房

时机的比例较高，分别为 48.25％、47.25％、44.00％和 43.75％。

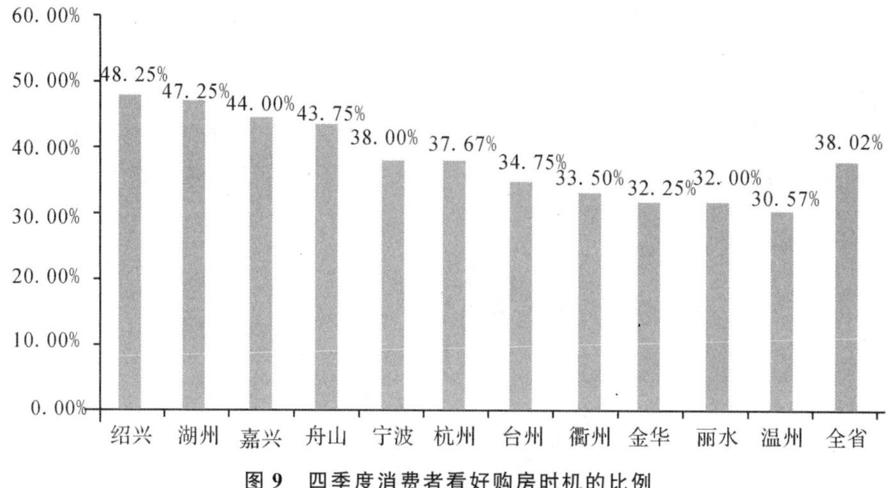

图 9　四季度消费者看好购房时机的比例

（三）消费渠道日趋多元化，投资理财意愿增强

随着消费理念的更新和消费市场的不断完善，我省居民的消费结构向多元化方向延展。当满足基本生活开销后，选择“购买各类生活用品（如衣物、化妆品、电子家电产品告等）”的消费者比例为 76.66％，选择“外出就餐”的比例为 58.92％，选择“休闲娱乐（如电影、游戏、书刊）”的比例为 54.18％，选择“旅游度假”的比例为 45.84％，选择“投资理财”的比例为 42.78％，选择“培训教育”的比例为 41.22％，选择“偿还贷款、信用卡、借款”的比例为 39.98％，另有 5.38％和 3.64％的消费者选择了“没有剩余的钱”和“其他”。可见，我省消费者的消费方向不再局限于传统的“吃、穿、住、行”，正向个性化、多样化和品质化方向发展。

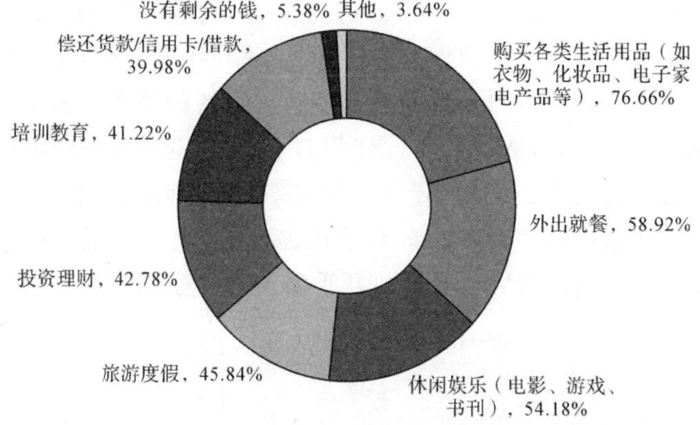

图 10　四季度全省消费结构比例图

受到央行降息降准的影响，消费者的储蓄意愿略有下降，投资理财意愿增强。其中，选择“储蓄/存款”理财方式的消费者比例为 61.84%，比三季度下降 0.31 个百分点；选择投资“保险”“股票/基金/理财产品”和“房产”的消费者比例分别为 44.82%、34.10%和 25.10%，比三季度分别上升 4.39、2.09 和 2.26 个百分点。随着市场和投资观念的变化，预计未来我省消费者将逐步改变保守的理财策略，更多将资金投入风险和收益相对较高的投资理财渠道。

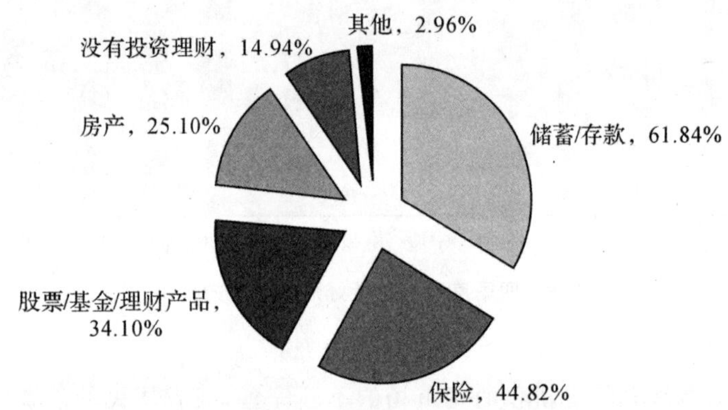

图 11　四季度消费者投资理财结构图

（四）网络促销释放消费潜能

近年来，随着互联网经济的快速发展，网络购物逐渐成为居民消费的主流渠道，网络促销更是成为释放消费潜能的主战场。调查显示，在今年的“双 11”和“双 12”购物节中，超过六成（61.00%）的我省消费者家庭通过网络平台进行了消费。其中，消费金额在 500 元以下家庭的占 21.93%，消费 500—1000 元的占 27.25%，消费 1000—3000 元的占 30.95%，消费 3000—5000 元的占 10.20%，消费 5000 元以上的占 8.79%，另有 0.88%的消费者表示“不清楚”。综合来看，“双 11”和“双 12”购物节中，消费金额在 1000 元以上的家庭比例占到总消费人群的一半（49.94%），网络促销已成为新的消费增长点。从消费内容来看，网络购物对实体消费的替代作用日益显著，其中，服饰类（衣帽鞋包）是消费者购买最多的商品，选择比例达到 82.03%；其次分别为化妆品和日用品（52.98%），食品和餐饮（40.30%），手机、家电和电子产品（30.85%），婴幼儿用品（19.38%）和奢侈品（5.41%），几乎涵盖除大宗消费（房车消费）以外的各个方面。

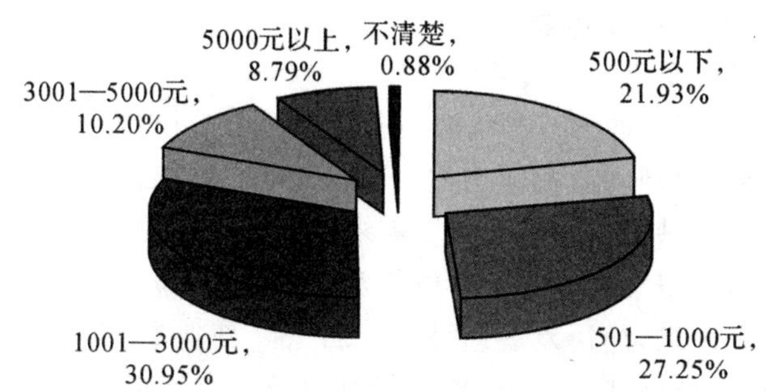

图 12　我省消费者家庭“双 11”和“双 12”消费情况

（五）境外消费持续升温需关注

2015 年境外消费持续升温。调查显示，过去一年中，24.18%的我省消费者家庭通过境外游或海外代购的形式购买过国外产品，比 2014 年上升 3.44 个百分点。其中，21—40 岁的中青年人群和 5000 元月收入以上的中高收入群体是境外消费的主力军，分别占到境外消费人数的 72.37%和 76.92%。从消费金额来看，2015 年境外消费在 3000 元以下的消费者比例为 38.38%，3000—5000 元的比例为 25.23%，5000—10000 元的比例为 16.46%，10000—30000 元的比例为 12.49%，30000 元以上的比例为 5.13%，另有 2.31%的消费者表示“不清楚”。总体看，2015 年境外消费金额在 5000 元以上的消费者比例(34.08%)超过境外消费人群的三分之一，境外消费对国内消费市场的影响不可忽视。普通生活消费品成为境外消费主流，其中，化妆品和日用品依然是境外消费购买最多的国外产品，选择比例为 70.64%；其次分别为食品(41.85%)，婴幼儿用品(36.64%)，服饰类(衣帽鞋包)商品(32.75%)，手机、家电和电子产品(20.76%)及奢侈品和贵金属(17.04%)。

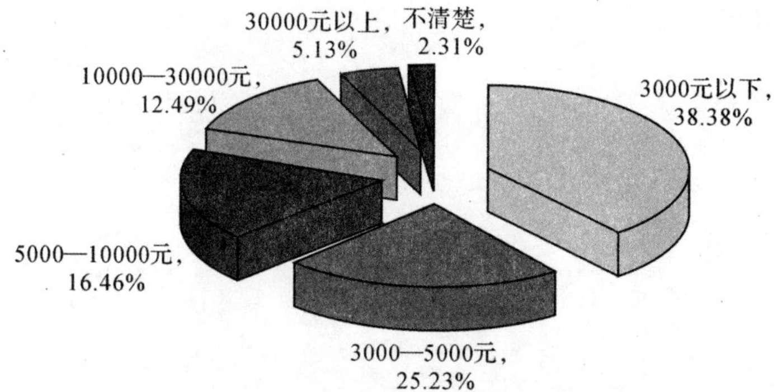

图 13　2015 年我省消费者家庭境外消费情况

四、促进消费的几点建议

(一)鼓励供给创新释放消费潜能

从“双 11”“双 12”购物节和境外消费热潮可以看出,当前我省消费者的消费需求依然旺盛,但随着消费结构向个性化、多元化和品质化升级,目前的消费环境已不能完全满足消费者的消费需求。因此,必须鼓励供给创新,增加有效供给,创造“能消费”“敢消费”和“想消费”的市场环境,激发消费潜能。一是要积极围绕市场需求,加快发展新技术、新产品、新业态、新商业模式,积极推进服务性消费、绿色消费、文化消费等创新供给。二是要加快产业转型升级,通过市场倒逼企业创新供给,提供更多差异化、精细化的创新产品,满足不同群体的消费需求。三是要继续深化改革,规范市场竞争秩序,完善市场管理制度,充分激发市场活力和创造力,营造大众创新、万众创业的良好环境。

(二)促进网络消费平台健康发展

随着互联网经济的快速发展,网络消费不再仅仅局限于购物,而是向支付、生活服务、产品定制等领域不断拓展。未来,随着“互联网+”战略的深入,网络消费将会给生产方式和消费模式带来深刻变革,网络消费平台的健康可持续发展至关重要。坚持网络消费平台的健康发展。一是要加强监管,制定具有可操作性的管理法规和制度,对于网络消费中存在的价格欺诈、恶性竞争、假冒伪劣等乱象给予严厉打击,积极维护网络消费平台的良好环境。二是要鼓励企业和个人通过网络平台创业创新,尝试建立网络孵化器平台,通过政策扶持、金融支持和政府服务,利用网络消费平台的巨大市场潜力和信息传播优势,为大众创业、万众创新打造良好基础,激发市场创新活力和消费潜力。三是要加快金融、物流和互联网等领域的基础设施建设,不断提升网络消费平台的金融安全、物流效率和消费体验,为网络消费平台的健康可持续发展提供可靠的硬件保障。

(民调中心 李 鑫)

2015 年企业用工总体状况分析

根据国家统计局《2015 年企业用工情况调查方案》的要求，省统计局于 2015 年 12 月下旬组织开展了全省下半年企业用工情况调查。此次调查涉及四个行业，分别在杭州、宁波和温州市选取 108 家企业，其中，制造业 72 家、建筑业 12 家、批发和零售业 12 家、住宿和餐饮业 12 家，重点关注企业用工现状、是否存在“招工难”等问题。现将调查情况分析如下：

一、2015 年企业用工总体平稳

调查显示，2015 年末，调查企业共有从业人员 109124 人，比 2014 年末减少 7925 人，下降 6.9%；但与 2015 年上半年相比，从业人员增加 5326 人，上升 5.2%。其中，劳务派遣人员 29642 人，增长 25.4%；来自农村的从业人员 76514 人，增长 10.1%，农村劳动力依然是企业招收新员工的主要渠道。约有 62%的企业预计 2016 年企业用工保持稳定。

1. 批发和零售业、住宿和餐饮业有所增加，制造业、建筑业有不同幅度的减少。72 家制造业企业中，主要因员工个人原因辞职减少用工的企业有 45 家，占 62.5%，共减少 4010 人，比 2014 年下降 8.8%；12 家建筑业中，有两家企业因生产任务不足减少用工，共减少 4230 人，下降 6.8%；12 家批发和零售业中，有 5 家大中型企业主要因正常经营增加用工，占 41.7%，共增加 301 人，上升 6.8%；12 家住宿和餐饮业中，有 6 家大中型企业主要因正常经营增加用工，占 50%，共增加 14 人，上升 0.5%。

2. 超过 5 成企业的普通技工月底薪上涨。2015 年，所招普通技工的月底薪上涨的企业有 55 家，持平 50 家，下降的只有 3 家，分别占 50.9%、46.3%、2.8%。其中，41 家企业工资涨幅在 10%以内，14 家企业涨幅在 10%以上。在用工成本增加的 55 家企业中，反映经营压力明显增加的企业 15 家，占 27.3%；有压力但能消化的 38 家，占 69.1%；没有压力的 2 家，占 3.6%。

3. 普工月底薪中位数继续上涨，建筑业普工月底薪为四个行业最高。调查显示，2015 年所招普工的月底薪中位数为 2400 元，比 2014 年提高 50 元。其中，月底薪在 1500 元以下的占 0.9%，比 2014 年下降近 1 个百分点；1500—2000 元占 31.5%，下降 2.8 个百分点；2001—2999 元占 38.9%，提高 5.6 个百分点；3000—3999 元占 26.9%，下降 1.8 个百分点；4000 元及以上的占 1.8%，与 2014 年持平。四个行业中制造业、批发和零售业普工月底薪有所增加，建筑业、住宿和餐饮业的普工月底薪有所下降，建筑业以 2988 元继续位列最高，比 2014 年减少 12 元；其次是制造业 2300 元，增加 100 元；批发和零售业 2225 元，增加 225 元；最低的是住宿和餐饮业 1900 元，减少 50 元。

4. 超过 6 成企业预计下一个调查期企业用工基本稳定。有 20 家企业预计 2016 年上半年用工增加，占 18.5%；67 家企业预计用工持平，占 62.1%；21 家企业预计用工减少，占 19.4%。预计用工增加的企业中，制造业 12 家，建筑业 3 家，批发零售业 2 家，住宿和餐饮业 3 家。

二、企业对人才需求和“招工难”等问题的调查情况

1. 企业最需缺人才已由“普通技工”转向“经营管理”和“高级技工”等高技能人才。从调查情况看，四个行业只有 39 家（主要是中小型企业）认为“最需缺人员是普通技工”，占被调查企业的 36.1%，比 2014 年减少了 21 家，下降 19.5%。其中，住宿和餐饮业依然最缺普通技工，占 66.7%，比 2014 年回落 25 个百分点；制造业、建筑业、批发和零售业三个行业对普通技工虽然也有需求，但需求欲望明显回落，占比分别回落 19.5、16.6 和 16.7 个百分点。有 16 家企业对“经营管理人员”有需求，占 14.8%，比 2014 年增加 5 家；有多达 40 家企业对“高级技工”和“科研人员”有需求，分别占 25.9%和 11.1%，比 2014 年上升了 11.1 和 3.7 个百分点，其中，建筑业对“高级技工”的需求最迫切，占 58.3%，比 2014 年上升了 8.3%；还有随着“机器换人”等转型升级政策的不断深入，制造业对科研人员的需求欲望也在不断提高，在调查的 72 家制造业企业中有 11 家企业对“科研人员”需求最迫切，占 15.3%，比 2014 年的 11.1% 有明显提升。

2. 企业招工难有所缓解，薪酬问题依然是企业招工难的主因。此次调查，有 78 家企业反映了招工难，占调查企业的 72.2%，比 2014 年末减少 11 家，占比下降 10.2 个百分点。从调查企业招工难的主要原因看，有 46 家企业认为求职者对薪酬期望过高，占 59%；54 家企业认为符合岗位要求的应聘者减少，占 69.2%；20 家企业认为总体上求职人数减少，占 25.6%；只有 2 家企业认为招聘渠道不畅，占 2.6%。与去年相比，认为“招工难”现象更严重的占 19.2%，认为差不多的占 65.4%，认为有所缓解的占 15.4%。

综合上述调查结果，可以初步判断，随着我省实行“机器换人”“腾笼换鸟”等转型升级政策步伐的不断加快，企业对普通工的需求在逐步减少，对高级人才的需求正在不断加大。但同时也要看到，面对复杂严峻的外部环境和经济

下行的压力，部分行业和企业生产经营困难，企业用工成本也不断增加，企业经营压力有所增加。

三、以人为本，解决就业结构性矛盾，确保就业形势稳定

1.加大各种高技能人才引进与培养的优惠政策力度，搭建劳动力供需平台。面对就业结构性矛盾，相关部门要积极组织开展多场次专场招聘会，并加强对高技能人才引进与培养机制的建设和优惠政策的制定；要统筹规划，制定实施技能培训计划；采取多种措施，加强对失业人员、就业困难人员的培训；建立职业培训补助机制，通过补贴减轻劳动者在求学过程中的经济压力，调动劳动者参与培训的积极性。积极组织缺工企业抱团到一些劳务输出地举办招聘会。随着网络技术的飞速发展，一些新生代劳动力不愿意参加现场招聘，手机互联网求职正逐渐成为他们求职的主要方式，而当前建立手机互联网平台招聘还较为滞后，要充分利用新媒体开设掌上就业招工平台，发布招工信息。

2.进一步完善政策体系，改善就业服务和就业环境。随着我省经济结构调整转型升级步伐的加快，政府部门要加快制定相关的产业引导和行业扶持政策并及时将相关政策传导到企业。加强公共就业服务平台建设，建立覆盖城乡的公共就业服务体系，在依靠市场对劳动力资源进行配置的同时，各级政府要适时适度地运用政策，通过发布劳动力供求预警和走势的宏观信息，有序引导劳动力的流向，给用工企业和求职者以必要的资讯，使劳动力市场相关各方提前应对和准备。采取有效措施，切实保障从业人员在居住、就业、培训、社会保障、子女入学等方面所遇到的实际问题；不断完善工资支付重点监控制度、欠薪报告制度和工资保证金制度等，确保工资支付；健全完善企业职工工资正常增长机制，强化劳动保障监察执法，督促检查企业与劳动者签订劳动合同情况，打击恶意欠薪和欠薪逃匿等违法行为。

（人口就业处　巴　博）

2015 年全省群众安全感继续保持高水平

按照省委省政府建设“平安浙江”年度工作部署，省统计局近期完成了 2015 年度建设“平安浙江”群众安全感调查。本次调查保持样本总量大、调查小区分散、覆盖面广、代表性强的特点，从全省 90 个县（市、区）中共抽取 1578 个样本村（社区），覆盖 709 个乡（镇、街道）。共计对 31474 名 16 岁及以上的人口进行有效入户调查，并对 17170 人进行有效电话调查，调查结果对全省和 11 个市都具有代表性。调查显示，全省平安建设以“四个全面”为统领全面推进，成效明显。

一、群众安全感满意率保持高水平

调查结果显示，全省有 96.34％的被调查者认为在工作、生活所在地具有安全感，比上年上升 0.14 个百分点，继续保持高水平。全省超过 70％以上的县（市、区）群众安全感满意率高于 96％。各市中，丽水群众安全感满意率最高，衢州提升最明显。自 2004 年开展调查以来，全省平安建设总体形势呈现趋稳态势（如图 1）。

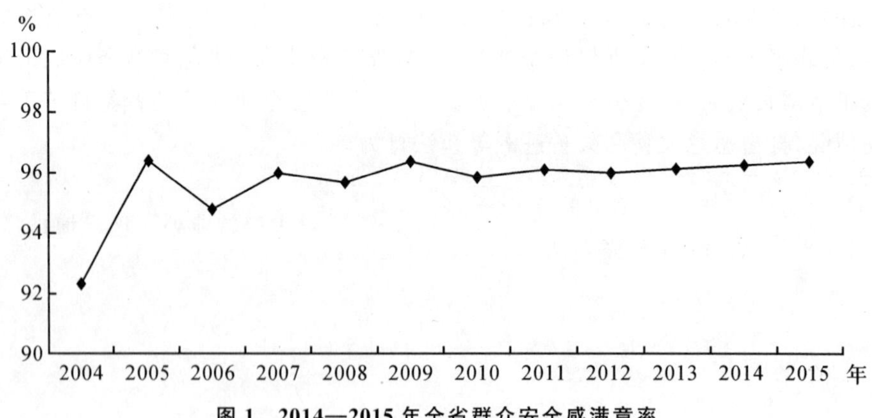

图 1　2014—2015 年全省群众安全感满意率

表 1　2015 年度“平安浙江”建设人民群众安全感调查主要数据

地　区	安全感满意率（%）	知晓率（%）	参与率（%）	政府抓平安建设满意度（%）
全　省	96.34	84.3	48.3	90.6
杭州市	96.44	82.3	45.9	89.4
宁波市	95.95	83.1	45.7	89.2
温州市	95.16	84.5	48.3	89.2
嘉兴市	96.21	84.3	47.1	91.4
湖州市	97.50	85.3	47.7	94.3
绍兴市	96.23	85.8	48.2	91.8
金华市	95.97	83.4	47.0	89.2
衢州市	97.57	85.9	49.5	93.1
舟山市	97.50	84.2	45.9	90.0
台州市	97.23	86.3	55.6	93.0
丽水市	97.70	85.8	51.7	92.6

二、群众对平安建设的认知和参与程度提高较快

“平安浙江”建设理念已深入民心，群众参与热情逐年上涨。2015 年“平安浙江”建设知晓率为 84.3%，比上年提高 0.8 个百分点，“平安浙江”建设参与率为 48.3%，比上年提高 2.0 个百分点。全省有 66 个县（市、区）的知晓率比上年有所提高，60 个县（市、区）的参与率比上年有所上升。各市中，绍兴的“平安浙江”建设知晓率、参与率提升最快。

三、群众对政府平安建设工作满意度较高

调查结果显示，90.6%的被调查者对政府抓平安建设工作表示满意或基本满意，比上年提高 0.5 个百分点。全省有 60 个县（市、区）的群众对政府抓平安建设工作满意度超过 90%，同时有 56 个县（市、区）超过上年。各市中，湖州群众对政府抓平安建设工作满意度最高，绍兴提升最快。

四、各地平安建设呈均衡发展态势

从指标极值差看，群众安全感、“平安浙江”建设参与率、群众对各地政府抓平安建设的满意度最高与最低分别相差 2.54、9.9 和 0.8 个百分点，分别比上年缩小 0.92、3.6 和 0.8 个百分点。“平安浙江”建设知晓率最高与最低相差 4.1 个百分点，比上年扩大 0.7 个百分点（见表 1）。从指标变异系数看，各

市间安全感满意率、知晓率、参与率、群众对各地政府抓平安建设的满意度的加权变异系数依次为 0.0079、0.0161、0.0610、0.0192，分别比上年下降 0.0005、上升 0.0017、下降 0.0226 和下降 0.0051。各市平安建设发展态势总体差异较小，且呈缩小趋势，但群众知晓率各市差异与上年相比有所扩大。

调查结果同时也反映出我省在食品药品、生产安全、生态环境等领域安全状况还存在一些问题，有待进一步改善。

（人口和就业处　罗　斌）

2015 年全省低收入农户收支特征分析

2015 年，全省各级有关部门认真贯彻省委、省政府做出的全面消除家庭人均年收入 4600 元以下贫困人口现象的重大决策，采取各种积极有效的精准扶贫措施，促进全省低收入农户加快增收，如期实现“消除 4600”的脱贫目标，五分之三以上的低收入农户人均纯收入超过 8000 元。现根据全省扶贫统计监测数据，对低收入农户收支状况做简要分析。

一、收支状况及原因分析

2015 年，全省低收入农户人均纯收入 8765 元，比上年增长 20.9%，增幅比上年提高 3.5 个百分点。其中，29 县(26 县＋婺城、兰溪和黄岩)人均纯收入 8655 元，增长 21.0%，26 县人均纯收入 8668 元，增长 21.2%，两者增幅分别比全省低收入农户平均增幅高 0.1 和 0.3 个百分点。“低保”户除外，全省低收入农户家庭人均纯收入超过 8000 元的户比重达到 62.6%，其中，29 县和 26 县的比重分别为 62.3%和 62.6%。

(一)收入基本情况

1. 收入结构发生明显变化。2015 年，全省低收入农户工资性收入、家庭经营纯收入、财产性收入和转移性收入构成由上年的 42.2 : 25.4 : 1.2 : 31 : 2 变化为 41.6 : 22.5 : 1.0 : 34.9，工资性收入、家庭经营纯收入和财产性收入比重分别减少 0.6、2.9 和 0.2 个百分点，转移性收入比重增加 3.7 个百分点。

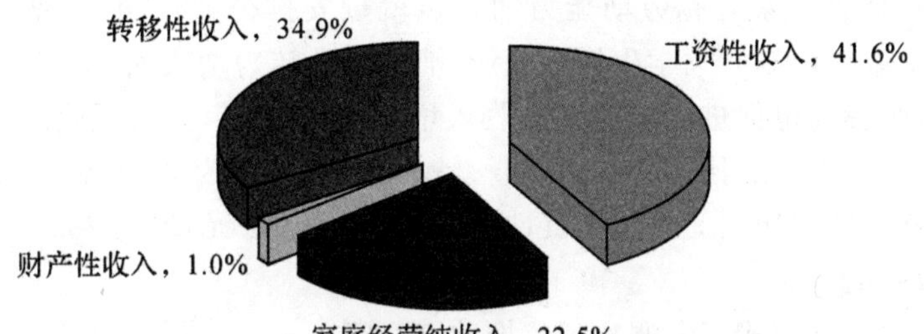

图 1　2015 年浙江低收入农户纯收入构成图

2.转移性收入快速增长主要得益于社会保障的强势推进。围绕全面“消除4600”的扶贫开发任务，省委、省政府对低收入农户采取了“应保尽保”政策兜底等一系列精准扶贫举措，取得明显成效。一方面是“兜底”政策和保障标准提高，有力促进转移性收入增长。一是按照“应保尽保”的要求，部分地区将一些非共同生活子女属于低保家庭或低保边缘家庭及家庭刚性支出过大导致基本生活出现严重困难的老人户列入低保。二是提高低保标准和农村新型养老保险标准，同时积极推进城乡一体化进程，将失地农民保险转为职工保险或城乡居民保险。另一方面，精准发力，综合施策，体现增收效果。全民社会督孝，提高子女赡养老人的意识。政府各有关部门发放的无偿扶贫款，社会、企业和结对帮扶人员提供的扶持款收入增加，以及扶贫政策得到兑现等因素，都推动转移性收入较快增长。

2015 年，全省低收入农户转移性收入快速增长，人均为 3055 元，比上年增长 35.1%，增幅高于低收入农户人均纯收入 14.2 个百分点，比上年提高 6.5 个百分点，增收贡献率达到 52.4%，贡献程度居四大类收入首位。从收入来源看：一是政府保障。2015 年，低收入农户领取各类养老金（包括基础养老金、新型农村养老保险金、失地农民养老保险金和城乡居民保险）人均 1166 元，增长 45.5%，增幅比上年提高 8.6 个百分点；领取最低生活保障费人均 339 元，增长 25.1%，增幅比上年提高 20.8 个百分点；得到来自政府的其他补贴（如一次性扶贫补助，种植业、养殖业等各项补贴、补助）人均 213 元，增长 52.5%。二是家庭成员及亲属帮助。2015 年，低收入农户得到家庭成员寄回带回的收入、子女支付赡养费和亲友赠送收入增长较快，人均达到 1186 元，增长 23.6%。

3.工资标准提高以及就业人数增加促进工资性收入稳步增长。各地在精准扶贫中，对自身具有“造血”功能的低收入农户，通过加强技能培训，转移就业岗位，给低收入家庭有劳动能力的人员就近安排公益性岗位，增加劳动收入；部分低收入家庭有大学生毕业就业，消费人员转为增收人员；同时，各地提高工资水平标准也促进了从业人员收入增长。2015 年，全省低收入农户工资性收入人均 3649 元，比上年增长 19.2%，增收贡献率为 38.8%；主要为就近就业，以本乡镇地域内为主的工资性收入人均为 2543 元，增长 23.8%，占全部工资性收入的 69.7%。

4.家庭经营方式逐渐调整到位推动家庭经营纯收入缓慢复苏。一方面随着“三改一拆”“五水共治”工作的持续，农民家庭经营方式逐渐调整到位；另一方面各地对有一定劳动力、自身具有发展愿望且有一定能力的低收入农户，通过农业产业引导、以强扶弱的合作形式，定向发力，带动农户创业等扶持措施，使家庭经营收入继上年下降后重拾上涨趋势。2015 年,全省低收入农户家庭经营纯收入人均 1976 元,比上年增长 7.2%,增幅比上年提高 10.6 个百分点,增收贡献率为 8.8%。

5. 财产性收入绝对量小、占比低,增幅与去年持平。2015 年,全省低收入农户财产性收入人均 85 元,增幅与去年持平,金额占纯收入比重不足 1.0%。

表 1　2014—2015 年浙江低收入农户人均纯收入及结构变化表

指标名称	2015 年	2014 年	增幅(%)	2015 年结构	2014 年结构
人均纯收入	8765	7251	20.9	100.0	100.0
一、工资性收入(元)	3649	3062	19.2	41.6	42.2
二、家庭经营纯收入(元)	1976	1842	7.2	22.5	25.4
1. 第一产业收入	1294	1217	6.3	14.8	16.8
2. 第二产业收入	296	262	13.1	3.4	3.6
3. 第三产业收入	385	363	6.0	4.4	5.0
三、财产性收入(元)	85	85	0	1.0	1.2
四、转移性收入(元)	3055	2261	35.1	34.9	31.2
1. 家庭住户成员寄回和带回收入	512	425	20.6	5.8	5.9
2. 城市亲友赠送、赡养收入	127	115	10.7	1.4	1.6
3. 农业亲友赠送、赡养收入	547	420	30.1	6.2	5.8
4. 离退休金、养老金、养老保险收入	1166	802	45.5	13.3	11.1
5. 领取最低生活保障	339	271	25.1	3.9	3.7
6. 来自政府的其他补贴	213	140	52.5	2.4	1.9

(二)生活消费基本情况

1. 八大类生活消费均实现增长。2015 年,全省低收入农户生活消费支出人均 6655 元,比上年增长 14.2%,增幅比上年提高 7.6 个百分点。其中,食品消费支出人均 2815 元,增长 13.0%;衣着消费支出人均 461 元,增长 27.8%;居住消费支出人均 818 元,增长 7.6%;家庭设备、用品消费支出 235 元,增长 3.4%;交通和通信消费支出 410 元,增长 35.6%;文化教育、娱乐消费支出 468 元,增长 0.9%;医疗保健消费支出人均 1292 元,增长 16.4%;其他商品和服务支出人均 156 元，增长 40.0%。

2. 生活消费以刚性支出为主。2015 年，全省低收入农户恩格尔系数（食品消费占生活消费的比重）为 42.3%，比上年（42.7%）下降 0.4 个百分点，生活有所改善。但低收入农户生活消费支出仍主要用于食品、居住、医疗等刚性消费，三者共占生活消费支出的 74.0%，生活仍处于较低水平。

3. 医疗保健支出增幅和比重均比上年有所提高。2015 年，全省低收入农户医疗保健消费支出人均 1292 元，比上年增长 16.4%，增幅比上年提高 8.3 个百分点，占生活消费支出的比重为 19.4%，比上年提高 0.4 个百分点。从调查样本看，有 13.2%的家庭医疗费用支出在 5000 元以上，其中，有 6.0%的家庭医疗费用支出在 1 万元以上，比重比上年（5.5%）提高 0.5 个百分点，这部分家庭的生活极其贫困，特别需要政府和社会各界的援助和关爱。

表 2 2014—2015 年浙江低收入农户生活消费支出及构成情况表

指标名称	2015 年	2014 年	增幅（%）	2015 年结构	2014 年结构
人均生活消费支出（元）	6655	5826	14.2	100.0	100.0
1. 食品消费支出	2815	2490	13.0	42.3	42.7
2. 衣着消费支出	461	361	27.8	6.9	6.2
3. 居住消费支出	818	760	7.6	12.3	13.0
4. 家庭设备、用品消费支出	235	228	3.4	3.5	3.9
5. 交通和通讯消费支出	410	303	35.6	6.2	5.2
6. 文化教育、娱乐消费支出	468	464	0.9	7.0	8.0
7. 医疗保健消费支出	1292	1110	16.4	19.4	19.0
8. 其他商品和服务消费支出	156	112	40.0	2.3	1.9

二、值得关注的低收入农户致贫和返贫因素

2015 年，全省众志成城，上下发力，精准扶贫，已全面消除家庭人均年收入 4600 元以下的贫困现象，但由于较大部分贫困人群自身严重缺乏“造血”功能，靠救助救济督孝实现脱贫，致贫的主客观因素依然存在，抗风险能力弱，一旦离开外力的扶持，持续增收乏力，极易出现返贫现象和出现新的贫困人口。

1. 地理位置偏僻，交通不便。我省低收入农户主要集中于浙西南（温州、金华、衢州、台州、丽水）地区，地处山区、交通不便、土地缺乏，低收入农户户数和人数分别占全省低收入农户的 86.3%和 88.3%。由于土地缺乏，产量不高，农户信息闭塞，主要以从事传统农业生产为主；交通不便，使农产品无法及时向外运输出售，造成农户单枪匹马进行农业经营生产增收较难。

2. 老弱病残比重较高，医疗支出多，劳动力缺乏。从调查样本看，6 岁以下

的未成人占 2.6%,60 岁以上的老年人占 38.3%。有 37.9%的人口为病残人员,存在健康问题,且有 6.0%的家庭医疗费用支出在 1 万元以上,有近三成的从业人员属非劳动力年龄人口,劳动力稀缺。

3.受教育程度偏低,就业行业受限制。从调查样本看,低收入农户从业劳动力中,小学及以下文化程度人口占 42.7%;初中程度的人口占 42.6%,高中和中专人口占 11.2%;大专及以上仅占 3.5%。这样的文化程度结构导致大多数低收入农户只能从事简单的体力劳动,工资水平普遍不高,从业的稳定性差,大多以打零工为主。

4.创业艰难,发展后劲不足。由于低收入农户自身底子薄、原始资金积累少、融资能力差等问题,导致其从业、创业均面临较多的困难。

综上所述,2015 年,省委、省政府做出的“26 县欠发达县帽子”和“全面消除家庭人均收入 4600 元以下贫困现象”的两项重大决策,各地采取积极有效的精准扶贫措施,已全面实现。然而低收入农户自身条件差、创收途径少、增收难度大,还可能出现新贫困现象,彻底消灭贫困、提高低收入农户收入仍是一项长期艰巨的任务。

(省地方统计调查局二产处)

专题研究

浙江省统筹发展水平的测算与思考

利用 2010—2014 年全省和 11 个市的数据，测算主要指标的地区差异度和统筹发展指数，以期合理评价全省区域统筹发展水平，引导和促进区域经济社会协调健康发展。实证分析发现，2010—2013 年全省统筹发展水平提升不快，但 2014 年有大幅提高，经济发展对统筹发展水平提升的贡献最大，但我省经济发展“短板”依然存在，生态经济发展地区的经济增长、财政收入压力较大，教育社保支出水平仍有待提高，环境治理任务仍然艰巨。继续深化体制改革，进一步推进产业提质增效，加大政府扶贫力度，加大公共服务均等化的财政投入力度，加大环境治理力度是加快推进全省统筹发展的重要方面。

一、统筹发展评价指标的选择

按照“四个全面”战略布局和“八八战略”总纲要求以及干好“一三五”、实现“四翻番”、建设“两富”“两美”浙江的工作目标，统筹发展指标体系的设计需要统筹考虑人口分布、经济发展、资源利用和城镇化格局，从而引导区域经济持续健康科学发展。参考经济社会发展相关综合评价指标体系，结合我省经济发展的阶段特征和目标导向，从经济发展、人民生活、社会服务、生态环境等 4 大领域构建 10 个核心指标，以期反映各地经济、社会、人口、生态环境等各方面的统筹协调发展水平。具体指标如下：

1. 经济发展。采用人均 GDP 地区差异度、人均地方财政收入地区差异度、城市化率地区差异度来衡量。

2. 人民生活。采用城乡居民人均收入比地区差异度、城乡养老保障水平地区差异度来衡量。

3. 社会服务。采用平安浙江建设地区差异度、文化发展指数地区差异度、城乡人均教育事业费比率地区差异度来衡量。

4. 生态环境。采用生态文明指数地区差异度、环境质量综合得分地区差异度来衡量。

表 1 统筹发展评价指标体系

评价内容	具 体 指 标
经济发展	人均 GDP 地区差异度
	人均财政收入地区差异度
	城市化率地区差异度
人民生活	城乡居民人均收入比地区差异度
	城乡居民养老保障水平地区差异度
社会服务	文化发展指数地区差异度
	平安浙江建设地区差异度
	城乡人均教育事业费比率地区差异度
生态环境	生态文明指数地区差异度
	环境质量综合得分地区差异度

二、统筹发展水平的实证分析

根据表 1 的指标体系，收集 2010—2014 年全省和 11 个市的基础数据，测算 10 个指标的地区差异度，进而采用综合评价法测算全省统筹发展水平。

（一）单项指标地区差异度的测算和结果分析

各指标地区差异度采用离散系数来反映。离散系数通常包括全距系数、平均差系数和标准差系数，这里采用标准差系数来衡量。标准差系数是标准差与其相应的平均值相对比得到的相对指标。其计算公式如下：

$$V_\sigma = \frac{\sigma}{\mu} \times 100\%$$

V_σ 为离散系数，σ 是标准差，μ 为均值。

$$\sigma = \sqrt{\frac{1}{N}\sum_{1}^{N}(\chi_i - \mu)^2}$$

离散系数大，说明某指标值的地区差异程度大，平均数的代表性差。离散系数小，说明某指标值的差异程度小，平均数的代表性强。

离散系数计算结果见表 2。从表中数据可以看出：

1. 2010—2014 年，离散系数大体呈由高走低的态势。有的指标的离散系数有波动，经历了先走高、再走低的变动轨迹。但从总体上看，相对于其他年份，2014 年各指标的离散系数明显减小，即各指标地区差异度明显减小。

2. 从四大领域看，经济类指标的地区离散程度大于社会类和生态环境类指标。经济类指标的离散系数5年均值约为0.34，远大于人民生活类(0.16)、社会服务类(0.16)和生态环境类(0.11)。可见，缩小地区经济发展差距仍是当前统筹发展的重要任务。

3.从10个单项指标看，人均财政收入地区离散系数最大，其次是人均GDP。人均财政收入和人均GDP的离散系数5年均值分别为0.48和0.39，远高于其他指标离散系数的5年均值。其他指标5年均值多数在0.1—0.2之间，而平安浙江建设和生态文明指数的离散系数最小，都在0.1以下。可见，人均财政收入和人均GDP的地区差异度还存在较大的缩小空间，当前提高生态经济地区人均财政收入和人均GDP，对于提高现阶段全省统筹发展水平有着重要意义。

表2 各指标离散系数(采用标准差系数)

	2014年	2013年	2012年	2011年	2010年	平均
人均GDP地区差异度	0.2668	0.4297	0.4342	0.4178	0.4044	0.39
人均财政收入地区差异度	0.3859	0.4835	0.5222	0.4941	0.4997	0.48
城市化率地区差异度	0.1152	0.1240	0.1306	0.1405	0.1454	0.13
城乡居民人均收入比地区差异度	0.1105	0.1130	0.1527	0.1480	0.1649	0.14
城乡居民养老保障水平地区差异度	0.1105	0.1130	0.1527	0.1480	0.1649	0.18
城乡人均教育事业费比率地区差异度	0.1828	0.1781	0.1918	0.1880	0.2077	0.19
平安浙江建设地区差异度	0.0824	0.0497	0.0500	—	—	0.06
文化发展指数地区差异度	0.1075	0.1626	0.1513	0.1500	—	0.15
生态文明指数地区差异度	—	0.0478	0.0390	0.0425	0.0522	0.04
环境质量综合得分地区差异度	0.1573	0.1818	0.1353	0.1515	0.1649	0.16

(二)统筹发展指数的综合测算及权重确定

由于各指标地区差异度难以确定目标值，目前相关研究也没有这方面的参照值。因此，这里不测算统筹发展指数的绝对水平，而是设定2010年的地区差异度为基期值，计算各年统筹发展的相对指数，以大致考察我省统筹发展水平在时间上的变动程度。

统筹发展总指数的测算分为三个步骤进行：第一步，进行相对化处理。先对每个指标以 2010 年为基期进行相对化处理(2010＝1)，由于用离散系数表示的单项指标是逆指标，相对化处理值为实际值除以基期值的倒数。第二步，采用主成分的方法，分别计算出各个分类指数的权重，再结合专家知识最终确定分类指数的权重。第三步，通过加权计算出各个分类指数和总指数。

具体计算公式如下：

$$TDI = \sum_{i=1}^{n} W_i (\sum_{j=1}^{m} W_{ij} P_{ij})$$

其中，TDI 为地区统筹发展指数的数值；n 为统筹发展指数分类的个数，m 表示统筹发展水平第 i 类指数的指标个数；W_i 为第 i 类指数在总指数中的权重，且 $\sum_{i=1}^{n} W_i = 1$；P_{ij} 为第 i 类的第 j 项指标标准化后的值；W_{ij} 为第 j 个指标在第 i 类指数中的权重，且 $\sum_{j=1}^{m} W_{ij} = 1$。

在计算前，需要进行一些数据预处理工作。具体步骤如下：

1. 缺失值的处理。少数指标的个别年份数据不全，则采取回归法或均值法予以插补。如城乡居民养老保障水平地区差异度缺乏 2010 年数据，则计算企业职工领取养老金的地区差异度和城乡居民领取养老金的地区差异度，用二者的均值近似代替。

2. 以 2010 年为基期的相对化处理(2010＝1)。由于所有的指标值为逆指标，相对化处理值为该指标的实际值与 2010 年的基期值之比的倒数(2010＝1)。相对化处理法由于简单易行，可以较好地处理静态评价和动态监测的关系。

3. 基于主成分分析法确定权重。先利用主成分分析客观赋值法确定权重，再结合专家知识进行调整，确定最终权重。

采用现代统计分析软件 SPSS19.0 进行主成分分析，主成分分析结果见表 3 和表 4。若按照特征值为 1 提取，程序会自动提取 3 个因子，累计贡献率高达 96%。考虑到本研究从理论上构建的统筹发展评价体系的 4 个层面，在主成分分析时特意提取 4 个因子。4 因子的累计贡献率刚好为 100%，旋转后的因子矩阵更易于解释。从图 1 的提取主成分碎石图看，前 4 个因子的特征值变化显著，而到第 5 个因子后几乎无变化，曲线基本呈一条直线，这说明提取 4 个因子具有合理性。

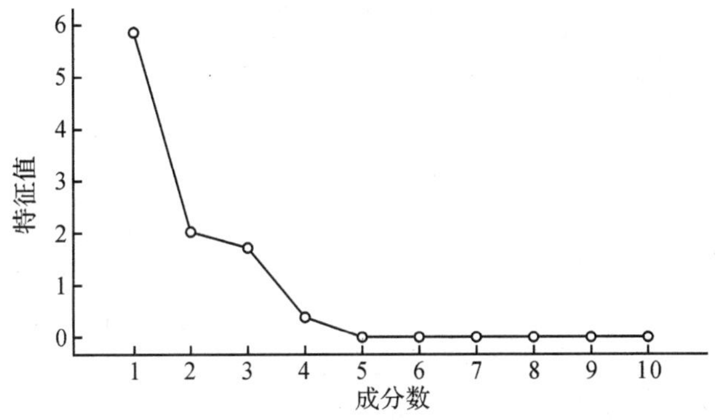

图 1 提取主成分碎石图

从表 4 可看出，旋转后 4 因子代表的含义也基本与我们预定的相吻合。即：

第一主成分为经济发展因子。人均 GDP 地区差异度和人均财政收入地区差异度在此层面有较高的负荷。

第二主成分为生态环境因子。生态文明指数地区差异度、环境得分综合质量地区差异度在此层面上有较高的负荷。

第三主成分为人民生活因子。城乡居民人均收入比地区差异度在此层面上有较高的负荷。

第四主成分为社会服务因子。城乡人均教育事业费比率地区差异度、平安浙江建设地区差异度在此层面上有较高的负荷。

从表 3 可以看出，4 个因子的方差贡献率分别为 43.92%、18.80%、18.72%和 18.56%。可见，在统筹发展评价体系的四个分类中，经济发展指数对全省统筹发展的解释力最强，权重也最大，其他三类差别不大。

表 3 因子提取结果：特征值与主成分贡献率

成分	初始特征值及方差贡献率			旋转后特征值与方差贡献率		
	合计	方差的%	累积%	合计	方差的%	累积%
1	5.846	58.459	58.459	4.392	43.922	43.922
2	2.034	20.338	78.797	1.880	18.800	62.723
3	1.725	17.251	96.048	1.872	18.716	81.439
4	.395	3.952	100.000	1.856	18.561	100.000

注：主成分分析。

表 4 因子旋转结果(旋转成分矩阵)

	Component			
	1	2	3	4
人均 GDP 地区差异度	0.996	0.052	0.068	−0.011
人均财政收入地区差异度	0.969	−0.064	0.239	0.024
城市化率地区差异度	0.683	0.087	0.441	0.676
城乡居民人均收入比地区差异度	0.572	−0.258	0.640	0.444
城乡居民养老保障水平地区差异度	0.202	0.026	0.902	0.380
城乡人均教育事业费比率地区差异度	0.017	−0.045	−0.318	−0.947
平安浙江建设地区差异度	−0.325	−0.264	−0.352	−0.855
文化发展指数地区差异度	0.881	0.123	0.098	0.041
生态文明指数地区差异度	0.304	0.897	0.289	0.142
环境质量综合得分地区差异度	−0.087	0.961	−0.257	−0.058

提取方法:主成分。 旋转法:具有 Kaiser 标准化的正交旋转法。

a. 旋转在 5 次迭代后收敛。

当然主成分分析中也有出现与我们最初分类不完全一致的地方,如第一主成分纳入信息很多,不仅人均 GDP、人均财政收入在第一主成分有较大负荷,且城市化率、文化产业发展指数、城乡居民收入比都在此层面有较大的负荷。同时,城乡居民收入比和城市化率分别在第三主成分和第四主成分也有较大的负荷。而按照我们最初的分类,文化产业发展指数属于社会服务领域,城市化率属于经济发展领域,这更合乎理论知识。可见主成分分析法确定权重只能作为一个参考,不能完全照搬。

咨询专家意见,结合定性分析,保留原来的单项指标分类,对上述权重进行调整。兼顾单项指标的个数,每个分类中的单项指标权重基本采用平均赋权法。最终确定经济发展、人民生活、社会服务、生态环境分别为 35、20、25、20(总权重 100)。

(三)统筹发展水平综合测算结果及分析

统筹发展指数测算结果见表 5。从表 5 可以看出 2010—2014 年我省统筹发展的基本特征和变动态势:

1. 2014 年统筹发展水平大幅提高。经测算,2014 年全省统筹发展总指数为 1.21，大大高于前 4 年的统筹发展指数。前 4 年的统筹发展指数不高、变化不大且到 2012 年有所回落。应该说，2014 年的实质性变化与浙江省转型升级成效逐步显现有关。最近两年浙江省各级党委政府认真贯彻“四个全面”战略布局，以“八八战略”为总纲，围绕干好“一三五”，实现“四翻番”，建设“两富”“两美”浙江，全面建成小康社会的目标要求，针对制约浙江发展的一系列突出问题，强力打出了一套以“五水共治”，“三改一拆”，“四换三名”，“四边三化”、浙商回归、“一打三整治”、创新驱动、市场主体升级、小微企业三年成长计划、七大产业培育为主要内容的转型升级组合拳，协调推进地区和城乡统筹发展，有效推进山海协作工程，26 县加快发展。从最近两年，特别是 2014 年全省统筹发展指数显著提升看，这些组合拳和举措已显成效。

2. 从四类分项指数值看，除社会服务指数外，2014 年其他三类指数都较前 4 年有大幅提高。社会服务指数近 5 年变动程度不大，这种动态性考察并不能说明我省社会服务方面的统筹水平比其他三类低。从前面的单项指标的离散系数看，社会发展类的部分指标离散系数低于经济发展和人民生活类指标。但社会发展类指标有分化现象，城乡居民养老保障水平地区差异度和城乡人均教育事业费比率地区差异度明显高于平安浙江建设地区差异度。

3. 经济发展地区差异度的缩小对我省统筹发展水平提高的贡献最大。从表 5 知，2014 年统筹经济发展指数的提高幅度最大，其次是人民生活指数和生态环境指数。前面的主成分分析中，经济发展因子的特征值贡献率高达 43.92%，远高于其他三个因子的贡献率。这意味着 2014 年我省统筹发展水平的提高主要是由经济发展统筹水平的提高带动的。从表 2 的离散系数看，经济发展的离散程度虽然大大减小但仍然较高，还有较大的改善空间。

表 5　浙江省近 5 年来统筹发展指数值(2010=1)

年份	统筹发展总指数	经济发展指数	人民生活指数	社会发展指数	生态环境指数
2014 年	1.21	1.37	1.19	1.04	1.18
2013 年	1.04	1.04	1.12	1.04	1.00
2012 年	0.99	0.99	0.96	0.98	1.28
2011 年	1.06	1.00	1.06	1.07	1.16
2010 年	1.00	1.00	1.00	1.00	1.00

注：此表数据是相对 2010 年的相对值，并不是统筹发展的绝对值水平。因此各指标在纵向可比，横向不可比。

三、测算结果带来的思考

（一）我省统筹发展工作取得明显成效，但经济发展领域的“短板”问题仍然存在，生态经济发展地区财政收入压力较大

近年来，为加快欠发达地区发展，特别是26个县的赶超式发展建立和实施了一系列扶贫政策和措施，推动全省走出了农业现代化、新型工业化、新型城市化、信息化快速发展条件下城乡统筹、区域协调、共创共富的发展路子。欠发达地区爬坡过坎，发展提升，经济社会发展取得了明显成效。2014年，26个县经济总量、财政收入、居民收入等主要经济指标均超过全国县级平均水平，居民养老保险、最低生活保障标准等指标也高于全国平均水平，集体摘掉了“欠发达”的“帽子”。

尽管全省统筹水平取得成效，但从单项指标的离散系数看，经济发展领域的各项指标在四大领域中的地区差异度仍然最大。2014年，我省人均GDP最高的是杭州市，为103757元，而人均GDP最低的温州，仅为47115元，最高的为最低的2.2倍。而人均财政收入的地区差异更大，最高的杭州（11553元）为最低的衢州（3782元）的3.05倍。从26个县看，2014年26县人均GDP、人均财政总收入、人均公共财政预算收入分别为37635元、4078元和2472元，虽然高于全国县级平均水平，但仍明显低于全省平均水平，分别低48.4％、70.1％和67.0％。其中，26县城镇居民人均可支配收入为30520元，只有全省平均水平（40393元）的75.6％；农村居民人均可支配收入为14637元，也为全省平均水平（19373元）的75.6％。进一步比较本研究测算的表2中各年的离散系数也可以看出，人均财政收入地区差异度比其他指标都大，意味着生态经济发展地区财政收入的制约障碍依然存在。随着经济发展进入“新常态”化，政府财政收入高速增长难以维持，统筹区域发展的投入任务仍然艰巨。

（二）生态环境统筹水平得到明显改善，但环境治理工作任重而道远

从统筹发展指数看，生态环境统筹水平得到明显改善。这与我省较早开展生态省建设和“五水共治”初见成效密切相关。据省控断面监测数据，水环境质量有所改善。2011—2014年，地表水水质达到Ⅲ类以上断面比例分别为62.9％、64.3％、63.8％和67.5％，Ⅴ类和劣Ⅴ类占比分别为24.4％、18.5％、20.8％和18％。同时，近岸海域海水水质也有所好转，2010—2013年按海水类别分，四类和劣四类海水分别占监测面积的66.3％、58.6％、58.6％和56.7％。虽然全省生态环境质量有所改善，环境治理取得了成效，但地区之间仍然发展不平衡，从表2全省各地环境综合评价地区差异度可以得到验证。相关研究也指出，部分地区环境质量不容乐观，污染依然较重，Ⅴ类和劣Ⅴ类水断

面、霾天数、PM2.5浓度、酸雨率仍占有一定比例。近岸海域四类和劣四类海水比重过半,近海水质状况均为差。2010—2013年生态环境质量公众满意度仍在70%以下,离要求还有一定距离。可见,我省环境治理工作任重而道远。

(三)养老保障和教育水平还有待进一步提升

虽然社会服务类的地区差异度比经济发展类小,但需要关注的是,其领域内的单项指标有分化现象,即城乡居民养老保障水平和城乡人均教育事业费的地区离散系数明显高于平安浙江建设离散系数。近几年,浙江围绕以促进人的全面发展为核心,以保障和改善民生为出发点和落脚点,先后出台了一系列加大教育投入和社保投入的政策措施。2014年,全省教育经费总投入1738亿元,其中财政性经费1338亿元,比2010年分别增长51.7%和63.8%,有效推进了教育公平、教育结构、教育质量的提高。2014年,全省城乡养老保险支出总金额1217亿元,比2010年增长144%。尽管财政投入水平大幅提高,2014年教育经费支出占GDP的比重为4.32%,城乡养老保险支出占GDP比重为3.03%,但仍低于世界发达国家支出水平。显然教育事业和社保事业的投入问题,仍然是制约城乡、地区均衡发展的瓶颈性问题。

按照习近平总书记对我省提出的"在提高全面小康社会水平上更进一步,在推动改革开放和社会主义现代化建设中更快一步,继续发挥先行和示范作用"的新要求,省委、省政府确定的干好"一三五"、实现"四翻番"、建设"两富""两美"浙江的目标任务,在更高水平上实现区域融合发展,努力使浙江人民物质更加富裕、精神更加富有、环境更加秀美、社会更加和谐。要不断深化体制改革,为区域统筹发展提供制度保障。加快推进产业升级,促进经济发展提质增效。加大精准扶贫力度,完善基本公共服务均等化的财政政策。大力推动生态文明建设,实现可持续发展。

(本文系浙江省统计局重大研究课题《按主体功能区分类评价的统计研究》的实证分析部分 执笔:黄洪琳)

[参考文献及资料]

[1] 王美福,傅吉青,毛惠青.城乡统筹一体化发展水平综合评价,2014年.

[2] 高志刚,王垚.基于组合评价的中国区域协调发展水平研究[J].广州社会科学,2011(1).

[3] 省发改委,省统计局.浙江省2012年统筹城乡发展水平评价报告.

[4] "十二五"城乡发展水平综合评价指标体系方案,浙发改城体〔2012〕1177号.

新常态下浙江经济转型升级呈现积极变化

当前我国经济进入新常态，在世界经济增长乏力、国内"三期叠加"、经济下行压力较大的大背景下，浙江主动适应和引领经济发展新常态，转方式调结构，打出"五水共治"、"三改一拆"、"四换三名"、浙商回归、创新驱动、市场主体升级、小微企业三年成长计划、七大产业培育等转型升级组合拳，转型升级呈现新趋势和积极变化，提质增效的动能不断集聚，特别是以新产品、新技术、新业态、新模式、新经济引导的新的增长动力正在成长和走强，有力地推动了经济保持中高速增长，迈向中高端水平。

一、提质增效转型升级分析指标体系的选择

为反映现阶段浙江转型升级发展的主要变化和成效，以现有统计体系为基础，结合国家统计局《基于需求的反映提质增效转型升级统计指标体系》，围绕结构优化、产业升级、质量效益、创新驱动、环境资源、民生改善6个方面，我们初步选取了18个核心指标，构建了反映我省提质增效转型升级的统计指标体系。其中，反映结构变化的指标为服务业增加值占GDP比重、居民消费率、城市化率、高新技术产品和机电产品进出口额占货物贸易进出口比重；反映产业升级的指标为网上零售额占社会消费品零售总额比重、高新技术产业增加值占规模以上工业增加值比重、文化及相关产业增加值占GDP比重；反映质量效益的指标为税收占GDP比重、GDP与固定资产投资之比、全社会劳动生产率、规模以上工业企业总资产贡献率；反映创新驱动的指标为R&D(研究与试验发展)经费与GDP之比、每万就业人员R&D人员折合时当量；反映资源环境的指标为资源集约利用、主要污染物排放总量降低率、环境质量指数；反映民生改善的指标为五险综合保障水平、居民人均可支配收入与人均GDP之比。

二、结构调整和转型升级取得积极进展

浙江主动适应经济新常态，打好转型升级组合拳，转型发展、创新发展亮点纷呈。

(一)产业结构持续优化

1.服务业成为经济增长的主要力量。作为经济持续健康发展与优化升级

的新引擎、新动力，服务业在浙江经济中的重要地位和作用日益突显，成为浙江经济发展中的重要支撑。2014 年，浙江服务业增加值 19221 亿元，比上年增长 8.6%，高于 GDP 增速 1 个百分点，高于第二产业增速 1.4 个百分点，服务业增加值占 GDP 比重为 47.9%，首次超过第二产业，产业结构呈“三、二、一”格局。从各市情况看，服务业增加值比重高于全省平均水平的有杭州、温州、金华、舟山，服务业增加值比重最高的是杭州市(55.3%)，最低的是嘉兴市(41.6%)，两者相差 13.7 个百分点。

2. 消费需求有所提升。为改变居民消费率偏低这一经济发展“短板”，浙江加快形成以内需为主的发展模式，全省居民收入的稳步增长和消费环境持续改善，城乡居民消费能力进一步提升，生活消费支出平稳增长，生活质量不断提升。根据按支出法计算的全省 GDP 数据，2014 年浙江居民消费率为 36.8%，比上年提高 0.8 个百分点，与 38%的“十二五”规划目标相比，还有一定距离。与国际平均水平相比，浙江居民消费率还有较大上升空间。

3. 城市化进入新阶段。2014 年，浙江城市化率已达到 64.87%，比上年提高 0.87 个百分点，比“十二五”规划目标值高 1.87 个百分点。从城市化发展阶段看，浙江仍处于城市化快速发展阶段。城市化水平最高的是杭州、宁波、温州，依次为 75.1%、70.3%、67.2%，杭甬温都市区已基本形成，城市化水平最低的衢州为 49%，比杭州低 26.1 个百分点。从三大经济区域来看，环杭州湾产业带城镇化水平最高，温台沿海产业带其次，而金丽衢产业带最低。按地区划分，浙东北城市化水平较高，而浙西南水平较低。

4. 机电和高新产品进出口比重提高。在世界经济增长乏力、出口形势严峻的环境下，浙江机电和高新技术产品出口增幅高于出口总额增幅，也高于全国机电和高新技术产品出口增幅。2014 年，全省高新技术产品和机电产品进出口额占货物贸易进出口的比重为 37.2%，比上年提高 1.2 个百分点。民营企业体现中坚力量，民营企业机电和高新技术产品出口 758.4 亿美元，比重超过三分之二，达到 67.4%。尤其是华三通信、海康威视、正泰太阳能、大华科技、横店得邦、万丰奥威、西子奥的斯、春风动力、阳光照明、万向、横店东磁等一批龙头企业，以创新驱动发展，拥有自主知识产权、自主品牌，2014 年增幅均高于全省平均水平，显现出引领示范作用。创新驱动发展将在培育浙江外贸竞争新优势，调整结构，促进外贸增长方式转变，保持浙江外贸持续发展中发挥更大的作用。

(二)产业升级步伐加快

1. 高新技术产业持续增长。在“创新强省”战略指导下，浙江积极推进科技创新，着力提升高新技术产业综合竞争力，高新技术制造业整体实力不断增强。2014 年，全省高新技术产业制造业增加值占规上工业增加值比重为 36.1%，比上年提高 1.6 个百分点。从各市情况看，比重高于全省平均水平的有 7 个市，最高的是杭州市（42.0%），最低的是丽水市（23.9%），两者相差 18.1 个百分点。高新技术产业的发展，为传统产业的转型升级提供了有力的支撑，成为浙江创新发展的新引擎之一。

2. 文化产业快速成长。近年来，浙江围绕满足人民群众不断增长的精神文化需要，深入推进文化强省建设，文化事业和文化产业得到长足发展，文化对经济发展的拉动力和贡献率显著提高。新闻出版、影视服务、文化旅游、文化会展和文化产品制造等文化产业优势领域逐渐显现，数字动漫、数字电视、数字出版、网络广播影视等新兴文化业态快速成长。2013 年，浙江文化及相关产业实现增加值 1880 亿元，占 GDP 的 5%。一般来说，国民经济支柱产业的标志是产业创造的增加值占 GDP 比重达到 5%，显然文化产业正逐渐成长为浙江省国民经济支柱性产业。

3.“电商换市”等新业态迅猛发展。全省各地结合当地产业优势、电商发展水平等实际情况，根据省委、省政府“电商换市”工作要求，大力推进网络零售业发展，助推“互联网＋”。据省商务厅数据，2014 年，浙江实现网络零售额 5642 亿元，占社会消费品零售总额的比重为 32.2%，比上年提高 7.7 个百分点。其中，杭州、金华等市在电子商务领域领跑全国，2014 年网上零售额占社会消费品零售总额比重分别为 54.4%、59.2%，比上年提高 11.2、11.7 个百分点。浙江通过“电商换市”，把电子商务打造为变革传统流通格局、创新新型商业业态、提升区域经济竞争力的撬动杠杆，成为国内电商最活跃、集聚度最高、产业链最完整的地区之一。

（三）质量效益稳定改善

1. 财政收入平稳增长。税收是地方财政收入的主要来源，是政府创造需求的重要资金支撑，税收占 GDP 比重是衡量政府在国民经济总量中的集中程度和反映政府对经济社会调节能力的重要指标。2014 年，浙江一般公共预算收入为 4122 亿元，比上年增长 8.6%，2010—2014 年年均增长 12.1%，高于经济增长速度。2014 年，税收收入 7253.6 亿元，增长 9.0%，浙江税收占 GDP 比重 21.4%。从各市情况看，税收占 GDP 比重最高的是舟山市（37.5%），最低的是衢州市（11.8%），两市相差两倍多。

2. 投资产出水平居全国前列。GDP 与固定资产投资之比反映一个地区一定时期内地区生产总值与同期全社会固定资产投资的比率，衡量一个地区增量资本投入产出效率，反映投资对经济增长的拉动作用。从我省和全国来看，近几年该指标均呈下降趋势。2014 年，全省每百元固定资产投资产出的 GDP 为 171 元，居全国第 4 位，比上年下降 15 元，同期全国下降 8 元，江苏下降 9 元，山东下降 10 元，广东下降 22 元。从各市情况看，GDP 与固定资产投资之比最高的是金华市（201 元），最低的是舟山市（106 元），两市相差 0.89 倍。对于经济规模较小的地区而言，该指标的波动性则愈加明显。

3. 劳动生产率较快增长。劳动生产率水平是衡量经济增长质量和效益的核心指标之一，也是衡量转型升级、发展方式转变的关键指标。2014 年，全省劳动生产率为 10.8 万元/人，比上年增长 7.4%（可比价），是全国全员劳动生产率的 1.3 倍。作为潜在的经济增长率，劳动生产率的持续提高是浙江经济发展的重要因素，“生产效率红利”正在逐步取代人口红利推动经济增长。从各市情况看，全社会劳动生产率高于全省水平的有 4 个市，最高的是宁波市（14.9 万元/人），最低的丽水市（7.5 万元/人），两者相差近 1 倍。

4. 总资产贡献率基本稳定。总资产贡献率是反映企业全部资产的获利能力、评价和考核企业盈利能力的核心指标。2014 年，浙江规模以上工业企业总资产贡献率为 11.3%，比上年降低 0.1 个百分点；全国为 14.3%，比上年降低 0.5 个百分点。从各市情况看，高于全省平均水平的有 5 个市，最高的是丽水市（17.3%），最低的是舟山市（3.0%）。

（四）创新驱动激发活力

1. R&D 投入强度加大。浙江创新能力总体水平居全国前列。2014 年，全社会 R&D 经费投入 907.9 亿元，居全国第 5 位；相当于 GDP 的 2.26%，比上年提高 0.1 个百分点，比 2010 年提高 0.48 个百分点，居全国第 6 位。从研发活动的三大执行主体看，工业企业是浙江 R&D 经费投入的主体，有强烈的创新愿望和动机，经费支出力度较大，2014 年，工业企业 R&D 经费支出占全社会 R&D 经费投入的 84.6%。从各市情况看，地区之间创新能力存在明显差异，全省的科研投入主要集中在杭州和宁波两市，两市 R&D 经费投入合计占全省的 49.5%。R&D 经费占 GDP 比重超过全省平均水平的有 4 个市，最高的是杭州市（2.98%），最低的是丽水市（1.14%），两市相差 1.84 个百分点。

2. 总体研发智力水平提升。每万名就业人员 R&D 人员折合时当量即一个地区 R&D 人员全时当量与每万名就业人员的比值，反映一个地区从事科技创新的人力资源水平。近些年来，通过深入实施人才强省战略，加快推进人才强省建设，人才政策创新，人才资源总量不断增长，人才素质稳步提升。2014 年，全省每万就业人员 R&D 人员折合时当量为 91.1 人年，比上年提高

8.7%。每万就业人员 R&D 人员折合时当量超过全省平均水平的只有杭州和宁波两市，最高的宁波市(142.0 人年)与最低的丽水市(30.9 人年)相差 3.6 倍。

(五)环境资源不断改善

1.资源集约利用水平逐步提高。浙江资源集约利用水平处于全国先进行列。2014 年，万元 GDP 能耗为 0.5 吨标准煤，比上年下降 6.1%，“十二五”前四年万元 GDP 能耗累计下降 17.8%；万元 GDP 用水量为 50.7 立方米，比上年下降 9.7%；单位建设用地 GDP 为 21.2 万元/亩，比上年提高 4.3%。从各市的情况看，万元 GDP 能耗最低的是台州市(0.39 吨标准煤)，万元 GDP 用水量最少的是舟山市(15.3 立方米)，单位建设用地 GDP 最高的是杭州市(27.2 万元/亩)。衢州市万元 GDP 能耗、万元 GDP 用水量均为全省最高，分别是全省平均水平的 2.3 和 2.6 倍，单位建设用地产出的生产总值相对较低。

2.主要污染物排放削减提前超额完成“十二五”任务。作为全国减排任务最重的省份之一，浙江着力打造环境执法最严格的省份，通过“减量定增量”“刷卡排污”等多项独创体制机制举措，取得积极成效，提前一年完成“十二五”减排目标。2014 年，浙江化学需氧量、氨氮、二氧化硫和氮氧化物排放量分别同比下降 3.94%、4.0%、3.25%和 8.65%，四项指标四年累计削减分别完成“十二五”目标的 121.4%、103.1%、120.4%和 107.7%。各市均完成年度确定的减排目标，大部分市部分指标已经提前超额完成“十二五”目标任务。

3.生态环境质量改善。2014 年，全省水、空气、声环境质量综合得分 80.1 分。全年空气质量优良天数 275 天，PM2.5 年均浓度同比下降 13.1%；全省平均霾日数 70 天，比上年减少 14 天；日空气质量优良天数比例舟山市最高，最低为湖州市。区域水环境水质达标率为 63.8%，交接断面水质达标率为 67.5%，饮用水源地水质达标率 88.5%；区域环境噪声 55.6 分贝。从各市情况看，整体环境质量得分最高的是衢州市(91.7 分)，相对较低的是受水环境质量影响较大的嘉兴市(47.9 分)。嘉兴市区域水环境、交接断面水质、饮用水源地水质达标率分别仅为 0%、14.3%和 15.2%。

(六)民生改善成效显著

1.社会保障向全民覆盖迈进。通过健全养老、医疗保障体系和失业、工伤、生育保险制度，不断扩大企业职工养老保险和城乡居民社会养老保险参保覆盖面，完善城镇职工、城镇居民和新型农村合作医疗保险制度，浙江五险综合保障的标准和水平显著提高。2014 年，浙江养老保险支出水平(养老保险支出总额占 GDP 的比重)为 3.03%，比上年提高 0.57 个百分点；职工医保年人均筹资水平 3132 元，比上年增长 15.4％；居民医保年人均筹资水平 661 元，比上年增长 17.6％；失业保险支出水平（失业保险支出总额占 GDP 的比重）为 0.13％，比上年提高 0.01 个百分点；工伤保险月人均缴费工资基数 2855 元，比上年增长 7.7％；生育保险人均筹资水平 255 元，比上年增长 18.1％。

2.居民收入稳步提高。收入的提高是扩大需求、影响消费结构转型升级的关键因素。2014 年，浙江全体居民人均可支配收入 32658 元，居全国第 3 位，是全国平均水平的 1.62 倍，增长 9.7％；城镇居民 40393 元，居全国第 3 位，增长 8.9％；农村居民 19373 元，居全国第 2 位，增长 10.7％。被称为"GDP 含金量"的居民人均可支配收入与人均 GDP 之比，浙江为 44.7％，高于全国平均水平 43.3％。从各市情况看，居民人均可支配收入与人均 GDP 之比最高的是温州市（63.1％），最低的是宁波市（29.1％）。

（综合处　何春燕）

2014年全省及各市反映经济转型升级的核心指标数据(一)

	结构优化								产业升级					
	1. 服务业增加值占GDP比重(%)		2. 居民消费率(%)		3. 城市化率(%)		4. 高新技术产品和机电产品进出口额占货物贸易进出口比重(%)		5. 网上零售额占社会消费品零售总额比重(%)		6. 高新技术制造业增加值占工业增加值比重(%)		7. 文化及相关产业增加值占GDP比重(%)(2013年)	
	绝对值	位次	绝对值	位次	绝对值	位次	绝对值	位次	绝对值	位次	绝对值	位次	绝对值	位次
全　省	47.9		36.8		64.87		37.2		32.2		36.1		5.0	
杭州市	55.3	1	27.5	6	75.10	1	40.8	4	54.4	2	42.0	1	7.1	1
宁波市	44.1	6	24.8	11	70.30	2	43.7	3	16.4	6	36.0	8	4.4	3
温州市	50.1	2	48.6	1	67.20	3	37.8	5	27.4	4	36.2	7	4.3	4
嘉兴市	41.6	11	27.4	7	59.20	8	29.7	8	50.4	3	41.8	2	4.2	5
湖州市	42.8	9	30.7	5	57.40	9	31.3	7	15.5	8	39.7	4	3.9	9
绍兴市	43.6	7	25.7	10	62.10	6	16.4	11	11.1	9	27.7	10	3.9	10
金华市	48.7	3	35.8	3	63.30	5	37.8	6	59.2	1	31.3	9	6.7	2
衢州市	42.5	10	26.7	9	49.00	11	24.6	10	7.8	10	36.5	6	4.0	8
舟山市	48.2	4	26.9	8	66.30	4	26.9	9	1.9	11	39.3	5	3.9	11
台州市	47.0	5	38.9	2	59.50	7	54.7	1	22.9	5	41.0	3	4.0	7
丽水市	43.5	8	34.7	4	55.20	10	44.8	2	16.1	7	23.9	11	4.2	6

2014年全省及各市反映经济转型升级的核心指标数据(二)

	质量效益								创新驱动			
	8. 税收占GDP比重(%)		9. GDP与固定资产投资之比(%)		10. 全社会劳动生产率(元/人)		11. 规模以上工业企业总资产贡献率(年报)(%)		12. R&D(研究与试验发展)经费与GDP之比(%)		13. 每万就业人员R&D人员折合时当量(人年/万人)	
	绝对值	位次	绝对值	位次	绝对值	位次	绝对值	位次	绝对值	位次	绝对值	位次
全　省	21.4		170.6		108188		11.3		2.26		91.1	
杭州市	21.9	3	185.8	4	140663	2	12.7	3	2.98	1	137.1	2
宁波市	31.8	2	190.6	3	148841	1	12.2	4	2.31	4	142.1	1
温州市	14.5	8	140.9	10	75209	10	11.4	5	1.50	8	60.7	8
嘉兴市	19.6	4	150.9	8	98357	6	9.6	10	2.64	2	81.3	4
湖州市	15.5	5	157.4	7	107511	5	13.3	2	2.47	3	78.7	5
绍兴市	13.3	9	185.1	5	123636	4	11.2	6	2.16	5	89.3	3
金华市	14.9	7	201.1	1	92636	7	11.1	7	1.89	6	66.2	7
衢州市	11.8	11	143.3	9	83731	9	10.9	8	1.26	10	36.2	10
舟山市	37.5	1	106.3	11	139035	3	3.0	11	1.46	9	51.5	9
台州市	15.2	6	191.8	2	84762	8	10.0	9	1.67	7	67.6	6
丽水市	12.5	10	158.0	6	74778	11	17.3	1	1.14	11	30.9	11

2014 年全省及各市反映经济转型升级的核心指标数据(三)

	环境资源															
	14. 资源集约利用						15. 主要污染物排放总量降低率								16. 环境质量指数(分)	
	万元 GDP 能耗(吨标准煤/万元)		万元 GDP 用水量(立方米/万元)		单位建设用地 GDP(万元/亩)		COD 排放削减率(%)		SO_2 排放削减率(%)		氮氧化物排放削减率(%)		氨氮排放削减率(%)			
	绝对值	位次	绝对值	位次	绝对值	位次	绝对值	位次	绝对值	位次	绝对值	位次	绝对值	位次	绝对值	位次
全　省	0.50		50.7		21.2		3.94		3.25		8.65		4.00		80.1	
杭州市	0.48	9	44.4	9	26.2	2	5.10	3	2.04	8	5.78	3	3.76	5	78.4	7
宁波市	0.53	7	28.7	10	27.2	1	3.87	5	5.47	1	17.24	1	3.06	9	70.9	10
温州市	0.45	10	50.2	7	26.2	3	3.75	6	1.01	10	5.73	4	5.28	1	87.0	5
嘉兴市	0.59	4	68.6	4	19.8	6	3.14	9	2.80	5	3.34	8	4.64	2	47.9	11
湖州市	0.66	2	90.9	2	14.0	9	5.30	1	1.18	9	4.18	6	3.30	7	89.7	4
绍兴市	0.60	3	48.2	8	24.4	4	3.26	7	2.98	4	4.61	5	4.40	4	85.3	6
金华市	0.53	6	58.5	5	16.3	8	4.37	4	5.13	2	9.17	2	4.62	3	72.6	9
衢州市	1.15	1	129.4	1	10.3	11	3.11	10	3.74	3	3.62	7	3.10	8	91.7	1
舟山市	0.59	5	15.3	11	20.1	5	2.86	11	0.77	11	0.37	11	2.57	11	91.6	2
台州市	0.39	11	56.5	6	19.3	7	3.22	8	2.61	6	1.06	10	3.01	10	75.2	8
丽水市	0.48	8	87.3	3	11.9	10	5.12	2	2.05	7	2.93	9	3.38	6	90.5	3

2014 年全省及各市反映经济转型升级的核心指标数据(四)

	民生改善													
	17. 五险综合保障水平												18. 居民人均可支配收入与人均 GDP 之比(%)	
	养老保险支出水平(%)		职工医保年人均筹资水平(元)		居民医保年人均筹资水平(元)		失业保险支出水平(%)		工伤保险月人均缴费工资基数(元)		生育保险人均筹资水平(元)			
	绝对值	位次	绝对值	位次	绝对值	位次	绝对值	位次	绝对值	位次	绝对值	位次	绝对值	位次
全　省	3.03		3132		661		0.13		2854.55		255		44.7	
杭州市	3.26	4	3922	1	735	5	0.20	1	2779.29	6	386	1	30.3	10
宁波市	2.61	7	3415	3	813	2	0.17	2	2804.64	5	209	5	29.1	11
温州市	2.71	5	3491	2	652	8	0.03	11	2771.59	7	243	2	63.1	1
嘉兴市	3.78	1	2252	9	808	3	0.10	4	2503.41	10	185	7	35.5	8
湖州市	3.60	3	2674	6	664	7	0.10	4	2879.47	2	160	11	42.4	6
绍兴市	2.63	6	2195	11	753	4	0.10	4	3044.77	1	172	9	36.6	7
金华市	2.58	8	2785	5	700	6	0.06	7	2535.59	9	167	10	46.7	5
衢州市	3.63	2	2198	10	526	10	0.05	8	2857.80	3	210	4	51.3	4
舟山市	2.46	10	2440	7	848	1	0.15	3	2651.79	8	183	8	33.9	9
台州市	2.05	11	2391	8	507	11	0.04	10	2079.42	11	207	6	54.4	3
丽水市	2.52	9	3013	4	567	9	0.05	8	2805.31	4	221	3	56.5	2

实现“四个翻一番”背景下浙江有效投资供需分析及预测

省委十三届二次全会提出，到 2020 年地区生产总值、人均生产总值、城镇居民人均可支配收入、农村居民人均纯收入比 2010 年“翻一番”的发展目标。在当前固定资产投资仍是经济发展最主要驱动力的现状下，需要多大的规模和多快速度才能保证“四个翻一番”相关目标的实现？有效投资各个资金来源渠道的供给规模能否满足有效投资增长的需求？对这些问题的相关研究已经成为具有理论和现实指导意义的课题。本文通过建立相关计量经济学模型，对浙江 2015—2020 年投资需求、供给情况进行了较为全面的预测分析，得到如下结论：2015－2020 年期间有效投资年均至少增长 11.8%才能更好地促进相关发展目标的实现；从浙江投资资金供给预测情况看，基本可以满足投资需求的需要，即基本不存在所谓的资金供给“缺口”，但未来几年将面临愈加紧张的资金供给，同时供给结构也有进一步优化的空间。

一、投资供需发展情况分析

（一）投资规模持续扩大

改革开放初期，浙江固定资产投资总量较小，1978 年全社会固定资产投资仅为 26 亿元，到 1985 年全社会固定资产投资才达到了 3 位数，为 102 亿元。1993 年达到 684 亿元，比上年增长 89.3%，也是历史期间内固定资产投资增长最快的一年。2009 年，全社会固定资产投资总额突破万亿元，为 10742 亿元，比上年增长 15.2%。近几年，浙江通过实施扩大有效投资的一系列重大举措，实现了固定资产投资稳定较快增长。“十二五”前四年，固定资产投资年均增长 19.8%，比“十一五”时期年均增速提高 6.5 个百分点。2013 年，投资规模突破 2 万亿元大关，为 20194 亿元。2014 年，固定资产投资总额 23555 亿元，比上年增长 16.6%。

（二）投资增长变动与经济发展周期性波动基本一致

从改革开放以来浙江发展历程看，固定资产投资增长与经济增长具有基本相同的周期性波动规律，表现出较强的相关性（见图 1）。同时也表明，浙江投资增长更多地表现在对当期经济增长的拉动，投资的持续效应并不是特别明显,投资和经济增长基本上表现出同步性。1985 年、1993 年和 2003 年三个投资增长速度相对较快的年份,也是 GDP 增长较快的年份。并且,随着第二年投资速度的回落,GDP 增速也马上回落。改革开放以来,投资增速快于 GDP 增速的年份较多,GDP 年平均增长 12.9%,最高年份 1984—1985 年、1992—1995 年、2002－2004 年、期间 GDP 增速和最低年份增速相差 22.6 个百分点;固定资产投资平均增长 21.3%以上,最高年份和最低年份增速相差 94.3 个百分点。如 1988 年增长也较快,而在 1989 年、1990 年,GDP 与投资一样,增长都陷入低谷。从图 1 也可以看出,投资增长波动幅度要远远超过 GDP 增长波动幅度,投资波动直接引发和决定了经济增长的波动,投资增长的大起大落是造成 GDP 增长大幅波动的主要原因。由此可见,保持适度的投资规模、稳定的增长态势,可以增强经济发展的潜力和后劲,提升和优化经济结构,是转变经济发展方式的最重要途径。

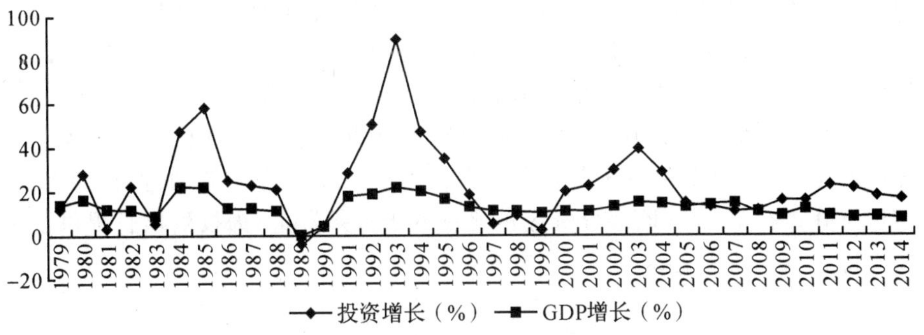

图 1　1979—2014 年浙江 GDP 和投资增长情况(%)

(三)自筹资金是投资资金供给的主要来源

投资资金来源主要分为国家预算内资金、国内贷款、债券、利用外资、自筹和其他资金六类。从目前浙江投资资金来源看,本年资金来源均超过固定资产投资额,投资资金来源问题并不突出。但是从投资的结构看,沉淀在民间丰厚的资金为自筹资金、其他资金的获取提供了坚实的基础。目前自筹资金来源占比还在加大,银行等信贷资金支持在弱化,这表明来自金融市场的支持并不充分。2003 年以来,浙江投资资金呈现以下变动特点(具体数据见表 1):

1. 国家预算内资金显著上升,占比提高也较快。国家预算内资金从 2003 年的 79 亿元上升到 2014 年的 1408 亿元,年均增长率 29.9%,在各类资金来源中增长最快。其占本年资金来源的比重也逐年提高,由 2003 年的 1.7%提高到 2014 年的 5.4%。

2.国内贷款总量逐年提高,但其占比总体呈现下降趋势。2003 年国内贷款金额为 1248 亿元,2014 年达到 3615 亿元,年均增长 10.1%,低于同时期固定资产投资年均增速 17.0%的水平。从占比情况看,从 2003 年的 27.1%下降到 2014 年的 13.9%,表明银行等金融机构对固定资产投资的资金支持力度出现一定程度的弱化现象。

3.债券融资规模有所扩大,但总量在资金来源中微乎其微。2003 年债券仅为 2.6 亿元,占比仅有 0.06%,2014 年达到 9 亿元,但占比也只有 0.03%,在固定资产投资资金来源中一直是最少的。

4.利用外资总量增长缓慢,所占比重明显降低。2004 年以来,利用外资年均仅增长 2.5%,远远低于固定资产投资的年均增长速度。其占比也从 2003 年的 3.6%下降到 2014 年的 0.8%。

5.自筹资金一直是资金供给的最主要来源,占比继续提高。自筹资金总额远远高于其他资金来源。2003 年自筹资金为 2236 亿元,2014 年为 16232 亿元,年均增长 19.7%。自筹资金所占比重由 2003 年的 48.5%提高到 2014 年的 62.5%,在投资资金本年来源中占有极其重要的地位。

6.其他资金来源占比变动总体平稳,占据重要地位。从投资资金本年来源所占比重看,2003 年以来其他资金占比基本在 20%左右波动,但在 2014 年出现下降,为 17.3%,该部分资金占比仅低于自筹资金,为投资增长提供了重要支持。

表 1　2003 年以来浙江有效投资本年资金来源情况分析

指标	本年资金来源小计	国家预算内资金		国内贷款		债券		利用外资		自筹资金		其他资金	
		规模（亿元）	占比（%）	规模（亿元）	占比（%）	规模（亿元）	占比（%）	规模（亿元）	占比（%）	规模（亿元）	占比（%）	规模（亿元）	占比（%）
2003	4611	79	1.72	1248	27.06	2.57	0.06	165	3.57	2236	48.48	881	19.11
2004	6131	80	1.3	1451	23.67	6.82	0.11	222	3.62	2958	48.25	1413	23.05
2005	6634	0	0	1434	21.62	0	0	332	5	3477	52.41	1262	19.03
2006	7820	0	0	1555	19.89	0	0	386	4.94	4196	53.66	1551	19.83
2007	9095	181	1.99	1687	18.55	2.67	0.03	316	3.47	4880	53.65	2029	22.31
2008	9667	329	3.4	1806	18.69	0.74	0.01	300	3.1	5464	56.52	1767	18.28
2009	12266	443	3.61	2155	17.57	7.2	0.06	243	1.98	6236	50.84	3182	25.94
2010	14062	459	3.26	2443	17.37	1.91	0.01	239	1.7	7422	52.78	3498	24.87
2011	16008	691	4.32	2607	16.29	9.84	0.06	271	1.69	8944	55.87	3485	21.77
2012	18695	929	4.97	2769	14.81	22.15	0.12	212	1.13	10996	58.82	3767	20.15
2013	23393	1189	5.08	3190	13.64	10.65	0.05	244	1.04	13728	58.68	5032	21.51
2014	25977	1408	5.42	3615	13.92	9.00	0.03	216	0.83	16232	62.49	4498	17.31

二、投资需求预测分析

省委十三届二次全会提出“四个翻一番”的发展目标，即全省生产总值、人均生产总值、城镇居民人均可支配收入、农村居民人均纯收入到 2020 年分别比 2010 年翻一番。在目前固定资产投资仍然是我国经济最重要驱动力的阶段，只有保持一定的投资规模和增速才能促使“四个翻一番”发展目标的顺利实现。本部分将就投资适度增长的相关测算问题进行较为详细的预测分析。首先根据 GDP 历史数据，利用 H－P 滤波方法测算得到浙江潜在经济产出并建立潜在经济产出的自回归方程，预测得到 2015—2020 年间潜在经济产出；最后建立潜在经济产出与有效投资间的回归方程，测算出期间的有效投资总量。

（一）经济产出的 H－P 滤波分解

一般来说，潜在经济产出和产出缺口是分析一国或地区经济总需求和总供给状况的重要工具。潜在经济产出是指在合理价格水平下，使用最佳技术、最低成本、最优资本及充分就业情况下的经济产出。实际产出和潜在产出的差值为产出缺口。如产出缺口为正，表明经济发展高涨，存在通货膨胀风险；如缺口为负，表明经济发展缓慢。经济运行应使实际产出尽可能接近潜在产出。

潜在产出的测度方法主要有峰值趋势法、线性趋势法和滤波法。本文采用 Hodrick－Prescott（H—P）滤波方法测算潜在经济产出（潜在 GDP）。该方法能将 GDP 分解为趋势分量 GDPT 和循环分量 GDPC，其中趋势分量 GDPT 被定义为潜在产出，循环分量 GDPC 被定义为绝对量的产出缺口，而其相对产出缺口如以下公式所示：

$$GAP_t = 100\,\frac{GDP_t - GDPT_t}{GDPT_t}$$

利用 Eviews6.0 软件对 2003—2014 年浙江生产总值进行 H—P 滤波分解，依次得到趋势分量 GDPT 和循环分量 GDPC，如图 2 所示。然后利用上述公式计算得出该时期全省的相对产出缺口 GAP，如图 3 所示。

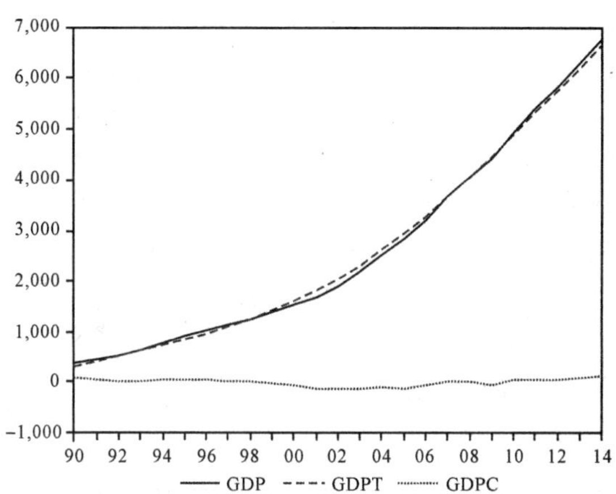

图2 1990年以来浙江地区生产总值H—P滤波分解情况(亿元)

由图2可知,自1990年以来,浙江的潜在产出GDPT和实际产出GDP的变化趋势基本一致,都呈逐年增长趋势。而图3相对产出缺口序列GAP显示,自1990年至1998年浙江的实际产出高于潜在产出,出现了正产出缺口,表明这段时间存在较为显著的产能过剩,原因在于这段时期投资增长迅速,导致供给的增长速度超过了需求增长速度。这种正产出缺口持续到1998年,由于受亚洲金融危机的影响导致实际产出迅速减少,转变为负产出缺口,此次负产出缺口持续了近十年。2007年后基本为正产出缺口,说明现阶段浙江的生产能力存在一定程度的过剩现象。因此,如果依据实际GDP对固定资产投资需求进行预测,可能会出现高估的情况。基于此,本文采用潜在经济产出对未来的固定资产投资需求进行预测。

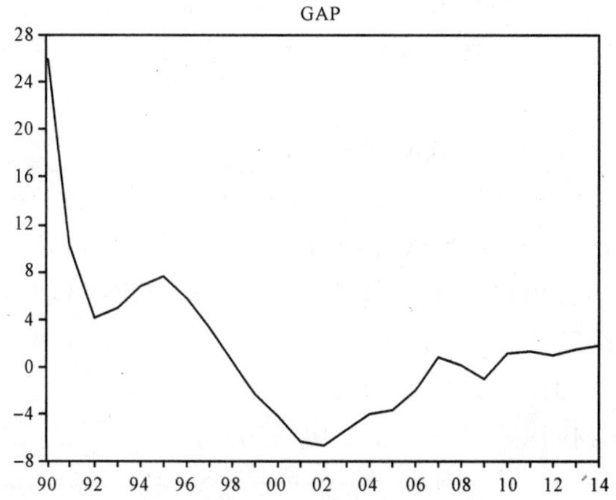

图3 1990—2014年浙江相对产出缺口GAP情况(%)

（二）潜在经济产出预测

为了准确地预测出浙江未来的固定资产投资需求，首先需要预测未来潜在经济产出的情况。利用 H—P 滤波方法得到的潜在经济产出序列（GDPT）预测 2015—2020 年浙江潜在经济产出值。经过对数据序列的反复研究和试验，选择潜在产出序列的对数序列建立二阶自回归模型较为适宜，进而对浙江潜在产出进行预测。二阶自回归基本模型如下述公式所示：

$$LGDPT_t = \beta_0 + \beta_1 LGDPT_{t-1} + \beta_2 LGDPT_{t-2} + \mu_t \quad t = 1,2\cdots\cdots T$$

其中，自变量 $LGDPT_{t-1}$ 和 $LGDPT_{t-2}$ 分别为因变量 $LGDPT_t$ 的一阶滞后变量和二阶滞后变量，表示观测时期总数，μ_t 为随机扰动项。利用 Eviews6.0 软件得到如下预测模型：

$$LGDPT_t = 1.772775 \mathrm{LGDPT}_{t-1} - 0.770121 \mathrm{LGDPT}_{t-2}$$

s. e=（0.024808）　　　　（0.025227）

t=（71.45957）　　　　（－30.52782）

P 值=（0.0000）　　　　（0.0000）

从模型估计结果可以看出，浙江潜在经济产出的对数序列与其一阶和二阶滞后序列具有明显的线性关系，并且通过了 1%置信水平下的显著性检验，模型的拟合优度 $R^2 = 0.9999$，模型对样本的拟合效果非常理想。各参数表明，模型整体上是显著的，可用于对未来进行样本外预测，并得到 2015—2020 年潜在 GDP 的预测值。

通过对潜在 GDP 预测值进行计算，可以得到 2015－2020 年间潜在产出年均增长速度为 8.9%，这一速度明显高于实现“四个翻一番”发展目标的需要。这表明浙江今后一个阶段经济增长仍有潜力可挖，但同时也要看到实现经济平稳较快增长面临的巨大挑战。2014 年，浙江生产总值仅增长 7.6%，面临着继续下调的可能性。在这种情况下更需要有效投资为经济增长提供更大的支持。

（三）固定资产投资需求预测结果

根据预测得到的浙江潜在产出（GDP）和有效投资之间存在某种数量关系的实际情况，利用 Eviews6.0 软件经过反复试验和分析，建立如下回归方程，利用潜在经济产出预测值对未来浙江有效投资需求进行预测：

$$LTZ_t = 0.271283 LGDPT_t + 0.767336 LTZ_{t-1}$$

s. e=（0.048315）　　　　（0.045606）

t=（5.614918）　　　　（16.82538）

P 值=（0.0000）　　　　（0.0000）

其中 LTZ_t、LTZ_{t-1} 分别表示有效投资当期和滞后一期的对数序列。模型运行的结果显示,模型的拟合优度 $R^2=0.993716$,并且通过了1%置信水平下的显著性检验,对数回归模型的设定基本正确,各项拟合指标均比较显著,满足计量经济学建模的基本要求。

通过上述模型,可以计算得到2015—2020年各年有效投资的预测值,同时根据前五年平均固定资产投资价格指数对上述测算数据进行调整,得到更加符合实际的2015－2020年期间各年投资预测值,并测算得到六年年均增长为11.8%。也就是说,为了实现"四个翻一番"的既定发展目标,全省有效投资要保持一定的规模和速度,年均增长11.8%左右是必要的。

表2 浙江2015—2020年固定资产投资规模和增长情况测算

指标	2015年	2016年	2017年	2018年	2019年	2020年	2015—2020年
投资总量(亿元)	27499	30131	33235	36866	41122	46101	214954
增长(%)	16.7	9.6	10.3	10.9	11.5	12.1	11.8

三、投资供给预测分析

基于2003年以来投资资金来源各渠道的历史数据,利用指数平滑方法,对2015—2020年浙江固定资产投资资金供给分来源渠道进行预测,进而进行分析研究。

(一)投资供给预测方法的选择

按照投资资金来源情况,分别对国家预算内资金、国内贷款、债券、利用外资、自筹资金、其他资金六个渠道采用指数平滑方法进行预测,六部分资金预测值加总即可以得到2015—2020年间投资资金供给的预测值。指数平滑是可调整预测的方法,当只有少数观测值时这种方法在诸多预测方法中最为有效。选取Holt－Winters无季节性指数平滑模型,时间序列数据 y_t 平滑后的序列 $\hat{y}$ 由下式给出 $\hat{y}_{t+k}=a_t+b_tk$。其中 a_t 表示截距,b_t 表示斜率,$k>0$ 表示趋势。a_t 和 b_t 这两个参数由如下递归式定义:

$$a_t=\alpha\cdot y_t+(1-\alpha)\cdot(a_{t-1}+b_{t-1})$$

$$b_t=\beta\cdot(a_t-a_{t-1})+(1-\beta)\cdot b_{t-1}$$

其中 α、β 在0—1之间,称为阻尼因子。预测值计算如下:

$$y_{t+k}=a_T+b_Tk$$

这些预测值具有线性趋势,截距为 a_t,斜率为 b_t,T 是估计样本的期末值。与使用固定系数的回归预测模型不同,回归预测模型使用过去的预测误差进行调整，而指数平滑法根据阻尼因子进行调整。考虑固定资产投资供给的影响因素，反复设定阻尼因子 α、β 值进行预测，以使得指数平滑法的预测结果尽可能拟合历史数据。

(二)有效投资供给预测

选用上述指数平滑模型分别对国家预算内投资、国内贷款、债券、利用外资、自筹资金、其他资金等的时间序列利用 Eviews6.0 建立响应的指数平滑模型，经反复试验，模型预测的系数见表 3。

表 3 浙江有效投资各资金来源情况预测模型系数情况

评价指标	国家预算内资金	国内贷款	债券	利用外资	自筹资金	其他资金
α	1.00	1	0.00	1.00	1.00	0.16
β	0.59	0.45	0.00	0.00	1.00	0.05
残差平方和	68852.49	180289.4	296.1173	33532	1210416	2031177
均方根误差	75.74766	122.5729	4.967539	52.86145	317.5972	411.418

由于债券融资规模极小，历史数据波动很大，导致预测效果一般。其余五类资金来源模型拟合效果都比较好，由此得出的预测值具有一定的理论和现实意义。应用预测模型可以运算得到浙江 2015—2020 年固定资产投资分来源渠道的预测值，如表 4 所示：

表 4 2015—2020 年浙江固定资产投资资金来源情况预测

指标	国家预算内资金（亿元）	国内贷款（亿元）	债券（亿元）	利用外资（亿元）	自筹资金（亿元）	其他资金（亿元）	合计（亿元）
2015	1635	3968	12	229	18736	5157	29736
2016	1861	4321	13	242	21240	5529	33206
2017	2088	4673	13	255	23744	5901	36675
2018	2315	5026	14	268	26248	6273	40144
2019	2541	5379	15	281	28752	6645	43614
2020	2768	5732	16	294	31256	7017	47083
2015—2020	13208	29099	83	1569	149976	36523	230458

(三)投资资金来源预测结果分析

2015—2020 年，浙江投资供给总计 230458 亿元，年均增长 10.1%，低于

“十二五”前四年固定资产投资年均 19.8%的增幅，也低于同时期固定资产投资需求增速。国家预算内投资、国内贷款、债券、利用外资、自筹资金、其它资金等资金来源规模均呈现不断扩大的发展态势，各年投资供给合计分别达到13208、29099、83、1569、149976 和 36523 亿元。

从各个组成部分占比情况看，自筹资金仍然是浙江投资资金供给的最主要渠道，并且继续处于扩大的趋势，到 2020 年占比可能高达 66.4%；来源于金融体系的资金主要还是国内贷款，继续延续以前年度逐步下降的局面；债券融资占比仍然极小；其他资金来源也出现一定程度的下降；利用外资小幅降低；国家预算内资金继续小幅提升(详见表 5)。

表 5　2015—2020 年浙江有效投资资金供给来源占比情况

指标	国家预算内资金(%)	国内贷款(%)	债券(%)	利用外资(%)	自筹资金(%)	其他资金(%)	合计(%)
2015	5.50	13.34	0.04	0.77	63.01	17.34	100
2016	5.61	13.01	0.04	0.73	63.97	16.65	100
2017	5.69	12.74	0.04	0.70	64.74	16.09	100
2018	5.77	12.52	0.04	0.67	65.38	15.63	100
2019	5.83	12.33	0.03	0.64	65.92	15.24	100
2020	5.88	12.17	0.03	0.62	66.39	14.90	100

四、研究结论及存在的问题分析

(一)投资需求和供给预测结果对比分析

在国际国内经济社会发展环境没有重大改变的情况下，对历史数据以及2015 年以后的预测数据结合起来进行分析，可以看出，浙江固定资产投资供给基本能够满足投资需求，即没有出现所谓的“资金缺口”问题，但资金来源可能面临比较大的压力。2003—2014 年期间，固定资产投资供给与需求的平均比例为 114.3%，2015—2020 年预测期间投资供给与需求的平均比例只有107.6%。从 2015 年后的预测数据看，投资供给与需求的比例整体下降态势比较明显，到 2020 年，这一比例仅为 102.1%(详见表 6)。这表明，未来一段时期浙江投资供给与投资需求基本趋向平衡，资金压力问题也随之加大。根据经济发展目标的要求，2015—2020 年有效投资需求的预测值年均增长11.8%，而资金供给预测值年均增长 10.1%，供给稍稍落后于需求增长。因此，充分挖掘各方面的资金来源是扩大有效投资的重要途径。

表 6　2003—2020 年浙江有效投资供需对比情况

指标	固定资产投资(亿元)	增长(%)	本年资金来源(亿元)	增长(%)	投资供给与需求的比例(%)
2003	4180		4611		110.3
2004	5384	28.8	6131	33.0	113.9
2005	6138	14.0	6634	8.2	108.1
2006	6964	13.5	7820	17.9	112.3
2007	7705	10.6	9095	16.3	118.0
2008	8551	11.0	9667	6.3	113.1
2009	9906	15.8	12266	26.9	123.8
2010	11452	15.6	14062	14.6	122.8
2011	14077	22.9	16008	13.8	113.7
2012	17096	21.4	18695	16.8	109.4
2013	20194	18.1	23393	25.1	115.8
2014	23555	16.6	25977	11.0	110.3
2015	27499	16.7	29736	14.5	108.1
2016	30131	9.6	33206	11.7	110.2
2017	33235	10.3	36675	10.4	110.4
2018	36866	10.9	40144	9.5	108.9
2019	41122	11.5	43614	8.6	106.1
2020	46101	12.1	47083	8.0	102.1

（二）投资需求有适度降低增速的内在要求

浙江投资增速预测值较前些年出现明显回落，这种回落和当前中国经济发展的时代背景是相吻合的，也和浙江经济发展的阶段特征相适应，符合产业结构调整和经济发展方式转变的内在需求。当前的主要问题是投资效率明显下降，投资结构调整进展缓慢等。在经济增长稳中趋缓不可避免的情况下，保持投资适度增长的同时，要进一步优化投资结构，提高投资效率。

（三）投资资金来源结构有待调整

从预测数据来看，2015 年之后投资资金来源增速逐步下降，尤其是 2018 年以后投资供给与需求的比值明显下降，表明投资资金紧张状况愈加明显。

从投资资金结构变化看，也预示着未来投资资金来源面临的不确定性加大。预测 2020 年，自筹资金和其他资金合计占比将达 81.3%，这部分资金主要来自于企业自身，容易受到社会经济重大变化的影响。随着我国金融市场的逐步完善，多层次资本市场的逐步建立，来自于金融市场的资金还没有完全得到释放，国内贷款占比可能呈现下降态势，债券规模仍然极小。如何更好地利用金融体系庞大的资金规模更好地为浙江有效投资服务，成为今后必须要解决的课题。

五、促进投资发展的对策建议

（一）必须确保投资适度增长

近几年，浙江经济发展面临前所未有的压力。从国际环境看，世界经济增长的不确定性加大，复苏漫长曲折，外需不足是制约以外向型经济为主的我省经济发展的关键因素。同时，由于竞争激烈，国内需求也很难替代出口不足。相关实证研究表明，目前，投资在浙江经济增长各要素中仍然占据最重要的地位，是地区经济增长的主要引擎。也就是说，短期内浙江投资型经济的特征不会改变，尤其是在经济困难阶段，投资更是肩负经济发展的第一重任。本文实证研究结论表明，未来几年浙江投资年均增速必须保持在 11.8%以上，才能更加顺利实现“四个翻一番”的发展目标。

（二）切实提高投资效率

从浙江经济发展所处的历史阶段看，仅仅依靠投资的数量增长，已经不能实现浙江经济更好的发展，要实现浙江经济更好的发展关键在于不断提高投资效率和不断优化投资结构，要坚决限制高能耗、高物耗、污染重行业投资的过快增长，重点支持信息经济、高端装备制造、环保、时尚、金融、旅游、健康服务等产业发展，加大技术改造投资力度，制止盲目投资和低水平重复建设，努力提高投资效率，实现经济的转型升级。

（三）切实优化资金来源结构

未来几年浙江投资资金来源面临较大压力，需要通过市场建设、制度建设、信用建设等多种途径，挖掘各渠道资金供给潜力，保证资金的顺畅有效流动，以满足经济发展对有效投资资金的需求。一是深化金融体系改革，为有效投资提供更多的金融支持。金融机构要简化融资程序，为各类企业尤其是民营企业开展项目投资提供更大的资金支持。要建立多元化的资本市场融资机制。鼓励企业运用发行债券和股票等多种手段进行直接融资。尝试建立符合我省实际的多层次资本市场体系，为企业提供以发行企业债为主的多种融资形式。二是进一步发挥国家预算内资金的带动和导向作用，促进民间资本的有序投资。财政资金是固定资产投资重要的资金来源渠道之一，可以对市场上的资金配置起重要的引导和示范作用。浙江是民间资本大省，有大量的资本存量，要促进民间投资的有序发展，引导民营企业加快融入新兴产业发展，加大科技创新投入力度。三是保持自筹及其他资金供给平稳发展，适度降低自筹资金占比。目前，浙江自筹资金和其他资金来源占比已经达到 80%，其中最大部分为企业自有资金，可以适度降低其供给比例，便于资金来源结构的优化调整。四是保持一定的外商投资比例，发挥其对产业转型升级的带动作用。近年来，浙江利用外资占全部资金来源已经不足 1%。因此，在未来的经济发展中，浙江应积极利用国外市场，吸引外资进入，充分挖掘利用外资的潜力，把一些代表国际先进生产力的重大投资项目向浙江聚集，充分发挥外资对产业转型升级的带动作用。

课题组负责人：竺　园
课 题 组 成 员：黄则钏　季　南
沙培锋　杨士鹏
执　　　笔：杨士鹏

[参考文献]

[1] 浙江省统计局. 浙江省统计年鉴 2014[M]. 北京：中国统计出版社，2014.

[2] 爱德华. 经济发展中的金融深化[M]. 上海：上海三联书店，1998.

[3] [美]古扎拉蒂. 计量经济学[M]. 北京：中国人民大学出版社，2002.

[4] 孙敬水. 计量经济学[M]. 北京：清华大学出版社，2004.

[5] 易丹辉. 数据分析与 EVIEWS 应用[M]. 北京：中国人民大学出版社，2008.

[6] 王军. 投资的需求效应和供给效应分析[J]. 财经科学，2001(4)：8—11.

[7] 李诗源，程旭. 青海省固定资产投资供求预测与平衡设计[J]. 北方经贸，2011(8)：49—50.

[8] 施祖辉，邓刚，陈宇剑. 上海"十五"期间固定资产投资预测研究[J]. 财经研究，2001(1)：37—45.

[9] 应雄. 民间投资：浙江经济率先回升的关键[J]. 浙江经济，2009(12)：10—13.

[10] 石美娟. ARIMA 模型在上海市全社会固定资产投资预测中的应用[J]. 数理统计与管理，2005(1)：69—74.

浙江居民服务消费发展状况研究

服务业是国民经济发展的一个重要行业，对实现经济可持续健康发展、提高居民生活质量、吸纳社会劳动力发挥着重要作用。投资、消费和出口作为拉动经济增长的三驾马车，从稳定性和可持续性上看，消费作为经济增长的内生动力，是促进经济增长、改善民生的重要途径。服务消费作为消费的一部分，其发展水平高低已经成为衡量居民生活质量高低的一个重要标志。随着经济的发展和居民收入水平的不断提高，居民的消费观念正发生着明显的改变，消费结构也发生了深刻的变化，消费的内容从以衣食消费为主的生存型向以追求生活质量的享受型、舒适型转变。服务消费正在成为居民消费的一个重点，为居民消费结构优化和升级转型提供了强大基础。

中国经济发展模式正在从"以出口及基础建设投资导向"向"国内消费为主驱动"转变。扩大居民服务消费需求，拉动内需增长，不仅是中国经济结构中长期战略调整的需要，也是促进经济平稳较快增长的重要举措，更是改善民生、提高人民生活水平的必然选择。国务院《服务业"十二五"规划》中指出要"发展服务业与扩大国内需求、改善人民群众生活相结合。进一步发挥服务业对拉动消费和投资的积极作用，培育新的经济增长点，满足人民群众日益增长的物质文化生活需要"。

浙江经济经过30多年的发展，正在经历着从粗放型向集约型转变的过程，服务业增加值在国内生产总值中的比重不断提高。《浙江省"十二五"规划纲要》中明确提出"要努力扩大消费需求，加快培育旅游、文化、信息服务、教育培训、体育健身等消费热点"。发展服务消费作为构建扩大内需长效机制的重要内容，对实现浙江经济增长依靠消费、投资、出口协调发展，第一、第二、第三产业协同带动，加快经济发展方式转变有重大意义。

2013年，我省人均国内生产总值达到11054.4美元，比2001年增长5.2倍；第三产业增加值占国内生产总值的46.1%，占比与2001年相比提高7.5个百分点；城镇居民人均可支配收入37851元，比2001年增长2.7倍，农村居民人均纯收入16106元，比2001年增长2.4倍；城镇居民人均服务性消费支出占家庭总支出的32.4%，农村居民人均服务性消费支出占全年总支出的22.5%，占比与2001年相比分别提高4.5和1.6个百分点。进入新世纪以来，伴随浙江居民收入持续较快增长，服务消费正逐渐成为居民消费增长的新热点。研究浙江居民服务消费发展现状，厘清浙江居民服务消费发展特点，可以比较清晰地了解浙江消费结构转型升级时期服务消费对经济发展的贡献和作用；通过与北京、上海等服务消费相对发达省份及与美国、日本等发达国家的对比分析，研究浙江居民服务消费发展所处的阶段，发现浙江居民服务消费发展存在的不足，据此提出进一步发展浙江居民服务消费的政策建议，为有关部门出台促进服务消费政策提供参考意见。

本文研究主要分为四部分，第一部分通过文献综述，阐述居民服务消费的内涵、特征及统计范围；第二部分解析浙江居民服务消费发展现状；第三部分通过与服务消费发达地区和国家对比，探讨浙江居民服务消费所处阶段及存在的不足；第四部分通过建立实证模型定量研究影响浙江居民服务消费的因素，首先通过构建服务消费需求函数模型，分析影响浙江居民服务消费发展的主要因素，同时通过关联分析，探讨影响居民服务消费发展各因素之间的关联程度；通过研究收入因素对各服务消费项目的影响情况，分析各服务消费品的弹性系数；最后对研究进行总结，提出相应对策建议。

一、服务消费的内涵、特征与统计范围

一般认为，服务消费是人类劳动提供的、用以满足人们物质和文化生活消费需要的有用活动。按其满足人们消费需要的方式，大体可分为两类：一是为了人们有效地消费物质资料而提供的服务；二是作为人们消费的直接对象的消费性服务。按其消费类别不同，居民服务消费可以分为三大类：一是传统型服务消费，比如传统物流、餐饮服务、旅馆服务等。传统服务消费经过多年发展，已经成为居民最普遍的服务消费方式，各方面发展也最为完善。二是现代服务消费，比如金融保险、会计、律师服务、证券服务等。现代服务消费在发达国家起步较早，服务体系和行业标准已相对成熟，而我国的现代服务消费在改革开放之后才开始出现，目前正处于逐步发展和完善的阶段。三是以信息技术为载体的知识密集型服务消费，比如综合物流、电子商务、互联网、通讯等。知识密集型服务消费是目前互联网时代服务消费的一个新热点，也是今后服务消费发展的一个新潮流。

相对于实物消费，服务消费具有以下特征：一是服务消费的对象具有非实物性。服务消费是对提供活动的一种消费，需要特定的载体，服务消费品本身一般不具备实物形态，服务消费的过程和服务生产的过程是同步进行。二是服务消费收入弹性比商品消费大。居民服务消费结构一般是随着收入的增

长，按照“衣食—住行—康乐”路径发展，消费者一般只有在满足生存资料购买的基础上，才逐渐开始进行发展资料和享受资料的消费，服务消费就是在发展资料和享受资料的基础上发展的，有较大的需求收入弹性。三是服务消费的满意程度个体差异明显。服务提供者个人的能力和素质很大程度上决定了服务消费水平的高低，而由于个体差异的存在，消费者对服务消费效用的评价很难像实物消费一样有统一的标准。

从发达国家的经验看，服务消费一般可以分为三个阶段：当人均国内生产总值低于1000美元时，居民消费支出主要用于吃、穿等满足生活必需的阶段，以商品消费为主的生存型消费是这个时期的主要消费方式；当人均国内生产总值处于1000—3000美元阶段时，居民消费结构随着收入的增加而发生转变，居民用于吃、穿的费用占总消费支出的比重明显下降，用于住、行和文化娱乐等的消费支出比例显著上升，发展型、享受型服务消费快速增长；当人均国内生产总值超过3000美元时，服务消费进入快速增长期。

研究居民服务消费的发展特点，目前主要是通过研究服务消费支出在居民消费总支出中的结构及其变化来反映。一般认为，服务消费支出是用于人们支付社会提供的各种文化和生活方面的非商品性服务费用。基于数据连续性和可获得性原则，参考《浙江省统计年鉴》及《中国统计年鉴》的相关分类，本文对浙江居民服务消费支出研究的对象分为城镇居民和农村居民，其中城镇居民的服务消费支出包含饮食服务、衣着加工服务、居住服务、家庭服务、医疗保健、交通和通信、文化娱乐服务和教育八大类；农村居民的消费支出包含在外饮食、家庭设备用品及服务、医疗保健、交通消费服务、邮电通讯服务、教育服务和旅游休闲娱乐服务七大类。

二、浙江居民服务消费发展现状

浙江作为沿海省份，经济相对发达，人均国内生产总值增长较快。1996年和2005年，全省人均国内生产总值分别突破1000美元和3000美元，分别达到1148.9美元和3303.6美元，根据国际经验，浙江服务消费进入快速增长阶段。从1996年到2013年，全省人均国内生产总值、城镇居民人均可支配收入和农村居民人均纯收入年均分别增长14.4%、10.6%和9.9%。伴随收入的持续增长，我省居民服务消费呈现支出持续增长、结构不断优化的发展态势。

（一）服务消费支出持续增加，对经济增长发挥重要贡献

2013年，浙江城镇居民人均可支配收入和农村居民纯收入分别达到

37851 元[①]和 16106 元，比 2001 年分别增长 2.6 倍和 3.2 倍，年均分别增长 11.4%和 10.8%。受收入持续增长带动，城乡居民生活水平不断改善，恩格尔系数持续下跌。2013 年，浙江城镇和农村恩格尔系数分别为 34.4%和 35.6%，和 2001 年相比，分别减少 1.9 个百分点和 6.0 个百分点。随着收入增加和用于食物消费的支出逐渐较少，浙江居民服务消费支出持续增长。2013 年，浙江城镇人均服务消费支付 10310 元，比 2001 年增长 2.7 倍，年均增长 11.8%，人均服务消费支出占人均家庭总支出的 32.4%，占比与 2001 年相比提高 4.5 个百分点。农村居民人均服务消费支出 3479 元，比 2001 年增长 2.4 倍，年均增长 11.3%，人均服务消费支出占人均全年总支出的 22.5%，占比与 2001 年相比提高 1.6 个百分点(图 1)。

从 2001 年到 2013 年，城镇居民、农村居民的服务消费对总体消费支出的贡献率分别为 49.0%和 29.7%，分别拉动总体消费年均增长 4.7 个百分点和 3.1 个百分点。城镇居民将近一半的消费增长和农村居民将近三分之一的消费增长都是由服务消费增长贡献的，服务消费的贡献超过了住房、汽车等消费热点对居民消费的贡献作用，已经成为提高总体消费水平、拉动经济增长的重要力量。

图 1　浙江居民人均服务消费支出情况

(二)交通和通讯消费是城镇居民服务消费的主要方式

交通和通讯、居住服务消费等享受型消费占比不断提高。随着浙江对交通运输和邮电通讯基础设施投入的不断增加，浙江城镇居民人均交通和通信

① 浙江数据来源为《浙江统计年鉴》相关年份，考虑数据可获得性和指标的连续性，本文以下关于浙江的数据起止时间为 2001 年到 2013 年。

消费比重稳步增长,已经成为城镇居民最主要的服务消费项目。2013 年全省完成交通运输基础设施投入 1450.3 亿元,高速路网不断完善,居民出行日益便利;对邮电通讯基础设施投入 62.4 亿元,移动基站覆盖更加全面,居民通讯更加畅通,网络服务全面提升,固定互联网宽带接入用户达到 1243 万户。受益于便捷的交通和网络、通讯,2013 年浙江城镇居民人均交通和通讯支出为 4568 元,比 2001 年增长 5.6 倍,年均增长 16.6%;交通和通讯支付占城镇人均服务消费支出的 44.3%,比 2001 年提高 19.8 个百分点。随着居民对居住条件、物业服务要求的提高,居住服务消费支出占比小幅提高,2013 年城镇居民人均居住服务消费支出 164 元,比 2001 年增长 4.9 倍,年均增长 15.2%;居住服务消费支出占城镇居民服务消费支出的 1.6%,比 2001 年提高 0.6 个百分点。

饮食服务、医疗保健消费支出在城镇居民服务消费中的比重有所下降。随着饮食习惯的变化,城镇居民更倾向于在家就餐,饮食服务支出占比从 2001 年的 21.4%下降到 2013 年的 17.3%。随着城镇社会医疗保障体系的不断完善,居民医疗保健支出占比逐年回落,2013 年城镇居民人均医疗保健支出 1244 元,占城镇居民人均服务消费支出的 12.1%,比 2001 年减少 6.9 个百分点(图 2)。

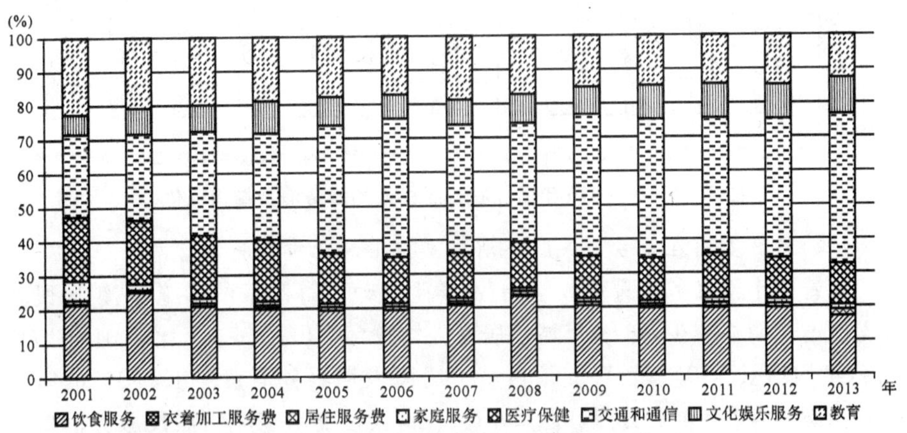

图 2　2001—2013 年浙江城镇居民人均服务消费结构变化

(三)医疗保健、在外饮食等消费是农村居民服务消费的主要方式

随着健康意识的增强和农村卫生体系建设的大量投入,农村居民看病更加便利,医疗保健的支付成为浙江农村居民服务消费的主要项目。2013 年,浙江农村居民人均医疗保健支出 944 元,比 2001 年增长 2.7 倍,年均增

长 12.7%；医疗保健支出占农村居民服务消费的 27.1%，比 2001 年提高 2.4 个百分点。在外饮食是农村居民服务消费的第二大支出，2013 年农村居民人均在外饮食消费 693 元，比 2001 年增长 4.3 倍，年均增长 15.3%；在外饮食支出占农村居民服务消费支出的 19.9%，比 2001 年提高 7.0 个百分点。

家庭设备用品及服务、交通消费服务和邮电通信费占比基本保持稳定。2013 年，浙江农村居民人均家庭设备用品及服务、交通消费服务和邮电通信费分别为 565 元、140 元和 337 元，比 2001 年分别增长 2.6 倍、2.3 倍和 2.2 倍，年均分别增长 11.0%、10.4%和 11.2%；分别占农村居民服务消费支出的 16.2%、4.0%和 9.7%，与 2001 年相比，占比分别提高 0.9 个百分点、下降 0.1 个百分点和 0.5 个百分点（图 3）。

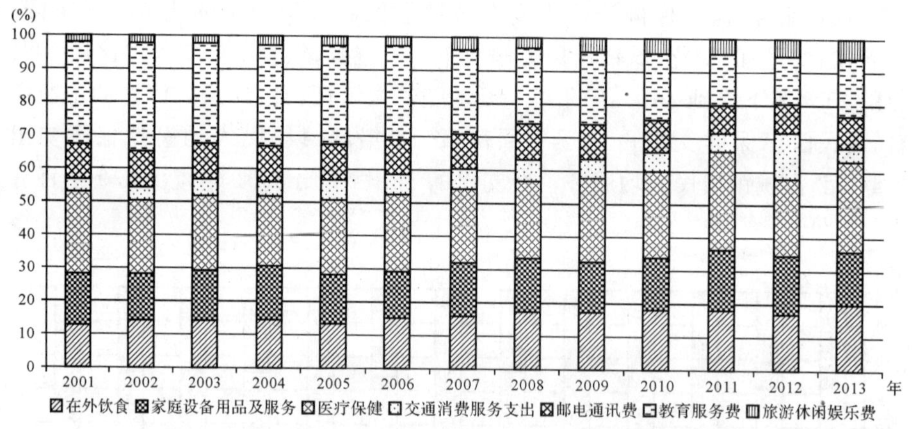

图 3　2001—2013 年浙江农村居民人均服务消费结构变化

（四）教育支出在城乡居民服务消费支出中的比重均呈回落态势

随着中小学义务教育免收学杂费、学生“减负”等政策的实施，城镇居民教育支出占比明显减少，2013 年城镇居民人均教育支出 1297 元，比 2001 年增长 1 倍，年均增长 7.8%；教育支出占城镇居民人均服务消费支出的 12.6%，比 2001 年减少 10.0 个百分点。除 2001 年外，教育支出在城镇居民服务消费支出中的排位相对稳定，一直保持第三。教育支出依然是城镇居民服务消费的一个主要项目。

农村居民教育服务消费占比下降较大。2013 年，浙江城镇化率为 64.0%，比 2001 年提高 13.1 个百分点。随着城镇化率的不断提高，浙江农村居民人数不断减少，相应农村适龄求学儿童也减少，同时政府对基础教育投入力度的加大和中小学免交学杂费等政策的实施，农村居民对教育服务的支出占比相对减少。2013年，浙江农村居民人均教育服务支出604元，比2001年增长91.7%，年均增长6.2%；教育服务费占农村居民服务消费支出的17.4%，比2001年减少13.5个百分点。教育服务消费在农村居民服务消费占比的排位持续下滑，从2001年的第一到2008年的第二再到2011年的第三。随着收入的提高和消费理念的变化，农村居民服务消费项目和形式更加多样化。

（五）文化娱乐等享受型消费支出快速增长

党的十八大和十七届六中全会明确提出了建设社会主义文化强国的重大战略决策，文化产业发展步伐不断加快。2012年，浙江文化及相关产业实现增加值1581.7亿元，占GDP的4.6%。文化产业的发展、收入的增加和对精神层面享受追求的提高带动了城乡居民文化娱乐消费支出的快速增长，文化娱乐消费在城乡居民服务消费中的占比不断提高。2013年城镇居民人均文化娱乐服务支出1095元，比2001年增长6.1倍，年均增长18.0%，年均增速居城镇居民服务消费各项目之首；文化娱乐服务支出占城镇居民服务消费支出的10.6%，比2001年提高6.1个百分点。浙江农村居民人均旅游休闲娱乐消费支出196元，比2001年增长9.3倍，年均增长21.3%，年均增速居农村居民各服务消费项目首位；农村居民旅游休闲娱乐消费支出占浙江农村居民服务消费支出的5.6%，比2001年提高3.8个百分点。

三、浙江服务消费发展存在的问题

经过多年发展，浙江居民服务消费已经逐渐成为居民消费的一个重要组成部分，对改善居民物质生活、提升居民精神享受发挥了不可替代的作用。但是，由于城乡“二元”结构的长期存在，养老、医疗等社会保障机制发展还滞后于居民生活要求，和发达国家相比，浙江服务消费依然存在消费层次偏低、消费结构不完善等问题。

（一）城乡服务消费差距较大，农村居民服务消费倾向偏低

我国经济结构有明显的城乡“二元”结构特征，相对于城镇经济发展较快、基础设施较完善、人均可支配收入较高和社会保障投入较多，农村居民存在以农业经济为主、人均纯收入较低、服务消费体系发展滞后等问题，农村居民服务消费支出增长相对较缓。2013年，浙江农村居民人均纯收入、消费支出和服务消费支出分别为16106元、11760元和3479元，分别为同期城镇居民的42.6%、50.6%和33.7%；和2001年相比，农村居民服务消费支出年均增长11.3%，比城镇居民年均增速低0.5个百分点。

农村居民服务消费支出占总体消费的比例和服务消费倾向较低。2013 年农村居民服务消费支出占生活消费支出的 29.6%，比城镇居民低 14.7 个百分点；与 2001 年相比，农村居民服务消费支出占比提高 0.3 个百分点，而城镇居民服务消费占比提高 8.9 个百分点。相对于城镇交通、通讯、文化娱乐等服务消费项目发展较为完善，农村服务消费项目相对缺乏；同时，城镇化率的不断提高在一定程度上导致农村居民不断减少，城镇人口和规模不断扩大，服务消费作为居民消费发展的一个相对高的阶段，更倾向于在人流集聚的地方发展，从而导致农村居民服务消费在规模和增长速度上均慢于城镇居民。2013 年，浙江农村居民服务消费倾向①为 0.22，比城镇居民低 0.06 个百分点。从 2001 年到 2013 年，农村居民服务消费倾向一直低于城镇居民消费倾向 0.05 个百分点以上；其中 2009 年到 2011 年，农村居民服务消费倾向比城镇居民服务消费倾向均低 0.08 个百分点（图 4）。

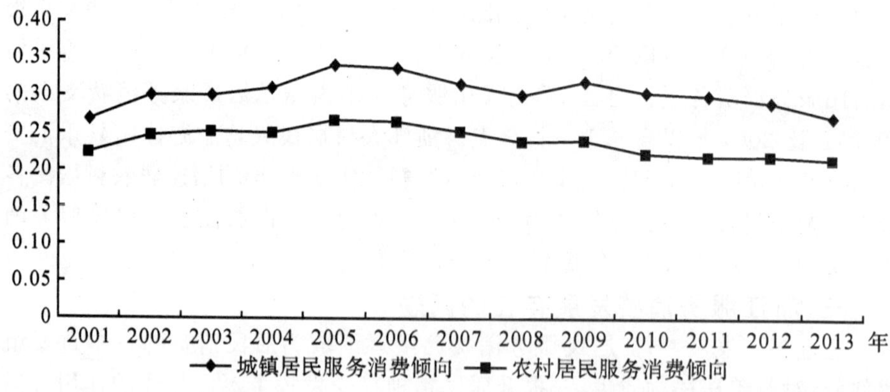

图 4　2001—2013 年浙江居民服务消费倾向

（二）社会保障体系发展相对滞后，医疗支出占比较大，养老服务发展迟缓

城镇居民社会保障支付比例不断提高，2013 年城镇居民人均社会保障支出 2890 元，占消费支出的 12.4%，比 2007 年提高 0.8 个百分点，年均增长 11.1%。浙江农村居民服务消费支出中，医疗保健消费占比最高，从 2001 年到 2013 年，医疗保健消费支出占服务消费支出的比例都在 20%以上，其中 2011 年达到 29.7%。相对于城镇居民比较完善的医保体系，农村居民医保体系近年来虽然发展较快，但还是存在报销比例相对较低、疾病保险种类偏少等

① 城镇（农村）居民服务消费倾向用城镇（农村）居民人均服务消费支出占其人均可支配收入（农村居民人均纯收入）的比重表示。

问题，农村居民需要自己支付较多的医疗费用，从而影响文化娱乐等其他消费项目的支出和增长。

随着社会人口老龄化现象的加重，养老服务是否完善已经成为影响居民物质生活水平的一个重要问题。根据浙江省老龄办发布的《浙江省 2013 年老年人口和老龄事业统计公报》显示，截至 2013 年末，全省 60 岁及以上老年人口 897.83 万人，占总人口的 18.63%；80 岁及以上高龄老人 140.16 万人，占老年人口总数的 15.61%。解决养老问题迫在眉睫。相对于教育、交通、文化娱乐等服务消费的发展，养老服务发展相对迟缓。据 2014 年浙江养老服务峰会数据显示，截至 2014 年 9 月，浙江建有各类养老机构 2100 多家，拥有床位数将近 30 万张，平均 30 个老年人拥有一张床位，养老服务提供与居民需求之间差距较大。此外，相对于养老需求，养老护理专业人才严重短缺、养老服务市场发展不完善，也影响了养老服务的发展，从而在一定程度上影响了居民生活水平的提高。

（三）服务消费层次有待进一步提升

和北京、上海等第三产业发展较快、居民服务消费相对发达的城市相比，浙江居民服务消费还存在结构不均衡、消费层次偏低等问题。2013 年，北京、上海人均国内生产总值分别达到 15052 美元和 14541[①] 美元，第三产业增加值占国内生产总值的比例分别为 76.9%和 62.2%，城镇化率分别达到 86.3%和 89.6%，城镇居民人均可支配收入分别为 40321.0 元和 43851.4 元，农村居民纯收入分别为 18337.0 元和 19595.0 元，以上指标均高于浙江。第三产业的发展水平、居民收入水平和城镇化率都在一定程度上影响了一个地区服务消费的发展水平。和北京、上海相比，浙江城镇居民服务消费支出中，文教娱乐占比较低、交通通信占比较高。2013 年，城镇居民人均现金消费支出中，浙江服务消费占比与北京相比，低 1.5 个百分点；文教娱乐占服务消费的比重为 28.3%，比北京、上海分别低 5.5 个百分点和 6.3 个百分点；交通通信占服务消费的比重为 45.4%，比北京和上海分别高 10.6 个百分点和 5.7 个百分点。从农村居民服务消费发展水平看，家庭设备及用品占比相对较低。2013 年，浙江农村居民服务消费占农村居民人均现金消费支出的 38.5%，占比与上海基本持平；家庭设备及用品支出占服务消费的 12.6%，比北京低 5.8 个百分点。文教娱乐、家庭设备等享受型服务消费占比有待进一步提升。

---

① 省际数据来源为《中国统计年鉴》(2014)。

和美国、日本和韩国等经济发达国家相比，浙江服务消费的发展水平滞后比较明显。美国在 1962 年服务消费支出的比重就达到 47%左右，到 2010 年为 71.1%。日本在 2004 年，以“保健医疗、交通通信、学校教育、在教育与娱乐”为代表的服务消费占家庭总消费的比重达到 31.7%。韩国在 2010 年，以“医疗保健、交通通信、文化娱乐和教育”为代表的服务消费支出比重为 36.9%。而浙江在 2013 年城镇居民和农村居民服务消费的比重分别为 32.4%和 22.5%，大幅低于美、日、韩的水平。总体比较，浙江居民服务消费发展水平和发达国家的差距在 10—15 年之间。

四、浙江服务消费发展的因素分析

消费增长的动力机制包括三个层面：心理、技术和经济。马斯洛需求认为，需求是有层次的，消费行为是由优势需求决定的，只有当低层次的需求得到满足之后，消费者才会去追求更高层次的需求。心理机制为消费增长创造了永无止境的内在冲动，技术进步不断创造出新的产品和新的消费条件，为消费持续增长提供了客观条件，居民收入的持续增长是消费增长机制中的核心要素和促进消费结构升级的内在保障。

本文构建的消费需求函数主要研究城镇（农村）居民服务消费支出与人均国内生产总值、城镇居民人均可支配收入（农村人均纯收入）、城镇化率、第三产业增加值占国内生产总值的比重和服务项目价格指数之间的关系，通过多元线性回归方程和灰色关联分析，研究各因素对居民服务消费的影响程度。

由于加入第三产业增加值占比后，无论是在城镇居民服务消费需求模型还是农村居民服务消费需求模型中，第三产业增加值占比均为负数，与实际情况不符合，因此加以剔除。对农村居民服务消费需求模型的分析中，相对于城镇居民服务消费支出，城镇化率对农村居民服务消费支出的关系不大，因此不予以考虑。由此，用 EviewS6.0 软件，得到以下方程：

对城镇居民服务消费支出的需求模型为：

$Y_1 = -3098.773 + 0.019X_1 + 333.515X_3 + 0.076X_4 - 116.383X_6$

$(-0.618)(0.316)(3.554)(0.759)(-4.119)$

$R^2 = 0.998 A^- R^2 = 0.993$

对农村居民服务消费支出的需求模型为：

$Y_2 = -2781.713 + 0.017X_1 + 0.117X_5 - 23.433X_6$

$(2.218)(1.212)(1.719)(-1.792)$

$R^2 = 0.990 \quad A^- R^2 = 0.984$

其中，X_1 表示人均国内生产总值(元)，X_3 表示城镇化率，X_4 表示城镇居民人均可支配收入(元)，X_5 表示农村居民人均纯收入(元)，X_6 表示服务项目价格指数，Y_1 表示城镇居民人均服务消费支出(元)，Y_2 表示农村居民人均服务消费支出(元)。两个方程调整后的 R^2 均大于 0.98，表明多元回归模型的拟合优度较高，除服务项目价值指数外，其他各自变量均通过 t 检验。

从模型中可以看出，人均国内生产总值、城镇化率和人均可支配收入(人均纯收入)均与居民服务消费支出正相关，服务项目价格指数与居民服务消费支出负相关，结论与实际情况相符合。其中，人均收入水平变动对居民服务消费支出的影响程度大于人均国内生产总值的变动，当人均收入增长一个百分点时，城乡居民服务消费支出分别增长 0.076 个百分点和 0.117 个百分点，城镇居民服务消费支出受收入增长影响程度高于农村居民；当服务项目价格指数提高一个百分点时，城乡居民服务消费支出分别减少 1.16 倍和 0.23 倍；当城镇化率提升一个百分点时，城镇居民人均服务消费支出可以提高 3.3 倍。

从灰色关联分析看，城镇居民服务消费支出与城镇居民人均可支配收入、人均国内生产总值、城镇化率、第三产业增加值占国内生产总值的比重和服务项目价格指数之间的关联系数分别为 0.8422、0.8346、0.5800、0.5722 和 0.5514；农村居民服务消费支出与农村居民人均纯收入、人均国内生产总值、城镇化率、第三产业增加值占国内生产总值的比重和服务项目价格指数之间的关联系数分别为 0.9057、0.7422、0.6138、0.6037 和 0.5779。灰色关系分析同样表明，人均收入是影响服务消费支出的一个最关键因素，结论与多元线性回归一致。

因此，通过分析收入效应可以看出收入变化对各服务消费项目的影响程度。收入效应一般指，当收入相对于消费品价格发生变化，即购买力发生变化时，对消费数量所产生的影响。当消费品价格不变而居民收入增加时，居民购买高档消费品、服务性消费的需求就会增加，进而刺激高档消费品、服务性消费产业的发展。一般而言，当收入弹性大于 1 时，说明收入富有弹性，即当消费者收入增加时，消费者对某种商品的需求量增加，但是需求量增加的幅度大于收入增加的幅度。当收入弹性在 0 和 1 之间时，说明收入缺乏弹性，当消费者收入增加时，消费者对某种商品的需求量增加，但是需求量增加的幅度小于收入增加的幅度。当收入弹性小于 0 时，就说明该商品的需求量与收入变化之间存在反方向变化的关系，当消费者收入增加时，对该商品的需求量反而减少。当收入为 0 时，说明收入无弹性，消费者收入的变化并不会引起对商品需求量的变化。当收入弹性等于1时,需求量变动与收入变动的百分比相同。

从浙江城乡居民服务消费项目收入弹性的均值可以看出,城镇居民服务消费中,居住服务、交通和通信、文化娱乐的收入弹性系数大于1,分别为1.62、1.58和1.68。随着城镇居民人均可支配收入的增长,以居住服务、交通通信、文化娱乐为代表的服务消费需求快速增长,带动与之相关的高端物业管理、信息服务、文化产业、旅游产业的发展。衣着加工服务收入弹性均值为－0.26,表明随着收入增加,城镇居民更倾向于直接购买成衣。饮食服务、家庭服务、医疗保健和教育的价格弹性均值分别为0.91、0.87、0.6和0.65,表明收入增加后,用于饮食、家庭服务、医疗保健和教育的支出会低于收入的增长,尤其是医疗保健和教育的收入弹性系数小于1,在一定程度上说明了浙江对城镇居民在医保体制和公共教育上投入较大,居民负担相应减少,可以将收入用于更多其他方面的消费。

农村居民服务消费的在外饮食、医疗保健、交通消费服务、邮电通讯和旅游休闲娱乐支付收入弹性系数均值都大于1,分别为1.55、1.33、2.07、1.22和2.24,提高农村居民纯收入,可以有效促进交通、旅游娱乐的发展。家庭设备用品及服务收入弹性均值为0.99,表明农村居民对家庭设备的消费基本随着收入增加同比增长。教育服务消费的价格弹性均值为0.81,在一定程度上说明了政府对基础教育的公共财政投入力度不断增强,居民可以将节约的费用用于购买其他专项技能培训服务。

五、进一步促进浙江居民服务消费的对策和建议

服务消费的发展对促进生活水平的提高、产业结构的优化升级有不可替代的重要作用。浙江经济目前正处于"三期交汇"和"三个叠加"时期,《浙江省政府2015年工作报告》中也再次强调要大力发展现代服务业,加快产业转型升级。为进一步促进居民服务消费增长,为政府相关部门制定政策提供参考,本文提出以下对策和建议:

(一)进一步完善社会保障体制,增强服务消费预期

建立健全公共服务体系,加快完善社会保障制度。进一步扩大社会保障范围,破除各种户籍、身份等限制,努力实现应保尽保。健全完善居民医疗、教育、养老等综合保险体系,不断提高参保率和覆盖率。构建人均收入增长与物价波动的联动机制,逐步提高社会保障待遇。完善住房保障机制,支持各地把部分存量房转为公租房,减轻低收入居民住房负担。实施全面参保登记计划,合并城乡居民养老保险制度,积极稳妥推行改革机关事业单位养老保险制度,增强政策积极性,逐步实现全体人民老有所养。加大对基本医疗服务的财政

投入力度，不断扩大医疗保险的报销范围和支付比例、最高支付限额比例，推进统筹兼顾各类群体的社会保障待遇的政策调整，逐步缩小地区之间、群体之间、城乡之间的差别。继续完善对基础教育的投入保障机制和加大财政支持力度，构建多元化的教育经费保障机制，减少居民对义务教育的消费支出，解除居民消费的后顾之忧，增强居民消费预期，不断提高服务消费水平。

（二）稳步提高居民收入，增强居民实际消费能力

完善促进就业、鼓励创业、自主择业的体制机制，多渠道开发就业岗位，促进机会公平和充分就业。采取多种措施调整收入分配结构，实行结构性减税让利政策，政府给企业减税，企业给职工让利，切实增加职工收入，从而增加中低收入者的收入和购买力。建立健全最低工资标准调整机制、职工工资正常增长机制和支付保障制度，提高劳动报酬在企业利润分配中的比例，缩小不同阶层之间的收入分配差距，努力实现居民收入增长和经济发展同步、劳动报酬增长和劳动生产率提高同步。拓宽居民投资渠道、提高存款利息，增加居民财产性收入。实施就业创业工程、农民技能培训工程和农村科学普及工程，提高农村居民生产技能。加快发展新型农村经济合作社和农业信息化建设，促进农业经济发展、增加农民收入。

（三）增加有效服务供给，满足多层次服务消费需求

鼓励和支持民间资本进入服务业，增加教育、医疗、社保等公共服务业。大力发展社区服务、养老服务等生活性服务业，重点发展清洁、陪护、保姆、家教、代购、洗染等家政服务业，扩大家政服务消费领域和消费群体，不断提高居民生活质量、满足各层级居民的消费需求。鼓励服务性企业采用新技术和新设备、运用现代经营方式和管理理念改造提升传统消费性服务，促进休闲娱乐、文化创意等现代消费性服务业发展。注重扶持新兴服务业行业，积极拓展动漫游戏、移动增值、数字新媒体等新型服务业态，开拓新的服务消费热点，满足居民消费结构升级的需要。提高服务业从业者素质，加强专业化和规范化培训，提高服务消费水平，加强服务行业资质认证规范化建设，全面提高服务环境建设，保障居民愿意消费、放心消费和持续消费。

（四）深化服务业体制改革，加强服务消费政策引导

深化服务业体制改革，增强服务业的活力。注重产权多元化，适当提升对外开放程度。以市场化方向发展现代服务消费产业，允许更多的企业进入垄断经营的服务领域。创新服务消费领域，发展多种新兴服务项目，寻求新的消费热点，重点发展商贸服务、文化服务、旅游服务、家庭服务和体育服务。建立、完善和强化市场机制的作用，加快垄断性服务业改革的进程，通过公平竞

争机制改进服务方式，提高服务质量，降低服务价格。加强服务业基础设施建设，提高居民服务性消费便利度。强化对服务消费的政策引导，加快服务消费相关立法，确定服务消费的基本规则。建立社会信用体系，健全消费维权机制，加大违法惩治力度，切实维护消费者合法权益。

课题负责人：方腾高
课题组成员：郎初华　边红霞　胡国良
　　　　　　吴　珺　王华山
执　　　笔：吴　珺

国家和地区能耗总量衔接方法研究

从2006年开始，我国逐步建立起涵盖国家、省、市、县(市、区)的全社会能耗统计核算体系，为开展节能降耗、资源节约、环境保护和应对气候变化等工作发挥了重要作用。能源统计的主要问题是，能耗统计数据质量有待提高，特别是国家能耗总量与各省市区能耗合计数据存在24.5%的差距。能耗总量数据不衔接的突出问题，使得中国能源统计数据质量在国际上受到质疑，影响了我国在国际碳排放谈判中的利益。因此，需要通过制度设计，消除国家和地区能耗总量差异，确保能耗总量的长期衔接，为节能降耗等工作提供更为准确的数据支撑，提高统计公信力。

一、国家和地区能耗总量差异情况

(一)基本情况

2013年，各省市区加总能耗总量约46.7亿吨标准煤，比全国的37.5亿吨多出约9.2亿吨标准煤，约相当于全国数的24.5%。其中，全国和各省市区合计煤炭消费总量差异为23%左右，成品油、天然气和焦炭等能源品种也存在一定程度的差异。我省与各市能耗总量合计也存在一定差异，2013年，各市能耗总量合计1.99亿吨标准煤，比全省1.88亿吨高5.6%，各市与所属县相加的能耗总量之间也存在一定程度的差异。

(二)差异分析

从2006年开始，国家和各省市区均编制年度能源平衡表，将国家和地区各能源品种生产、流通和消费数据以棋盘式表格的形式呈现。通过对能源平衡表主要数据的分析，国家和地区能耗总量差异主要在于：

1. 国家能耗总量存在低估情况。对国家能源平衡表主要数据进行分析，国家能耗总量数据相对偏低。一是能源消费量数据小于供应量。以煤炭为例，2012年全国能源平衡表显示煤炭供应总量达38.0亿吨，但消费总量为35.3亿吨，其中2.7亿吨的差异归入平衡差额，占总消费量的7.6%，这一差额远超过主要发达国家数值，说明我国实际上的能源消费量数据应大于现有统计数。二是能源期末库存量增长过快。2012年煤炭期末库存量比上年增加约1.2亿吨，且2005—2012年，煤炭库存基本呈逐年增长趋势。煤炭库存统计是在规模以上工业统计报表基础上，根据全社会煤炭生产、消费和进出口数据相互平衡后的结果，存在一定的估算成分，部分应体现在消费量的数据现作为库存量统计，导致消费统计数据与实际相比偏低。

2. 各省市区能耗总量存在高估情况。对地方能源平衡表数据及主要部门统计数据的综合分析，各地能耗数据与实际相比有高估成分。一是地区发电煤耗数据高于中电联发布的统计数据。中电联的发电煤耗统计数据质量相对较高，国家能源平衡表采用发电煤耗数据与中电联基本一致，但大部分地区能源平衡表中发电煤耗高于中电联的统计数据。若国家与地区平均发电煤耗差距为 10 克标准煤，则能耗总量差异为 3900 万吨标准煤，相当于总能耗的 1%左右。二是地区热力消费量高于中电联统计的热力产出量数据。由于热力无法储存，且基本不存在省际流通情况，热力消费量与地区热力产出量数据应基本一致，国家能源平衡表的热力消费与中电联统计的热力产出量数据基本一致。以 2012 年为例，各省加总热力消费量 55 亿吉焦，比全国高 17 亿吉焦，折合标准煤约 5000 万吨，约相当于全国总能耗的 1.5%。三是地区电力消费量高于中电联的统计数据。中电联的电力消费统计较为全面，数据质量也较高，全社会电力消费以中电联统计数据为准。从各地电力统计数据情况看，全国共有 15 个省份规模以上工业报表统计的工业用电量大于中电联统计的全部工业用电数据，其中 9 个省份差距在 10%以上，说明这些地区规模以上工业报表统计数据偏大，以此为基础编制的能源平衡表中全社会能耗统计数据也自然偏大。

二、产生国家和地区能耗总量差异的主要原因

造成能耗总量差异的原因是多方面的，既有统计制度方法的原因，也有统计数据质量的原因，但根本原因是层层考核带来的数据扭曲问题。

（一）分级能耗核算体系是差异产生的制度原因

我国在核算国家和地区能耗总量时实施分级核算制度，全国能耗总量并非由各省份加总得到，而是通过对全国能源相关基础数据的测算和汇总得到。地区能耗总量由各省市区根据本地区基础数据测算，国家负责对各地核算数据的审核、评估和指导。在核算方法上，国家以供应端核算为主，通过核算能源供应总量确定消费量，地区以消费端核算为主，即直接核算各行业能源消费量，加总得到全社会能耗总量。分级核算制度从两方面影响国家和地区能耗总量数据的衔接。一是分级核算的基础数据存在差异。在全国和地区能耗核算基础数据中，规模以上工业实施全面统计，通过超级汇总得到国家和地区数据。因此，规模以上工业企业，国家与地区的能耗总量是衔接的。但由于统计

力量有限，其他行业无法实施全面调查制度，参照国际能源统计常用做法，采用抽样调查、重点调查等方法并结合行业电力消费数据测算农业、规模以下工业、第三产业以及生活等各行业能耗总量。对规模以上工业企业之外的行业和领域的能耗统计，国家和地区的测算方法、样本代表性和基础数据完整度均存在一定差异，测算得到的能耗总量数据可能出现不衔接的情况。二是不同核算方法之间的差异。国家以供应端方法为主核算能耗总量，通过测算能源供应总量确定全国能源消费总量数据，即能耗总量＝能源供应总量＝能源生产量＋期初库存＋进口量－出口量－期末库存。其中，生产量、库存量等数据分别通过能源生产和能源购销存统计得到，进出口数据从海关取得。在国家层面，供应端测算方法能较为准确测算能耗总量数据，这也是国际通行做法。但能源的地区间流通统计难度较大，在地区层面，仍以消费端核算方法为主。

（二）层层考核带来的数据扭曲是差异产生的根本原因

“十一五”以来，我国实施严格的节能降耗考核措施，全国与各地区均将节能降耗目标（即单位 GDP 能耗降低率）作为约束性指标，确保地区间节能降耗指标的衔接成为节能降耗统计工作的重中之重，这也是国家节能降耗工作有效向下传导的必然要求。通过实施严格的下管一级能耗核算制度[①]，我国能源统计基本确保各级单位 GDP 能耗降低率的衔接。“十一五”期间及“十二五”前四年全国单位 GDP 能耗降幅与各省加权数基本一致。单位 GDP 能耗降低率指标可以由能耗增速和 GDP 增速两个指标计算得到，三个指标中，全国和地区单位 GDP 能耗降低率指标是衔接的，但 GDP 增速不衔接，必然导致能耗增速和总量的不衔接。2005—2012 年，全国和各省市区 GDP 年均增速差异约 2.0 个百分点，到 2012 年，按 2005 年价格计算的全国和各省市区 GDP 总量差距约 23.0%。在单位 GDP 能耗降幅衔接的情况下，由此引起的能耗总量差距也在 23%左右。GDP 增速不衔接，有统计数据质量和核算方法的原因，但最根本的是层层考核所带来的数据扭曲。如根据国家“十二五”发展规划，国家 GDP 年均增长目标是 7%，但各省市区加权平均是 10%，两者相差 3 个百分点。各级统计部门在实际工作中，迫于各方面的干扰和压力，GDP 测算数据

① 现行全社会能耗核算实行下管一级统计制度，即各省能耗总量和单位 GDP 能耗降低率数据由省统计局负责核算，报国家统计局审核认定，各市能耗总量由省统计局审核认定。

难免受规划数据影响，导致数据的失真和偏差。①

三、改善能耗总量历史数据的衔接方法

消除国家和地区能耗总量的差异，首先要对能耗历史数据进行调整，通过对能源平衡表中各主要能源品种生产、流通和消费数据的评估，结合行业和部门统计数据，分品种逐项调整国家和地区能耗数据。在此过程中，既要将国家数据中低估部分往上调整，也要将地区数据中高估部分往下调整，使国家和地区能耗数据都尽量逼近真实，确保能耗历史数据的基本衔接。2013 年我国开展经济普查工作，基础统计数据较为全面，因此可以以 2013 年作为调整基础年份。

（一）根据能源平衡表平衡关系调整国家数据

针对国家能源平衡表中供应量大于消费量、年末库存数逐年增加以及能源消费总量数据相对偏低的问题，依据国家能源平衡表内部平衡关系，提高煤炭和成品油消费总量，缩小能源供应和消费平衡差额，同时降低主要能源品种库存变化量，使期末库存量数据更为合理。

（二）拓展数据来源调整地区数据

1. 利用中电联的统计资料调整电力、热力和发电煤耗数据。中电联已建立涵盖全社会的非常完善的电力生产、消费和流通统计体系，统计数据质量较高，通过电力线路关口电量统计的全社会用电总量、发电煤炭消耗量以及热力产出量等数据，准确性都比较高，这些数据也是国家编制能源平衡表的重要依据之一。因此，各地应统一标准，根据中电联的统计资料调整相关数据。一是将各地发电煤耗调整为与中电联的统计数据基本一致；二是各地的全社会电力消费量数据必须与中电联基本一致；三是根据热力无库存且较少存在省际流通的特点，将各地热力消费量调整为与中电联的热力产出量数据基本一致。

2. 根据供应端统计调整天然气和成品油消费数据。我国虽然尚未建立系统、完整的地区能源供应和流通统计调查体系，但通过主要能源供应，公司还是可以获得部分能源品种的供应数据，作为调整地区能耗总量的依据。其中，天然气流入、流出量可通过省级天然气公司获得，由于天然气主要通过管道供应，不存在库存问题，天然气公司能较为准确统计城市天然气供应总量，作为核定地区天然气消费总量的依据；成品油流通数据可按两大石油公司统计的

① 文兼武："从理论上来说，计划是确定预期目标，统计则反映实际进程，两者并没有必然联系，但在实际工作过程中，一旦计划目标完成情况不理想，对各级政府目标考核的压力自然就会转嫁到统计部门，各级统计部门就会感受到一种无形而巨大的压力。"

地区成品油批发和零售量,作为核定地区成品油消费量的主要依据。

3.根据第三次经济普查调整工业煤炭消费数据[①]。2013 年开展的第三次经济普查,对全部工业、限额以上批零贸易、住宿餐饮和重点服务业企业进行了较为全面的能耗调查,主要包括煤炭、成品油、电力和天然气等能源品种。其中,煤炭消费主要集中在工业行业,因此可以作为调整地区工业煤炭消耗量的重要依据,即地区能源平衡表中工业煤炭消费数据应与经普调查的全部工业煤耗数基本一致。经济普查中成品油的调查仍不够全面,如居民成品油消费以及个体或挂靠某一公司的营运客、货车成品油消费均难以纳入经普调查范围,且这部分消费量占比也较大,因此难以作为调整地区能耗数据的依据。电力和天然气的消费量仍以电力公司和天然气公司统计数据为准,经济普查数据可以作为调整的辅助依据。

四、改进能耗核算制度的思路

在能耗总量历史数据调整到位的前提下,不断改进能耗核算制度,逐步建立上下衔接的地区全社会能耗核算方案,是实现国家和地区能耗长期衔接的重要保障。

目前,地区全社会能耗核算主要包括季度和年度两套核算方案。季度核算每季度开展一次,以规模以上工业用能和全社会用电等数据为基础,利用行业能耗增长和增加值增长的相关关系,以及各行业能耗总量和能源利用效率变化特点,测算地区能耗增速以及单位 GDP 能耗降低率等数据。年度核算每年开展一次,通过编制能源平衡表的方式,根据政府综合统计、部门统计及企业统计数据,分别统计主要能源品种生产、流通和消费数据,构建全社会能源平衡关系,最终汇总得到全社会能耗情况。目前存在的主要弊端:一是能源平衡表测算能耗总量的作用未充分体现。由于节能降耗管理和考核工作的需要,必须在次年 3 月份左右确定上一年度能耗总量数据,而年度平衡表编制时间一般为次年 5 月份左右,因此通常的做法是根据四季度核算的单位 GDP 能耗降低率和 GDP 增速推算出能耗增速和能耗总量数据作为年度数据,平衡表则在该数据基础上编制,其核定能耗总量的作用并未充分体现。二是能耗总量数据受 GDP 数据质量影响。由于能耗总量数据是在单位 GDP 能耗降低率数据确定后根据 GDP 增速推算得到的,在单位 GDP 能耗降低率数据衔接的情况下,如果 GDP 数据不衔接,能耗总量数据也会出现不衔接的情况。三是

① 指工业终端煤炭消费数据。

能耗核算所需基础数据尚有欠缺。现行能耗统计体系中，规模以上工业能耗和全社会电耗实行全面统计，两者合计占全社会能耗的 80%左右，剩下的 20%能耗情况尚未建立全面统计制度。四是分级核算制度中存在地方利益导向问题。节能降耗作为约束性指标，各地在核算该数据时难免存在地方利益导向问题，导致各地核算数据与全国数据产生一定程度的背离。尽管在分级核算制度中，国家可以设定各类数据评估方法控制各省数据质量，但间接的数据质量评估难以完全解决这一问题。

因此，改进能耗核算制度应根据国家和地区能耗总量差异情况及其具体表现，以能耗总量衔接为目标，充分发挥能源平衡表作用，从能源供应和消费两个角度，合理利用政府、部门及大企业能源统计数据，准确核算能耗总量数据。

（一）拓宽数据来源，确保季度与年度核算数据的一致

由于统计时效性的要求，通过编制年度能源平衡表确定年度能耗总量难以满足节能管理和考核工作的需要。因此，在第四季度能耗核算时，借鉴能源平衡表编制方法，利用主要能源品种供应和消费数据对季度测算结果进行评估和修正，确保季度和年度数据的衔接。电力数据从中电联统计报表中取得，可以具体到主要行业大类消费情况；煤炭数据中，终端消费部分从规模以上工业能耗统计报表中取得，发电和供热部分从中电联发电统计表中取得；天然气消费数据从各省天然气公司取得，其中用于发电的天然气数据可以从规模以上工业能耗表中取得，两者相减后得到的生活天然气消耗量作为核定生活能耗的重要依据；本地区成品油供应量数据可以从主要成品油供应企业取得，尽管该数据与消费数据不完全一致，但也能在一定程度上反映地区成品油消费量变化趋势，成品油的消费主要集中在工业、交通运输与生活消费领域，将该数据与规模以上工业成品油消费数据相减后得到的数据作为核定交通和居民生活领域能耗情况的重要依据。通过拓宽数据来源的方式，对主要能源品种消费量进行测算，作为季度核算的重要补充，确保季度核算结果与年度平衡表测算结果的基本一致。

（二）创新核算方法，探索建立地区供应端核算方案①

在地区消费端核算基础上，探索建立地区供应端核算方案，从消费和供应两个角度核准地区能耗总量数据。一是完善地区能源流通调查，该项工作国家统计局已着手开展，新建省际能源流通调查表，对主要能源品种流通情况开

① 具体测算方法见附件。

展调查，在此基础上，可充分利用部门统计数据，通过中电联、两大石油公司、天然气省级公司收集电力、成品油和天然气的省际流动数据。二是建立并逐步完善地区供应端能耗测算方法，对供应端调查数据进行整理加总，得到地区能源供应总量，作为消费端测算的重要补充。

（三）加强数据评估，多角度修正核算数据

根据历年能耗和 GDP 增长相关关系、地区能源弹性系数变化规律、产业结构变动特点等地区能耗增长规律，对核算得到的能耗数据加以评估。一是根据行业增加值增长数据评估能耗增速的合理性，主要是对第一产业、建筑业和第三产业中扣除交通运输部分加以评估，这几个行业在测算时以电耗数据为主要依据，当电力消费和增加值增速出现较大背离时，搜集其他能源品种消费情况，对行业能耗数据加以校核、修正。二是根据历年行业能耗弹性系数修正核算数据，以三年或五年行业平均能源消费弹性系数及增加值增速计算行业能耗增速，对测算结果进行校核、修正。

（四）改变核算组织模式

现有的分级能耗核算制度有助于充分利用地区能耗统计力量，发挥各地的积极性和主动性，但也存在着地方利益导向影响核算数据质量的问题。因此，一方面，以逐步建立国家为主导的统一核算体系为目标，在全国能耗总量核算大框架下制定地区能耗核算方案，尽量减少两者在核算方法、基础数据和样本代表性等方面的差异。另一方面，要充分发挥各地在统一核算体系中的积极性，通过地区之间匿名联审、交叉审核和异地互审等方式加强对地区核算数据质量的把关，从制度层面消除地区和国家之间的数据差异。

（五）转变节能降耗考核模式

要保证能耗总量数据的长期衔接，最重要的是实现能耗核算数据与 GDP 数据的脱钩，其中考核模式的转变至关重要，现有的单耗考核模式需要得到改变。节能降耗工作应将能耗总量或增速作为约束性考核指标，实施能耗总量考核模式。在今后的核算工作中，围绕能耗总量考核，逐步建立独立的以能耗总量及其增速为核心指标的核算体系，能耗总量和增速数据的合理性应作为判断数据质量的唯一标准，而不是以单耗降低率的合理性作为判断标准。GDP 及相关行业增加值数据作为能耗测算的参考，但不作为反推能耗总量的依据。只有这样，才能最终实现能耗数据和 GDP 数据的脱钩，避免因 GDP 数据质量问题影响能耗数据的衔接。

（能源处　池　照）

附件：

地区供应端能耗测算初步方案

本期能源供应量＝期初库存＋生产量(产出量)＋流入量(购自省外)－流出量(销往省外)－期末库存

(一)一次能源核算

1.原煤、原油、天然气(含煤层气)、其他能源

原煤、原油和天然气及其他能源本期供应量＝Σ{各能源品种期初库存＋各能源品种生产量(产出量)＋各能源品种流入量(购自省外)－各能源品种流出量(销往省外)－各能源品种期末库存}

注:其他能源包括沼气、垃圾、竹木生物质燃料和其他等用于发电的可再生能源。

2.电力核算

电力生产量＝水力发电量＋核能发电量＋风力发电量＋太阳能发电量＋潮汐能发电量＋地热能发电量

注:

(1)电力输入量与输出量不分何种形式所生产；

(2)净输入或净输出电量,不管是否是二次电力,均按照一次电力核算。

(二)二次能源核算

二次能源供应量＝Σ{各能源品种期初库存量＋各能源品种流入量(购自省外)－各能源品种流出量(销往省外)－各能源品种期末库存}

二次能源品种:包括洗煤、液化天然气、汽油、煤油、柴油、润滑油、燃料油、石脑油、溶剂油、润滑脂、液化石油气、石油焦、石油沥青、焦炭等,不包括火电。

(三)能源供应总量核算

能源供应总量(标准量)＝Σ可供本地区消费的各能源品种实物量×折标系数

(四)折标系数

全国统一的平均折标系数。

浙江行业工资差异分析

本文利用浙江省劳动工资统计数据库，首先通过计算极值指标对2005年以来浙江行业工资差异变化进行一个直观的描述，然后通过计算泰尔指数、基尼系数、阿特金森指数等多种不平等指数对行业工资差异进行客观、全面的度量，揭示了自2005年以来浙江行业工资差异总体呈缩小趋势，且处于相对合理范围，行业工资差异的缩小主要是由高、低工资行业两端变化引起的。最后通过泰尔指数对行业工资差异、总体工业差异进行分解，结果表明人力资本、垄断是当前影响行业工资差异的重要因素，行业工资差异对总体工资差异贡献率虽然自2010年后快速下降，但仍是总体工资差异的重要组成部分。

一、行业工资差异测度

(一)行业工资极值分析

2005年以来，全省单位从业人员工资水平保持了较快增长，平均工资从20187元提高到2014年的52903元，年均增长11.3%。但行业工资流动性很弱，工资最高的行业与工资最低的行业相对稳定。2005年信息传输、软件和信息技术服务业是19个行业门类中工资水平最高的行业，2006年及以后则一直是金融业。2005年工资水平最低的行业是制造业，2006年及以后则一直是住宿和餐饮业。而行业最高工资与最低工资的绝对差距逐年扩大，从2005年的37251元扩大到2014年的92522元，年均扩大10.6%。行业最高工资与最低工资的比值则先升后降，先从2005年的3.60∶1扩大到2010年的4.29∶1，然后逐步缩小到2014年的3.50∶1，而且从近几年这两个行业的工资增长速度看，比值呈进一步缩小趋势。行业工资最大值、最小值，以及两者差值、比值等指标比较简单、直观，但无法从总体上把握行业工资差异变化，尤其是当极值工资差与极值工资比变化不一致时。

表 1　　2005—2014 年全省单位从业人员工资水平

单位：元

年份	2005	2006	2007	2008	2009	2010	2011	2012	2013	2014
全省	20187	22057	24573	27322	29649	33163	38224	43813	48506	52903
工资最低行业工资	14307	15761	17980	19606	20790	22875	27119	30714	33694	36982
工资最低行业	制造业	住宿和餐饮业	住宿和餐饮业	住宿和餐饮业	住宿和餐饮业	住宿和餐饮业	住宿和餐饮业	住宿和餐饮业	住宿和餐饮业	住宿和餐饮业
工资最高行业工资	51558	53545	65873	77831	84665	98031	111637	116190	123852	129504
工资最高行业	信息传输、软件和信息技术服务业	金融业	金融业	金融业	金融业	金融业	金融业	金融业	金融业	金融业
工资最高行业与最低行业工资差距	37251	37784	47893	58225	63875	75156	84518	85476	90158	92522
工资最高行业与最低行业工资比值	3.60	3.40	3.66	3.97	4.07	4.29	4.12	3.78	3.68	3.50

注：1. 表中为从业人员工资口径。2. 统计范围为非私营单位和规模以上私营单位。以下口径相同，不再注明。

（二）行业工资差异不平等指数

为准确、全面、客观地掌握行业工资差异程度及其变化，根据不平等指标反映差异的不同特点，本文选取了泰尔指数、基尼系数、阿特金森指数进行分析。

1. 泰尔指数分析。根据表 2，泰尔指数总体上呈缩小趋势，从 2005 年的 0.0978 缩小到 2014 年的 0.0457，9 年间泰尔指数累计缩小 53.3%，年均缩小 8.1%，其间 2009 年行业工资差异有所扩大，泰尔指数比 2008 年上升 0.0080，扩大 9.8%，但 2010 年以后持续保持下降趋势，且 2011 年和 2012 年这两年降幅最大。可见，自 2005 年以来，浙江行业间工资差异整体呈逐步缩小趋势，且差异程度大幅缩小。此外，由于泰尔指数对高工资水平人群工资变化比较敏感，因此，泰尔指数下降主要反映了高工资行业人群工资变化大幅缩小了整体工资差异。

2. 基尼系数分析。基尼系数总体也呈下降趋势，自 2005 年的 0.2237 下降到 2014 年的 0.1344，累计下降 39.9%，年均下降 5.5%，下降幅度要小于泰尔指数和阿特金森指数。其中，2009 年、2014 年行业工资差异比上年有所扩大，基尼系数分别比上年上升 4.9%和 0.3%。由于基尼系数对中间工资水平人群工资变化比较敏感，因此，基尼系数下降主要反映了中等工资水平人群工资变化对行业工资差异的影响。

3. 阿特金森指数分析。阿特金森指数变化与泰尔指数保持高度一致性，自 2005 年后总体呈下降趋势。指数从 2005 年的 0.0839 下降到 2014 年的 0.0383，累计下降 54.4%，年均下降 8.3%，下降幅度与泰尔指数相当。由于阿特金森指数对低工资水平人群工资变化比较敏感，其下降表明低工资行业人群工资改善缩小了工资差异程度。

表 2 行业工资差异不平等指数(2005—2014)

年份	泰尔指数		基尼系数		阿特金森指数	
	数值	变化	数值	变化	数值	变化
2005 年	0.0978	—	0.2237	—	0.0839	
2006 年	0.0932	−0.0046	0.2098	−0.0139	0.0778	−0.0061
2007 年	0.0902	−0.0030	0.1982	−0.0116	0.0740	−0.0038
2008 年	0.0816	−0.0086	0.1827	−0.0155	0.0663	−0.0077
2009 年	0.0896	0.0080	0.1917	0.0090	0.0725	0.0062
2010 年	0.0830	−0.0066	0.1753	−0.0164	0.0668	−0.0057
2011 年	0.0668	−0.0162	0.1607	−0.0146	0.0542	−0.0126
2012 年	0.0521	−0.0147	0.1374	−0.0233	0.0429	−0.0113
2013 年	0.0482	−0.0039	0.1340	−0.0034	0.0401	−0.0028
2014 年	0.0457	−0.0025	0.1344	0.0004	0.0383	−0.0018

(三)行业工资差异变化的原因

行业工资差异自 2005 年以来有了较大幅度下降，这是受多方面原因影响的结果。一是最低工资标准的提高，劳动力市场用工缺口常态化，使低工资行业的工资水平有了较大幅度增长。二是工业化的快速推进，使农村大量剩余劳动力转移到第二产业，壮大了中等收入人群，稀释了高工资人群和低工资人群比例。三是企业转型升级、机器换人大幅提升了劳动生产率，使制造业等行业工资增长较快。四是公有单位工资薪酬改革，使机关、事业单位、国有企业等行业工资进一步规范，抑制了高工资人群工资快速上涨。而 2009 年企业间工资差异比 2008 年有所扩大，主要是受国际金融危机影响所致。

（四）行业工资差异构成分解

对差异进行泰尔指数分解，可以了解当前影响行业工资差异各种因素以及影响程度。具体分解形式如(1)式所示，第一项 T_W 表示组内差距，第二项 T_B 表示组间差距。G 为总体的分组，y_{gj} 表示第 g 组第 j 个单位的工资总额，y_g 表示第 g 组的工资总额，y 表示总体工资总额，y_{gj}/y 则表示某个单位在总体工资总额中的比重，y_g/y 表示第 g 组在总体工资总额中比重，n_{gj}/n_g 表示某个单位的从业人员比重，n_g/n 表示第 g 组的从业人员比重。

$$T_1 = T_W + T_B = \sum_g \frac{y_g}{y}\left(\sum_j \left(\frac{y_{gj}}{y_g}\right)\ln \frac{y_{gj}/y_g}{n_{gj}/n_g}\right) + \sum_g \left(\frac{y_g}{y}\right)\ln\left(\frac{y_g/y}{n_g/n}\right) \quad (1)$$

1. 按产业类型分解。把行业根据第一、二、三产业进行分组，可以把工资差异分解为产业内工资差异和产业间工资差异。2014 年，产业间工资差异泰尔指数为 0.0244，对整体行业工资差异的贡献率为 53.5%。产业内差异中，第三产业内部工资差异比较大，泰尔指数为 0.0489，对产业内差异的贡献为 82.8%。

2. 按竞争程度分解。根据国有单位从业人数占行业全部从业人数的占比 M，可以把行业分为高竞争行业（M＜30%）、中等竞争行业（30%≤M＜60%）、低竞争行业（M≥60%）3 组。2014 年组间工资差异泰尔指数为 0.0366，对整体行业工资差异的贡献率为 80.0%。组内差异中，中等竞争行业、低竞争行业内部工资差异比较大，泰尔指数分别为 0.0294 和 0.0239，对组内差异的贡献分别为 29.0%和 56.6%。

3. 按人力资本差异分解。根据行业从业人员中大专及以上人员比重 N，可以将行业分为低人力资本行业（M＜30%）、中等人力资本行业（30%≤M＜60%）、高人力资本行业（M≥60%）3 组。2014 年组间工资差异泰尔指数为 0.0395，对整体行业工资差异的贡献率为 86.4%。组内差异中，中等人力资本行业、高人力资本行业内部工资差异比较大，泰尔指数分别为 0.0166 和 0.0159，对组内差异的贡献分别为 32.7%和 59.6%。

（五）结论

综合以上分析，得到三点结论：一是当前行业工资整体差异处于相对合理范围内。虽然行业工资极值差距比较大，但高、低工资行业人员比重均非常小，对整体差异影响不大。收入不平等指数显示，无论是基尼系数、泰尔指数还是阿特金森指数，均表明当前行业工资整体差异处于相对合理范围内。二是行业工资差异总体呈缩小趋势。基尼系数、泰尔指数和阿特金森指数均表明，自2005年来行业工资差异呈逐年下降态势。根据3个不平等指数对不同人群的敏感程度可知，当前整体工资差异的缩小更主要的是由工资分布两端低工资人群和高工资人群变化引起的。三是人力资本差异、行业竞争程度是影响当前行业工资差异的主因。两者对行业工资差异的影响是交叉的，事实上低竞争行业——即垄断行业人力资本相对较非垄断行业高。

二、行业工资差异对总体差异的影响

同样，利用泰尔指数按行业分解总体工资差异，可以分析行业工资差异对总体工资差异的影响。分解结果(见表3)表明，行业间、行业内工资差异整体呈缩小趋势。2005年行业间、行业内工资差异基本相当，泰尔指数分别为0.0978和0.0979，对工资总体差异的贡献率基本是"五五开"。到2010年，行业间、行业内工资差异泰尔指数各自缩小了15.1%和14.9%，分别为0.0830和0.0833，对工资总差异的贡献仍基本各占一半。但2010年后，行业间工资差异缩小速度明显快于行业内，到2014年，行业间工资差异进一步缩小了44.9%，而同期行业内工资差异仅缩小了12.2%，泰尔指数分别为0.0457和0.0731，行业间工资差异对总差异的贡献率降到38.5%，行业内工资差异的贡献率则上升到61.5%。可见，近10年来工资差异缩小主要体现为行业间工资差异的缩小，这导致其对工资总体差异的影响减弱，但行业间工资差异仍是当前我省工资差异的重要组成部分。

表3 基于行业分组的泰尔指数分解结果(2005—2014)

年份	泰尔总指数	行业间差距		行业内差距	
		行业间泰尔指数	贡献率(%)	行业内泰尔指数	贡献率(%)
2005年	0.1957	0.0978	50.0	0.0979	50.0
2006年	0.1948	0.0932	47.8	0.1016	52.2
2007年	0.1779	0.0902	50.7	0.0877	49.3
2008年	0.1664	0.0816	49.0	0.0848	51.0
2009年	0.1769	0.0896	50.7	0.0873	49.3
2010年	0.1663	0.0830	49.9	0.0833	50.1
2011年	0.1487	0.0668	44.9	0.0819	55.1

续　表

年份	泰尔总指数	行业间差距		行业内差距	
		行业间泰尔指数	贡献率(%)	行业内泰尔指数	贡献率(%)
2012 年	0.1278	0.0521	40.8	0.0757	59.2
2013 年	0.1223	0.0482	39.4	0.0741	60.6
2014 年	0.1188	0.0457	38.5	0.0731	61.5

三、缩小行业间工资差异的建议

近 10 年来，虽然行业间工资差异明显缩小，但其仍是影响当前工资总体差异的重要因素，尤其是行业间的极端工资差异，更是受到社会广泛关注。因此，充分发挥工资激励员工努力工作、促进劳动力资源合理配置的导向作用，缩小、消除因不合理因素造成的行业间工资差异，在当前显得尤为重要。

（一）深化收入分配改革，提高工资收入在初次分配中的比重

完善劳动、资本、技术、管理等要素按贡献参与分配的初次分配机制，正确处理效率与公平的关系，加快形成合理有序的工资收入分配格局。按照市场机制调节、企业自主分配、平等协商确定、政府监督指导的原则，形成反映劳动力市场供求关系和企业经济效益的工资决定机制和正常增长机制。建立健全工资增长与生产总值、物价指数和劳动生产率等经济增长相挂钩的机制，稳步提高工资收入在初次分配中的比重。

（二）加快推进产业结构优化升级，壮大中等工资收入群体

大力发展现代工业，以机器换人为推手，坚持传统产业转型升级和战略性新兴产业发展两手抓，推动信息化与工业化深度融合，实现减员、增效、增收、涨薪。同时，大力发展现代服务业，健全发展服务业政策支持体系，提高服务业比重和发展水平，全力吸收、消化农业、工业转移劳动力。通过加快产业结构调整和优化升级，推进社会阶层结构调整，逐步稳固、壮大中等收入群体。

（三）加强垄断行业政府管制，抑制不合理工资差异

政府要加强对垄断行业的管制，按照市场化标准规范垄断行业工资水平，约束垄断行业的高福利现象。有序推进国有企业、行政机关及事业单位工资改革。进一步深化体制机制改革，加大减政放权力度，完善市场竞争机制，使各类市场主体能平等、自由、充分地竞争，使劳动力、资本、企业家等资源能够在不同地域、不同产业、不同行业间自由流动，从而消除因垄断等不合理因素造成的工资差异。

（四）提高人力资本水平，缩小过大的工资差异

要大力推进素质教育和公共教育服务均等化改革，促进城乡基础教育均衡发展，提高全民综合文化素质，提升一般人力资本水平。要遵循经济社会发展规律和职业教育发展规律，大力推进现代职业教育，提高就业人员整体技术、技能水平，发展特殊人力资本。同时，积极开展与当前产业发展相适应的在职教育，强化在职人员继续教育和培训，提高特殊人力资本专业化水平。通过普遍提高从业人员人力资本水平，从而缩小因人力资本差异而形成的过大工资差异。

（五）发挥政府调控能力，促进工资收入分配更公平

及时调整最低工资标准，稳步推进最低工资达到社会平均工资50%的目标，充分发挥制度的保证作用。定期发布行业工资增长指导线，作为职工工资集体协商的参照依据。推进税收制度改革，逐步确立、强化直接税的主体地位，提高工资薪金所得税起征点，调节过大收入差距。

（人口就业处　罗　斌）

［参考文献］

［1］王询，彭树宏．中国行业工资差距的演化与特征［J］．中国人口科学，2012(5)：47—55.

［2］武鹏．中国行业收入差距研究述评［J］．上海经济研究，2010(8)：60—70.

［3］郭娜，祁怀锦．中国行业收入差距的度量及其对经济增长的效应分析［J］．中央财经大学学报，2010(3)：66—71.

［4］万广华．不平等的度量与分解［J］．经济学，2008(4)：347—368.

［5］万广华．经济发展与收入不均等：方法和证据［M］．上海：上海三联书店，上海人民出版社，2006.

“营改增”对浙江服务业发展影响实证分析

浙江“营改增”工作自 2012 年 12 月启动至今已满三周年。通过三年的实践，“营改增”到底对浙江服务业发展的影响如何？本文在介绍浙江“营改增”工作推进情况的基础上，通过对具体行业和案例的分析，阐述“营改增”对于浙江服务业发展、企业税负变化等方面的影响，探讨“营改增”工作中一些值得注意的问题，提出进一步推进“营改增”工作的对策建议。

一、概述

（一）营业税

营业税属于传统商品劳务税，是国家对于工商营利事业对全部营业额征收的一种税。为鼓励第三产业的发展，1994 年 1 月 1 日施行《中华人民共和国营业税暂行条例》，对工商税种的商业和服务业等单独开征营业税。营业税是以营业额乘以相应税率来直接计算应缴纳税款。

（二）增值税

1994 年税制改革时，增值税作为改革的重点逐步走上规范化的道路。2009 年 1 月 1 日全国施行《中华人民共和国增值税暂行条例》，实施增值税转型改革。增值税征税范围主要为第二产业（除建筑业以外）和第三产业中的商品批发零售以及加工修理修配劳务，而大部分第三产业的行业没有纳入增值税征税范围。增值税是对商品生产、流通、劳务服务中多个环节的新增价值或商品的附加值征收的一种流转税，实行价外税，也就是由消费者负担，有增值才征税，没有增值不征税。

（三）“营改增”

“营改增”即将以前缴纳营业税的应税项目改成缴纳增值税。增值税是对商品生产和流通中各环节的新增价值或高产品附加值所课征的流转税，而营业税是对我国境内提供应税服务、转让无形资产或销售不动产的单位和个人取得的营业额征收的一种流转税。由于营业税施行全额征收，通常按照营业收入总额和适用税率直接征税，不管是在同一性质服务业、不同性质服务业还是服务于不同性质产品间的服务业由于全额征税无法抵扣，存在着严重的重复征税现象。随着我国市场经济的深入发展，两种流转税分开征收的方式日渐显现出其内在的不合理性，不利于经济结构的优化。“营改增”政策是纳税人向原有增值税纳税人出售服务开具的增值税专用发票，原有增值税纳税人可按现行规定抵扣进项税额，主要特点是以销项税减去进项税，让纳税人只为产品和服务的增值部分纳税。行业纳税人购买原增值税纳税人和纳税人的货物或劳务取得的增值税专用发票可以按照现行规定进行抵扣。

因此，经国务院批准，2012 年 1 月 1 日起在上海交通运输业和部分现代服务业实行“营改增”试点。2012 年 8 月起“营改增”试点地区推广至北京市、江苏省等 8 个省(直辖市)。2013 年 8 月 1 日起“营改增”试点在全国全面运行。

二、“营改增”极大地推动了浙江经济的转型升级和结构调整

浙江“营改增”工作于 2012 年 12 月 1 日起正式实施，最初的试点行业包括交通运输业，以及研发和技术服务、信息技术服务、文化创意服务、物流辅助服务、有形动产租赁及鉴证咨询行业等部分现代服务业。2013 年 8 月 1 日，“营改增”试点范围扩大至广播影视业。2014 年 1 月 1 日，新增铁路运输和邮政业试点。2014 年 6 月 1 日，新增电信行业试点。

“营改增”是财税改革重头戏，解决了重复征税的问题。浙江省“营改增”有力推动了浙江产业结构调整、经济转型升级和服务业企业的健康成长，为试点行业和产业链条上的企业带来了实实在在的红利，为经济发展创造了更加公平的税制环境。

(一)有效推动从“工业经济”向“服务经济”转型

“营改增”带来的减税效应有效地推动产业结构深入调整。从浙江省三次产业结构税收负担(税收收入占 GDP 比重)变化情况看，“营改增”影响效应非常明显，2012 年浙江省第三产业整体税收负担为 25.4%，“营改增”后的 2013 年和 2014 年开始逐年下降，分别为 24.5%和 23.7%，有效带动产业结构不断调整。与此同时浙江省三次产业比重由 2011 年的 4.9∶50.5∶44.6 调整为 2014 年的 4.4∶47.7∶47.9，尤其是“营改增”试点改革后，第三产业增长加快。2011—2014 年，第三产业对 GDP 增长的贡献率最高为 52.2%，比“十一五”时期的贡献率上升 4.9 个百分点，成为拉动地区经济发展的重要力量。2014 年全省服务业增加值 19221 亿元，占 GDP 比重为 47.9%，比 2013 年提高 1.8 个百分点，比第二产业高 0.2 个百分点，第三产业比重首次超过第二产业，呈现“三二一”产业结构态势，说明“营改增”后浙江经济已从第二产业为主导的旧态势向以服务业为主导的新态势转变，由“工业经济”向“服务经济”转型的速度在逐步加快。

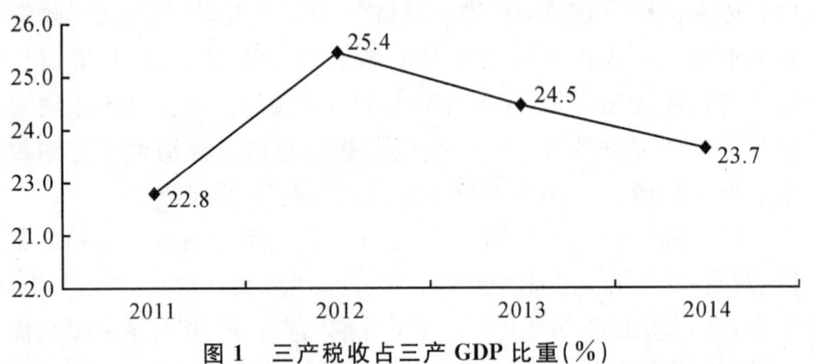

图 1　三产税收占三产 GDP 比重(%)

(二)有利于服务业产业转型升级

“营改增”的目的不仅在税制结构优化上,它选择性地放宽了部分行业的税收限制,实际是政府在新型经济发展模式下有意识地对产业转型升级、经济发展方向进行的调整。“营改增”改革选择交通运输业和部分现代服务业作为试点起点,不仅体现了增值税作为流转税种的税改方向,也是为了促进现代服务行业的发展和推动产业转型升级。交通运输、仓储和邮政业作为传统服务行业代表,这几年的发展一直较为缓慢,急需转型升级,从全省规模以上服务业企业数据看,2012 年、2013 年营业收入同比增速分别为 6.6%和 4.5%,但“营改增”后的 2014 年营业收入同比增速上升到了 13.5%。与此同时,“营改增”试点纳税人也在逐年新增,截至 2015 年 10 月底,全省交通运输业试点纳税人共有 8.3 万户,占全省试点总户数的 21.74%。总体来说,“营改增”在推动产业转型升级上发挥的作用主要有四方面:一是推动服务外包,形成主辅分离。不少企业将生产性服务业务外包,加速了服务业与制造业的分离。如浙江某钢铁制造公司每年的物流费用在 1 亿元左右,营改增后,企业整合内部资源,单独成立了物流公司来承担全部销售环节的运输业务。二是推动资源重构,提升总部经济。随着商务服务类企业被纳入“营改增”范围,总部经济效应明显,各类投资和生产要素聚集更加突出。如各类总部公司可以立足浙江总部,向国内各省客户开具增值税发票,辐射效应进一步增强。三是推动设备更新,形成带动效应。由于设备采购可以形成抵扣,带动了企业进行设备更新改造,特别是交通运输、物流辅助业设备采购额明显上升,为装备制造等产业提供了新的市场空间,如浙江某航空有限公司 2014 年新增飞机资产 15 亿多元。四是有利于促进服务业的社会分工和专业化发展。“营改增”能有效地避免对服务业重复征税所带来的各种问题,优化了服务业的外部发展环境,利于服务业专业化、分工化和市场化进程的加速。

（三）进一步促进现代服务业发展

作为重要的结构性减税措施，“营改增”重点在消除重复征税，降低企业税收成本，特别是增值税抵扣链条打通后，企业购买应税服务的成本下降，有利于浙江现代服务业的发展。“营改增”具有“洼地效应”，一方面可以吸引本地更多资源包括民间资本向相关现代服务业集聚，另一方面也可以吸引外地企业到浙江发展。截至 2015 年 10 月底，从全省“营改增”试点纳税人行业分布看，新增试点企业最多地集中于文化创意服务和鉴证咨询服务业，分别有 8.97 万户和 7.49 万户，两者合计占全省的 43.11%。从增值税税收收入总量看，增值税税收收入较高的行业为信息技术服务业、研发和技术服务及交通运输业，其中，信息技术服务业以 7.17%的户数申报占了 20.56%的税收收入，表明“营改增”对现代新兴服务产业发展的促进作用开始显现。

（四）有利于服务业企业健康成长

由于“营改增”试点覆盖区域的小规模纳税人居多，加上税率大幅降低，减轻了小规模纳税人企业税收负担，推动了小规模纳税人企业的发展，从而有利于中小服务企业在逆境中健康成长。据国家统计局浙江调查总队数据显示，占 71.9%小规模纳税人的小微企业样本中，2013 年缴纳增值税的样本企业税负率为 3.99%，较上年下降了 0.16 个百分点。另外，“营改增”对一般纳税人企业则有效地消除了在生产流通领域存在的重复征税问题，直接减轻了部分服务型企业的税收负担，使服务业对于其下游企业的议价能力得到提高，更有利于企业良性发展。

三、“营改增”对服务业企业税负变化影响的实证分析

截至 2015 年 10 月底，全省共有 38.18 万户“营改增”试点纳税人，其中：一般纳税人 6.9 万户，占 18.07%；小规模纳税人 31.28 万户，占 81.93%。全省应税服务的改征增值税应纳税额累计为 143.9 亿元，其中：一般纳税人 131.04 亿元，占 91.06%；小规模纳税人 12.86 亿元，占 8.94%。“营改增”3 年来合计为浙江试点企业减轻税负 303.5 亿元。但“营改增”并非对所有企业都带来相同的减税影响，从具体服务企业的税负变化情况看，“营改增”政策正是以有减有增的“双重效应”来对产业结构进行调整的。

（一）“营改增”企业税负主要影响因素

从当前“营改增”在试点企业中的运行效果来看，“营改增”在当前试点企业中的税负影响变化主要取决于以下几个因素：

1. 税率。适用税率的高低直接影响企业税负，并决定企业的增税幅度。小规模纳税人“营改增”后增值税征收率由原来的 5%调整为 3%，且计税依据

由原来的含税价改为不含税价，因此小规模纳税人成了“营改增”试点的较大受益者。经测算，小规模纳税人税负普遍降低，特别是其他现代服务业，理论税额降幅达 41.8%。一般纳税人税率按行业不同分别为 6%、11%、13%和 17%，由于行业税率差别较大，就目前试点效果来看，在纳入试点行业的一般纳税人中，并不是所有企业均能享受税收“红利”。

2. 抵扣数额。如果服务业可抵扣项目增加，那么会相对减轻企业的税负，且抵扣项目占收入的比重和减税幅度成正比。例如，据测算交通运输业与有形动产租赁服务业抵扣项目占到收入的比重需分别达到 47.6%与 70.6%以上，企业税负才能不增加，由于企业可抵扣成本很难达到这么高的比例，因此这两个行业大部分企业税负因“营改增”而增加。另外，抵扣项目税率同样也与减税幅度成正比关系。

3. 减免优惠。服务业境外服务由征税改为免税或者是由免税改为零税率，在很大程度上使服务业企业的税负得到了减轻。

总的来说，“营改增”对各个行业之间的税负影响状况也是不尽相同的，有增加也有减少，但是从总体上来看，是呈税负减少趋势的。

（二）规模以上服务业企业税负变动

为了更为直观地衡量政策对企业税负的影响，以企业缴纳的营业税与增值税合计占企业营业收入的比重定义税负率，以此来评估企业税负变化情况。根据“营改增”试点的时间，以 2012、2013、2014 年全省规模以上服务业企业数据为基础，结合 2015 年对“营改增”企业的专项调研，对相关企业税负率进行了计算分析：

1. 从整体来看，“营改增”后总体减负。2013 年，全省规模以上服务业企业完成营业税金及附加 108.5 亿元，同比下降 28.2%，上缴增值税 91.2 亿元，同比上升 246.2%，企业税负率为 3.05%，同比下降 0.05 个百分点，其中与“营改增”相关行业的合计税负率为 3%，比上年同期下降 0.05 个百分点，比全部规上服务业企业低 0.05 个百分点。2014 年，全省规模以上服务业企业完成营业税金及附加 107.8 亿元，同比下降 5.3%，上缴增值税 173.4 亿元，同比上升 80.9%，企业税负率为 3.55%，同比上升 0.5 个百分点，其中与“营改增”相关行业的合计税负率为 5.23%，比上年同期上升 2.23 个百分点。经分析，2014 年企业税负上升的主要原因一是上年纳入试点行业较少和纳入的行业特点导致相关行业税负明显上升；二是大部分 2013 年上半年之前“营改增”的行业开始稳定运行，税制改革影响逐渐消除，税负出现平稳性回升。2015 年，为了进一步了解与掌握“营改增”对服务业企业税负的影响变化情况，我们重点抽取了107家已完成“营改增”并运行稳定的企业进行了走访调研，调查了这些企业2015年1—9月的营业税金及附加与应缴增值情况，以及与按原税制计算的营业税的对比情况。结果显示，“营改增”后总体减负，企业缴税额平均下降幅度在8.7%左右。

2.从行业来看，税负率有升有降。2013年，与“营改增”试点相关的交通运输业，信息传输、软件和信息技术服务业，租赁和商务服务业，科学研究和技术服务业，广播、电视、电影和影视录音制作业刚好“营改增”试点一年，全年企业税负率分别为2.16%、3.88%、2.48%、4.00%、4.42%，比2012年分别下降了0.07个百分点、0.08个百分点、0.04个百分点、0.33个百分点和0.28个百分点。2014年，与“营改增”试点相关的铁路运输业，邮政业，电信、广播电视和卫星传输服务，全年企业税负率分别为8.88%、2.92%和5.62%，比2013年分别上升了6.37个百分点、0.44个百分点和2.34个百分点。“营改增”以后，企业税负呈现出的有增有减总体减负的状况符合结构性减税的要求。

表1　试点前后相关行业税负变化

行　　业	试点年税负率%	上一年税负率%	差
交通运输、仓储和邮政业	2.16	2.22	－0.07
信息传输、软件和信息技术服务业	3.88	3.96	－0.08
租赁和商务服务业	2.48	2.52	－0.04
科学研究和技术服务业	4.00	4.33	－0.33
广播、电视、电影和影视录音制作业	4.42	4.70	－0.28
铁路运输业	8.88	2.51	6.37
邮政业	2.92	2.48	0.44
电信、广播电视和卫星传输服务	5.62	3.27	2.34

3.从企业来看，“营改增”试点前后企业税负率波动较大，税负持平企业减少，减负、增负企业均有增多。以单个企业为考量对象，假设本期税负率小于上期，即企业税负同比下降，定义为减负企业，反之则定义为增负企业，基本不变定义为持平企业，考虑到经营波动，税负率上升或下降波动幅度超过0.1个百分点才认为有效，不然即认为该企业为持平企业。对2012—2015年(由于数据取得原因以2015年1—10月数代替全年)全省规模以上服务企业进行了

测算,结果表明:(1)试点相关行业减负企业数比例要明显多于未试点行业,试点行业在试点开始年份的减负企业数比例要明显多于上年;(2)但增负企业数比例也明显多于试点前。

2013 年所有试点相关行业规模以上服务业企业减负、持平、增负企业数比例为 35.1∶27.6∶37.3,减负、增负企业比例分别比“营改增”前增加了 3.8 个百分点和 12.3 个百分点,减负企业比例比未“营改增”行业高 10.6 个百分点。其中,交通运输业,信息传输、软件和信息技术服务业,租赁和商务服务业,科学研究和技术服务业,广播、电视、电影和影视录音制作业减负企业数比例分别为 45.6%、40.8%、27.7%、33.4%和 35.2%,分别比试点前增加 12 个百分点、0.6 个百分点、-0.6 个百分点、4.1 个百分点和 1.2 个百分点,增负企业比例分别为 31%、41%、36.3%、42.2%和 50.7%,比试点前上升 12.9 个百分点、6.7 个百分点、11.7 个百分点、14.0 个百分点和 25.3 个百分点。

表 2　2013 年“营改增”试点行业减负、持平、增负企业数比例情况

单位:%

行　业	2012 年			2013 年(试点)			2014 年		
	减负	持平	增负	减负	持平	增负	减负	持平	增负
交通运输业	33.6	48.3	18.1	45.6	23.4	31.0	26.6	49.4	24.0
信息传输、软件和信息技术服务业	40.2	25.5	34.3	40.8	18.3	41.0	40.9	26.1	33.0
租赁和商务服务业	28.2	47.2	24.6	27.7	36.0	36.3	36.0	30.8	33.2
科学研究和技术服务业	29.3	42.5	28.2	33.4	24.4	42.2	47.7	20.9	31.4
广播、电视、电影和影视录音制作业	34.1	40.6	25.4	35.2	14.1	50.7	54.8	21.9	23.3
试点行业总计	31.3	43.7	25.0	35.1	27.6	37.3	37.7	32.2	30.1
未试点行业总计	25.7	51.1	23.1	24.5	44.1	31.4	36.3	30.7	33.0
所有行业总计	29.9	45.8	24.3	33.0	29.2	37.9	36.5	32.6	30.9

2014 年试点相关行业规上服务业企业减负、持平、增负企业数比例为 33.2∶35.9∶30.9,虽然减负比例比上年减少 2.9 个百分点,但增负比例比上年减少 16 个百分点。其中,邮政业,电信、广播电视和卫星传输服务减负比例分别为 69.2%、76.6%,明显高于试点前,比试点前高 51.5 个百分点和 40.5 个百分点;铁路运输业由 36.9%下降到了 26.9%。

表 3　2014 年"营改增"试点行业减负、持平、增负企业数比例情况

单位：%

行　业	2013 年			2014 年(试点年)			2015 年 1 月—10 月		
	减负	持平	增负	减负	持平	增负	减负	持平	增负
铁路运输业	36.9	15.0	48.0	26.9	40.0	33.1	35.1	24.8	40.1
邮政业	17.7	50.0	32.3	69.2	10.6	20.2	39.0	30.5	30.5
电信、广播电视和卫星传输服务	36.1	22.2	41.7	76.6	8.9	14.5	42.9	12.7	44.4
试点行业	36.0	17.1	46.9	33.2	35.9	30.9	35.9	24.3	39.8
未试点行业	32.2	32.0	35.7	37.3	31.8	30.9	31.9	35.8	32.3
所有行业总计	33.0	29.2	37.9	36.5	32.6	30.9	32.7	33.6	33.8

4. 企业税负增加的具体原因。虽然"营改增"试点后减负单位开始增多，惠及面在不断扩大，但也发现原来税负持平在试点后变为税负上升的企业数有上升的趋势，即"营改增"后企业税负增加单位也在增多。在调研中发现主要有以下几个原因：一是交通运输业受税率提高、可抵扣项目少以及增值税发票获取难等因素影响，企业税负明显加重；二是融资租赁业售后回租业务无法获取购入设备的增值税发票，以及"差额征收"和"即征即退"政策操作细则不完善，导致企业税负成倍增加；三是有形动产租赁服务业的固定资产更新周期较长，在"营改增"期间面临没有大规模购置固定资产的现象。四是鉴证咨询服务业与信息技术服务业属于以人力成本为主，可抵扣的外购产品与服务成本较少的劳动与知识密集型行业，可抵扣的进项税额有限。这些行业一般纳税人的经营特点导致其可抵扣的进项税额较少，或者说抵扣率较低，"营改增"加重其税负。

四、"营改增"中一些值得关注的问题

(一)两种纳税身份导致的分家，阻碍服务业企业做大做强，不利于统计监测跟踪

按照现行试点政策，企业根据行业和经营规模，分为小规模企业和一般纳税人企业，且各自适用不同税率。"营改增"后，小规模纳税人税负降幅明显，一般纳税人税负则有升有降。趋利是企业的天性，在国家扶持政策倾向小微企业和自身税负降低、成本减少的驱动下，部分一般纳税人企业纷纷将规模业务"打散"分家，重新注册成为小规模纳税人以降低企业成本。即服务业企业

的经营规模达到一定程度后，就主动进行拆分，化整为零、化一为多，尽可能向小规模纳税人标准靠拢。由此带来的一个不利情况是本身可以是一个大而强的企业，但却被人为拆分成了一群小而弱的独立法人，严重阻碍了服务业企业做大做强。同时因小规模企业很难达到现有统计调查标准，即原本达标的规模以上服务业企业被拆散后就不能纳入统计调查，造成了统计缺漏，不利于对行业、企业的监测跟踪。

（二）抵扣链条不完善成为减负之殇

无论是实地调研还是相关部门材料，均指出“营改增”的一个关键环节是如何构造出完整的价值增值链条。尽管“营改增”能通过层层抵扣来消除重复征税，从而降低企业税负，但抵扣链条的不完善也将降低改革所发挥的实际效果。如目前仍然有房屋、土地附着物等不动产项目并没有纳入抵扣范围；又如在运输企业存在多次外包问题，很多增值税上游抵扣项目不容易开出增值税发票，导致成本抵扣难以完成。部分现代服务业中，占总成本 90%的人工、交通、房租、物业管理、邮电通信等项目不能抵扣，使得抵扣链条彻底断掉。又由于试点是从部分行业开始，对多元化生产经营企业而言，无法做到产业上、下游抵扣链条的完整全覆盖。另外，抵扣链上的购进货物或接受加工修理修配和应税服务已征税款，一般只能在实物购进、固定资产变更时出现，多属于一次性科目，一旦企业完成了资产购置，可抵扣的项目则大为减少，抵扣链很难得到有效延伸。这些都将变成如前所述的企业税负增加的具体原因。

（三）同命不同策带来的弊病

在“营改增”中，同类企业在不同地区的税务行业认定会有不同，由此带来的税率变化也是显著的。根据“营改增”试点方案，依旧对物流业设置了“交通运输服务”和“物流辅助服务”两类应税服务项目，交通运输服务按照 11%的税率，物流辅助服务按照 6%的税率征收增值税。但具体到企业经营过程中，很难将一项物流业务分成两类应税服务项目。再如，软件行业与医药研发行业都属于技术密集型，普遍特征是前期研发投入巨大，相应的产品研发和销售推广支出比重非常高，而生产制造成本却相对低，成本构成中占比较高的支出都是研发人员的人力成本，但软件行业由于享受超 3%即征即退的增值税优惠政策，使得矛盾妥善解决，而医药研发行业还存在着进销项税率差异悬殊问题，导致实际增值税负担远高于其他行业。新型医药企业销售自研创新品种与软件开发企业销售自行开发的软件产品业务类型相似，但实际税负却差别巨大，难以体现税收公平，也严重遏制了创新型医药企业的健康快速发展，与国家倡导的自主创新方针政策背道而驰。

五、结论与建议

"营改增"是我国经济进入转型升级新阶段的客观需要，也是推进经济转型升级的重要税收政策之一。但"营改增"并非对所有企业都带来相同的减税影响，"营改增"政策正是以有减有增的"双重效应"来对产业的结构进行调整的。就浙江地方经济发展而言，"营改增"试点的推进，将第三产业逐渐纳入增值税范畴，解决了原有营业税重复征税问题，激发了试点行业的活力，为产业结构调整、优化起到了积极作用。同时"营改增"试点进一步减轻了企业负担，对于小规模纳税人和绝大多数试点企业来说，改征增值税后税收负担不同程度降低，对于增强企业活力，提升企业竞争实力都有积极的意义。此外，改革试点也对我国社会主义市场经济下的企业组织形态、专业化产业分工等都有一定的积极意义。在浙江一些企业和行业，在税收优惠的激励下开始通过主辅分离、专业分工等方式优化生产，使得企业竞争力不断提升。

为更好地推进"营改增"后续工作，促进服务业加快发展，对政策制定者而言，一是要扩大"营改增"业务范围，使实行多元化经营的企业的增值税抵扣链条更加的完善，减轻企业负担；二是要放宽抵扣期限，增加抵扣项目，根据行业的特点在目前开票180天以前抵扣的基础上有针对性地放宽抵扣期限，并适时地将日常经营中的主要费用比如人工、交通、房租、物业管理、邮电通信等项目列入到抵扣名录中。对于企业管理者而言，需要积极研究"营改增"试点政策，调整企业生产业态、优化产业布局，以争取最大税收利益。对于试点纳税人来说，应该把握税收政策，积极运用税收政策增加抵扣项目进而减轻企业税负。

（省地方统计调查局三产处　陈志林）

“互联网＋”背景下浙江小微金融研究

融资难问题长期困扰着我国广大小微企业的发展，而目前国内小微金融仍处于起步阶段，拥有广阔的市场前景。“互联网＋”在技术上为解决小微企业融资难问题提供了一条路径。顺应互联网的发展潮流，探索浙江小微金融发展的新路，是本文研究的主要内容。

小微金融一般是指专门向小型和微型企业及中低收入阶层的提供一揽子的金融服务。小微金融主要以小微企业以及贫困或中低收入群体为特定目标客户。对整个社会经济而言，大金融就像大动脉，而小微金融就像毛细血管。大动脉不通畅，可能导致全身瘫痪，会影响整个社会经济的正常运转；而毛细血管堵塞，则会造成局部细胞坏死，使小微企业面临困境甚至大量倒闭。在2008年的国际金融危机中，正是由于我国的小微金融尚不够发达，无法为广大小微企业提供足够的金融保护，才使得小微企业受到的冲击相对比大企业严重。

一、“互联网＋”是小微金融未来的发展趋势

互联网技术的出现和电商平台的兴起使金融资源可以在更广泛的范围内进行配置，新的小微金融模式快速发展，为小微企业融资服务提供了新选择。同时，互联网技术的发展也推动传统商业银行加快创新，小微金融进入多元化选择时代，具体表现在服务对象多元化，服务内容多元化，经营主体多元化，金融创新多元化。当前基于现代互联网络的小微金融创新，主要包括以下几种：

（一）P2P 网贷

网贷公司提供网络平台，借贷双方自由匹配，资金借出人获取利息收益，承担风险，借贷人到期偿还本金，网贷公司为借贷双方提供信息交互和信息价值认定以促成交易完成，从中收取服务费。这种模式下，每个出借人的出借额度可以很小，比如每笔 50 元；借款人的借款规模也可以很小，如 3 万—5 万，借款期限可以很短，如 7 天、3 个月等。该模式具有规模、期限灵活多样以及信息透明、风险分散等特点，十分适合小微金融。

（二）第三方支付

第三方支付是指具备一定实力和信誉保障的非银行金融机构在收、付款

人之间作为中介机构提供网络支付、预付卡发放与受理、银行卡收单以及其他支付服务。

目前国内的支付宝、财付通、拉卡拉等是该模式的经典代表。如支付宝推出的信用支付实际上相当于消费信贷，即向用户发行了虚拟信用卡；因支付宝通过对注册时间、网上消费记录、卖家信用等长期积累的交易信息进行分析，还可对客户进行信用评级和提供相应的信用额度；也可利用其对产业链上、下游交易情况的了解及风险分析，利用自有资金或者从商业银行、小贷公司贷款，以“垫付”“保理”的形式向小微企业提供融资便利。

（三）大数据金融

大数据金融是指利用大数据开展的金融服务，即针对海量数据，经过互联网、云计算等信息化处理方式，结合传统金融服务，开展资金融通、创新金融服务。大数据金融将传统金融的抵押贷款模式转化为信用贷款模式，即不需要抵押或拥有银行授信额度，而是根据在平台或者供应链中的信用行为便可获得融资。

以京东商城、苏宁为代表的供应链金融，以未来收益的现金流作为担保，获得银行的授信，为供应商提供一定数量的小额贷款。目前，电商、电信运营商、互联网企业、产业链核心企业等均已涉足大数据金融服务，可以根据在其平台交易或供应链上的小微企业的个性化融资需求提供金融服务，具有快速、高效率、成本低、精准、灵活等特征。

（四）众筹融资

众筹融资（Crowdfunding），即大众筹资或群众筹资，是指融资者借助于互联网上的众筹融资平台以实物、股权、期权、可转债等回报方式为其项目向广泛的投资者融资的模式。

二、“互联网十”春风吹动浙江小微金融

小微金融历来是浙江金融体系的一大特色。近年来，随着一系列导向性政策向小微金融的倾斜，浙江小微金融发展十分迅猛，规模不断扩大。截至2014年底，浙江金融机构贷款中单户500万以下小微企业贷款余额2828.2亿元，个人经营性贷款9547.3亿元（详见表1）。

表 1　近 5 年浙江省金融机构贷款中小微贷款余额

单位:亿元①

年份	单户 500 万以下小微企业贷款	个人经营性贷款	其中:	
			个体工商户贷款	小微企业主贷款
2010	1344.99	4535.41	1566.06	1218.21
2011	1775.23	5698.54	2074.94	1568.89
2012	2486.49	7381.03	2387.37	2158.97
2013	2780.13	8639.16	2934.96	2514.92
2014	2828.20	9547.30	3806.18	2679.13

按企业规模(大、中、小、微)分,2010 年以来,企业贷款中小型企业和微型企业贷款的余额和比重不断上升。

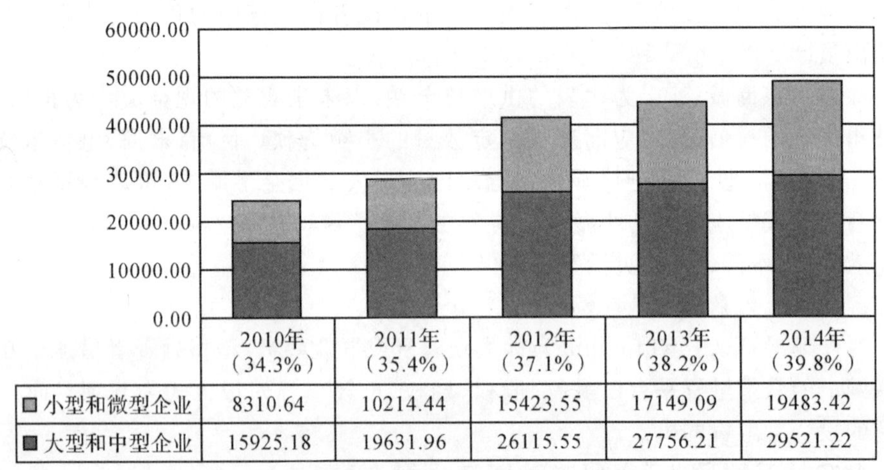

	2010年(34.3%)	2011年(35.4%)	2012年(37.1%)	2013年(38.2%)	2014年(39.8%)
小型和微型企业	8310.64	10214.44	15423.55	17149.09	19483.42
大型和中型企业	15925.18	19631.96	26115.55	27756.21	29521.22

图 1　按企业规模分的贷款余额情况

从图 1 可以看到,2010 年到 2014 年的 5 年间,浙江小型和微型企业贷款余额从 8310.6 亿元增加到 19483.4 亿元,小型和微型企业贷款余额占企业贷款余额的比重从 34.3%增加到 39.8%。

随着互联网的兴起,“互联网+小微金融”将成为今后小微金融发展的潮流,浙江小微金融也不能固守成规,必须跟上互联网时代大潮,顺势而为。下

① 数据来源:根据浙江省银监会《全金融机构大中小微型企业贷款情况表》(表号SF63)汇总得到。

面，利用 SWOT 分析模型，从优势（S）、劣势（W）、机遇（O）和挑战（T）四个方面，对“互联网＋”背景下浙江小微金融所面临的形势做一个简要的分析。

（一）浙江发展小微金融的优势（Strength）

1. 小微金融土壤肥沃，空间广阔。小微金融与民营经济有着天然而紧密的联系。改革开放以来，浙江作为一个资源小省和人口大省，在国家投资少、经济底子薄的基础上，区域经济飞速发展，GDP 总量与人均 GDP 均居全国第四位，关键就在于民营经济的蓬勃发展。据统计，2014 年浙江省民营经济创造增加值 2.61 万亿元，占全省 GDP 的 65.0％。

一方面，浙江民间财富庞大，资金来源充足，截至 2014 年底，浙江省个人储蓄存款达到 3.12 万亿元，小微金融发展的土壤肥沃。另一方面，浙江小微企业众多，根据 2012 年经济普查数据显示，浙江共有小微企业 80.7 万家，个体经营户 218.1 万个，小微金融需求巨大，市场空间广阔，小微金融的内生优势十分明显。

2. 民间金融传统历史悠久，小微金融发展国内领先。浙江的民间金融发展历史悠久，我国最早的几家民营银行，就诞生在浙江或由浙江商帮创办，如 1906 年开业的信成银行，1907 年成立的浙江兴业银行，以及四明商业储蓄银行和浙江实业银行等。

现如今，各种民营金融机构在浙江遍地开花，仅台州一个地级市，就有 3 家民营城市商业银行，即台州银行、泰隆银行和民泰银行。这几家民营银行最显著的特点就是专注于小微金融业务，形成了各自独特的小微金融技术。如浙江泰隆商业银行传统的“三品三表”（人品、产品、抵押品和电表、水表、海关报表）信贷技术，以及正在积极探索编制的“小微企业指数”；台州银行的“下户调查、眼见为实、自编报表、交叉验证”的信贷调查技术和“不看报表看原始、不看抵押看技能、不看公司治理看家庭治理”的风险识别技术；浙江民泰商业银行推行的“看品行、算实账、同商量”的信用风险防控方法。

3. 全民创新氛围浓厚，互联网金融国内先行。浙江历来具有全民创新的传统，无论是区域实体经济发展模式，还是新兴网上电子商务发展，一直都走在国内前列。互联网金融同样也是先行者，尤其以阿里金融为代表。阿里金融亦称阿里小贷，主要面向小微企业、个人创业者提供小额信贷等业务。阿里小贷主要利用其天然优势，即阿里巴巴 B2B、淘宝、支付宝等电子商务平台上客户积累的信用数据及行为数据，引入网络数据模型和在线资信调查模式，通过交叉检验技术辅以第三方验证确认客户信息的真实性，将客户在电子商务网络平台上的行为数据映射为企业和个人的信用评价，向这些通常无法在传统金融渠道获得贷款的弱势群体批量发放“金额小、期限短、随借随还”的小额贷款。截至 2014 年 2 月，阿里金融服务的小微企业已经超过 70 万家。

（二）浙江发展小微金融的劣势（Weakness）

1. 民间的地下钱庄和非法集资对小微金融秩序产生冲击。浙江的民间金融历来十分发达，居民、企业之间的直接借贷、企业集资十分普遍，存在大量游离于监管之外的影子银行以及处于灰色地带甚至涉嫌非法的地下钱庄和民间集资。这些民间金融行为由于缺乏有效监管，操作过程十分不规范，存在巨大的安全隐患，并对小微金融秩序产生不小的冲击。

首先，因为民间借贷的利率远远高于市场利率，更容易吸引居民的闲散资金，从而使正规银行的资金来源紧张。其次，正是由于民间借贷利率偏高，迫使借款的企业或个人倾向于选择更具冒险性的经营行为，而一旦经营失败，则连借贷的本金都无法追回，让资金借出方蒙受重大损失，使得金融系统的风险扩散化。此外，由于监管缺失，一些民间金融行为实质上是庞氏骗局，一旦泡沫破灭，容易造成严重的社会问题。

2. 小微企业征信困难，小微金融产品缺乏。由于我国社会征信体系尚不完善，银行难以较为全面地获得小微企业在其他渠道的融资信息、纳税信息、水电缴费信息、房产信息、出口贸易信息等各种“软信息”，造成银行难以准确评估企业风险和贷款定价。而小微企业金融需求“急、频、少”的特点，使得许多国有大银行对发展小微金融都没有太高积极性，因此传统金融体系中适合小微企业的小微金融产品较少，远远无法满足小微企业的金融需求。

在小微金融发展较为发达的台州地区，上述小微金融发展存在的问题被总结为“三多三难”，即中小微企业多、征信难，经济部门信息多、共享难，小法人银行多、资金来源难。

3. 外向程度高，易受国外冲击。浙江小微企业的外向程度高，许多企业的订单都主要来自国外。这些企业除了面临汇率风险，还容易遭受国外金融风波的冲击。例如在 2008 年的国际金融危机和 2011 年的欧债危机中，浙江有许多小微企业面临资金链断裂的危机，进而波及浙江的小微金融体系。

（三）浙江发展小微金融面临的机遇（Opportunity）

1. 经济面临转型升级，时代需要小微金融。以小微企业为代表的民营经济是过去数十年浙江经济的活力源泉，也是今后浙江经济转型升级的主力军。在过去单纯依靠成本优势粗放式发展难以为继的背景下，浙江经济面临着转型升级的历史要求，转型需要依靠创新，而开展创新则需要依靠金融。小微金融对推动广大小微企业开展创新，促进经济转型升级，具有举足轻重的作用。因此，大力发展小微金融，是时代的要求，也是时代的机遇。

2. 金融改革在浙江试点。党的十八大进一步明确阐述了我国金融改革的任务，并把金融改革试点放在浙江，有关小微金融的部分正是其中重要的一块内容。浙江省委省政府也积极贯彻落实十八大精神和有关金融改革的方针政策，各地方政府也积极推动金融业改革工作，其中主要以四大金融改革试点为代表，即温州金融改革、丽水农村金融改革、义乌金融专项改革以及台州小微企业金融服务改革创新实验区。在这些试点工作内容中，小微金融无疑占据了相当高比重。李克强总理在 2015 年政府工作报告中关于金融改革的表述中，也强调"以围绕服务实体经济"为前提，并释放了民营银行改革加速的信号，因此当前大力发展小微金融具备了天时、地利、人和。

3. "互联网＋"背景下有利于金融新势力崛起。在传统金融市场中，小微金融尽管市场潜力巨大，但由于缺乏相应的金融产品，开发难度大、利润小，因此属于边缘市场，各大金融机构对其重视程度不高。然而，随着互联网技术的不断革新，国内金融业的巨头们对小微金融市场也越来越重视，许多大银行也已经试水小微金融市场。这些金融大鳄相对于我省的大量民营金融机构而言，无疑在资金与规模上占据绝对优势。然而在"互联网＋"背景下，由于技术革新和模式创新大量涌现，我省的"金融小鱼"不仅能和国内"金融大鳄"们站在同一起跑线上，而且可以凭借地缘优势和灵活的机制，在小微金融市场中分一杯羹。

(四)浙江发展小微金融面临的挑战(Threat)

1. 互联网金融非面对面、虚拟性的特征带来安全性问题。由于小微金融的受众风险承受能力相对较弱，如何在网络上保障资金安全，成为发展互联网小微金融的重中之重。此外，互联网金融大数据的安全问题也不容小觑。通过互联网进行融资的小微企业数据信息涉及其商业秘密、企业财务等不便于公开的信息，电子信息的泄露将会给小微企业带来不可想象的严重后果。如何保护大数据的安全将是互联网金融发展面临的一个重大课题。

2. 金融创新爆发式发展，为政府监管带来困难。互联网技术的发展日新月异，随之而来的小微金融创新也层出不穷，但相关部门所制定的监管法律和政策却难以跟上这些变化，例如网上销售理财产品应该有怎样的标准和细则、互联网购物应该怎样保障消费者权益等。此外，也有一些非法金融机构(如影子银行、地下钱庄等)借"金融创新"之名，行金融诈骗之实。

面对各种不断创新的金融形式，监管部门原有的监管体系和监管手段还无法全面覆盖，不论是中国人民银行，还是主管金融的监管部门在监管方面都缺乏经验，许多监管模式都还在探索中。如何不断创新监管手段，有效应对迅速变化的互联网金融市场，将是监管部门面临的重大挑战。

3. 互联网技术催生新的系统风险。互联网技术为小微金融提供了广阔的发展空间，也催生了新的系统风险。支付手段的多样化和交易成本大幅降低为金融欺诈提供了生存空间，在一定程度上放大了金融系统的风险，小微金融本身高风险的特点也被进一步放大。因此，小微金融原有的风控手段必须面向互联网进行全面改造，一方面从源头上降低风险发生的概率，另一方面建立小微金融全程追溯机制，保障整个金融流程中的客户财务和信息安全。

三、"互联网＋"背景下浙江发展小微金融的对策建议

国际历史经验表明，小微企业金融服务的改进与完善，完全靠市场机制难以有效实现。因此，政府必须加强政策扶持和引导，在政策上发挥正向激励作用，引导金融机构不断改善小微金融服务，引导小微企业改善经营、规范行为、增强财务透明度。政府要转变政府职能，提高政府相关部门的服务意识和工作效率，不断优化发展环境，搭建银企对接平台，解决银企信息不对称问题，让市场的"无形之手"和政府的"有形之手"形成合力。

（一）完善相关法律法规，改善小微金融机构的生存环境

建议出台征信管理条例、《民间借贷法》或放贷人条例，建立存款保险制度。对于以小微金融服务为主的金融机构，应给予存款准备金、再贷款、再贴现、合意贷款等方面的定向政策倾斜。

（二）进一步健全金融服务体系，增强小微金融服务能力

鼓励大中型银行开展小微企业金融服务，支持大中型银行与微型金融机构开展业务合作，增强微型金融机构服务小微企业能力。出台定向扶持政策，推动现有城市商业银行、农村商业银行发展。放宽微型金融机构的进入条件，积极引导符合条件的小额贷款公司向村镇银行转型。积极推动信托、融资租赁、私募、典当、股权融资等的发展，促进小微企业金融服务的多元化。

（三）提高互联网金融监管能力，保护金融系统生态环境

"互联网＋"背景下的金融可以跨越时空界限，实现资金、信息的高速流动，对于金融监管时效性的要求越来越高，是挑战也是机遇。提高金融监管能力，一是要大力加强社会征信体系建设。二是推进网络金融的规范化、标准化。三是积极提高社会信用水平，通过培养社会主义核心价值观的宣讲，提高全社会特别是小微企业主的诚信意识，规避金融道德风险。四是完善失信惩罚机制，将失信信息在互联网上公示，进一步增加失信者的经济和社会成本，增强信用制度的威慑力。

（核算处　张序旦）

浙江省企业创新情况分析研究

企业创新调查是全面了解企业创新活动基本情况、创新类型、成效、合作方式、政策环境以及企业家创新意识等情况的调查。2014年,根据国家统计局的统一部署,浙江省统计局开展了浙江省企业创新调查,主要调查2013—2014年度浙江省企业创新情况,纳入调查范围的企业有62775家,其中规模以上工业企业40841家,特、一级建筑业企业1057家,各类服务业企业(限额以上批发和零售业企业;规模以上交通运输、仓储和邮政业,信息传输、软件和信息技术服务业,租赁和商务服务业,科学研究和技术服务业,水利、环境和公共设施管理业企业;省级及以上金融业企业)20877家。对上述规模以上工业企业,特、一级建筑业企业和省级以上金融业企业实施全面调查,对其他企业实施抽样调查。本文根据创新调查结果,分析我省企业创新现状、企业家对创新的看法以及企业创新面临的主要问题,并提出对策建议。

一、企业创新活动现状

(一)企业开展创新活动较为活跃,创新活动形式趋于多元化

1.企业创新活动覆盖面高于全国平均水平。全省有创新活动的企业占全部企业的47.1%,比全国平均高5.8个百分点。其中实现产品创新、工艺创新的企业分别占全部企业的27.9%和26.1%,比全国平均高9.2个百分点、6.1个百分点;其中工业企业中有创新活动的占55.9%,建筑业企业中有创新活动的占56.6%。在成功实现创新的企业中,建筑企业占55.5%,创新成功率最高。

2.大中型工业企业开展创新活动更为活跃,成功率更高。2013—2014年,在我省开展创新活动的工业企业中,大中型工业企业有4158家,小型工业企业18689家,分别占大中型工业和小型企业总数的83.0%和52.2%,大中型工业企业开展创新活动比重明显高于小型工业企业。在开展创新活动的大中型工业企业中,80.8%的大中型工业企业实现创新,32.4%的企业兼有产品创新、工艺创新、管理创新和营销创新,分别比小型工业企业高32.2个百分点、21.4个百分点。

3.技术密集行业创新活跃度较高。从行业分布看,创新聚集度较高的行

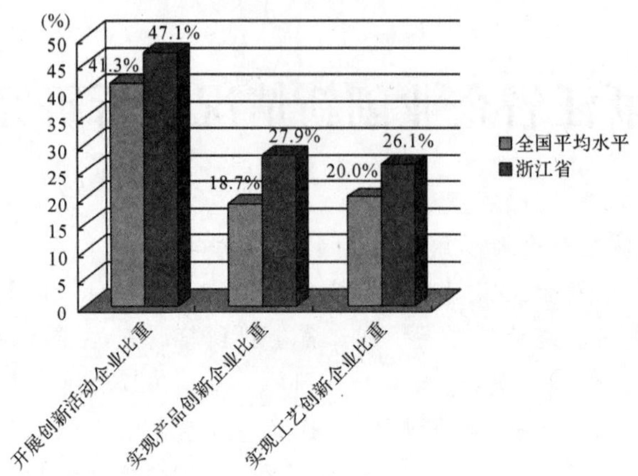

图 1 浙江省企业新活动覆盖面

业主要集中在技术密集型行业。在创新活动企业数超过 100 家的行业中，工业企业创新活动占比最高的五大行业分别是医药制造业(79.8%)，仪器仪表制造业(77.4%)，计算机、通信和其他电子设备制造业(73.6%)，专用设备制造业(74.0%)和汽车制造业(68.0%)，均属技术密集型行业，同时也是我省高新技术产业，大大高于全省 55.9%的平均水平，这些高新技术行业在全省企业创新投入中占有举足轻重的地位。

表 1 工业企业主要行业创新活动基本情况

	有创新活动企业数(个)	占比(%)	成功实现创新企业数(个)	占比(%)
总　计	22847	55.9	21476	52.6
化学原料和化学制品制造业	1040	62.9	989	59.8
医药制造业	344	79.8	324	75.2
通用设备制造业	2592	65.3	2466	62.2
专用设备制造业	1213	74.0	1168	71.2
汽车制造业	1192	68.0	1133	64.6
电气机械和器材制造业	2649	66.6	2490	62.6
计算机、通信和其他电子设备制造业	921	73.6	869	69.5
仪器仪表制造业	480	77.4	448	72.3

4.企业技术创新活动形式趋于多元化。在开展技术创新活动的企业中，内部开展研发活动的企业占比最高，达到了66.1%，说明企业自身研发是企业开展技术创新活动的最主要形式。此外，获取机器设备和软件、开展与创新有关的培训活动、市场推介活动所占比重分别为56.3%、41.3%和21.2%。反映出近几年我省企业的创新活动逐渐普及和多元化，呈现出积极活跃的发展势头。

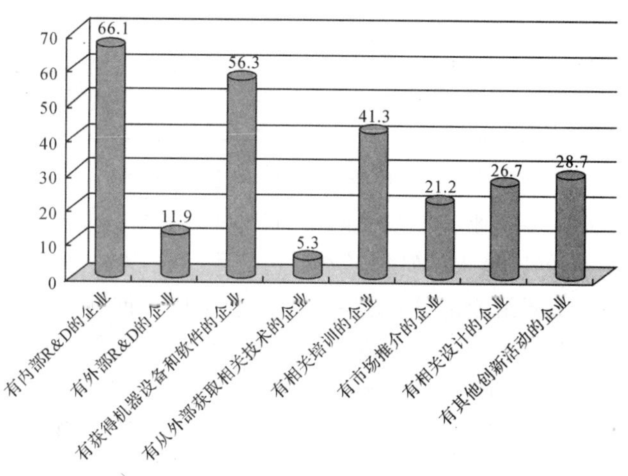

图2 浙江省企业创新活动形成(%)

5.不同行业创新模式特色分明。调查显示，企业创新活动类型从传统的产品创新、工艺创新等技术层面的创新活动逐渐向组织创新、营销创新等非技术层面的创新活动延伸。在以上四种创新中，工业企业注重产品或工艺方面的技术创新实现产品更新、提高生产效率。2013—2014年工业企业实现产品创新或工艺创新的企业占比分别为37.7%和33.4%，明显高于全省平均水平。建筑业在生产或施工工艺方面的创新更为普遍，实现工艺创新的企业比重达到了42.6%，比全省平均高16.5个百分点。此外，建筑业在经营模式和组织结构方面也普遍采用了新方式，开展组织创新的企业比重达到了42.6%，比全省平均高14.7个百分点。服务业企业则注重引入新的营销策略和组织管理方式，以提升企业运营效率和市场竞争力，开展非技术创新活动的企业比重明显高于开展产品(服务)、工艺(流程)等技术创新的企业。

表2　企业四种创新活动情况

单位:%

	产品或工艺创新活动企业比重	#产品创新企业比重	工艺创新企业比重	组织创新或营销创新企业比重	#组织创新企业比重	营销创新企业比重
总　计	37.0	27.9	26.1	34.2	28.0	27.2
工　业	48.5	37.7	33.4	37.3	30.9	30.2
建筑业	46.4	19.4	42.6	44.7	42.6	19.1
服务业	14.2	9.2	11.1	27.5	21.5	21.8

(二)创新方式优化,由主要依靠引进向自主创新转变

1.独立开发成为企业实现技术创新的最主要方式。从工业企业创新经费投入看,代表自主创新投入的研发经费所占比重达到60.6%,成为企业技术创新经费投入的最主要组成部分,反映出我省企业技术创新模式由主要依靠引进技术向自主创新的转变。在实现产品创新的企业中,新产品由本企业独立开发的占81.5%;在实现工艺创新的企业中,新生产工艺由本企业独立开发的占76.8%;在有技术创新活动的企业中,以研发活动作为创新形式的占66.1%。

2.市场需求成为企业开展技术创新的最主要动力。在开展技术创新活动的企业中,认为企业自身发展需求信息对其开展创新活动影响较大的有46.1%;而认为客户或消费者需求信息对创新影响较大的有62.5%;认为竞争对手信息和设备、原材料等供应商信息影响较大的分别有30.3%和20.8%。这表明除企业自身发展需求外,市场信息已成为激发企业进行创新的最主要动力。

3.合作创新成为企业实现技术创新的另一重要途径。在开展技术创新活动的企业中,有74.8%的企业与其他企事业单位开展了不同形式的合作。其中,最受企业青睐的创新合作伙伴是客户或消费者,选择与他们合作的企业比重为54.1%;设备、原材料供应商、高校、竞争对手或同行业其他企业、集团内部企业、研究机构也是企业创新的重要伙伴,选择与他们合作的企业比重分别为37.0%、24.8%、20.6%、20%和14%。

(三)创新产出成效明显,知识产权保护意识增强

1.创新产出成效明显。创新调查数据显示,浙江工业企业在开发新产品的过程中,成果转化能力进一步提高。2014年,调查企业共实现新产品销售收

入24240.97亿元，占当年主营业务收入的20.3%，比全国平均水平高7.2个百分点。其中，工业企业实现新产品销售收入16507.86亿元，占主营业务收入的25.6%，比国家平均高12.7个百分点。分企业规模看，大型工业企业实现新产品销售收入6185.91亿元，占主营业务收入的39.9%，中型工业企业实现5480.74亿元，占27.3%，小型工业企业实现4841.21亿元，占16.8%，表明企业规模越大，创新收益越高。

2.超过半数的企业通过采取知识产权保护或相关措施保持和提高创新竞争力。2013—2014年间，有57.7%的企业采用多种形式对所拥有的知识产权和技术秘密进行了保护。其中，有21.5%的企业申请了专利，有16.7%的企业对技术秘密进行了内部保护，有14.2%的企业注册了商标。

表3 保持和提高创新竞争力采取措施

单位:%

	申请了专利的企业比重	申请了注册商标的企业比重	申请了版权登记的企业比重	形成了国家或行业技术标准的企业比重	对技术秘密进行内部保护的企业比重	应用了难以复制的复杂技术的企业比重	发挥了时间上的先发优势的企业比重
总　计	21.5	14.2	1.8	8.6	16.7	2.7	19.5
工　业	30.5	18.6	1.7	10.8	22.1	3.4	20.1
建筑业	26.8	6.7	1.4	10.6	13.1	3.5	16.0
服务业	3.7	5.8	1.9	4.1	6.5	1.3	18.4

二、浙江企业家对创新的看法

企业家是否具有创新精神，直接影响企业创新活动的开展状况。创新调查结果显示:浙江企业家素质在不断提高，企业家中具有大学专科及以上学历人员占78.9%，其中，硕士以上学历的占4.2%，他们对创新的认识有着独特的见解，主要表现在以下几个方面:

(一)近七成的企业家认为创新对企业的生存发展有作用

创新活动的广泛开展，源于创新意识的增强。当被问及目前创新对企业的生存发展起到什么作用时，29.2%的企业家认为创新起到非常重要的作用，56.7%的企业家认为创新产生了一定作用。当被问及是否制定未来创新战略目标时，有59.6%的企业家选择了“是”，其中选择“增加创新投入提升企业竞争力”的企业家占制定战略目标企业的54.5%，选择“赶超同行业国内领先企业”“保持现有的技术水平和生产经营状况”“赶超同行业国际领先企业”的企业家分别占 20.1%、16%和 6%。创新作为企业参与市场竞争的重要手段,已经受到企业及其经营者的普遍认同。

(二)有创新精神的企业家和高素质的人才被认为是企业创新获得成功的关键因素

从影响企业创新成功的因素看,企业家认为“有创新精神的企业家”“高素质的技术人才”“员工对企业的认同感”等三个因素对企业创新成功影响较大,选择影响程度为“高”的企业家最多,分别占 44.4%、43.7%和 38.7%。而企业家认为“优惠政策的扶持”“可信赖的创新合作伙伴”“充足的经费支持”等三个因素对企业创新成功影响较小,选择影响程度为“低”或“无”的企业家分别占 27.7%、23.8%和 21.6%。

(三)增加工资或奖金是普遍使用且效果较好的激励措施

从创新激励措施及效果看,企业普遍采用“增加工资或奖金”“岗位调整或升职机会”和“培训或深造机会”等措施激励员工开展创新,并且实施效果比较好。在有创新活动的企业中,采取以上激励措施的企业占创新企业的比重分别为 93.3%、83.5%和 75.2%,并且分别有 45.6%、35.9%和 29.5%的企业家认为以上的激励实施效果很好。而“汽车住房等物质奖励”“股权或期权”等激励措施普遍未使用。

(四)人才、知识产权和金融支持政策对企业创新有较大影响

从企业家对政策的评价看,在列举的九项政策中,企业家认为“鼓励企业吸引和培养人才的相关政策”“创造和保护知识产权的相关政策”和“金融支持相关政策”三项政策对企业创新有较大影响,选择影响程度为“高”或“中”的企业家所占比重分别为 51.7%、50.8%和 47.9%。而企业家认为对创新影响程度比较低的三项政策依次为“科技开发用品免征进口税收政策”“技术转让、技术开发收入免征增值税和技术转让减免所得税优惠政策”“高新技术企业所得税减免政策”,所占比重分别为 71.5%、69.1%和 62.4%。

三、企业创新中的问题

(一)人才、费用和技术成为企业开展创新的最大阻碍因素

在被调查企业中,企业认为“缺乏人才或人才流失”是阻碍创新的首要因素,占全部企业的 28.6%。其中工业和建筑业选择其为最主要因素的分别占全部企业的 33.2%和 37.7%。其他阻碍因素中,“创新费用方面成本过高”“缺乏技术方面的信息”“不能确定创新产品的市场需求”和“缺乏市场方面的信息”分别占 19.9%、19.7%、15.3%和 10.3%。

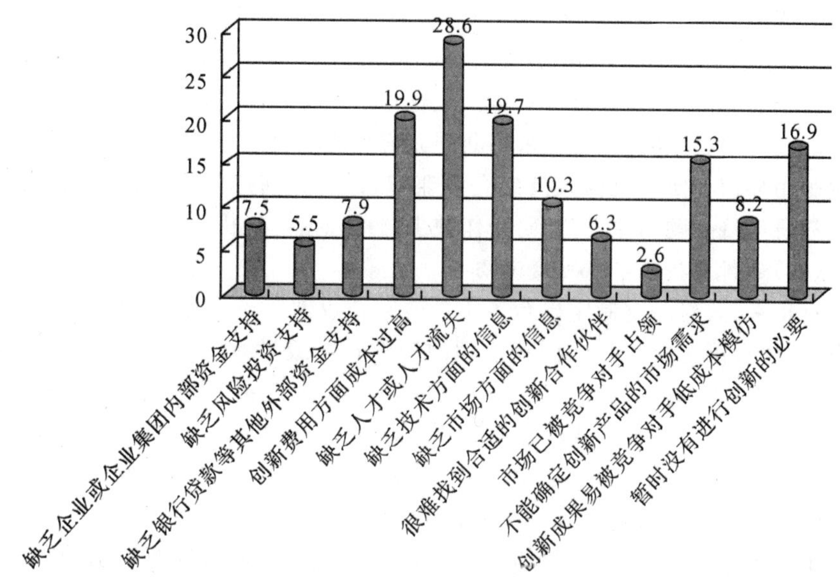

图 3 浙江企业技术创新活动的阻碍因素(%)

(二)企业创新成果的科技含量水平偏低

此次创新调查将新产品划分为市场新和企业新两种新颖度,市场新又可分为国际市场新、国内市场新两种新颖度。了解新产品是否具有一定的科技含量,是否在国际市场上和国内市场上具有足够的竞争力,是对创新成效的最终检验。

调查结果显示:全省调查企业市场新、企业新产品销售收入占企业主营业务收入的比重分别为 8.56%、11.75%,市场新产品销售收入占全部新产品的 42.1%。工业企业中国际市场新、国内市场新和企业新产品销售收入分别占企业主营业务收入的 2.56%、8.08%和 15.01%,国际市场新、国内市场新产品销售收入分别占全部新产品的 10.0%、31.5%。由此可见,浙江大部分企业开展的创新活动水平仍不高,具有高科技含量、高附加值的国际新产品数量还比较少,实现的销售收入份额也仅占 10%,不少企业还是通过追随和效仿市场上的类似产品来获取经济效益,长此以往,将严重制约我省企业的发展后劲和市场竞争力。

(三)产学研合作缺少长期稳定机制

目前,我省各创新主体之间的合作关系相对松散,企业对高校和研究机构资源的利用明显不足。从企业技术创新的信息来源看,认为研究机构和高校信息对开展创新活动影响较大的分别占创新活动企业的 7.5%和 6.6%,排在 14 种信息来源的第 11 位和第 13 位,说明高校和研究机构掌握的信息资源不能满足企业的需求,不被企业认可。从合作形式看,在与高校和研究机构开展合作的企业中,65.6%的企业采用共同完成科研项目的合作形式,有 30.6%的企业聘用高校和研究机构人员到企业兼职,说明目前产学研合作仍以解决临时性科研项目问题为主,产学研合作缺少长期稳定运行机制。

(四)创新支持政策认可度不高

近年来,政府相继制定出台了不少鼓励企业创新的政策,但从创新调查结果看,不少政策对企业开展创新活动的影响较小或没有作用。从政策实施效果不明显的原因看,有近七成的企业不具备享受政策的资格,成为政策影响不明显的最主要原因,说明我们创新政策的普惠性还不强。此外“不知道政策”“办理手续烦琐”“吸引力不足”“政府部门政策执行力度不够”等原因也造成部分企业对创新政策兴趣不大,所占比重分别为 8.4%、6.9%、3.9%和 1.7%。其中工业企业反映“办理手续烦琐”最多的政策是“企业研发费用加计扣除税收优惠政策”,达到了 8.7%。

四、政策建议

(一)制定面向企业的促进人才流动引进政策

调查显示,企业创新人才缺乏已成为影响创新的首要因素。而人才是第一资源,是增强企业创新能力的根本保证。

一是打破体制机制障碍,制定鼓励科研院所、高等院校创新人才到企业兼职政策,促进人才资源的合理流动,将分散于企业、高校和科研院所的人才有效组织起来,支持他们创新创业。

二是制定面向企业更具竞争力的人才引进政策,对于高层次、特需人才,给予更充分的补贴和税收优惠,通过提高待遇缓解生活压力,增强企业对核心人才的长期吸聚能力,避免人才流失。

(二)研究配套衔接的组合式创新政策

当前,创新规律表现出由单一的技术创新向市场、管理、商业模式创新等组合式创新方式演变。调查显示,企业创新活动逐渐向组织(管理)创新和营销创新延伸,但同时企业对创新产品的市场实现存在担忧,所以建议研究市场创新、管理创新、商业模式创新等全面创新配套衔接政策,建立新产品新服务供需交易市场,加强创新产品的市场研究与推广应用。

(三)转变观念,确保创新政策落实

首先,要营造良好的创新环境。即:政策环境、体制环境、市场环境、法制环境。其次，要确保创新政策的落实。一是有关部门应加大对创新政策的宣传力度。改进宣传方式，建立创新政策信息平台，统一发布、宣传和解读有关创新扶持政策，同时政府有关部门要开展多种形式的培训和辅导，帮助企业了解和掌握有关政策。二是相关部门应进一步加强政策的普惠力度，让广大中小企业也能普遍享受创新优惠扶持政策。三是要加强有关政策的落实力度。有关部门要通过简化审批流程和办事手续来加大政策落实力度。四是各级政府在财政收入上要往长远看，舍得用阶段性财政收入减少来支持企业创新发展，培育和开拓成长性财源。

（四）建立稳定长效的产学研合作机制

企业要主动面向科研机构、高校寻求智力支撑，科研院所和高校要加强对企业技术创新的源头支持。一方面鼓励科研院所和高校在加强战略高技术研究和基础性科学研究的同时，转变工作思路，多研究满足企业需求的成果，推动科研院所和高校的科技力量进入企业，促进科研成果向现实生产力的转化，形成具有自主知识产权的技术和产品，增加技术储备。另一方面鼓励科研院所和高校与企业共建研发机构，共建学科专业，开展合作项目。高校和企业可以联合制定人才培养标准，共同建设课程体系和教学内容，进行订单式人才培养，从而形成稳定长效的产学研合作机制。

（社科处　蔡思中）

浙江省临时救助制度现状调研报告

为了解、掌握我省临时救助制度落实情况和临时救助的作用，以及临时救助制度存在的问题和解决途径，浙江省统计局近日联合省民政厅开展了临时救助实施情况专项调研工作。本次调研我们走访了嘉兴市的嘉善县、海盐县和绍兴市的柯桥区、诸暨市等 4 个省级试点县(区)的民政部门和 20 户(名)受助家庭(含个人)。调研结果显示：我省临时救助政策落实良好，临时救助工作取得初步成效，也积累了许多临时救助经验。其中，4 个受访市(县、区)民政部门均已建立临时救助、“一门受理、协同办理”、社会救助信息共享机制以及临时救助资金专项管理等制度，并将临时救助资金列入当地财政预算；3 个市(县、区)建立了社会力量参与机制和家庭经济状况核对机制。但临时救助在实施过程中也逐渐凸显出了一些不容忽视的问题，需要引起高度重视，逐步予以完善。

一、临时救助工作开展情况

2014 年国务院颁布《社会救助暂行办法》，下发《国务院关于全面建立临时救助制度的通知》，浙江省积极贯彻、及时响应，同年，出台了《浙江省社会救助条例》，下发《浙江省民政厅浙江省财政厅关于进一步完善临时救助制度的通知》，同时，省民政厅印发《浙江省“救急难”工作试点实施方案》。嘉兴市海盐县与嘉善县被列为省级“救急难”工作试点地区，并分别在原有救援制度的基础上于 2014 年出台了《海盐县“救急难”工作试点实施方案》和《嘉善县困难群众“救急难”实施办法》。被列为省级试点的还有柯桥区和诸暨市。绍兴市柯桥区已率先于 2011 年 11 月出台了《绍兴县城乡居民临时救助实施办法(试行)》，诸暨市于 2012 年 3 月出台了《诸暨市人民政府关于印发诸暨市城乡居民临时救助实施办法(试行)的通知》。4 个地区 2014 年救助情况详见表 1、表 2。

表 1　2014 年浙江省 4 个试点地区救助情况一览表

地　　区	绍兴市柯桥区	绍兴市诸暨市	嘉兴市嘉善县	嘉兴市海盐县
本地区 2014 年临时救助家庭数量(户次)	8731	610	2480	2398
其中:城市家庭数	2269	149	582	411
农村家庭数	6462	461	1898	1987
本地区 2014 年临时救助个人(人次)	21827	1830	5531	6985
其中:城市人数	5672	447	1012	871
农村人数	16155	1383	4519	6114
流浪乞讨人数	639	1062	154	23
本地区临时救助家庭的主要原因				
原因 1	因病	因病	因病	因病
原因 2	因祸	突发事件	因灾	意外事故
原因 3	因灾	因灾	交通事故	就学
本地区临时救助个人的主要原因				
原因 1	因病	助学	因病	因病
原因 2	因祸	因病	因灾	意外事故
原因 3	因灾	突发事件	交通事故	就学

表 2　2014 年浙江省 4 个试点地区救助资金一览表

地　　区		绍兴市柯桥区	绍兴市诸暨市	嘉兴市嘉善县	嘉兴市海盐县
临时救助金和物品发放情况	本地区政府是否将临时救助金列入财政预算	是	是	是	是
	2014 年临时救助财政预算数(万元)	610	428	114	113
	本地区 2014 年临时救助金支出总额(万元)	1237.29	276.23	112.94	107.88
	其中:城市支出金额	312.32	50.01	24.31	16.54
	农村支出金额	924.97	226.22	88.63	91.34
	支出总金额中来自财政支出	596.8	276.23	112.94	107.88
	本地区 2014 年发放临时救助物品数量(件)	/	106	/	20

续　表

地　　区		绍兴市柯桥区	绍兴市诸暨市	嘉兴市嘉善县	嘉兴市海盐县
临时救助金和物品发放情况	本地区 2014 年临时救助家庭标准(元/年.户)	1417	4528.36	200—30000	449.87
	本地区 2014 年临时救助个人标准(元/人次)	567	1509.45	200 12 个月低保金	154.45
	本地区城市居民最低生活保障平均支出水平标准(元/人·月)	580	580	588	588
	本地区农村居民最低生活保障平均支出水平标准(元/人·月)	520	520	588	588

二、受访者(救助对象)基本情况

本次调研抽选了嘉兴的嘉善县与海盐县,以及绍兴的柯桥区与诸暨市 4 个地区,共走访 20 户(名)受助家庭(含个人)以及各地区的民政部门。受访者中男性占比 55%,女性占比 45%,年龄跨度达到 71 岁(最小 10 岁,最大 81 岁),性别、年龄结构较为均衡。19 名受访者居住在农村,受访者家庭规模大小差异不一,人口在 5 人(含 5 人)的有 5 户,占 25%,1—2 人的有 8 户,占 40%。20%的受访者未上过学,高中以上文化程度仅占 15%,文化程度普遍偏低。从职业看,有 50%受访者没有工作;从收入来看,受访者个人月收入均在 2000 元以下,其中,1000 元以下占六成;家庭月收入均在 3000 元以下,高达九成的家庭月收入在 1500 元以下。另外,有六成的受访者没有低保。详细情况见表 3。

表 3　受访者基本情况表

项目	人数	比例	项目	人数	比例
1. 性别构成					
男	11	55%	女	9	45%
2. 年龄结构					
30 岁及以下	2	10%	31—50 岁	5	25%
51—70 岁	12	60%	70 岁及以上	1	5%
3. 居住地					
农村	19	95%	城镇	1	5%

续 表

项目	人数	比例	项目	人数	比例
4.家庭规模					
1—2 人	8	40%	3—4 人	7	35%
5—6 人	5	25%	/	/	/
5.文化程度					
未上过学	4	20%	小学	8	40%
初中	5	25%	高中及中专	2	10%
大专及以上	1	5%	/	/	/
6.从事职业					
企业	3	15%	农民	3	15%
自由职业	4	20%	无工作	10	50%
7.月收入					
1000 元及以下	12	60%	1001—2000 元	8	40%
8.家庭月收入					
1500 元及以下	18	90%	1501—3000 元	2	10%
9.是否享受低保					
有低保	8	40%	无低保	12	60%

三、临时救助工作经验

我省自开展实施临时救助制度以来，不仅及时解决了因灾因病因(事)故困难群众的燃眉之急，同时在实施的过程中也积累了不少值得总结推广的经验。

(一)在临时救助工作机制建设上，嘉善县积极探索，取得较好效果

嘉善县在临时救助工作中大胆创新，积极探索，不断完善临时救助工作机制，为解决群众临时困难问题，保障困难群众基本生活，促进社会公平，维护社会和谐稳定做出了巨大贡献。一是探索社会救助程序，构建“绿色通道”工作机制。对遭遇突发事件、意外伤害、重大疾病或其他特殊原因导致生活陷入困境，其他社会救助制度暂时无法覆盖或救助之后仍有困难的家庭给予应急性、过渡性救助。做到救助程序方便快捷，救助及时。二是探索“急难”发现渠道，构建“快速响应”工作机制。积极探索畅通困难群众申请救助和有关人员报告

急难情况渠道，建立发现报告和快速响应机制。组建村(社区)民政助理、村民小组长、楼道长、村邮递员网格服务团队105支，联络员达568人。及时了解、掌握、核实辖区居民遭遇突发事件、意外事故、罹患重病等特殊情况，主动帮助其提出救助申请并协助落实，做到早发现、早救助、早干预，及时处理、转办救助申请和急难报告，积极落实临时救助措施。三是探索救助程序，构建"急难会商"工作机制。进一步明确部门职责分工，加强部门之间的协作联系，整合民政内部和部门之间的政策资源，共同推动临时救助工作，形成齐抓共管的工作局面。对重大的救助事项和工作涉及面广、情况复杂的事项，由县府办牵头、召开社会救助联席工作会议，协调各方，会商解决，及时有效地救助陷入生活困境的群众，维护全县社会和谐稳定。目前已召开相关部门"急难会商"5次，3人通过会商审核，发放救助金54394元。四是探索与社会力量衔接，构建"一核多元、多元共助"社会参与机制。加强政府救助与慈善救助的有效衔接，依托各级慈善组织，搭建政府部门救助资源，社会组织救助项目和公民个人救助意愿与急难对象救助需求对接的信息平台，在确保政府救助公平、公正实施的同时，充分发挥慈善救助方法灵活、形式多样的特点，设立慈善救助资金。

(二)在"一门受理、协同办理"临时救助基础制度建设方面，嘉善县的有关做法值得借鉴和推广

一是构建"一门受理，协同办理"工作平台。嘉善县创新载体，积极搭建临时救助工作平台，在全县9个镇(街道)，统一建立社会救助服务窗口。同时，154个村(社区)统一设立社会救助服务代理窗口，设计困难群众"求助有门、受理及时"的工作流程。通过完善救助网点、简化救助程序，精心打造"一门受理，协同办理"的部门合作机制。同时依托社会服务中心"96345"，设立24小时社会求助热线。二是完善经济状况核对平台。2013年6月份，嘉善县成立了低收入家庭核定中心，出台了《嘉善县居民家庭经济状况核对实施办法(试行)》，搭建居民家庭经济状况核对信息平台，对申请大额临时救助资金的对象进行家庭经济状况核对工作，切实维护了救助工作的严肃性、公平性、公正性。三是完善阳光救助平台。2006年嘉善县开始建设社会救助信息平台，并根据救助内容、操作方式不断完善，平台也经历了两次升级，在县、镇二级使用的基础上，及时向所有村(社区)延伸，形成了县、镇、村(社区)一网覆盖、分级操作的模式，较好地实现了预期的建设目标，使临时救助申请、审核、审批全过程更加便捷、透明、规范。同时注重信息采集的质量，并努力增加采集的信息数量。

(三)临时救助最主要的是救急难，其关键的两个字是"急"与"难"，所以必须在时间上尽量能够及时，在救济水平上能尽量满足脱离困难的要求，这方面

海盐县的做法值得借鉴

近年来，海盐县按照国家、省的要求，结合自身实际，逐步建立起管理规范、资金落实，与城乡低保制度等民生保障政策相衔接，能及时有效帮助城乡居民家庭解决因临时性、突发性造成基本生活出现暂时困难的临时救助制度，做到制度健全，落实到位。2010 年 1 月，海盐县出台了《海盐县城乡困难人员临时救助办法》。2015 年 5 月，为进一步发挥社会救助保底线、救急难作用，着力解决城乡困难群众因突发性、紧迫性、临时性事件造成的生活困难，针对原救助政策在范围、标准及救助形式和机制上与当前的经济社会发展水平以及上级的有关要求不相适应的现状，修订完善了新的临时救助办法。

一是突破户籍限制，拓展救助范围。将持有浙江省居住证三年以上的外来人员纳入救助范围，对遭遇突发事件、意外伤害、重大疾病或其他特殊原因导致基本生活陷入困境，暂时无法获得补偿、赔偿或获得补偿、赔偿之后基本生活暂时仍有严重困难的家庭或个人给予临时救助。

二是提升救助标准，增加救助方式。根据临时救助对象的困难程度和不同情形，可以给予每人最低生活保障标准 6 倍以下(3528 元)的救助，特殊情况的不超过 12 倍(7056 元)。在资金求助的基础上增加了实物救助和转介服务的救助方式。

三是简化救助程序，提高救助时效。在依申请受理的基础上增加主动发现受理程序，情况紧急的可以启动紧急程序。镇(街道)的直接审批权限从 500 元提高到 1000 元。受理程序更加合理，更具人性化。

在本次调研中，海盐县 5 户受访者中，对“临时救助对生活是否有帮助”这一问题，有 2 人选择“很有帮助”、3 人选择“有帮助”，回答明显优于其他 3 个地区。

(四)加强组织建设，加强领导管理是临时救助及时到位、受困群众生活困难及时得到解决的根本保证

嘉善县困难群众临时救助工作，坚持“保底线、救急难、可持续”的方针，统筹兼顾，突出重点，不断完善政府领导、民政牵头、部门配合、社会参与的社会救助工作机制。一是加强组织保障。嘉善县成立社会救助领导小组，同时建立健全嘉善县社会救助联席会议制度，由县政府分管领导任总召集人，民政部门牵头，25 个职能部门共同组成，明确分工领导及联络人，落实各成员单位职责，建立社会救助信息通报制度，使全体居民在遭遇困难时，得到及时救助，促进社会救助的公平效率。二是加强政策保障。2009 年，嘉善县出台了新的临时救助政策，进一步规范了临时救助制度，明确了临时救助程序，细化临时救

助相关部门的职责和分工。因重大疾病、各种灾害、交通事故、突发性公共事件造成生活暂时困难的一次性救助 500—2000 元。同时对一些情况比较紧急的,采取特事特议的方式审批,后补办相关手续,充分体现了临时救助"救急救难"的工作特点。在此基础上,嘉善县在 2014 年探索建立完善的"救急难"工作制度体系,出台配套政策、创新服务方式,完善社会救助政策的整合衔接机制,让突遇不测、因病因灾陷入生存困境的居民(含非户籍常住人口)得到及时救助,真正做到救群众之所急,解群众之所难,防止冲击社会道德和心理底线事件发生。三是加强资金保障。为切实帮助遭遇突发贫困的群众解决困难,嘉善县逐年加大临时救助资金预算,2015 年将人均筹资 3 元提高为人均筹资 5 元,达到 190 万元。

四、存在的主要问题

(一)救助信息不畅,部门联动能力弱

当前,我省社会救助体系主要是以最低生活保障为核心,医疗救助、五保供养、教育救助、住房救助等专项救助为辅,临时救助为后盾的多位一体模式,但各救助制度以及部门之间缺乏有效的衔接。救助工作主要由各市、县的民政部门牵头,负责具体实施管理,同时各地区的财政局、教育局、卫计委、司法局、住建局、人社、残联、妇联、慈善总会、红十字会等部门也参与部分救助工作,目前各部门之间还没有建立完善的救助信息共享平台,导致"一门受理、协同办理"效果不佳,容易造成职责交叉、职能交叉、权责不一、推诿扯皮现象。部门之间的信息沟通渠道不对接、不通畅,救助过程中存在交叉和空白,困难群众的重复救助或遗漏救助经常发生,降低了救助工作的效率,且加大了社会救助成本,导致本就不宽裕的救助资金更加紧张。

(二)救助形式较为单一,资源配置欠合理

按照国发〔2014〕47 号文件规定的三种救助方式,一是发放临时救助金,二是发放实物,三是提供转介服务。从调研情况看,各地临时救助的方式比较单一,几乎全部采用现金的方式提供救助,缺乏有效的服务救助,难以满足不同的救助需求,特别是缺乏救助服务供给使某些遭遇突发性事件的家庭难以真正摆脱困难,如绍兴诸暨一户人家在丈夫患癌不治身亡后遭遇儿子溺水死亡的打击,心力交瘁,急需有效的心理干预而非物质救助;嘉兴海盐一户人家男主人身体健康状况较差,没有工作,仅靠妻子打工养家糊口,之后儿子不幸溺水死亡,使家庭大受打击,生活难以维持,在物质救助的基础上更需要的是及时的心理辅导,让这户家庭早日走出伤痛。

从现实个案来看,群众在遭遇到突发性事件如车祸、主要劳动力意外死

亡，或者家庭有重大刚性支出如患重大疾病、子女上大学等，所需救助资金数额一般较大，而不同地区的临时救助提供的帮助力度有较大的差异，如海盐县一户人家女儿查出患有白血病，前后自付医药费达140余万元，花光家中所有积蓄还欠了一大笔外债，最终还是因病情恶化死亡。该户人家获得救助均为最高标准，共获得29余万元的救助，虽然还有很大的缺口没有补上，但是在一定程度上有效缓解了家庭的经济压力；而同地区一住户，丈夫发生交通事故死亡，支出医疗费用达30余万元，儿子还小，母亲年迈。由于是交通事故，医疗费用无法报销，肇事方家庭也很困难，无法承担巨额医疗费用。该家庭仅收到1万元的临时救助金，并没有对家庭经济压力产生缓解作用。我省目前的临时救助金额发放存在不均衡的情况，在面对受助家庭面临的诸如疾病、教育等严重问题的时候，救助金额参差不齐，一些家庭能够获得较好的救助，而一些家庭则略显单薄，救助资源在配置方面还不尽合理，存在不公平的情况。

(三)基层救助队伍偏弱，业务能力有待提高

目前我省乡镇(街道)基本上仅有1名民政工作人员，大多数民政工作人员身兼数职，除要负责临时救助等民政工作外，还要承担其他中心工作。村(居)委会基本上没有临时救助方面的专业人才，仅靠村(居)委会干部统筹做好临时救助等民政工作。值得一提的是，随着近年来我省社会救助范围的不断扩大，而且救助项目也已涉及城乡低保、低保边缘户救助、社会医疗救助、住房救助、五保集中供养、灾害救助、孤残儿童和流浪乞讨人员救助、精简职工救济和临时救助等方面，各类相关政策条款极大地增加了救助服务工作量，同时对救助工作人员的业务熟悉能力要求也越来越高。但实际情况是，从事该项工作的人员不仅人数少，而且人员调动过于频繁，导致救助人员业务能力不强，经验不足，“专职不专业”现象已经严重影响了我省社会救助的工作效率和救助质量。

(四)申请流程烦琐，“救急”难体现

从此次调研看，多数县(市、区)在操作程序上能够科学合理地简化申请审批程序，缩短办结时限。但也存在少数县(市、区)在实际操作中，救助程序烦琐，申请对象需向村(居)申请，乡镇(街道)民政所调查政府审核，县民政局对乡镇(街道)上报的救助对象进行集中审批。审批时限上，有的按季审批，有的在年中年尾审批。调研显示，八成的受访群众反映申请救助一个月及以上才能得到救助，另外二成的群众也需要一周以上才能获得救助，这显然与困难群众的急救需求相悖，与临时救助“救急”工作原则不相符，不能在最短的时间内对遭遇困难的群众给予及时救助，临时救助也就失去了其存在的价值。

（五）救助范围有限，“救难”不全面

针对外来常住人口，临时救助的给予只能帮助其解决当前问题，无法得到后期可持续的生活保障。由于低保户籍制度的限定，政府政策方面所能救助范围也因此受限。其次，在我国大部分地区，职工医保、居民医保以地级市为统筹区域，新农合医保以县级市为统筹区域，而且分属人社、卫计两个系统管理。此外，对于医保，财力较发达地区政府补贴多些，否则就少些。以上这些因素造成了各地医疗保障水平差别较大，药品目录、起付线、封顶线以及报销比例千差万别。

在我省，原属普通家庭的，因病致贫成为普遍现象。而对于一些特殊病种或者大病医保来说，医疗资源配置的不均衡导致医疗报销的范围、比例不同等都让家庭无法承受巨大的医疗费用。同时，交通事故对社会来讲，是一种经济的损失；对于政府来讲，是一种不和谐因素；对人民群众来讲，是财产方面的损失和精神方面的伤害。在此次调研中发现，意外或交通事故是第二大致贫原因。电瓶车引发的事故最为频繁，然而往往受害方却无从索赔。若经交通部门断定为交通事故的，将无法实现医保报销；若转向事故责任方索赔医疗费，更多的是耍赖皮，最终索赔无果。因此在交通事故处理中对超标电动自行车如何定性及承担何种法律责任的问题，引起民众普遍关注。

（六）宣传不足，群众知晓率低，抗风险能力弱

各地虽然通过多种形式宣传临时救助政策，但宣传面仍较窄，宣传力度也不够。其中，90%的受访对象都是通过街道社区工作人员主动宣传来了解临时救助政策，而通过报刊、广播电视、互联网等媒体以及宣传栏、宣传册了解这项惠民政策的人员并不多。除此之外，符合临时救助的群体大多文化水平不高，群众对临时救助政策知晓度与了解度并不高，比较了解的仅占 10%，有 55%属于不了解政策。

除此之外，在受救助的原因中，因重大疾病接受救助的有 8 户，占全部受访者的 40%。受救助者普遍认为大病救助病种少，医药费报销周期长以及比例不够高。医疗费是导致家庭负担重的主要原因，受救助者认为医疗费为主要负担的有 11 户，占全部调查总数的 55%。同时，受访对象的月收入均在 2000 元以下，且没有购买任何商业保险，仅有 10%的受访者参加了大病医疗保险。在遇到突发意外状况或困难时，救助对象没有一个较好且稳定的保障，难以承受巨大的物质以及精神损失。除此之外，很多家庭和个人在遭受一次困难后，有极大的可能遭遇二次困难，这对他们而言无疑是雪上加霜，他们的抗风险能力近乎“零”。

五、政策及建议

(一)整合救助资源,提升部门联动能力

1.完善机制,部门联动。各级民政部门应进一步加强民政内部业务信息共享,加强与计生、教育、住房、人力、社保等部门的沟通,充分发挥"一门受理、协同办理"机制、重大急难事项部门会商制度的作用,统筹衔接基本医疗保险、最低生活保障、农村五保供养、医疗救助、临时救助、疾病应急救助、住房救助、教育救助、就业救助、灾民生活救助、刑事被害人救助、慈善救助等各项社会保障和社会救助资源,形成救助"叠加效应",最大程度解决群众遇到的急难问题。

2.资源整合,信息共享。建立信息化平台以进一步提高社会救助制度的总体工作效率,同时有效提升社会救助对象的准确性。整合和完善城乡居民家庭经济状况核对系统及社会救助信息系统,逐步推进最低生活保障、临时救助等社会救助项目的网上申请、审核和审批,为进一步建设全国范围的社会救助管理系统做好基础,同时逐步实现异地办理低保和遏止临时救助"骗保""漏保""重复保"等现象。

(二)救助形式多样化,资源配置合理化

1.心理干预,助人自助。救助对象的多样性,决定了救助方式也必须适应形势的变化,传统的现金救助方式已不能满足救助对象多元化的需求。相比单纯的资金物质救助,心理治愈、社会功能的恢复与重建、权能的增加对救助对象的影响更大,更可持续。基层政府相关机构可对救助对象自主能力培养方面加大力度,帮助困难群众认清自己的问题,挖掘他们的潜能,提高他们自身求发展的能力。如通过向失业困难群体提供就业指导与培训,增强其生存技能和自信;对流浪儿童提供固定住所,提供适龄教育和信息服务,帮助其恢复正常生活。"助人自助"理念的实践需要广大社会力量积极参与,同时也需要政府的扶持。

2.多方参与,共伸援手。一方面是推动社会人员介入,扩大临时救助志愿者的队伍,通过运用社会工作专业知识和技能帮助困难群体解决其实质性的问题,保证救助过程和结果的公平性,增强了其服务的特性。社会人员的教育程度相对较高,他们会运用自己的专业知识引导、帮助困难群众走出阴霾,提升他们的维权和监督意识。社会人员(志愿者)介入临时救助,在一定程度上提升了救助队伍建设,丰富了救助形式,提升了救助效率。二是构建基层协同救助体系,整合政府救助项目、社会慈善组织和公众力量等多方资源,落实与需要临时救助的困难家庭的管理对接,尽力做到全方位叠加救助,最大程度减轻困难家庭的各项负担。民政部门要联合省慈善总会、省红十字会等民间组织及省内主流媒体，搭建“浙江省困难群众临时救助需求信息发布平台”，把资金需求较大的临时救助信息通过新闻媒体、网络等向社会发布，由救助对象户籍所在地或居住地县级人民政府民政部门牵头组织实施救助，引导慈善组织、社工机构、机关、企事业单位、社会组织和个人共同对遭遇临时困难的群众献爱心、伸援手。

3. 资金到位，合理配置。政府应进一步加大对临时救助资金的投入和筹措力度。首先，渠道要广泛。在现有募资平台的基础上，开展更多具有较高社会公信力和号召力的募捐项目，大力开展专项募捐活动，建立捐赠激励机制，激发社会力量参与捐赠的积极性，整合各方慈善救助资金，壮大完善慈善基金的规模，使社会救助成为政府救助有力的辅助。其次，标准要灵活。各级财政在继续加大对临时救助资金的投入的同时要根据救助任务轻重、地方经济水平，对经济欠发达、救助任务重的地区给予倾斜。不同困难程度的家庭应给予不同的救助帮助，切实缓解其家庭经济压力。

（三）壮大基层队伍，提升业务水平

1. 夯实基础，增加力量。对于县及乡镇（街办）的社会救助机构，考虑到现有行政编制与所需人员配置的数量差异，建议在规定的行政编制之外，可按救助对象的一定管理比例机动地增加部分专项事业编制。经初步测算，县级按救助对象的万分之四—六、乡镇（街办）按千分之五—六确定专项事业编制比较合适。在乡（街）一级，如事业编制不能解决，可以采取由民政部门聘请救助专干的做法，政府也采取外部购买服务的形式，在村（居）委会设立专项社会救助站，并由基层有关民政部领导，出面聘请社会救助协理员，双方合作共同做实社会救助的基础工作。

2. 稳定人员，提升业务。防止工作人员流动过于频繁，提高基层干部以及专职人员的业务水平，充分发挥专业社会工作服务机构和社会工作者在“救急难”方面的优势，积极将社会工作专业理念、方法技巧引入社会救助服务。要更加准确判定急难对象的救助需求，加大政府购买服务力度，进一步完善救助服务方式，在给予遭遇急难居民必要物质帮助、保障其基本生活的同时，由社会工作者针对不同急难情况的居民开展政策咨询、急难状况评估、生活帮扶、心理疏导、精神慰藉、资源链接、能力提升、社会融入等多样化、个性化服务。除此之外，经常对专职工作人员开展业务培训或是经验交流等活动，使得相关人员之间能够得到有效持续的沟通交流，信息交互，更好地服务于广大群众。

（四）提升救助效率和水平，切实做到“救急救难”

1. 简化程序，提高效率。临时救助一般以现金救助为主，由民政部门以转账的形式汇入救助对象的银行账户，但是由于救助对象以行动不便的老年人为主，他们大部分不会操作 ATM 机，银行排队时间久。建议迁移救助窗口，定期将小额度临时救助资金发放到乡镇，通过基层工作人员以现金发放的方式，必要时也可以用与现金等价的物资实施救助。为及时快捷实施救助，对申请对象所需救助资金在一定额度内且需求紧急的，县（市、区）民政部门可直接审批或授权乡（镇）人民政府或街道办事处审批，并及时发放救助资金，但应补办申请审批手续。这样既能保证救助对象更准确、更真实，也能发挥临时救助“救急”的作用。

2. 授人以渔，自我提升。在调研过程中发现，一部分的家庭由于遭受意外导致家庭困难，而临时救助仅能提供暂时的、一次性的帮助，后续诸如“住房困难”“治病费用高”“就业困难”等生活保障性问题未能得到很好的解决，家庭依旧不能从根本上脱离困难。这就需要在实施临时救助的过程中做好配套援助工作，例如职业培训、优先就业等政策的倾斜，让困难家庭在获得救助解决当下燃眉之急后，有机会可以提升自己的能力，逐渐减少对政府救助的依赖。这样，才能在根本上做到“救难”。临时救助制度的终极目的应该是做到“授人以鱼”向“授人以渔”的转变，培养救助对象的生存技能，提高他们自我发展的能力，“济贫”与“扶贫”双管齐下，力图实现社会资源的优化配置。

（五）提升群众知晓率，多方监管防腐败

1. 有效宣传，深入人心。加大政策宣传，首先各阶层领导班子要给予临时救助政策前期宣传工作高度的重视，召开专项会议统筹安排部署各项下级工作。向各市、县提供相关救助政策培训，要求其充分认识宣传工作的重要性和必要性。基层民政部门可编制简单直观、实用性强的宣传资料，宣传临时救助政策的申请条件、申请程序等内容，提高临时救助政策的群众知晓度。充分借助广播、移动通讯、宣传栏等平台，持续不断地宣传救助政策；在人员密集度较高的地区开展政策宣传活动；可定期开展政策咨询日，向群众讲解相关救助政策。通过各级部门的推广协作，多方位纵向化宣传和普及临时救助政策，努力实现政府临时救助工作群众满意、社会认同的管理及实施目标。群众了解相关政策，也能更有效监督政策的实施情况，如资金是否足额发放、程序是否透明，是否存在违规操作等问题。在群众监督之下，才能真正让临时救助政策实现公开透明。

2. 保险保障，自我抵御。调研中发现，受访者在遇到突发意外状况或困难时，救助对象没有一个较好且稳定的保障，难以承受巨大的物质以及精神损失。除此之外，很多家庭和个人在遭受一次困难后，有极大的可能遭遇二次困难，而他们普遍没有购买任何保险，抗风险能力近乎于“零”。相关部门有必要加大对意外伤害等各类保险的普及宣传工作，提升他们自我抵御风险的能力。

3. 监督机制，防止腐败。一是加强政府部门的监督力度。一般来说，各级政府的民政、审计、财政、监察等部门对临时救助负有监督责任。民政部门依法承担监督职责，审计、财政部门主要负责对临时救助机构财务运行情况的监督。健全完善临时救助责任追究制度，明确政府相关部门职责，避免相互间推诿。政府相关部门需加强对临时救助资金管理使用情况的监管，严厉惩治擅自挪用、骗取救助资金等不法行为。通过建立社会救助监督热线，畅通社会监督渠道，有效引导社会公众积极参与，定期向社会公众公开临时救助实施情况。同时，大力引导社会监督。社会公众通过缴税的方式间接性地向困难群体提供帮助，是理所当然的监督主体。社会公众监督主要体现在通过有效途径，如电话、网络等了解救助资金的使用去向。社会公众利用网络、报纸、电视等媒体获取临时救助相关信息。更为重要的是，重视自我监管。重视内部监管，加强临时救助机构自身的监督管理，让每一个救助项目开展情况、每一笔救助资金使用情况进行详细的说明，并在网站上及时公布，让社会公众能够清楚地了解到救助资金的使用去向，降低社会公众的质疑。其次，对内部工作人员进行监管，对滥用职权、玩忽职守、徇私舞弊等行为进行严厉制裁，减少内部腐败滋生，有效遏制骗取救助资金或物资等不法行为。

（六）加强相关法规及制度建设，健全救助体系

1. 统筹医保，资源均衡。当前，从专业角度把异地就医分成三个层次、五个群体，其中疑难杂症、重大病患需要异地转诊的群体呼声较高。解决异地就医结算问题就是实现医疗资源配置的均衡。要尽快实现全国统筹，实现参保人员标准统一。提高统筹层次，既是提高医保公平性的需要，也是完善医保关系转移接续机制的重要条件。基本 10% 左右的群体是需要跨省异地就医的，即使这样，还是要有一个分级诊疗转诊的制度安排，引导大家合理地就医。全国大部分省份要在具备条件的定点医疗机构开展跨省就医直接结报。优质医疗资源更多地下沉，而不是完全集中在大城市、特大城市。如果真正能够做到了这一点，更多的群众就可以在基层或者在本地得到优质的医疗服务，这样不仅个人异地就医的成本可以降低，整个社会的成本也会降低。

2. 电车法规，亟待完善。一方面，规范电动车生产企业的责任，要求他们按照标准生产产品，否则将受到法律的制裁，这样才能在源头上遏制“超标电

动车”的出现；另一方面，可以在道路交通安全法、相关的司法解释、国务院条例或者政府规章制度上，对超标电动车做出相关的类似于机动车的规定，包括驾驶人年龄、驾驶人资格以及车辆牌照等，这样就为司法机关处理电动车交通事故提供很好的法律依据。

3. 法律体系，规范行为。健全的法律法规体系是推进临时救助健康发展的基础和保障。为了促进临时救助制度的健康发展，维护公民的基本权利，需要出台专门的《社会救助法》，以法律的形式对社会救助体系以及临时救助制度加以规范，对临时救助的对象范围、救助资金、救助标准、救助方式及审核审批程序等方面做出明确的法律规定，以保证临时救助机构及政府相关部门有法可依，有规可循。通过法律形式规范社会救助体系以及临时救助制度，保障临时救助制度“救急救难”功能得到有效发挥。

（社会科技处　张宁红　王超丽）

浙江未来十年劳动力供给预测及影响性分析

近年来，浙江面临劳动力不再是无限供给，普通劳动者工资持续上涨的新挑战。劳动力市场上出现的变化，使得依赖劳动力要素积累推动经济增长的可能性越来越小，诱导企业必须进行技术升级寻求新的增长点。本文从劳动年龄人口、劳动参与率等多个方面分析劳动力供给的变化趋势，利用 GM(1,1)模型对劳动年龄人口进行预测，并设计低、中、高三个方案测算劳动参与率，对未来十年的劳动力供给有了较为精准的计算；并以此为基础，研究在劳动力供给减少的环境下，对浙江经济产生的近期和长期影响，揭示浙江未来发展的竞争力源泉。

劳动年龄人口的绝对数下降意味着人口红利的逐步消失，劳动参与率的降低使得劳动力市场上的经济活动人口更趋减少。长期以来浙江过多依赖低端产业、低成本劳动力的增长方式已难以为继。本文将通过剖析劳动力供给的变化趋势，对未来十年劳动力供给进行预测，并从经济模式、产业结构和公共财政支出等三方面分析劳动力短缺对浙江经济产生的影响。

一、影响劳动力供给的因素及其变化

劳动年龄人口的数量及构成是影响劳动供给的最基本因素。任何一个经济体，劳动年龄人口的数量都决定了劳动供给的潜在水平。与此同时，人口因素相对于工资水平、经济形势等短期因素，对劳动力供给的影响更具备长期性、稳定性。因此，从劳动年龄人口数量、结构变化进行观察，可以相对容易地预测未来劳动力的供给情况。

(一)劳动年龄人口的变化

1.劳动年龄人口总量由升转降。伴随经济的快速发展，浙江吸引了大量的外来务工人员。省外流入人口数量大，年龄结构相对较年轻，使得 16—64 岁劳动年龄人口[①]从 2000 年的 3300.3 万人增至 2010 年的 4155.5 万人，十年

① 在劳动力调查中，16 岁及以上的人口都被视作调查对象，但实际上老龄人口由于劳动能力下降，实际的劳动供给水平有限。因此，本文将 16 至 64 岁的人口定义为劳动年龄人口。

增幅达25.9%，明显快于全部常住人口16.4%的增幅，进而推动劳动年龄人口比重在人口老龄化的背景下，仍能持续提高，达到76.3%，比2000年上升近6个百分点。

随着新中国成立后两次“婴儿潮”出生的人口逐渐步入老年以及外来人口回流等影响，近几年16—64岁劳动年龄段人口增长速度明显递减，劳动年龄人口总量和比重均在2011年达到顶峰：2011年，全省16—64岁劳动年龄人口为4169.4万人，占总人口的比重为76.3%；2012年开始减少，幅度不大，比2011年减少1.7万人，占比下降0.2个百分点；但2013年一下就比上年减少6.9万人，占比又下降0.4个百分点，且2014年还在继续下降。也就是说，浙江的劳动力市场发生了“符号”的变化，即过去劳动年龄人口是正增长，从2012年开始，就是负增长，绝对数在减少。

表1 2000—2014年部分年份常住人口、劳动年龄人口数及占比

年份	常住人口(万人)	16—64岁年龄段人口(万人)	劳动年龄段人口占比(%)
2000	4679.9	3300.3	70.52
2010	5446.5	4155.5	76.30
2011	5463.0	4169.4	76.32
2012	5477.0	4167.7	76.09
2013	5498.0	4160.8	75.68
2014	5508.0	4152.4	75.39

这是自1964年第二次人口普查以来，16—64岁的劳动年龄人口比重首次出现下降，每年新进入劳动年龄人口的规模逐年下降，而退出劳动年龄人口的人数不断增加。这对于依靠大量外来劳动力“支撑”的浙江人口来说，是非常值得关注的人口结构重大转折。

2.分年龄、城乡、文化程度的劳动年龄人口呈现不同变化。我省劳动年龄人口总量已出现拐点是不争的事实，在劳动年龄人口缓慢下降的同时，其内部年龄结构、城乡流动以及劳动者素质等方面也在逐渐发生微妙的变化。

(1)青壮年劳动力数量攀至顶峰，年轻劳动力出现下降趋势。进入2010年以来，我省人口老龄化进程明显加快。2014年，全省65岁及以上老年人口比2010年第六次人口普查时多了82.8万人，占比上升1.39个百分点。人口老龄化不仅意味着老年人口的比重和规模不断增大，同时也意味着劳动年龄人口中高年龄组劳动力人口比重和规模的不断上升。2014年51—64岁高年龄组劳动力人口达 996.8 万人，比 2010 年人口普查时多了约 131 万人；而 16—24 岁年轻劳动力出现较大幅度下降，为 606.0 万人，比 2010 年减少约 188 万人；25—50 岁青壮年劳动力人口在 2013 年达到高点，为 2568.8 万人，随着劳动年龄人口内部年轻组和老年组出现此消彼长的现象，2014 年 25—50 岁劳动年龄人口也呈现出下降的趋势。该年龄组别的劳动力人口不仅体力和精力都比较充沛，同时也具有一定的知识储备，属于就业市场的中坚力量。若 25—50 岁劳动年龄人口持续减少，必将对劳动力供给产生巨大影响。

表 2 2000—2014 年部分年份分年龄段人口数

单位：万人

年份	16—24 岁	25—50 岁	51—64 岁
2000	648.9	2121.6	529.8
2010	794.1	2495.4	866.0
2011	761.0	2518.2	890.2
2012	704.9	2568.8	894.0
2013	658.8	2568.8	933.2
2014	606.0	2549.6	996.8

（2）农村劳动力老龄化严重，剩余劳动力转移有限。经过多年来大规模的劳动力城乡流动，当前我省农村的实际人口老龄化水平已经超过了城镇地区。农村不仅老龄化的程度较高，而且老龄化速度较快，城乡老龄化差距逐步拉大。2010 年，全省农村 65 岁及以上老年人口比重达到 13.0%，比城镇高 5.9 个百分点，城乡差距比 2000 年拉大 3.5 个百分点。对比我省第五次和第六次人口普查分城乡的人口金字塔图，可以看到 2010 年城镇人口年龄结构虽然比 2000 年有所上移，但仍处于典型的“中间大、两头小”橄榄状，中青年人较多、老年人和少儿较少，当前劳动力供给充足，人口的社会负担相对较轻；反观 2010 年农村人口金字塔，底部收缩，上部变宽，中位年龄快速上移，40 岁以上农村人口占全部农村人口的比重超过一半，老年人口比重的升高及育龄人群比重的降低，将导致未来人口再生产趋势呈负增长，劳动后备力量持续减少。

人口老龄化的城乡倒置，导致农村作为劳动力“蓄水池”的作用难以继续发挥。从第六次人口普查数据来看，在农村 16—64 岁劳动年龄人口中，40 岁以上劳动年龄人口约为 841.3 万人，占一半还多，这些人由于意愿和受教育程度等原因，很难在城市中找到匹配的工作；16—40 岁农村劳动年龄人口有

663.4 万人,并出现逐年下降的趋势。按照目前的农业发展水平,每年仍需要 500 万左右的农业劳动力,无论从目前还是从未来城镇化发展趋势看,农村尚未转移并能够转移出去的剩余劳动力都是非常有限的。

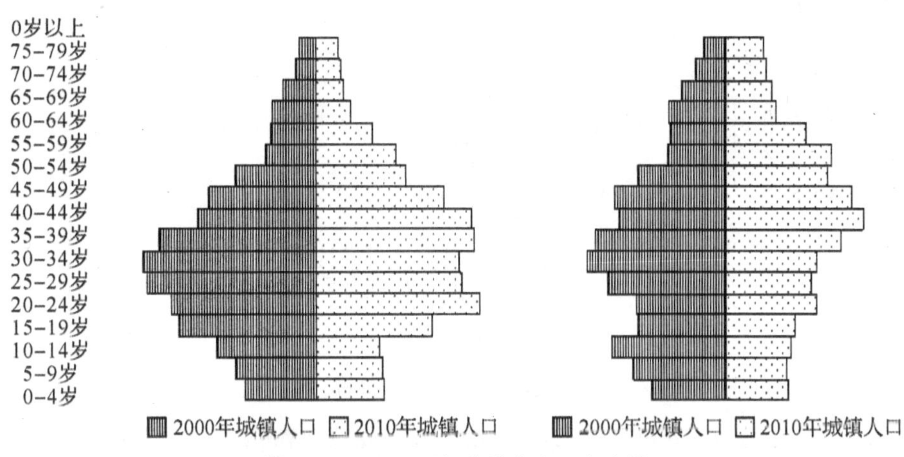

图 1 2000、2010 年分城乡人口金字塔

(3)劳动者受教育程度大幅提高,但与京沪差距拉大。影响劳动者质量的重要因素之一就是其受教育水平。一般来说,劳动者质量与受教育程度呈正相关,受教育程度越高,劳动者的质量越高,反之,则越低。通过 2000 年及 2010 年两次人口普查数据来看,16—64 岁劳动年龄人口受教育程度有了大幅提高,尤其是受过高等教育的人口(即大专及以上人口,下同)从 2000 年的 142 万人增加到 2010 年的 495 万人,占全部劳动年龄人口比重从 2000 年的 4.3% 一跃为 2010 年 11.9%。

虽然新世纪以来浙江劳动力素质有了大幅提高,但与北京、上海这两个高学历人口集聚的直辖市相比,劳动年龄段的高学历人口占比差距仍不断拉大,分别从 2000 年的相差 16.4、9.3 个百分点,扩大到 2010 年相差 24.4、13.6 个百分点。这主要是浙江的外来劳动力人口文化素质较低造成的。2010 年,浙江外来人口 1182.4 万人,占全部常住人口的 21.7%。其中,大专及以上人口比重仅为 4.0%,只相当于全国平均水平的三分之一,位居东部地区经济发达六省市的最后一位,也是 31 个省区市的最末位。

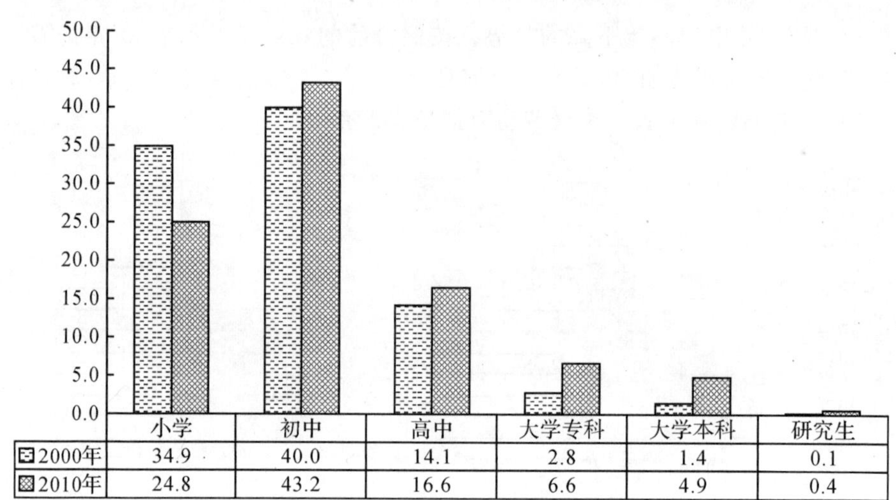

	小学	初中	高中	大学专科	大学本科	研究生
2000年	34.9	40.0	14.1	2.8	1.4	0.1
2010年	24.8	43.2	16.6	6.6	4.9	0.4

图2　2000年和2010年分教育程度劳动年龄人口占全部劳动年龄人口比重(%)

表3　2010年全国及部分省市劳动年龄段高学历人口比较

	劳动年龄人口(万人)	高学历人口(万人)	占劳动年龄段人口比重(%)
全国	97453.6	11442.1	11.7
北京	1610.1	585.1	36.3
上海	1858.3	473.4	25.5
江苏	5896.9	820.3	13.9
山东	7031.4	812.4	11.6
广东	7795.6	867.3	11.1
浙江	4155.5	495.0	11.9

(二)劳动参与率的变化

劳动力的供给不仅与劳动年龄人口数量有关，同时也受劳动参与率的影响。劳动参与率在计算上是指经济活动人口(包括就业人口和失业人口)占劳动年龄人口的比重①，是测量并反映劳动力市场运行状况的一个最基本的指标。它体现的是人们参与经济活动的程度，反映的是人们参与劳动的状况。

①　由于不同国家对劳动年龄人口的界定不一致，国际劳工组织约定劳动参与率＝16岁及以上经济活动人口/全部16岁及以上人口，中国沿用了这个标准，本文中的劳动参与率均按照这个公式来计算。

劳动参与率是经济发展、受教育程度、社会保障水平、退休制度和人口结构等因素综合影响的结果。

1. 总体劳动参与率较高但趋向逐步降低。我省劳动年龄人口的劳动参与率较高,2010 年第六次人口普查总体劳动参与率为 73.4%,略低于 2000 年第五次人口普查时的 74.5%,在全国位于中等水平,但与发达国家和一些中等收入国家相比,仍属于较高水平。从发展趋势看,伴随市场经济水平的提高和社会保障体制的建立和完善,浙江总体劳动参与率呈现的是一种逐渐下降的态势,与发达国家的趋势基本一致。快速的城镇化进程是总体劳动参与率下降的重要影响因素:十年来随着农业机械化、产业化的快速发展,大批被解放的农村劳动力转移至城镇,占据的多是些低端、劳动密集型岗位;同时,随着生活水平的提高和保障制度的完善,许多原本占据这些岗位的"40、50"城镇人口干脆退出劳动力市场,成为非经济活动人口,从而降低了总的劳动参与率。

2. 分性别、分年龄的劳动参与率呈现不同变化。劳动参与率曲线是劳动参与率随年龄变化所形成的曲线,既反映了不同性别、不同年龄的劳动参与率的差异,又反映出人口生命周期中的劳动就业变动规律。2000 年和 2010 年两次人口普查调查时点的分性别、分年龄劳动参与率,显示出了随着时间的推移我省分性别的劳动参与年龄人口的形态变化(见图 3)。

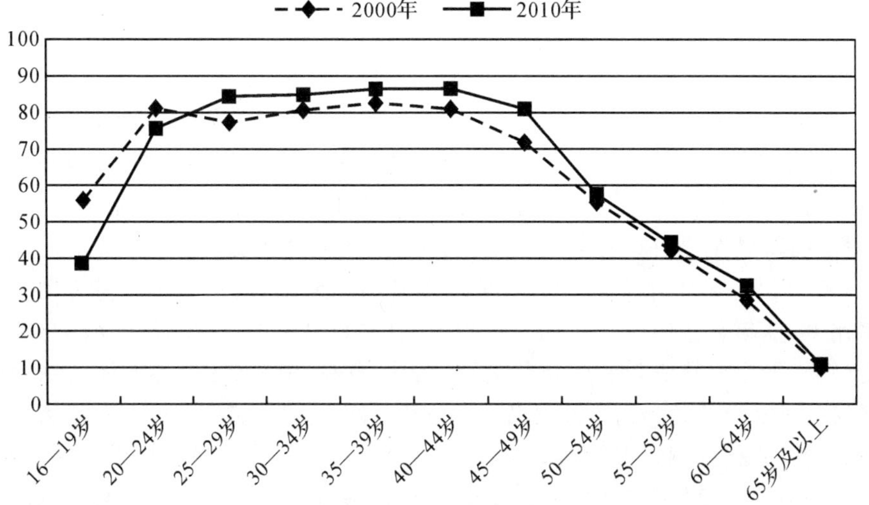

分年龄男性劳动参与率

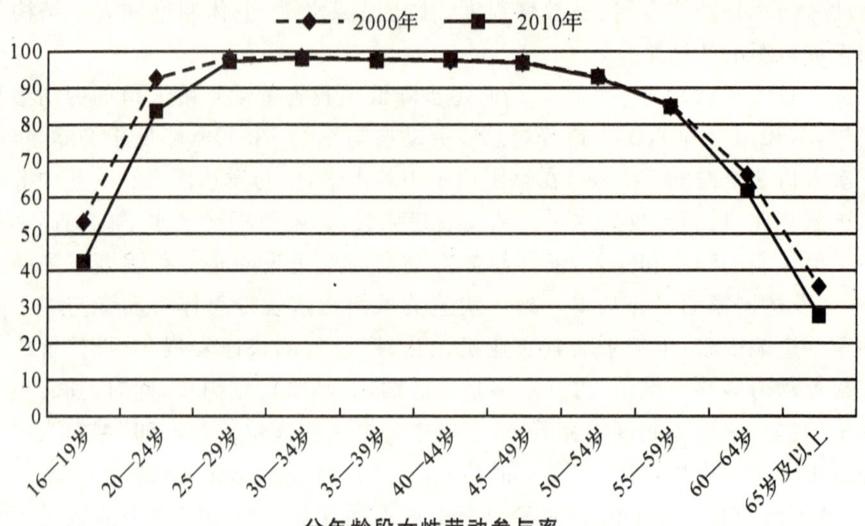

分年龄段女性劳动参与率

图 3　分性别、分年龄劳动参与率

(1)低年龄组劳动参与率有较大幅度降低。自 2000 年以来,无论男性人口还是女性人口,16—24 岁组的劳动参与率大幅度下降。女性人口从 2000 年的 70.2%下降到 2010 年的 61.7%,下降 8.5 个百分点;而男性人口也从 2000 年的 74.8%下降到 2010 年的 68.0%,下降 6.8 个百分点。这显然与我省初、高中就学、升学率的大幅度提高以及大学"扩招"等教育因素密切相关,就学时间的延长导致新加入劳动年龄人口的人群劳动参与率不断降低。

(2)在其他年龄组,男性劳动参与率总体保持稳定,女性同期劳动参与率在稳步提升。由图 3 描述,劳动参与率随着年龄的增长缓慢上升,高参与率一直保持到 50 岁左右,然后开始逐步下降,呈现出明显的倒 U 型生命周期特征。分性别看,男性劳动参与率一直维持在相对稳定的状态,10 年来基本没有变化,55 岁以上男性劳动参与率比 2000 年还有所降低;女性各年龄段劳动参与率比 2000 年普查时均有了明显的提升,其中以 25—50 岁女性劳动参与率上升最快,平均上升约 6 个百分点左右。女性自身、家庭、社会各方面的综合因素促进了女性劳动参与率的提高。一方面,政府大力发展义务教育,提高了女性的受教育程度和人力资本积累,通过一系列政策积极倡导女性平等就业,提高其在劳动力市场上的竞争地位;另一方面,我省日益健全的幼儿教育机制和养老机制,使得儿童的教育、老人的扶养得到妥善的处理,从家庭结构方面为女性参与劳动提供强有力的支持。

(3)随着受教育程度的提高,劳动参与率也在提高。劳动者作为就业主体,综合素质的高低是其获得就业机会的前提条件,其中劳动者受教育程度和专业技术水平是劳动力素质的主要体现。表4描述的是2010年分教育程度的劳动参与率,很显然,我省劳动参与率和受教育程度之间呈现出一种正相关的关系。以初中学历劳动者的劳动参与率和就业比重①最高,基本上是随着受教育程度的提高,劳参率和就业比也相应提高,两者趋势基本一致;从未上过学的劳动者劳动参与率和就业人口比重都最低,仅为32.6%和32.0%(见表4)。

表4 2010年浙江省不同受教育程度劳动者的劳动参与率和就业人口比状况

单位:%

指标	合 计	未上过学	小 学	初 中	高 中	大学专科	大学本科	研究生
劳动参与率	73.4	32.6	68.6	85.8	71.2	77.2	70.9	70.8
就业人口比	71.1	32.0	67.2	83.2	67.7	73.7	69.0	69.5

(三)未来劳动力供给的趋势判断

由于不同阶段的劳动年龄人口在个人特征和劳动供给行为上存在不同的特点,劳动年龄人口的老龄化必然会对劳动供给的数量产生影响。一方面,接近法定退休年龄的劳动年龄人口,其劳动参与率呈明显下降的趋势,考虑到劳动年龄人口的老龄化,劳动供给的数量会由于老龄组劳动力的比重提高而下降;另一方面,基础教育的普及和高等教育的拓展,青年人的受教育年限将不断提高,导致低龄组的劳动年龄人口的劳动参与率进一步下降。

与此同时,随着时间的推移,劳动年龄人口的平均受教育水平会因为队列效应②而不断提高。即便教育部门维持当前的发展水平,到2020年,我省劳动年龄人口的人力资本量也将由于队列效应提高约5%。队列效应带来的人力资本存量增加,一定程度上延缓了劳动年龄人口老龄化对劳动力市场带来的负面冲击。

从以上几个方面来看,在保持现有退休制度的情况下,总体的劳动供给形势会因为劳动年龄人口老龄化而更加趋于紧张。同时,临近退休年龄的人口数量逐年增加,也意味着生产性人口和赡养人口之间此消彼长的关系开始加速,这不仅会对养老保障制度产生不可忽视的影响,也将成为制约经济增长的

① 就业人口比:16岁及以上实际就业人口占全部16岁及以上人口的比重。

② 队列效应:由于出生在某一个时段的人们在成长过程中经历了类似的社会环境,从而导致不同出生队列间存在特征差异。

重要因素。

二、浙江未来十年劳动力供给预测

(一)GM(1,1)模型的建模理论

灰色系统是“部分信息已知、部分信息未知”的“小样本”“贫信息”的不确定系统，它通过对“部分”已知信息的生成、开发，实现对现实世界的确切描述和认识。灰色系统理论建模的主要任务是根据具体灰色系统的行为特征数据，充分开发并利用不多的数据中的显信息和隐信息，寻找因素间或因素本身的数学关系。通常的办法是采用离散模型，建立一个按时间做逐段分析的模型，对数据及其分布的限制要求小，在采集一组时间序列数据后，通过 GM(1,1)模型进行预测。该方法不但预测精度高，而且可以进行长期预测，用累加生成拟合微分方程，符合能量系统的变化规律。本文决定采用灰色预测模型 GM(1,1)预测未来 10 年的浙江分年龄段的劳动年龄人口。

建立 GM(1,1)模型只需要一个数列，其简单的微分方程形式(白化形式的微分方程)是

$$\frac{dx}{dt}+ax=u$$

利用常数变易法解得，通解为

$$x(t)=ce^{-at}+\frac{u}{a}$$

若初始条件为 $t=0, x(t)=x_0$，则可得到微分方程的特解为

$$x(t)=\left(x_0-\frac{u}{a}\right)e+\frac{u}{a}$$

将求解得到的特解代入微分方程的解式(也称时间响应函数)

由于 $x^{(0)}(1)=x^{(1)}(1)$，因此求导还原得

$$\hat{x}^{(0)}(k+1)=-a\left(x^{(0)}(1)-\frac{u}{a}\right)e^{-ak}$$

上述两式便为 GM(1,1)的时间响应式，及灰色系统预测模型的基本算式。

在模型最后，对求得的 $\hat{x}(k+1)$ 模型进行精度检验。如果检验结果可用，则可利用 $\hat{x}^{(0)}(k+1)$ 模型进行预测，否则，建立残差模型进行修正。

(二)分年龄段劳动年龄人口的 GM(1,1)实证分析

将表 2 中 2010—2014 年浙江省分年龄段人口原始数据代入，可得 16—24 岁，25—50 岁，51—64 岁三组序列的平均相对误差分别为：0.26%，0.68%，

0.73%,均小于1%,精度很高,不需要再对模型进行修正。由此测算未来10年的各年龄段人口数,如表5所示。

表5 未来十年分年龄段劳动年龄人口预测

单位:万人

年 龄	2015年	2016年	2017年	2018年	2019年
16—64岁	4127.1	4106.8	4089.5	4075.8	4065.5
其中:16—24岁	564.0	523.3	485.5	450.5	418.0
25—50岁	2543.5	2534.1	2524.8	2515.5	2506.2
51—64岁	1019.6	1049.4	1079.2	1109.8	1141.3
年龄	2020年	2021年	2022年	2023年	2024年
16—64岁	4058.6	4054.8	4053.9	4056.2	4061.0
其中:16—24岁	387.9	359.9	333.9	309.9	287.5
25—50岁	2497.0	2487.8	2478.6	2469.5	2460.4
51—64岁	1173.7	1207.1	1241.4	1276.8	1313.1

(三)劳动力供给预测

一个区域实际的劳动力供给(即经济活动人口,包括就业人员和失业人员),不仅取决于劳动年龄人口,也受该区域劳动参与率的影响。所以本文对未来十年的分年龄段劳动参与率也做出了相应的预测,分别列出低、中、高三个方案:

1.低方案:受升学率提高、大学教育普及等因素的影响,16—24岁组的劳动参与率继续降低,降幅与2000—2010年间的年均降幅一致,为0.76%,其他组劳动参与率保持不变。

2.中方案:各年龄组劳动参与率维持不变。

3.高方案:51—64岁年龄组的劳动参与率由于受教育程度水平、社会政策引导等因素而有所提高,其他组劳动参与率保持不变。关于51—64岁年龄组劳动参与率年均上升幅度的预测,本文把我省情况与北京、上海人均受教育程度较高的2个直辖市,以及江苏、广东(经济结构与我省类似,外贸依存度较高)两省做了分析对比,结果如表6所示:2010年浙江省50—64岁年龄组劳动参与率比2000年还略有下降,但在五省市中仍位列前茅,仅次于江苏;北京、上海由于大量青壮年外来人口占用了岗位,50—64岁老年组的劳动参与率处在较低的水平。所以,笔者认为浙江50—64岁老年组的劳动参与率已处于高位,未来十年并不会有较大的增长,年均增幅为0.2%左右。

表6　2010年部分省市50—64岁劳动参与率对比

单位:%

年龄组	浙江	北京	上海	江苏	广东
50—64岁	64.1	36.3	38.4	66.4	59.7
其中:50—54岁	75.6	54.5	55.3	77.7	73.8
55—59岁	64.7	32.0	38.7	68.5	60.1
60—64岁	47.3	11.5	11.4	49.8	36.9

基于以上三个方案,本文对浙江未来十年的实际劳动力供给进行了测算,得到表7的结果。2014年的劳动力供给约为3360万人,根据预测,十年后的实际劳动力供给至少要比2014年下降60万人左右。

表7　未来十年浙江劳动力供给预测

单位:万人

	2015年	2016年	2017年	2018年	2019年
低方案	3337.5	3318.0	3300.9	3286.7	3275.1
中方案	3341.8	3325.9	3312.0	3300.4	3291.0
高方案	3343.9	3330.1	3318.5	3309.3	3302.4
	2020年	2021年	2022年	2023年	2024年
低方案	3266.2	3259.5	3255.1	3253.0	3252.8
中方案	3283.8	3278.7	3275.4	3274.2	3274.6
高方案	3297.9	3295.6	3295.3	3297.2	3300.9

三、劳动力供给下降对浙江经济产生的影响性分析

(一)储蓄率降低,促进向消费主导的经济增长模式转型

储蓄率是反映一个国家(或地区)储蓄发展水平的重要指标,包括总储蓄率和个人储蓄率。总储蓄率是指一国储蓄金额占国民生产总值的百分比,是居民个人储蓄、公司企业储蓄及政府机构储蓄的总和;而个人储蓄率是指个人储蓄金额占个人收入总额的百分比。西方经济学认为可以用平均储蓄倾向和边际储蓄倾向来加以说明,前者是指储蓄在收入中所占的比例,后者是指储蓄

增量在收入增量中所占的比例。储蓄率除了主要受到收入水平的影响之外，还受经济政策、人口就业情况、国民消费结构等多方面重要因素的影响。

根据生命周期理论，个人储蓄率随人的年龄增长而呈倒U变化，青年时期和退休时期收入低，储蓄率相对较低，而中年时期收入较高，储蓄率一般随之升高。随着浙江人口老龄化日益加剧，浙江储蓄率也应呈现逐步走低的趋势。我们将2004—2014年这十年的个人边际储蓄倾向来进行测算，将人均城乡居民本外币储蓄存款年末增量①作为储蓄增量，人均城乡居民可支配收入②的年度差额作为收入增量，来计算这十年来的边际储蓄倾向（见图4）。可见2004—2010年间，边际储蓄倾向一直不断上升，但2010年以后，边际储蓄倾向的趋势发生逆转，呈逐渐走低的态势，与上文的人口老龄化趋势不谋而合。另一方面，根据IMF对115个国家数据的研究发现，劳动年龄人口占比与总储蓄率呈正相关关系，劳动年龄人口占比下降1个百分点，总储蓄率下降0.7个百分点，浙江的劳动年龄人口占比2011年达到顶峰，然后开始下滑，总储蓄率也随之降低，这与个人储蓄率的变化趋势也基本一致。

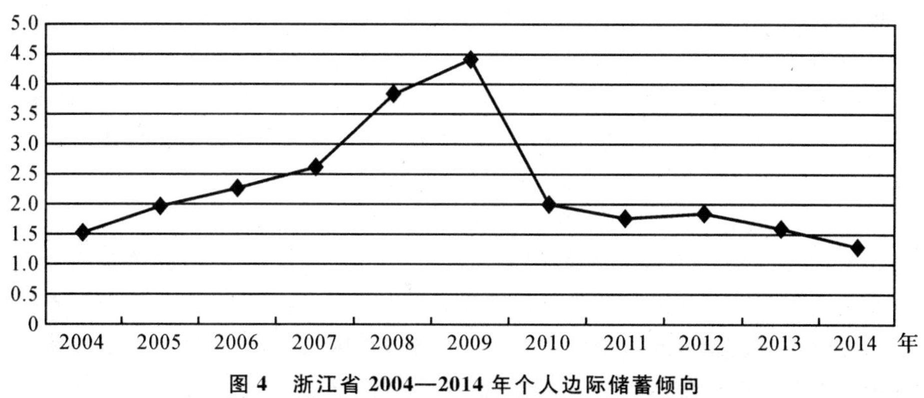

图4 浙江省2004—2014年个人边际储蓄倾向

因此，随着劳动年龄人口总量下降、结构老龄化，浙江的储蓄率在未来会持续走低，从而改变国民收入中消费和储蓄分配的比例，影响资本形成，一定程度上压低投资率，促进经济由投资主导模式向消费主导的增长模式转变。2007年以前，我省经济发展主要依靠投资和出口，面对产能过剩，外需疲软，劳

---

① 人均城乡居民本外币储蓄存款年末增量=（当年城乡居民本外币储蓄存款年末余额－去年城乡居民本外币储蓄存款年末余额）/当年年末常住人口。

② 人均城乡居民可支配收入=城镇居民人均可支配收入×城镇化率＋农村居民人均可支配收入×(1－城镇化率)

动成本不断上涨的客观环境，这种发展模式显然难以为继。然而国内消费市场增长空间巨大，如果潜在的居民消费能够得到充分释放，让消费需求规模与消费结构升级决定投资结构变化，不仅能增加有效投资，还为下一轮经济的高速增长找到了支撑点。2014 年，浙江生产总值(GDP)40154 亿元，比上年增长 7.6%，其中第三产业增长 8.7%，服务业成为经济增长的最大来源。经济结构已然发生积极变化，三次产业增加值结构由 2013 年的 4.7∶47.8∶47.5 调整为 4.4∶47.7∶47.9，第三产业比重首次超过第二产业，消费对经济的拉动作用不断加强。

(二)劳动力素质提高，驱动“倒逼式”产业结构调整

自 2004 年开始浙江小微企业就早早感受到“招工难”，劳动力短缺现如今已成为常规现象。随着人口结构老龄化和劳动年龄人口减少，若维持浙江现有产业结构模式不变，未来企业缺工率和劳动力成本上升压力将越发凸显。与此同时，由于地区间的发展差异、资源禀赋不同、政策倾斜等多方面原因，劳动密集型的制造业正发生从东部沿海省份向中西部地区的“雁阵式”转移，这将进一步降低安徽、贵州等主要劳务输出省份的劳动力外出打工意愿。

劳动力无限供给特征的消失，宣告了以资本和劳动投入为基础的发展模式的终结，资源重新配置效应和技术效率将是未来经济发展的核心因素。2012 年以来，省委省政府就开始突出转型升级主线，统筹推进“五水共治”“三改一拆”“四换三名”等重大举措，通过“关停淘汰一批、改造提升一批、整合入园一批、合理转移一批”的主要方针，全方位形成倒逼机制，腾笼换鸟、优化资源配置，整治省内重污染高耗能行业和低小散行业。同时，越来越多的浙江企业通过实现了生产技术革新，以“机器换人”赚取了更多红利，2014 年浙江省使用的工业机器人总量约占全国的 15%，居各省市区第一位，浙江的经济发展已逐步进入新的运行常态。

另一方面，浙江劳动年龄人口中受教育程度较低的情况与外来人口素质不高具有较大关联性。根据 2010 年第六次人口普查的数据，每 5 个常住人口中就有超过 1 人来自省外，在这些外来人口中，低学历人口占比在 80%以上，大专及以上人口比重仅为 4.0%，外来劳动力素质位居 31 个省区市的最末位。随着外来人口回流趋势的显现，省内劳动力素质结构有望进一步优化。同时全国高校毕业人数仍在大幅增长，预计未来几年将持续年均 20 万左右的增幅，这也为企业提高技术创新和科研能力提供了扎实的人力资本基础。在省委、省政府提出“创业富民、创新强省”的总战略后，由企业主导的创业创新平台已在各地不断涌现，随着“千人计划”的深入实施，以大学生和科研人员为主

体的“技术红利”时代即将到来。

（三）赡养比下降，加重社会公共财政负担

人口老龄化的加深会从赡养比[①]方面，对基本养老保险制度的收支产生重要影响。当该比率较低时，说明缴费者多于领取者，会形成收入大于支出的情况；当该比率较高时，表明领取者多于缴费者，会逐步形成收入少于支出的情况。

随着医疗健康条件的改善，人类预期寿命不断提高，不同发展水平的地区和国家都面临着人口老龄化问题。但同世界其他经济体相比，由于收入水平的差异，我国存在“未富先老”的忧虑。全球老龄化程度最严重的国家日本，2014 年人均 GDP 是我国的 6 倍，德国是我国的 7 倍，美国相当于我国的 8 倍，就连韩国也是我国的 3 倍多。

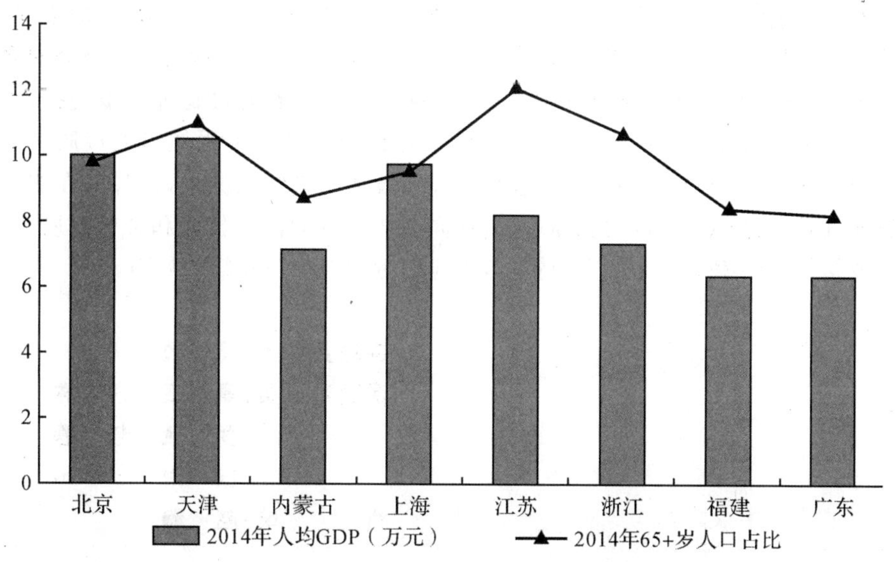

图 5 部分省市区人均 GDP 与 65 岁及以上人口占比

从国内来说，浙江在全国人均 GDP 突破 1 万美元大关[②]的 8 省市中也不占优势。如图 5，浙江人均 GDP 位于京津沪三个直辖市和江苏省之后，仅排第五；而 65 岁及以上人口占比却高居第 3，低于江苏约 1.5 个百分点，与天津基

① 赡养比：主要是指缴纳社保基金人口与领取社保基金人口之比。

② 注：按照世界银行不同阶段的收入标准，人均 GDP 达到 1 万美元后，标志着一国或地区的经济发展水平已达到中等发达国家或地区水平。

本持平。2014 年，我省劳动年龄人口占总人口的比例约为 75%，按目前趋势发展下去，到 2050 年该比例会低于 65%。即未来几十年我省基本养老保险制度的赡养比会不断下降，且有可能下降为 2∶1 以下，即每两个在岗职工要供养一个领取养老金者，这意味着依靠在岗职工不到 20%的工资收入所积累的养老基金收入会远不足以支付约占领取养老金者工资收入 60%的养老基金支出，养老保险基金的缺口将会迅速扩大。同时，政府使用于老年人社会保障的费用也将大幅增加，这会给社会公共财政带来较为沉重的负担，从而使得经济增长面临结构性制约因素。

劳动力供给不断下降的趋势已经不可避免，如何充分利用好现有的劳动力资源对于挖掘劳动供给潜力具有十分重要的意义。随着医疗条件和社会保障的大幅改善，老年人的年龄定义已经发生了很大变化，很多老年人口有能力也有意愿继续参与经济活动，因而提高老年人口劳动参与率具有很大的空间。政府应选择适当的时机逐步提高退休年龄，鼓励身体条件许可、富有余力的老年人，特别是老年高级知识分子再就业，使人力资源潜力得到进一步发挥，大大减少劳动力资源的浪费。与此同时，政府还应在政策上强调以人口质量替代数量的战略，加大对成人继续教育和岗位技能培训的公共投入，加强在职人员尤其是农村转移人口的职业培训，提高在职人员的岗位技能和文化素质，为产业结构调整积累必需的人力资本，以应对劳动力出现短缺的局面。

课题负责人：潘强敏
课题组成员：章剑卫　俞炳林
　　　　　　罗　斌　赵　静
　　　　　　巴　博
执　　　笔：赵　静

指数的统计理论研究和实证分析

本文运用统计学中常用的综合指数、可变结构指数和不平等度指数理论，以劳动工资统计并结合国民经济核算资料为实证，分析论证了统计常用指数的局限性，提出科学应用指数的新思路，意在从统计指数的角度不断改进完善相关统计方法和统计制度，使包括指数在内的统计数据能够更加全面准确地反映经济社会发展的实际水平。

统计学中的指数是综合运用绝对数、相对数的一种方法，对指数进行科学构建研究在经济统计分析中有着非常重要的理论和现实意义。本文以劳动工资统计结合国民经济核算，阐述常用的指数编制和运用，并实证分析统计常用指数的局限性，提出科学运用指数的新思路，研究其变动趋势和综合发展水平，使统计数据全面准确反映经济社会和地区发展的实际水平。

一、常用相关指数及其应用分析

（一）综合指数编制

综合指数编制有简单综合和加权综合两类。所谓简单综合指数就是把价格或实物量直接相加对比。从劳动工资统计制度看，各单位支付给劳动者的劳动报酬以及其他根据文件规定支付的工资，无论是计入成本还是不计入成本的，无论是以货币形式支付的还是以实物形式支付的，均应列入工资总额的范畴。以表1为例：如某单位以甲乙丙三项物品作为实物形式支付工资的一部分，可以计算简单综合物量指数和简单综合价格指数。

表1　按基期及报告期分的实物物量和单价比较表

商品	计量单位	支付物量		单价（元）	
		Q_0	Q_1	P_0	P_1
甲	台	12	13	180	202
乙	架	20	22	9	11
丙	个	16	18	15	10

简单综合物量指数

$= \Sigma Q_1/Q_0 = (13+22+18)/(12+20+16) = 110.4\%$；

简单综合价格指数

$= \Sigma P_1/P_0 = (202+11+10)/(180+9+15) = 109.3\%$

这种简单指数用于不同的物量品种，在数学理论上可以操作但是无经济意义的计算结果在实际工作中没有任何应用价值，既不能代表这家单位支付职工实物形式的工资报酬报告期比基期增长 10.4%，也不能代表 9.3% 的实物形式的工资报酬增长水平。为此，综合指数都必须是加权的，所用权数，是以指数化因素而言的。一般情况下，价格指数这类质量指标用物量这类数量指标作权数，而物量指标指数则用价格指标作权数，通过加权，就把不能同度量的价格 P 和物量 Q 都过渡到能同度量的价值量指标 PQ。因此，综合指数中的权数又称同度量因素，它不仅起到加权的作用，还能起到同度量的作用。同度量因素时期的选择，一般有两种：一是固定在基期，二是固定在报告期。即两个比较常用的用基期的指标作权数计算价格指数和物量指数的拉氏指数和用报告期的指标作权数计算价格指数和物量指数的派氏指数。

通过案例分析显示，按照拉氏或派氏编制的指数均忽略了价格和物量因素间的相互关系，夸大了质量因素的变动作用。以表 1 为例，计算得到：

$P = \Sigma P_1Q_1/\Sigma P_oQ_1 = 3048/2808 = 108.5\%$，$\Sigma P_1Q_1 - \Sigma P_oQ_1 = 240$ 元；

$L = \Sigma P_0Q_1/\Sigma P_oQ_0 = 2808/2580 = 108.8\%$，$\Sigma P_0Q_1 - \Sigma P_oQ_0 = 228$ 元。

结果显示：综合指数分析中相对数和绝对数的矛盾。

（二）可变结构指数

可变结构指数是指两个不同的平均数相比得出的指数，受两个因素影响，一个是现象本身水平变动的影响，另一个是现象内部结构变动的影响。要分析这两个因素对可变结构指数的影响，一是假定现象内部结构没有变化，仅考虑现象本身水平的变动，即计算固定结构指数；二是假定现象水平没有变化，仅考虑现象内部结构的变动，即计算结构影响指数，这三个指数形成了一个指标体系，并能够进行指数体系的因素分析。其公式表示为：

可变结构指数 $= \dfrac{\Sigma x_1 f_1}{\Sigma f_1} / \dfrac{\Sigma x_0 f_0}{\Sigma f_0}$；

固定在报告期的固定结构指数 $= \dfrac{\Sigma x_1 f_1}{\Sigma f_1} / \dfrac{\Sigma x_0 f_1}{\Sigma f_1}$；

固定在基期的结构影响指数 $= \dfrac{\Sigma x_0 f_1}{\Sigma f_1} / \dfrac{\Sigma x_0 f_0}{\Sigma f_0}$

即可变结构指数=固定结构指数×结构影响指数

从劳动工资统计看，现有劳动工资统计报表中涉及按行业、职业、结构、地区分的劳动工资总额、从业人员等历年主要指标，根据这些基础指标以及相关经济社会综合指标，可以计算出一系列的相关增速，这是指数最直接的形象表述，如增长10%，就是指数为110%；下降10%，就是指数为90%。因此，从业人员增速，平均工资增速；全社会劳动生产率增速；从业人员与人口之比、平均工资行业之比、地区之比、职业之比、劳动者报酬占GDP比重、平均工资和城乡居民收入之比的变动等都是指数，其中，利用简单算术平均数计算的平均工资指数是最常用的指数。然而，运用常规统计方法得出的指数结果常常会遇到一些困惑。以按经济类型分的2014年浙江省平均工资数据为例：2014年，浙江全社会单位就业人员年平均工资48145元，比2013年增长8.6%，其中，非私营单位就业人员和私营单位就业人员年平均工资分别为61572元和38689元，增长8.8%和9.6%。

结果显示：全社会平均工资增速均低于私营和非私营增速。

表2　按经济类型分的浙江省全社会单位就业人员平均工资变化情况

年份	工资总额（亿元）	其中：非私营（亿元）	私营（亿元）	平均就业人员（万人）	其中：非私营（万人）	私营（万人）	平均工资（元）	其中：非私营（元）	私营（元）
2014	12615	6666.8	5948.2	2620	1082.76	1537.44	48145	61572	38689
2013	11067.7	5985.1	5082.6	2497.3	1057.98	1439.30	44319	56571	35313
名义增长（%）	14.0	11.4	17.0	4.9	2.3	6.8	8.6	8.8	9.6

（三）不平等度指数

目前，常用的对行业、地区、城乡所有制收入差异进行衡量的不平等度指数有泰尔指数、基尼系数等。泰尔指数或称泰尔熵标准作为衡量收入差距（或者称不平等度）的指标，是由泰尔（Theil，1967）利用信息理论中的熵概念来计算收入不平等而得名的。假设U是某一特定事件A将要发生的概率，P(A)=U。这个事件发生的信息量为E(U)肯定是U的减函数。用公式表达为：E(U)=log(1/u)。当有n个可能的事件1,2,…,n时，相应的概率假设分别为U1,U2,…,Un,Ui≥0，并且∑Ui=1。

熵或期望信息量可被看作每一件的信息量与其相应概率乘积的总和：

E(U)=∑Uih(Ui)=∑Ui log(1/Ui)

显然,n 种事件的概率 Ui 越趋近于(1/n),熵也就越大。在物理学中,熵是衡量无序的标准。如果 Ui 被解释为属于第 i 单位的收入份额,E(U)就是一种反映收入分配差距不平等的尺度。收入越平均,E(U)就越大。如果绝对平均,也就是当每个 Ui 都等于(1/n)时,E(U)就达到其最大值 logn。泰尔将 logn—E(U)定义为不平等指数——也就是泰尔指数:

T=logn—E(U)=∑ui×lognui

基尼系数是国际上用来综合衡量平均收入分配差异状况的一个重要分析指标。根据基尼系数性质,在计算平均工资基尼系数中,我们设平均工资分布曲线(洛伦茨曲线)和平均工资绝对无差异曲线之间的面积为 A,实际平均工资曲线右下方的面积为 B。如下图:

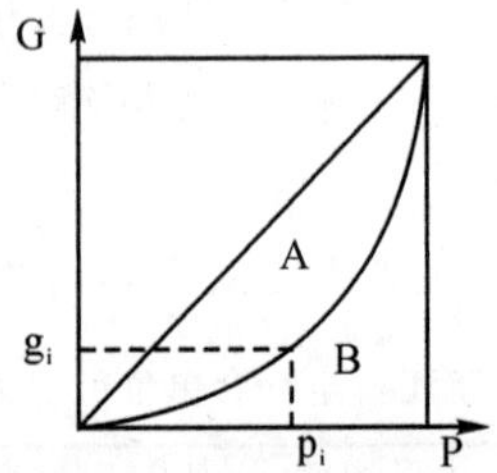

以 A 除以(A+B)的值表示不平等程度,我们称这个数值为平均工资基尼系数,该系数值域为(0,1)。如果基尼系数越逼近零,表示平均工资平衡度越高;如果系数越逼近 1,表示平衡度越低。用 GI,I=1,2,…,N 表示全省按行业分的 N 个组成部分的工资总额,PI 表示各行业的年平均从业人员数,AI=GI/PI 为各行业的平均工资。定义 I 的编号以 AI 从小到大的次序排列。设 GI=GI/G,PI=PI/P,其中 G 和 P 分别表示 GDP 之和与人口之和,即 G=∑GI,P=∑PI,设累计变量 GIS=∑GI(S=1,…N),PIS=∑PI(S=1,…N)。

在平面坐标中,(PIS,GIS)集合点顺序连接的曲线即为洛伦茨曲线。在图中,洛伦茨曲线和 45 度线之间的面积 A 和 45 度线下的面积(A+B)之比就是平均工资基尼系数,即 G=A/(A+B)连接点(P(I-1)S,G(I-1)S)到点(PIS,GIS),由基尼系数的原理定义:

B=∑(G(I-1)S+GIS)/2(PIS-P(I-1)S)=(∑(2GIS+GI)PI)/2 或

B=∑(GIS-G(I-1)S)(1-P(I-1)S+1-PIS)/2=(∑(2-2PIS+PI)GI)/2

得出全省平均工资基尼系数计算公式为 G=1-∑(2-2PIS+PI)GI。

根据上述泰尔指数和基尼系数计算原理,以 2005 年以来行业平均工资数据为数值，得出浙江省近年来行业泰尔指数和基尼系数(表 3 计算结果直接取自 2015 年 62 期《浙江统计分析》罗斌《浙江行业工资差异分析》的一文)。

表 3 浙江省近年来泰尔指数和基尼系数

年份	泰尔指数		基尼系数	
	数值	变化	数值	变化
2005	0.0978	—	0.2237	—
2006	0.0932	−0.0046	0.2098	−0.0139
2007	0.0902	−0.0030	0.1982	−0.0116
2008	0.0816	−0.0086	0.1827	−0.0155
2009	0.0896	0.0080	0.1917	0.0090
2010	0.0830	−0.0066	0.1753	−0.0164
2011	0.0668	−0.0162	0.1607	−0.0146
2012	0.0521	−0.0147	0.1374	−0.0233
2013	0.0482	−0.0039	0.1340	−0.0034
2014	0.0457	−0.0025	0.1344	0.0004

结果显示：无论是泰尔指数还是基尼系数，浙江行业间工资差异均呈现整体逐步缩小趋势。

二、指数编制存在的缺陷

(一)综合指数方面

以表 1 数据的计算可以看出，从相对数分析，L＞P，说明物量变动对实物总额的影响要大于价格变动所产生的影响，即物量变动因素指数大于价格变动因素指数。但是从绝对数分析，$(\Sigma P_1Q_1-\Sigma P_0Q_1)>(\Sigma P_0Q_1-\Sigma P_0Q_0)$说明价格的变动带来的影响要大于物量变动带来的影响，所以分析报告期相比于基期的工资总额中实物价值的变动，究竟是由价格变动还是物量变动起主要因素就产生了截然不同的结果。

(二)可变结构指数方面

表 2 显示，由于全社会就业人员平均工资以上年为 100 的指数为 108.6，均低于非私营和私营平均工资指数 108.8 和 109.6，数据一经公布，一些百姓表示不解。确实，从理论上计算，这样的计算没有任何问题，但是从实际看，解释这个结果产生的原因就有点复杂，更进一步分析，其实是我们采用简单算术

计算平均工资所产生的缺陷。表2显示，在工资总额中，2014年非私营和私营占比分别为52.8%和47.2%，在从业人员中，2014年非私营和私营占比分别为41.3%和58.7%，比重的较大反差以及简单算术计算极易受到极端数值的影响，代表性也会打折扣，由此计算的一系列衍生指标包括指数也会受到影响。

（三）不平等度指数

从表3数据以及泰尔指数、基尼系数的编制原理分析看，由于泰尔指数对高工资水平人群工资变化比较敏感，因此，泰尔指数下降主要反映了高工资行业人群工资变化大幅缩小了整体工资差异。而由于基尼系数对中间工资水平人群工资变化比较敏感，因此，基尼系数下降主要反映了中等工资水平人群工资变化对行业工资差异的影响。因此，仅用某个指数来判断行业工资差异程度有失偏颇，同样在判断地区及其他结构差异程度上也存在这样的问题。

三、对指数运用分析的新思考

（一）采用几何平均数的加权形式完善综合指数的计算分析

由于其绝对数和相对数分析结果可能产生矛盾，本文引入几何平均数概念对同度量因素的综合指数编制进行完善，即在编制质量指标指数时，以基期和报告期数量指标的几何平均数作为同度量因素，而在编制数量指标时，以基期和报告期质量指标的几何平均数作为同度量因素。由于对于同一组数据，几何平均数介于算术平均数和调和平均数之间，其取值处于相加性结构指数之间，所以一般情况下采用几何平均数的加权形式会更加合理并符合实际。根据这一思路仍以表1数据计算可以得出：

$I_P=(\Sigma P_1\sqrt{Q_0Q_1})/(\Sigma P_0\sqrt{Q_0Q_1})=2923.4/2691.5=8.6\%$

$\Sigma P_1\sqrt{Q_0Q_1}-\Sigma P_0\sqrt{Q_0Q_1}=239.1$ 元

$I_q=(\Sigma Q_1\sqrt{P_0P_1})/(\Sigma Q_0\sqrt{P_0P_1})=2918.2/1118.6=260.9\%$

$\Sigma Q_1\sqrt{P_0P_1}-\Sigma P_0\sqrt{Q_0Q_1}=1799.6$ 元

结果显示：无论是相对数还是绝对数都是 $I_P<I_q$ 且

$(\Sigma P_1\sqrt{Q_0Q_1}-\Sigma P_0\sqrt{Q_0Q_1})<(\Sigma Q_1\sqrt{P_0P_1}-\Sigma P_0\sqrt{Q_0Q_1})$，即在表1中，价格相对于物量来说在影响实物价值作为工资发放方面起到主要作用。

（二）结合运用中位数或者众数等改善可变结构指数的计算分析

针对根据表2计算得出的全社会平均工资指数均低于非私营和私营平均工资指数这一原因，主要是职工结构发生较大变化。其实，在平均数集合中，还有调和平均数、几何平均数、中位数、众数以及平方均数等，如果计算平均工资能够结合运用中位数或者众数，或者像一些比赛评分中去掉高分组和低分组，那么计算得出总体指数均高于或者低于分结构指数这样的情况就不太会出现，平均数更有代表性，指数变动也更加反映实际，老百姓也更容易接受。

（三）结合发展水平指标改善不平等度指数的计算分析

以泰尔指数和基尼系数为代表的指数不仅可以衡量地区、行业、居民收入分配差距，在实际应用中还可以用来分析其他综合性指标的分布发展程度（本文仅以基尼系数为例展开分析，其余不平等指数的分析方法同样适用）。由于劳动工资统计数据的局限性，本文引入人均 GDP 基尼系数概念并结合人均 GDP 以评价浙江 11 个市的发展平衡程度。利用基尼系数的计算方法可以得到各市人均 GDP 基尼系数（详见表 4）。

表 4　2014 年各市人均 GDP 基尼系数

杭州	宁波	温州	嘉兴	湖州	绍兴	金华	衢州	丽水	台州	舟山
0.182	0.190	0.339	0.041	0.062	0.182	0.200	0.156	0.143	0.211	0.061

表 5　2014 年各市人均 GDP

单位：元

杭州	宁波	温州	嘉兴	湖州	绍兴	金华	衢州	丽水	台州	舟山
103757	98262	47115	73462	66916	96436	59027	52778	49424	56318	89306

从表 4 分析看，11 市发展的内部平衡程度有较大差异，其中，温州、台州的基尼系数较高，列全省第一和第二，表明温台地区内部发展不平衡的现象比较突出，而相对应的嘉兴、湖州、舟山等地区内部发展比较均衡，人均 GDP 基尼系数均＜0.1。表 5 显示，人均 GDP 水平较高的是杭州、宁波等地，但温州、丽水的人均 GDP 相对较低，最高的杭州是最低温州的 2.2 倍。表 4、5 比较后可以看出，各地人均 GDP 水平和基尼系数的数值排序并不是同步的。但温州市两个指数的排序是一致的，是否具有特殊性，需要进一步研究。

根据浙江省提出“翻四番”的目标将人均 GDP 目标值设定为 10.4 万元，权数为 0.7；基尼系数目标值设定为 0.15，权数为 0.3（由于权数对水平测算会产生一定的影响，因此权数的设定需要在实际操作中不断论证完善）。根据表 4、5 的数据计算得到用人均 GDP 和人均 GDP 基尼系数两指标结合的各市发展均衡水平。

表 6　2014 年各市发展均衡水平

杭州	舟山	宁波	绍兴	嘉兴	湖州	丽水	衢州	金华	台州	温州
94.5	90.1	89.7	89.6	79.4	75.0	66.3	64.3	62.2	59.2	45.0

表 6 比较客观反映了 11 市的发展均衡水平，随着我国国民经济核算体系的不断完善，GDP 数据更趋全面准确，以不平等度指数结合平均水平来判别地区发展均衡水平不失为一个行之有效的方法。

（人口就业处　潘强敏）

基于投入产出视角的浙江产业结构调整研究

产业结构是指生产要素在各产业部门间的比例构成和它们之间相互依存、相互制约的联系。产业结构在整个经济结构中居于主导地位，其变动对经济增长有着决定性的影响。调整和建立合理的产业结构是当今各国发展经济的重要课题。早在2005年，国务院常务会议审议并原则通过《促进产业结构调整暂行规定》和《产业结构调整指导目录》。会议认为，推进产业结构调整是当前和今后时期改革和发展的重要任务。10年过去了，我们仍在强调产业结构调整的重要性，由此可见，结构调整对于一个国家、一个省乃至一个市或是一个县都十分的艰难。本文通过对浙江省投入产出表的分析研究，探索浙江产业结构的发展特点，进而为全省经济发展方式进一步深化和转变提供参考建议。

一、产业结构演进一般规律的理论研究

产业结构的演进主要表现为产业结构由低级向高级演进的高度化和产业结构横向演进的合理化。

产业结构由低级向高级演进的高度化理论，较为典型的观点是“配第—克拉克定理”。英国经济学家威廉 · 配第认为，当经济发展到一定阶段时，劳动力将从第一产业向第二产业转移；当经济进一步发展到更高的阶段时，劳动力就会从第二产业向第三产业转移。支持这种观点的还有美国经济学家库兹涅茨。库兹涅茨在克拉克等人研究成果的基础上，考察了总量增长和结构变化的对应关系。他的研究发现，在未工业化时期，第一产业比重较高，第二产业比重较低；在工业化中期，第二产业占据优势地位，第三产业比重基本稳定或稳中有降，第一产业比重则降低到10%以下。经济发展过程中工业占国民经济比重总体呈现“倒U型”趋势。

产业结构横向演进的合理化理论中较为典型的是霍夫曼定理和经典工业化理论。德国经济学家霍夫曼认为，资本品工业净产值在整个工业净产值中所占份额稳定上升，并呈现出大体相同的阶段性质。他将工业化进程分为四个阶段：消费品工业占主导地位阶段，消费品工业增长慢于资本品工业增长阶段，消费品工业增长和资本品工业增长平衡阶段，资本品工业占主导地位阶段。经典工业化理论认为，衡量一个国家或地区的工业化水平，一般可以从经

济发展水平、产业结构、工业结构、就业结构和空间结构等方面来进行衡量。对工业化阶段划分最具影响力且广为认同的是钱纳里的“3 大 6 小”阶段论。钱纳里在《工业化和经济增长的比较研究》中，把人均 GDP 作为综合反映经济发展水平的重要指标。按照人均 GDP 的变化，他将经济发展分为准工业化阶段（初级产品生产阶段）、工业化实现阶段（包括工业化初级阶段、工业化中级阶段、工业化高级阶段）和后工业化阶段（包括发达经济初级阶段、发达经济高级阶段）。

关于产业结构优化调整方面的研究，主要侧重于实证分析。随着中国工业化进入中后期发展阶段，关于产业结构调整的方向也越来越重要，引起的争议也比较多。有人认为，产业结构调整的方向必须依靠大力发展服务业来推动，也有观点指出产业结构调整的方向应以重化工业为主。美国经济学家、经济史学家罗斯托提出了著名的主导产业扩散效应理论和经济成长阶段理论。他认为，产业结构的变化对经济增长具有重大的影响，在经济发展中要重视发挥主导产业的扩散效应。郭克莎与王海涛等学者对 20 世纪 70 年代以来世界上一些有代表性的发展中国家和发达国家第三产业增加值内部结构变动做了分析：认为从当年价格的产出结构看，发展中国家第三产业产出比重的上升，在人均收入水平很低时主要依靠商业、旅游和饭店业的拉动；当人均收入水平上升到 600 美元—1000 美元时，主要依靠运输仓储和邮电业、金融保险业、不动产和工商服务业的拉动；当人均收入进一步上升到 2000 美元以上的较高水平时，金融保险、不动产和工商服务业的拉动作用继续增大。发达国家第三产业占 GDP 比重的继续上升，主要依靠金融保险业、不动产和工商社会服务业的拉动。

二、浙江省产业结构的发展现状

近几年来，国内外形势错综复杂，面对经济运行中的新情况新问题，浙江加快转变经济发展方式，推动产业结构优化升级，社会持续较快协调发展。虽然全省经济增速有所放缓，但产业结构更趋合理，逐步由低级向高级阶段演进。

（一）三次产业结构

2014 年，浙江省生产总值（GDP）40173 亿元，同比增长 7.6%。其中，第一产业增加值 1777 亿元，第二产业增加值 19175 亿元，第三产业增加值 19221 亿元，分别增长 1.4%、7.2%和 8.6%。人均 GDP73002 元（按年平均汇率折算为 11884 美元），增长 7.3%。三次产业增加值结构由 2007 年的 5.3∶54.1∶40.6 调整为 4.4∶47.7∶47.9，第三产业比重首次超过第二产业。与 2007

年相比，三次产业结构不断优化，三产比重上升，一、二产比重下降，第三产业对全省经济增长的贡献率逐年增长，第一、二产业的贡献率则有所下降。2007—2014 年，第一、二、三产业对 GDP 增长的贡献率分别为 2.3%、47.6%和 50.1%。

（二）工业结构

尽管第三产业增加值已经超过第二产业，但分行业看，工业仍是占 GDP 比重最大的行业，2014 年，全省工业增加值占 GDP 比重仍在 40%以上。与 2007 年相比，工业发展主要有以下特点：一是行业分布仍较为集中，但比重略有下降。根据 2012 年全省投入产出表计算，总产出排名前五位的部门占全部工业总产出的比重达 53.1%，与 2007 年相比则下降了 1.6 个百分点。工业总产出占比前五位的行业依次为：化学产品、通用专用设备[①]、纺织业、电气机械和器材、金属冶炼和压延加工品，所占比重分别为：16.9%、11.1%、9.6%、8.0%和 7.5%。与 2007 年相比，化学产品、电气机械和器材、金属冶炼和压延加工品占比分别上升了 0.5 个百分点、0.2 个百分点和 0.3 个百分点，通用专用设备制造业占比与 2007 年相同，而纺织业则下降了 2.6 个百分点。二是产业结构优化调整有成效，工业经济呈现“重快轻慢”的格局。2007—2014 年，我省规模以上轻、重工业增加值年均分别增长 9.5%和 11.1%，重工业增长速度快于轻工业 1.6 个百分点。轻重工业比例由 2007 年的 45.2∶54.8 调整为 2014 年的 43.1∶56.9，重工业比重提高 2.1 个百分点。2014 年全省规模以上工业中，高新技术产业、装备制造业增加值分别为 4283 亿元和 4328 亿元，占规模以上工业的比重为 34.1%和 34.5%，2009—2014 年年均分别增长 11.2%、10.4%，增幅比同期规模以上工业分别高 2.0 个百分点和 1.2 个百分点。2014 年，全省战略性新兴产业增加值 3075 亿元，占规模以上工业的比重为 24.5%，对规模以上工业增长的贡献率为 30.1%，拉动规模以上工业增长 2.1 个百分点。

（三）第三产业结构

近年来，我省第三产业取得了较大的发展，除交通运输仓储邮政业外，其他行业占 GDP 的比重均比 2007 年有所上升。2014 年，第三产业中的批发和零售业占比最高，其次为金融业、房地产业和交通运输仓储邮政业，这四个行业增加值占第三产业增加值的比重高达 59.2%。2007—2014 年，发展较快的

① 2012 年 42 部门的投入产出表分类中将通用设备和专用设备分为二类，为与 2007 年投入产出表比较，此处将两个行业进行合并。

行业是批发零售业和信息传输、计算机服务和软件业。第三产业的结构调整成效显著:无论是以房地产、金融业、信息传输、计算机服务和软件业等行业为主的现代服务业,还是以批发、信息传输、金融、科学研究等行业为主的生产性服务业占 GDP 比重均比 2007 年有所上升。

三、产业结构调整的投入产出分析

(一)投入结构分析

中间投入率是指某产业的中间投入与总投入的比例,反映该产业附加价值的大小程度。中间需求率是指各产业部门的中间需求和该产业部门总需求的比例,反映该产业产品作为生产资料和消费资料的比例。从投入产出表计算的中间投入率与中间需求率可以看到(表 1):

表 1　2007、2012 年浙江省三次产业中间需求率与中间投入率

		第一产业	第二产业	第三产业
中间需求率	2012 年	0.8662	0.5643	0.5167
	2007 年	0.6298	0.5513	0.4891
中间投入率	2012 年	0.3727	0.7876	0.4439
	2007 年	0.3824	0.7854	0.4238

1. 第一产业中间需求率最高而中间投入率最低。第一产业的中间需求率最高,且超过 50%。第一产业的中间需求大于最终需求,说明农产品作为生产资料的作用较明显,更多的用于深加工产品。第一产业的中间投入率最低,即附加值较高,且中间投入率呈下降的趋势,增加值中劳动者报酬的占比较高。这一情况说明我省农村居民的收入水平近几年来有所增长,但从另一方面则反映出我省农业的现代化水平还不够。就发达国家的经验来讲,随着农业技术水平的提高,社会分工越来越细,农产品的生产链呈现出逐渐延长的趋势,中间投入率会有所上升。从我省情况看,与 2007 年相比,2012 年第一产业的中间投入率还下降了 1 个百分点。

2. 第二产业中间投入率最高,中间需求率在 50%以上。

(1)中间投入率有所上升,工业化从中期向后期发展。一般来说,一个地区在工业化过程中,中间投入率的上升是普遍规律。在工业化过程中,产业结构逐步由劳动密集型产业向资本密集型产业和技术密集型产业转变,同时生产的再加工程度加深,投入进步使得资本技术对劳动力的替代程度大大增强,各产业部门之间的经济联系也越发紧密,由此导致中间投入增加,使得中间投入率也不断上升。我省自 2002 年以来中间投入率不断上升也证明了这一点。2014 年我省制造业的中间投入率为 78.9％，高于 2007 年 0.3 个百分点，高于 2002 年 0.9 个百分点。

(2)中间投入率总体偏高，经济增长仍然主要依靠投入增长。中间投入率与增加值率之和等于 1，中间投入率高的另一个侧面就是增加值率低。虽然从纵向比较看，我省中间投入率的增加有助于工业向后现代化发展，但从横向比较看，浙江的中间投入率偏高，即增加值率偏低。以 2012 年为例，我省工业增加值率仅为 19.5％，分别低于广东、江苏 4.8 个百分点和 2 个百分点，与发达国家相比更是存在着 10％以上的差距。增加值率偏低一个很重要的原因就是我省单位产出中的劳动报酬率偏低。由投入产出表可知，我省制造业劳动者报酬率只有 12.7％，低于全国 3.8 个百分点。工资收入比重不高，加之存在着收入分配不合理的问题，影响了居民对服务消费的需求，不仅制约了全省服务业的发展，也加大了产业结构调整的难度。

(3)工业中间投入多以物质产品投入为主。从中间投入的构成来看，我省制造业的物质产品投入率为 68.7％，服务投入率仅为 10.2％。制造业服务化率(单位总投入中服务投入的价值)远低于发达国家，这意味着我省的经济增长仍然主要依靠投入增长，而人力资本、技术进步因素在增长中的推动作用并不明显。

3. 第三产业中间需求率低，对国民经济的基础地位不如第二产业。第三产业的整体中间需求率与中间投入率均低于第二产业，附加值则较高。虽然 2014 年我省第三产业的增加值已经超过第二产业，但其影响力则不及第二产业。将中间投入率与中间需求率结合起来，以 50％为界限，按照钱纳里和渡部经彦划分产业类型的方法，把中间需求率大于 50％，中间投入率小于 50％的产业定义为“中间投入型基础产业”。按此标准，2012 年我省第三产业中间投入率为 44.4％，而中间需求率为 51.7％，第三产业还属于中间投入型产业。第三产业主要提供的是工业企业的生产性服务，提供的最终需求服务较少，服务业的发展还具有很大的升值空间。

(二)影响力系数分析

影响力系数是反映某一个部门增加一个单位最终产品时，对国民经济各产业部门的生产所产生的生产需求波及程度。影响力系数大于 1，表明该部门生产对其他部门所产生的波及影响程度超过了社会平均影响力水平；影响力系数小于 1，表明该部门生产对其他部门的波及程度低于社会一般水平。影响力系数的高低一定程度上反映了该产业部门对经济发展的拉动作用大小。

1. 影响力系数排名前十的行业均集中在第二产业(详见表 2)。

表 2　2002—2012 年影响力系数较大的行业

	2012 年		2007 年		2002 年	
	影响力系数	影响力排序	影响力系数	影响力排序	影响力系数	影响力排序
金属冶炼及压延加工业	1.4596	1	1.5150	1	1.4101	1
电气机械及器材制造业	1.3738	2	1.3933	2	1.3343	4
交通运输设备制造业	1.3197	3	1.3366	5	1.3290	5
金属制品业	1.3167	4	1.3704	3	1.3502	3
通信设备、计算机及其他电子设备制造业	1.3010	5	1.3628	4	1.3658	2
通用、专用设备制造业	1.2830	6	1.3104	8	1.2878	6
仪器仪表及文化办公用机械制造业	1.2513	7	1.2786	9	1.2582	9
造纸印刷及文教体育用品制造业	1.2463	8	1.3127	7	1.2665	8
建筑业	1.2385	9	1.3135	6	1.2343	13
化学工业	1.2319	10	1.2214	12	1.2391	11

从 2002、2007 以及 2012 年近三次投入产出表计算结果可以发现,虽然影响力排位前十的行业位次略有起伏,但总体变化不大。由于影响力大的行业最终需求的增长会带动其他相关产业更大的增长,促进这些产业的发展会对国民经济的全面发展产生一定的推动作用和联动效应。因此,一旦第二产业特别是工业发展停滞,全省的经济将会受到严重影响。这其中,金属冶炼及压延加工业属于传统的重工业部门,一直以来都是全省影响力系数最大的行业,其产品是工业生产的重要中间产品。建筑业作为唯一一个影响力位列前十的非工业行业,投入大、资金密集度高,其产品对国计民生有着重大意义。值得一提的是纺织业,作为我省的传统产业,具有劳动密集程度高、对外依存度较大、经济效益低和产品附加值低等特点,在全省工业企业中的影响力已逐渐减弱。2012 年纺织业的影响力系数为 1.22,排列第 12 位。

2. 装备制造业影响力较大,是需要重点扶持的行业。影响力前十位中的行业中有六个行业属于装备制造业(电气机械及器材制造业、交通运输设备制造业、金属制品业、通信设备计算机及其他电子设备制造业和通用专用设备制造业、仪器仪表及文化办公用机械制造业)。其中电气机械及器材制造业、交通运输设备制造业和仪器仪表及文化办公用机械制造业影响力位次呈逐年上升趋势。装备制造业作为制造业的核心组成部分,是全省经济发展中的重点产业,它的技术水平直接或间接影响其他产业的竞争力,是其他产业健康发展的基础,应该引起政府的高度重视。

3.第三产业影响力低于第二产业。从影响力角度衡量,第三产业的影响力低于第二产业。第三产业中影响力系数大于1的只有两个行业①:科学技术研究服务业和卫生社会工作。因此,大力发展科研事业对提升全省经济的整体水平有不可忽视的作用。值得注意的是房地产业的影响力系数是第三产业中最低的,与国民经济其他部门的后向关联效应较弱,对国民经济的乘数推动作用并不强。

(三)感应度系数分析

感应度系数是反映国民经济各部门均增加一个单位最终产品时,某一个部门由此而受到的需求感应程度,也就是需要该部门为其他部门的生产而提供的产出量。当感应度系数大于1时,表示该部门所受到的感应程度高于全社会平均感应水平;当感应度系数小于1时,表示该部门所受到的感应程度低于全社会平均感应水平。显然,感应度系数越大,该部门所受到的需求压力越大。

表3 2002—2012年感应度系数较大的行业

	2012年		2007年		2002年	
	影响力系数	影响力排序	影响力系数	影响力排序	影响力系数	影响力排序
金属冶炼和压延加工品	4.5511	1	4.4916	1	3.6175	2
化学产品	3.4324	2	4.1551	2	4.0932	1
电力、热力的生产和供应	2.1557	3	2.1439	3	1.4401	6
金融	1.9323	4	1.0396	12	1.0880	12
煤炭采选产品	1.6556	5	1.0062	13	0.7198	23
交通运输、仓储和邮政	1.5418	6	0.7899	18	0.9311	18
石油和天然气开采产品	1.3911	7	1.6917	4	1.2851	10

① 按42部门的投入产出表计算得到。

续　表

	2012 年		2007 年		2002 年	
	影响力系数	影响力排序	影响力系数	影响力排序	影响力系数	影响力排序
批发和零售	1.2890	8	1.4179	7	1.6808	3
造纸印刷和文教体育用品	1.2824	9	1.1356	9	1.5254	4
电气机械和器材	1.1739	10	1.0525	10	1.0420	15

1.工业中能源、原材料等基础性行业感应度系数较大。传统的基础产业对国民经济中的生产状况十分敏感，国民经济各部门对它们有较强的依赖。反之，它们对其他部门的生产也有很强的制约能力，一旦其生产不能满足社会的需要，就可能成为瓶颈产业。浙江省是一个资源小省，经济发展受土地、能源、水资源等瓶颈制约相当突出，使得电力、热力等资源产业的瓶颈效应较为突出，容易对经济发展构成制约。电力、热力的生产和供应业的感应度系数从 2002 年以来不断上升，在所有产业部门中排位靠前便是这一资源禀赋约束的体现。又如金属冶炼和压延加工品和化学工业，同其他行业相比，应用领域极为广泛，需求增长的拉动力量也来自方方面面。它们在产业链中属于影响力大、感应度也大的中间产品型产业，产业关联度大，带动作用非常强。

2.第三产业中的传统行业感应度系数较大。与影响力系数不同，感应度系数大的行业不仅仅局限于第二产业，还集中在金融、交通、贸易等第三产业。其中，金融业和交通运输业的感应度系数近几年来有显著上升的趋势，这既表明了这两个行业的需求还在加大，但同时也说明这两个行业已经在一定程度上制约了经济的可持续发展。自 2009 年金融危机到 2014 年这两个行业的发展情况来看，金融业增加值平均增速仅为 7.8%，交通运输仓储邮政业增加值年均增速 7.6%，分别低于同期 GDP 年均增速 1.1 个百分点和 1.3 个百分点。

四、结论与建议

近几年来，浙江认真贯彻落实党的十八大精神，坚决执行中央和省委、省政府决策部署，突出转型升级主线，主动适应和引领经济发展新常态，转方式调结构初见成效。三次产业由“二、三、一”向“三、二、一”转变，工业“重快轻慢”，高新技术产业、装备制造业等新兴产业发展高于平均水平，现代服务业和生产性服务业对经济增长的贡献率进一步提高。同时，经济发展中也存在着一些问题：如工业经济增长乏力，第三产业内部结构不尽合理，产业低端化，对经济的影响力不强。对此我们提出以下几点建议：

（一）优化农业，加大对第一产业的技术投入和支持力度

要加大对第一产业的技术投入力度，大力发展农产品的深加工，提高农业产品的附加值，延伸农业产业链，提高农业整体效益。以绿色消费需求和高效生态农业为导向，优化农业内部结构。加快推进农业信息化、标准化建设，积极稳妥地改革农业技术推广体系。

（二）以关键产业为重点，提高全要素生产率

在当前需求不足、市场疲软的经济形势下，应当发展那些影响力系数和感应度系数都较大的部门。如金属冶炼和压延加工品业，其影响力系数和感应度系数均列第一位，但目前还存在着企业小、技术水平低、高端产品不足、增加值率低等问题，对于提高生产能力即提高潜在产出水平还有很大空间。又如化学工业，该行业具有技术含量高，吸纳劳动力能力强，影响力和感应度强，对于新工业、新技术、新材料、新能源的出现具有较大的诱导作用等特点，应充挥发展其支撑经济长期发展的支柱产业的作用。要加强此类行业的发展方式转变和产业结构优化，进而提升产品的附加值和国际市场竞争力、缓解经济发展的资源和环境约束、促进经济的持续增长和发展。

（三）继续发展装备制造业，提高产业层次

大力发展装备制造业，在加快我省工业化进程，推进工业转型升级方面具有重要意义。装备制造业具有影响力强、产业关联度高、资本技术密集等特点，是一个地区产业竞争力的集中体现。进一步发挥装备制造业在工业发展中的核心作用，充分利用省政府加快发展高端装备制造业的有利契机，增加科技投入，努力提高自主创新能力，优化资源配置，为促进全省工业向现代化发展做出贡献。

（四）积极引导和鼓励第三产业发展，打造现代服务业

现代服务业目前对全省国民经济的影响还很小，推动作用有限，从世界经济的发展趋势看，还具有巨大的发展空间，因此需要调整第三产业的内部结构。要在巩固传统批发零售、住宿餐饮业、公共管理业的同时，合理发展房地产业，充分发挥其对中介服务、建筑业、制造业等许多产业的强大辐射作用。适度发展交通运输业和金融业，减轻其对经济增长的制约作用。加快发展旅游、商务服务等现代服务业，大力发展信息传输、科学技术服务等知识和技术密集型产业，培育低消耗、低投入、高产业关联度和高附加值的行业，进一步推进产业结构合理演进。

（核算处　汪维薇）

基于投入产出视角的浙江装备制造业分析

装备制造业是国民经济的支柱产业，集中反映了一个国家或地区的科技水平、制造能力和综合实力。发展装备制造业是浙江建设先进制造业基地的战略要点，是推动工业转型升级的重要引擎。本文在研究浙江装备制造业发展现状的基础上，利用 2007 年和 2012 年浙江省投入产出表数据，从产业直接关联和产业波及效果两个角度研究装备制造业与其他产业、装备制造业内部各部门间的关联关系，并对浙江省装备制造业优化发展提出相关对策与建议。

研究结果表明：电气机械及器材和通信设备计算机及其他电子设备等部门和其他部门之间具有高度的关联性，不仅对其他产品部门的感应程度大，还对其他部门具有很强的推动能力，已经成为浙江国民经济体系中的支柱产业。金属制品、通用设备、专用设备、交通运输设备、仪器仪表和金属制品及机械设备修理服务等部门对其他部门诱发作用较大，影响和拉动能力较强，具有主导行业的特性。

一、装备制造业的概念及统计界定

装备制造业又称装备工业，是为满足国民经济各部门发展和国家安全需要而制造各种技术装备的产业总称。按照国民经济行业分类，其产品范围包括机械、电子和兵器工业中的投资类制成品。根据国家统计局《国民经济行业分类》国家标准(GB/T4754—2011)的产业分类，装备制造业主要包括 9 大类，分别是金属制品业、通用设备制造业、专用设备制造业、汽车制造业、铁路、船舶、航空航天及其他运输设备业、电气机械及器材制造业、计算机通信及其它电子设备制造业、仪器仪表制造业和金属制品及机械设备修理业。而浙江省 2012 年所编制的投入产出表则是按照《国民经济行业分类》(GB/T4754—2002)标准，将全部产业划分为 42 个部门，其中装备制造业是指金属制品、通用设备、专用设备、交通运输设备、电气机械及器材、通信设备计算机及其他电子设备、仪器仪表和金属制品及机械设备修理服务等 8 个部门。

二、浙江装备制造业发展现状及特点

近年来，浙江省委、省政府高度重视装备制造业发展，先后出台了《关于加快发展装备制造业的若干意见》(浙委〔2007〕76 号)、《浙江省人民政府关于推动现代装备制造业加快发展的若干意见》(浙政发〔2013〕23 号)、《浙江省高端装备制造业发展规划(2014—2020 年)》等政策措施,浙江装备制造业取得了长足的发展,技术由弱到强,规模由小到大,成为全国装备制造业的大省之一。

(一)经济总量不断扩大,对工业增长的贡献增强

2014 年,全省规模以上装备制造企业 15177 家,增加值 4328 亿元,总产值 22251 亿元,主营业务收入 20882 亿元,利税总额 2004 亿元,分别占规模以上工业的 39.4%、34.5%、33.4%、33%和 33.6%。装备制造业增加值的增长速度高出规模以上工业 2.1 个百分点,对全省规模以上工业增加值增长的贡献率为 41.4%,成为浙江工业发展的主要推动力。装备制造业增加值、总产值、主营业务收入和利税总额分别比 2007 年增长 0.6 倍、0.8 倍、0.7 倍和 1 倍,2007—2014 年年均增长速度分别为 11.9%、14.1%、12.3%和 13.4%。

(二)私营企业占主体,小微企业份额大

从经济类型来看,私营企业在浙江装备制造业中占主体地位。2014 年,装备制造业企业中,私营企业 9708 家,丰营业务收入 8823 亿元,占装备制造业主营业务收入的 42.3%,比 2007 年提高 5.1 个百分点。外商及港澳台投资企业、有限责任公司、股份有限公司和国有企业主营业务收入分别占装备制造业的 27.6%、20%、9.6%和 0.2%。私营企业在浙江装备制造业中占有明显优势,是推动浙江装备制造业发展的主体。从企业规模来看,装备制造业企业中,小微企业 12969 家,主营业务收入 9001 亿元,占装备制造业主营业务收入的 43.1%;大型和中型企业主营业务收入分别占装备制造业的 27.2%和 29.7%。

(三)区域集聚程度较高,产业集聚优势逐步显现

浙江装备制造业区域集中度较高,主要集中于环杭州湾和温台沿海产业带,杭州、宁波、温州、台州和绍兴五市装备制造业主营业务收入约占全省的 73%。其中,杭州、宁波两市占 45.3%。同时,浙江加快推进装备制造业发展模式由“专业化生产+块状经济”向“专业化分工制造+系统集成+产业集群”为主的现代生产协作体系转变,目前已建成乐清工业电气、杭州装备制造、新昌轴承和舟山船舶修造等 4 个“国家新型工业化产业示范基地”,以及嘉兴光伏装备、杭州青山湖高端装备、舟山船舶装备、永康现代农业装备、湖州现代物流装备、诸暨现代环保装备、柯桥和新昌智能纺织印染装备等 8 个具有明确产业方向的省级现代装备产业高新园区。

(四)产业整体发展迅速,重点行业处于领先地位

2007—2014 年,浙江装备制造业各行业主营业务收入年均增速在 6%—

20%之间，整体发展较快。2014 年，汽车制造业、金属制品及机械设备修理业、计算机通信及其他电子设备制造业和铁路、船舶、航空航天及其他运输设备业主营业务收入分别增长 21%、12.4%、10.1%和 7.1%，增速均高于规模以上工业。从绝对值来看，电气机械及器材制造业、通用设备制造业、计算机通信及其他电子设备制造业和汽车制造业主营业务收入在 38 个规模以上工业行业大类中居第 3、5、7 和 8 位，占装备制造业的比重分别为 27.2%、20.3%、12.9%和 12.8%，是装备制造业乃至整个工业的优势产业。从全国看，浙江电气机械及器材制造业和通用设备制造业主营业务收入分别占该行业主营业务收入的 8.5%和 9.2%，居全国前列。这些行业对应的泵、轴承、数控机床、纺织服装皮革专用设备、电线电缆、汽车领部件及配件等产品产量也在全国占有绝对优势。

三、装备制造业产业关联分析

在浙江装备制造业快速发展的同时，其各部门间以及与国民经济其他部门的关联也在发生变动。准确把握装备制造业产业关联关系，有助于制定合理的产业发展政策。以下从产业直接关联和产业波及效应两个角度进行浙江装备制造业产业关联分析：

（一）直接关联分析

赫希曼在《经济发展战略》中指出：在经济活动中，有两种关联效应对一个产业的产生、发展起到了诱导作用，分别是前向关联效应和后向关联效应。前后向关联是以被计算的产业在产业链中所处位置为基准，当被计算的产业作为上游产业对下游产业产生的效应称为前向关联效应；当它作为下游产业要求其他产业（上游产业）对其投入时，对其他产业的作用方向是向后的，称为后向关联效应。

前向关联效应又称中间需求率，计算公式为：

$$h^i = (\sum_{j=1}^{n} x_{ij})/(\sum_{j=1}^{n} x_{ij} + y_i) \quad (i = 1,2,\cdots,n)$$

y_i 是第 i 部门的全部最终使用，x_{ij} 是第 i 部门对第 j 部门的中间投入。中间需求率反映了该部门的产品被各部门用作中间产品的部分占该种产品总需求量的比重。某部门的中间需求率越高，它的最终需求率必然越低，表明该部门就越带有提供中间产品（生产资料）的性质。

后向关联效应又称中间投入率，计算公式为：

$$k_j = (\sum_{i=1}^{n} x_{ij})/(\sum_{i=1}^{n} x_{ij} + N_j) \quad (i = 1,2,\cdots,n)$$

N_j 是第 j 种产品的全部最初投入，x_{ij} 是第 i 部门对第 j 部门的中间投入。中间投入率反映了该部门为生产单位总产出而需要从其他部门购进的中间产品所占的比重。在总投入一定的前提下，某部门的中间投入率越高，其增加值率(附加值率)就越低，但对其上游产业的带动能力则越强。

一般把中间需求率大于50%的部门定义为生产服务业，中间需求率小于50%的部门定义为生活服务业；把中间投入率大于50%的部门定义为“低附加值，高带动力”的部门，把中间投入率小于50%的部门定义为“高附加值，低带动力”的部门。根据产业经济学的理论，按照中间投入率和中间需求率的差异，以高于或低于50%为标准，把产品部门划分为四个不同的产业群：

1. 装备制造业整体关联度分析。为研究装备制造业与其他产业的关联程度，对2012年和2007年投入产出42部门进行合并归类，进而计算出以下部门的中间需求率和中间投入率。

表1　产业类型划分表

	中间需求率小(小于50%)	中间需求率大(大于50%)
中间投入率大(大于50%)	最终需求型产业	中间产品型产业
中间投入率小(小于50%)	最终需求性基础产业	中间产品型基础产业

表2　2012年和2007年浙江省各部门直接关联系数表

系数 / 行业	中间需求率(%)		中间投入率(%)	
	2012年	2007年	2012年	2007年
第一产业	56.81	62.98	37.27	38.24
工业	61.36	55.45	78.94	78.58
其中：装备制造业	47.41	39.79	77.32	78.29
其他工业	67.06	61.21	79.81	78.73
建筑业	2.88	3.96	77.18	78.22
第三产业	51.67	48.91	44.39	42.38

从表2中可知，2012年浙江装备制造业的中间需求率为47.4%，即装备制造业所提供的全部产品或服务中，约47.4%被各部门用于中间使用，另外约52.6%被用于消费、投资、出口等最终使用。该中间需求水平虽比2007年提高了7.6个百分点，但仍低于50%，仅次于建筑业，处于国民经济后续位置。由此可知，装备制造业不属于中间产品部门，而属于最终产品型的产业部门。

2012 年，浙江装备制造业的中间投入率为 77.3%，也就是说装备制造业总产出中约有 77.3%来源于中间投入，另有 22.7%来源于部门增加值。该中间投入水平比 2007 年下降约 1 个百分点，在国民经济中排名靠前。说明浙江装备制造业属于高投入而附加值较小的产业，对其他部门的需求大，依赖程度高，因此其发展会对其他产业产生较大的推动作用。

总体而言，浙江装备制造业与国民经济其他产品部门的联系非常紧密，其生产的社会化程度较高，对其他部门产品中间投入的需求量大；其产品被用于满足最终需求的多，满足中间需求的少。

2. 装备制造业内部各部门关联度分析。将投入产出表细分为 42 部门，计算装备制造业内部各部门的中间投入率和中间需求率，进一步揭示装备制造业各部门在浙江经济发展中的地位和作用。如表 3 所示：

表 3　2012 年和 2007 年浙江装备制造业直接关联系数表

系数/行业	中间需求率(%)		中间投入率(%)		2012 年产业类型
	2012 年	2007 年	2012 年	2007 年	
装备制造业合计	47.41	39.79	77.32	78.29	最终需求型产业
金属制品	55.06	74.20	76.89	78.59	中间产品型产业
通用设备	44.24	29.73	77.93	76.45	最终需求型产业
专用设备	31.03	22.35	70.72	73.85	最终需求型产业
交通运输设备	40.45	19.15	77.37	77.34	最终需求型产业
电气机械和器材	50.80	36.35	80.55	81.50	中间产品型产业
通信设备、计算机和其他电子设备	60.34	54.63	77.34	80.52	中间产品型产业
仪器仪表	48.38	24.27	75.02	75.42	最终需求型产业
金属制品、机械和设备修理服务	99.62	—	60.37	—	中间产品型产业

注：《2007 年浙江投入产出表》未细分到金属制品、机械和设备修理服务部门

2012 年，浙江装备制造业各部门中间投入率均在 60%以上，且与 2007 年基本保持稳定，说明装备制造业各部门对上游产业总体的直接的带动能力很强，但附加值率比较低，总体上需要依靠生产要素投入来增加产出。而中间需求率则在 50%上下表现各异，且部分与 2007 年相比变动幅度较大。根据产业类型划分表，以 50%的中间投入率和 50%的中间需求率为分界点，可将装备制造业八部门分成两大类，两类产业的比例为 1∶1。

第一类是高中间投入率、低中间需求率的最终需求型产业。这类产业主要为轻工消费品和资本品产业，提供的产品大多作为最终消费品，主要满足人们生活需要，较少作为生产要素重新投入到国民经济各部门的社会再生产过程。装备制造业中的通用设备、专用设备、交通运输设备和仪器仪表等资本品生产部门均属于最终需求型产业。但对比 2012 年和 2007 年的数据，通用设备、专用设备、交通运输设备和仪器仪表等部门中间需求率上升 10 个百分点以上，说明对这些产品的最终需求日益减少，而其作为中间产品投入再生产的需求正在增加。

第二类是高中间投入率、高中间需求率的中间产品型产业，分别是金属制品、电气机械及器材、通信设备计算机及其他电子设备和金属制品及机械设备修理部门。这类部门提供的产品绝大部分作为生产要素重新投入到国民经济各产品部门的社会再生产过程，其主要的销售市场在于生产资料市场，对国民经济有很大的推动作用。通信设备计算机及其他电子设备中间需求率由 2007 年的 54.6%提高到 2012 年的 60.3%，电子信息设备已运用到越来越多的生产领域，有效推动国民经济实现生产过程自动化、控制智能化和管理信息化。电气机械及器材中间需求率由 2007 年的 36.4%提高到 2012 年的 50.8%，由最终需求型产业变成中间产品型产业。

(二)产业波及效应分析

在产业关联关系上，除了直接的关联效应外，还存在着无限扩展和持续的间接效应，一般称之为波及效应。波及效果分析主要包括影响力系数分析和感应度系数分析。

影响力系数：反映当某一个产业增加一个单位最终产品时，对国民经济各个产业所产生的需求波及程度(或拉动程度)与平均程度的比较。其公式为：

$$r_j = \frac{\sum_{i=1}^{n} \bar{b}_{ij}}{\frac{1}{n}\sum_{j=1}^{n}\sum_{i=1}^{n}\bar{b}_{ij}} \quad (i,j = 1,2,\cdots,n)$$

式中，$\bar{b}_{ij}$ 为完全消耗系数。

影响力系数的高低从一定程度上反映了某一个产业部门的发展对国民经济可能产生的带动作用的大小。该指标值如果大于 1(小于 1)，说明所对应产业的发展对其他产业的影响较大(较小)，在经济发展中有较大(较小)的带动作用；如果等于 1，说明所对应产业的发展对其他产业的影响程度为全部产业中的平均水平。

感应度系数：反映当国民经济各个产业部门均增加一个单位最终使用时，

第 i 部门由此而受到的需求感应程度，也就是需要第 i 部门为其他各部门(包括本部门)增加一个单位最终使用时而需提供的全部投入量，即第 i 部门对各部门生产的供给推动程度。用公式表示如下：

$$E_j = \frac{\sum_{j=1}^{n} \bar{b}_{ij}}{\frac{1}{n}\sum_{i=1}^{n}\sum_{j=1}^{n} \bar{b}_{ij}} \quad (i,j = 1,2,\cdots,n),$$

式中，$\bar{b}$ 为完全消耗系数。

感应度系数主要用于分析国民经济各部门对该部门的依赖程度。该指标值如果大于 1(小于 1)，说明所对应产业的发展对经济发展的推动作用较大(较小)；如果等于 1，说明所对应产业的发展对经济发展的推动作用处于平均水平。

1. 装备制造业影响力系数分析。

表 4　2012 年和 2007 年浙江省 42 部门影响力系数表

系数 行业	影响力系数		系数 行业	影响力系数	
	2012 年	2007 年		2012 年	2007 年
农林牧渔产品和服务	0.70	0.68	其他制造产品	1.13	—
煤炭采选产品	0.84	0.81	废品废料	1.35	1.51
石油和天然气开采产品	0.33	0.34	金属制品、机械和设备修理服务	1.08	—
金属矿采选产品	1.18	0.98	电力、热力的生产和供应	1.03	1.02
非金属矿和其他矿采选产品	1.02	1.13	燃气生产和供应	0.73	0.77
食品和烟草	1.00	0.96	水的生产和供应	0.91	0.91
纺织品	1.22	1.21	建筑	1.24	1.31
纺织服装鞋帽皮革羽绒及其制品	1.20	1.21	批发和零售	0.64	0.59
木材加工品和家具	1.17	1.25	交通运输、仓储和邮政	0.82	—
造纸印刷和文教体育用品	1.25	1.31	住宿和餐饮	0.83	0.94
石油、炼焦产品和核燃料加工品	0.69	0.69	信息传输、软件和信息技术服务	0.82	—

续　表

行业＼系数	影响力系数		行业＼系数	影响力系数	
	2012年	2007年		2012年	2007年
化学产品	1.23	1.22	金融	0.61	0.56
非金属矿物制品	1.13	1.13	房地产	0.44	0.46
金属冶炼和压延加工品	1.46	1.52	租赁和商务服务	0.97	1.03
金属制品	1.32	1.37	科学研究和技术服务	1.08	—
通用设备	1.34	1.25	水利、环境和公共设施管理	0.82	0.80
专用设备	1.23	1.20	居民服务、修理和其他服务	0.72	0.78
交通运输设备	1.32	1.34	教育	0.71	0.63
电气机械和器材	1.37	1.39	卫生和社会工作	1.03	1.04
通信设备、计算机和其他电子设备	1.30	1.36	文化、体育和娱乐	0.88	0.81
仪器仪表	1.25	1.20	公共管理、社会保障和社会组织	0.57	0.78

从表4中可以看出，2012年和2007年，装备制造业所有部门影响力系数均大于1，高于社会平均水平，且各部门影响力系数变化幅度较小，基本保持稳定。2012年，装备制造业8部门占据了42部门中影响力系数大于1的24个部门三分之一的席位。其中，电气机械及器材、通用设备、交通运输设备、金属制品、通信设备计算机及其他电子设备、仪器仪表、专用设备等部门影响力系数在42部门中排名均靠前，分别位居第2、4、5、6、7、8、12位，均属于国民经济中影响力较高的部门，尤其是电气机械及器材对国民经济的影响力系数高出平均水平37.4%。金属制品及机械设备修理部门影响力系数虽在42部门中排名第20，但仍高出平均水平8.4%。由此可见，浙江装备制造业对国民经济发展具有超强的带动作用。装备制造业向其他产业部门提供生产必需的技术装备，在技术层面决定了许多部门的生产技术水平，而且这种强关联具有长期动态性，随着装备制造业的技术革新，下游产业部门的生产技术和产品工艺水平随之提高，而且对各部门的规模经济、劳动力素质和生产效率提高都有重要的推动作用。

2.装备制造业感应度系数分析。

表 5　2012 年和 2007 年浙江省 42 部门感应力系数表

行业＼系数	感应力系数		行业＼系数	感应力系数	
	2012 年	2007 年		2012 年	2007 年
农林牧渔产品和服务	0.89	1.00	其他制造产品	0.43	—
煤炭采选产品	1.66	1.01	废品废料	1.82	1.99
石油和天然气开采产品	1.39	1.69	金属制品、机械和设备修理服务	0.49	—
金属矿采选产品	0.86	0.70	电力、热力的生产和供应	2.16	2.14
非金属矿和其他矿采选产品	0.53	0.42	燃气生产和供应	0.45	0.50
食品和烟草	0.66	0.79	水的生产和供应	0.40	0.38
纺织品	1.02	1.46	建筑	0.37	0.47
纺织服装鞋帽皮革羽绒及其制品	0.56	0.77	批发和零售	1.29	1.42
木材加工品和家具	0.64	0.70	交通运输、仓储和邮政	1.54	—
造纸印刷和文教体育用品	1.28	1.14	住宿和餐饮	0.60	0.62
石油、炼焦产品和核燃料加工品	0.97	1.04	信息传输、软件和信息技术服务	0.83	—
化学产品	3.43	4.16	金融	1.93	1.04
非金属矿物制品	0.79	0.73	房地产	0.50	0.52
金属冶炼和压延加工品	4.55	4.49	租赁和商务服务	0.95	0.96
金属制品	0.85	1.64	科学研究和技术服务	0.47	—
通用设备	0.99	0.62	水利、环境和公共设施管理	0.37	0.40
专用设备	0.74	0.49	居民服务、修理和其他服务	0.51	0.49
交通运输设备	0.73	0.55	教育	0.40	0.38
电气机械和器材	1.17	1.05	卫生和社会工作	0.39	0.51
通信设备、计算机和其他电子设备	1.02	1.16	文化、体育和娱乐	0.42	0.42
仪器仪表	0.57	0.62	公共管理、社会保障和社会组织	0.39	0.36

2012年，装备制造业8部门中，仅电气机械及器材、通信设备计算机及其他电子设备两个部门感应度系数大于1，分别为1.17和1.02；金属制品、通用设备、专用设备、交通运输设备、仪器仪表、金属制品及机械设备修理服务感应系数均小于1，分别为0.85、0.99、0.74、0.73、0.57和0.49。对比2007年来看，仅通用设备、专用设备、交通运输设备和电气机械及器材四部门的感应度系数有小幅提升。这说明大部分装备制造业部门感应程度较低，对其他部门的感应程度低于社会平均的感应度水平，受到国民经济各产业部门发展的拉动作用相对较弱。究其原因，主要是装备制造业属于技术、知识和资金密集型产业，技术水平要求较高而且资金需求量大，定制化的生产模式以及技术的相对成熟性使得其发展具有一定的独立性，因而其感应程度低于社会平均感应度水平，同时也说明整个国民经济部门对装备制造业发展的需求刺激不足。

综合影响力系数和感应力系数，从产业波及效果角度，可将装备制造业8部门分为两大类：第一类是影响力和感应力都较强的部门（影响力系数和感应度系数都大于1），分别是电气机械及器材和通信设备计算机及其他电子设备。这两个部门和其他部门之间具有高度的关联性，不仅对其他产品部门的感应程度大，同时还对其他部门具有很强的推动能力。这一类产业已经成为浙江国民经济体系中的支柱产业，对浙江国民经济发展具有举足轻重的作用，将直接决定国民经济的整体质量，应当予以重点支持。第二类是影响力较大而感应力较小的部门（影响力系数大于1，感应度系数小于1），分别是金属制品、通用设备、专用设备、交通运输设备、仪器仪表和金属制品及机械设备修理服务。这些部门对其他部门诱发作用较大，影响和拉动能力较强，是国民经济发展的推动力量，具有主导行业的特性。当这些部门快速发展时，能带动整个经济快速发展，同时这些部门的感应程度较低，以最终产品为主，应当大力加以扶持和引导。

四、结论和建议

通过对浙江省装备制造业产业关联和波及效应的深入研究分析，可以得知装备制造业在国民经济体系中与其他产业具有较强的关联效应，其不仅为前向联系产业提供必要的物质技术装备，也带动其后向联系产业的生产与发展。但装备制造业内部各部门发展水平不同，在制定政策时应区别对待。

（一）注重政策的协调性和可持续性

装备制造业是促进浙江经济可持续发展、加快转型升级的重要产业。目前，浙江提出建设“七大万亿产业”，在政策的制定过程中一定要注意与促进装备制造业发展政策的衔接性，使各项政策措施协调、配合，真正起到促进各项产业发展的作用，避免造成政策打架、互相干扰的情况。

(二)加快装备制造业各部门协同发展

电气机械及器材：通过分析，电气机械及器材业影响力系数和感应力系数都大于1，属于文中第三部分描述的第一类产业，是浙江工业的支柱产业。但2007年和2012年电气机械及器材业中间投入率均在80%以上，说明产品附加值率较低。因此，要实现电气机械及器材产业更好更快的发展，需要在产品的单位价值和附加值上下功夫。要进一步发挥电气机械及器材制造业中输配电及控制设备制造、家用电力器具制造、照明器具制造、电线电缆制造电机制造等行业产品的生产优势，不断提升企业生产能力和产品价值。同时，要总结生产经验，整合企业和行业资源，开发新型电力能源设备等未来电气行业核心产品，推动电气机械产品出口参与国际竞争。

通用设备制造：通用设备制造业属于文中第三部分描述的第二类产业，具有主导行业的特性，应在政策上加以扶持和引导。通用设备制造业政策制定应集中在增强自主创新能力上，鼓励企业加快产业组织结构调整，以各种鼓励措施鼓励企业开发具有自主知识产权、自主品牌、高附加值的产品；加快完善行业产品标准体系。此外，在传统市场需求下滑的情况下，通用设备制造业企业应将目标定位于高端装备制造业、军工等市场需求增长的领域。企业应该将产品线进行扩充，瞄准有增长潜力、符合国家经济发展需求的行业，如智能制造装备领域中的重型高速精密数控金切机床、数控齿轮加工设备等；关键基础件领域中的精密机床高速轴承、动车组用齿轮变速箱等。

通信设备、计算机及其他电子设备制造：通信设备、计算机及其他电子设备制造业是浙江工业的支柱产业，属于中间产品型产业，生产的产品多集中在零配件行业，且生产方式以加工贸易为主，具有自主知识产权的产品相对较少，在全国的优势地位并不明显。因此，要从提高技术自主研发能力入手，迅速掌握核心专利技术和知识产权，用电子化、信息化技术对现有企业进行技术改造，改变依靠电子元器件生产加工为主的局面，增强其竞争优势，发展一批有较强竞争力的电子产业企业集团。

交通设备运输：汽车制造业和船舶制造业是浙江交通运输设备业中的两个重点子行业，近年来发展快速。汽车制造业：浙江汽车制造业多以零部件及配件制造为主，汽车整车制造规模较小，行业整体层次不高。因此，要继续发挥汽车制造业原有的比较优势，提高汽车制造的专业化分工程度，形成一定的核心技术，打造一批具有竞争力的汽车制造龙头企业；要调整优化汽车制造业的产业结构，提高其国际竞争力；政府要制定出台一系列优惠扶持政策来推动汽车制造业的整车制造产业发展,实现整车制造业的跨越式发展。船舶制造业:浙江船舶制造业规模位居全国第三位,浙江已是我国重要的船舶制造基地。但在当前全国船舶产能严重过剩的形势下,船舶行业结构优化升级面临较大压力。因此要进一步优化区域布局,鼓励舟山、温州和台州等地的造船企业产能重组,使该地发展成为全国重要的先进船舶制造基地。重点发展大型船舶、海洋工程装备修理、特种船舶、内河船舶和游艇制造,加速推进船舶制造业产业集聚。

专用设备:纺织、服装、鞋帽、皮革和化工产品制造业是浙江主要传统工业行业,而目前纺织、服装和皮革工业专用设备和印刷、制药、日化生产专用设备制造这两个行业的主营业务收入仅占全省专用设备的20.5%。下阶段应加大相关行业装备制造技术研究,着力发展此类专用设备制造行业,改变成套设备制造少,"重工不重"的局面。

金属制品:作为钢铁生产的深加工行业,近几年,金属制品行业随着浙江国民经济的蓬勃发展而快速增长,尤其是建筑、安全用金属制品、结构性金属制品和金属制日用品等,但行业存在产品集中度低,企业呈现分散竞争等不利于行业健康发展的问题。为此,金属制品业应该提高产品集中度,推进品牌建设,打破由于行业分散竞争导致企业效益不佳的困局,同时行业应该提高准入门槛,并且应推进清洁化生产。

仪器仪表:在当今自动化检测技术、安全仪表技术、传感器技术、自动化控制技术等技术快速发展的局势下,仪器仪表行业发展将迎来很大的机遇。浙江仪器仪表业多集中在通用仪器仪表制造领域,虽发展已具有一定规模,但高端高精密测量仪器较少,当务之急是要加大技术投入与创新力度,以适应未来高自动化与智能化趋势。通过不断提升技术与产品创新,进一步从中低端领域向高端领域发展。

课题负责人:吕国堂

课题组成员:王怡川　蒋晓雁　徐　璐

张　鹏　赵蓓蓓　郭慧敏

执　笔　人:赵蓓蓓

[参考文献]

[1] 吕金飞.浙江省木材加工及家具制造业投入产出分析[D].北京:北京林业大学,2006.

[2] 刘蓉,邹桔.四川省装备制造业投入产出效率分析[J].商场现代化,2009(3):215.

[3] 孔刘柳,谢乔昕.基于投入产出视角的浙江省产业结构分析[J].商业经济与管理,2009(7):61—66.

[4] 王立军.浙江装备制造业转型升级的路径与对策研究[J].当代社科视野,2011(7—8):69—73.

[5] 唐晓华,李绍东.中国装备制造业与经济增长实证研究[J].中国工业经济,2010(12):27—36.

[6] 程涵.贵州省装备制造业投入产出研究[J].商界论坛,2013(21):61—63.

统计评价

浙江省2014年统筹城乡发展水平评价报告

2014年,各级党委、政府坚持城乡统筹协调发展的基本方略,加快推进统筹城乡各项事业,促进城乡在产业基础、社会民生、生态环境等方面互动发展,全省步入整体全面融合新阶段。现将2014年全省、11个设区市、61个县(市、区)统筹城乡发展评价情况报告如下:

一、全省统筹城乡发展水平评价

(一)总体评价

2014年,全省统筹城乡发展水平综合评价得分为90.20分,比2013年的88.49分增加1.71分。按照初步统筹(45—60分)、基本统筹(60—75分)、整体协调(75—90分)、全面融合(90分以上)四个阶段的划分,全省统筹城乡发展水平进入全面融合阶段(见图1)。

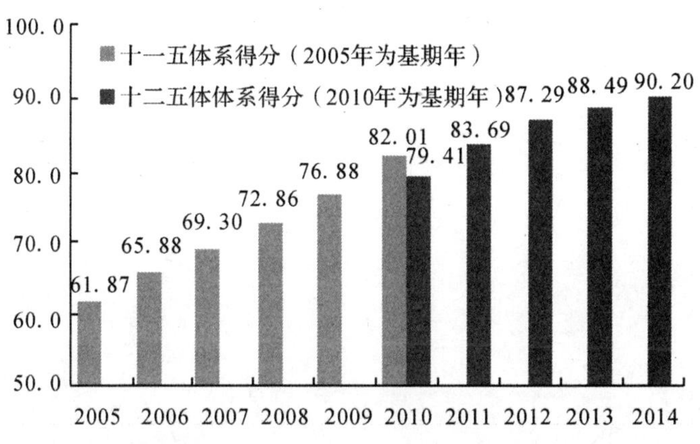

图1 浙江省2005—2014年统筹城乡发展水平评价得分

(二)领域评价

2014年,经济发展、公共服务、人民生活、生态环境四大领域统筹水平全面提升,目标实现度分别为88.0%、95.8%、86.7%和90.7%;比上年分别提升了1.8个百分点、1.2个百分点、2.8个百分点和0.8个百分点。领域间差距进一步缩小,实现度最高值与最低值差距从2013年的10.6个百分点,缩小到

2014 年的 9.1 个百分点(见图 2)。

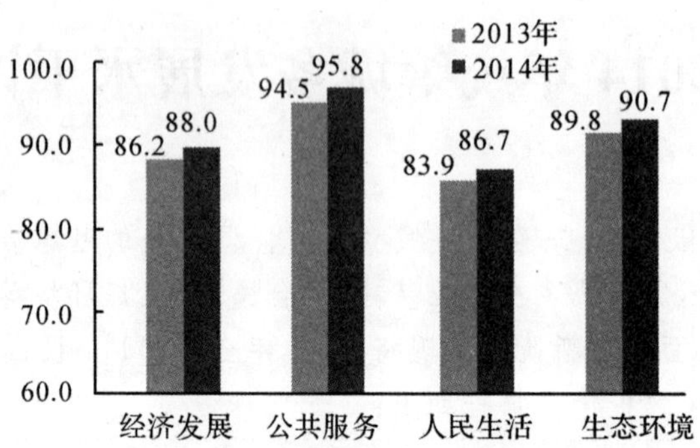

图 2 全省统筹城乡四大领域目标实现度

(三)指标评价

2014 年,全省 33 项指标实现度整体表现稳定增长。与上年相比,18 项指标提升、4 项回落、11 项保持不变。实现度超过 90%的指标有 18 项、占 54.5%,比上年新增 2 项;75%—90%的指标有 9 项、占 27.3%;60%—75%的指标有 4 项、占 12.1%;60%以下的指标有 2 项、占 6.1%(见图 3)。

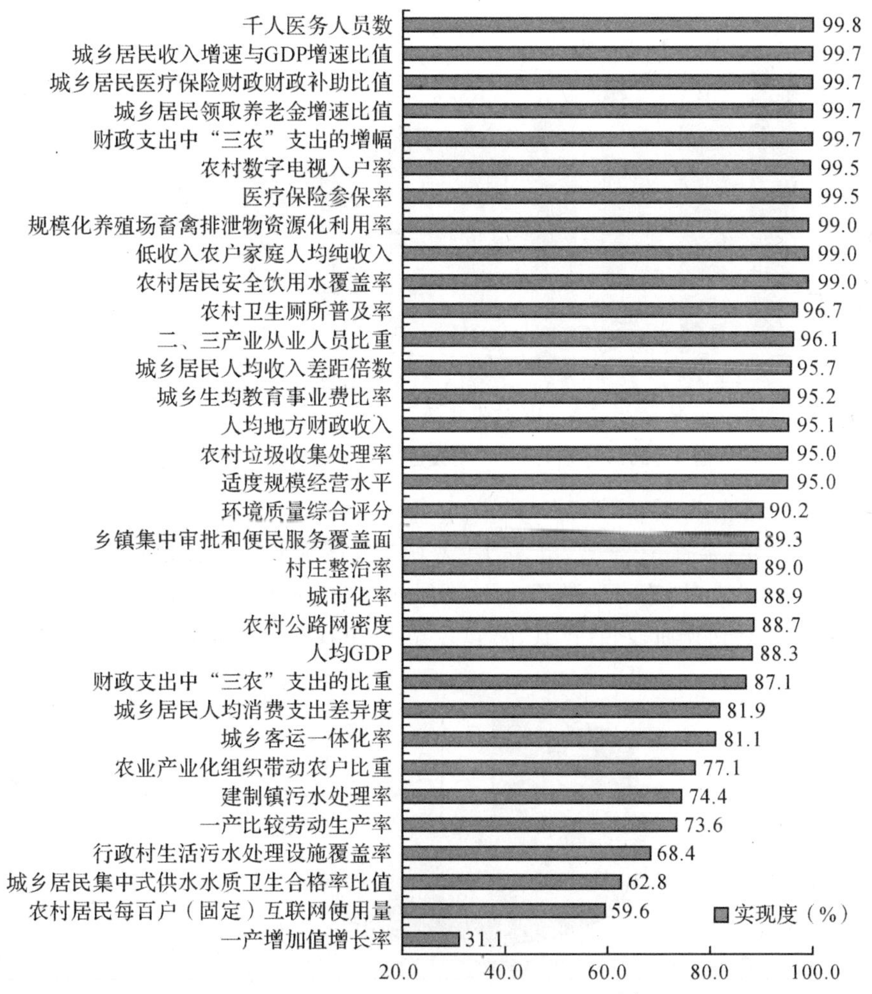

图 3　2014 年浙江省统筹城乡发展水平评价体系 33 项指标实现度

二、市、县城乡统筹发展水平评价

(一)11 个设区市评价

2014 年,11 个设区市统筹城乡发展水平综合评分总体稳步提升。从总体得分看,嘉兴、宁波、湖州、舟山、杭州、绍兴 6 个市得分在 90 分以上,处于全面融合阶段,其中绍兴为新增市;台州、温州、金华、衢州、丽水 5 个市得分超 75 分,处于整体协调阶段(见图 4)。从增长幅度看,11 个设区市得分平均提高 1.88 分,丽水市得分增幅最大,提高 3.25 分。从位次变化看,湖州市位次向前提升 2 位,舟山、杭州 2 个市的位次均后移 1 位。

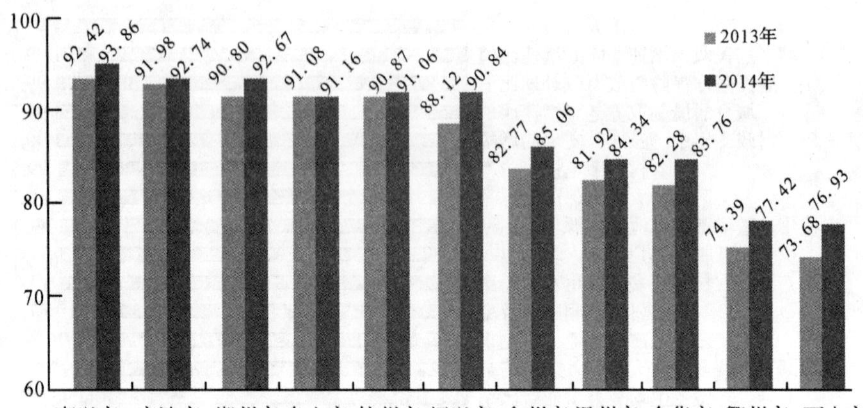

图 4　2014 年浙江省 11 个设区市统筹城乡发展评价得分

(二)61 个县(市、区)评价

2014 年,全省 61 个县(市、区)统筹城乡发展水平整体稳步提升。鄞州区、慈溪市等 16 个县(市、区)处于全面融合阶段,玉环县、义乌市等 35 个县(市、区)处于整体协调阶段,青田县、磐安县等 10 个县处于基本统筹阶段。

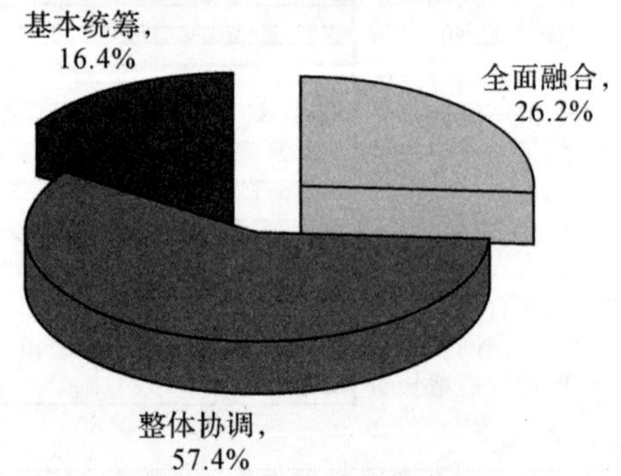

图 5　61 个县(市、区)统筹城乡发展水平分阶段数量占比

1. 16 个县(市、区)处于全面融合阶段。2014 年,全省共有 16 个、占 26.2%的县(市、区)得分在 90 分以上,处于全面融合阶段。按得分高低依次是:鄞州区、慈溪市、余姚市、柯桥区、海宁市、萧山区、余杭区、德清县、平湖市、嘉善县、桐乡市、长兴县、海盐县、岱山县、诸暨市、富阳区(见图 6)。其中,长兴、海盐、岱山、诸暨、富阳 5 个县(市、区)为新进入的县(市、区)。

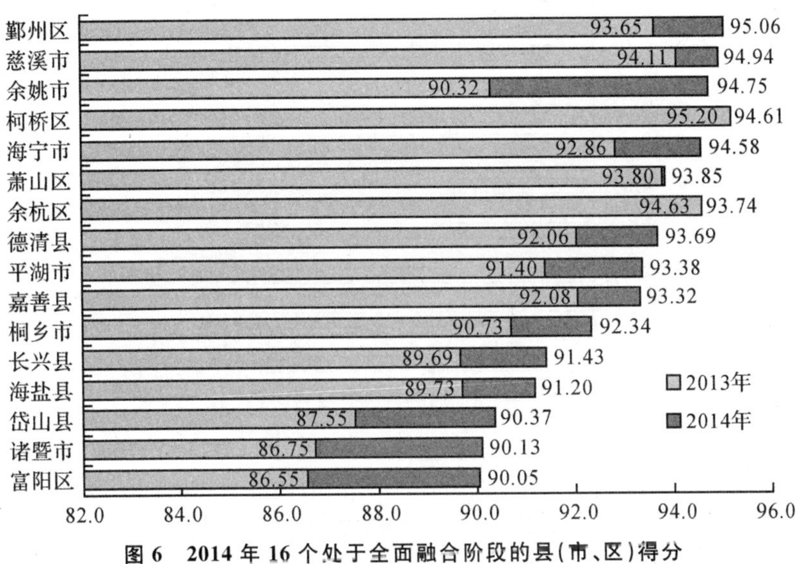

图 6 2014 年 16 个处于全面融合阶段的县(市、区)得分

2. 35 个县(市、区)处于整体协调阶段。2014 年,全省共有 35 个、占 57.4%的县(市、区)得分在 75 分以上,处于整体协调阶段。按得分高低依次是:玉环县、义乌市、安吉县、桐庐县、上虞区、临安市、嵊泗县、宁海县、象山县、温岭市、奉化市、瑞安市、新昌县、乐清市、东阳市、洞头区、嵊州市、永康市、三门县、临海市、建德市、云和县、兰溪市、龙泉市、武义县、天台县、江山市、浦江县、龙游县、永嘉县、苍南县、平阳县、仙居县、遂昌县、淳安县(见图 7)。其中,云和县、兰溪市、天台县、龙游县、永嘉县、苍南县、平阳县、仙居县、遂昌县、淳安县 10 个县(市)为新进入的县(市)。

县(市、区)	2013年	2014年
玉环县	87.92	89.92
义乌市	85.34	89.87
安吉县	86.82	89.84
桐庐县	89.32	89.36
上虞区	82.90	88.83
临安市	86.71	88.37
嵊泗县	85.43	88.13
宁海县	85.84	87.73
象山县	84.66	87.61
温岭市	86.39	86.92
奉化市	84.42	86.79
瑞安市	82.27	86.49
新昌县	81.33	84.78
乐清市	79.45	84.47
东阳市	81.80	84.44
洞头区	82.13	84.37
嵊州市	79.76	83.84
永康市	83.00	83.72
三门县	75.31	81.36
临海市	77.45	81.27
建德市	79.44	80.35
云和县	73.60	79.88
兰溪市	74.19	78.83
龙泉市	75.29	78.44
武义县	76.52	78.16
天台县	73.52	78.15
江山市	76.29	77.76
浦江县	75.89	77.64
龙游县	73.00	77.27
永嘉县	74.33	76.82
苍南县	74.24	76.76
平阳县	73.77	76.72
仙居县	71.47	76.51
遂昌县	74.51	76.18
淳安县	74.30	75.82

图 7 2014 年 35 个处于整体协调阶段的县(市、区)

3. 10 个县处于基本统筹阶段。2014 年,全省有 10 个、占 16.4%的县仍处于基本统筹阶段。按得分高低依次是:青田县、磐安县、泰顺县、缙云县、文成县、松阳县、景宁县、庆元县、常山县、开化县(见图 8)。

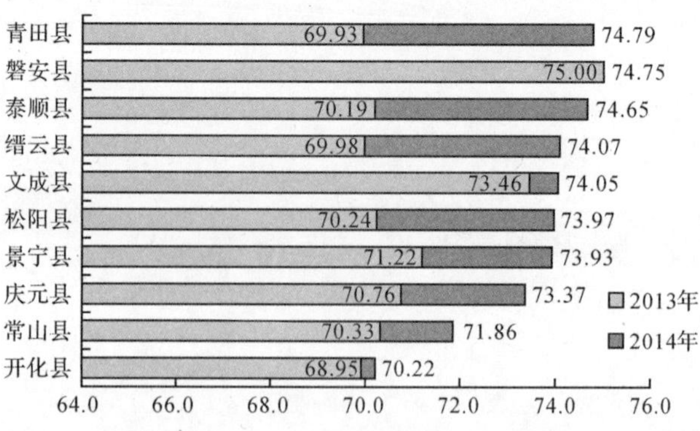

图 8 2014 年 10 个处于基本统筹阶段的县

评价结果显示,2014 年,全省统筹城乡发展总体呈现四大发展趋势。一是全省各地加快迈向全面融合阶段。2014 年全省统筹城乡总体得分首次突破 90 大关,11 个设区市和 61 个县(市、区)中得分超过 90 分的分别为 6 个和 16 个,比 2013 年分别增加 1 个和 5 个。二是区域差距逐步缩小。2014 年 11 个设区市统筹城乡得分最高与最低差距为 16.93,同比缩小 1.81 个百分点。三是统筹城乡四大领域差距不断缩小。实现度最高的公共服务和最低的人民生活领域差距,从 2013 年的 10.7 个百分点缩小至 2014 年的 9.1 个百分点。四是人民生活领得分域较快提升。2014 年人民生活领域实现度同比增长 2.8 个百分点,统筹短板加速补齐。主要是城乡居民人均收入差距倍数、城乡居民人均消费支出差异度两大指标得分增长较快,城乡差距分别从 2013 年的 2.35、1.98 缩小至 2.09、1.88。这一状况既表明我省农村居民收入增长快于城市居民,居民收入分配格局不断优化。也反映了全省消费潜力正在不断释放,收支结构持续优化。

表 1　2010—2014 年统筹城乡四大领域得分

年份	总得分	经济发展	公共服务	人民生活	生态环境
2010	79.41	22.58	23.00	18.20	15.63
2011	83.69	23.69	23.42	20.07	16.51
2012	87.29	23.93	24.28	21.50	17.58
2013	88.49	24.14	24.58	21.81	17.96
2014	90.20	24.64	24.90	22.53	18.13

表 2　2010—2014 年统筹城乡四大领域目标实现度(%)

年份	经济发展	公共服务	人民生活	生态环境
2010	80.6	88.5	70.0	78.2
2011	84.6	90.1	77.2	82.6
2012	85.5	93.4	82.7	87.9
2013	86.2	94.5	83.9	89.8
2014	88.0	95.8	86.7	90.7

三、问题与建议

2014 年我省城乡统筹发展稳步提升、整体向好,但也存在一些新情况、新问题。

一是农业发展方式转变和产业转型升级亟需加快。随着经济发展进入新常态,农业机械化生产短缺和人工成本上升的矛盾日益凸显,农业产出效率相对下降。全省一产业比较劳动生产率得分 4 年来首次出现负增长。2014 年,一产业劳动生产率增长 1.6%,而二三产业劳动生产率增长 6.6%,大大快于一产业增速。11 个设区市和 61 个县(市、区)中,金华市等 5 个设区市和余杭区等 33 个县(市、区)一产业比较劳动生产率得分下降,同时农业持续增产压力较大。2014 年,绍兴市等 4 个设区市和萧山区等 26 个县(市、区)一产业增加值增速出现回落。

二是城乡生态环境保护和治理任重道远。"五水共治"和"美丽浙江"建设已进入深水期,城乡环境特别是农村环境的深层次问题和后续管理服务矛盾开始显现。2014 年,全省、7 个设区市和 41 个县(市、区)城乡居民集中式供水水质卫生合格率比值得分出现负增长,主要是由于城镇水质合格率上升的同时,较多地区农村末梢水水质合格率出现下降情况。部分地区建制镇污水集中处理率、地表水和饮用水源水质达标率出现一定程度的下降,少量地区噪声声级有所反弹。

三是公共服务城乡统筹压力不断加大。2014 年,全省一般预算总收入同比增长 8.9%,其中地方预算收入增长 8.6%,同比下滑 1.8 个百分点,统筹城乡公共服务财政投入任务艰巨。2014 年,3 个设区市和 3 个县(市、区)财政三农支出占比下降。部分地区城乡居民医疗保险财政补助比值、城乡生均教育事业费比值等公共服务指标得分出现负增长。

根据上述新情况和新问题,下一步要紧紧结合中央和省委"十三五"规划建议精神,特别是始终贯彻协调发展、绿色发展和共享发展理念,高水平全面推进城乡统筹发展。建议如下:

实施农业领域"机器换人",推进农业发展方式转变。围绕农业现代化发展目标,加大政策支持力度,大力推进农机科技进步,加快先进适用农机装备推广应用,提升农机社会化服务能力,着力提高农机覆盖率、渗透力和质量效益,提高农业全产业链机械化水平。同时要深入推进粮食生产功能区、现代农业园区和重要农产品保护区建设,积极创新农业经营主体,加快推动农业结构调整和种养业协调发展,着力提升农产品质量安全水平,实现农业发展由数量增长为主向数量质量效益并重转变。

统筹推进城乡环境治理和生态保护,加快建设美丽浙江。持续深化"五水共治",大力实施"十百千万治水大行动",加强治水工程后续管理和养护能力,完善常态化长效化治理机制。深入实施农村饮用水安全巩固提升工程，稳步扩大建制镇污水集中处理和农村生活污水有效治理覆盖面，统筹推进废气、垃圾、噪声和农业面源污染治理。完善生态保护补偿机制和“三位一体”环境准入制度，健全生态环境共同参与监督机制，积极培育和弘扬生态文化，全面推进绿色发展。

创新城乡公共服务供给方式，努力创造美好生活。优化财政支出结构，增加统筹城乡公共服务有效供给，着力保障和改善民生。坚持教育优先发展，大力推进学前教育普惠化和义务教育均等化，统筹城乡义务教育资源均衡配置。健全城乡发展一体化体制机制，加快“三权到人（户）、权跟人（户）”改革，推进社会保障制度改革创新，持续深入推进新型城市化。力争实现居民收入增速不低于经济增速、农村居民收入增速不低于城镇居民收入增速、低收入群体收入增速不低于居民收入增速。

（省发改委　省统计局）

附表 1　11 个设区市统筹城乡发展水平综合评价得分

区域	2014 年		2013 年	区域	2014 年		2013 年	区域	2014 年		2013 年
	得分	位次	得分		得分	位次	得分		得分	位次	得分
浙江省	90.20	—	88.49	舟山市	91.16	4	91.08	温州市	84.34	8	81.92
嘉兴市	93.86	1	92.42	杭州市	91.06	5	90.87	金华市	83.76	9	82.28
宁波市	92.74	2	91.98	绍兴市	90.84	6	88.12	衢州市	77.42	10	74.39
湖州市	92.67	3	90.80	台州市	85.06	7	82.77	丽水市	76.93	11	73.68

附表 2　61 个县(市、区)统筹城乡发展水平综合评价得分

区域	2014 年		2013 年	区域	2014 年		2013 年	区域	2014 年		2013 年
	得分	位次	得分		得分	位次	得分		得分	位次	得分
浙江省	90.20	—	88.49	上虞区	88.83	21	83.16	天台县	78.15	42	73.52
鄞州区	95.06	1	93.65	临安市	88.37	22	86.71	江山市	77.76	43	76.29
慈溪市	94.94	2	94.11	嵊泗县	88.13	23	85.43	浦江县	77.64	44	76.82
余姚市	94.75	3	92.04	宁海县	87.73	24	85.84	龙游县	77.27	45	73.00
柯桥区	94.61	4	95.20	象山县	87.61	25	84.66	永嘉县	76.82	46	74.33
海宁市	94.58	5	92.86	温岭市	86.92	26	86.39	苍南县	76.76	47	74.24
萧山区	93.85	6	93.80	奉化市	86.79	27	84.42	平阳县	76.72	48	73.77
余杭区	93.74	7	94.63	瑞安市	86.49	28	82.27	仙居县	76.51	49	72.07
德清县	93.69	8	92.06	新昌县	84.78	29	81.33	遂昌县	76.18	50	74.51
平湖市	93.38	9	91.40	乐清市	84.47	30	79.45	淳安县	75.82	51	74.30
嘉善县	93.32	10	92.08	东阳市	84.44	31	81.80	青田县	74.79	52	70.26
桐乡市	92.34	11	90.73	洞头区	84.37	32	82.13	磐安县	74.75	53	75.00
长兴县	91.43	12	89.69	嵊州市	83.84	33	81.33	泰顺县	74.65	54	70.51
海盐县	91.20	13	89.73	永康市	83.72	34	83.59	缙云县	74.07	55	69.98
岱山县	90.37	14	87.55	三门县	81.36	35	76.96	文成县	74.05	56	73.46
诸暨市	90.13	15	86.75	临海市	81.27	36	77.45	松阳县	73.97	57	72.08
富阳区	90.05	16	86.97	建德市	80.35	37	79.44	景宁县	73.93	58	71.22
玉环县	89.92	17	87.92	云和县	79.88	38	73.63	庆元县	73.37	59	70.76
义乌市	89.87	18	87.76	兰溪市	78.83	39	74.19	常山县	71.86	60	70.33
安吉县	89.84	19	87.48	龙泉市	78.44	40	75.29	开化县	68.95	61	70.22
桐庐县	89.36	20	89.32	武义县	78.16	41	78.31				

附表 3　浙江省 2014 年统筹城乡发展水平综合评价得分表

领域	一级指标		二级指标		权重	2014 年	
	序号	指标名称	序号	指标名称		实现度	得分
统筹城乡经济发展	1	二、三产业从业人员比重	1	二、三产业从业人员比重	5	96.1	4.81
	2	人均 GDP	2	人均 GDP	6	88.3	5.30
	3	人均地方财政收入	3	人均地方财政收入	6	95.1	5.70
	4	城市化率	4	城市化率	6	88.9	5.33
	5	现代农业发展水平	5	一产业比较劳动生产率	2	73.6	1.47
			6	一产业增加值增长率	1	31.1	0.31
			7	农业产业化组织带动农户比重	1	77.1	0.77
			8	适度规模经营水平	1	95.0	0.95
统筹城乡公共服务	6	财政支出中用于“三农”的比重和增幅	9	财政支出中“三农”支出的比重	5	87.1	4.35
			10	财政支出中“三农”支出的增幅	3	99.7	2.99
	7	城乡生均教育事业费比率	11	城乡生均教育事业费比率	4	95.2	3.81
	8	千人医务人员数	12	千人医务人员数	4	99.8	3.99
	9	城乡居民养老医疗保险水平差异度	13	城乡居民领取养老金增速比值	3	99.7	2.99
			14	城乡居民医疗保险财政补助比值	3	99.7	2.99
			15	医疗保险参保率	2	99.5	1.99
	10	乡镇集中审批和便民服务覆盖面	16	乡镇集中审批和便民服务覆盖面	2	89.3	1.79

续　表

领域	一级指标		二级指标		权重	2014 年	
	序号	指标名称	序号	指标名称		实现度	得分
统筹城乡人民生活	11	城乡居民人均收入差异度	17	城乡居民人均收入差距倍数	4	95.7	3.83
			18	城乡居民收入增速与 GDP 增速比值	3	99.7	2.99
			19	低收入农户家庭人均纯收入	1	99.0	0.99
	12	城乡交通统筹水平	20	农村公路网密度	2	88.7	1.77
			21	城乡客运一体化率	2	81.1	1.62
	13	城乡安全饮用水差异度	22	城乡居民集中式供水水质卫生合格率比值	2	62.8	1.26
			23	农村居民安全饮用水覆盖率	2	99.0	1.98
	14	农村信息化应用水平	24	农村居民每百户(固定)互联网使用量	2	59.6	1.19
			25	农村数字电视入户率	2	99.5	1.99
	15	城乡居民人均消费支出差异度	26	城乡居民人均消费支出差异度	6	81.9	4.91
统筹城乡生态环境	16	环境质量综合评分	27	环境质量综合评分	5	90.2	4.51
	17	农村垃圾收集处理率	28	农村垃圾收集处理率	5	95.0	4.75
	18	农村污水集中处理率	29	行政村生活污水处理设施覆盖率	1	68.4	0.68
			30	建制镇污水处理率	1	74.4	0.74
			31	规模化养殖场畜禽排泄物资源化利用率	1	99.0	0.99
	19	农村卫生厕所普及率	32	农村卫生厕所普及率	3	96.7	2.90
	20	村庄整治率	33	村庄整治率	4	89.0	3.56
合　计					100	—	90.20

附表 4 浙江省及 11 个市 2014 年统筹城乡发展水平指标得分表

区域	统筹城乡发展总分	统筹城乡经济发展	1. 二、三产业从业人员比重	2. 人均GDP	3. 人均地方财政收入	4. 城市化率	5. 现代农业发展水平				统筹城乡公共服务	6. 财政支出中用于“三农”的比重和增幅		7. 城乡人均教育事业费比率	8. 千人医务人员数	9. 城乡居民养老医疗保险水平差异度			10. 乡镇集中审批和便民服务覆盖面
			1. 二三产业从业人员比重	2. 人均GDP	3. 人均地方财政收入	4. 城市化率	5. 一产比较劳动生产率	6. 一产增加值增长率	7. 农业产业化组织带动农户比重	8. 适度规模经营水平		9. 财政支出中“三农”支出的比重	10. 财政支出中“三农”支出的增幅	11. 城乡生均教育事业费比率	12. 千人医务人员数	13. 城乡居民领取养老金增速比值	14. 城乡居民医疗保险财政补助比值	15. 医疗保险参保率	16. 乡镇集中审批和便民服务覆盖面
权　重	100	28	5	6	6	6	2	1	1	1	26	5	3	4	4	3	3	2	2
浙江省	90.20	24.64	4.81	5.30	5.70	5.33	1.47	0.31	0.77	0.95	24.90	4.35	2.99	3.81	3.99	2.99	2.99	1.99	1.79
杭州市	91.06	26.43	4.99	5.99	5.99	5.99	1.32	0.40	0.76	0.99	23.21	3.13	2.56	3.69	3.99	2.99	2.99	1.99	1.87
宁波市	92.74	26.95	4.99	5.99	5.99	5.82	1.99	0.44	0.74	0.99	24.23	3.66	2.99	3.68	3.99	2.94	2.99	1.99	1.99
温州市	84.34	22.24	4.93	4.66	4.45	5.58	0.56	0.52	0.65	0.89	22.43	4.69	1.71	3.43	3.39	2.30	2.96	1.99	1.96
嘉兴市	93.86	25.19	4.99	5.99	5.80	4.76	1.99	0.00	0.75	0.91	24.92	4.69	2.99	3.99	3.96	2.42	2.99	1.99	1.89
湖州市	92.67	23.93	4.85	5.34	5.06	4.67	1.99	0.04	0.99	0.99	24.76	4.69	2.99	3.91	3.57	2.63	2.99	1.99	1.99
绍兴市	90.84	24.77	4.81	5.99	5.30	5.08	1.45	0.40	0.87	0.87	24.15	4.69	2.99	3.99	3.48	2.36	2.99	1.99	1.66
金华市	83.76	22.30	4.46	5.12	4.85	5.18	0.53	0.50	0.75	0.91	21.53	4.61	0.80	3.45	3.79	2.02	2.99	1.99	1.88
衢州市	77.42	18.08	3.37	4.36	4.10	3.98	0.27	0.31	0.75	0.94	21.47	4.67	2.13	3.62	2.78	2.10	2.39	1.99	1.79
舟山市	91.16	26.81	4.77	5.99	5.99	5.48	1.99	0.99	0.77	0.83	20.96	3.66	0.22	3.99	3.99	2.46	2.99	1.99	1.66
台州市	85.06	22.11	4.54	4.78	4.49	4.84	1.23	0.46	0.81	0.96	21.54	4.69	1.91	3.50	3.01	2.15	2.30	1.99	1.99
丽水市	76.93	18.50	3.51	4.23	4.07	4.48	0.36	0.56	0.76	0.53	22.45	4.69	2.50	3.80	3.09	1.92	2.57	1.99	1.89

附表 4　浙江省及 11 个市 2014 年统筹城乡发展水平指标得分表(续)

区域	统筹城乡发展总分	统筹城乡人民生活	11. 城乡居民人均收入差异度			12. 城乡交通统筹水平		13. 城乡安全饮用水差异度		14. 农村信息化应用水平		15. 城乡居民人均消费支出差异度	统筹城乡生态环境	16. 环境质量综合评分	17. 农村垃圾收集处理率	18. 农村污水集中处理率			19. 农村卫生厕所普及率	20. 村庄整治率
			17. 城乡居民人均收入倍差距数	18. 城乡居民收入增速与GDP增速比值	19. 低收入农户人家庭人均纯收入	20. 农村公路网密度	21. 城乡客运一体化率	22. 城乡居民集中式供水水质卫生合格率比值	23. 农村居民安全饮用水覆盖率	24. 农村居民每百户(固定)互联网使用量	25. 农村数字电视入户率	26. 城乡居民人均消费支出差异度		27. 环境质量综合评分	28. 农村垃圾收集处理率	29. 行政村生活污水处理设施覆盖率	30. 建制镇污水处理率	31. 规模化养殖场畜禽排泄物资源化利用率	32. 农村卫生厕所普及率	33. 村庄整治率
权　重	100	26	4	3	1	2	2	2	2	2	2	6	20	5	5	1	1	1	3	4
浙江省	90.20	22.53	3.83	2.99	0.99	1.77	1.62	1.26	1.98	1.19	1.99	4.91	18.13	4.51	4.75	0.68	0.74	0.99	2.90	3.56
杭州市	91.06	22.62	3.99	2.72	0.99	1.46	1.63	1.06	1.98	1.69	1.99	5.11	18.80	4.38	4.99	0.92	0.83	0.99	2.99	3.70
宁波市	92.74	24.01	3.99	2.99	0.99	1.83	1.83	1.69	1.99	1.40	1.93	5.37	17.55	3.88	4.90	0.50	0.68	0.99	2.92	3.68
温州市	84.34	22.39	3.83	2.99	0.99	1.42	1.85	1.26	1.97	1.36	1.99	4.73	17.28	4.35	4.99	0.64	0.70	0.99	2.86	2.75
嘉兴市	93.86	25.90	3.99	2.99	0.99	1.99	1.99	1.99	1.99	1.99	1.99	5.99	17.85	3.28	4.99	0.85	0.79	0.99	2.99	3.96
湖州市	92.67	24.75	3.86	2.99	0.99	1.99	1.99	1.99	1.99	1.45	1.99	5.51	19.23	4.84	4.99	0.90	0.76	0.99	2.93	3.82
绍兴市	90.84	23.74	3.99	2.99	0.99	1.77	1.77	1.43	1.99	1.32	1.99	5.50	18.18	4.08	4.99	0.68	0.70	0.99	2.90	3.84
金华市	83.76	21.50	3.67	2.99	0.99	1.86	1.99	0.69	1.95	0.83	1.99	4.54	18.43	4.39	4.99	0.83	0.83	0.99	2.77	3.63
衢州市	77.42	18.70	3.03	2.99	1.00	1.10	1.63	0.85	1.94	0.81	1.90	3.45	19.17	4.92	4.99	0.86	0.74	1.00	2.88	3.78
舟山市	91.16	24.51	3.99	2.99	0.99	1.99	1.84	1.98	1.98	1.46	1.91	5.38	18.88	4.64	4.99	0.96	0.52	0.990	2.86	3.92
台州市	85.06	23.72	3.83	2.99	0.99	1.78	1.59	1.67	1.97	1.57	1.99	5.34	17.69	4.31	4.99	0.67	0.71	1.00	2.87	3.14
丽水市	76.93	17.53	2.70	2.99	1.00	0.64	1.35	0.57	1.94	0.51	1.99	3.84	18.45	4.94	4.87	0.69	0.62	0.99	2.90	3.44

2014年省级产业集聚区经济发展监测分析

产业集聚区是我省“大平台、大产业、大项目、大企业”主要发展载体，也是全省资源集约化发展、产业协调发展、产城融合发展引领示范的窗口。产业集聚区坚持以提高空间集聚度、加快产业集群化、增强科技创新能力为重点，打造全省有代表性的产业发展平台。14个省级产业集聚区（以下简称集聚区）历经4年的开发推进，总体上已从“打基础、筑平台”阶段过渡到“引项目、聚产业”加速发展时期，在主导产业培育、产业优化、招商引资和集聚发展方面取得了积极进展，为全省经济转型升级发挥了重要引领作用。

一、推进建设取得阶段性成效

2014年，集聚区紧紧围绕稳中求进、改中求活、转中求好的全省经济发展总体要求，坚持创新引领、转型示范的窗口功能，积极开展主导产业培育，注重创新发展和集聚发展，不断加大招商引资力度，突出核心区建设，一批装备制造业、软件信息业、生物医药和新材料等产业集群规模得到较快发展，科技创新能力得到加强，体制机制改革不断加快。2014年统计监测数据显示，全省14个集聚区（不包括浙南沿海集聚区）重点规划面积为1003平方公里，已开发建设371平方公里，投产企业3607家，比上年净增324家；产业增加值1760亿元，比上年增长18.4%，增幅比全省快10.8个百分点；工业总产值5432亿元，增长15.9%，增幅比全省快9.5个百分点，战略性新兴产业产值2069亿元，增长29.2%，工业出口交货值866亿元，增长10.8%，增幅比全省高5.6个百分点；服务业营业收入3546亿元，增长33.5%，增速比全省规模以上服务业快21.9个百分点；固定资产投资总额2718亿元，增长28.7%，增幅比全省高12.1个百分点；企业利税总额867亿元，增长18.6%；企业税收300亿元，增长14.7%；从业人员66.9万人，增长3.3%（详见表1）。

表 1-1　14 个集聚区经济发展情况(一)

集聚区(简称)	投产企业(个)	产业增加值(亿元)	工业总产值(亿元)	工业新产品产值(亿元)	工业出口交货值(亿元)	服务业营业收入(亿元)	科技经费支出(亿元)	引进"国千""省千"人数(人)
杭州大江东	115	87	412	204	42	62	6.9	17
杭州城西	481	500	476	207	71	970	16.0	105
宁波杭州湾	279	189	801	470	93	152	14.9	13
宁波梅山	195	46	26	6	7	1070	0.7	24
温州	93	30	146	37	9	31	2.5	0
嘉兴	244	71	176	91	31	188	4.3	9
湖州	153	71	255	141	30	79	5.3	4
绍兴	412	171	717	209	137	132	10.5	15
金华	427	102	477	159	89	22	5.5	9
衢州	167	113	516	149	25	48	9.0	32
舟山	168	156	562	62	141	557	7.7	2
台州	455	112	572	172	141	53	8.2	24
丽水	203	51	245	68	25	25	2.8	7
义乌	215	61	51	14	24	157	1.8	11
合计	3607	1760	5432	1989	866	3546	96.0	272

表 1-2　14 个集聚区经济发展情况(二)

集聚区(简称)	企业利税总额(亿元)	固定资产投资(亿元)	引进内资(亿元)	实际到位外资(亿美元)	世界500强企业(个)	企业资产总额(亿元)	企业税收(亿元)	从业人员(万人)
杭州大江东	29.6	179	45.9	5.1	2	561	31.3	3.6
杭州城西	437.0	236	59.6	4.2	1	2101	96.6	9.1
宁波杭州湾	72.2	302	100.8	3.0	12	892	32.3	7.6
宁波梅山	26.1	165	91.3	1.7	2	432	9.3	2.0
温州	12.0	71	46.7	0.0	0	188	5.7	1.7

续 表

集聚区（简称）	企业利税总额（亿元）	固定资产投资（亿元）	引进内资（亿元）	实际到位外资（亿美元）	世界500强企业（个）	企业资产总额（亿元）	企业税收（亿元）	从业人员（万人）
嘉兴	22.5	156	26.2	2.3	6	422	10.2	3.9
湖州	29.6	168	62.5	5.4	2	412	6.5	2.6
绍兴	62.1	268	76.2	4.7	1	840	21.0	9.1
金华	36.4	159	74.6	0.6	0	431	13.2	6.1
衢州	31.8	171	138.1	0.2	2	661	9.4	5.2
舟山	12.9	358	258.1	2.0	0	1019	18.4	2.7
台州	33.9	223	74.3	0.1	1	625	19.9	8.6
丽水	23.5	98	87.5	0.5	0	161	6.0	2.5
义乌	38.2	165	45.6	0.2	6	1304	20.6	2.2
合计	867.5	2718	1187.6	30.0	35	10047	300.2	66.9

（一）集聚区正在成为培育主导产业重要平台

集聚区注重主导产业培育，一直秉承“重品质、强统筹”的发展定位，围绕打造“高端产业、高端科技”的目标要求，集聚区已成为全省培育主导产业的主要平台，一批电子商务服务业、网络信息制造业、智能装备制造业、新材料制造业和海洋生物制造业等主导产业得到快速发展。2014 年，全省有 10 个集聚区“1＋2”产业占本集聚区营业收入比重超 40％；8 个集聚区制造业产值超 400 亿元，其中，宁波杭州湾达到 800 亿元；7 个集聚区服务业营业收入超 100 亿元，其中，杭州城西和宁波梅山 2 个集聚区营业收入达到千亿，主导产业集聚不断加快。

（二）集聚区正在成为产业优化和创新发展先导区

加快了产业优化布局，注重二、三产业协调发展和互动发展，增量经济突出发展“优、新、高、特”产业，同时引领存量经济不断转型升级。首先，集聚区更加注重二、三产业的协调发展。2014 年，集聚区服务业企业营业收入增长 34％，比工业企业营业收入增幅高 20 个百分点；服务业从业人员增长 18％，比全部从业人员增幅高 15 个百分点，三产呈加快发展态势，产业结构得到优化。其次，突出科技创新发展。“国千、省千”等高端科技人才不断进驻集聚区，行业龙头企业加快自主创办技术研发机构和高校院所加强各类科技服务平台建设，使集聚区成为全省乃至全国科技创新聚集地。到 2014 年，已有 9 个产业集聚区完成省级高新园区创建；企业科技经费支出 96 亿元，增长 5.4%，企业科技从业人员 4.1 万人，增长 4.4%，企业自主创办技术研发机构 666 个，增长 12.3%，累计引进"国千""省千"人才 272 人，比上年新增 103 人，企业累计发明专利 3630 项，增长 34.8%；工业新产品产值增长 43.9%，增速比全省高 22.3 个百分点，新产品产值率 36.6%，高出全省 7.4 个百分点。

（三）集聚区正在成为承载"四大建设"主载体

集聚区全面贯彻落实省委、省政府干好"一三五"、实现"四翻番"总体部署，加强招商选资力度，引进大项目成效显著，企业规模不断扩大。2014 年，集聚区企业总资产达到 10047 亿元，增长 24%，企业户均资产 2.78 亿元，增长 12.9%；世界 500 强企业 35 家，比上年新增 2 家，上市公司 39 家，比上年新增 5 家；协议引进投资总额 50 亿元以上大项目 17 个，实际利用内资 1187 亿元，增长 49.7%；实际利用外资 30 亿美元，增长 14.9%，增幅比全省高 3.3 个百分点；当年新增投资亿元以上内资项目 301 个，千万美元以上外资项目 78 个。集聚区新引进项目以汽车制造、智能装备制造、生物医药、新材料产业为主，具有一定的产业关联效应，有助于集聚区内产业链的构建与完善，加快产业集群的形成。

（四）集聚区正在成为集约化发展引领高地

集聚区突出"核心"区域的建设推进，注重集约化发展效率，提高了入区企业亩产投入产出效率目标，筑高产业准入门槛，让有限的发展要素资源效益最大化。2014 年，集聚区重点规划区已建成面积 208 平方公里（其中核心区 82 平方公里），其中，当年新建成面积 27.1 平方公里；实现产业增加值 56.3 万元/亩，亩产比上年提高 1.7 万元；工业总产值 354 万元/亩，亩产比上年提高 34 万元；固定资产投资 48.9 万元/亩，亩产比上年提高 7.6 万元；企业税收 9.6 万元/亩，与上年持平；企业总资产贡献率 10%，与上年持平；增加值能耗 0.50 吨标煤/万元，万元增加值能耗比上年降低 15.9%，降低率比全省高 9.9 个百分点左右。

二、存在主要问题与不足

（一）主导产业不强，集聚引领作用还不突出

集聚区在前几年的发展建设过程中，过于重视经济总量的发展，对自身优势、分工协作、整合区域要素考量较少，普遍重视引进新产业、新项目，轻视存量产业的改造、提升和转型发展，重视增量发展要素的分配，忽视低效益存量

要素的盘活利用。集聚区的主导产业选择雷同化，既弱化了各集聚区的特色产业集聚，又容易形成招商引资中的内部竞争，无法真正实现主导产业错位发展、特色发展。2014 年下半年出台的《关于印发浙江省产业集聚区提升发展方案的通知》(浙政办发〔2014〕33 号)，明确要求集聚区结合各自产业结构和特色，一个集聚区确定 1 个主导产业和 2 个重点发展产业(“1＋2”产业)，突出主导产业和重点产业培育。但集聚区前几年引进行业大项目较少，有效带动集聚区上下游企业、同类企业的聚集速度较慢，特色鲜明、布局集中的主导产业链和产业集群不够突出，“1＋2”产业总量合计占各集聚区比重不足 40％的还有 4 个集聚区，主导产业对本地经济转型升级的带动作用有待于加强。

(二)创新要素集聚不足，科技创新还需再发力

2014 年，全省集聚区企业科技经费总投入、技术(研究)开发经费、企业办科技机构数、科技从业人数分别比上年增长 5.4％、12.6％、12.3％、4.3％，均慢于同期工业总产值 15.9％的增幅，企业内部创新发展投入后劲不足。集聚区主要科技创新指标与上海工业园区同期对比也有一定差距，科技从业人员占工业从业人员的比重为 7.0％，比上海低 0.9 个百分点，发明专利授权量 63 件/万人，比上海少 91 件，科技经费支出占工业主营业务收入比重为 1.8％，与上海持平。各类创新要素增长趋势减弱，进一步集聚面临不少问题，虽然集聚区内不少企业通过自建科技机构以提升自主创新能力，但科技创新方面成效总体上仍难以发挥全省创新引领的作用。

(三)城市功能建设滞后，服务功能需加快完善

集聚区现有的城市功能不能满足实际需求，产城融合程度较低。考虑到基础条件、发展定位、绩效导向等方面的原因，多数集聚区重点工作主要围绕招商引资、项目推进和基础建设等方面，公共服务配套设施建设滞后，商贸、教育、文化等城市功能发展滞后。如杭州大江东、台州、衢州、金华等集聚区服务业发展缓慢，集聚区核心建设区域远离城市功能区，社会化服务设施配套少，集聚区人才公寓目前仅有杭州城西推出使用，宁波杭州湾、绍兴等集聚区还在建设中，其他集聚区尚未启动人才公寓建设。由于配套公共服务设施没有同步建设，导致企业员工子女入学困难、生活居住、休闲娱乐不便等，既增加了企业运行成本，也不利于引进与集聚高端人才。

(四)投入产出效率不高，集约发展需加力

集聚区同省内其余开发主体比较，投入产出效率虽具比较优势，但与国内高端开发区对比还有差距，作为全省发展创新的主平台，承载着全省创新引领重任，产出效率还需进一步提高。集聚区发展效率指标与上海国家级开发区对比

还有一定差距，2014 年，浙江省产业集聚区企业户均资产 2.8 亿元，比上海少 4.3 亿元，资本产出比 1.47，比上海高 0.22，人均产值 94 万元，人均出口交货值 15 万元，人均创税 3.2 万元，分别比上海低 51 万元、46 万元和 0.4 万元。

三、分集聚区经济发展评价

过去一年里，集聚区发展纵向比较成效明显，但集聚区之间的产业结构、产业基础、产城融合度等客观条件差距较大，因此在招商引资、科技创新、投入产出效率等方面也有较大不同。集聚区的发展目标定位不同、发展重点不同，短期成果和长期成果表现不一，显性成就和隐性成就见效周期也不尽相同，因此，集聚区的综合指数排名虽有高低，但分类指标的发展成就各有千秋，优势各有所长。

（一）从 2014 年集聚区经济监测评价结果来看，杭州城西、宁波杭州湾、宁波梅山三个集聚区经济综合评价指数处于前列，发展优势明显

主要优势表现在：一是区位优势明显，杭州、宁波两地靠江临海，水陆空交通便捷，大宗商品运输设施完善，处于长三角经济圈核心区域，也是我省经济发展最具活力的区域；二是产业基础雄厚，杭甬两大经济圈是全省经济发展的引擎，网络软件服务业和智能装备制造业发达，产业层次相对较高，制造业集群发展比较成熟；三是招商投资力度大，基础设施配套完善，吸引大企业、大项目集聚能力强，吸收内资和外资处于全省集聚区前列；四是科技创新能力强，杭州城西和宁波杭州湾在创新经费投入、人才引进方面优势明显，特别是杭州城西人才引进在全省集聚区独占鳌头；五是龙头企业引领作用突出，淘宝股份公司、大众汽车、美的物资供应公司等大企业引领作用明显，加快关联产业不断集聚发展；六是社会化服务功能相对完善，杭州城西集聚区与城市功能区融合发展，社会化配套服务功能较为完善；七是税收贡献度高，杭州城西和宁波杭州湾税收总额处于全省集聚区前两位，宁波梅山税收增幅全省集聚区最高，三个集聚区税收总额占全省集聚区总税收的 46%。不足方面体现在：一是集聚区发展过于依赖龙头企业，企业没有形成“百花齐放”的多头良性竞争的局面，容易出现一荣俱荣、一损俱损现象；二是产品研发设计和终端消费两头在外，宁波杭州湾汽车产业主要是生产制造，杭州城西软件信息主要是平台服务，宁波梅山保税区只是企业虚拟入驻等现象，产业链不完整，容易受外围经济波动挤压；三是集聚区前期开发起步较早，投资总额、产业总量、投入产出效率均已处在全省集聚区高位，后期加速发展压力不断增大；四是产城融合发展不足，宁波杭州湾和宁波梅山集聚区离开城市功能区较远，社会化配套服务功能还需加快发展；五是经济结构方面还需进一步完善，杭州城西工业经济发展

较慢，工业类企业科技创新及产出效率不高，宁波杭州湾人均产出效率不高，宁波梅山还未创建省级高新园区，梅山岛上社会配套功能区建设较慢。

（二）经济评价指数处于中游的绍兴、杭州大江东、嘉兴、义乌、湖州、台州、衢州、金华8个集聚区，除了义乌以外其余均以工业为主，产业基础扎实，发展较快，经济结构得到进一步优化

主要优势表现在：一是工业制造能力强，经济总量较大，其中5个集聚区工业总值超过400亿元，绍兴工业总产值达到717亿元，制造业产业集群初步形成；二是开发建设力度大，8个集聚区过去一年里投资总额均超过100亿元，基础设施不断完善，后续产能提升得到较好积累；三是经济总量快速提升，绍兴、杭州大江东、嘉兴等7个集聚区产业增加值增速超过10%，绍兴、嘉兴、杭州大江东、义乌、台州、金华企业税收超10亿元，其中绍兴和义乌企业税收增幅较大；四是企业盈利能力稳定提高，绍兴、杭州大江东等6个集聚区企业利税总额增长超过10%，杭州大江东达到43%；五是招商引资力度较大，去年均超额完成省发改委下达的年度招商引资任务，绍兴、杭州大江东、湖州、衢州引进内资和利用外资取得较好成就；六是占全省集聚总量比重高，8个集聚区增加值、投资、引进内资和从业人员分别占全省14个集聚区总量的45%、55%、46%、62%。不足主要体现在：一是产城融合度较低，集聚区和城市功能区互补性不足，绍兴、杭州大江东、台州、衢州、金华集聚区远离城市功能区，三产发展相对滞后，社会配套服务功能不完善；二是集聚区存量企业规模相对较小、产业层次不高、能耗大，绍兴、杭州大江东、衢州企业能耗过高，节能压力很大；三是集聚区整体科技经费投入不足，创新能力提高较慢，绍兴、衢州、义乌工业新产品产值率不足30%，杭州大江东、湖州科技经费投入同比下降；四是服务业发展缓慢，集聚区注重发展工业而忽视与服务业协调发展，为生产配套的设计研发、技术创新、金融服务类企业少，生活休闲类的商贸、教育、文化等服务缺失，绍兴、杭州大江东、台州、衢州服务业营业收入同比下降；五是企业经营效益不高，嘉兴、衢州企业利税总额下降，衢州、义乌企业利息支出同比快速增长，增速高于同期企业利润增长，企业财务负担不断加重；六是义乌、金华尚未创建省级高新园区。

（三）经济评价指数靠后的舟山、丽水、温州均属于以制造业为主的集聚区，产业结构优化和招商引资方面取得不俗成就，舟山、丽水重点规划区过于分散，产业集聚度不高，温州重点区尚处于强基础搭平台阶段，见效周期相对更长

主要发展成就表现在：一是招商引资成果好，舟山引进内资总量处于全省前茅，丽水、温州引进内资增幅分别是45%、35%；二是建设力度不断加大，舟

山、温州基础设施投资分别增长 39%和 28%,亿元以上在建项目均比上年增加 3 个;三是经济总量较快发展,舟山、温州产业增加值比上年增长 19%、14%,舟山、丽水工总业产值分别增长 18%、20%;四是产业结构得到完善,服务业加快发展,舟山、温州服务业营业收入增长 144%、37%;五是创新能力稳步提升,丽水、温州科技经费支出增长 20%,3 个集聚区发明专利均大幅增长;六是产业发展质量得到提高,舟山临海制造产业集群不断做大,丽水核心区产业集聚度较快提高,舟山、丽水工业新产品产值增幅较高,产品结构不断优化。不足主要体现在:一是企业盈利能力下降,舟山、温州企业利润总额同比下降严重,同期利息支出上升,企业财务压力不断加大;二是投入产出效率过低,丽水、温州的人均产出、亩均税收、亩均工业总产值处于集聚区较低水平;三是科技创新能力较低,丽水、温州还未完成省级高新园区创建,舟山、丽水、温州"国千""省千"人才引进水平较低,舟山、温州去年没有新增"国千""省千"人才;四是产城融合发展不足,丽水、温州产业区远离城市功能区,社会化配套服务缺失;五是企业规模相对偏小,产品科技含量不高,龙头集聚效应不明显;六是核心区发展缓慢,核心区入驻企业少,产业集聚度不高,温州尤为明显。(详见表 2)

表 2-1　产业集聚区分项指数得分情况(一)

集聚区(简称)	产业增加值	企业利税总额	总投资	"1+2"比重	产业投资增速	大企业入户数增速	科技经费支出比重	战略性产业比重
杭州大江东	7.4	7.5	6.9	7.1	5.4	7.4	2.1	2.6
杭州城西	9.4	9.1	9.2	8.6	6.4	4.8	3.0	2.4
宁波杭州湾	8.6	7.2	8.4	9.2	7.0	8.0	2.2	3.0
宁波梅山	8.1	8.1	6.8	10.0	4.5	4.8	2.7	1.8
温州	6.6	6.3	7.5	8.7	6.5	5.4	2.1	2.3
嘉兴	7.1	6.6	7.4	8.8	5.7	6.1	2.6	2.9
湖州	6.8	6.9	7.5	6.2	6.1	4.8	2.3	2.2
绍兴	7.0	7.4	7.7	6.0	5.3	6.1	1.9	2.3
金华	6.8	7.0	8.1	6.8	6.9	6.7	1.9	2.0
衢州	6.4	6.1	8.1	7.8	6.1	5.4	1.9	2.5
舟山	7.5	6.1	8.5	8.9	5.2	4.8	2.2	2.2

续 表

集聚区（简称）	产业增加值	企业利税总额	总投资	1+2比重	产业投资增速	大企业入户数增速	科技经费支出比重	战略性产业比重
台州	7.0	6.8	8.0	8.0	5.0	4.8	2.0	2.4
丽水	6.2	6.9	6.2	7.3	4.2	6.1	1.8	1.8
义乌	6.8	7.0	7.4	8.8	4.5	4.8	3.0	2.0

表 2-2　产业集聚区分项指数得分情况(二)

集聚区（简称）	新产品产值比重	千人计划人才引进数	建成区单位面积增加值	建成区单位面积税收	单位面积投资	劳动生产率	核心区及环保指标	总指数得分
杭州大江东	3.7	7.8	2.4	3.6	3.5	1.4	27.3	50.99
杭州城西	3.5	10.	4.0	5.0	3.2	1.9	32.8	61.43
宁波杭州湾	4.0	7.3	2.6	3.3	3.2	1.4	30.7	56.08
宁波梅山	2.8	7.0	2.8	3.6	3.8	1.4	33.2	55.72
温州	2.9	7.0	2.4	3.2	2.6	1.3	25.4	47.65
嘉兴	3.8	7.4	2.5	3.2	3.4	1.3	27.1	50.95
湖州	3.9	7.3	2.6	3.0	3.4	1.5	28.8	50.75
绍兴	3.0	7.5	2.5	3.1	3.2	1.3	30.3	51.02
金华	3.1	7.0	2.6	3.2	3.0	1.3	28.1	49.75
衢州	3.0	8.3	2.6	3.0	3.1	1.4	28.4	49.81
舟山	2.4	6.0	3.0	3.4	4.0	2.0	28.0	49.70
台州	3.0	7.6	2.7	3.5	3.7	1.2	28.8	50.25
丽水	3.0	7.3	2.4	3.0	2.4	1.3	29.2	48.26
义乌	3.0	7.6	2.4	3.6	3.9	1.5	28.0	50.87

备注：1. 集聚区指数满分是 70 分；

2. 2014 年部分产业集聚区重点规划区根据浙政办发〔2014〕33 号文件做了调整，指标均为调整后的口径汇总。

（综合处　潘东兴）

浙江省 2014 年度工业强县(市、区)综合评价报告

为贯彻落实《浙江省人民政府关于开展工业强县(市、区)建设试点的若干意见》(浙政发〔2012〕82 号)和《浙江省人民政府办公厅关于深化工业强县(市、区)建设工作的指导意见》(浙政办发〔2014〕118 号),根据《浙江省人民政府办公厅转发省经信委省统计局关于浙江省工业强县(市、区)综合评价办法(试行)的通知》(浙政办发〔2012〕157 号),省经信委、省统计局对 2014 年度推进工业强县(市、区)建设进行了综合评价,现将评价结果分析如下。

一、工业强省建设的进展情况

2014 年,面对国内外复杂严峻的经济形势,全省上下认真贯彻落实省委、省政府有关决策部署,紧紧围绕建设工业强省战略目标,以“稳增长、调结构、促转型”为工作主线,着力打好“四换三名”等转型升级“组合拳”,工业强省建设取得积极进展。

(一)质量效益稳步提升

工业规模不断扩大。2014 年,全省工业增加值 16772 亿元,人均工业增加值由 2013 年的 3.0 万元提高到 3.1 万元,扣除价格因素比上年均增长 7.2%;工业固定资产投资 7879 亿元,相当于主营业务收入的比例由 2013 年的 11.5%提高到 12.2%。质量效益主要指标继续向好。2014 年,规模以上工业增加值率由 2013 年的 19.3%提高到 19.4%;主营业务收入利润率 5.8%,与上年持平;全员劳动生产率由 2013 年的 16.9 万元/人提高到 18.0 万元/人,扣除价格因素提高 9.4%。

(二)创新能力不断增强

2014 年,规模以上工业 R&D 经费支出 768 亿元,相当于主营业务收入的比重为 1.2%,比 2013 年提高 0.1 个百分点;每百个规模以上工业企业拥有研发机构数 22.3 个,比 2013 年增加 1.4 个;每万人拥有工业有效发明专利授权数 5.2 件,比 2013 年增加 1.1 件。规模以上工业企业新产品产值 18988 亿元,新产品产值率 28.3%,比 2013 年提高 3.1 个百分点。

(三)产业结构继续优化

2014 年,规模以上工业中,战略性新兴产业增加值占规模以上工业的比重为 25.2%,比 2013 年提高 0.6 个百分点;高新技术产业增加值占规模以上工业的比重为 36.1%,比 2013 年提高 1.7 个百分点;装备制造业增加值占规模以上工业的比重为 35.9%,比 2013 年提高 1.1 个百分点。规模以上工业企业主导产品采标率继续提高,在上年大幅提高 7.3 个百分点的基础上,2014 年继续提高 4.4 个百分点,达到 58.0%。

(四)"两化"融合逐步深化

2014 年,全省"两化"融合指数为 86.3,比 2013 年提高了 7.6,列全国第三位,上升两位,仅次于江苏和上海;全省信息化发展指数为 0.88,比上年提高 0.02。

表 1 2014 年浙江省工业强省主要指标完成情况

指标名称	单位	指标值		完成程度(%)	
		2014 年	2013 年	2014 年	2013 年
人均工业增加值	万元	3.1	3.0	55.9	54.7
工业固定资产投资与主营业务收入的比例	%	12.2	11.5	100.0	95.5
规模以上工业增加值率	%	19.4	19.3	64.7	64.4
规模以上工业主营业务收入利润率	%	5.8	5.8	57.9	58.1
规模以上工业全员劳动生产率	万元/人	18.0	16.9	51.4	48.3
规模以上工业 R&D 经费支出占主营业务收入的比例	%	1.2	1.1	59.7	55.8
每百个规模以上工业企业研发机构数	个	22.3	20.9	49.5	46.5
每万人拥有工业有效发明专利授权数	个	5.2	4.1	86.5	69.1
规模以上工业新产品产值率	%	28.3	25.2	80.9	71.9
主导产业工业增加值占规模以上工业增加值的比重	%	24.9	25.3	41.5	42.2
战略性新兴产业增加值占规模以上工业增加值的比重	%	25.2	24.6	62.9	61.4
高新技术产业增加值占规模以上工业增加值的比重	%	36.1	34.4	90.1	86.1

续　表

指 标 名 称	单位	指标值		完成程度(%)	
		2014年	2013年	2014年	2013年
装备制造业增加值占规模以上工业增加值的比重	%	35.9	34.8	79.8	77.3
规模以上工业企业主导产品采标率	%	58.0	53.6	96.6	89.3
信息化指数	—	0.88	0.86	49.1	47.9
企业"两化"融合应用指数	%	86.3	78.7	86.3	78.7
规模以上工业单位工业用地增加值	万元/亩	89.3	85.8	44.6	42.9
规模以上工业单位能耗工业增加值	万元/吨标准煤	1.3	1.2	31.9	30.0
单位水耗工业增加值	元/立方米	300.6	278.6	75.2	69.7

(五)单位资源占用产出有新提高

2014年,规模以上工业单位工业用地增加值89.3万元/亩,扣除价格因素比上年提高5.0%;规模以上工业单位能耗工业增加值1.3万元/吨标准煤,扣除价格因素提高7.2%;单位水耗工业增加值300.6元/立方米,扣除价格因素提高8.9%。

二、工业强县(市、区)建设的进展情况

(一)县(市、区)工业创强的总体水平稳步提高

省政府部署开展工业强县(市、区)建设工作以来,各地做强工业的意识普遍增强,大多数县(市、区)的综合评价得分逐年提高。2014年,90个县(市、区)简单平均的综合评价得分为47.0分,比2013年提高2.6分;有90%的县(市、区)综合评价得分比2013年有不同程度提高,其中提高5分以上、3～5分的县(市、区)分别为13个、21个。综合评价得分超过60分的县(市、区)有12个,在2013年基础上新增海盐县、新昌县、余杭区和北仑区4个县(市、区);综合评价得分在50～60分的县(市、区)有17个,比2013年增加3个;综合评价得分在40～50分的县(市、区)有36个,与2013年持平;综合评价得分在30～40分的县(市、区)有22个,比2013年减少2个;综合评价得分在30分以下的县(市、区)3个,比2013年减少5个。

表 2　2013—2014 年 90 个县(市、区)综合评价得分比较

综合评价得分区间	县(市、区)数量		
	2014 年度	2013 年度	两年比较
60 分以上	12	8	增加 4 个
50—60 分	17	14	增加 3 个
40—50 分	36	36	持　平
30—40 分	22	24	减少 2 个
低于 30 分	3	8	减少 5 个

(二)工业转型升级步伐进一步加快

2014 年,工业强县(市、区)综合评价涉及的质量效益、自主创新、结构调整、"两化"融合和绿色发展等 5 个一级指标得分均有所提高,平均得分分别为 47.3 分、43.0 分、53.9 分、55.2 分和 39.4 分,比 2013 年分别提高 1.6 分、3.9 分、1.9 分、4.4 分和 2.3 分。从总量规模看,按照在地原则统计,2014 年全省规模以上工业总产值超 1000 亿元的县(市、区)有 19 个,新增滨江区和德清县;超 500 亿元的县(市、区)有 42 个,新增象山县、椒江区和婺城区。从单项指标得分看,2014 年 19 个二级指标中有 17 个指标的实现程度均值比 2013 年有不同幅度的提高。其中,规模以上工业新产品产值率、规模以上制造业主导产品采标率和单位水耗工业增加值三项指标的实现程度比 2013 年分别提高 10.3 个、8.3 个和 7.7 个百分点,提升幅度较大。

(三)工业强县(市、区)试点示范带动作用进一步增强

2014 年,第Ⅰ档(2011 年规上工业总产值 1000 亿元以上)县(市、区)综合评价平均得分 63.5 分,比 2013 年提高 2.9 分;第Ⅱ档(2011 年规上工业总产值 500～1000 亿元)县(市、区)综合评价平均得分为 52.0 分,比 2013 年提高 2.7 分;第Ⅲ档(2011 年规上工业总产值 500 亿元以下)县(市、区)综合评价平均得分为 41.4 分,比 2013 年提高 2.4 分。20 个工业强县(市、区)建设省级试点县(市、区)综合评价平均得分 59.6 分,较 2013 年提高 3.0 分,提高幅度比 70 个非试点县(市、区)高出 0.5 分,示范带动作用进一步增强。

表 3　2013—2014 年 19 个二级指标实现程度均值比较

序号	指标名称	2014 年	2013 年	提高幅度
1	人均工业增加值	49.9	47.7	2.2
2	工业固定资产投资与主营业务收入的比例	86.3	86.0	0.3
3	规模以上工业增加值率	66.9	67.5	－0.6
4	规模以上工业主营业务收入利润率	58.9	58.4	0.5
5	规模以上工业全员劳动生产率	53.0	50.9	2.1
6	规模以上工业 R&D 经费支出占主营业务收入的比例	60.8	57.0	3.8
7	每百个规模以上工业企业研发机构数	47.5	44.3	3.2
8	每万人拥有工业有效发明专利授权数	52.5	47.4	5.1
9	规模以上工业新产品产值率	72.9	62.6	10.3
10	主导产业工业增加值占规模以上工业增加值的比重	86.1	86.4	－0.3
11	战略性新兴产业增加值占规模以上工业增加值的比重	59.4	58.6	0.8
12	高新技术产业增加值占规模以上工业增加值的比重	74.8	71.8	3.0
13	装备制造业增加值占规模以上工业增加值的比重	65.8	65.4	0.4
14	规模以上工业企业主导产品采标率	88.4	80.1	8.3
15	信息化指数	48.7	46.9	1.8
16	企业“两化”融合应用指数	61.7	54.7	7.0
17	规模以上工业单位工业用地增加值	45.9	44.7	1.2
18	规模以上工业单位能耗工业增加值	45.4	44.4	1.0
19	单位水耗工业增加值	77.3	69.6	7.7

表 4　2014 年综合评价各档得分均值比较表

档次	规模效益	自主创新	结构调整	“两化”融合	绿色发展	综合得分
Ⅰ档（2011 年规上工业总产值 1000 亿元以上）	66.1	63.8	72.8	62.7	50.2	63.5
Ⅱ档（2011 年规上工业总产值 500—1000 亿元）	52.9	49.0	59.4	58.8	42.6	52.0
Ⅲ档（2011 年规上工业总产值 500 亿元以下）	41.0	36.1	47.6	52.3	35.8	41.4

三、工业强县(市、区)建设存在的问题分析

从2013、2014年工业强县(市、区)综合评价结果来看,在各地、各部门的共同努力下,我省工业转型升级发展步伐不断加快,但也存在着区域发展不够平衡、增加值率总体偏低、结构调整力度有待加大等问题,工业创强工作任务仍然艰巨。

(一)区域发展不够平衡

90个县(市、区)中,2014年综合评价得分最高的县(市、区)比排名末位的县(市、区)高66.27分,分差比2013年扩大了4.43分,差距进一步拉大。全省仍有61个县(市、区)得分在50分以下,除部分省政府明确不考核工业的县(市、区)外,仍有一定比例的县(市、区)工业发展基础和水平较为薄弱。

(二)增加值率总体偏低

2014年,全省仅有江东区、上城区、滨江区3个县(市、区)规模以上工业增加值率超过30%,有42个县(市、区)增加值率在20%～30%,有半数县(市、区)增加值率不到20%。46个县(市、区)2014年规模以上工业增加值率比2013年出现下降,其中16个县(市、区)下降幅度超过1个百分点。

(三)结构调整力度有待加大

2014年,90个县(市、区)结构调整平均得分比2013年提高1.9分,提升幅度居5个一级指标第4位,同时也比上年提升幅度回落2.8分,说明产业结构调整力度还需进一步加大。

工业是实体经济的主体,是立国之本、富国之基。当前工业持续健康发展面临诸多挑战。与全国相比,浙江工业发展中的深层次矛盾暴露得更早,加快转型升级的任务依然艰巨。各地、各部门要按照省委、省政府的统一部署,坚定新常态下工业创强不动摇,主动适应经济发展速度变化、结构优化、动力转化新特点,切实把握工业经济运行新走势,紧密结合"四化同步"、"两化"融合、"产业融合"等发展新模式,深入贯彻落实《中国制造2025》新战略,进一步明确综合竞争能力强、融合带动能力强、协同促进能力强的工业创强新要求,把"四换三名"作为工业创强的重要"组合拳",不断推进工业提质增效升级发展,为工业强省建设做出新的更大贡献。

附件:

附表1:2014年度工业强县(市、区)综合评价结果

附表2:2014年度工业强县(市、区)综合评价结果分档排名

附表 1　2014 年度工业强县(市、区)综合评价结果

县(市、区)	质量效益	自主创新	结构调整	“两化”融合	绿色发展	总得分	总排名
滨江区	85.3	93.6	93.5	86.3	95.6	90.74	1
鄞州区	72.5	85.8	80.1	63.4	77.7	76.81	2
萧山区	84.5	70.0	70.9	65.1	58.8	71.83	3
慈溪市	63.1	87.8	86.1	68.1	53.8	71.29	4
乐清市	62.7	48.3	97.8	62.0	83.0	70.84	5
诸暨市	72.3	62.2	75.0	57.7	64.3	67.74	6
上虞区	68.8	62.8	83.8	57.3	46.1	64.93	7
余姚市	57.7	73.8	78.3	63.5	45.8	63.24	8
海盐县	69.9	53.7	83.6	57.5	38.9	61.94	9
新昌县	57.2	68.5	72.2	59.9	53.2	61.93	10
余杭区	56.1	67.7	78.3	63.2	45.8	61.48	11
北仑区	72.0	54.3	68.9	69.4	34.7	60.13	12
海宁市	59.1	70.6	66.4	61.9	42.5	59.84	13
上城区	73.4	29.3	23.9	64.9	95.8	58.29	14
柯桥区	78.9	45.5	49.4	59.6	43.1	57.24	15
桐乡市	55.0	66.2	64.8	58.8	38.7	56.32	16
永康市	54.4	54.4	65.9	55.9	49.5	55.87	17
温岭市	47.2	43.9	73.8	61.9	53.4	54.57	18
平湖市	61.7	42.8	65.7	58.2	39.8	54.00	19
长兴县	56.9	58.9	66.2	57.1	29.5	53.69	20
宁海县	54.8	59.6	49.8	59.2	46.6	53.56	21
富阳市	55.2	58.2	67.2	62.1	28.1	53.49	22
镇海区	67.2	39.5	52.6	66.3	39.7	53.17	23
瑞安市	47.1	43.9	65.4	54.0	56.2	52.63	24
龙湾区	55.9	44.0	51.8	62.4	49.0	51.96	25

续 表

县(市、区)	质量效益	自主创新	结构调整	"两化"融合	绿色发展	总得分	总排名
定海区	50.6	43.8	69.8	57.1	39.7	51.56	26
玉环县	50.5	47.0	49.4	57.4	51.0	50.37	27
江干区	41.9	39.2	47.8	68.5	66.2	50.03	28
西湖区	31.5	48.6	61.5	61.9	61.8	50.03	29
嘉善县	47.3	52.2	64.1	54.9	34.3	49.79	30
临安市	45.0	55.3	68.2	61.8	26.4	49.69	31
德清县	55.5	48.7	57.2	55.6	30.9	49.57	32
椒江区	43.2	57.8	68.3	54.8	27.6	49.19	33
秀洲区	54.1	49.9	55.0	55.7	32.0	49.16	34
永嘉县	43.3	45.2	44.2	55.1	61.4	48.67	35
东阳市	44.0	47.2	71.6	57.2	28.9	48.47	36
江北区	29.9	59.5	63.2	64.5	39.4	47.86	37
下城区	30.6	35.3	62.6	67.3	60.4	47.58	38
黄岩区	41.0	52.8	59.7	50.4	37.8	47.38	39
瓯海区	39.6	41.1	36.5	62.1	68.8	47.38	40
义乌市	52.1	49.3	38.6	58.6	39.2	46.94	41
江东区	57.8	17.6	20.3	67.7	75.7	46.84	42
路桥区	38.5	33.5	68.6	55.5	45.4	46.61	43
南浔区	49.2	45.5	53.4	57.8	28.7	46.08	44
奉化市	35.4	51.7	58.8	57.0	38.4	46.08	45
吴兴区	43.8	54.0	48.2	60.9	29.1	45.51	46
青田县	51.0	32.3	41.9	46.8	52.9	45.39	47
岱山县	43.8	33.1	58.1	50.5	44.3	45.26	48
鹿城区	34.2	41.8	42.7	61.0	58.2	44.91	49
南湖区	36.9	52.0	55.9	57.3	32.4	44.84	50
拱墅区	40.3	40.9	64.7	61.4	24.4	44.26	51

续　表

县(市、区)	质量效益	自主创新	结构调整	“两化”融合	绿色发展	总得分	总排名
嵊州市	38.0	50.5	53.6	55.9	31.5	44.10	52
临海市	43.0	43.9	62.6	49.9	23.6	43.91	53
桐庐县	52.5	37.3	49.7	51.8	26.9	43.72	54
天台县	44.2	42.2	55.6	49.1	28.8	43.49	55
象山县	42.7	41.8	49.2	53.6	35.6	43.48	56
婺城区	38.7	50.5	58.8	54.7	20.9	43.12	57
建德市	51.6	50.9	37.4	57.6	16.7	42.24	58
安吉县	46.8	40.2	44.2	52.7	29.1	42.01	59
普陀区	40.1	33.2	57.1	45.2	36.5	41.90	60
江山市	52.9	31.9	56.0	47.9	17.9	41.83	61
缙云县	45.8	30.2	46.9	46.8	38.1	41.45	62
仙居县	35.8	42.9	58.7	44.4	29.2	41.33	63
兰溪市	52.7	30.9	45.9	49.6	23.4	40.81	64
越城区	41.1	29.3	56.2	52.2	27.2	40.11	65
武义县	38.2	44.0	43.7	49.2	28.4	39.60	66
莲都区	43.1	28.4	42.9	50.4	35.6	39.35	67
磐安县	30.2	45.0	40.4	50.4	38.2	38.80	68
开化县	37.2	43.8	46.0	51.2	19.7	38.16	69
浦江县	38.7	42.6	32.2	47.2	31.4	37.59	70
庆元县	36.1	33.9	32.9	41.1	45.6	37.42	71
洞头县	30.5	35.6	51.3	48.0	29.4	37.21	72
金东区	30.3	42.4	47.5	51.9	21.1	36.48	73
海曙区	36.4	14.1	24.7	67.1	53.5	36.07	74
龙游县	50.9	24.7	34.8	51.1	18.0	35.87	75
淳安县	39.5	22.0	30.9	50.4	41.5	35.78	76
三门县	33.5	30.1	51.8	43.5	20.5	34.87	77

续 表

县(市、区)	质量效益	自主创新	结构调整	"两化"融合	绿色发展	总得分	总排名
平阳县	37.5	19.2	37.3	44.6	38.6	34.75	78
龙泉市	37.1	13.8	42.2	47.9	36.5	34.43	79
苍南县	39.9	20.5	35.7	52.2	29.8	34.39	80
景宁县	38.0	10.0	43.7	42.7	32.6	32.92	81
遂昌县	37.5	22.2	39.4	42.3	22.7	32.34	82
泰顺县	31.8	28.5	38.3	48.3	21.5	32.02	83
衢江区	41.2	16.2	37.1	44.9	20.8	31.69	84
文成县	29.6	31.1	41.4	45.0	18.4	31.55	85
云和县	36.8	18.1	36.1	43.5	25.3	31.30	86
柯城区	29.6	21.5	44.5	44.2	21.3	30.74	87
松阳县	36.4	12.3	31.9	38.8	28.7	29.38	88
常山县	37.2	17.3	34.1	48.3	11.3	28.54	89
嵊泗县	31.0	13.2	17.6	38.0	26.0	24.47	90

附表2　2014年度工业强县(市、区)综合评价结果分档排名

档次	县(市、区)	评价得分	分档排名	县(市、区)	评价得分	分档排名
Ⅰ档(规上工业总产值1000亿元以上)	鄞州区	76.81	1	余杭区	61.48	8
	萧山区	71.83	2	北仑区	60.13	9
	慈溪市	71.29	3	海宁市	59.84	10
	乐清市	70.84	4	柯桥区	57.24	11
	诸暨市	67.74	5	桐乡市	56.32	12
	上虞区	64.93	6	富阳市	53.49	13
	余姚市	63.24	7	镇海区	53.17	14
Ⅱ档(规上工业总产值500—1000亿元)	滨江区	90.74	1	临安市	49.69	10
	上城区	58.29	2	德清县	49.57	11
	永康市	55.87	3	秀洲区	49.16	12
	温岭市	54.57	4	义乌市	46.94	13

续　表

档次	县(市、区)	评价得分	分档排名	县(市、区)	评价得分	分档排名
Ⅱ档(规上工业总产值 500～1000 亿元)	平湖市	54.00	5	南浔区	46.08	14
	长兴县	53.69	6	南湖区	44.84	15
	瑞安市	52.63	7	拱墅区	44.26	16
	玉环县	50.37	8	临海市	43.91	17
	嘉善县	49.79	9	兰溪市	40.81	18
Ⅲ档(规上工业总产值 500 亿元以下)	海盐县	61.94	1	江山市	41.83	30
	新昌县	61.93	2	缙云县	41.45	31
	宁海县	53.56	3	仙居县	41.33	32
	龙湾区	51.96	4	越城区	40.11	33
	定海区	51.56	5	武义县	39.60	34
	江干区	50.03	6	莲都区	39.35	35
	西湖区	50.03	7	磐安县	38.80	36
	椒江区	49.19	8	开化县	38.16	37
	永嘉县	48.67	9	浦江县	37.59	38
	东阳市	48.47	10	庆元县	37.42	39
	江北区	47.86	11	洞头县	37.21	40
	下城区	47.58	12	金东区	36.48	41
	黄岩区	47.38	13	海曙区	36.07	42
	瓯海区	47.38	14	龙游县	35.87	43
	江东区	46.84	15	淳安县	35.78	44
	路桥区	46.61	16	三门县	34.87	45
	奉化市	46.08	17	平阳县	34.75	46
	吴兴区	45.51	18	龙泉市	34.43	47
	青田县	45.39	19	苍南县	34.39	48
	岱山县	45.26	20	景宁县	32.92	49
	鹿城区	44.91	21	遂昌县	32.34	50

续 表

档次	县(市、区)	评价得分	分档排名	县(市、区)	评价得分	分档排名
Ⅲ档(规上工业总产值500亿元以下)	嵊州市	44.10	22	泰顺县	32.02	51
	桐庐县	43.72	23	衢江区	31.69	52
	天台县	43.49	24	文成县	31.55	53
	象山县	43.48	25	云和县	31.30	54
	婺城区	43.12	26	柯城区	30.74	55
	建德市	42.24	27	松阳县	29.38	56
	安吉县	42.01	28	常山县	28.54	57
	普陀区	41.90	29	嵊泗县	24.47	58

注:以2011年为基准年,按规模以上工业总产值将各县(市、区)分为Ⅰ档(1000亿元以上)、Ⅱ档(500～1000亿元)、Ⅲ档(500亿元以下)。

2014 年浙江省信息化发展指数研究报告

浙江省委省政府高度重视信息化工作，“十二五”时期，全面推进浙江国民经济和社会发展信息化，是实施创新驱动发展战略，提高全省综合实力和国际竞争力的重要举措。为反映浙江信息化发展情况，全面评价全省及各市、县(市、区)信息化发展进程，省经信委联合省统计局在对以往浙江省信息化发展指数(Ⅱ)进行监测评价的基础上，组织开展了 2014 年信息化发展指数测评工作。现将对全省及 11 个设区市、90 个县(市、区)的信息化发展指数评价结果公布如下，供参考。

一、全省信息化发展指数总体评价

(一)全省信息化水平不断提高

2014 年，全省深入实施“八八战略”，按照干好“一三五”、实现“四翻番”的决策部署，抢抓新一轮科技革命、信息革命、产业变革的重大机遇，以转变经济发展方式为主线，加快信息基础设施建设，大力发展信息产业，提升发展电子商务，扩大信息消费，加快“智慧城市”示范建设，大力推进以“机器换人”为核心的“两化”深度融合，推动信息技术在经济社会各领域的应用，全省信息化水平和信息产业的综合实力不断提高。

经测算，2014 年全省信息化发展指数为 0.883，比上年提高 0.021，五类分项指数值都较上年有所上升。基础设施、产业技术、应用消费、知识支撑和发展效果指数分别达到 0.774、1.003、0.874、0.920 和 0.846，比上年分别提高 0.006、0.006、0.042、0.003 和 0.048。

(二)各分类指数发展的特点

1.基础建设扎实推进，应用能力不断提高。2014 年，全省基础设施指数达 0.774。近年来，由于移动电话普及率的快速提高和各种新信息技术的普及，移动通信持续快速发展，固定电话被替代的趋势逐渐增强。全省电话用户总数达 8853 万户，比上年增加 528 万户。其中固定电话用户 1781 万户，比上年减少 101 万户；移动电话用户 7072 万户，比上年增加 629 万户。固定电话普及率由上年的 34.2 线/百人降低到 32.4 线/百人，移动电话普及率由上年的 117.2 部/百人提高到 128.7 部/百人。全省城镇居民家庭平均每百户拥有电视机 179.0 台，计算机 101.6 台；农村居民家庭平均每百户拥有电视机 169.3 台，计算机 49.6 台。除农村居民家庭计算机有所增加外，城镇居民家庭电视机和计算机拥有量、农村居民家庭电视机拥有量均有所减少。

随着信息技术集成应用，“机器换人”成为越来越多企业转型升级的共识，企业纷纷加强智能装备、管理软件、设计工具、电商平台的应用，信息化应用水平大幅提升。全省 7.5 万家“四上”企业（即规模以上工业企业、有资质的建筑业企业、限额以上批零住餐企业、规模以上服务业企业）和房地产开发企业中，平均每百人拥有计算机 17.9 台，拥有网站的企业比重为 64.6%，通过互联网采取多种形式（如独立网站、互联网广告、搜索引擎、电子商务平台、电子邮件、微博、博客、社交网站等）对企业进行宣传和推广的比重达 74.1%。

2. 信息技术稳步发展，知识支撑作用增强。随着互联网普及程度和信息产业发展水平的提高，信息产业的宏观环境及技术层面稳步发展。2014 年，全省产业技术指数达 1.003。全省实现电信业务收入 767 亿元，发明专利授权量达 20.24 万项，比上年分别增长 5.9%、7.4%；人均电信业务收入、每百万人发明专利授权量分别由上年的 1368 元、3446 项增加到 1395 元、3680 项。2014 年，全省知识支撑指数达 0.920。各级政府继续加大教育财政投入力度，全省财政性教育经费支出 950.07 亿元，比上年增长 8.2%；人均财政性教育经费支出由上年的 1603 元增加到 1728 元。而随着 15 年教育基本普及，义务教育学校数和在校学生数有所减少，但义务教育的均衡发展得到不断强化。全省每万人口拥有 15 年义务教育在校学生数达 1714 人，比上年减少 26 人。

3. 信息发展效果良好，应用消费日趋广泛。随着全省经济的稳步发展，互联网用户数快速增加，电子政务发展迅速，城乡居民用于信息消费的支出不断增加。2014 年，全省应用消费指数达到 0.874。全省互联网用户数达 5998 万户，其中固定互联网宽带接入用户达 1243 万户，分别比上年增长 1.9% 和 7.8%。全省已建成了统一的电子政务网络，省市县三级政府网站开通率达 100%，电子政务在改善公共服务、加强社会管理、强化综合监管、完善宏观调控等方面发挥了重要作用。浙江省政府网站群页面浏览量总数达 11.2 亿，比上年增加 2.6 亿，其中省级部门网站群、市政府网站群、县（市、区）政府网站群的累计页面浏览量分别达 3.5 亿、1.6 亿、6.1 亿，分别比上年增加 0.6 亿、0.2 亿、1.8 亿，全省平均每万人政府网站页面浏览量为 29955 次，比上年增加 4677 次。网站群访问总人数为 1.8 亿，日均访问量达 48.5 万人，分别比上年增加 0.5 亿、12 万人。浙江省城镇居民人均信息消费支出为 4084 元，与上年基本持平，农村居民人均信息消费支出为 1385 元，比上年增长 19.5%，两省占城乡居民人均生活消费支出的比重分别为 17.6%和 11.8%。2014 年,全省信息化发展效果指数达 0.846。全省规上电子信息制造业增加值 1235.3 亿元,占规模以上工业增加值的比重为 10.2%,同比提高 0.3 个百分点;R&D 经费支出占生产总值的比重为 2.18%,同比提高 0.10 个百分点;人均 GDP 为 68462 元,同比增长 7.8%。

二、设区市信息化发展指数综合评价

(一)各市信息化发展水平的聚类分析

2014 年,全省设区市信息化发展指数从高到低的顺序依次为:杭州、宁波、嘉兴、绍兴、湖州、舟山、金华、温州、台州、丽水、衢州。与上年相比,信息化发展水平进一步提高(见图 1)。

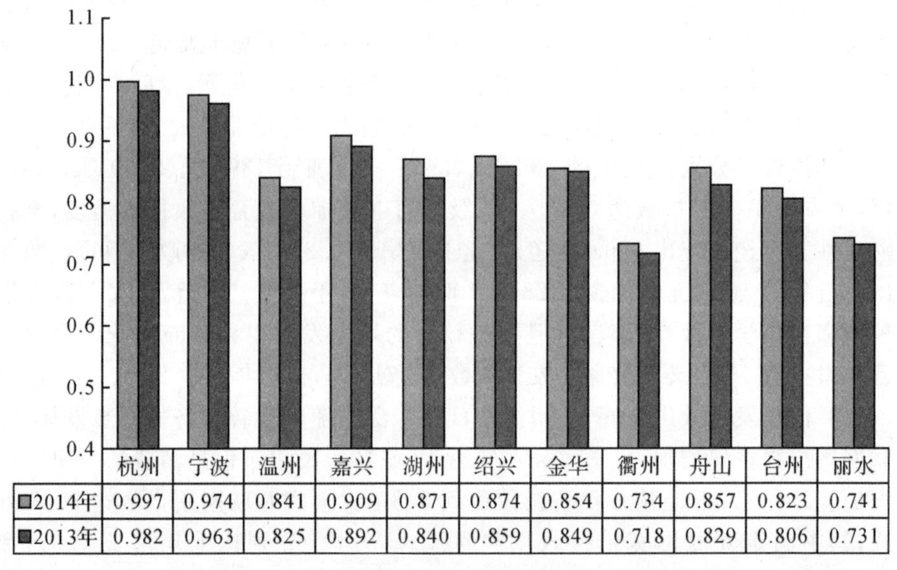

	杭州	宁波	温州	嘉兴	湖州	绍兴	金华	衢州	舟山	台州	丽水
2014年	0.997	0.974	0.841	0.909	0.871	0.874	0.854	0.734	0.857	0.823	0.741
2013年	0.982	0.963	0.825	0.892	0.840	0.859	0.849	0.718	0.829	0.806	0.731

图 1　2014 年各市信息化发展指数与上年比较

根据 2014 年信息化发展指数的测算结果,将各市划分为三类地区(见表 1):

表 1　2014 年全省分三类地区信息化发展指数比较

	基础设施指数	产业技术指数	应用消费指数	知识支撑指数	发展效果指数	总指数
全省	0.774	1.003	0.874	0.920	0.846	0.883
第一类地区						
杭州市	0.853	1.041	0.992	0.961	1.159	0.997
宁波市	0.816	1.059	1.005	0.960	1.042	0.974
第二类地区						
嘉兴市	0.841	1.012	0.892	0.900	0.901	0.909
绍兴市	0.793	0.978	0.892	0.918	0.783	0.874
湖州市	0.781	0.981	0.861	0.886	0.848	0.871
舟山市	0.811	0.942	0.954	0.870	0.690	0.857
金华市	0.744	0.986	0.875	0.939	0.718	0.854
温州市	0.815	0.977	0.904	0.891	0.592	0.841
台州市	0.813	0.956	0.825	0.890	0.609	0.823
第三类地区						
丽水市	0.689	0.935	0.690	0.870	0.503	0.741
衢州市	0.661	0.907	0.687	0.860	0.541	0.734

第一类地区(信息化发展较高水平地区),包括杭州和宁波共 2 个市。这类地区 2014 年信息化发展指数超过 0.970,平均达 0.986,比上年提高 0.013,相当于全省平均水平的 1.12 倍。

第二类地区(信息化发展中等水平地区),包括嘉兴、绍兴、湖州、舟山、金华、温州、台州共 7 个市。这类地区 2014 年信息化发展指数介于 0.820—0.910,平均达 0.861,比上年提高 0.018,相当于全省平均水平的 97.5%和第一类地区的 87.3%。

第三类地区(信息化发展较低水平地区),包括丽水、衢州共 2 个市。这类地区 2014 年信息化发展指数介于 0.730—0.750,平均达 0.738,比上年提高 0.013,相当于全省平均水平的 83.6%和第一类地区的 74.8%。

(二)信息化发展水平不平衡,地区间存在较大差距

测度结果显示,浙江省整体信息化水平不断提高,但地区间发展仍不均

衡，地区间信息化发展水平存在较大差距。

1. 从基础设施指数看，2014 年杭州市信息化基础设施指数最高，达到 0.853，与最低的衢州市相比，差距为 0.192。在二级指标中，杭州市每百人拥有电话 186.5 部，其中固定电话 38.2 部，移动电话 148.3 部，而衢州市每百人拥有电话 115.8 部，其中固定电话 25.4 部，移动电话 90.4 部。杭州市城乡居民每百户拥有电视机分别达 162.0 台和 203.0 台，衢州市分别为 159 台和 137 台；杭州市城乡居民每百户拥有计算机分别达 112.0 台和 67.0 台，衢州市分别为 89.0 台和 34.0 台。杭州市“四上”企业平均每百人拥有计算机 24.8 台，拥有网站的企业比重为 64.0%，而衢州市分别为 15.6 台、62.5%，金华市分别为 13.1 台、70.3%，舟山市分别为 20.1 台、47.9%。信息化基础设施建设在地区间、城乡间存在较大差距。

2. 从产业技术指数看，宁波市产业技术指数最高，达 1.059，比最低的衢州市高 0.152。在二级指标中，杭州市、宁波市电信业务收入分别达 175.23 亿元、122.55 亿元，排名末两位的舟山市、衢州市分别为 15.95 亿元、16.19 亿元，杭州市人均电信业务收入达 1981 元，为衢州市的 2.6 倍；宁波市发明专利授权量达 58406 件，比杭州多 16888 件，衢州市、舟山市分别为 3287 件和 1656 件，宁波市每百万人发明专利授权量达 7622 件，分别为衢州市、舟山市的 4.9 倍、5.3 倍。

3. 从应用消费指数看，宁波市应用消费指数最高，达 1.005，比最低的衢州市高 0.318，在五类指数中差距较大。在二级指标中，杭州市、宁波市固定互联网宽带接入用户数分别达 238 万户、202 万户，排名末三位的衢州市、丽水市、舟山市固定互联网宽带接入用户数分别为 35 万户、32 万户、29 万户。每万人政府网站页面浏览量杭州为 34980 次，台州最低，为 16017 次。宁波市城乡居民家庭信息消费支出分别为 5067 元和 1626 元，分别为衢州市的 1.8 倍和 1.9 倍。

4. 从知识支撑指数看，杭州市知识支撑指数最高，达 0.961，与最低的衢州市相比，差距为 0.101。第六次人口普查资料显示，各市常住人口中，杭州市平均受教育年限最长，为 9.41 年/人，温州、衢州、台州、丽水较低，分别为 7.79 年/人、7.56 年/人、7.51 年/人、7.50 年/人；各市成人识字率基本在 91%—97%，最高的绍兴、杭州二市分别为 96.80% 和 96.27%，最低的温州、衢州、台州、丽水分别为 92.94%、91.03%、91.96% 和 91.87%。宁波市、杭州市每万人口拥有 15 年义务教育在校学生数分别为 1944 人、1687 人，舟山市最低，为 1187 人；宁波市、杭州市的人均财政性教育经费支出分别达 1938 元和 1837

元，而台州和温州分别为1285元和1265元，居全省末两位。

5.从发展效果指数看，杭州市发展效果指数最高，达1.159。而最低的丽水市仅为0.503，差距为0.656，在五类指数中差距最大。在规模以上工业中，杭州市电子信息制造业增加值所占比重最高，为13.76%，宁波市次之，为12.50%，绍兴市、舟山市最低，分别仅为3.51%、2.02%；杭州、嘉兴市的R&D经费支出占GDP比重分别达2.98%、2.49%，在全省居领先地位，而衢州、丽水仅为1.19%、1.13%；杭州、宁波市人均GDP分别为94566元、93176元，但衢州、丽水、温州分别仅为49791元、46383元、43632元。

三、县(市、区)信息化发展指数综合评价

根据浙江省信息化发展指数综合评价体系，对2014年90个县(市、区)进行测算。结果如下：

(一)各县(市、区)信息化发展水平的聚类分析

2014年，90个县(市、区)中，信息化发展指数超过1.0的有滨江区、上城区、鄞州区、北仑区、海曙区、江北区、西湖区等12个县(市、区)，信息化发展指数在0.9—1.0的有26个县(市、区)，在0.8—0.9的有25个县(市、区)，在0.7—0.8的有22个县(市、区)，在0.7以下的有5个县(市、区)，分别占13.3%、28.9%、27.8%、24.4%和5.6%。

表2 2014年90个县(市、区)信息化发展指数与上年比较

单位：个

总指数	县(市、区)数量		
	2014年	2013年	2014年较上年
超过1.0	12	6	增加6个
0.9—1.0	26	20	增加6个
0.8—0.9	25	32	减少7个
0.7—0.8	22	22	不变
0.7以下	5	10	减少5个

按照规模以上工业产值总量，我们将90个县(市、区)划分为四类(详见附件2)：

第一类地区(工业产值1000亿元以上)，共14个县(市、区)。2014年信息化发展指数平均值为0.965，比全省平均水平高0.082，其中基础设施指数0.848，产业技术指数1.022，应用消费指数1.020，知识支撑指数0.946，发展效果指数0.993。2014年，第一类县(市、区)信息化发展总指数居前10位的

是:北仑区、鄞州区、慈溪市、余姚市、镇海区、余杭区、萧山区、海宁市、柯桥区、桐乡市。与上年相比,有 5 个县(市、区)排名有所上升,分别是鄞州区、海宁市、桐乡市、乐清市、诸暨市。

第二类地区(工业产值 500 亿—1000 亿元),共 18 个县(市、区)。2014 年信息化发展指数平均值为 0.947,比全省平均水平高 0.064,其中基础设施指数 0.811,产业技术指数 0.997,应用消费指数 1.030,知识支撑指数 0.914,发展效果指数 0.989。2014 年,第二类县(市、区)信息化发展总指数居前 10 位的是:滨江区、上城区、南湖区、拱墅区、义乌市、临安市、嘉善县、秀洲区、长兴县、平湖市。与上年相比,有 4 个县(市、区)排名有所上升,分别是拱墅区、秀洲区、长兴县、瑞安市。

第三类地区(工业产值 100 亿—500 亿元),共 43 个县(市、区)。2014 年信息化发展指数平均值为 0.861,比全省平均水平低 0.022,其中基础设施指数 0.774,产业技术指数 0.968,应用消费指数 0.971,知识支撑指数 0.901,发展效果指数 0.672。2014 年,第三类县(市、区)信息化发展总指数居前 10 位的是:海曙区、江北区、西湖区、江干区、江东区、吴兴区、龙湾区、椒江区、鹿城区、东阳市。与上年相比,有 16 个县(市、区)排名有所上升,分别是海曙区、江干区、吴兴区、龙湾区、鹿城区、定海区、海盐县、普陀区、莲都区、桐庐县、建德市、永嘉县、江山市、青田县、三门县、松阳县。

第四类地区(工业产值 100 亿元以下),共 15 个县(市、区)。2014 年信息化发展指数平均值为 0.761,比全省平均水平低 0.122,其中基础设施指数 0.688,产业技术指数 0.926,应用消费指数 0.818,知识支撑指数 0.850,发展效果指数 0.499。与前三类地区相比,发展效果指数、基础设施指数、应用消费指数明显偏低。2014 年,第四类县(市、区)信息化发展总指数居后的是:景宁县、常山县、泰顺县、衢江区、文成县。与上年相比,有 2 个县(市、区)排名有所上升,分别是庆元县、常山县。

(二)信息化发展水平不平衡,县域之间存在数字鸿沟

1. 部分县(市、区)信息化发展水平还较低。2014 年,信息化发展指数高于全省平均水平的县(市、区)有 46 个,比上年增加 8 个,占 90 个县(市、区)比重为 51.1%,比上年提高 8.9 个百分点;但县域之间信息化发展不平衡等问题仍然存在。与上年相比,有 27 个县(市、区)排名有所上升,31 个县(市、区)排名不变,32 个县(市、区)排名有所下降。信息化发展指数低于 0.7 的县(市、区)还有 5 个,分别是景宁县(0.698)、常山县(0.685)、泰顺县(0.673)、衢江区(0.671)、文成县(0.646),文成县信息化指数仅相当于排名第一的滨江区

的40.7%。

2.信息化发展水平仍存在较大差距。通过对2014年信息化五个分类指数进行县(市、区)之间的比较,可以看出县域之间信息化发展水平差距较大

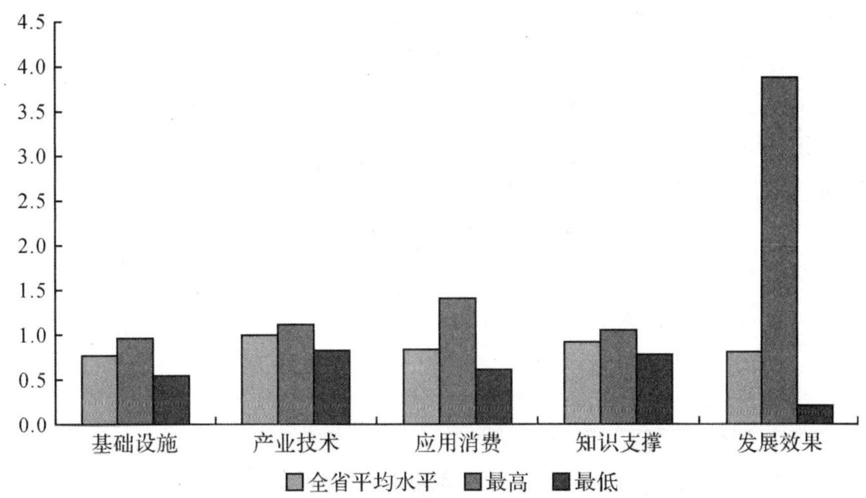

图2 2014年信息化分类指数的全省平均、最高和最低水平比较图

(见图2)。从五个分类指数来看,发展效果指数差距最大。2014年最低发展效果指数仅相当于该分类指数最高值的5.4%,其次为应用消费指数,最低应用消费指数相当于最高值的43.4%,基础设施指数、知识支撑指数和产业技术指数最低值分别相当于最高值的57.0%、73.8%和73.9%。从信息化发展指数的具体指标来看,信息制造业增加值占规上工业增加值比重、R&D经费支出占GDP的比重、每百万人发明专利授权量、人均GDP、人均电信业务收入、互联网宽带普及率等几项指标,落后县(市、区)与发达县(市、区)差距较大,最低值分别相当于最高值的0.2%、2.7%、4.2%、13.8%、17.6%和29.4%。

四、对策建议

信息化是当今世界发展的大趋势,是推动经济社会变革的重要力量。加快发展信息经济,是浙江深入实施创新驱动发展战略的必然要求,是加快转变经济发展方式、促进经济社会转型升级的重要途径。从评价结果看,尽管近年来浙江信息化发展水平提升较快,在全国31个省、区、市(港澳台未统计在内)中仅次于北京、上海、天津,位居第四,在各省中居于领先位置,但是欠发达地区信息化发展滞后、地区间发展水平极不平衡的问题尚无明显改变。下一步,各地要深入贯彻落实《浙江省人民政府关于加快发展信息经济的指导意见》,

加大基础设施的建设力度，建设智慧化基础设施，特别是要加大落后地区信息基础设施建设，努力缩小地区信息化水平差距，促进协调发展；要加强工业化与信息化融合，促进产业转型升级，大力发展工业企业智能制造，加快重点行业两化深度融合，推动信息通信技术和传统产业技术相结合的集成创新，加快推动浙江省从工业大省向工业强省、制造大省向“智造”强省转变；要统筹城乡协调发展，提高信息化应用消费水平，加大农村信息建设投入力度，推进农村电子商务发展，建立农村信息服务体系，有效促进城市和农村的资源和信息自由流动、有序对接，加快农业转型升级，缩小城乡差距；要围绕公共管理和社会服务，科学把握公众需求，梳理业务流程，加强信息技术应用的普及指导，加大信息资源开发利用力度，努力缩小不同领域、人群间信息化水平差距，促进信息化全面协调发展，逐步填平城乡之间、地区之间的“数字鸿沟”。

附件 1：浙江省信息化发展指数指标体系

附件 2：2014 年各县（市、区）信息化发展指数分类排序

附件 3：2014 年省、市、县（市、区）信息化发展指数

（工业处　王怡川）

附件 1

浙江省信息化发展指数指标体系

浙江省信息化发展指数(IDI,Informatization Development Index)是从"基础设施、产业技术、应用消费、知识支撑和发展效果"五个方面测量地区信息化的总体水平,对地区信息化发展状况做出综合性评价,从而为"十二五"期间准确把握全省及各市、县(市、区)信息化发展水平和发展进程提供参考依据。

浙江省信息化发展指数指标体系由 5 个分类指数和 17 个具体指标构成。2014 年,在基础设施分类指数中,除保留电话拥有率、电视机拥有率、计算机拥有率这 3 项指标外,为了反映企业信息技术加快发展的情况,增加了企业每百人计算机使用量和企业拥有网站的比重 2 项指标。指标体系详见下表:

浙江省信息化发展指数指标体系

总指数	分类指数	指标	单位	分类权重	指标权重
信息化发展指数	一、基础设施指数	1.电话拥有率	部/百人	21	6
		2.电视机拥有率	台/百户		6
		3.计算机拥有率	台/百户		3
		4.企业每百人计算机使用量	台/百人		3
		5.企业拥有网站的比重	%		3
	二、产业技术指数	6.人均电信业务收入	元/人	20	10
		7.每百万人发明专利授权量	项/百万人		10
	三、应用消费指数	8.互联网宽带普及率	户/百人	21	7
		9.政府门户网站综合应用水平	次/万人		7
		10.城乡居民人均信息消费支出	元/人		7
	四、知识支撑指数	11.平均受教育年限	年/人	20	5
		12.成人识字率	%		5
		13.每万人口 15 年义务教育在校学生数	人/万人		5
		14.人均财政性教育经费支出	元/人		5

续　表

总指数	分类指数	指标	单位	分类权重	指标权重
信息化发展指数	五、发展效果指数	15. 电子信息制造业增加值占规上工业增加值的比重	%	18	6
		16. R&D 经费支出占 GDP 的比重	%		6
		17. 人均 GDP	元/人		6

（备注：数据一般采集了 2013 年区域年终统计公报数据，部分数据采用了 2014 年公开数据）

附件 2

各县（市、区）信息化发展指数分类排序（一类）

2014 年	总指数	位次	2013 年	总指数	位次
北仑区	1.087	1	北仑区	1.022	1
鄞州区	1.039	2	慈溪市	0.981	2
慈溪市	1.017	3	鄞州区	0.971	3
余姚市	1.012	4	余姚市	0.965	4
镇海区	1.004	5	镇海区	0.955	5
余杭区	0.995	6	余杭区	0.950	6
萧山区	0.986	7	萧山区	0.942	7
海宁市	0.953	8	柯桥区	0.939	8
柯桥区	0.929	9	海宁市	0.917	9
桐乡市	0.921	10	富阳市	0.898	10
乐清市	0.906	11	桐乡市	0.873	11
富阳市	0.905	12	乐清市	0.857	12
诸暨市	0.876	13	上虞市	0.845	13
上虞区	0.873	14	诸暨市	0.844	14

各县(市、区)信息化发展指数分类排序(二类)

2014 年	总指数	位次	2013 年	总指数	位次
滨江区	1.587	1	滨江区	1.574	1
上城区	1.025	2	上城区	0.970	2
南湖区	0.999	3	南湖区	0.969	3
拱墅区	0.996	4	义乌市	0.960	4
义乌市	0.993	5	拱墅区	0.957	5
临安市	0.978	6	临安市	0.934	6
嘉善县	0.922	7	嘉善县	0.902	7
秀洲区	0.914	8	永康市	0.888	8
长兴县	0.907	9	南浔区	0.884	9
平湖市	0.901	10	平湖市	0.880	10
瑞安市	0.897	11	秀洲区	0.868	11
永康市	0.895	12	玉环县	0.864	12
玉环县	0.895	12	德清县	0.860	13
德清县	0.893	14	瑞安市	0.853	14
南浔区	0.885	15	长兴县	0.851	15
温岭市	0.853	16	温岭市	0.813	16
临海市	0.789	17	临海市	0.761	17
兰溪市	0.713	18	兰溪市	0.707	18

各县(市、区)信息化发展指数分类排序(三类)

2014 年	总指数	位次	2013 年	总指数	位次
海曙区	1.075	1	西湖区	1.032	1
江北区	1.057	2	江北区	1.023	2
西湖区	1.040	3	海曙区	1.013	3
江干区	1.022	4	江东区	1.009	4
江东区	0.998	5	江干区	0.954	5
吴兴区	0.967	6	东阳市	0.927	6

续 表

2014 年	总指数	位次	2013 年	总指数	位次
龙湾区	0.959	7	椒江区	0.918	7
椒江区	0.952	8	龙湾区	0.914	8
鹿城区	0.937	9	越城区	0.900	9
东阳市	0.935	10	吴兴区	0.898	10
越城区	0.932	11	鹿城区	0.892	11
定海区	0.929	12	路桥区	0.882	12
海盐县	0.927	13	瓯海区	0.881	13
瓯海区	0.923	14	海盐县	0.874	14
路桥区	0.919	15	象山县	0.861	15
象山县	0.899	16	黄岩区	0.848	16
黄岩区	0.897	17	新昌县	0.848	16
新昌县	0.894	18	婺城区	0.843	18
奉化市	0.877	19	奉化市	0.840	19
宁海县	0.860	20	宁海县	0.829	20
婺城区	0.856	21	金东区	0.828	21
普陀区	0.849	22	定海区	0.822	22
金东区	0.845	23	普陀区	0.810	23
莲都区	0.835	24	安吉县	0.805	24
安吉县	0.835	24	莲都区	0.803	25
嵊州市	0.816	26	嵊州市	0.799	26
桐庐县	0.812	27	武义县	0.782	27
武义县	0.807	28	桐庐县	0.774	28
建德市	0.807	28	浦江县	0.763	29
浦江县	0.786	30	建德市	0.763	30
永嘉县	0.785	31	苍南县	0.751	31
苍南县	0.777	32	缙云县	0.748	32

续 表

2014 年	总指数	位次	2013 年	总指数	位次
江山市	0.769	33	遂昌县	0.745	33
岱山县	0.765	34	岱山县	0.738	34
青田县	0.761	35	永嘉县	0.737	35
缙云县	0.760	36	平阳县	0.730	36
三门县	0.759	37	青田县	0.729	37
平阳县	0.754	38	天台县	0.729	37
遂昌县	0.753	39	江山市	0.725	39
天台县	0.752	40	三门县	0.720	40
淳安县	0.735	41	淳安县	0.696	41
松阳县	0.714	42	龙游县	0.677	42
龙游县	0.708	43	松阳县	0.673	43

各县(市、区)信息化发展指数分类排序(四类)

2014 年	总指数	位次	2013 年	总指数	位次
下城区	1.033	1	下城区	0.987	1
开化县	0.848	2	开化县	0.812	2
嵊泗县	0.840	3	嵊泗县	0.801	3
洞头县	0.829	4	洞头县	0.770	4
磐安县	0.787	5	磐安县	0.761	5
柯城区	0.775	6	柯城区	0.759	6
云和县	0.763	7	云和县	0.737	7
仙居县	0.737	8	仙居县	0.706	8
龙泉市	0.729	9	龙泉市	0.686	9
庆元县	0.704	10	景宁县	0.680	10
景宁县	0.698	11	衢江区	0.673	11
常山县	0.685	12	庆元县	0.667	12
泰顺县	0.673	13	泰顺县	0.647	13
衢江区	0.671	14	常山县	0.641	14
文成县	0.646	15	文成县	0.604	15

附件 3

2014 年省、市、县(市、区)信息化发展指数

	基础设施指数	产业技术指数	应用消费指数	知识支撑指数	发展效果指数	总指数
浙江省	0.774	1.003	0.874	0.920	0.846	0.883
杭州市	0.853	1.041	0.992	0.961	1.159	0.997
上城区	0.784	1.072	1.398	0.954	0.895	1.025
下城区	0.869	1.082	1.370	0.977	0.838	1.033
江干区	0.824	1.075	1.335	1.048	0.800	1.022
拱墅区	0.759	1.046	1.377	1.003	0.762	0.996
西湖区	0.838	1.086	1.392	1.009	0.849	1.040
滨江区	0.840	1.117	1.327	1.050	3.878	1.587
萧山区	0.895	1.026	1.093	0.943	0.972	0.986
余杭区	0.961	1.009	1.103	0.989	0.901	0.995
桐庐县	0.779	0.978	0.774	0.876	0.641	0.812
淳安县	0.660	0.929	0.733	0.831	0.500	0.735
建德市	0.766	0.952	0.846	0.854	0.596	0.807
富阳市	0.791	1.015	0.837	0.932	0.963	0.905
临安市	0.827	1.009	0.940	0.895	1.255	0.978
宁波市	0.816	1.059	1.005	0.960	1.042	0.974
海曙区	0.809	1.109	1.337	0.989	1.140	1.075
江东区	0.811	1.097	1.351	1.000	0.691	0.998
江北区	0.869	1.082	1.272	0.993	1.068	1.057
北仑区	0.823	1.037	1.213	0.998	1.402	1.087
镇海区	0.773	1.051	0.989	1.018	1.224	1.004
鄞州区	0.887	1.075	1.084	1.025	1.141	1.039
象山县	0.791	0.998	1.001	0.870	0.829	0.899
宁海县	0.756	0.977	0.849	0.901	0.816	0.860

续 表

	基础设施指数	产业技术指数	应用消费指数	知识支撑指数	发展效果指数	总指数
余姚市	0.862	1.079	1.063	0.922	1.153	1.012
慈溪市	0.918	1.053	1.144	0.939	1.032	1.017
奉化市	0.759	1.011	0.958	0.904	0.738	0.877
温州市	0.815	0.977	0.904	0.891	0.592	0.841
鹿城区	0.894	1.004	1.273	0.941	0.516	0.937
龙湾区	0.932	1.000	1.160	0.953	0.717	0.959
瓯海区	0.949	0.976	1.144	1.006	0.485	0.923
洞头县	0.692	0.984	0.882	0.810	0.778	0.829
永嘉县	0.687	0.946	0.901	0.862	0.502	0.785
平阳县	0.739	0.937	0.855	0.849	0.345	0.754
苍南县	0.770	0.923	0.875	0.839	0.439	0.777
文成县	0.627	0.902	0.643	0.775	0.246	0.646
泰顺县	0.690	0.910	0.682	0.816	0.218	0.673
瑞安市	0.915	0.991	1.049	0.879	0.613	0.897
乐清市	0.799	1.003	0.995	0.900	0.826	0.906
嘉兴市	0.841	1.012	0.892	0.900	0.901	0.909
南湖区	0.842	1.019	1.143	0.968	1.026	0.999
秀洲区	0.889	1.001	1.020	0.845	0.799	0.914
嘉善县	0.862	1.012	0.805	0.891	1.064	0.922
海盐县	0.865	0.993	1.049	0.898	0.818	0.927
海宁市	0.901	1.009	0.997	0.894	0.967	0.953
平湖市	0.819	1.011	0.899	0.874	0.911	0.901
桐乡市	0.873	1.030	1.004	0.891	0.793	0.921
湖州市	0.781	0.981	0.861	0.886	0.848	0.871
吴兴区	0.822	1.011	1.282	0.904	0.788	0.967
南浔区	0.822	0.938	0.975	0.811	0.881	0.885

续　表

	基础设施指数	产业技术指数	应用消费指数	知识支撑指数	发展效果指数	总指数
德清县	0.843	0.963	0.954	0.888	0.809	0.893
长兴县	0.705	0.973	0.952	0.893	1.032	0.907
安吉县	0.773	1.000	0.856	0.884	0.643	0.835
绍兴市	0.793	0.978	0.892	0.918	0.783	0.874
越城区	0.857	0.966	1.254	0.911	0.628	0.932
柯桥区	0.856	0.953	0.960	0.977	0.900	0.929
新昌县	0.738	0.980	0.928	0.898	0.937	0.894
诸暨市	0.720	0.995	0.876	0.937	0.857	0.876
上虞区	0.814	0.975	0.920	0.874	0.771	0.873
嵊州市	0.686	0.966	0.813	0.872	0.742	0.816
金华市	0.744	0.986	0.875	0.939	0.718	0.854
婺城区	0.796	0.956	1.014	0.958	0.514	0.856
金东区	0.677	0.978	0.918	0.890	0.757	0.845
武义县	0.688	0.958	0.808	0.907	0.668	0.807
浦江县	0.760	0.924	0.746	0.913	0.566	0.786
磐安县	0.600	0.974	0.829	0.879	0.646	0.787
兰溪市	0.548	0.887	0.745	0.833	0.542	0.713
义乌市	0.900	1.029	1.352	1.025	0.607	0.993
东阳市	0.725	0.965	0.904	0.927	1.193	0.935
永康市	0.740	1.029	0.890	0.965	0.852	0.895
衢州市	0.661	0.907	0.687	0.860	0.541	0.734
柯城区	0.733	1.003	0.924	0.943	0.210	0.775
衢江区	0.697	0.842	0.633	0.808	0.345	0.671
常山县	0.669	0.831	0.688	0.808	0.402	0.685
开化县	0.647	0.854	0.671	0.805	1.331	0.848
龙游县	0.635	0.826	0.741	0.856	0.458	0.708

续 表

	基础设施指数	产业技术指数	应用消费指数	知识支撑指数	发展效果指数	总指数
江山市	0.659	0.871	0.711	0.858	0.751	0.769
舟山市	0.811	0.942	0.954	0.870	0.690	0.857
定海区	0.819	0.979	1.201	0.889	0.731	0.929
普陀区	0.790	0.910	1.014	0.850	0.657	0.849
岱山县	0.786	0.890	0.607	0.813	0.731	0.765
嵊泗县	0.781	0.911	1.044	0.821	0.616	0.840
台州市	0.813	0.956	0.825	0.890	0.609	0.823
椒江区	0.938	1.000	1.154	0.926	0.705	0.952
黄岩区	0.846	0.986	0.971	0.882	0.785	0.897
路桥区	0.933	0.973	1.084	0.932	0.635	0.919
玉环县	0.858	0.984	1.035	0.921	0.646	0.895
三门县	0.719	0.907	0.788	0.834	0.521	0.759
天台县	0.688	0.928	0.832	0.890	0.381	0.752
仙居县	0.697	0.874	0.765	0.887	0.429	0.737
温岭市	0.905	0.959	0.857	0.880	0.641	0.853
临海市	0.746	0.905	0.817	0.871	0.589	0.789
丽水市	0.689	0.935	0.690	0.870	0.503	0.741
莲都区	0.744	0.975	0.965	0.940	0.516	0.835
青田县	0.687	0.899	0.776	0.816	0.615	0.761
缙云县	0.648	0.926	0.748	0.879	0.588	0.760
遂昌县	0.673	0.885	0.811	0.840	0.535	0.753
松阳县	0.695	0.906	0.713	0.856	0.364	0.714
云和县	0.694	0.970	0.806	0.893	0.422	0.763
庆元县	0.619	0.935	0.752	0.838	0.340	0.704
景宁县	0.630	0.887	0.791	0.838	0.303	0.698
龙泉市	0.679	0.933	0.792	0.848	0.358	0.729

浙江服务业企业效益得到有效提升

近年来，浙江服务业发展处于全面提升信息化、国际化、规模化、品牌化的重要时期，因此将关注点从总量规模的扩大转移到规模、效益并重发展上显得尤为重要。本文结合相关经济理论，从浙江实际出发，建立完善了服务业经济效益评价指标体系，并对 2012—2014 年全省规模以上服务业企业经济效益指数进行了测算分析，结果表明：2012 年以来全省服务业企业效益得到了有效提升，年度指数均运行在较优水平，并呈现逐步上升的趋势。

一、背景

近年来，服务业在国民经济中的地位日益突出。2013 年，全国服务业增加值占经济总量比重为 46.1%，首次超过第二产业，标志着中国或将进入服务经济时代。2014 年，浙江服务业增加值为 19221 亿元，比上年增长 8.6%，较 GDP 增速高 1 个百分点，连续 10 年快于 GDP 增速和工业增速，三次产业比例为 4.4∶47.7∶47.9，“三、二、一”产业格局基本形成。但服务业在加快发展的过程中，仍存在增长方式粗放、生产率水平低下、竞争能力弱等问题。为适应宏观经济从高速发展时期转入中高速发展时期、从扩容提速转入提质增效的经济新常态需要，建立和完善服务业经济效益评价指标体系，对全省规模以上服务业企业经济效益进行测算分析显得尤为重要。

二、服务业经济效益指标体系

（一）指标体系设计的原则和内容

从去年开始，我们着手建立服务业经济效益指标体系，以满足对服务业企业效益情况的跟踪监测需要。指标体系以导向性、可操作性、科学合理性、简便易行性为原则，立足现行浙江省的服务业统计报表制度和企业财务制度，从管理能力、获利能力、效率水平、发展能力和贡献能力 5 个方面选取 12 项指标来建立服务业经济效益评价体系[①]。

（二）综合指数的合成方法

1.设定标准值。为了达到各地区和各行业之间的横向比较和时间序列上

① 详见《浙江省统计局简报》统计分析专刊（第 108 期）。

的纵向比较，根据每个指标的特点分别设定评价标准值。

将第 i 个指标的评价标准值记为 $X^{i}_{标准}$。

2. 确定指标的上、下限阈值。参考 2012—2014 年各季全省服务业各行业、各市中相应指标最大值和最小值以及全国社会经济发展的极端情况确定所有指标的上、下限阈值。将第 i 个指标的实际值记为 X_i，权重为 W_i，下限阈值和上限阈值分别为 $X^{i}_{\min}$ 和 $X^{i}_{\max}$。

3. 指标无量纲化。第 i 个指标无量纲化后的值记为 Z_i，第 i 个指标的评价标准值无量纲化后记为 Z'_i

(1)正指标无量纲化计算公式：

$$\frac{Z_i = X_i - X^{i}_{\min}}{x^{i}_{\max} - X^{i}_{\min}} \text{或} \frac{Z_i = Ln(X_i) - Ln(X^{i}_{\min})}{Ln(X^{i}_{\max}) - Ln(X^{i}_{\min})} \quad \text{(公式 1)}$$

(2)逆指标无量纲化计算公式：

$$Z_i = \frac{X^{i}_{\max} - X_i}{X^{i}_{\max} - X^{i}_{\min}} \text{或} \ Z_i = \frac{Ln(X^{i}_{\max}) - Ln(X_i)}{Ln(X^{i}_{\max}) - Ln(X^{i}_{\min})} \quad \text{(公式 2)}$$

(3)具有最优值的指标无量纲化计算公式：假设第个 i 指标有最优值 $X^{i}_{最优}$(如资产负债率，根据国际通行标准资产负债率保持 30%—60%相对合理，则设定资产负债率最优值是 45%)，无量纲化计算公式：

$$Z_i = \frac{X^{i}_{\max} - |X_i - X^{i}_{最优}|}{X^{i}_{\max} - X^{i}_{\min}} \text{或} \ Z_i = \frac{Ln(X^{i}_{\max}) - |Ln(X_i) - Ln(X^{i}_{最优})|}{Ln(X^{i}_{\max}) - Ln(X^{i}_{\min})}$$

(公式 3)

4. 指标权重的确定。采用专家打分法(Delphi 法)确定各级指标权重(见表 1)。

表 1 浙江省服务业经济效益指标体系及权重

分类指标	权重(%)	一级指标	权重(%)
1. 管理能力	20	(1)资产负债率	10
		(2)资本保值增值率	10
2. 获利能力	25	(3)成本费用利润率	10
		(4)营业利润率	10
		(5)资产报酬率	5

续 表

分类指标	权重(%)	一级指标	权重(%)
3.效率水平	30	(6)薪酬增加值率	10
		(7)资产周转率	10
		(8)劳动生产率	10
4.发展能力	15	(9)营收增长率	10
		(10)净资产增长率	5
5.贡献能力	10	(11)社会贡献率	5
		(12)社会积累率	5
合计	100		100

5.分类指数和总指数的合成。

(1)分类指数的合成方法:本体系由管理能力、获利能力、效率水平、发展能力和贡献能力 5 个分类组成。将某一类的所有指标无量纲化后的数值按其权重计算得分后,与评价标准值算的得分按公式 4 计算得到相应的分类指数。

$$I_i = \frac{\sum Z_{ij} W_{ij}}{\sum Z'_{ij} W_{ij}} \times 100 \qquad (公式 4)$$

(2)服务业经济效益综合指数的合成方法:将服务业经济效益评价指标体系中 5 个方面的分类指数按公式 5 计算得到服务业经济效益指数。

$$I = \sum_{i=1}^{5} I_i W_i \qquad (公式 5)$$

6.指数评价标准与含义。根据服务业经济效益指标体系的设计原理、各指标的评价标准值设定及指数的综合合成方法,将服务业经济效益的优劣情况划为 4 个等次:优(指数大于 100)、良好(指数在 90～100)、一般(指数在 80～90)、差(指数小于 80)。

三、实证分析

依据上述服务业经济效益指标体系和 2014 年全国、2012—2014 年度及各季浙江全省规模以上服务业企业(不包括金融、房地产、批发零售、住宿餐饮)数据,对全国及主要省(区、市)、全省、各市及重点服务业行业的企业经济效益指数进行了测算。总体上看,2012 年以来,浙江省服务业企业效益得到了有效提升,年度指数均运行在优水平,并呈现上升趋势,2012、2013 和 2014 年全省效益指数分别达 100.1、103.0 和 105.3。

（一）与全国及主要省（区、市）的比较情况

2014年度全国及主要省（区、市）的服务业经济效益指数测算结果显示（见图1）。浙江省服务业经济效益指数位居全国前列，企业效益优于大部分省（区、市）。2014年浙江省为105.3，比全国平均水平（96.6）高出8.7个点；比北京（98.7）、上海（102.8）、江苏（97.9）、福建（94.0）、广东（98.7）分别高6.6、2.5、7.4、11.3、6.6个点；仅比山东（110.8）低5.5个点。其中，山东省效率水平指数比浙江省高21个点，反映了山东省服务业企业在资金周转、劳动力投入产出等方面效率较高，值得我们学习与借鉴。

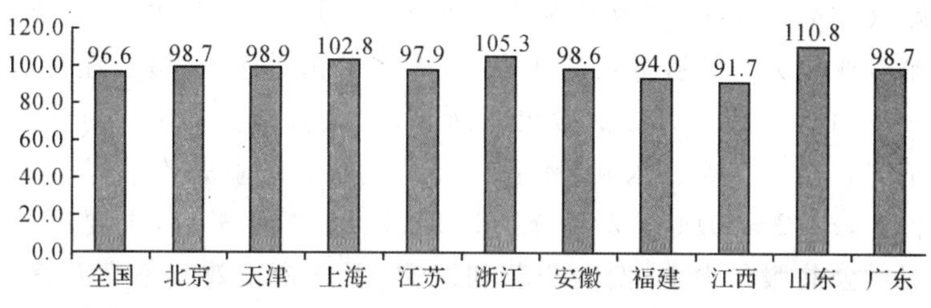

图1 2014年全国及主要省（区、市）服务业经济效益指数

（二）指数呈现明显的季节变动特点

从2014年全省各季的服务业经济效益指数来看（详见图2），全年最高点出现在2014年第四季度，达到111.7（由于数据取得原因，用9—11月代替第四季度），因大部分企业均有年终入账和年终奖的传统，所以年底呈现出来的整体效益状况相对较好；第二、三季度运行比较平稳，分别为105.1和103.5。2015年第一季度有所回落，主要逢中国传统节日春节，大部分企业1月份开始放假停工，从业人员返乡，春节以后才开始进入正常生产状态；第二季度开始，指数回升较快，达到108.3，比2014年第二季度高3.2个百分点，说明2015年第二季度服务业企业经济效益好于上年同期水平。

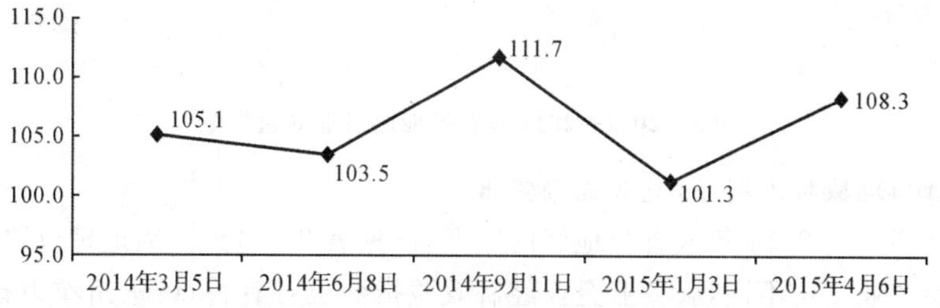

图2 2014—2015年全省季度服务业企业经济效益指数

（三）新兴服务行业经济效益优于传统行业

从各行业服务业效益指数看（见图 3），信息传输、软件和信息技术服务业的经济效益指数居各门类之首，2012—2014 年 3 年分别达 156.7、170.2 和 169.7。居第二、第三位的是科学研究和技术服务业、卫生和社会工作行业，两个行业 2012—2014 年年分别为 125.0、124.5、124.5 和 116.9、125.6、134.3。信息传输、软件和信息技术服务业，科学研究和技术服务业是驱动科技发展的新兴行业代表，在电子商务不断发展、科研力量不断被重视的现在，它们比其他行业在企业效益发展上存在更大优势；卫生和社会工作行业随着健康、养老服务不断被政策惠及，经济效益逐年快速上扬；租赁和商务服务业，交通运输、仓储和邮政业作为传统服务行业代表，总体水平相对偏低，指数在行业中名列倒数第一、三位，但转型升级成效已有所显现，效益指数 2014 年比 2012 年分别提高了 2 和 0.4 个点。水利、环境和公共设施管理业是唯一呈现逐年下滑趋势的行业，2012—2014 年 3 年分别为 91.7、88.3 和 87.5，主要原因是这个行业以提供公共服务为主，偏向非营利性质，因此企业效益不高并逐年走低。各行业经济效益指数发展变化的特点反映了浙江省“调结构、促转型”的发展战略初见成效。

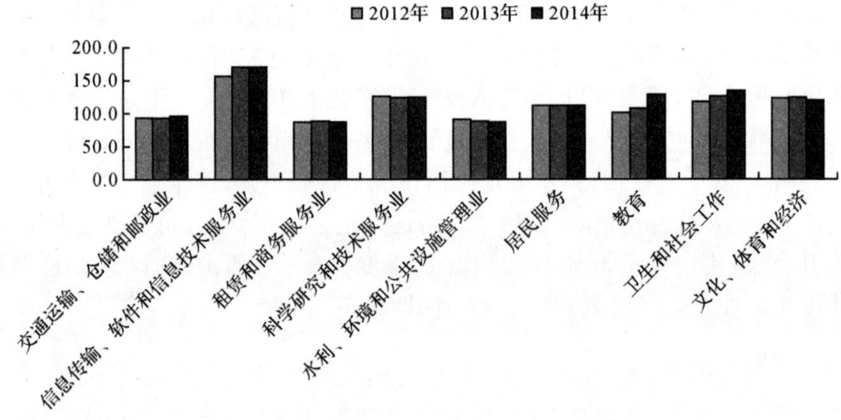

图 3　2012—2014 年各行业服务业效益指数

（四）地域特点明显，龙头优势突出

从 2012—2014 年全省分地区的数据看（见表 2），各地区因地理位置、发展水平及产业结构不同，服务业企业经济效益指数也各有特点：杭州作为省会城市，汇集了政治、经济、文化等方面的优势，加之近几年信息软件产业和电子商务的大力发展，企业效益逐年上升，2012—2014 年 3 年的服务业经济效益指数分别达 104.9、112.6 和 115.8；金华依托“商贸型城市”——义乌对全市服务业经济的幅射和带动，服务业经济效益指数一直维持在优水平，但随着电子商务对传统商贸行业的不断冲击，金华服务业企业效益出现下降态势，2012—2014 年 3 年的服务业经济效益指数分别为 110.2、108.7 和 107.8；舟山、丽水等受产业单一、交通不便等因素影响，服务业经济效益指数位居全省最后，2012—2014 年 3 年，两市指数分别为 84.4、77.8、80.1 和 85.5、84.6、94.1；其他市较为平稳，3 年指数基本都维持在良好水平。从 2012 年和 2014 年达到优水平的地区数量看，2012 年为 4 个，2014 年减少到 2 个。一些地区企业效益有所下降，但全省 2014 年指数却比 2012 年提高了 5.2 个点，反映了像杭州、金华等优势地区对全省服务业经济效益发展的拉动作用在逐年上升，服务业企业效益的区域不均衡性有所扩大，须引起重视。

表 2 2012—2014 年各市年度服务业经济效益指数

地区＼年份	2012 年	2013 年	2014 年
杭州市	104.9	112.6	115.8
宁波市	98.0	95.1	99.8
温州市	102.4	99.4	95.0
嘉兴市	100.2	100.1	98.1
湖州市	92.6	95.4	91.0
绍兴市	95.5	97.4	98.0
金华市	110.2	108.7	107.8
衢州市	93.3	106.3	91.3
舟山市	84.4	77.8	80.1
台州市	96.1	95.2	98.5
丽水市	85.5	84.6	94.1

（五）服务业经济效益与经济发展水平存在差异

人均 GDP 是反映地区经济发展水平或富裕程度的一个主要指标，但从与服务业效益指标的对比情况来看，人均 GDP 高的地方并不见得企业效益好。与按人均 GDP 的排序结果进行对比可以发现，服务业经济效益指数与按人均 GDP 排序的差异较大。以 2014 年数据为例（见表 3），人均 GDP 位于前列的市，企业效益状况不一定较优，如舟山、湖州人均 GDP 分别居全省第三、第六位，但服务业效益指数却居第十一、第十位；而一些人均 GDP 排名靠后的市，其服务业发展却相对较好，如金华、台州人均 GDP 分别居第七、第八位，但服务业效益指数分别居第二、第四位。

表 3　2014 年各市服务业效益指数与人均 GDP 排名对照

地　区	服务业效益指数排名	人均 GDP 排名
杭州市	1	1
宁波市	3	2
温州市	7	11
嘉兴市	5	5
湖州市	10	6
绍兴市	6	4
金华市	2	7
衢州市	9	9
舟山市	11	3
台州市	4	8
丽水市	8	10

（六）分类指数体现服务业经济效益各方面特点

从各分类指数来看（见图 4），管理能力指数相对偏低，并且波动较大，2012—2014 年 3 年全省管理能力指数指数分别为 97.8、102.1 和 98.0。管理能力的核心是从业人员素质，从这三年管理能力指数看，浙江服务业从业人员素质没有完全跟上经济发展的步伐，特别是高级管理类人才的短缺或将成为浙江省服务业企业发展的瓶颈。获利能力指数增长平稳、效率水平指数增长加快，两者 2012—2014 年 3 年指数分别为 103.2、105.5、106.8 和 98.9、102.3、110.6。这与浙江民营经济发达的经济结构有关，充满生机和活力的民营经济在服务业发展中有较强的获利能力并追求更高的效率水平。发展能力指数较为稳定，3 年指数分别为 101.0、102.9 和 102.1，这与浙江自身资源优势不足和国家政策偏向较少有较大关系，发展空间受到抑制，例如金融、国际航运等领域由于上海经济辐射，长期只能处于补充地位。贡献能力指数有所上升，2012—2014 年 3 年指数分别为 99.7、100.9 和 104.5。由于税收政策与贡献能力密切相关，浙江 2012 年 12 月 1 日加入交通运输业和部分现代服务业"营改增"试点，2014 年又分别将铁路运输和邮政服务业、电信业纳入"营改增"试点范围。"营改增"政策促进了企业贡献能力的提升，2014 年全省贡献能力指数比 2012 年提高了 4.8 个点。

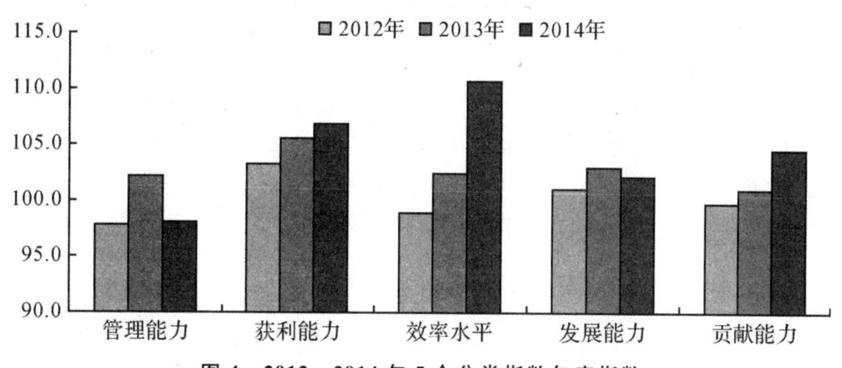

图 4 2012—2014 年 5 个分类指数年度指数

四、结语

本文在服务业经济效益评价指标体系的基础上改进和完善了综合指数的合成方法，并测算了 2012—2014 年全国、全省分地区、分行业的服务业经济效益指数，更为直观、清晰地反映了浙江服务业企业效益的现状和发展变化情况。科学、合理地利用服务业经济效益评价指标体系，对效益指数进行测算分析，可为浙江省服务业发展战略的制定和实施提供信息参考，有助于推动服务业经济效益质量不断提升，从而促进宏观经济更好、更快发展，对优化产业结构，提高综合竞争力和行业竞争力具有十分重要的作用。但服务业经济效益评价指标体系及指数在全国范围的适用性上，还需综合考虑全国范围的服务业经济效益发展特点并做进一步完善。

（浙江省地方统计调查局三产处 陈志林）

2014 年度浙江省妇女发展规划统计监测报告

2014 年是全面贯彻落实党的十八届三中全会精神、全面深化改革的开局之年，也是贯彻落实《浙江省妇女发展规划(2011—2015 年)》(以下简称《妇女规划》)的第四年。省委省政府高度重视，充分发挥职能部门作用，全省妇女事业各项目标稳步推进，妇女监测统计指标继续保持良好的发展态势。为了全面、准确、客观地反映浙江省妇女事业发展的状况及《妇女规划》实施的效果，我局对发展目标的执行情况进行统计监测，完成了 2014 年度妇女发展统计监测报告。

一、《妇女规划》实施情况

监测结果表明，在《妇女规划》涉及的妇女与健康、妇女与教育、妇女与经济、妇女参与决策和管理、妇女与社会保障、妇女与环境、妇女与法律保护 7 个领域中的目标总体进展顺利，63 项主要监测指标中已有 47 项达到或超过终期目标，占 74.6%；12 项未达标，占指标总数的 19%。其中，2 项指标(村委会成员中女性比例、村委会主任中女性比例)与目标差距明显，如期达标存在困难，需加大工作力度。3 项指标(已婚育龄妇女避孕率、职业学校在校学生中女性比例、城市低保、农村五保对象中女性人数)与目标成背离趋势。另有 4 项指标无数据支撑或因数据不全无法判断(详见附件)。

二、《妇女规划》分领域进展情况

浙江省妇女发展规划涉及 7 个领域。从监测数据分析，妇女事业发展平稳，多项指标数据呈现持续向好发展态势。

(一)妇女与卫生保健

1. 女性平均预期寿命不断延长。随着人民生活水平的提高和医疗卫生条件的改善，中国人口的平均预期寿命持续延长，2000 年就已进入长寿国家行列(根据世界卫生组织的标准，人均预期寿命超过 70 岁的国家即为长寿国家)。2014 年，全省预期寿命 78.09 岁。其中，女性为 80.46 岁，比 2010 年提高 3.17岁。

2. 孕产妇保健水平明显提高。2014 年，浙江省分别成立了产前诊断、辅助生殖和产科质量控制三个中心，修订下发《浙江省助产技术管理规范》和《浙江省高危妊娠管理办法》，为孕产妇保健保驾护航。全省孕产妇死亡率为 5.52/10 万，比 2010 年下降 1.92/10 万，大大低于全国平均水平。全省孕产妇系统管理率 96.82%，其中，城市 97.02%，农村 96.41%，分别比 2010 年提高 1.52、1.4 和 1.74 个百分点。孕产妇中重度贫血患病率 0.42%，比 2010 年下降 0.68 个百分点。孕产妇住院分娩率、农村孕产妇住院分娩率、农村高危孕产妇住院分娩率均为 100%。孕产妇接受艾滋病病毒抗体检测，检测率 99.77%，比 2010 年提高 4.6 个百分点。

3. 妇女生殖健康水平逐年提升。随着人民生活水平的日益提高，广大妇女的健康意识不断加强。2014 年，全省妇科常见病筛查率由 2010 年的 43.44%提高到 76.68%，提高了 33.24 个百分点。随着女性保健意识的增强，妇科常见病检查面的扩大和检查水平的提高，查出患妇科病的比例由 2010 年的 31.69%下降到 29.67%。宫颈癌死亡率和乳腺癌死亡率为 4.13/10 万和 3.85/10 万，分别比上年下降 3.46/10 万和 0.27/10 万。妇女梅毒年报告发病率由 2010 年的 108.34/10 万下降到 2014 年 71.93/10 万，下降了 36.41/10 万。

4. "优生两免"政策全面覆盖。2014 年，"优生两免"政策全面覆盖，即免费婚前医学检查，免费优生检测。全省婚前医学检查率已达 93.46%，比 2010 年提高 12.93 个百分点，超过《妇女规划》70%以上的目标值。孕前优生检测率 92.24%，比 2010 年提高 1.81 个百分点，超过《妇女规划》目标值 22.2 个百分点。孕产妇产前检查率 98.66%，比 2010 年提高 0.23 个百分点，在全国处于领先水平。

（二）妇女与教育培训

1. 学前教育女童比例稳步提高。学前教育规模持续增长，女童接受学前教育的比例不断提高。2014 年，全省幼儿园 8871 所，在园幼儿人数 185.75 万人，比 2010 年增加 2.7 万人。其中，女童 85.36 万人，比 2010 年增加 1.6 万人，提高 1.91 个百分点。学前三年毛入园率 97.2%，比 2010 年提高 2.2 个百分点。

2. 义务教育男女比例均衡发展。2014 年，小学、初中在校生 504.4 万人，其中，女生 233.3 万人，占 46.26%，比上年增加 3.12 万人，提高了 1.36 个百分点。小学学龄儿童净入学率 99.99%，九年义务教育巩固率 100%，义务教育阶段残疾儿童在校人数 15193 人，其中，女生 5427 人，分别比 2010 年增长 16.78%和 22.03%。

3.高中阶段教育性别差距继续缩小。2014年,高中阶段毛入学率95.2%,比2010年提高2.7个百分点。普通高中在校79.08万人,其中,女生40.15万人,占50.77%,比2010年提高0.34个百分点,男女性别差距继续缩小。

4.女性接受高等教育比例不断提升。2014年,高等教育毛入学率达54%,比2010年提高9个百分点。高等教育规模不断扩大。2014年,全省普通高校在校人数97.82万人,女生占55.46%,比2010年提高2.79个百分点。在校女研究生2.87万人,占47.42%,比2010年提高2.02个百分点。

(三)妇女与经济发展

1.妇女就业比例保持基本稳定。2014年,全省年末从业人员数为3714.15万人,其中女性为1594.5万人,占从业人员的42.94%,高于《妇女规划》确定的目标要求;与2010年比较,从业女性人数增加43.75万人,增长2.82%。城镇单位从业人员为1102.68万人,其中,女性为360.59万人,占32.7%;与2010年比较,增加37.76万人,增长11.7%。年末城镇登记失业率为2.96%,比2010年下降0.24个百分点。

2.女性专业技术人员比例有所提高。2014年,全省公有制经济企事业单位高级专业技术人员为14.69万人,比2011年增加3.43万人。其中,女性为6.22万人,占42.4%,超过《妇女规划》中要求的35%以上,增加1.79万人。其中,女性企业高级专业技术人员为2015人,比2011年增加686人,增长51.62个百分点。女性事业高级专业技术人员6.03万人,比2011年增加1.71万人,增长39.58个百分点。

3.女职工劳动保护水平得到提升。浙江省积极推动《浙江省女职工劳动保护办法》的修订工作,使全省的女职工劳动保护更加全面,保护水平得到提升。2014年,有83.17%的企业执行了《特别规定》,比2010年提高了14.9个百分点。

(四)妇女与决策管理

1.女干部配备率稳步提升。2014年,市级人大、政协领导班子中配有女干部的班子比例均为100%;省、市、县三级党政工作部门领导班子配有女干部的班子比例分别为58.15%、55.15%和56.87%,全面达到并超过《妇女规划》提出的50%以上目标。其中,市级党委领导班子中配有女干部的班子比例由2010年的72.73%提高到90.91%,提高18.18个百分点。县(市、区)党委和政府领导班子中配有女干部的班子比例分别是90%和96.67%,比2010年提高8.89和4.45个百分点。

2.女性公务员人数逐步增加。2014年,全省女公务员为8.02万人,比2010年增加1.66万人,增长26.1%;女性占全部公务员的24.84%,比2010提高2.48个百分点。其中,县处级公务员女性人数6343人,比2010年增加1520人,增长31.52%。市、县后备干部中女干部比例分别为25.4%和34.92%,比2011年提高0.73和6.99个百分点,超过《妇女规划》提出的不少于15%和20%的目标要求。

3.女性参与企业经营管理的比重稳步提升。职工董事、职工监事是职工参与企业重大问题决策和监督的代表,具有重要的地位和作用。2014年,全省企业董事会中女职工董事的比重和企业监事会中女职工监事占职工监事的比重为47.14%和41.51%,与2010年相比,分别提高了10.22和4.52个百分点;企业职工代表大会中女性代表比重由2010年的34.13%上升为37.33%,提高了3.2个百分点。

4.女性积极参与基层民主管理。2014年,全省基层单位的村委员会成员中,女性比重和村委员会主任中女性比重为24.81%和7.38%,分别比2010年提高5.3和2.83个百分点。村民代表会议组成人员中女性村民代表比例为33.47%,达到并超过《妇女规划》提出的33%以上的目标要求。

(五)妇女与社会保障

1.女性参加各项保险人数显著增加。2014年,全省参加城镇职工基本医疗保险、工伤、失业、生育等社会保险的女性人数分别为908.05万人、742.80万人、539.61万人和544.30万人;与2010年相比,分别增加416.95万人、203.90万人、219.91万人和238.20万人,增长84.90%、37.84%、68.79%和77.82%。

2.女性社会生活保障逐步提高。2014年,全省城乡居民最低生活保障人数57.21万人,其中,女性20.25万人,占35.40%。城乡居民最低生活保障标准水平达到每人每月587元和487元,比2010年每人每月提高了210.31元和241.8元,同比分别增长55.83和87.6%。城乡差距由2010年每人每月的131.49元降为2014年的100元,城乡保障差距明显缩小。

(六)妇女与法律保护

1.妇女法律援助成效明显。2014年,全省建立法律援助中心102家,妇女法律援助工作站点数102个,法律援助案件受授人数9.83万人,比2010年增加5.11万人,增长1.1倍;其中,妇女人数为2.54万人,比2010年增加1.11万人,增长77.37%。

2.妇女权益保护力度加大。2014年,全省家庭暴力伤情鉴定机构和受暴妇女儿童救助(庇护)机构数为 53 个和 97 个,与 2011 年相比增加 16 个和 61 个,增长 43.24%和 1.69 倍。受暴妇女儿童提供伤残鉴定数 111 件,受救助(庇护)所救助人数 463 人次,同比增加 6 件和 320 人次,分别增长 5.71%和 2.24 倍。妇女维权站覆盖率 99.49%,比 2011 年提高 6.49 个百分点,超过《妇女规划》提出的 90%以上的目标要求。"12338"妇女维权热线覆盖率 100%,提前达到《妇女规划》要求。

(七)妇女与环境优化

1.生活环境逐步优化。2014 年,人均公园绿地面积 12.9 平方米,城市绿化覆盖率 40.7%,比 2010 年提高 2.4 个百分点。城市污水处理率 90.68%、城市生活垃圾无害化处理率 100%、农村自来水普及率 97.02%和农村卫生厕所普及率 94.78%,比 2010 年分别提高 7.94、1.71、3.73 和 5.85 个百分点。农村集中式供水受益人口比例为 97.5%,比 2011 年提高 1.5 个百分点。

2.社会环境不断改善。2014 年,全省文明家庭户数 1047.22 万户,比 2011 年增加 231.65 万户,增长 28.4 个百分点。文明家庭创建达标率 64.55%,比 2011 年增加 13.65 个百分点,超过《妇女规划》的目标要求。妇联基层组织 3.53 万个,比 2010 年增加 965 个,增长 2.81%。建立妇女活动场所的县(市、区)比例为 54.44%,比 2011 年提高 58.07%。

三、主要存在的问题

1.妇女参与决策的水平仍待提高。

近年来,虽然各级政府女干部配备率不断上升,但正职女干部仍然偏少,女干部的比例随着参政层次的提升逐级降低。2014 年,县级政府领导班子正职中女干部比例为 14.44%,比上年下降 2.23 个百分点。省、市级政府领导班子正职中女干部比例则为 0。省级人大代表中女性比例为 26.18%,比 2010 年下降 0.32 个百分点。省级人大常委会女性比例由 2010 年的 21.43%下降到 19.67%,下降 1.76 个百分点。省级女政协委员 186 人,占政协委员总数的 25.48%,比 2010 年下降 0.32 个百分点。

2.妇女艾滋病感染人数仍呈上升趋势。2014 年,全省孕产妇艾滋病病毒抗体阳性率为 0.01%,与 2010 年持平,但当年报告艾滋病病毒感染例数和女性人数都上升明显,分别比 2010 年增加了 1560 人和 64 人,增长 61.9 和 10.29 个百分点。

3.个别监测指标无数据支撑。城镇女职工医疗参保率、女性新型合作医疗参保率等指标没有指标数据支撑,无法做出定量分析和达标情况判断。

四、对策与建议

1. 加大推进女干部培养选拔力度。妇女参政议政作为我国政治生活中的重要组成部分，不仅是妇女地位提高的重要体现，也是社会文明进步的重要标志。各级要高度重视，建立健全培养选拔女干部和后备女干部的长效机制，拓宽选拔渠道，落实女干部的配备比例。

2. 加大对艾滋病、性病及梅毒的预防力度。完善艾滋病、性病、梅毒的防治工作机制，针对妇女重点人群，加强宣传教育。继续把预防和阻断艾滋病母婴传播纳入妇幼卫生常规工作，提高防治水平。提供规范化的性病和艾滋病诊疗服务，将其纳入基本医疗保障或新型农村合作医疗范围。

3. 加强源头数据收集，控制指标缺口。“十二五”规划已到最后一年，各级政府要认真履行职责，加强督导检查；各有关部门要针对《妇女规划》提出的部分目标采取有效措施，解决指标缺口的问题。如确实无数据的指标，要找出可替代指标。一方面疏通数据来源渠道，对难点指标做好重点调研、对应调查，采取行之有效的方式获取数据；另一方面加强数据质量监控，把好源头质量关。

（社科处　郑燕红）

附件

浙江省妇女发展规划主要监测指标实现情况

领域		主要统计指标	单位	2010 年	2014 年	2015 年目标	判断	备注
妇女与卫生保健	1	妇女人均预期寿命	岁	77.29	80.46	提高	已达标	卫计部门监测数据
	2	孕产妇死亡率	1/10 万	7.44	5.52	10/10 万以下	已达标	
	3	孕产妇中因产科出血死亡比例	%	6.90	17.39	30%以下	已达标	
	4	住院分娩率达到 99%以上的县(市、区)比例	%	100	100	99%以上	已达标	
	5	孕产妇系统管理率	%	95.30	96.82	93%以上	已达标	
	6	孕产妇中重度贫血患病率	%	1.10	0.42	降低	已达标	
	7	剖宫产率	%	52.38	43.96	降低	已达标	
	8	妇科常见病筛查率	%	43.44	76.68	80%以上		
	9	婚前医学检查率	%	80.54	93.46	70%以上	已达标	
	10	孕前优生检测率	%	90.43	92.24	70%以上	已达标	
	11	已婚育龄妇女避孕率	%	88.50	86.10	90%以上		
	12	妇女梅毒年报告发病率	1/10 万	108.34	71.93	控制	已达标	
妇女与教育培训	1	高等教育毛入学率	%	45.00	54.00	50%以上	已达标	
	2	普通高中在校生中女性比例	%	50.43	50.77	提高	已达标	
	3	在园儿童中女童所占比例	%	44.8	45.96	提高	已达标	
	4	小学、初中在校生中女生比例	%	46.1	46.25	提高	已达标	
	5	普通高校在校生中女性比例	%	52.67	55.46	提高	已达标	
	6	研究生中女性比例	%	45.39	47.42	提高	已达标	
	7	职业学校在校生中女性比例	%	47.7	45.64	提高		
	8	平均受教育年限	年	8.34	—	10.5		普查年有
	9	女性青壮年文盲率	%	1.68	—	2%以下		普查年有

续 表

领域		主要统计指标	单位	2010 年	2014 年	2015 年目标	判断	备注
妇女与经济发展	1	城镇单位女性就业人员	万人	322.83	360.59	提高	已达标	
	2	妇女就业人员占全部就业人员的比例	%	42.66	42.94	40%以上	已达标	
	3	已就业残疾妇女占全部残疾妇女的比例	%	38.88	42.60	提高	已达标	该指标是2012 年开始有数据
	4	公有经济企事业单位高级专业技术人员中女性所占比例	%	39.49	42.40	35%以上	已达标	该指标是2011 年开始有数据
妇女参与决策管理	1	市级党委领导班子中配有女干部的班子比例	%	72.73	90.91	达到 100%		
	2	市级人大领导班子中配有女干部的班子比例	%	90.91	100	达到 100%	已达标	
	3	市级政府领导班子中配有女干部的班子比例	%	90.91	90.91	达到 100%		
	4	市级政协领导班子中配有女干部的班子比例	%	100	100	达到 100%	已达标	该指标是2012 年开始有数据
	5	县(市、区)党委领导班子中配有女干部的班子比例	%	81.11	90.00	达到 100%		
	6	县(市、区)政府领导班子中配有女干部的班子比例	%	92.22	96.67	达到 100%		
	7	领导班子中配有女干部的乡镇(街道)比例	%	95.40	97.01	达到 100%		
	8	省级党政工作部门领导班子配有女干部的班子比例	%	51.79	58.18	50%以上	已达标	该指标是2011 年开始有数据
	9	市级党政工作部门领导班子配有女干部的班子比例	%	57.3	55.15	50%以上	已达标	该指标是2011 年开始有数据

续　表

领域		主要统计指标	单位	2010 年	2014 年	2015 年目标	判断	备注
妇女参与决策管理	10	县(市、区)党政工作部门领导班子中配有女干部的班子比例	%	55.35	56.87	50%以上	已达标	该指标是2011 年开始有数据
	11	达到“有 1 至 2 个县(市、区)党政领导班子中配备正职女干部”要求的市比例	%	81.82	100	100%	已达标	该指标是2011 年开始有数据
	12	达到“有 2 至 3 个乡镇(街道)党政领导班子中配备正职女干部”要求的县(市、区)比例	%	78.89	87.78	100%		该指标是2011 年开始有数据
	13	市后备干部中女干部比例	%	24.03	25.40	不少于 15%	已达标	
	14	县(市、区)后备干部中女干部比例	%	26.11	32.92	不少于 20%	已达标	
	15	村委会成员中女性比例	%	19.51	24.81	30%以上		
	16	村委会主任中女性比例	%	6.15	8.92	10%以上		
	17	村民代表会议组成人员中女性村民代表比例	%	31.33	33.47	33%以上	已达标	每 3 年选举一次为2011 年数据
	18	公务员中女性比例	%	22.36	24.84	逐步提高	已达标	
	19	职工代表大会中女性比例	%	34.13	37.33	提高	已达标	
	20	企业监事会中女职工董事占职工监事的比重	%	36.99	41.51	提高	已达标	
	21	企业董事会中女职工董事占职工董事的比重	%	36.92	47.14	提高	已达标	

续 表

领域		主要统计指标	单位	2010年	2014年	2015年目标	判断	备注
妇女与社会保障	1	城镇职工生育保险参保人数	万人	837.90	1248.94	达到1000万	已达标	
	2	城镇女职工生育保险参保人数	万人	306.10	544.30	提高	已达标	
	3	城镇女性参加失业保险人数	万人	319.70	539.61	提高	已达标	
	4	城镇女职工参加工伤保险人数	万人	538.90	742.80	提高	已达标	
	5	城镇女职工医疗保险参保率	%	—	—	95%以上		无数据
	6	农村妇女新型农合医疗参合率	%	—	—	90%以上		无数据
	7	执行了《女职工劳动保护特别规定》企业比重	%	69.63	83.17	提高	已达标	该指标是2012年开始有数据
	8	城市低保、农村五保对象中女性人数	万人	23.17	20.82	增加		
	9	城乡最低生活保障标准	元/人·月	376.69	587	提高	已达标	
	10	农村最低生活保障标准	元/人·月	245.2	487	提高	已达标	
妇女与法律保护	1	妇女维权站覆盖率	%	93	99.49	90%以上	已达标	该指标是2011年开始有数据
	2	“12338”妇女维权热线覆盖率	%	100	100	达到100%	已达标	该指标是2011年开始有数据
	3	妇女获法律援助人数	万人	14311	25384	增加	已达标	

续　表

领域	主要统计指标		单位	2010 年	2014 年	2015 年目标	判断	备注
妇女与环境优化	1	农村集中式供水受益人口比例	%	97	98	达到 85%	已达标	该指标是 2012 年开始有数据
	2	农村卫生厕所普及率	%	88.93	94.78	达到 85%	已达标	
	3	文明家庭创建达标率	%	50.90	64.55	不低于 50%	已达标	该指标是 2011 年开始有数据
	4	建立妇女活动场所的县(市、区)比例	%	34.44	54.44	30%以上	已达标	该指标是 2011 年开始有数据

2014 年度浙江省儿童发展规划统计监测报告

2014 年是全面贯彻落实党的十八届三中全会精神、深化改革的开局之年，也是实施《浙江省儿童发展规划(2011—2015 年)》(以下简称《儿童规划》)收关前的关键之年。在省委省政府的高度重视下，全省儿童事业各项目标稳步推进，规划进展顺利。为了全面、准确、客观地反映浙江省儿童事业发展的状况及《儿童规划》实施的效果，我们对发展目标的执行情况进行统计监测，完成了 2014 年度儿童发展监测统计报告。

一、《儿童规划》实施进展情况

监测数据显示：自 2011 年《儿童规划》实施 4 年来，总体进展顺利，趋势向好。在涉及儿童与健康、教育、福利、社会环境和法律保护 5 个领域中共有 69 项主要统计监测指标，已有 57 项达到或超过终期目标，占 82.61%；12 项未达标，占目标总数的 17.39%。其中，1 项与目标差距明显，如期达标存在困难，需加大力度；3 项逆指标出现反弹，需要重点关注；7 项与目标背离呈下滑趋势(详见附件)。

二、《儿童规划》进展情况

浙江省儿童发展规划涉及 5 个领域。从监测结果上分析，浙江省的儿童事业发展总体平稳，多项指标数据均有所提高。

(一)儿童与健康

1.死亡率持续稳定低水平。2014 年，全省婴儿死亡率和 5 岁以下儿童死亡率均达到并超过《儿童规划》要求，大大低于全国平均水平，在全国处于领先地位。婴儿死亡率和 5 岁以下儿童死亡率为 3.71‰和 5.29‰，比 2010 年分别下降 2.35 和 2.91 个千分点。18 岁以下儿童伤害死亡率由 2010 年的 14.84/10 万下降到 2014 年的 10.67/10 万，下降 4.17/10 万。

2.疫苗接种率保持较高水平。浙江省根据《浙江省计划免疫接种实施规范(试行)》要求，按照科学的免疫程序，有计划地利用疫苗进行预防接种。2014 年，纳入国家免疫规划的 8 苗接种率，持续保持在 99.5%以上高水平。儿童计划免疫已全面达到并超过《儿童规划》提出的各项目标，提高了儿童群体的免疫力，有效减少了儿童传染疾病的发生，保障了儿童健康成长。

表 1　儿童疫苗接种率

单位：%

指标名称	2010 年	2011 年	2012 年	2013 年	2014 年
卡介苗	99.75	99.83	99.84	99.84	99.81
脊灰疫苗	99.63	99.71	99.73	99.75	99.74
百白破疫苗	99.55	99.68	99.68	99.73	99.75
含麻疹成分疫苗	99.87	99.80	99.81	99.86	99.83
乙肝疫苗	99.67	99.77	99.77	99.78	99.77
甲肝疫苗	98.73	99.52	99.61	99.65	99.67
乙脑疫苗	99.37	99.64	99.66	99.68	99.67
流脑疫苗	99.25	99.56	99.61	99.66	99.70

3. 儿童健康质量逐步改善。2014 年，全省婴幼儿家长科学喂养知识普及率为 99.36%，比《儿童规划》目标值提高 14 个百分点。0—6 个月婴儿母乳喂养率 90.33%，比 2010 年提高 3.24 个百分点；其中，6 个月婴儿纯母乳喂养率 66.27%，比 2010 年提高 5.39 个百分点。儿童营养状况逐步改善，5 岁以下儿童中、重度贫血患病率 0.25%，比 2010 年下降 0.27 个百分点，低于《儿童规划》目标控制值 11.75 个百分点。5 岁以下儿童生长迟缓率 0.47%，低于《儿童规划》目标控制值 6.53 个百分点。

4. 儿童保健水平不断提高。2014 年，全省 3 岁以下儿童系统管理率和 7 岁以下儿童保健管理率为 96.33% 和 97.13%，分别比 2010 年提高 2 和 1.29 个百分点，超出《儿童规划》目标 6.33 和 7.13 个百分点。新生儿疾病筛查覆盖率保持在 100%，其中，新生儿疾病筛查率和新生儿听力筛查率为 99.72% 和 99.68%，分别比《儿童规划》目标值提高 9.72 和 14.68 个百分点。新生儿访视率 99%，比 2010 年提高 1.29 个百分点。

（二）儿童与教育

1. 学前教育发展较快。2014 年，全省积极推进第二轮《学前教育三年行动计划》，发布了《浙江省等级幼儿园评定标准》和《浙江省幼儿园等级评定实施办法》。全省有幼儿园 8871 所，其中，等级幼儿园 6562 所，等级幼儿园覆盖率 89.1%，比 2010 年提高 18.89 个百分点。基本实现了“全面普及”和“所有乡镇建有等级中心幼儿园”的目标要求。在园幼儿 185.75 万人，比 2010 年增加 2.7 万人。其中，城市公办幼儿园数 819 个，比 2010 增加 272 个，提高 49.73

个百分点。幼儿园专任教师 11.23 万人，比 2010 年增加 1.72 万人；幼儿教师学历合格率为 99.6%，比上年提高 0.3 个百分点。

2. 义务教育均衡发展。2014 年，浙江省在全国率先取消了“开除”“勒令退学”等惩戒条款，修订发布《浙江省义务教育阶段学生学籍管理办法》和《浙江省全日制普通高级中学学生学籍管理办法》，进一步推进教育均衡，保障适龄儿童少年平等接受义务教育的权利。小学适龄儿童净入学率 99.99%，小学五年巩固率、初中三年巩固率、九年义务教育巩固率均达 100%。初中毕业生年升学率 98.5%，比 2010 年提高 0.52 个百分点。高中阶段毛入学率 93.8%，比 2010 年提高 1.3 个百分点，超过《儿童规划》目标。标准化中小学比例 72.2%，比 2011 年提高 50.5%，接近《儿童规划》目标。

3. 特殊教育大力推进。特殊教育是教育的一个重要组成部分，它的发展对提升社会的文明程度、减轻家庭和社会的负担、提高特殊需要人群的素质、促进国家教育水平的不断提高都有着积极的意义。2014 年，全省“盲教育以省为主、聋教育以市为主、培智教育以县为主”的特殊教育布局基本形成。全省共有特殊教育学校 84 所，比 2010 年增加 17 所，增长 25.4%。特殊教学校在校生数 15884 人，比 2010 年增加 2874 人，增长 22.1%。特殊教育专任教师数达 2422 人，比 2010 年增加 836 人，增长 52.7%。

4. 家庭教育持续加强。2014 年，全省已创建省级示范家长学校数 519 所，比 2011 年增加 493 所，增长 18.96 倍，是《儿童规划》目标值的 4.19 倍。家长学校数 29657 个，比 2012 年增加 8839 个，增长 42.5%；培训人次数 235.45 万人次。城市社区建立家长学校比例为 89.12%，达到并超过《儿童规划》目标要求 9.12 个百分点。行政村建立家长学校比例、中小学校家长学校办学率和幼儿园家长学校办学率分别为 69.65%、97.44% 和 97.44%，达到并超过《儿童规划》目标要求 9.65、12.44 和 12.44 个百分点。

(三)儿童与福利

1. 儿童福利制度建设不断完善。2014 年，出台了《关于推进困境儿童分类保障制度的通知》，在全国率先建立了困境儿童分类保障制度，重点将事实无人抚养困境儿童以及困难家庭的重度残疾、患重病和罕见病儿童纳入儿童福利保障。推动城乡社区儿童福利督导制度建设，全省共建成儿童福利指导中心 73 个，97 个市、县(市、区)建立儿童福利督导制度，儿童福利督导员 2 万余人，为儿童福利保障服务体系建设奠定了坚实的基础。

2. 儿童福利补助标准逐步提高。建立孤儿基本生活最低养育标准自然增长机制，实行城乡统筹。福利机构养育的孤儿年基本生活最低养育标准按不低于当地上年度城镇居民家庭人均消费性支出的 70%确定;社会散居孤儿年基本生活最低养育标准按不低于当地福利机构孤儿养育标准的 60%确定,孤儿的基本生活得到了较好保障。

3.儿童福利机构建设继续加强。2014 年,全省有收养性社会福利单位 2030 个,收养床位数 29.82 万张,收养人数 14.22 万人,分别比 2010 年增加 335 个、10.4 万张和 3.34 万人。通过实施"儿童福利机构建设蓝天计划",儿童福利机构建设得到加强,孤儿养育条件和环境得到了较大改善。现有儿童福利机构 69 家,儿童用房总面积 20 万平方米,床位 4904 多张,共有儿童福利机构工作人员 1500 余名。

4.儿童康复救助工作不断加强。2014 年,全省完成"明天计划"手术 76 例,完成"抢救性康复"342 例。开展残疾儿童康复的残疾人康复服务机构为 80 个,共有 3127 名残疾儿童接受康复训练和服务,比 2011 年增加 599 人,增长 23.69%。残疾儿童抢救性康复项目 3127 人,比 2010 年增加 1907 人,增长 1.56 倍。孤儿家庭收养人数 4206 人,当年救助的流浪儿童人次数 2234 人次。

(四)儿童与法律

1.相关法律法规逐渐完善。近年来,浙江省重视少年法庭工作,大力加强少年审判机构建设,建立健全各项审判工作制度,不断探索预防和减少未成年人犯罪的方式方法。建立了在押未成年人年龄先行调查制度,异地籍未成年人帮教基地制度,缓刑未成年犯减刑制度。开展未成年人犯罪记录封存制度执行情况专项检查,深化细化捕后未成年人犯罪案件羁押必要性审查机制。颁布实施了《大型游乐设施维护保养规则》《学生用纤维制品联盟标准》等相关法律法规,各项法律法规的出台和完善,极大地保障了广大儿童的各项权益。

2.儿童权益得到有效保障。2014 年,社区儿童维权机构覆盖率 100%和县(市、区)"12355"青少年服务台基层工作站覆盖率均为 100%,提前达到《儿童规划》目标值要求。质监部门在全省范围开展了为期 1 个月的"蓝剑 4 号"专项执法行动。共出动执法人员 4250 人次,检查企业 1025 家,执法抽样 115 批次,查处违法案件 78 件;组织开展全省"纤检保健康"专项执法检查行动,共出动执法人员 1130 人次,检查企业 372 家,执法抽样 63 批次,不合格 14 批次,切实保障少年儿童的人身及消费安全,有效地维护了儿童权益,扩大了社会影响力。

3.法律援助工作继续深化。法律援助的覆盖面继续扩大,法律援助尽可能做到应援尽援。2014 年,全省未成年人法律援助工作站点数 84 个;未成年人法律援助案件 14460 件,占 14.7%,比 2010 年增加 8717 件,增长 1.52 倍。

全省中小学法制副校长人数6929人，比2012年增加859人，增长14.2%。中小学生普法教育率达100%，提前达到《儿童规划》要求。

4.未成年人犯罪率持续下降。2014年，全省30余个法院设有独立建制少年庭，对未成年人犯罪实施“教育为主，惩罚为辅”，重点立足于教育和矫治，依法对未成年人予以从轻或减轻适用刑法方针收到明显效果。未成年人罪犯占罪犯人数的比重由2010年的6.63%下降到4.22%，下降2.41个百分点。

5.法制宣传教育力度加大。2014年，全省通过各级广电媒体、报刊宣传《未成年人保护法》《预防未成年人犯罪法》《浙江省未成年人保护条例》等与儿童发展密切相关的法律法规，开展多种形式的法制教育和维权宣传活动，提高未成年人的安全防范意识和救护能力。不断增强全体公民的儿童发展和保护意识，努力营造有利于儿童发展的良好氛围。

（五）儿童与环境

1.儿童生活环境持续改善。2014年，全省城市污水处理率、城市生活垃圾无害化处理率、农村自来水普及率和农村卫生厕所普及率分别为90.68%、100%、97.02%和94.78%，比2010年分别提高7.94、1.51、3.73和5.85个百分点。农村集中式供水受益人口比例97.5%，比2011年提高1.5个百分点。儿童生存环境得到了改善。

2.儿童社会环境继续优化。2014年，全省社区服务中心（站）14086个，比2010年增加10917个，增长3.44倍。其中，农村村级社区服务中心占90.1%。基层组织中持有证书的专业社会工作者人数12753人，比2011年增加11891人，增长13.8倍。全省已设立省级妇幼保健机构2个、市级妇幼保健机构11个、县（市、区）级妇幼保健机构85个，每1—1.5万人配备1名妇幼保健人员，基本形成覆盖全省、市、县三级妇幼保健网络。省儿保滨江园区现全面竣工正式使用。建立雏鹰争章体验基地数1330个，比2011年增加680个，增长1.05倍，是《儿童规划》目标值的13.3倍。

3.儿童成长环境日趋完善。2014年，浙江省为了给幼儿创造更健康安全的生存环境条件，制定《浙江省托幼机构卫生保健合格单位评审细则（试行）》，规范托幼机构卫生保健管理，现全省托幼机构卫生保健合格率96.6%，比《儿童规划》目标值高出11.6个百分点。其中，托儿所合格率为95.5%，幼儿园合格率为97.6%。全省建立儿童中心（或儿童之家）个数2.85万个，比2011年增加2.09万个，增长2.75倍。建立儿童活动中心的地市比例和建立儿童活动场所的县（市、区）比例分别为100%和43.3%，均提前达到《儿童规划》目标值的要求。

4. 儿童文化氛围日益浓厚。利用文化馆、文化站、公共图书馆、文化广场、农村文化礼堂等场所，广泛开展形式多样、丰富多彩的文化活动。2014 年，成功举办“第十届浙江省未成年人读书节”，开展了“未成年人阅读推广论坛”、“我爱我家”家庭读书竞赛、“浙江省未成年人读书节十周年主题回顾展”等活动。以“我读书、我快乐、我智慧”为主题，组织各地开展各类活动 2300 多场次。实施“雏鹰计划”优秀儿童剧进校园活动，全年共免费为未成年人观众演出 800 多场。

5. 儿童文化产品丰富多彩。2014 年，全省拥有文化馆(站)1430 个，拥有公共图书馆 98 个，总藏书量为 5634 万册，比 2010 年增加 1873 万册，增长 49.8%。博物馆 105 个，比 2010 年增加 15 个，增长 16.7%。公共图书馆少儿文献 634.4 万册，比 2011 年增加 226.57 万册，增长 55.6%。未成年人参观博物馆、科技馆分别为 1125.9 万人次和 178.7 万人次，比 2011 年增加 311.2 万和 148.7 万人次，增长 38.2%和 4.96 倍。全年播出少儿广播、电视和动画等儿童节目时间分别为 11292 小时 35 分、21673 小时 08 分和 20660 小时 31 分。出版发行各类少儿图书和少儿期刊总印数达 5166 万册和 3090.12 万册，儿童音像制品 353.71 万盘，为少儿成长提供了丰富的精神食粮。

三、主要存在的问题

2014 年，浙江省儿童事业发展取得了积极的进展，但从《儿童规划》的监测情况来看仍存在一些问题，应给予高度重视。

1. 部分指标数据出现下滑或反弹。2014 年，浙江省儿童发展规划中大部分指标进展情况良好，但根据监测统计数据显示，仍有一些指标出现不同程度的下滑或反弹。下滑的指标主要有：农村公办幼儿园、孤儿家庭收养人数、当年救助的流浪儿童人次数、流浪儿童救助保护中心个数、中小学法制副校长配备率、儿童期刊出版、少儿电视播出时间。反弹的指标主要有：近视发病率、弱视发病率、幼儿园儿童龋齿发病。

2. 优质教育资源发展不均衡。近年来，浙江省加大了对农村、边远山区和经济欠发达地区实施规划的政策支持和扶持力度，并取得了较大的进展，但由于经济发展水平、教育投入强度、社会文化背景的差异，区域之间、城乡间、校际的义务教育发展水平仍存在较大的差异。教育资源城市学校不足和农村学校闲置并存，矛盾比较突出。进城务工人员随迁子女和农村留守儿童等弱势群体教育压力较大。2014 年，全省幼儿园 8871 所，公办 2211 所，占 24.9%；其中，城市公办幼儿园 819，比 2010 年增长 49.7%，但农村公办幼儿园由 2010 年的 775 所下降到 2014 年的 671 所，减少 104 所。

3.儿童身体素质值得关注。随着经济快速发展,现代生活中的饮食结构、作息习惯有了显著的变化,大量电子视频设备的出品,使得幼儿的视力保健面临巨大挑战;随着各种休闲食品充斥市场,以及父母对口腔保健意识的缺乏,使得幼儿园儿童龋齿发病率增加等等。这些严重影响青少年儿童的健康成长,应引起社会和有关部门的注意。目前,全省还没有开展中小学生《国家学生体质健康标准》达标率等指标监测统计工作,难以取得相关基础数据用于全面反映儿童健康状况。

4.儿童意外伤害时有发生。随着《儿童规划》的深入实施,儿童的卫生保健状况有了显著的改善。过去对儿童生命威胁很大的疾病得到有效控制,儿童死亡率也逐年下降。但随着社会经济的发展,人们生活方式的改变,又出现了车祸、溺水、电器、药品、高层住宅等诸多威胁儿童生命安全的新因素,如不采取积极有效的措施,儿童很容易受到意外伤害。

四、对策与建议

1.加大规划实施力度,确保目标如期完成。“十二五”规划已到最后一年,各级政府要认真履行职责,加强督导检查;各有关部门认真按照《儿童规划》实施方案的要求,强化工作责任,加强协调配合。针对《儿童规划》重难点指标、反弹指标、下滑指标采取积极有效的措施,重点调研、对应调查,掌握动态,夯实基础。

2.保障儿童享有公平接受教育的权利。各级政府及有关部门要从关心国家和民族未来的角度,真正解决涉及儿童事业迫切需要解决的重点、难点问题,进一步加大对经济欠发达地区政策倾斜力度,努力改善农村、山区等偏远贫困地区的教学设施建设,不断提高师资队伍水平,推进城乡间、地区间及校际教育的均衡化发展,缩小城乡差距。深入推进中小学现代远程教育工程,提高农村教育信息化水平,进一步发展公办幼儿园,加强进城务工人员随迁子女义务教育工作和农村留守儿童教育工作,保障所有儿童公平接受教育。

3.提高儿童身心健康素养水平。儿童是国家的未来、民族的希望,是社会可持续发展的人力资源,提高儿童的身体素质是刻不容缓的。加强儿童健康的宣传教育,提高儿童整体素质,积极建立有利于幼儿健康的群众性体育组织,推动幼儿体育活动的进程,及时了解和掌握幼儿体质状况,全面实施国家学生体质健康标准,建立学生健康档案。加强对儿童健康指导和干预,宣传健康知识,促使儿童合理膳食、增强体育锻炼,养成良好的生活习惯,充分发挥大众媒体的作用,开辟和健全多层次、多形式、全方位的健康教育网络和传播途径,有效地预防和控制儿童疾病的发生,提高儿童健康水平和身体素质。

4. 增强儿童自我保护意识和能力。加强安全知识的宣传，提高儿童的自我保护意识和能力，预防和减少儿童伤害的发生，制订并实施多部门合作的儿童伤害综合干预行动计划，建立完善儿童伤害监测系统和报告制度。儿童在成长的过程中缺乏生活和社会经验，自理能力较差，虽然教师和家长全力呵护，但毕竟有局限，应教会儿童必要的安全知识。加大安全知识的宣传力度，学校、家庭、社区应相互配合，开展健康教育活动，有意识、有计划、有目的地对儿童进行安全教育，提高儿童自护、自救、逃生等能力。

（社科处　郑燕红）

附件

浙江省儿童发展规划主要监测指标实现情况

领域		主要统计指标	单位	2010年	2014年	2015年目标	判断	备注
儿童与健康	1	严重致残的出生缺陷发生率	1/万	272	236	降低	已达标	
	2	婴儿死亡率	‰	6.06	3.71	控制在8‰以内	已达标	
	3	5岁以下儿童死亡率	‰	8.20	5.29	控制在9‰以内	已达标	
	4	18岁以下儿童伤害死亡率	1/10万	14.84	10.67	以2010年为基数下降1/6	已达标	
	5	新生儿疾病筛查覆盖率	%	100	100	保持100%	已达标	
	6	新生儿疾病筛查率	%	98.72	99.72	90%以上	已达标	
	7	新生儿听力筛查率	%	96.93	99.68	85%以上	已达标	
	8	3岁以下儿童系统管理率	%	94.33	96.33	90%以上	已达标	
	9	7岁以下儿童保健管理率	%	95.84	97.13	90%以上	已达标	
	10	纳入国家扩大免疫规划的疫苗接种率	—	—	—	95%以上	已达标	
		卡介苗	%	99.75	99.81			
		脊灰疫苗	%	99.63	99.74			
		百白破疫苗	%	99.55	99.75			
		含麻疹成分疫苗	%	99.87	99.83			
		乙肝疫苗	%	99.67	99.77			
		甲肝疫苗	%	98.73	99.67			
		乙脑疫苗	%	99.37	99.67			
		流脑疫苗	%	99.25	99.70			
	11	新生儿破伤风发病率高于1‰的县数	个	0.08	0	降低到1‰以下	已达标	
	12	低出生体重发生率	%	2.70	3.38	控制在4%以下	已达标	

续　表

领域		主要统计指标	单位	2010 年	2014 年	2015 年目标	判断	备注
儿童与健康	13	6 个月婴儿母乳喂养率	%	87.09	90.33	90%以上	已达标	
	14	婴幼儿家长科学喂养知识普及率	%	97.71	99.36	85%以上	已达标	
	15	幼儿园儿童龋齿发病率	%	30.33	30.48	控制在30%以下		
	16	5 岁以下儿童中重度贫血发病率	%	0.52	0.25	控制在12%以下	已达标	
	17	5 岁以下儿童生长迟缓率	%	—	0.47	控制在7%以下	已达标	
	18	5 岁以下儿童低体重率	%	0.66	0.57	控制在5%以下	已达标	
	19	儿童近视发病率	%	2.13	2.24	降低		
	20	儿童弱视发病率	%	0.50	0.99	降低		
	21	托幼机构卫生保健合格率	%	95.74	96.63	85%以上	已达标	
儿童与教育	1	学前三年毛入园率	%	95.00	97.60	96%以上	已达标	
	2	城市公办幼儿园	个	547	819	增加	已达标	
	3	农村公办幼儿园	个	775	671	增加		
	4	九年义务教育巩固率	%	99.99	99.99	99.9%以上	已达标	
	5	高中阶段毛入学率	%	92.5	93.8	95%以上	已达标	
	6	标准化中小学校比例	%	21.71	72.2	85%以上		该指标是2011 年开始有数据
	7	等级幼儿园覆盖率	%	70.21	89.1	80%以上	已达标	
	8	义务教育阶段在校学生数	万人	12594	15193	增加	已达标	
	9	家长学校数	个	20818	29657	增加	已达标	该指标是2012 年开始有数据
	10	家长学校培训人次数	万人	175.78	235.45	增加	已达标	该指标是2012 年开始有数据

续 表

领域		主要统计指标	单位	2010 年	2014 年	2015 年目标	判断	备注
儿童与教育	11	城市社区建立家长学校比例	%	22.42	89.12	80%以上	已达标	该指标是 2012 年开始有数据
	12	行政村建立家长学校比例	%	59.75	69.65	60%以上	已达标	该指标是 2013 年开始有数据
	13	中小学校家长学校办学率	%	95.91	97.44	85%以上	已达标	该指标是 2013 年开始有数据
	14	幼儿园家长学校办学率	%	90.19	97.44	85%以上	已达标	该指标是 2013 年开始有数据
	15	已创建的省级示范家长学校数	所	26	519	100 所以上	已达标	该指标是 2011 年开始有数据
儿童与福利	1	孤儿家庭收养人数	人	5667	4206	增加		该指标是 2011 年开始有数据
	2	残疾儿童康复训练和服务人数	人	2528	3127	增加	已达标	该指标是 2011 年开始有数据
	3	当年救助的流浪儿童人次数	人次	4896	2234	增加		
	4	儿童福利机构数	个	9	16	增加	已达标	
	5	流浪儿童救助保护中心个数	个	1	0	增加		
	6	开展残疾儿童康复的残疾人康复服务机构数	个	60	80	增加	已达标	该指标是 2011 年开始有数据

续　表

领域	主要统计指标		单位	2010 年	2014 年	2015 年目标	判断	备注
儿童与法律	1	中小学生普法教育率	%	100	100	达到 100%	已达标	该指标是 2011 年开始有数据
	2	中小学法制副校长配备率	%	100	98.13	达到 99%以上		该指标是 2011 年开始有数据
	3	社区儿童维权机构覆盖率	%	100	100	达到 100%	已达标	该指标是 2011 年开始有数据
	4	县(市、区)“12355”青少年服务台基层工作站覆盖率	%	89.4	100	达到 100%	已达标	该指标是 2011 年开始有数据
	5	得到法律机构援助的未成年人数	人	5743	14460	增加	已达标	
	6	未成年罪犯占同期犯罪人数的比例	%	6.63	4.22	控制在 10%以下	已达标	
儿童与环境	1	城市学生参与科技活动的比例	%	78.93	84.77	85%以上		该指标是 2012 年开始有数据
	2	农村学生参与科技活动的比例	%	67.23	71.31	70%以上	已达标	该指标是 2012 年开始有数据
	3	建立儿童活动中心的地市比例	%	72.72	100	达到 100%	已达标	该指标是 2011 年开始有数据
	4	建立儿童活动中心的县(市、区)比例	%	32.50	43.33	30%以上	已达标	该指标是 2011 年开始有数据
	5	已建立的雏鹰争章体验基地数	个	650	1330	100 个以上	已达标	该指标是 2011 年开始有数据
	6	城市少先队员参加雏鹰争章活动率	%	95.12	97.2	85%以上	已达标	该指标是 2011 年开始有数据

续 表

领域		主要统计指标	单位	2010 年	2014 年	2015 年目标	判断	备注
儿童与环境	7	农村少先队员参加雏鹰争章活动率	%	84.66	88.3	65%以上	已达标	该指标是2011 年开始有数据
	8	基层组织中持有证书的专业社会工作者人数	人	862	12753	增加	已达标	该指标是2011 年开始有数据
	9	社区服务中心(站)	个	3169	14086	增加	已达标	
	10	儿童之家个数	个	3174	28493	增加	已达标	该指标是2012 年开始有数据
	11	儿童图书出版	万册	3324.47	5166	增加	已达标	该指标是2011 年开始有数据
	12	儿童期刊出版	万册	3156.8	3090.12	增加		该指标是2011 年开始有数据
	13	儿童音像制品出版	万盘	319.39	353.71	增加	已达标	
	14	公共图书馆少儿文献	万册	407.83	634.40	增加	已达标	该指标是2011 年开始有数据
	15	少儿广播播出时间	时:分	8193:50	11292:35	增加	已达标	该指标是2011 年开始有数据
	16	少儿电视播出时间	时:分	32530:36	21673:08	增加		该指标是2011 年开始有数据
	17	动画电视播出时间	时:分	19488:97	20660:31	增加	已达标	该指标是2011 年开始有数据
	18	未成年人参观科技馆人次	万人次	56	178.74	增加	已达标	该指标是2012 年开始有数据
	19	未成年人参观博物馆人次	万人次	528.35	1125.29	增加	已达标	该指标是2011 年开始有数据

续　表

领域		主要统计指标	单位	2010 年	2014 年	2015 年目标	判断	备注
儿童与环境	20	城市污水处理率	%	82.74	90.68	提高	已达标	
	21	城市生活垃圾无害化处理率	%	98.29	100	提高	已达标	

“十二五”浙江省基本公共服务均等化实现度评价报告

党的十八届三中全会提出，要紧紧围绕更好保障和改善民生、促进社会公平正义、深化社会体制改革，推进基本公共服务均等化。对照《浙江省基本公共服务体系“十二五”规划》的具体内容，我们对基本生存服务、基本发展服务、基本环境服务、基本安全服务等四大领域的35项指标进行了测算，形成“十二五”浙江省基本公共服务均等化实现度评价报告。总体判断：2010—2014年全省基本公共服务均等化实现度稳步提高。其中，基本生存、基本发展、基本环境和基本安全四大领域全面改善；11个设区市基本公共服务均等化实现度普遍提升，地区间实现度逐年缩小，但部分指标区域间差距明显。

一、全省基本公共服务均等化实现度评价

2014年全省基本公共服务均等化实现度为89.51%，比2010年的79.81%提高了12.15个百分点；年均增长速度为2.91%，实现度已接近实现基本公共服务均等化的目标要求(90%)。

(一)四大领域均等化水平

从2014年各领域均等化水平看，基本安全服务领域居首，基本环境服务领域列为其次，均已超过90%，在统计评价意义上已基本实现均等化；而基本生存和基本发展两大领域水平相对较低，都在90%以下。

(二)四大领域增长幅度

从各领域增长幅度看，呈现全面提升的格局。其中，基本生存领域增长最快，2010—2014年年均增长速度达4.85%；而基本安全服务领域增幅最小，年均增长速度只有0.72%。

(三)四大领域指标实现度

从各指标实现度情况看，2014年全省一半以上指标实现度超过90%，共计19项指标。其中有7项指标实现度达100%，主要涉及住房保障制度实施户数比例、义务教育生均事业性经费城乡比例、5岁以下儿童死亡率、孕产妇死亡率、公共卫生和基层卫生支出占财政支出比重、城乡信息化水平和乡镇气象灾害监测设施覆盖率。此外，有9项指标实现度在80%—90%之间；有3项指

标实现度在 70%以下,主要涉及残疾人共享小康工程覆盖率、文化体育与传媒经费占财政支出的比重和农村生活污水处理行政村覆盖率,需要引起高度关注。

二、基本公共服务各领域均等化评价

四大领域全面进步,基本安全服务首位。2014 年,四大领域公共服务均等化发展水平全面提升。实现度从高到低依次为基本安全服务(95.41%)、基本环境服务(91.70%)、基本发展服务(88.03%)和基本生存服务(82.90%)。

(一)基本生存服务

2014 年,全省基本生存服务领域的均等化实现度为 82.90%,比 2010 年提高 20.85 个百分点,是提升最快的领域。实际测算的 8 项指标中,有 3 项指标实现度在 85%以上。其中,劳动合同签订率均衡发展,维持在 95%以上。然而,残疾人共享小康工程覆盖率和社会保险综合参保率等实现度在 80%以下。因此下一步应稳步扩大社会保险人群覆盖面,缩小不同身份人群的社保待遇差距。

(二)基本发展服务

2014 年,全省基本发展服务领域的均等化实现度为 88.03%,比 2010 年提高 17.7 个百分点。在测算的 12 项指标中,有一半以上的指标实现度超过 85%。文化体育与传媒经费占财政支出的比重和教育经费占财政支出比重两项指标实现度在该领域处于较低水平,应不断加大公共财政在基础教育均衡发展的投入以及进一步挖掘农村居民文化消费潜力,加快公共文化体育服务网络升级。

(三)基本环境服务

2014 年,全省基本环境服务领域的均等化实现度为 91.70%,比 2010 年提高 10.28 个百分点,是发展较为均衡的一个领域。实际测算的 11 项指标中,有 8 项指标实现度在 90%以上(含 90%),分别为等级公路通村率和通村公路路面硬化率、城市(县城)生活垃圾无害化处理率、农村生活垃圾集中收集处理行政村覆盖率、农村卫生厕所普及率、农村安全饮用水人口覆盖率、城乡信息化水平(信息化发展指数)、农村村级社区服务中心覆盖率和乡镇气象灾害监测设施覆盖率。

(四)基本安全服务

2014 年,全省基本安全服务领域的均等化实现度为 95.41%,比 2010 年提高 2.91 个百分点,是实现度评价最高的领域,同时也是提升难度系数最大的一个领域。在测算的 4 项指标中,每 10 万人生产事故死亡率这一指标的实现度为 89.66%,下一步应不断健全交通安全体系,改善生产与交通安全状况。

三、各设区市基本公共服务均等化实现度评价

2014 年,11 个设区市基本公共服务均等化实现度都呈较高水平,其中杭州市、宁波市和嘉兴市均超过 90%,已基本实现均等化,同时其他 8 个设区市基本公共服务实现度都为 85%—90%。相比 2010 年,除了杭州和宁波两地实现度水平在 80%以上,其他 9 个设区市实现度均在 80%以下,表明各年间各市实现度水平均小幅提升(见附表 2)。

(一)地区实现度排名

从 2014 年各地市基本公共服务均等化实现度水平排名看,杭州市居首,其次为嘉兴和宁波,其实现度均超过全省平均水平,分别为 93.22%、90.34%和 90.31%。

(二)地区增速排名

从 2010—2014 年各地市基本公共服务均等化实现度的平均增长速度看,呈现"低端快进"的特征,即实现度较低的地区增速较快,其中有 7 个市增速超过全省平均。具体来看,2010 年丽水、温州、台州实现度靠后,2014 年丽水和台州实现度尽管依然靠后,但温州、丽水、台州年平均增速排名前三,温州实现度已跃居全省第四,丽水、台州与全省前列的差距也大大缩小。杭州和宁波实现度一直居于全省前列,但平均增速仅分别居第十一位和第八位。

(三)部分指标存在区域差异化

2014 年,从 11 个市各领域基本公共服务实现度及地区增速看,养老保险参保率、人均文体场地面积、教育经费占财政支出比重、城乡居民人均文化教育娱乐支出差距、农村生活污水处理行政村覆盖率等 5 项指标的实现度在各地市之间差异程度较明显。例如教育经费占财政支出比重这一指标,2010 年和 2014 年温州市实现度分别为 92.83%和 92.95%,基本达到高实现度较均衡发展。相反,舟山市教育经费支出实现度连年在 50%以下,2014 年实现度为 47.55%,属于低实现度较均衡发展。另外,从人均文体场地面积实现度看,宁波市从 2010 年实现 35.6%到 2014 年的 98.69%,属于高实现度非均衡发展;丽水该项指标表现为低实现度非均衡发展,从 2010 年的 23.6%到 2014 年的 49.21%,年平均增速达 20.17%。

附表 1:浙江省基本公共服务各领域均等化实现度

附表 2:浙江省及各市基本公共服务均等化实现度排名

(社会和科技处　王超丽)

附件

附表 1　浙江省基本公共服务各领域均等化实现度

单位：%

领域	指　标		全省总计				
			2010 年	2011 年	2012 年	2013 年	2014 年
基本生存服务	1	劳动合同签订率	95.60	96.60	96.80	96.80	97.00
	2	社会保险综合参保率	57.46	62.29	74.10	70.03	79.01
		养老保险参保率	39.83	44.60	50.54	54.68	58.26
		医疗保险参保率	75.09	79.97	97.66	85.38	99.76
	3	基本医疗保险政策范围内住院费用报销比例	79.71	84.27	85.20	87.14	87.26
		城镇职工医保住院费用报销比例	97.71	98.35	97.88	97.81	98.24
		城镇居民医保住院费用报销比例	61.71	70.19	72.52	76.46	76.29
		新型农村合作医疗住院费用报销比例	—	—	—	—	—
	4	筹资水平占上一年度农民人均纯收入	—	—	—	—	—
	5	社会保障支出占财政支出比重	64.34	75.94	83.00	83.94	84.41
	6	每百名老年居民拥有养老机构床位数	60.00	69.00	72.25	81.50	82.50
	7	残疾人共享小康工程覆盖率	23.11	29.15	34.47	41.20	50.13
	8	住房保障制度实施户数比例	100.00	100.00	100.00	100.00	100.00
		基本生存服务领域实现度	68.60	73.89	77.97	80.09	82.90
基本发展服务	9	义务教育生均事业性经费城乡比例	100.00	99.26	100.00	100.00	100.00
	10	每千人医护人员数	65.50	71.33	76.50	82.17	88.00
	11	5 岁以下儿童死亡率	100.00	100.00	100.00	100.00	100.00
	12	孕产妇死亡率	100.00	100.00	100.00	100.00	100.00
	13	平均预期寿命	96.61	96.76	96.96	97.29	97.61
	14	人均文体场地面积	31.20	48.93	49.66	72.00	78.80

续表

领域	指标		全省总计				
			2010 年	2011 年	2012 年	2013 年	2014 年
基本发展服务	15	小康体育村覆盖率	39.68	50.77	61.85	72.79	84.39
	16	农村(实际)有限电视入户率	79.47	81.59	85.19	88.62	90.74
	17	教育经费占财政支出比重	68.76	71.11	76.70	73.03	72.66
	18	公共卫生和基层卫生支出占财政支出比重	100.00	100.00	100.00	100.00	100.00
	19	文化体育与传媒经费占财政支出的比重	66.80	61.51	62.86	62.25	62.10
	20	城乡居民人均文化教育娱乐支出差距	49.50	47.22	47.03	58.86	82.03
		基本发展服务领域实现度	74.79	77.37	79.73	83.92	88.03
基本环境服务	21	等级公路通村率和通村公路路面硬化率	99.46	99.49	99.58	99.65	99.66
		等级公路通村率	99.48	99.51	99.59	99.66	99.66
		通村公路路面硬化率	99.44	99.48	99.56	99.64	99.66
	22	城市(县城)污水集中处理率	76.06	79.99	82.83	85.23	87.15
	23	城市(县城)生活垃圾无害化处理率	96.32	94.91	97.81	99.32	99.95
	24	农村生活污水处理行政村覆盖率	46.90	55.40	62.50	65.00	65.00
	25	农村生活垃圾集中收集处理行政村覆盖率	86.00	90.00	93.00	95.00	95.00
	26	农村卫生厕所普及率	88.93	90.11	91.45	93.17	94.78
	27	环境质量综合评分	86.08	84.50	85.80	79.70	80.10
	28	农村安全饮用水人口覆盖率	93.29	92.67	93.86	95.68	97.02
	29	城乡信息化水平(信息化发展指数)	92.97	99.92	100.00	100.00	100.00
	30	农村村级社区服务中心覆盖率	68.00	72.80	83.10	87.00	90.00
	31	乡镇气象灾害监测设施覆盖率	80.62	87.29	98.92	100.00	100.00
		基本环境服务领域实现度	83.15	86.10	89.90	90.89	91.70

续　表

领域	指　标		全省总计				
			2010	2011	2012	2013	2014
基本安全服务	32	餐饮食品评价抽验合格率	89.80	90.34	92.62	96.35	96.35
	33	药品评价抽验合格率	98.30	98.90	99.42	99.42	99.42
	34	每10万人生产事故死亡率	86.90	87.65	88.10	88.57	89.66
	35	群众安全感满意率	95.82	96.08	95.93	96.09	96.20
		基本安全服务领域实现度	92.71	93.24	94.02	95.11	95.41
		总实现度	79.81	82.65	85.40	87.50	89.51

附表 2　浙江省及各市基本公共服务均等化实现度排名

实现度(%)							
地区	2010 年	2011 年	2012 年	2013 年	2014 年	实现度排名	增速/%	增速排名
浙江省	79.81	82.65	85.40	87.50	89.51		2.91	
杭州市	85.12	87.67	89.97	92.96	93.22	1	2.30	11
宁波市	80.91	83.78	86.64	88.30	90.31	3	2.79	8
温州市	76.89	80.03	83.69	87.09	89.29	4	3.81	1
嘉兴市	79.75	81.23	83.79	85.37	90.34	2	3.17	4
湖州市	79.92	82.21	85.35	85.97	88.64	6	2.62	9
绍兴市	79.26	82.45	84.03	86.87	88.95	5	2.93	7
金华市	77.85	79.75	82.37	84.58	87.82	9	3.06	5
衢州市	78.45	81.26	83.97	86.80	88.10	7	2.94	6
舟山市	79.49	81.29	83.37	85.30	88.08	8	2.60	10
台州市	76.97	81.02	83.80	84.89	87.27	11	3.19	3
丽水市	75.57	79.86	82.19	84.88	87.53	10	3.74	2

注:社会保险综合参保率、基本医疗保险政策范围内住院费用报销比例、筹资水平占上一年度农民人均纯收入、社会保障支出、住房保障制度实施户数比例、公共卫生和基层卫生支出等指标口径调整及年份缺失,部分数据经推算所得。

市县经济

转型发展阶段宁波经济增长动力研究

本文在分析改革开放以来宁波经济增长动力变迁的基础上，从内外需增长、结构调整、科技创新、新型城镇化和深化改革等方面选取相应指标，建立差分自回归移动平均模型，对“十三五”期间宁波经济增速及经济增长动力进行预测分析，并结合预测结果对新阶段培育宁波经济增长新动力提出政策建议。

改革开放以来，宁波依托得天独厚的港口优势，基本确立了作为我国东南沿海重要港口城市、长三角南翼经济中心的城市地位。1978 年以来，宁波 GDP 年均增速达 13.6%，2014 年人均 GDP 已超过 16000 美元。进入“十二五”以来，国内外环境和发展动力机制发生了重大变化，长期以来支撑宁波发展的体制机制优势和开放型积极优势逐步弱化，2011 年至 2014 年宁波 GDP 年均增速降至 8.4%，明显低于改革开放以来的年均增速。同全国一样，当前和今后一段时间宁波经济处在经济增速换挡期、结构调整阵痛期、前期刺激政策消化期，转型发展成为新阶段的主要特征，经济运行开始呈现新的特征和规律，增长动力也开始转换。如何把握“十三五”时期宁波经济运行的规律和特点，寻找经济增长的新动力，已成为当前亟须研究的重要现实问题。

一、改革开放以来宁波经济发展的阶段划分

分析宁波 30 多年来走过的发展历程，通过产业结构的变动轨迹将宁波经济社会发展大致分为 4 个阶段。

(一)1978—1992 年，经济处于粗放型发展阶段，经济增长的速度和总量得到快速扩张

由于改革开放政策的推行，打破了计划经济体制束缚，给经济社会发展增添了活力。同时宁波作为沿海开放城市，有着优越的地理位置，获得了各种资金和技术，经济快速发展，尤其是第二产业的发展势头迅猛。在这期间，经济增长率达年均 14.5%，经济总量从 20 个亿上升到 200 个亿，一、二、三次产业比重也由 32 ∶ 48 ∶ 20 转变成 17 ∶ 60 ∶ 23。第一产业比重下降到只有原来的一半，第二产业比重有了大幅度提升，达 60%。这一阶段属于工业化前期阶段，农业经济比重下降，第二产业比重上升很快，逐步占据主体地位。

(二)1993—2005 年,经济处于加快发展阶段

自 1992 年“邓小平南方谈话”以后,经济潜能得到进一步释放,港口的开发建设,科技园区的吸引外资,进一步带动了宁波经济发展。在这阶段,经济增长率达年均 15%,经济总量从 200 个亿上升到 2400 个亿,一、二、三次产业比重也由 17∶60∶23 转变成 5∶55∶40。第一产业比重继续下降,第二产业比重也略有下降,而第三产业比重大幅度提升。这一阶段属于工业化中后期阶段,第二产业继续发展,但其比重开始缓慢下降,第三产业比重不断上升。

(三)2006—2010 年,经济处于向集约化增长方式过渡阶段

企业加大自主创新投入,经济增长从“数量”的增加往“质量”的提高方向进行转变。党的十七大提出了要“转变经济发展方式”,经济增长由主要依靠增加物质资源消耗向主要依靠科技进步、劳动者素质提高、管理创新转变。在这阶段,经济增长率也达到了年均 12%,经济总量从 2400 个亿上升到 5000 个亿,一、二、三次产业比重也相对稳定。第一产业比重继续降低,从 2000 年的 8.2%降低到 2006 年的 4.8%;这一阶段也属于工业化中后期阶段,并努力向工业化高级阶段转变的时期,第二产业比重由 2000 年的 55.6%缓慢下降到 2006 年的 55%;第三产业比重稳步上升,由 2000 年的 36.2%提高到 2006 年的 40.2%。

(四)2011 年以来,宁波经济处于转型发展期

进入“十二五”以来,在国内外环境发生深刻变化、面临风险和挑战增多的背景下,外需拉动乏力,工业增速明显回落,资源环境约束明显增强,经济发展速度放慢,2011—2014 年年均增长仅 8.4%,明显低于改革开放以来的平均增速。对比 2006 年和 2014 年宁波与各副省级城市经济总量、财政收入、投资、外贸等主要总量指标排名变化情况,总体呈下降态势:地区生产总值在 2006 年达到最高的第 5 位之后逐年回落,2014 年落至第 9 位;地方公共财政预算收入由 2006 年的第 4 位落至 2014 年的第 8 位;固定资产投资由 2006 年的第 5 位滑落至 2014 年的第 11 位;进出口总额排名深圳、广州之后,居第 3 位,保持了外贸大市的地位。与其他副省级城市相比,宁波除了外贸仍保有优势之外,经济总量、财政收入、投资等已无优势可言,粗放型经济增长模式难以为继,经济发展的主要动力转换异常迫切,宁波经济已进入新常态下的转型发展期。

二、转型发展阶段宁波经济增长的动力来源

(一)需求动力由外需驱动转向主要依靠内外需求共同驱动

宁波经济外向性特征明显,长期以来对外开放是经济增长的重要动力,2008 年国际金融危机爆发后,宁波对外贸易明显回落,1985 年以来宁波市外

贸进出口年均增长 37.5%，而“十二五”以来年均增长仅 6%；2012 年以来按支出法测算的货物和服务净流出均为负增长，外需对宁波经济增长的驱动作用显著降低。但开放型经济依然是宁波发展的重要支撑，“十二五”初期外贸依存度仍然超过 100%，近几年虽有所下降，但 2014 年仍高达 84.5%，外贸自营进出口总额也于“十二五”期间突破千亿美元，2011—2014 年累计实际利用外资 111.2 亿美元。宁波处于海上丝绸之路和长江流域经济带交汇处，国家实施“一带一路”战略，有利于宁波发挥港口和开放优势，在更广领域、更高层次上参与国际竞争与合作，“十二五”以来累计新批境外企业和机构 691 家，核准境外中方投资 49.3 亿美元，境外投资遍及五大洲 106 个国家和地区。同时，宁波经济的产业门类齐全、产品丰富，企业适应市场竞争的能力强，当前国家已经将“构建扩大内需长效机制，促进经济增长向依靠消费、投资、出口协调拉动转变”作为重大发展战略。尤其是把扩大消费需求作为扩大内需的战略重点。2011—2014 年社会消费品零售总额、固定资产投资年均分别增长 15.1% 和 18.3%，消费增速与“十一五”期间基本接近，而投资增速与“十一五”期间年均 9.9%的平均增速相比高了 8.4 个百分点，从消费和投资对经济增长点贡献看，也呈稳中有升态势。经济增长的内外需求共同驱动态势将在今后几年逐步形成。

（二）产业增长动力由产业规模扩张转向结构调整

改革开放以来，宁波经济增长主要依靠产业规模的扩张，长期积累的一些结构性、素质性问题仍未得到根本解决。从产业结构看，工业大而不强，传统产业竞争优势逐渐弱化，新兴产业竞争优势仍未确立。2014 年全市高新技术产业、战略性新兴产业增加值增速均低于全部规模以上工业增速，在全省 11 个地市中排名靠后；全年规模以上工业电子信息制造业增加值 243.9 亿元，占全部规上工业增加值的比重为 9.6%，同比增长 4.7%，低于全省平均水平 3.5 个百分点，与杭州 14.3% 的占比、16.2% 的增速更是相去甚远。服务业占 GDP 比重虽然由 2010 年的 40.6%提高到 2014 年的 44.1%，但仍低于全国、全省平均水平，同时宁波市服务业还是以批发零售业、交通运输业等传统行业为主，信息、科技、商务等新兴服务业比重不高。这些结构性矛盾制约了经济的增长，因此宁波以优化产业结构推动经济增长的空间依然很大。第三次工业革命和工业 4.0 等正悄然发生，新材料、新能源、生物医药等新兴产业蓬勃发展；大数据、互联网、信息化等催生了新产业、新经济、新业态、新模式。科技创新和产业变革向纵深推进，将为宁波集聚国内外创新要素和资源、发展战略性新兴产业带来重大战略机遇，有利于推进新经济增长极形成。

（三）要素动力由物质投入转向科技创新

近年来，宁波转变经济发展方式取得积极进展，但主要依赖资源要素投入的以高投入、高排放、低效益为特征的传统的粗放型增长模式还没有改变，水质、大气、土壤等环节污染较为严重，生态环境问题日益突出。在要素约束趋紧、科技革命深入发展的背景下，创新已成为经济发展的第一驱动力，也成为国内外主要经济体的战略抉择。推进经济发展由主要依靠增加物质资源消耗向主要依靠科技进步、劳动者素质提高、管理创新转变。坚持实施创新驱动发展战略，集聚创新机构、创新人才、创新企业，促进创新成果向现实生产力转化，不断提高科技创新、产业创新、文化创新对经济发展的贡献率。2014 年全市研究与试验发展经费支出占 GDP 比重提高到 2.31%，高等教育毛入学率达 57%，各类人才资源总量达 167.8 万人，年末全市专利授权量达 43286 件，位居副省级城市首位，经济发展的创新驱动模式已有雏形。

（四）城乡动力由传统城镇化转向以人为本的城乡一体化发展

近年来，宁波城镇化进程加快推进。2014 年以常住人口计算的城镇化率已达 70.3%，但城镇化进程仍然存在诸多问题，主要表现为大量在城镇居住的农业转移人口仅实现了地域转移和职业转换，户籍人口城镇化率仅 37%，既没有完全实现在城镇落户，更没有实现地位的转变，社会保障制度不尽完善，基本公共服务均等化还有不少提升的空间，城乡区域间的公共服务水平差距较大。“十三五”时期国家将深入推进新型城市化，力促 3 个“一亿”人口落户城镇，并在农业转移人口市民化、投融资体制改革、社会保障体制创新等领域推出一系列重大举措。宁波作为国家新型城市化综合改革试点城市，国家实施新型城镇化战略不仅创造大量新的投资需求，而且也将极大地带动宁波消费需求，成为拉动经济增长的新引擎。要抓住国家户籍制度改革等契机，推进以人为本的新型城镇化建设，推进城乡二元结构向城乡一体发展的根本性转变。

（五）体制动力由政府主导转向市场决定

改革开放以来，我国逐步形成以政府为主导、以市场为基础、以资本积累与对外出口为主动力的增长模式，这一增长模式不断累积着矛盾。宁波市体制改革总体上走在全国全省前列，但一些重点领域和关键环节改革仍未到位，制约发展方式转变的深层次体制障碍仍然存在。宁波民营经济和县域经济发达，随着中央到地方一系列简政放权措施的实施，资源配置的主导权逐渐回归市场，2013 年宁波民营经济增加值占全市 GDP 的比重为 66.6%，与 2008 年相比，比重提高了 4.2 个百分点。“十三五”时期是我国全面深化改革的关键时期，国家将在行政体制、经济体制、社会体制、生态体制等领域，继续推出一系列事关长远发展的重大改革举措，改革创新将贯穿于经济社会发展全过程，这将有利于进一步激发宁波改革的动力，破除约束经济发展的体制弊端，再创经济体制新优势，增强经济发展动力活力。

三、“十三五”宁波经济增长动力的定量预测与分析

通过对新时期宁波经济增长动力转换的分析，“十三五”时期，内外需协调拉动、结构调整、科技创新、新型城镇化和深化改革将成为新的动力来源。我们选取能够反映“十三五”时期宁波经济增长动力的相关指标，通过自回归差分移动平均模型预测，对转型发展阶段宁波经济增长动力进行预测和分析。

（一）指标选取和数据收集

根据“十三五”时期宁波经济增长动力的转换分析，我们选取了反映内外需求、结构调整、科技创新、区域协调发展、新型城镇化和深化改革的核心指标，对新阶段宁波经济增长动力进行量化分析，指标选取如下：

表 1　模型指标

<table>
<tr><th>层面</th><th>增长动力</th><th>核心指标</th><th>代码</th><th>单位</th></tr>
<tr><td rowspan="14">输入层</td><td rowspan="3">内外需求</td><td>社会消费品零售总额增长率</td><td>N1</td><td>%</td></tr>
<tr><td>固定资产投资增长率</td><td>N2</td><td>%</td></tr>
<tr><td>外贸依存度</td><td>N3</td><td>%</td></tr>
<tr><td rowspan="3">结构调整</td><td>服务业占 GDP 比重</td><td>N4</td><td>%</td></tr>
<tr><td>居民消费占 GDP 比重</td><td>N5</td><td>%</td></tr>
<tr><td>高新技术产业占规上工业增加值比重</td><td>N6</td><td>%</td></tr>
<tr><td rowspan="3">科技创新</td><td>R&D 经费投入占 GDP 比重</td><td>N7</td><td>%</td></tr>
<tr><td>发明专利授权量增速</td><td>N8</td><td>%</td></tr>
<tr><td>全员劳动生产率</td><td>N9</td><td>万元/人</td></tr>
<tr><td rowspan="2">新型城镇化</td><td>常住人口城镇化率</td><td>N10</td><td>%</td></tr>
<tr><td>城镇化质量系数</td><td>N11</td><td>%</td></tr>
<tr><td rowspan="3">深化改革</td><td>机关事业单位从业人员占城镇单位从业人员比重</td><td>N12</td><td>%</td></tr>
<tr><td>民间投资占全部投资比重</td><td>N13</td><td>%</td></tr>
<tr><td>民营经济占 GDP 比重</td><td>N14</td><td>%</td></tr>
<tr><td>输出层</td><td>经济增长</td><td>GDP 增长率</td><td>GDP</td><td>%</td></tr>
</table>

根据模型变量选取结果，结合数据可获得性，搜集了 15 个反映宁波经济增长以及增长动力的核心指标。考虑到经济增长受到近期因素影响较大，以及宁波所处的经济周期阶段，时间序列的跨度设定为 2005—2014 年，数据来源于《宁波统计年鉴》及相关统计调查制度，个别指标部分年份数据因为口径调整造成数据空缺，适当进行了插补。

(二)预测结果及分析

通过运算处理及结果判断，ARIMA 模型的参数选取为(1.1.1)。从模型统计变量看，模型回归的效果较好，R—squared 为 0.829，异常值的数量为 0。从预测结果看，“十三五”时期，宁波经济增长的长期趋势仍然将会较为平稳，增长区间下移到 10%以内，2015 年增长 7.4%左右；2016—2020 年增速区间可能位于 6.9%—7.3%，呈现稳中略降的特点，但不会出现大起大落，总体仍将位于“合理区间”。

采用上述方法对反映内外需求、结构调整、科技创新、新型城镇化和深化改革等经济发展动力的核心指标进行预测分析，根据模型输出结果，结合上述指标 2005 年以来走势变动情况，宁波经济增长动力预测变动结果为：

一是内外需协调拉动将成为经济增长的主要支撑。2011 年以来，宁波最终需求和资本形成总额增势平稳，占 GDP 的比重稳中有升，对经济增长点贡献逐步增强，从模型回归结果看，未来 5 年宁波社会消费品零售总额增速可能维持在 11%—13%之间；固定资产投资增速虽然从 18%左右的高位回落到 15%以下，但仍将保持较快增长，增长区间可能维持在 13%—15%。对外贸易虽然受到外需疲软影响，出口增速下滑，但从预测情况看，“十三五”期间宁波市外贸依存度仍将保持在 75%以上，外向型经济仍是宁波发展的重要支撑，内外需求的拉动将更趋于协调。

二是结构调整对经济增长的促进作用将逐步提升。从预测结果看，“十三五”时期宁波经济结构优化趋势明显，对经济增长的支撑力将逐步显现。从服务业增加值占 GDP 比重看，未来几年宁波服务业占 GDP 比重将保持稳步提升态势，2020 年将接近 50%。从居民消费占 GDP 比重看，宁波居民消费占 GDP 比重也将保持稳步提升态势，预计“十三五”末达到 32.8%。工业内部结构也趋于优化，高新技术产业将呈现较快增长，其占 GDP 的比重将呈现明显的提升态势，2020 年有望超过 40%。

三是科技创新对经济增长的驱动力将显著增强。从预测结果看，“十三五”时期宁波科研投入的强度将不断提高，科技对经济增长的贡献率显著提高。2020 年，宁波 R&D 经费投入占 GDP 比重将达到 2.8%，比 2014 年将提高0.5个百分点。从发明专利授权量增速情况看，未来几年宁波发明专利授权量仍将保持较高增速，年均增速预测在20%以上。在创新驱动下，经济运行效率将稳步提高，预计2020年全员劳动生产率将比2014年提高37%。

四是新型城镇化对经济增长的新引擎作用将充分发挥。未来几年是宁波加快新型城镇化发展的关键时期，城乡一体化加快发展将成为经济增长的新引擎。从预测结果看，未来几年宁波城镇化水平将持续提升，2020年将达72.4%的水平，将比2014年提高1.4个百分点左右。由户籍人口城镇化率与常住人口城镇化率之比计算的城镇化质量系数也将保持稳步提升，预计2020年宁波城镇化质量系数将达55%，城市中“半城镇化”的人口将逐步实现市民化，为经济增长提供稳定动力。

五是深化改革对经济增长的红利将不断释放。从反映改革创新的主要核心指标预测情况看，宁波深化改革将取得明显成效，改革将成为经济增长的“最大红利”。从民间投资占全部投资的比重看，随着民营资本准入门槛放低，2020年宁波民间投资占GDP比重将超过55%，成为推动经济增长的重要动力。从民营经济占GDP的比重看，随着国家促进民营经济发展各项政策措施的落实，预计2020年宁波民营经济占GDP的比重将突破71%，比2014年提高4个百分点。从机关事业单位从业人员占城镇单位从业人员比重预测看，2020年该指标将下降到14.5%左右。

四、促进宁波经济增长动力转型升级的对策建议

“十三五”时期，宁波要围绕协调内外需求、结构优化、科技创新、城乡一体化发展、发挥市场决定性作用等方面培育经济新增长点，实现经济发展的新跨越。

(一)扩大内需的同时主动融入国家“一带一路”战略，经济增长动力立足于内外需协调发展

要抢抓国家“一带一路”战略契机，充分发挥港口优势、开放优势和海洋经济优势，把宁波建设成为“两带一路”建设的重要节点城市、全方位开放门户区和网上丝绸之路试点城市，打造辐射长三角，影响华东片的港口经济圈，全方位提升宁波对内外开放的战略地位。同时，考虑到“十三五”时期内外发展环境的变化，宁波经济增长不能单纯依靠外需，扩大内需特别是消费需求，对于经济增长的支撑作用就显得尤为重要。一是下大力气扩大居民消费需求，建立居民收入和消费与经济同步增长的联动机制，进一步完善社会保障制度，增加财政对低收入群体的转移支付。扩大服务消费，重点发展养老、健康、旅游、文化等服务。要促进信息消费，鼓励电子商务创新发展。二是要发挥好投资

的关键作用，积极增加有效投入，大力优化投资结构。发挥好政府投资的引导带动作用，进一步突出重点，加大民生领域投入。切实落实好“民间投资 36 条”，明确和细化鼓励民间投资的各项政策措施，为民间投资创造更多发展机遇、营造更大发展空间，充分释放民间投资潜力，实现民间投资与公共投资的互动协调。

（二）推动产业发展向高端迈进，经济增长动力立足于结构优化

一是抓住第三次工业革命带来的新契机，顺应全球新产业革命的发展趋势，推动科技、生产方式、产业组织、管理模式的创新，推动战略性新兴产业发展。二是促使传统工业从“规模扩张”向“优化提升”转变，适度控制规模，择优发展为结构优化和内涵提升创造空间，以信息化与工业化的融合及跨界协同创新为重点，推动传统工业转型升级。三是以推进国家服务业综合改革试点、国家电子商务示范城市和国家跨境电子商务试点城市等为重要契机，加快生产性服务业创新发展；围绕满足人民群众多层次、多样化需求，大力发展生活性服务业，推进服务业跨越式发展。以培育壮大战略性新兴产业来调“高”，以改造提升传统产业来调“优”，以加快发展现代服务业来调“轻”，加快产业转型升级，构建现代产业体系。

（三）实施创新驱动发展战略，经济增长动力立足于科技创新和人力资本素质提高

紧紧把握新产业革命的发展趋势，以完善创新服务体系、提高创新发展能力为核心，以发展创新型经济，提升城市核心竞争力为主攻方向，建立以企业为主体、市场为导向、产学研相结合的技术创新体系，充分释放科技创新潜力，不断凸显创新驱动的倍增效应。突出企业创新主体地位，建立健全企业主导产业技术研发创新的体制机制，着力将创新资源引入企业，将研发机构建在企业，将科技服务覆盖到企业，将创新政策落实到企业，鼓励企业加大研发投入和人才储备。围绕产业链部署创新链，围绕创新链完善资金链，推动创新成果产业化和商品化，促进科技与经济紧密结合。全面提高劳动者素质，开发、培育和创造“新人口红利”。

（四）推进新型城镇化建设，经济增长动力立足于城乡发展一体化

以新型城市化为主导，着力优化城乡区域空间布局，着力完善城乡基础设施，努力构建功能定位清晰、要素配置均衡、空间集约集聚、人与自然和谐相处的城乡区域发展新格局，积极稳妥推进以人为核心的新型城镇化和城乡发展一体化。要把促进符合条件的农业转移人口市民化作为推进新型城镇化的重点，通过统筹推进户籍制度改革与逐步实现城乡公共服务均等化，把有能力、

有意愿、长期在城镇就业的农民工及其家属逐步转为城镇居民，使在城镇就业居住但未落户的城镇常住人口能够享受城镇基本公共服务，加快推进农民市民化进程，实现发展成果的城乡共享。

（五）激发发展活力和动力，经济增长动力立足于深化改革

要实现经济的持续健康发展，就要使市场在资源配置中起决定性作用，正确处理好政府与市场的关系，放开、用活市场这只看不见的手，更好发挥政府作用，管住、用好政府这只看得见的手，充分释放体制机制创新红利。充分发挥宁波民营经济发展优势，鼓励发展混合所有制经济，以混合所有制推进国有企业改革，强化经济体制改革的牵引作用。围绕转变职能和理顺职责关系，制定并公开各部门行政审批事项清单，逐步建立政府及其工作部门权力清单制度，依法公开权力运行流程，接受社会监督。进一步简政放权，最大限度减少行政审批事项、环节和前置条件。落实“非禁即入”原则，激发民间投资活力。

（宁波市统计局）

把握新消费机遇　促进温州服务业发展

“十二五”以来，温州服务业发展优势比较明显，已经成为国民经济的第一大产业。“十三五”时期，温州将进入全面建成小康社会的关键时期，经济社会发展呈现出更多依靠消费引领、服务驱动的新特征。最近，国务院要求积极发挥新消费引领作用，加快培育形成新供给、新动力，实现经济提质增效。新消费是指以传统消费提质升级、新兴消费蓬勃兴起为主要内容，同时催生相关产业发展、科技创新、基础设施建设和公共服务等领域的新投资、新供给，这些领域蕴藏着巨大发展潜力和空间。温州作为浙江省人口大市、消费大市，要抢抓机遇，多措并举加快培育新消费，形成新的发展动力，促进服务业发展。

一、发挥新消费作用的政策背景

（一）我国经济进入消费引领、服务驱动的新阶段

根据各国发展经验，人均GDP超过1万国际元和人口比重最高年龄段在46岁左右时，一国将进入消费快速升级期和消费支出的高峰期。2014年我国人均GDP约合1.1万国际元，未来10年还将迎来45—49岁人口的高峰期，决定了我国将迎来消费对经济增长拉动作用明显提升的关键时期。2010—2014年，我国最终消费支出占GDP比重（消费率），分别为49.1%、50.2%、50.8%、51.0%、51.4%，出现逐年提升的态势，而投资率从2010年的47.2%逐年下降到2014年的45.9%。据分析，投资对经济拉动作用将逐年减弱，消费拉动作用增强，这是必然的趋势。

（二）提高居民的消费水平是全面建设小康社会的需要

到2020年，我国将全面建成小康社会。更好地满足居民的消费需求，使发展成果更多体现为人民生活质量的提高和国民福利的改善，这是建设小康社会的根本要求。同时以消费升级引领产业升级，可以最大限度地提高投资和创新的有效性，实现更有质量的增长。

（三）国家高度重视消费对经济拉动作用

我国“十三五”规划纲要指出：发挥消费对增长的基础作用，着力扩大居民消费，引导消费朝着智能、绿色、健康、安全方向转变，以扩大服务消费为重点带动消费结构升级。11月23日，国务院（国发〔2015〕66号）印发《关于积极发

挥新消费引领作用加快培育形成新供给新动力的指导意见》指出“我国已进入消费需求持续增长、消费结构加快升级、消费拉动经济作用明显增强的重要阶段”,“更好发挥新消费引领作用,加快培育形成经济发展新供给新动力”。11月22日,国务院办公厅(国办发〔2015〕85号)印发《关于加快发展生活性服务业促进消费结构升级的指导意见》指出:“加快发展生活性服务业,是推动经济增长动力转换的重要途径。”

二、温州服务业在国民经济中的地位与作用

服务业(统计上为第三产业,下同)发展水平是衡量一个国家、地区和城市经济发展程度的重要标志。从发达国家的经济发展规律看,当一国经济进入工业化中后期,服务业在国民经济中的地位和作用将更加突出。当前,全国、全省和温州经济均进入“三二一”结构,第三产业对国民经济贡献最大。据温州第三次经济普查资料,全市法人单位14.16万家,其中第三产业7.44万家,达到52.5%。在全市52.77万家个体企业中,第三产业单位比重达到75.6%。从温州连续开展的三次经济普查看,第三产业单位数呈现明显上升态势,可见第三产业在温州经济发展中具有比较优势和潜在优势。

(一)服务业对国民经济的支撑力明显增强

进入新世纪以来,温州第三产业伴随着工业化的快速推进,取得了持续稳定发展,占国民经济的比重稳步上升。从2011年开始,温州第三产业比重超过了工业,进入服务经济占主导的工业化中后期。2013年,温州第三产业比重超过了第二产业,最终实现了从“二三一”向“三二一”结构的历史性跨越,2014年温州第三产业比重首次超过50%,达50.1%。2014年温州第三产业占GDP比重比2010年提高了4.5个百分点,平均每年提高1.12个百分点。同期工业经济占GDP比重从2010年的46.0%下降到2014年的39.7%,下降了6.3个百分点,平均每年下降1.58个百分点。第三产业在国民经济中地位日趋突出,形成了继工业经济后的国民经济的重要推动力。

(二)服务业比重居全省前列

2014年,温州第三产业增加值2155.41亿元,占GDP比重50.1%,仅次于杭州,居全省第二位,分别高出甬绍嘉台金等市6.0、6.5、8.5、3.1、1.4个百分点。2014年第三产业对GDP贡献率为40.1%,是拉动GDP增长的主要因素。据近年来省统计局对各市第三产业发展水平监测结果,温州第三产业发展综合评价居全省前三位,与杭州、宁波构成全省第一梯队,在全省处于领先地位。这一评估结果也明显好于对温州科技发展水平、社会发展水平等方面的评价,基本切合温州发展的客观实际和现实水平。

（三）服务业是温州增加就业机会最多的产业

服务业是国民经济发展投入少、吸纳劳动力多的产业。从 20 世纪 90 年代以来温州 GDP 增长情况分析，温州 GDP 每增长 1%，增加就业机会 949 人次，其中第一产业每增长 1%，可减少农业劳动力 5759 人；第二产业每增长 1%，可增加就业机会 436 人次，第三产业每增长 1%，可增加就业机会 1001 人次。从第三次经济普查情况看，温州第三产业从业人员 197.83 万人，占全部从业人员比重 41.4%，低于第二产业比重 5.7 个百分点。从第二、第三次经济普查情况比较看，第三产业新增劳动力 68.56 万人，占全部新增数的 55.3%，第三产业发展对扩大社会就业的积极作用十分明显。

（四）服务业成为投资主要方向

由于服务业在国民经济中比重不断提升，带动了服务业投资。2014 年全市第三产业投资 2208.05 亿元，占全部固定资产投资比重 72.3%，比 2010 年提高 7 个百分点。据分析，温州第三产业投资在政府和国有投资层面主要是公共服务领域投资，在民营企业层面，涉及房地产、商业等领域投资，部分民营企业逐步向旅游观光、教育、健康、文化、养老、信息等新消费领域投资。

（五）服务业是充满活力和最具发展潜力的产业

温州领先发展的民营经济，在服务业领域表现得比较充分。据统计，在第三产业的十四大行业中，除金融业、电信业、公共服务业等行业外，基本上属于民营经济。随着经济体制改革的进一步深化，第三产业的市场准入限制将在多数领域解禁，为第三产业提供了新的市场空间，民营经济在第三产业领域中发展更具潜力，改革释放的红利更加明显。人民生活水平的提高，消费升级的加快，新消费的进一步培育和兴起，为服务业发展提供了广阔的空间。

三、当前温州服务业发展存在的困难和问题

（一）新消费领域培育不足

从温州服务业经济结构看，2014 年，占服务业增加值比重前三位的行业分别为批发零售业、房地产业、金融业，分别占总量的 27.7%、12.8%、8.7%，2015 年前三季度三大行业分别增长 10.6%、7.6%、17.0%，对服务业增长贡献率为 37.2%。从增长的可持续性分析看，批零业受到石油等工业品价格持续下滑和汽车市场相对饱和等影响，房地产业受制于宏观经济环境和需求不足、供地等因素影响，金融业在今年实现不良贷款余额和不良贷款率“双降”后风险犹存，存贷款增速仍处低位，今年的高增长很大程度得益于证券市场不可长期持续的高增长。同时温州信息消费、健康消费、文化消费、绿色消费、时尚消费等新消费仍然不足。因此，在可预见的一段时期内，温州服务业增长将存

在一定的不确定性。

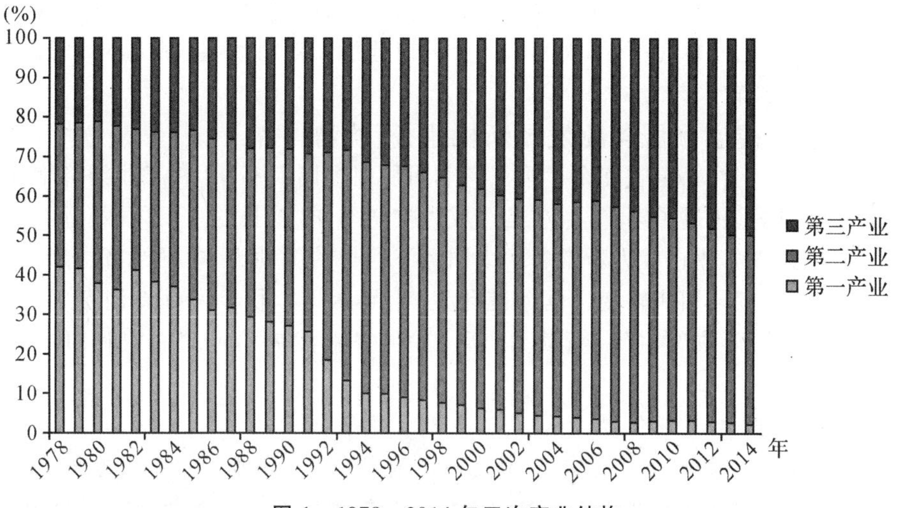

图 1　1978—2014 年三次产业结构

（二）服务业发展速度相对滞后

温州服务业发展速度与省内城市差距较大，服务业经济总量不占优势。2014 年，温州服务业增加值只相当于杭州、宁波的 42.4%、64.3%。2015 年前三季度，温州 9.4%的服务业增加值增速，分别比杭州、宁波低 6.6、1.2 个百分点。当前杭州市推行“发展信息经济、推广智慧应用”的“一号工程”，实际上就是打造以服务业为支撑的经济增长体系；宁波明确围绕港航贸易建立现代服务业体系的思路；温州服务业工作机制、发展政策等尚不够完善。

（三）服务业缺乏新增长动力

从省内先进城市看，由阿里巴巴、淘宝、天猫等组成的“阿里系”已经成为杭州、全省乃至全国的一个互联网经济发展中心；宁波基于港口优势创造的贸易、跨境电商、物流、仓储等服务业产业优势明显；而温州服务业以批零、房地产等传统行业为主，缺乏明显的新增长动力。2015 年前三季度，在代表“互联网＋”等新经济业态的互联网和软件信息服务业，温州该行业规上企业实现营业收入仅相当于杭州的 0.3%，宁波的 17.4%。

（四）服务业发展要素制约较为明显

服务业产业基础方面，温州传统产业“低小散”的局面较大程度上抑制了服务业创新土壤，成为制约温州服务业发展的第一要素。城市化方面，2014 年，温州户籍总人口 813.7 万人，而其中非农人口仅占 21.7%，城市化水平不高弱化了城市功能，导致服务业有效需求不足，限制了服务业发展空间。人才支撑方面，温州科技信息、现代物流、金融投资等方面高层次专业人才短缺，本地人才培养能力相对不足，外来人才受城市建设相对滞后、生活成本高等因素影响，流动性较大。

四、把握温州服务业发展新机遇、新优势

近年来，全国、全省和全市第三产业明显超过同期 GDP 和工业经济增速，第三产业比重超过了第二产业，已经成为拉动 GDP 增长的主要因素。国家统计局认为，服务业将成为新常态下中国经济增长的新动力，中国经济由工业主导向服务业主导加快转变。国务院印发《指导意见》，积极发挥新消费引导作用，加快培育形成新供给、新动力，新一轮服务业发展将迎来新机遇，取得新优势。

(一)发挥制造业优势，打造先进生产性服务业

制造业是温州“立市之本”，市委市政府把电气、鞋业、服装、汽摩配、泵阀作为温州五大支柱产业予以培育提升。一是发展生产性服务业。2015 年前三季度温州规上商务服务业、科技服务业企业实现营业收入已占规上服务业(不含批零、房地产开发业)总量的 15.3%，要大力发展基于制造业转型升级的研发设计服务、检验检测服务、供应链管理服务、节能环保服务、会展、专业中介服务、培训教育服务等生产性服务业，促进先进制造业与现代服务业的融合发展。二是大力发展网络经济。1—10 月限上批零单位通过网络实现的商品零售额比上年同期增长 65.7%。要基于温州特有的轻工制造业等产业和产品优势，发展电子商务，改造生产销售流程，实现从电子商务到物流配送再到生产定制，走出一条不同于杭州消费互联网电商模式的网络经济发展之路。三是发展与制造业相关的航运物流、金融等产业。借助浙南闽东交通枢纽优势，突出温州港建设发展，推进基于信息化管理的现代物流园区和货运站场建设，发展航运物流业。充分发挥温州民间资本雄厚和银行等金融机构繁荣等优势，以金融综合改革为契机，争取更大金融管理权限，拓展民间资本进入金融领域渠道。

(二)发挥人口大市优势，打造现代商贸业

2014 年温州商贸业增加值占 GDP 比重已达 17.7%，比全省高 3.3 个百分点。作为浙江省人口最多的城市，温州居民消费能力和水平又长期保持高位，同时又兼具浙南闽东区域中心城市的区位优势，现代商贸业是温州服务业经济发展中不可或缺的一环。一是加快培育商贸新业态。积极探索贸易全程便利化措施，引进国内外新型商贸业态和经营模式。大力推广和应用基于信

息技术的“智能商店”和“数字商业”。2015 年前三季度温州连锁批零结合型企业商品销售额占限上比重已达 4.5%。要鼓励发展大规模、跨地区的连锁批零结合型企业,创新发展批发零售业。二是培育新的消费增长点。创新产品、服务供给,大力发展信息消费,培育新型消费业态。促进中高收入群体在教育、娱乐、旅游、保健及个人投资理财咨询和家庭服务业等方面的消费。扩大消费信贷,开发高档耐用消费品、教育、旅游等信用消费产品。三是改善消费预期。缩小垄断行业与其他行业人员不合理的收入差距。加大医疗、教育等各项社会保障,消除消费者的后顾之忧,改善消费预期。

(三)发挥资源禀赋优势,打造大旅游产业

温州依山靠海,风景独特,具有丰富的旅游资源,温州景区面积占全市面积的 1/5。据初步测算,2014 年温州旅游产业增加值占 GDP 比重已达 6.9%,比全省平均水平高 0.5 个百分点。打造大旅游产业,一是基于传统旅游景区资源的改造提升。推进“五彩旅游”“十大景区”建设,实施创意旅游,加强交通、住宿等基础设施建设,推进浙皖闽赣国家东部生态旅游实验区创建,使温州真正成为国内外知名的具有良好品质的旅游目的地。二是打造基于现代旅游休闲的游乐项目。2015 年前三季度温州规上游乐园等娱乐业企业实现营业收入已占全省的 22.5%,在开发自然旅游资源基础上,打造一批具有国际先进水平的游乐场所、展览场馆等旅游设施项目,以大旅游项目带动温州旅游业大发展。三是发展多元化旅游产业。积极推进运动休闲、研学购物、商务会展等旅游新兴业态,承办国际知名的演出、节庆和赛事活动,积极发展文化体育旅游。

(四)发挥医疗资源优势,打造区域性医疗保健服务业中心

2014 年温州卫生保障业实现增加值占 GDP 比重为 2.2%,比全省高 0.6 个百分点。一是要依托温州医科大学和附属医院医学研究、临床诊疗优势,探索发展高端医疗服务。大力发展具有市场潜力、体现差异化服务的医疗保健服务业,打造辐射浙南闽东的区域性医疗保健服务业中心。引进优质医疗资源,建设一批具有国内外先进水平的高端医疗服务机构。支持社会资本举办护理康复、个性化健康检测评估、健康保健咨询、数字医疗等高端医疗服务机构。二是鼓励社会资本办医。民营医院发展较快,2014 年温州民营医院达 82 家,占全市医院总数的 63.6%。要发挥全国首个社会资本办医试点城市优势,鼓励在基本医疗服务体系中医疗资源相对薄弱的区域和专科引入社会资本,支持社会资本参与公立医疗机构改制。三是深化全国养老服务业综合改革试点。健全健康养老服务体系,结合良好自然条件和丰富旅游资源,发展养老养

生服务业。

五、营造富有竞争力的现代服务业发展格局

在谋划“十三五”规划的关键节点，应立足温州服务业发展优势，挖掘服务业新增长点，以创新思维打造温州特色现代服务业经济体系。

(一)将服务业提升至发展战略层面的位置

在“十三五”时期，温州服务业比重将提高到55%左右，超过工业经济比重20个百分点左右，服务业经济主导作用将更为突出。温州要充分认识服务业经济在国民经济中的重要性，高度重视服务业发展，建议成立高规格的服务业领导协调机构，将服务业提升至发展战略层面位置，统筹全市服务业发展，打破当前服务业发展部门“各自为政”的局面。要进一步完善服务业发展规划，增强服务业经济管理引导能力。在县(市、区)考绩考核中，要服务业发展考绩分数，充分发挥考绩“指挥棒”作用。在重点镇(街)，要注重引导培育服务业，加快提高服务业的比重。

(二)顺应消费升级培育新消费

当前温州传统服务业比重较高，新消费有待进一步发展，要紧紧把握消费升级的规律，培育形成新供给、新动力。结合温州实际，要在健康消费、文化消费、信息消费、旅游消费、时尚消费和养老消费等六大领域中挖掘新的潜力。要通过培育和引进新消费产业，进一步增强温州服务业发展后劲。

(三)加快形成现代服务业产业体系

要加快建立完善与浙南闽东中心城市相配套、与本地优势工业发展相融合、与创新驱动发展相适应的现代服务业经济体系。打造温州产城融合的主要突破口、转型升级的战略增长点，为深入实施“五化战略”，全面赶超发展、建设小康社会提供战略支撑。

(四)加快推进发展服务业的制度创新

培育发展新动力，制度建设是关键。针对部分服务业和新兴产业有效供给不足、重要消费群体消费潜力释放不够问题，需要破除机制体制障碍。要改变过去在要素保障和政策支持方面重工业、轻服务业，把服务业作为工业附属配套地位的传统思维，要遵循服务业发展规律，创新服务业发展组织方式和管理模式，实施“一行一策”“一企一策”的支持方式。同时，在服务业新兴领域，政府要更好发挥培育市场、打造服务业发展平台和生态环境的功能。借助温商回归，发挥企业家、创业者在现代服务业发展中的核心作用。

(五)以服务业集聚区建设优化产业生态

产业集聚化是现代服务业发展的必然规律和客观要求。温州目前10个

省级服务业集聚区、示范区建设发展有所加快，但总体规模较小。2014 年集聚区历年累计完成投资额、入区单位数、营业利润分别只占全省总量的 2.9%、0.6%、3.2%，同时部分集聚区偏离规划目标、示范引领作用较弱等需引起关注。要进一步树立以集聚区建设带动服务业发展的理念，以温州目前正在实施的省、市级服务业集聚示范区创建为基础，在规划引领、工作机制建设、集聚区公共平台、周边配套设施建设等方面加大政策倾斜力度，同时提高集聚区准入门槛，确保入园企业的质量，以此打造现代服务业发展高地。

（六）全面优化服务业发展环境

有了良好的发展环境，消费者才能安心新消费，消费需求才能有效释放。要积极营造安全、诚信的良好消费环境；要提高服务业、消费产品的标准化水平，完善服务业的质量监管体系，加强信用环境建设，健全消费者的权益保障机制，充分发挥消费者协会的作用；要通过环境优化和制度建设，进一步促进消费回归，激发新的消费需求。

（温州市统计局 陈宣安 高顺岳）

湖州市“高科技高成长”企业现状、问题及对策研究

党的十八大做出了实施创新驱动发展战略的重大部署，是我国在新一轮全球科技经济竞争中由“跟跑者”向“并行者”“领跑者”转变的必然选择。2014年12月，湖州市出台了《湖州市工业“双高”企业三年培育实施方案(2015—2017年)》，并建立了300家科技成长型的高科技、高成长的“双高”企业培育库，希望借此提升湖州市工业企业科技创新能力，促进湖州市经济又好又快发展。本文从数据可比性和可获得性出发，从市定“双高”企业培育库中选取了167家规模以上工业企业作为研究对象，分析了这些企业的发展现状并研究了其自主创新方面的特征，剖析发展中存在的问题，并提出相应的对策建议。

一、“双高”企业的行业标准及企业范围

根据湖州市人民政府办公室关于印发工业“双高”企业三年培育实施方案(2015—2017年)的通知，结合湖州市实际以及抓好重点领域产业发展的要求，本文研究确定的“双高”企业包括电子信息、机电装备、生物医药、新材料、新能源和节能环保等六大产业领域。

湖州市建立了300的“双高”企业培育库，其中既有规模以上工业企业，也包括了一部分规模以下工业企业，但从数据资料的翔实性和完整性来说，规模以上企业远好于规模以下企业，所以从学术研究的角度出发，本文研究的企业均为规模以上“双高”企业。同时考虑到数据的可比性，本文选取的研究对象均是2010—2014年规模以上的工业“双高”企业。经过筛选，这类企业共有167家，所以下文中所指的“双高”企业就是特指这167家企业。(具体企业名单从略)

二、湖州“双高”企业的发展现状

(一)总体来看，“双高”企业规模不断扩大，效益较好，发展速度较快

一是企业规模不断扩大。营业收入从2010年的190.71亿元增加到2014年的386.35亿元，增长约1倍；总资产规模从179.44亿元增加到369.14亿元，增长约1.1倍；年平均从业人员数从2010年的2.7万人，增加到2014年的3.8万人，增长40.7%。二是企业效益逐年提高。“双高”企业增加值从2010年的35.55亿元，增加到2014的82.66亿元，增长约1.3倍；营业利润总

额从14.09亿元，增加到34.74亿元，增长约1.5倍。三是整体发展速度快于全部规上工业，占比不断提高。从资产总额、营业收入和营业利润3个指标看，2010—2014年湖州市“双高”企业年均增速分别为19.8%、19.3%和25.3%，分别超过全部规上工业5.6、6.2和11.5个百分点；2014年“双高”企业的这3个指标占全部规上工业比重分别为11.4%、9.4%和14.9%，分别比2010年提高了2、1.8和4.7个百分点。

（二）分行业看，各行业发展较快，行业集聚效应较为明显

一是各行业发展均较快。2010—2014年，六大行业均大幅增长，其中又以电子信息和新能源的发展最为迅猛，营业收入均增长约1.2倍，增加值分别增长约1.7倍和2.8倍（见表1）。二是行业集聚效应较为明显。从行业分布情况来看，湖州市“双高”企业主要集中在机电装备、新材料和生物医药这3个行业中，2014年这3个行业的营业收入、增加值合计分别为336.55亿元、72.3亿元，集中了全部行业营业收入的87.1%、增加值的87.5%，行业集聚效应较为明显。三是各行业中涌现了一些重点龙头企业。从营业收入和营业利润来看，2014年电子信息行业中排名第一位的浙江洁美电子科技股份有限公司两个指标分别占该行业的比重为28.4%和23.4%；机电装备行业中排名第一位的巨人通力电梯有限公司两个指标分别占该行业的比重为20.5%和38.4%；生物医药行业中排名第一位的浙江佐力药业股份有限公司两个指标分别占该行业的比重为11.8%和16.2%；新材料行业中排名第一位的浙江尤夫高新纤维股份有限公司两个指标分别占该行业的比重为21.9%和19.9%；新能源行业中排名第一位的浙江天能能源科技有限公司两个指标分别占该行业的比重为14.8%和20.5%。

表1 湖州市分行业“双高”企业发展主要指标对比情况

	单位	工业总产值	资产总计	营业收入	营业利润	增加值
电子信息						
2010年	亿元	10.47	11.99	10.34	0.58	1.93
2014年	亿元	23.16	22.27	22.61	1.91	5.31
年均增速	%	21.9	16.7	21.6	34.7	28.7
机电装备						
2010年	亿元	101.36	78.43	94.13	7.31	16.89

续　表

	单位	工业总产值	资产总计	营业收入	营业利润	增加值
2014年	亿元	199.00	167.65	193.50	19.75	43.44
年均增速	%	18.4	20.9	19.7	28.2	26.6
生物医药						
2010年	亿元	23.13	25.07	21.80	2.60	6.04
2014年	亿元	40.28	61.18	38.50	6.93	13.45
年均增速	%	14.9	25.0	15.3	27.8	22.2
新材料						
2010年	亿元	53.99	50.30	51.33	3.32	9.13
2014年	亿元	111.76	93.39	104.54	3.98	15.41
年均增速	%	19.9	16.7	19.5	4.6	14.0
新能源						
2010年	亿元	11.28	11.01	10.86	0.10	1.14
2014年	亿元	26.20	20.26	24.00	0.62	4.39
年均增速	%	23.4	16.5	21.9	57.4	39.9
节能环保						
2010年	亿元	2.24	2.65	2.26	0.17	0.41
2014年	亿元	3.48	4.39	3.19	0.25	0.66
年均增速	%	11.7	13.5	9.1	9.4	12.4

(三)分县区看,各县区均发展较快,分布较为均匀

一是各县区“双高”企业均发展较快。2010—2014年吴兴区、南浔区、开发区、德清县、长兴县和安吉县“双高”企业营业收入年均增速分别是12.0%、22.8%、8.7%、19.9%、18.9%和25.4%;增加值年均增速分别是18.5%、30.2%、6.8%、25.0%、21.0%和28.4%。与湖州市平均相比,除开发区和吴兴区略低外,其他县区基本上高于湖州市平均(见表2)。二是县区分布较为均匀。从企业家数看,湖州市“双高”企业分布较为均匀,吴兴区、南浔区、开发区、德清县、长兴县和安吉县分别是24家、38家、22家、25家、32家和26家;从增加值来看,南浔区占比居各县区首位,占比为40.8%;德清县和长兴县分

居二、三位，占比分别为15.8%和13%；安吉县、吴兴区和开发区占比较小，分别仅为10.8%、10.7%和8.9%。

表2　湖州市及各县区“双高”企业发展主要指标对比情况

		工业总产值（亿元）	资产总计（亿元）	营业收入（亿元）	营业利润（亿元）	增加值（亿元）
湖州市	2010年	202.47	179.44	190.71	14.09	35.55
	2014年	403.89	369.14	386.35	33.44	82.66
	年均增速(%)	18.8	19.8	19.3	24.1	23.5
吴兴区	2010年	28.46	21.35	27.90	1.69	4.48
	2014年	44.54	49.30	43.98	4.38	8.84
	年均增速(%)	11.8	23.3	12.0	26.9	18.5
南浔区	2010年	78.61	62.29	74.26	5.29	11.75
	2014年	173.15	136.69	168.70	14.05	33.74
	年均增速(%)	21.8	21.7	22.8	27.6	30.2
开发区	2010年	23.81	33.13	22.67	2.49	5.69
	2014年	33.02	52.45	31.62	3.14	7.40
	年均增速(%)	8.5	12.2	8.7	6.0	6.8
德清县	2010年	23.43	19.68	21.12	2.15	5.34
	2014年	47.58	45.84	43.68	5.15	13.03
	年均增速(%)	19.4	23.5	19.9	24.4	25.0
长兴县	2010年	28.48	24.78	26.00	1.32	5.03
	2014年	56.73	48.06	52.02	3.59	10.76
	年均增速(%)	18.8	18.0	18.9	28.6	21.0
安吉县	2010年	19.68	18.21	18.75	1.16	3.27
	2014年	48.87	36.80	46.35	3.13	8.89
	年均增速(%)	25.5	19.2	25.4	28.3	28.4

三、湖州市“双高”企业自主创新活动主要特征

在经济增长速度换挡、经济下行压力加大的背景下，企业对科技创新的需求增强，创新成为适应和引领经济发展新常态的重要力量。湖州市“双高”企

业创新普及度相对较高，创新形式较为丰富，呈现出积极活跃的发展态势。

(一)创新投入稳步增长

湖州市“双高”企业 R&D 经费支出由 2011 年的 7.81 亿元提高到 2014 年的 15.28 亿元，增加了 7.47 亿元，年均增速为 25.1%，高于全部规上工业 6.1 个百分点。“双高”企业 R&D 投入强度(即 R&D 经费支出占主营业务收入比重)由 2011 年的 3.24%提高到 2014 年的 3.96%，年均提高 0.24 个百分点。分行业来看，“双高”企业 R&D 经费支出主要集中在机电装备和新材料两个行业。2014 年电子信息、机电装备、生物医药、新材料、新能源和节能环保这 6 个行业 R&D 投入强度分别达 5.43%、4.07%、4.7%、3.13%、3.77% 和 6.1%，均高于规上工业平均水平(1.48%)(见表 3)。

表 3　2014 年分行业的 R&D 经费支出投入强度及 2011—2014 年年均增速情况

	R&D 经费支出(亿元)	R&D 投入强度(%)	2011—2014 年 R&D 经费支出年均增速(%)
全部规上工业	60.92	1.48	19.0
全部 167 家“双高”企业	15.28	3.96	25.1
电子信息	1.23	5.43	31.2
机电装备	7.88	4.07	26.9
生物医药	1.81	4.70	45.1
新材料	3.27	3.13	18.7
新能源	0.91	3.77	7.0
节能环保	0.19	6.10	15.6

(二)科技研发队伍不断壮大

人才是第一资源，是实施创新驱动的主导因素，对于“双高”企业来说，研发人员是企业开展科技研发活动的关键。2014 年湖州市“双高”企业中科技活动人员 6939 人，其中研发人员(即 R&D 人员)6300 人，比上年增长 8.0%。折合全时当量(即将每个 R&D 人员参与研发活动的时间进行合计)来看，2014 年湖州市 R&D 人员折合全时当量 4522 人年，比上年增长 13.7%。“双高”企业的研发人员无论是从实际人数，还是从参与研发的时间来看，均有较快增长。

(三)专利申请数量快速增长

企业申请专利数量是标志企业自主创新活跃度高低的重要指标。湖州市

“双高”企业越来越重视利用专利对知识产权进行保护。湖州市“双高”企业专利申请数由2011年的743件增加到2014年的1794件,年均增长34.2%,其中发明专利申请数由2011年的168件增加到2014年的483件,年均增长42.2%。发明专利占专利申请总量的比重由2011年的22.6%提高到26.9%,表明湖州市“双高”企业申请专利的技术含量得到了大幅提升。在期末有效发明专利数上,2014年末共有649件,比上年增加141件。

(四)研发机构稳步推进,创新平台作用显著

随着市场竞争的日趋激烈,企业不开展科技活动,就将失去发展先机。企业研发机构是企业开展研发活动的基础,机构建设尤其重要。在相关创新政策的激励下,湖州市“双高”企业研发机构建设工作稳步推进。2014年底,湖州市“双高”企业中有科技机构的企业130家,比2011年增加37家,占全部“双高”企业总数的77.8%,比2011年提高22.1个百分点。湖州市“双高”企业办研发机构140个,与2011年相比年均增长13%;科技机构人员3881人,年均增长18.8%;机构经费支出11.13亿元,年均增长29.7%;科技机构仪器和设备原价7.17亿元,年均增长41.3%(见表4)。企业科技机构条件的改善,为企业创新活动提供了坚实的基础保障。

表4 2011—2014年“双高”企业中研发机构情况比较表

	2014年	2011年	2011—2014年 年均增长率(%)
有科技机构单位数(个)	130	93	11.8
期末机构数(个)	140	97	13.0
机构人员合计(人)	3881	2312	18.8
机构经费支出(亿元)	11.13	5.1	29.7
机构仪器和设备原价(亿元)	7.17	2.54	41.3

(五)新产品市场竞争力不断增强

企业进行自主创新的结果一方面表现为提高了生产效率,另一方面表现为推出改进的或全新的产品,即产品创新。产品创新是企业适应市场需求和取得市场竞争优势不可或缺的研究开发活动。2014年,湖州市“双高”企业新产品产值达242.34亿元,与2011年相比年均增长38.6%;企业新产品销售收入达220.06亿元,与2011年相比年均增长36.5%,占主营业务收入的比重为57%,比重比2011年提高21个百分点。销售收入中新产品出口达31.99亿元,

与 2011 年相比年均增长 31.6%。新产品销售收入比重的上升显示出本市“双高”企业产品创新能力不断提升，新产品的市场竞争力进一步增强(见表 5)。

表 5　湖州市“双高”企业新产品情况表

	2014 年	2011 年	2011—2014 年年均增长率
新产品产值(亿元)	242.34	90.93	38.6%
新产品销售收入(亿元)	220.06	86.54	36.5%
其中:出口	31.99	14.03	31.6

四、湖州“双高”企业发展中存在的问题

(一)内部结构层次低，出口竞争力不强

一是以传统行业为主，新兴行业发展滞后。从分行业数据来看，2014 年湖州市“双高”企业实现增加值 82.66 亿元，但其中超过 80%来自机电装备、新材料、生物医药这三大传统行业领域(合计实现增加值 72.3 亿元，占比为 87.5%)。技术含量更高、知识密集程度更大的新一代信息技术、新能源、节能环保等新兴行业规模较小，尚未形成集群效应。二是产品销售渠道单一，出口竞争力不强。湖州市“双高”企业新产品销售收入中，80%以上销售市场在国内，出口比重不断下降。2014 年“双高”企业新产品出口额 31.99 亿元，与 2011 年相比年均增速为 31.6%，低于新产品销售收入年均增速 4.9 个百分点；新产品出口额的比重也由 2011 年的 16.2%，下降到 2014 年的 14.5%，降低了 1.7 个百分点。

(二)产学研合作增长缓慢，知识产权运用能力不足

一是产学研合作增长缓慢。当前，湖州市“双高”企业的研发活动仍然以独立研究为主，企业与外单位合作进展缓慢，产学研合作资金投入不足。2014 年，湖州市“双高”工业企业 R&D 经费外部支出合计 2.03 亿元，同比下降 12.2%，增幅比 R&D 经费内部支出低 31.3 个百分点。从构成来看，对境内研究机构支出 1 亿元，同比下降 33.9%；对境内高等学校支出 0.61 亿元，同比下降 7.0%。二是知识产权运用能力不足。尽管主要工业领域专利积累较多，但知识产权获得和运用能力不足仍是制约创新驱动发展的重要因素。2014 年末，企业拥有有效发明专利 649 件，其中已被实施的专利数 278 件，仅占发明专利总数的 42.8%。

(三)高层次人才缺乏，研发人员素质有待提高

一是高层次人才缺乏。从科技年报数据来看，2014 年，湖州市“双高”企业

科技活动人员中的中高级技术职称人员 1262 人，比上年减少了 61 人，其占科技活动人员比例从上年的 20.3%下滑到 18.2%。高层次人才的缺乏，制约了企业科技创新的进一步突破。二是从科研机构情况来看，作为企业研发活动的主要载体，科研机构的从业人员素质仍有待进一步提高。2014 年“双高”企业中科技机构从业人员 3881 人，其中本科以上人员 2268 人，仅占 58.4%，博士毕业、硕士毕业人员分别仅占 1.3%和 5.9%。

(四)政府科技扶持资金减少，税收优惠政策落实不到位

一是政府科技扶持资金减少。2014 年湖州市“双高”企业使用来自政府部门的科技活动资金为 2.87 亿元，比上年下降 19.6%，低于当年企业 R&D 经费内部支出增速 38.7 个百分点。政府扶持资金的减少，会直接影响企业研发投入的积极性，进一步影响企业创新能力的提升。二是科技创新的税收优惠政策落实不到位。为了鼓励企业的自主创新行为，推动科技进步，各级政府制定并实施了一系列税收优惠政策。但 2014 年科技统计年报数据显示，湖州市有 165 家“双高”企业开展了 R&D 活动，其中受到“研究开发费用加计扣除减免税”的企业为 66 家，占比仅为 40%；167 家“双高”企业中，享受了“高新技术企业减免税”的企业有 69 家，占比仅为 41.3%。

五、推动湖州市“双高”企业加快发展对策建议

2015 年是“十二五”规划的收官之年，随着改革红利进一步释放，湖州市经济内生增长动力将逐步增强，但同时仍面临增长动力转换、化解过剩产能压力较大等因素的不利影响。我们必须进一步加强“双高”企业的自主创新能力，加快科技进步，以推进经济结构的调整和增长方式的转变。

(一)深化改革，激发湖州市“双高”企业创新动力和活力

一是营造有利创新的外部环境。促进形成公平竞争的市场秩序，打破垄断，放宽市场准入，减少差别待遇，加大各类企业的创新压力，促使企业通过改进技术和自主创新赢得市场。二是完善融资机制，为企业创新资金的筹集拓宽渠道。根据对湖州市 69 家“双高”企业的问卷调查显示，分别有 52.5%和 22%的企业认为创新成本高、资金不足是影响企业自主创新的重要原因，因此，完善融资渠道，将在一定程度上推进企业自主创新的进行。推动银行低息贷款项目，为具备一定资质和信用等级的企业提供创新贷款。针对企业完善风险投资机制，鼓励风险投资基金投资创新项目，为“双高”企业的技术创新融资提供渠道。

(二)统筹资源，发挥市场配置作用

一是统筹整合创新资源。加强各类科技计划(专项、基金等)之间的顶层

设计和统筹协调，破除条块分割，完善资助支持方式，解决科技资源配置“碎片化”问题。聚焦当前经济发展和工业领域的现实需求，组织实施好重大科技项目，进一步强化企业的技术创新主体建设，促进科技与经济深度融合。二是健全资源共享机制。问卷调查显示，有 61%和 39%的企业认为缺乏人才或技术储备不足对开展创新活动有较大阻碍，建议有关部门充分利用政府资金支持在建科技基础设施、工程（技术）研究中心、工程实验室、重点实验室等技术创新平台，加大向企业的开放力度，积极探索有效模式，实现创新资源共享。鼓励科研院所和高等院校为企业技术创新提供支持和服务，促进人才、技术等创新要素向企业研发机构流动和集聚。

（三）协同发展，实现产、学、研深度战略合作

从外部 R&D 经费投入结构看，2014 年湖州市“双高”企业对高校及科研院所的外部 R&D 经费投入为 0.23 亿元，与内部经费投入的比例仅为 0.013∶1。因此，仍需进一步深化湖州市产学研协作。一是加强科技中介服务组织建设。按照“组织网络化、功能社会化、服务产业化”的原则，加强科技中介服务组织建设，充分发挥和完善技术服务、技术评估、技术经纪及信息咨询等方面职能，有效促进企业与高等院校、科研机构之间的联合。加强各行业协会的功能建设，发挥行业协会掌握企业情况、行业动态、技术发展方向等方面优势，由行业协会牵头组织专家开展咨询服务活动。二是搭建科技合作平台。加强政府科技投入力度，优化创新资源配置，强化创新公共服务能力建设，加快高水平研究机构建设，培育有潜力的高新技术企业；完善科技企业孵化器等创新创业载体运行机制，逐步建立起基础研究、应用研究与成果转化相统一的协调发展机制。

（四）制度创新，促进企业全方位可持续发展

一是加强政策支持。加强政府层面的制度创新，要出台鼓励企业创新的奖励制度和办法，积极推动企业加强自主创新。要推进简政放权、放管结合，激发企业创新活力，对培育中的“双高”企业在信贷投放力度、项目用地等方面给予更多支持。二是加强政策引导。加强政策宣传力度，充分发挥现有优惠政策对企业创新的引导作用，积极鼓励企业申报“研究费用加计扣除减免税”“高新技术企业减免税”，以优惠政策引导企业加大研发投入，让湖州市的“双高”企业切实享受到政策的利好。同时政府要对研发投入多、产出效益好的“双高”企业进行荣誉表彰和物质奖励，在湖州市范围内营造创新创业的良好氛围。

（湖州市统计局　凌　敏）

加快推进嘉兴经济转型发展的若干问题研究

改革开放以来，特别是进入21世纪以来，嘉兴市以科学发展观为引导，坚持走率先发展、科学发展与和谐发展之路，创新发展思路和发展路径，工业化、信息化、城市化、农业现代化进程加快，全市综合实力显著增强。“十二五”以来，受外需减弱、结构调整及宏观调控政策等因素的叠加作用，全市经济发展速度有所放缓。当前全市经济发展中资源、环境与发展的矛盾日益突出，新常态下经济转型发展任重道远。

一、嘉兴经济转型发展阶段特征

（一）增长态势——进入增长速度换挡期

依据相关经济增长理论，从经济增长谷底到谷底看，可将嘉兴改革开放经济的发展划分为6个大周期，经济周期平均5—6年。第五轮经济增长启动于21世纪初，2004年下半年开始放慢。2008年美国次贷危机所引发的金融危机，影响全市经济增长率由2007年的14.5%回落到2009年9.3%。“十二五”前4年GDP按可比价格计算，年均增长9%，年均增速低于“十二五”规划目标值1个百分点；低于“十一五”平均3.4个百分点；低于“十五”平均5.2个

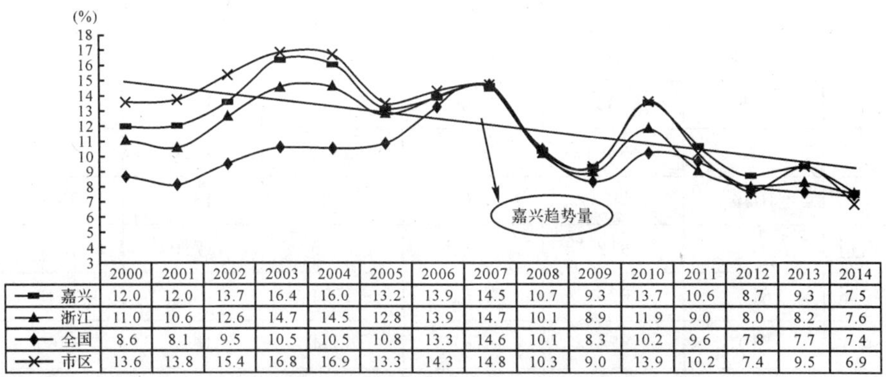

	2000	2001	2002	2003	2004	2005	2006	2007	2008	2009	2010	2011	2012	2013	2014
嘉兴	12.0	12.0	13.7	16.4	16.0	13.2	13.9	14.5	10.7	9.3	13.7	10.6	8.7	9.3	7.5
浙江	11.0	10.6	12.6	14.7	14.5	12.8	13.9	14.7	10.1	8.9	11.9	9.0	8.0	8.2	7.6
全国	8.6	8.1	9.5	10.5	10.5	10.8	13.3	14.6	10.1	8.3	10.2	9.6	7.8	7.7	7.4
市区	13.6	13.8	15.4	16.8	16.9	13.3	14.3	14.8	10.3	9.0	13.9	10.2	7.4	9.5	6.9

图1　21世纪以来全国、浙江、嘉兴及市区年度经济增长率比较

百分点。按常住人口计算的人均GDP年均增长8.6%，年均增速低于“十二五”规划目标值1.1个百分点；低于“十一五”平均1.1个百分点；低于“十五”

平均 3.2 个百分点。特别是“十二五”以来，与全国、全省一样，嘉兴经济运行总体上进入新常态下平缓调整换挡新阶段。2010—2014 年，全市 GDP 增速分别为 13.7%、10.6%、8.7%、9.3%和 7.5%。

（二）发展环境——处于空间体系重构期

从外部环境看，近年来，外需减弱和国际贸易保护主义抬头导致嘉兴市外部环境依然严峻。当前尚未得到根本改变的国际市场外需萎缩对嘉兴市以出口型、加工型为特征的中小企业冲击较大，使得嘉兴经济增长受外需衰退冲击影响更加明显。2014 年全市全年外贸出口 236.51 亿元，增长 10%，增幅比 2000 年下降 40.8 个百分点；进出口依存度 61.8%，比 2000 年提高 15.7 个百分点，但比 2010 年回落 6.9 个百分点；出口依存度 43.3%，比 2000 年提高 13.4 个百分点，但比 2010 年回落 3.9 个百分点。从内部环境看，21 世纪以来，作为杭州都市圈和长三角城市群一员，嘉兴城市发展的资源要素约束日益明显。如人口聚集度、经济聚集度和投资聚集度等区域要素集聚指标值已高出同类城市水平（见表 1）。下阶段，随着城际轨道交通、市域铁路的高速发展以及移动互联网、智慧城市建设步伐的加快，嘉兴仍要着力化地理区位功能优势为现实经济优势，加快市域生产、生态、生活空间的重构，从而实现城乡空间功能结构新一轮再造重组，为全市转型发展拓展新空间。

表 1 嘉兴与长三角相关城市人口 GDP 和投资密度比较

	常住人口密度（人/平方公里）		GDP 密度（万元/平方公里）		投资密度（万元/平方公里）	
	2010 年	2014 年	2010 年	2014 年	2010 年	2014 年
嘉兴	1151	1167	5875	8564	3801	5674
绍兴	595	600	3386	5167	1518	2792
台州	635	639	2578	3600	1010	1876
常州	1050	1073	6960	11204	4808	7566
南通	910	912	4332	7065	2710	4870
扬州	672	675	3361	5574	2008	3643
镇江	810	824	5167	8454	3450	5569
泰州	798	801	3538	5821	2656	3799

（三）发展阶段——处于工业化中高级阶段

美国经济学家 H. 钱纳里提出的工业化标准模型将经济结构转型过程的

国民收入水平变化划分为6个阶段。2014年，按常住人口计算，全市人均GDP为11959美元，相当于7299美元（按1998年美元汇率计算，假设美元通胀率平均为2%）。考虑到现阶段工业在全市经济中仍然占有重要地位（比重48.7%），服务业还处在发展壮大时期（比重41.6%），大致可以得出嘉兴目前处于工业化中高级阶段。所以，今后一个发展时期，“消费主导—服务业推动”的组合将逐渐成为新的增长动力。我们现在已经处于这个经济发展转型新阶段。因此，服务业必将成为全市实现结构升级、转型发展的必然选择。

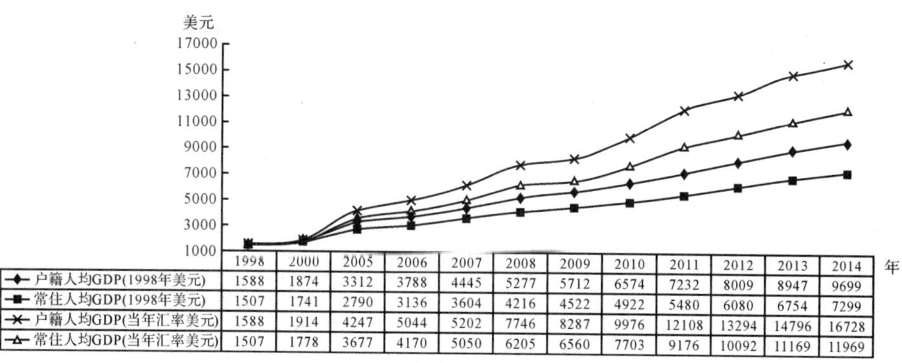

	1998	2000	2005	2006	2007	2008	2009	2010	2011	2012	2013	2014
户籍人均GDP(1998年美元)	1588	1874	3312	3788	4445	5277	5712	6574	7232	8009	8947	9699
常住人均GDP(1998年美元)	1507	1741	2790	3136	3604	4216	4522	4922	5480	6080	6754	7299
户籍人均GDP(当年汇率美元)	1588	1914	4247	5044	5202	7746	8287	9976	12108	13294	14796	16728
常住人均GDP(当年汇率美元)	1507	1778	3677	4170	5050	6205	6560	7703	9176	10092	11169	11969

图2　1998—2014年嘉兴人均GDP美元趋势图

（四）发展动力——处于增长动力转换期

2014年，全市固定资产投资、社会消费品零售总额、外贸出口额分别达2221.21亿元、1347.02亿元和236.51亿美元，“十二五”前4年年均分别增长13.6%、14.6%和10.2%，与“十一五”时期16.2%、16.3%和17.9%的年均增速相比，内需对经济增长的拉动力增强，外需的增长率回落7.7个百分点，经济增长由主要依靠投资、出口拉动向依靠投资、消费、出口协调拉动转变。

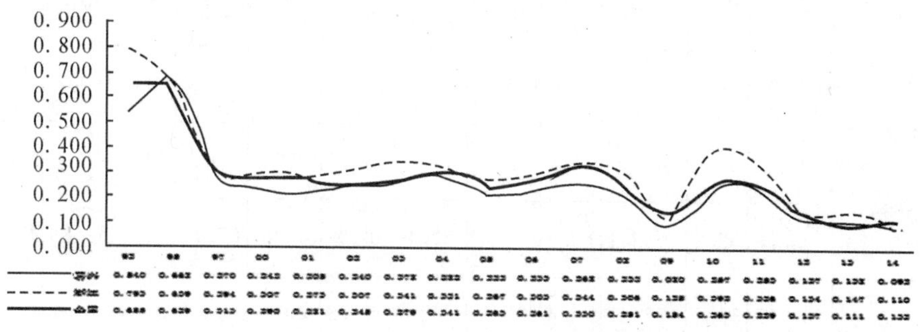

图3　1992—2014年嘉兴浙江全国投资效果系数比较

近 10 年来，全市固定资产投资率（固定资产投资相当于 GDP 的比重）总体处于上升趋势，嘉兴市固定资产投资占 GDP 比重始终在 50%—60%，2014 年投资率 66.3%，超过全省平均水平 7.5 个百分点左右，投资推动经济增长特征十分明显。但同期的资本产出率却显著下降，投资效果系数（新增 GDP/全社会固定资产投资）从 0.242 元下降到 2014 年的 0.092 元，降幅六成多。当前，面临新常态新阶段，嘉兴发展正处于由投资驱动阶段向创新驱动阶段转变，应以创新为支点转变发展方式，因为单一的、粗放的投资推动经济发展的方式已难以为继，经济发展的动力亟待转换。

（五）发展结构——处于“二三一”产业形态

综观国际产业发展历程，三次产业结构表现为由“一二三”向“三二一”转变的趋势。全市产业结构演变大致可分为 1978 年前、1978—1985 年、1986—1992 年、1993—2000 年、2001 年至今 5 个阶段。从时间节点看，1980 年全市第二产业升至 42.5%，超过第一产业 3.4 个百分点，三次产业结构顺序由 20 世纪 70 年代的“一二三”转为“二一三”结构。1993 年第三产业比重 22.5%，首次超过了第一产业，经济结构呈现“二三一”形态。近两年来，全市统筹推进“五水共治”“三改一拆”“四换三名”等重大举措，打好转型升级组合拳，加快推进经济转型升级和发展方式转变，腾笼换鸟、机器换人、空间换地、电商换市取得积极成效，全市经济转型发展稳中有进。全市三次产业结构由 2010 年的 5.5∶58.3∶36.2 调整为 2014 年的 4.3∶54.1∶41.6，第三产业增加值比重提升 5.4 个百分点（见表 2）。

表 2 主要年份嘉兴三次产业增加值和就业人员结构表

	2014 年		2010 年		2004 年		2000 年		1990 年		1982 年	
	数值	比重（%）	数值	比重（%）	数值	比重（%）	数值	比重（%）	数值	比重（%）	数值	比重（%）
就业人员（万人）	332.29	100.0	317.60	100.0	255.42	100	234.1	100	222.95	100	199.26	100
第一产业	31.21	9.4	35.01	11.0	44.08	17.3	75.52	32.3	130.35	58.5	141.43	71.0
第二产业	193.36	58.2	193.41	60.9	151.61	59.4	109.06	46.6	67.98	30.5	41.83	21.0
#工业	167.15	50.3	172.67	54.4	137.88	54	94.78	40.5	63.74	28.6	38.02	19.1

续 表

	2014年		2010年		2004年		2000年		1990年		1982年	
	数值	比重(%)	数值	比重(%)	数值	比重(%)	数值	比重(%)	数值	比重(%)	数值	比重(%)
第三产业	107.71	32.4	89.18	28.1	59.73	23.4	49.53	21.2	24.63	11	16.00	8.0
GDP(亿元)	3352.80	100	2300.20	100	1002.41	100	524.03	100	81.33	100	22.41	100
第一产业	145.14	4.3	127.00	5.5	76.12	7.6	60.23	11.5	24.97	30.7	8.98	40
第二产业	1811.31	54.1	1339.57	58.3	588.19	58.7	283.79	54.2	40.56	49.9	9.45	42.2
＃工业	1633.84	48.7	1192.96	51.9	522.88	52.2	254.61	48.6	34.82	42.8	8.37	37.3
第三产业	1396.35	41.6	833.63	36.2	338.11	33.7	180.01	34.4	15.8	19.4	3.98	17.8

注：1982年、1990年、2000年就业数据为人口普查数据，其中2000年根据人口普查10%长表抽样数据推算。2004年就业数据为经济普查数据，2004年后就业数据取自年度统计进度数据。

(六)发展质量——处于社会财富加速积累期

社会生产力快速提高。经济效果的评价指标主要是投入与产出比。以劳动生产率为例，1990—2014年，全市全社会劳动生产率从3800元/人提升到10.09万元/人(GDP/全社会就业人数)。同期，全市人均固定资产投资从1100元/人提升到6.68万元/人。产业结构效益改善。一是产出结构与就业结构偏离状况有所改善。全市三大产业结构偏离度绝对值总体呈现明显降势。目前基本稳定在20%以下。二是经济结构差距趋于缩小，由2000年的0.27提高到2005年的0.41，2010年提高到0.47，2014年又回落到0.44。社会财富加速积累。从水平看，新世纪以来，全市财政总收入由2000年的40.17亿元增加到2014年的568.09亿元，年均增长20.8%；全市税收收入(注：不包括出口退税、海关代征增值税)占GDP的比重由2001年的11.2%提高到2005年的12.9%，2014年为17.7%。2014年，全市城乡居民人均可支配收入分别为42143元和24676元，按城镇化率折算，居民人均可支配收入相当于人均GDP的47.7%，分别高出全省和全国平均水平2.5个百分点和3.7个百分点。

二、面临的主要问题与压力

(一)发展方式亟待转型

根据经济增长速度方程估算，目前嘉兴的全要素生产率提高对GDP增长的贡献率只有30%左右，远远不及经济增长方式为集约型所需的50%的水平，因此，嘉兴经济增长主要依靠增加要素投入，粗放型经济增长特征比较明显。而英国、日本等发达国家该贡献率早在 20 世纪七八十年代就已超过 70%，经济增长方式均以集约型为主(见表 3)。

表 3　主要年份嘉兴 GDP 初次分配效率分析表(以 FTP 为例)

	GDP 年均±%	资本贡献(百分点)	劳动贡献(百分点)	科技贡献(百分点)	科技贡献率(%)	资本贡献率(%)	劳动力贡献率(%)
1982—2014 年	12.1	7.5	1.0	3.6	30.1	62.0	8.0
1991—2014 年	13.0	7.2	1.0	4.8	37.0	55.3	7.7
2001—2014 年	12.1	6.9	1.5	3.6	30.1	57.3	12.6
2005—2014 年	10.9	6.3	1.5	3.1	28.6	57.8	13.6

注：2004 年以前嘉兴 GDP 总量、发展指数数据为根据经济普查资料修正后资料，GDP 年均增长速度按可比价格计算的速度；资本计算起始年 1978 年，年度存量资本为永续盘存法年末资本存量，全社会固定资产投资额价格指数为相关年份 GDP 缩减指数；嘉兴劳动力数量分别依据 1982、1990、2000 和 2010 年人口普查数据推算和非普查年度进度资料，劳动力质量为人口普查平均受教育年限。嘉兴资本投入弹性系数和劳动力弹性系数根据 CD 函数计算和 GDP 初次分配劳动报酬比重(劳动力弹性系数为劳动报酬/GDP；资本投入弹性系数为 1－劳动力弹性系数)综合评估而得。

(二)供给结构亟待改善

产业结构是一个国家(地区)经济发展阶段和水平的重要标志之一，合理而高效的产业结构是提升要素配置效率、实现经济集约增长的基础条件。

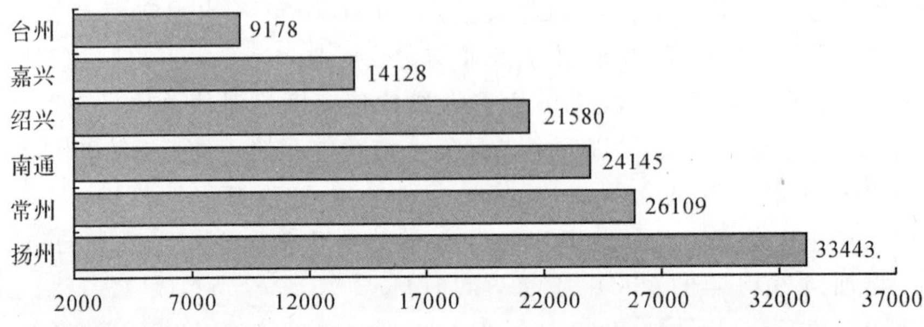

图 4　2014 年长三角相关城市规模以上制造企业户均主营收入水平比较(万元)

1. 制造业结构调整力度不大。21 世纪以来，从工业内部看，2002 年以来 10 年间，嘉兴、绍兴、常州和南通市制造业产业结构相似系数[①]分别为 0.911、0.9958、0.739 和 0.765，嘉兴与常州、南通两市制造业结构调整力度差异十分

① 相似系数是研究产业结构总体相似程度的指标。其经济意义是：系数值等于 1，说明两个时期或两个地区产业结构完全相同；系数值接近 1，说明两个时期或两个地区产业结构较相近，产业结构变化小；系数值接近 0，说明两个时期或两个地区产业结构偏离大，产业结构变化大。

明显。2014 年嘉兴市规模以上制造业户均主营业务收入 14128 万元，为绍兴的 65.5%、南通的 58.5%、常州的 54.1%、扬州的 42.2%。嘉兴产业的集中度偏低。在制造业行业分布中，嘉兴与江苏沿江相关城市制造业结构嘉兴与绍兴均为纺织业、化工业和化纤业。但与常州、南通、扬州、台州差异十分明显。2014 年，嘉兴市规模以上前三大制造行业集中度为 34.8%，与台州市(34.4%)接近，但与常州(51.2%)、南通(39.2%)、扬州(42.1%)、绍兴(45.7%)存在差异，比常州低 16.4 个百分点，比绍兴低 10.9 个百分点(见表 4)。

表 4　2014 年长三角相关城市前十大规模以上制造业比重

单位：%

嘉兴		常州		南通		扬州		绍兴		台州	
纺织业	13.5	电气制造	18.7	化工业	14.3	电气制造	20.1	纺织业	24.9	通用设备	13.4
化工业	12.9	黑色冶金	17.6	电气制造	14.1	化工业	12.2	化工业	11.7	橡胶塑料	10.7
化纤业	8.4	化工业	14.8	纺织业	10.9	汽车制造	9.8	化纤业	9.1	电气制造	10.3
电气制造	6.7	计算机	5.5	通用设备	8.2	专用设备	5.9	通用设备	8.7	汽车制造	9.0
黑色冶金	5.9	纺织业	5.4	金属制品	5.9	仪器仪表	5.6	有色冶金	6.0	医药制造	7.4
通用设备	5.8	通用设备	5.3	专用设备	5.6	计算机	5.4	电气制造	5.7	专用设备	5.4
纺织服装	5.8	专用设备	5.2	计算机	5.5	交通运输	4.7	橡胶塑料	5.0	交通运输	5.3
皮革制鞋	5.3	金属制品	4.5	仪器仪表	4.5	通用设备	4.6	纺织服装	4.1	金属制品	4.6
橡胶塑料	4.7	建材工业	3.5	文教娱乐	4.2	纺织服装	3.8	专用设备	3.4	有色冶金	4.0
建材工业	4.6	交通运输	3.2	纺织服装	3.9	黑色冶金	3.7	金属制品	3.0	化工业	3.7
计算机	4.2	有色冶金	2.8	农副食品	3.6	金属制品	3.7	汽车制造	2.8	皮革制鞋	3.4

2. 现代服务业发展不足。21 世纪以来，全市服务业发展以传统行业为主的格局没有出现大的改变。特别是生产性服务业不发达，就不能为制造业提供便捷、高效、质优、价廉的服务，就难以促进制造业分工的深化、细化，降低生产交易成本，提升产业发展效率。2014 年，嘉兴生产性服务业增加值占 GDP 比重仅 22.3%，占服务业比重 53.6%，分别居全省第 7 位和第 6 位(见表 5)。

表 5　2005—2014 年全省各市生产性服务业规模及比重比较表

	GDP（亿元）		服务业（亿元）		服务业/GDP（%）		生产性服务业（亿元）		生产性服务业/GDP(%)		生产性服务业/服务业增加值（%）	
	2014 年	2005 年	2014 年	2005 年	2014 年	2005 年	2014 年	2005 年	2014 年	2005 年	2014 年	2005 年
全省	40173.03	13417.68	19220.79	5360.1	47.8	40.0	10796.16	2750	26.9	20.5	56.2	51.3
杭州	9206.16	2943.84	5086.24	1301.27	55.2	44.2	3249.87	714	35.3	24.3	63.9	54.9
宁波	7610.28	2447.32	3354.17	973.21	44.1	39.8	1974.13	528	25.9	21.6	58.9	54.2
温州	4303.05	1590.82	2155.41	659.63	50.1	41.5	905.71	306	21.0	19.2	42.0	46.4
嘉兴	3352.60	1158.38	1394.17	392.61	41.6	33.9	747.80	208	22.3	18.0	53.6	53.0
湖州	1956.00	639.42	836.56	226.48	42.8	35.4	408.13	103	20.9	16.2	48.8	45.6
绍兴	4265.88	1449.81	1858.12	486.95	43.6	33.6	1131.12	268	26.5	18.5	60.9	55.1
金华	3208.20	1066.7	1561.29	435.9	48.7	40.9	882.90	233	27.5	21.9	56.5	53.5
衢州	1115.10	328.36	473.56	128.25	42.5	39.1	227.68	55	20.4	16.7	48.1	42.7
舟山	1015.26	282.25	489.09	130.29	48.2	46.2	271.97	69	26.8	24.6	55.6	53.2
台州	3387.38	1249.41	1592.89	487.89	47.0	39.1	808.56	242	23.9	19.4	50.8	49.6
丽水	1051.75	318.07	457.63	128.43	43.5	40.4	209.82	50	19.9	15.7	45.8	39.0
嘉兴位次	6	6	7	7	11	10	7	7	7	8	6	6

注：生产性服务业主要包括批发业、交通运输、仓储和邮政业、住宿和餐饮业、住宿业、信息传输、软件和信息技术服务业、金融业、租赁和商务服务业、科学研究和技术服务业、水利、环境和公共设施管理业、居民服务、修理和其他服务业。浙江及其他各市根据 GDP 核算年报数据推算。

3. 创新能力有待强化。“十二五”以来，特别是 2012 年起，企业技术开发费增长幅度减缓。此外，企业技术开发费支出占主营业务收入比例从 2005 年的 1.21%提高到 2013 年的 1.89%，但提升幅度低于同年企业技术开发费的增长增幅。总体上看，嘉兴市企业在创新投入、创新能力、创新效率和创新体系建设等方面亟待强化。

（三）消费分配机制仍需优化

据国际货币基金组织和世行统计，20 世纪 90 年代以来，世界平均消费率水平为 78%左右，在所统计的 36 个国家中，只有 8 个国家的消费率低于 70%。全市消费率由 2010 年的 35.2%提高到 2014 年的 39.1%。从居民收入速度看，在 GDP 初次分配中，2000—2014 年，全市政府所得（生产税净额）年均增长 13.9%；企业所得（折旧和盈余合计）年均增长 14.3%；个人所得（劳动者报酬）年均增长 13.6%。总趋势显示，21 世纪以来个人所得增长相对缓慢，个人所得比重有所回落。从政府财力分析，多年来，全市税收政策趋向以税收增长为目标，税收对经济发展的调控作用不明显，特别是近两年来，全市经济增长率趋缓，但税收收入占 GDP 比重仍在继续提高，应避免形成拉弗曲线效应。

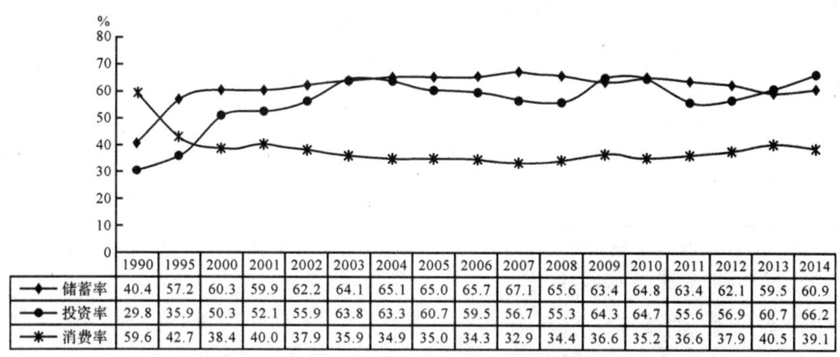

	1990	1995	2000	2001	2002	2003	2004	2005	2006	2007	2008	2009	2010	2011	2012	2013	2014
储蓄率	40.4	57.2	60.3	59.9	62.2	64.1	65.1	65.0	65.7	67.1	65.6	63.4	64.8	63.4	62.1	59.5	60.9
投资率	29.8	35.9	50.3	52.1	55.9	63.8	63.3	60.7	59.5	56.7	55.3	64.3	64.7	55.6	56.9	60.7	66.2
消费率	59.6	42.7	38.4	40.0	37.9	35.9	34.9	35.0	34.3	32.9	34.4	36.6	35.2	36.6	37.9	40.5	39.1

图 5　1990—2014 年嘉兴消费率、储蓄率与投资率比较图

（四）“四化”融合亟待加快

国际上衡量城镇化与工业化发展同步协调性的通用指标是 IU 和 NU 比

例[①]指标。2014年，全市城镇化率达59.2%，但IU和NU比例仍分别高达0.8和1.5，均高出国际标准值均差0.3个点，总体显示城镇化滞后于工业化发展。这与改革开放30多年来，农村工业化模式的长期执行以及户籍制度、城乡差别劳动就业和福利保障制度为主要内容的城乡隔离制度使“离乡”“离土”“进城”的农民工无法成为真正的城市居民有着直接的关系。从长远看，只要二元经济长期存在，就会存在就业结构滞后于工业化、城镇化滞后于工业化，这是全市未来进入工业化高级阶段后面临的主要问题(见表6)。

表6 1982年以来主要年份嘉兴城镇化与工业化协调比例表

年份	第一产业就业比重	第二产业就业比重	#工业就业比重(I)	第三产业就业比重	非农产业(N)就业比重	城镇化率(U)	IU指标值	NU指标值
1982	71.0	21.0	19.1	8.0	29.0	12.6	1.5	2.3
1990	58.5	30.5	28.6	11.0	41.5	27.3	1.0	1.5
2000	32.3	46.6	40.5	21.2	67.8	38.0	1.1	1.8
2005	16.1	60.0	55.3	24.0	83.9	45.3	1.2	1.9
2010	11.0	60.9	54.4	28.1	89.0	53.3	1.0	1.7
2011	10.4	61.3	52.0	28.3	89.6	54.4	1.0	1.6
2012	9.9	60.5	50.0	29.6	90.1	55.3	0.9	1.6
2013	9.7	59.2	49.8	31.1	90.3	57.1	0.9	1.6
2014	9.4	58.2	50.3	32.4	90.6	59.2	0.8	1.5

注：1982、1990、2000、2010年城镇化率为普查口径；2004—2005年城镇化率为按联合国法修正值；2010—2014年为浙江省统计局公布口径。

(五)资源要素制约亟待缓解

常住人口增速呈减缓趋势。“十二五”以来，全市常住人口增速呈减缓趋势，“十五”“十一五”和“十二五”前4年，全市常住人口年均增速分别为2.2%、2.4%、0.4%，呈现前快后慢的态势。土地资源供需矛盾突出。按2013年末常住人口计算，人均占有耕地面积约为0.0455公顷/人。伴随全市建设用地

① I为工业就业比重，IU工业就业比重与城镇化率的比值；N为非农产业就业比重，NU非农产业就业比重与城镇化率的比值，其标准值分别为0.5和1.2，其中IU大于0.5为城镇化滞后，接近0.5为城镇化协调，小于0.5为城镇化超前；NU大于1.2为城镇化滞后，接近1.2为城镇化协调，小于1.2为城镇化超前。

迅速扩张，土地资源对发展的硬约束越来越突出。2013 年，全市经济密度 8040 万元/平方公里，居全省第 1 位。城市建设用地投资强度 7.89 亿元/平方公里，居全省第 4 位。2014 年，全市城市建设用地集约利用水平得分 84.74 分，居全省第 4 位。水资源环境压力显现。2014 年，水资源总量为 23.52 亿立方米，人均仅为 515 立方米，约为全省人均水平 1/3。2014 年，全市水污染物(COD、氮氧化物)排放削减完成任务的比率分别居全省第 4 位和第 3 位。大气质量仍待整治。2014 年，全市二氧化硫削减率、氨氮化物削减率均居全省各市第 8 位。节能降耗任务重。2014 年，全市万元 GDP 综合能耗水平为 0.59 吨标准煤，居全省第 7 位。全市万元 GDP 用水量为 59.5 立方米，居全省第 8 位(见表 7)。

表 7　2014 年全省各市主要资源要素生态环境指标比较

	单位	杭州	宁波	温州	嘉兴	湖州	绍兴	金华	衢州	舟山	台州	丽水	嘉兴位次
经济密度〔2013〕	（亿元/km^2）	0.50	0.72	0.34	0.80	0.31	0.48	0.27	0.12	0.64	0.34	0.06	1
人均水资源〔2013〕	立方米	1600	1001	1505	477	1037	1355	1508	3402	494	1657	9077	11
建设用地投资强度〔2013〕	（亿元/km^2）	8.72	6.30	9.92	7.89	5.19	6.79	4.33	5.05	11.47	4.88	4.94	4
城市建设用地产出强度〔2013〕	（亿元/km^2）	17.06	13.12	15.18	13.00	8.74	13.46	9.40	7.96	14.24	10.20	8.52	6
工业用地产出强度〔2013〕	（亿元/km^2）	42.33	18.21	118.82	31.12	14.46	23.27	14.03	13.12	40.50	16.10	22.81	4
建设用地集约利用水平	分	87	85.81	84.87	84.74	82.7	84.36	83.17	79.61	86.68	84.01	81.8	5
万元 GDP 能耗	吨标准煤	0.48	0.53	0.45	0.59	0.66	0.6	0.53	1.15	0.59	0.39	0.48	7
万元 GDP 用水量	立方米	44.6	28.9	49.7	59.5	90.7	48.3	58.8	129.1	15.3	56.9	87.4	8
化学需氧量削减率	%	129.3	133.8	88.3	117.5	147.5	108.3	110.9	113.1	117.1	104.2	116.8	4
氮氧化物削减率	%	104.5	91.4	98.5	103.8	82.2	112.8	86.1	75.4	83.5	75.4	82.3	3
二氧化硫削减率	%	104.2	104.6	127.8	100	107.5	99	128	76.8	150.1	144.7	96	8
氨氮化物削减率	%	101.5	92.2	93.8	91.3	89.1	73.4	103.2	89.5	210.1	101.9	378.1	8

三、"十三五"嘉兴转型发展路径选择

"十三五"时期,全市要按照"四个全面"的战略布局,以创造全市人民美好生活为追求,以全面加强"五位一体"现代化建设为导向,在加快转型发展的路径选择上,突出"集约高效、绿色生态、均衡协调、开放合作"的发展新模式;在加速转型发展的动力设计上,不断夯实"创新驱动、改革推动、开放带动"的发展动力,协调推进新型工业化、信息化、新型城市化、农业现代化、绿色化,不断加快转变发展方式。

(一)以提升经济转型发展水平为重点,争创产业竞争新优势

发展先进制造业,在"两化"深度融合中提升"嘉兴制造"。今后全市重点要大力培育壮大信息、环保、健康、旅游、时尚、金融、高端装备等产业,不断推进"四换三名"工程,积极鼓励企业技术创新、商业模式创新和产业组织创新,努力打响"嘉兴制造"品牌。发展现代服务业——加快先进制造业与现代服务业融合发展。而发展现代服务业首先是要加快传统的劳动密集型、低加工度、低附加值制造业向战略性新兴产业、先进制造业转变,带动金融、物流、商务、服务外包等生产性服务业扩张,促进先进制造业与现代服务业融合发展。发展现代都市型农业,着力推进都市型农业示范区建设。

(二)以提升创业创新能力为重点,争创经济发展活力新优势

创新驱动是加快转变经济发展方式的中心环节,也是发挥比较优势、提升核心竞争力的现实途径。"十三五"时期,全市要以充分积累和开发人力资本、智力资产,提升信息化水平、创新能力为重点,依靠科技进步和产业创新提高劳动生产率和资源环境效率,最大限度地以智力资源、知识资源替代自然资源环境的消耗,摆脱主要依靠物质刺激、物质投入的传统发展动力,以和谐的社会环境、适宜的生活品质、高尚的幸福追求激励人们不断创新、创业,走出人才引领、创新驱动、万众创业的发展之路。

(三)以提升新型城镇化水平为重点,争创空间开发发展新优势

要加快城市网络化、智能化、数据库的建设,通过信息流来带动物质流、资金流和人才流,以增强城市综合服务功能;要强化各县(市)优势功能和个性特征,全力打造现代化网络型田园城市;要突出中心城市发展的集聚和辐射能力,加快市域5个省级"特色小镇"培育工作,继续推进"两新"工程,打造美好新家园,要创新社会管理机制,推动经济社会与人口、资源、环境的可持续发展。

(四)以提升与沪杭同城战略为重点,争创内外开放合作共赢新优势

嘉兴要进一步加快全方位融入长三角的步伐;要继续发挥民营经济活跃、

外向型经济发展良好等优势，提升在长三角区域经济发展中的综合竞争力；要与"一带一路"、长江经济带建设紧密结合，积极参与杭州都市经济圈等建设；要加大与上海对接力度，从创新要素、居民消费、网络高速、城际轨道交通等各方面开展实质性对接，做到体制上打通、政策上衔接；要转变外贸发展方式，提升外贸出口竞争力；要以嘉兴市被列为创新驱动发展拓市场试点示范市为契机，积极探索贸易方式创新，加快嘉兴市外贸发展方式转变。

（五）以提升政府治理能力为重点，争创发展环境新优势

体制政策是转变经济发展方式的重要保障。一是深化经济和行政管理体制改革。坚持以"市场机制"和"法制思维"为核心理念，优化和完善"四张清单一张网"改革内涵，减少政府对微观经济的干预，促进政府治理现代化。二是协调推进经济和社会同步改革与发展。要建立健全符合市情、比较完整、覆盖城乡、可持续的基本公共服务体系。三是健全完善促进经济转型升级的政策体系。完善落实要素保障政策，逐步建立城乡资源共享机制和管理服务机制。

课题负责人：李国明
课题组成员：唐　琦　宋振平
　　　　　　常生群　严勤斐
执　　　笔：蒋明祥

挖掘绍兴山水文化与发展生态游的思考

绍兴闻名,一在历史名人之雅,一在自然山水之胜。作为首批中国历史文化名城的绍兴,其文化底蕴之深厚早已众所周知。然而,作为素有“七山一水二分田”之称的山水绍兴,当前在发展生态游上与周边城市落差较大,远逊于绍兴文化保护与发掘,远不能满足民众休闲旅游的需求。而最近,市委市政府重推8个千亿级产业,新常态赋予了绍兴旅游产业新的使命。可以预见,一直以历史文化为开发核心的绍兴旅游业,当下到了整体转型升级的时候了。因此,怎样挖掘山水文化,发展生态旅游,让“旅游即生活”的创新理念来整合城市建设,实现历史与休闲、人文与山水、生态与养生、快与慢的融合发展,这或将成为今后绍兴旅游产业转型发展的一个重要方向。

一、绍兴旅游业现状:盛名久负,休闲不足

在一定角度来看,绍兴旅游资源的特点,可以简要概括为三个词:历史、人文、山水。具体来说,就是以厚重的历史感来体现文化底蕴;以浓厚的人文气息来展示名城风范;以秀丽的山水景色来凸显诗画江南。绍兴是一块神奇的土地,是一本神奇的书,是读书、行路、旅游的好地方,行走绍兴,读书无尽,“跟着书本游绍兴”成了最经典的诠释。

(一)人文旅游带动城市旅游

绍兴是全国首批历史文化名城,2500多年来城址未变,被誉为一座“没有围墙的博物馆”。五千年的中华文明史,绍兴都有着相应的文化遗存,从舜禹遗迹、越国古址、秦汉碑刻、唐宋摩崖到明清故居,可谓应有尽有,景含文化,文化成景,也由此形成了文化内涵丰富和城市个性清晰的历史文脉。绍兴旅游也正是凭借这得天独厚的优势,开发文化旅游产品,才得以经久不衰。如鲁迅故里·沈园成功创建国家5A级旅游景区,不仅提升了绍兴城市旅游的竞争力,也彰显了文化旅游产品的个性特色。2014年,全市实现旅游总收入652亿元,接待国内游客6255万人次,入境游客70万人次,10年间年均增长分别为21.2%、18.8%和16.4%。

(二)品牌形象深化城市品质

历届绍兴市委市政府顺势应时,以江南水城、文化名城、千年古城为重点,

加快推进全城旅游;以走唐诗之路、弘扬孝德文化、游稽山鉴水为重点,加快推进全市旅游。通过精心策划打造了“名人故里”鲁迅故里、“书法圣地”兰亭、“爱情名园”沈园等文化旅游品牌,影响深远。通过资源整合推出了修学游、课本游、书法游、文化游、风情游、山水游等特色旅游线路,形成了一定的关注度。通过内涵挖掘推出了三味早读、流觞雅集、“坐乌篷、品黄酒、看社戏”等特色活动,吸引了一大批文人墨客。“古城＋水城＋名城”的城市定位和“老绍兴,最江南”城市旅游形象品牌的确立,进一步提高了绍兴的知名度。

(三)特色旅游提升旅游实力

近年来,随着旅游消费模式的改变和新休假制度的推行,自驾游、家庭游催热了绍兴特色化、度假型的生态旅游、乡村旅游等新业态,登山、赏花、农家乐、采摘游、单车骑行等休闲旅游活动渐成气候。2014 年,全市农家乐旅游村(点)574 个,相关从业人员 4.1 万人,全年接待游客 997 万人次,营业收入 12.51 亿元,带动农产品销售 2.21 亿元,农村经济新业态有了不一样的定义。加之“绍兴人免费游绍兴”活动和各地差异化定位,形成了不少旅游新品牌、新亮点。如越城区的古城体验、柯桥区的运动健身、诸暨的美丽之旅、上虞的四季鲜果之旅、嵊州的温泉养生、新昌的佛缘茶道等,都给绍兴旅游版图抹上了一笔亮色。

在充分肯定成绩的同时,我们也要清醒看到,对比旅游发达城市,对比民众休闲需求,对比旅游发展趋势,绍兴旅游业还存在很多深层次、结构性的矛盾与问题,发展面临较大压力。

不足一:景区开发上,人文气息浓厚,休闲度不高。一直以来,绍兴旅游开发无法突破古城这一主题,绝大多数旅游景区属于传统文化观光类景区,这虽是绍兴的优势所在,不能舍弃,但过多“唯文化”很难满足现代游客的休闲度假需求。因此来绍的游客大多选择“绍兴一日游”等常规游线,留下来、住下来的深度游群体相对较少,绍兴“过境旅游城市”的尴尬地位无法得到根本性扭转。2014 年,绍兴接待的国内和入境过夜游客停留时间分别是 1.7 天/人次(全省 2.1 天/人次)和 1.8 天/人次(全省 2.8 天/人次),均低于全省平均。

不足二:品牌策划上,品牌形象众多,唯一性不足。水乡、酒乡、书法之乡、桥乡、戏曲之乡、名士之乡到“老绍兴,最江南”的品牌定位下,究竟什么“乡”可以纲举目张并具有唯一性? 值得人深思。且绍兴旅游资源结构与苏州、杭州等具趋同性,一定程度上落入了后者的“旅游阴影区”。一提到江南古城,首先想到的可能是苏州或杭州,而不会是绍兴,这就分流了很大部分客源,不利于绍兴旅游的长远发展。

不足三：项目引进上，大项目涌现，聚人气不够。2012—2014年，全市旅游分别投入69亿元、92亿元和104亿元，涌现了一批投资超10亿元甚至超20亿元的重大旅游项目，且大部分是运动、养生、现代农业、工业旅游等产业融合的休闲度假项目。如金沙东方山水国际商务休闲中心、海上花田景区等，但出形象、出效益、聚人气的还很少，进度、力度还需要进一步加强。2014年，绍兴接待的国内和入境游客人均花费分别是1018元/人次（全省1242元/人次）和356元/人次（全省618元/人次），均低于全省平均。

二、发展经验借鉴：串珠成链，融合创新

绍兴的历史文化积淀很深，这是绍兴发展旅游产业的优势。但是，与绍兴文化同源、人文相亲、地理相近、交通相连、自然环境相近的江南古城苏州、杭州和湖州，其旅游业发展既凸显了深厚的历史文化底蕴，又突破了历史文化名城的形象束缚。后三者城市旅游"串珠成链"的规划布局和"融合创新"的发展思路对绍兴借鉴意义很大。

（一）苏州："做一天苏州人"留客深度游

园林曾是苏州旅游的代名词，从2002年开始力推古城、古镇、古典园林和太湖的"三古一湖"到如今"做一天苏州人"的留客深度游，旅游资源并没有太大改变，却通过业态融合，落地生活方式，给游客带来了"精致慢生活"的苏式体验。在山水文化休闲游开发上，融合长江沿岸、太湖和江南水乡古镇独特的自然与人文资源，开发山水生态、养生休闲、商务会展、乡村旅游、江南古镇等不同主题和体验的旅游产品。如依托太湖国家旅游度假区，整合环太湖地区资源，整体包装打造国家5A级景区，按照"景区＋游船＋酒店＋旅游地产"的发展模式，引入游艇、马术等6个主题俱乐部，打造最具吸引力的休闲度假和商务会议特色旅游目的地。在乡村生态游开发方面，国家级生态村——树山，依托自然生态和历史文化资源，通过市场化运作打造"有山有水有历史、有花有果有美景"的山里桃源。吴中区试水"农房农业观光产业专业合作社"，承租农民闲置房屋，将原生态村落包装成风格迥异的主题民宿，并让农民以农房资产折价入股参与经营，探索乡村旅游新模式。

（二）杭州：新城市、新模式、新发展

作为第一批中国优秀旅游城市的杭州，以一个先行者的姿态，不断刷新着旅游业增长的新高度，令业内瞩目。从景区观光旅游时代的"江南山水，人间天堂"，到休闲旅游目的地时代的"东方休闲之都，品质生活之城"，背后推动这一华丽转身的是"旅游经济综合体"模式。通过规划大项目，整合大资源，形成大产品，创造"休闲旅游都市—中心服务城市—旅游风情小镇—旅游特色乡

村”大旅游格局。在山水文化休闲游开发上，开启免费游模式，“用人气带来财气”。西湖的免费开放，免费公共自行车、旅游厕所革命到现在的免费 Wifi，让杭州拥有了更多旅游爱好者。近 10 年来推出了西溪湿地、京杭大运河（杭州段）、宋城、千岛湖、湘湖、良渚大美丽洲等旅游综合体，并结合西博会、茶博会、休博会，打造国际山水旅游度假和会奖旅游目的地。在特色风情生态游开发上，颁布“风情小镇”创建工作实施意见，打造风情城郊带。如位于龙坞茶叶基地的杭州外桐坞村，依托毗邻中国美院象山校区，吸引了一大批学生和艺术家写生、创作和艺术交流，浓浓的艺术风范，加上悠久的茶文化、民俗文化和原生态的青山、小溪、茶园、果园、山林，独具匠心地打造了民风淳朴、艺术风韵浓厚的田园文艺范小镇。

（三）湖州：绿水青山，风景这边独好

作为一座拥有 2000 多年历史、环太湖地区唯一因湖而得名的江南古城，湖州的旅游定位独具匠心，凭借“太湖、竹乡、古镇、名山、湿地、古生态”六大旅游品牌，营销“清丽山水，生态湖州”的美好形象，以区别于浙西和苏南旅游的雷同。在美丽乡村旅游营销上，融合“生态”和“新农村建设”，创造了湖州模式。天然氧吧——安吉大竹海、轻奢清新的德清洋家乐民宿，不仅仅因其坐落山水间的自然环境之美，也因其迎合了“小时光，慢生活”的旅游潮流，而让游客趋之如归、流连忘返。莫干山脚下犹如世外桃源般的裸心谷度假村，租用当地的农房，加之原生态和绿色低碳的设计理念，让山居成为美好的日常体验，营造了一种无景点的另类健康生态游方式。在大型休闲旅游综合体上，大项目形成大效应，新业态打造新体验。总投资达 12 亿元以明清古建筑和江南园林为特色的旅游景区小镇——大年初一风景小镇和总投资 70 亿元的 Hello Kitty 家园，引入“度假酒店＋旅游集散地和旅游服务＋商业配套”的旅游新业态，让游客在遇见最美江南风景的同时，拥有别样的休闲体验。

三、发展山水生态游：风生水起，大有可为

悠久灿烂的历史人文和山水交融的自然生态是绍兴旅游发展最大的“红利”。但长期以来，绍兴“古城＋名城”的城市定位，使得“红利”并没有得到充分的释放。而随着经济社会的发展和生活节奏的加快，以养生养心、休闲旅游为核心的旅游消费也进入产业化阶段。因此坐拥青山绿水的绍兴，发展山水生态旅游真可谓风生水起正当时，人心所向大有可为。

（一）借“慢”嬗变，成为慢生活经济的新平台

“慢生活”的理念兴起于西方并迅速蔓延到世界各地，度闲时、花闲钱、享闲情，追求健康、快乐和精致的生活。而“慢旅游”颠覆了尽可能多地游览景点

的传统旅行方式，是一种深度游，是一个文化的浸入过程，主张扎进一个陌生地方沉淀自我，在城市或乡村随意游逛，体验另一种生活，追求身心放松和自由。当这种“慢生活、慢旅游”普遍成为一种需求时，就变成了“慢生活经济”，杭州的风情小镇、湖州德清的洋家乐民宿都是经典案例。因此，绍兴的旅游产品设计要在“慢”字上做文章，从历史人文向自然山水拓展，从景区观光向生态休闲延伸，尽可能提供一种人们向往的别处生活，包括风景、安宁、自由，还有感悟，让游客在绍兴真正“生活”过，而不仅仅是停留过。

(二)借“闲”布局，成为大众休闲的新阵地

绍兴的兰亭、沈园、名人故居等众多人文景点，都带着历史文化名城的深深烙印。但是，有多少人喜欢曲水流觞？多少人对《钗头凤》感兴趣？又有多少人会“跟着课本游绍兴”？多数人出来旅游，更喜欢的是青山、绿水、云团、树海，更多的是休闲需求。杭州的宋城千古情让不到6.7公顷的土地每年产生4亿多利税，拉动周边消费数十亿元；而2014年绍兴鲁迅故里一年游客总量205万人，拥有绍兴唯一夜游项目“沈园之夜”的沈园景区门票收入1354万元。人文古迹虽可吸引文人墨客，但并不能集聚人气，带动一门产业。因此，绍兴的旅游要从“雅”向“闲”转变，从“曲高和寡”的文化体验向“大众体验”的休闲之旅拓展。

(三)借“力”汇聚，成为时尚生活的新模式

2014年，全国人均GDP达7591美元，每年法定休息日超过110天，加上带薪年休假，平均休假时间占全年的1/3。“有钱有空有车”的人越来越多，旅游已全面融入日常生活。对绍兴而言，随着“高铁时代”的到来，杭甬高铁、嘉绍大桥等建成通车，极大提升了交通区位优势，城际间旅程时间大为缩短。第六届世合赛、2500周年城庆、金鸡百花电影节等一系列重大节会活动的举办，也提升了绍兴的整体知名度和影响力。绍兴一定要抓住这一机遇，大力发展山水休闲游、生态乡村游，全力打造中远途游客的“慢生活”特色旅游目的地。

四、对策与建议：业态融合，宜居宜游

城市旅游发展的关键，在于特色，在于个性。围绕历史文化特色的发掘和旅游功能的提升，绍兴已有了深厚基础，但在山水文化的挖掘和发展生态旅游方面却逊色于周边城市。绍兴唯有整合资源、融合创新、错位发展，以山水为载体，放大绿色生态优势，才能在旅游休闲城市的激烈竞争中独树一帜。

(一)创新产品，构建山水休闲旅游新格局

重点围绕绍兴“四山三盆两江一平原”的山水资源，以山水为骨架，以文化为主脉，丰富山水休闲项目，让游客“慢游”其中。①养生养心健康休闲旅游

圈。以龙门山、会稽山、四明山、天台山“四山”为依托，以大禹、古越、书法、宗教文化为主线，重点开发森林游步道、户外运动和养生养老健康旅游项目。以会稽山旅游度假区、“中国兰亭”旅游度假区、东白山省级生态旅游区、平水生态旅游区、五泄旅游度假区、白塔湖生态旅游区等高品位项目为载体，打造“绍兴生命健康谷”。②田园山水文化休闲旅游圈。以曹娥江流域的河谷盆地为依托，以水为脉，以景筑城，融合山水风光、生态茶园及唐诗走廊、越剧发源地、佛教文化等人文休闲资源，注重开发水上旅游、鲜果采摘、文化休闲项目。推动沿曹娥江两岸的江滨景观带、滨海休闲旅游区、嵊州温泉旅游度假区、新昌穿岩十九峰旅游区与天姥山·十里潜溪旅游区的提质升级，打造“绍兴山水风情带”。

（二）张扬个性，创建最美乡村旅游风情小镇集

一座小镇代表着一种生活，在绍兴的旅游版图上，不乏地方特色浓郁的古镇和古村落，当下应围绕“风情小镇”建设点亮乡村旅游，打造宜居宜游的慢生活度假旅游目的地，让游客“乐活”其中。①依托“山水文化＋古村落”，打造“养心小镇”集。可借鉴湖州德清洋家乐高端民宿的经验，以柯桥区平水、稽东、王坛三镇，诸暨市的赵家镇、东白湖镇，嵊州市谷来镇等为核心区域，依托当地的民房、青山绿水、历史古建、地域风情，打造绿色生态度假村。着力推进兰若寺、仙人谷等度假区，结合漂流、游步道等运动休闲项目和赏花、采茶、水果采摘游等农事活动，把风情和文化融入“山、水、村”，兼顾原生态和高品质。②依托“水乡古镇＋运河湖泊”，打造“水韵小镇”集。在安昌古镇、东浦黄酒小镇等水乡古镇开发上，可借鉴西塘、乌镇的开发模式，糅合桥文化、黄酒文化和风土人情，探索原生态、情景式的古镇旅游发展模式，增添悠然而闲适的水乡生活气息。在古运河、鉴湖、东白湖、白马湖、沃洲湖等开发上，通过绿地公园、建筑小品、公共性建筑、灯光水景等物境、情境和意境的设计，重塑美丽水乡如在镜中游的浪漫风情。

（三）整合服务，打造高品质休闲旅游目的地

面对旅游业竞争日趋激烈的态势，绍兴唯有整合资源、深度营销，提高城市旅游服务水平和产业发展素质，让游客畅享“深度游”。①通过休闲主题旅游项目建设重塑产业功能。加强休闲度假与山水文化、乡村旅游、生态农业、运动养生、商务会展等产业的融合互动。同时在融资和财政支持上给予一定的支持，并积极引导实力雄厚的国际性著名旅游企业、风险资本和其他产业资本参与绍兴旅游投资。并借力“互联网＋”（微博、微信、豆瓣等社交平台）进行包装、升级和宣传，以电子商务的便捷支付、团购的优惠价格，形成网上网下的

呼应和联动,吸引更多游客。②通过提供精品旅游服务留客深度体验游。开发“全市游”虚拟旅游系统和“绍兴旅游 App”,及时发布最新的绍兴旅游资讯,让游客根据自己的时间、兴趣输入信息后,找到自助游个性化的行程定制。成立旅游管理部门、景区、商场、农家乐一体化的联盟,推出“绍兴漫游卡”。游客持卡在联盟的景区和门店消费,可享受不等的优惠,并享受公交市民化折扣,也可租用公共自行车等。

课题负责人:张国苗
课题组成员:朱美红　许卫卫　徐　彪
执　　笔:许卫卫

衢州市光伏发电如何成为新经济增长点之研究

光伏行业的复苏虽已经持续两年多，但因制造端的利润较薄，产业链上相关公司的净利润绝对值仍然不高，企业运行仍然偏紧。去年开始，随着国家发展光伏产业相应政策的出台，这一情况将因国内电站的井喷而大幅改观。目前，大量上市公司都有规模不等的在手电站和宏大的光伏电站建设规划。衢州市能否在此轮上市企业投资光伏产业的新趋势中，抓住机遇，找到符合衢州新能源发展的契合点，特别是光伏发电能否在未来能源布局中占有一席之地，应引起高度重视和关注。

一、衢州市新能源发展现状

当前，随着环境压力的不断加大，能源结构调整成为能源发展的核心问题，国家做出了到 2020 年中国非化石能源占一次能源比重将达到 15%的节能减排承诺，这就要求大力发展清洁能源。近年来，衢州市加快构建“以清洁火电、特别是天然气发电为主力，以风、光能发电等可再生能源为补充，以抽水蓄能电站为调节，以高等级网架为保障”的新能源产业体系，一批新能源项目加快推进。①天然气方面：基于国家级天然气干线西二线 113 千米和省级天然气金衢丽管道 150 千米的条件，衢州市建成 4 个天然气发电项目，总投资 57.3 亿元。②风电方面：目前衢江区大洲 8 万千瓦、柯城风电场 10 万千瓦和龙游大街风电场 6 万千瓦的风电项目正在申报国家“十二五”第五批风电预核准项目。③太阳能方面：去年开始，光伏发电项目大量增加，2014 年建成 14 个，规模 160MW，以分布式为主，全年投资 18.52 亿元。2015 年项目 24 个，规模近 600MW，预计投资 60 亿元左右，以农光互补项目为主，其中最大的江山正泰项目 200MW，总投资 20 亿元。④生物质能方面：全市建有两座生物质发电装置 2.55 万千瓦，生物质利用量约 20 万吨，年发电量 1.53 亿千瓦时，折标煤 6.18 万吨。⑤抽水蓄能方面：推进建设衢江抽水蓄能电站，总投资 50 亿元，初拟电站装机容量 120 万千瓦，该项目建设期限约 5 年，年均产生固定资产投资 12 亿元。

从上述新能源项目情况看，衢州市除天然气和抽水蓄能项目投资较大外，光伏发电项目发展尤为突出，投资额也较大。从实际效益看，4 个天然气发电项目均受制于政策与气源，并都存在发电时间不足、电站亏损较大的问题，但随着国家新能源政策的完善，其效能会逐步提高。抽水蓄能电站还在前期论证阶段，而光伏发电项目投资热情高涨，项目快速增长，将带动衢州市光伏制造产业的复苏，对工业投资增长将起到积极推动作用。

二、当前光伏发电政策

（一）国家层面

2013年，国务院出台了《关于促进光伏产业健康发展的若干意见》，该意见完善了光伏发电并网管理和服务，出台了包括电价补贴、金融支持、土地支持、财税政策支持等一系列政策措施，其中对分布式光伏发电实行按照全电量补贴，补贴标准为0.42元/千瓦时；对光伏电站的上网电价，全国分为三类地区，浙江省作为Ⅲ类资源区，标杆上网价1元/千瓦时。今年3月国家能源局公布了2015年光伏发电建设实施方案，装机规模为17.8GW，比2014年实际完成光伏装机容量高出了6GW，反映出国家推进节能减排、发展新能源的信心和决心。可以预见，今后五年国内每年光伏发电装机容量都将超过15GW，2021—2030年则将不低于10GW，这将使得光伏产业成为经济稳定增长的发动机之一。

（二）省级层面

2013年3月，省政府在嘉兴市开展光伏产业“五位一体”创新综合试点，并相继出台了浙政发〔2013〕49号、浙经信投资〔2014〕136号等系列文件指导全省光伏发电项目发展。计划到2015年，全省达到2500兆瓦装机规模。对光伏发电项目所发电量实行按照电量补贴的政策，补贴标准在国家规定的基础上，省再补贴0.1元/千瓦时。

（三）市县层面

衢州市于2013年7月份国家同步出台了《关于促进光伏产业发展的若干意见》，同年11月市经信委会同市财政、电力等部门制定《衢州绿色产业集聚区光伏发电管理办法》，进一步明确了光伏项目补贴范围、申报条件、补贴标准和补贴方式。按照文件要求，暂定5年内，对集聚区内采购本地光伏产品建设分布式光伏发电项目，在省定上网电价基础上给予0.3元/千瓦时的补贴，即上网电价最高可补到1.3元/千瓦时，同时按项目工程造价的3%给予一次性补助。目前，各县（市）都有相应的扶持政策，且基本上都参照市级政策。但受制于财政压力，部分县（市）补助资金尚未到位，同时对一些较大光伏电站项目，争取建成后给予税收优惠，以替代电价补贴。

三、衢州市光伏发电项目的基本情况和优势

（一）基本情况

2013年7月政策意见出台后，全市光伏发电项目取得了长足发展，特别是

从去年开始，以农光互补形式为主的光伏电站项目在衢州市迅速布署。①从总量上看，衢州市建有43个光伏发电项目，其中农光互补电站项目有22个，占总数的51.1%，装机容量884MW，占总量的89.3%。由此，衢州市以农光互补光伏发电为主电，与省内其他地市以分布式光伏发电为主有明显不同。②从年度来看，2014年开工建设项目有14个，完成投资18.52亿元；2015年项目共计24个（部分二期），计划建成装机规模459MW，另有5个装机规模130MW的项目争取列入备案，预计年投资67.3亿元。③从布局来看，市区有13个项目，规模263.18MW；龙游6个项目，规模125MW；江山8个项目，规模166.6MW；常山5个项目，规模97.3MW；开化3个项目，规模52MW。可以看出，全市各县的基本布局已经形成。

（二）衢州市发展光伏项目优势

主要有：①光伏产业优势明显。目前，衢州市已形成“工业硅粉—高纯多晶硅—单晶硅棒—光伏硅片—光伏电池—光伏组件—光伏发电系统”较为完善的产业链，已成为国内光伏产业链较为完善的地区之一。②土地流转成本较低。充分利用土地整理、低丘缓坡开发出来的整块连片土地，相对于省内其他地区土地流转成本相对较低，有利于吸引工商资本进入。③靠近资源利用地。浙江是用能大省，每年都要从省外调用很多电力，而光伏发电刚好与用电高峰相重合，可有效缓解用电紧张。④要素资源充裕。衢州市土地、水、电、环境容量等资源相对丰富，特别是作为低丘缓坡开发利用试点，该类土地政策执行比较简单，之前因土壤肥力等问题使土地利用率不高，但光伏发电项目可使土地得到有效利用。此外，衢州市日照时间也具有很大优势（见图1）。

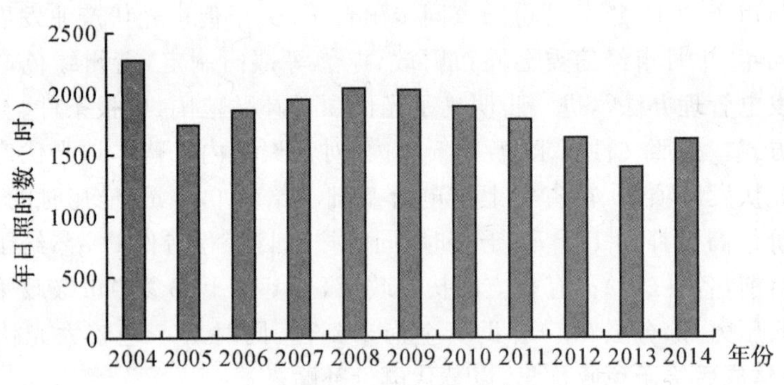

图1　衢州市2004—2014年日照时数

四、光伏发电效益分析

(一)有效降低污染物排放

按衢州日照时数,1MW 光伏发电项目全年可年发电 150 万度,年节约标煤 474 吨,减排粉尘 405 吨、二氧化碳约 1495.5 吨、二氧化硫约 45 吨。若全市 2015 年底 500MW 全部并网,每年可节约 23.7 万吨标煤。同时,目前的光伏电站建设模式,在土地推平后设立水泥墩进入土地 20—50cm 左右,容易拆除,不会对土地造成实质性伤害。

(二)企业收益较好

主要表现在:①按照目前电价补贴政策,以 1MW 光伏发电项目年发电量 150 万度电计,保守估计可收益 195 万元,加上造价补助 24 万元,预计 5 年即收回成本。②企业可以用光伏发电收入反哺农业发展,形成现代农业和观光农业,可增加农业和旅游业收入。③可出售碳排放权配额获益。2014 年国家发改委发布《碳排放权交易管理暂行办法》,将为 2016—2020 年全国碳市场的全面启动及完善提供重要支撑。2015 年,深圳、上海、北京、广东、天津碳市场的交易运行已进入第三个年头,湖北和重庆两个试点也已运行,全国市场国务院令有望出台。同时,区域间碳市场合作也在部分试点的来年工作计划中。目前,各地碳交易价格,从广东 16.67 元/吨至北京 46.76 元/吨不等。若按照 1MW 可减少 1495.5 吨二氧化碳排放量计算,浙江碳排放交易价格以 20 元/吨为例,企业一年可获益约 3 万元。

(三)政府收益良好

主要包括两块:①提高土地利用率。目前,光伏发电项目大多利用低丘缓坡开发土地。地方政府对土地流转开垦之后,一方面通过与发达地区交易农保田代保(一般交易费用在 35 万元/亩左右),出让土地指标增加收入。同时,通过建设光伏发电项目,极大地提高了土地利用率,有效避免了目前很多地区低丘级坡开发后土地利用率不高的问题。②地方税收收入。目前,光伏电站发电税收尚无具体政策。但据调查了解看,即使参照小型水力发电单位(装机容量为 5 万千瓦以下)综合税率 11.5%计算,按照投资 20MW 规模的光伏电站为例,发电后年可形成税收约 450 万元。若衢州市年底建成 500MW 规模的电站并全部并网发电,可创造税收 1.125 亿元。这只是最为保守的估计。若扣除需支付的一次性工程造价补贴 1.2 亿元,以及每年需支付电价补贴 7500 万元,则在 5 年以后政府即可形成税收的净收入。

表 1　光伏发电盈利分析表

光伏电站模式	规模（MW）	年发电收益（万元）	占用土地（亩）	年税收（万元）	农业收益（万元）	其他收入	土地流转费用
地面电站	20	2	3900	448.5	无	无	20 万元/年
分布式	20	1.6	3810			无	无
农光互补	20	3	3900	579.5	100	农业补贴	25 万元/年

（四）解决就业，增加农民收益

衢州市光伏电站建设都以荒山荒地为主，为此可以为涉地农民提供 200—500 元/亩不等的土地流转收入。同时，衢州市具有的发电项目以农光互补形式为主特点，既是发电企业，也是农业企业，为农民就业提供了广阔空间，也可以部分解决农村剩余劳动力的就业问题。

（五）促进农业增收

作为农光互补项目，企业主将大力开发设施农业、观光农业，同时也可享受大棚补贴政策、农机购置补贴政策、园艺作物标准园创建支持政策、土壤有机质提升补助政策等多达 50 余项的农业发展政策，有效增加农业产值，促进全市休闲乡村游的发展，为现代农业发展提供新的经济增长点。

五、衢州市发展光伏发电项目的意见建议

衢州市为农业大市，但农业现代化发展之路只有通过工商资本的进入，才能真正实现壮大发展，而光伏发电项目正为此提供了良好机遇。我们要充分利用好这个机遇，探索一条以农业水田改造、发展农光互补项目、建设设施观光农业的可持续循环发展的农业发展道路，并最终实现农业、发电和旅游等产业的融合发展。

（一）加强对垦造耕地的规划

结合全市低丘缓坡改造，做好前期光伏电站规划。同时，要探索利用现有大棚和农田设施改造光伏项目的可行性研究，以光伏发电为条件，引导工商资本投入现代化设施农业改造。土管部门要加强督查，杜绝农光互补项目破坏土地资源。电力部门要加强指导和帮助光伏电站符合接入电网技术规定，同时，在选址时要及时提供技术指导，提出可行性意见，避免光伏电站远离电网接入口。

（二）抓住时间窗口，提高项目对农业投入标准

目前，经济主体投资光伏电站积极性高涨，有大量项目主动上门寻求合作。但随着国家补贴的逐步递减，光伏投资的意愿会明显下降。为此，要抓住

当前光伏电站建设的有利时机，积极引进项目，同时适当抬高门槛，对农业投入提出更高、更明确的标准，形成光伏收益投资与现代农业发展的良性循环。

（三）加强对农业开发服务

目前，衢州市的农光互补项目主要建立在较为贫瘠的土地上，种植的作物也在探索阶段，没有形成一定的规模和模式。为此，要积极引导投资主体引进专业的农业开发团队投资建设，农业主管部门要积极主动提供相关服务，在土地肥力培育、农作物种植、农业种植政策上给予指导和帮助，真正提高农光互补项目的收益。

（四）加快项目建设，优先发展分布式光伏电站

按照省发改委和省能源局要求，纳入建设规模的项目方可享受国家和省光伏电价补贴。对在 2015 年的建设项目名单中的项目，要求 10 月底完成并网，否则将取消其计划资格和建设规模指标，并根据原因约谈主管部门和业主单位。为此，要加强对项目跟踪检查力度，督促各光伏项目按时开工建设，简化并网手续，确保在建项目在要求时间节点前完成并网。同时，要重点关注屋顶分布式光伏电站项目和全部自发自用地面分布式光伏电站项目的开发和推进，按照规定此类项目建设规模不做限制，直接享受国家和省光伏电价补贴。

（五）创建清洁能源示范市

尽早启动《衢州市创建清洁能源示范城市发展规划》的编制，研究制定相关实施措施、政策，组织协调有关部门合力推进清洁能源示范城市创建。通过创建清洁能源示范市，促进新能源产业发展成为衢州新的经济增长点，同时争取更多的上级的补助资金，为经济结构调整创造更为有利的条件。

（衢州市统计局　潘　佶　王晓亮　徐美霞）

新背景下舟山群岛新区海洋经济发展研究

在新形势、新背景下，浙江舟山群岛新区充分发挥舟山独特的地理和海洋经济优势，正积极对接海洋强国、“一带一路”、长江经济带等重大发展战略，全力推进舟山江海联运服务中心、临港制造基地、海岛休闲基地、远洋渔业基地、绿色石化基地和海上花园城建设，努力全面实现新区发展规划。本文从充分发挥和挖掘舟山新区海洋海岛及区位优势出发，深入分析舟山新区建设与海洋经济发展关系，描述归纳舟山海洋经济发展状况及运行轨迹，梳理借鉴国外海洋经济发展经验，以期提出加快舟山新区发展的对策建议供参考。

一、舟山群岛新区建设与发展海洋经济的关系

（一）建设江海联运服务中心与发展海洋经济

1.区位优势。《浙江舟山群岛新区发展规划》中提出：“舟山群岛新区处于我国南北海运大通道和长江黄金水道交汇地带，是江海联运的重要枢纽，是我国伸入环太平洋经济圈的前沿地区，也是我国扩大开放、通联世界的战略门户。”“努力打造面向环太平洋经济圈的桥头堡，对深入实施国家区域发展总体战略和海洋强国战略具有重大意义。”舟山已建成了亚洲最大的铁矿砂中转基地、全国最大的商用石油中转基地、全国重要的化工品和粮油中转基地、国家石油战略储备基地、华东地区最大的煤炭中转基地，成为长江经济带重要的战略物资保障基地。

习近平总书记：“最重要的还是要把舟山放在国际上、放在全中国、放在浙江省这样的位置上去考虑。越这么考虑，舟山的地位越不可限量。”“舟山要把海洋经济这篇文章做深做大。”2015 年 5 月，习近平总书记调研舟山，进一步提升了舟山群岛新区在海洋强国、“一带一路”、长江经济带等国家战略和国家“十三五”发展规划中的地位。

李克强总理：“舟山是第一大群岛直接面向太平洋可以突破第一和第二岛链，所以利用舟山群岛十分重要。”李克强总理在浙江调研时明确要求设立舟山江海联运服务中心，强调“设立舟山江海联运服务中心，这实际上应该是长江经济带和长三角发展的一个战略支点”。

2.海洋资源优势。舟山区域总面积 2.22 万平方公里，其中海域面积 2.08

万平方公里，陆域面积 1440 平方公里，共有大小岛屿 1390 个。舟山拥有得天独厚的深水港口和航道资源优势，岸线总长 2444 公里，其中可开发利用的岸线 383.6 公里，2014 年末已开发岸线 162 公里。全市主要深水岸段有 38 处，水深在 15 米以上的有 200.7 公里，其中水深在 20 米以上的有 103.7 公里，是中国东南沿海建设大型深水港的理想港址。舟山海域面积占全省的一半，岛屿个数占全省的 45%，海岸线占全省的 37.7%。舟山深水岸线占全省的 55.2%、全国近 1/5。舟山港口岸线资源丰富，我国沿海 7 条国际航线有 6 条经过舟山。

2014 年，上海港集装箱吞吐量(3528.5 万标准箱)居世界首位，其中在舟山区域的洋山深水港区集装箱吞吐量 1520.2 万标准箱，占上海港的 43.1%。2014 年，舟山港货物吞吐量 3.47 亿吨，占宁波—舟山港(8.73 亿吨，居世界首位)货物吞吐量的 39.7%。可见舟山港口岸线资源优势所在。

3.海洋产业基础。舟山海洋产业特色明显，行业集中度较高。从三次产业中的主要行业占比情况看，2014 年，全市渔业增加值 91.4 亿元，占第一产业比重 90.6%，占 GDP 的比重为 9%。船舶工业增加值 170 亿元，占工业的比重为 50.4%，占 GDP 比重为 17%；交通运输、仓储和邮政业增加值 102 亿元，占第三产业比重 20%，占 GDP 比重为 10%；海洋旅游增加值 73 亿元，占 GDP 比重为 7.2%。渔业、船舶、交通港口、旅游四大海洋特色行业合计占全市地区生产总值(GDP)的比重为 43%。从规模以上工业总产值看，船舶工业占 50%，水产加工业占 11.1%，石油化工业占 15.5%。从外贸产品结构看，2014 年，舟山市出口总额 57.8 亿美元，其中，水产品出口 8.31 亿美元，占 14.4%；船舶出口 21.23 亿美元，占 36.8%；油品出口 21.03 亿美元，占 36.4%；油品进口总额 44.94 亿美元，占进口总额的 68.5%。

交通运输业。根据经济普查数据，2013 年，全市有交通运输企业 901 家，从业人数 3.2 万人，其中道路货物运输企业 230 家，从业人数 0.39 万人；水上运输企业 400 家，从业人数 1.7 万人；装卸搬运和运输代理企业 158 家，从业人数 0.29 万人。

海运业。2014 年，全市海运货运量 16662 万吨，增长 1.8%，海运货运周转量 2157.10 亿吨公里，增长 16.0%。2014 年末全市有海运企业 274 家，海上运输船舶 1608 艘，运力 542.81 万载重吨，其中万吨级以上船舶 126 艘，比上年末增加 3 艘，运力 282.16 万载重吨，占全市总运力的比重为 52.0%。年末全市有舟山户籍运输船海员 3.79 万人，比上年末增长 1.6%。

保税燃料油加注中心建设。舟山成立外轮供应服务中心，突破了跨关区供油、夜间靠停泊等政策，直供量跃居全国第三位。2014 年，舟山保税燃料油直供量 66.5 万吨。2015 年前三季度，保税燃料油直供量 68.15 万吨，比上年同期增长 49.6%。

（二）建设临港制造基地与新区海洋工业发展

2014 年，全市规模以上工业企业 385 家，其中，船舶企业 81 家，实现工业总产值 762.1 亿元，占规模工业的 50%；石油化工企业 16 家，实现工业总产值 236.8 亿元，占规模工业的 15.5%；水产加工企业 120 家，实现工业总产值 169.9 亿元，占规模工业的 11.1%。风电、潮流能发电、海水淡化等海洋新兴产业不断发展壮大，有多个陆上风电场发电运行。岱山县首个国家级海洋可再生能源专项资金项目“固定式双转子导流增强型潮流独立发电系统及产业化”，将进入产业化研究和开发。

船舶工业转型升级不断推进。深入推进船舶与海工装备国家新型工业化产业示范基地建设。船舶修造企业向海工修造、高附加值船修造转型，船舶产业结构不断优化，海工装备、绿色修船、高端船配和绿色拆船不断发展，海工装备产业发展初具规模。2014 年，舟山新接订单、手持订单、造船完工量分别是 654.8 万、1882 万和 466.8 万载重吨，占全国的比重分别为 10.9%、12.6%和 12.0%。2014 年工业和信息化部发布的两批关于符合《船舶行业规范条件》企业名单（船舶企业白名单）共 60 家（其中浙江省 9 家），舟山就有 7 家企业，分别是金海重工、欧华造船、扬帆集团、正和造船、长宏国际、增洲造船、中远船务，这 7 家船企实现工业总产值约占全市规模工业总产值的 1/3。

（三）建设海岛休闲基地与新区海洋旅游发展

推进海岛休闲旅游基地建设。大力开发海岛民宿、运动休闲、健康养生、禅修体验、邮轮游艇、海鲜美食、渔家风情等特色产品。加快嵊泗列岛、白沙岛、东极岛、秀山岛等主题岛屿建设。国际邮轮码头建成开港，赴台自由行顺利实施，新区（城市）总体规划顺利获批，百里滨海大道建设启动。提升普陀山品质，实施“全景朱家尖”工程。2014 年，全市累计接待境内外游客 3397.96 万人次，比上年增长 10.8%，实现旅游总收入 338.44 亿元，比上年增长 12.8%。舟山市成功举办首届世界海岛旅游大会，构建了国际海岛旅游对话、交流、合作的平台。

（四）建设国际远洋渔业基地与新区渔业发展

舟山是我国著名的渔场和重要的海洋渔业基地。年捕捞产量约占全国的 1/10，浙江省的 40%以上。水产品远销日本、韩国、美国、欧盟、东南亚等 50 多个国家和地区。2014 年全市水产品产量 166.94 万吨，渔业总产值 182.9 亿元,比上年增长6.7%。全市有渔业户7.2万户,渔业人口20万,从事渔业生产的劳动力有10.38万人,约占全社会从业人数的14.0%,其中捕捞劳动力4.74万人。2014年末有机动渔船8617艘,总吨位111.94万吨。

表1 2014年全国和舟山渔业主要指标

指　标	单位	全国	舟山	舟山占全国比重(%)
水产品产量	万吨	6450	166.94	2.6
其中:捕捞水产品产量	万吨	1688	153.14	9.1
其中:远洋渔业产量	万吨	203	39.35	19.4
远洋渔业产量占水产品产量比重	%	3.1	23.6	

近几年,舟山市远洋渔业发展较快。2014年,全市远洋渔业产量39.35万吨,占水产品总产量比重由2010年的9.3%提高到23.6%(全国比重仅3.1%)。2015年1—9月,全市远洋渔业产量28.67万吨,增长17.7%,占水产品总产量的比重提高到31.4%。国际远洋渔业基地建设不断推进。到2020年,力争实现远洋渔业总产量60万吨,远洋渔业基地经济总产出300亿元,把西码头国家级中心渔港建设成为远洋渔业的专业母港。

二、舟山海洋经济发展轨迹

(一)传统海岛经济,起步阶段(1978—1990年)

舟山市开发利用海洋资源有着悠久历史。过去渔业在舟山市国民经济中比重较高,当时的海洋经济主要以渔业为主。1984年,舟山市将经济工作重点从渔业为主转为抓工业、渔业、港口业和旅游业;1987年1月经国务院批准,舟山撤地建市,同年4月舟山港对外正式开放;1988年4月舟山市列入沿海经济开放区。舟山市海洋经济发展逐渐注入活力,开始由渔业为主向工业和涉海服务业方向发展。

(二)提出建设海洋经济大市,初具规模阶段(1991—2002年)

进入20世纪90年代,舟山市改革渔业经营体制,至1992年,渔村普遍推行股份合作制,实现了从计划经济向市场经济的转变。1993年、1998年浙江省委省政府先后两次召开全省海洋经济工作会议,提出建设“海洋经济大省”的战略构想。之后舟山市开始明确把开发海洋作为舟山经济和社会发展的根本战略,《舟山市国民经济和社会发展第十个五年计划纲要》中,则提出了建设“海洋经济大市”。

（三）确立海洋经济发展战略，快速发展阶段（2003—2010年）

2003年8月召开的全省海洋经济工作会议进一步明确了加快建设“海洋经济强省”的目标，并将作为“八八战略”的主要内容之一。2003年舟山市首次把港口放在首位。2005年的全市经济工作会议上提出做大做强海洋经济。2007年提出了“以港兴市、服务富市”的战略目标。贯彻“八八战略”、实施“六六决策”以来，舟山进入了一个重要的转型期，海洋经济得到快速发展和壮大。

（四）实施浙江舟山群岛新区海洋经济战略阶段（2011年至今）

2011年6月30日，国务院正式批准设立浙江舟山群岛新区，新区范围与舟山市行政区域一致。舟山群岛开发开放上升为国家战略，也是我国第一个以海洋经济为主题的国家战略层面新区。2013年1月17日国务院批复《浙江舟山群岛新区发展规划》。2014年1月，舟山港综合保税区通过国家验收并封关运作。浙江舟山群岛新区的设立，使舟山成为国家实施“海洋强国”的战略基点。2015年，舟山江海联运服务中心、绿色石化产业基地等一批重大项目建设正在推进中。

三、舟山海洋经济发展现状

（一）海洋经济总量不断扩大

2014年，全市海洋经济总产出2435亿元，海洋经济增加值由2001年的80亿元提高到713亿元，海洋经济增加值占GDP的比重由59.8%提高到69.8%，对GDP增长的贡献率为87.9%。

（二）海洋主要行业发展情况

2014年舟山市海洋及相关产业增加值713亿元，海洋渔业、涉海工业、交通运输港口业、海洋旅游四大产业合计占海洋经济增加值的比重为70%，其中，海洋渔业增加值为91亿元，占海洋经济增加值的比重为12.8%；涉海工业增加值为253.81亿元，占35.6%；海洋交通运输港口业增加值为84.2亿元，占11.8%；海洋旅游业增加值为73.23亿元，占10%（旅游业与部分行业有重叠）。

（三）海洋三次产业结构

近年来，海洋经济在国民经济中的比重不断提高，有力推动了全市经济发展。全市三次产业结构从2001年的24.1∶31.3∶44.6演变为2010年的9.6∶45.3∶45.1，2014年三次产业结构继续调整为9.9∶41.9∶48.2。全市经济从以渔为主向以临港工业和现代海洋服务业为主转变，从传统海岛经济向现代海洋经济转变。海洋第二、第三产业增加值的比重较快提高，海洋第一产业增加值比重下降。2014年，舟山市海洋三次产业结构比例调整为12.9∶

50.6∶36.5。

四、加快发展面临的压力

（一）投资、消费对经济的有效拉动需进一步提高

近几年来，舟山市固定资产投资一直保持高强度增长，但投资效率不高，从近几年两者比例情况看，GDP与固定资产投资额未呈同步变化趋势。2014年，我市GDP与固定资产投资之比为1.06，全省为1.7，即一元固定资产投资产出的GDP舟山市为1.06元，全省为1.7元，该指标舟山居全省末位。舟山市投资产出率较低既与投资结构中基础设施项目较多、项目周期较长有关，与舟山市船舶修造业增加值占GDP比重较高、船价较低有关，也与有效投资、实体制造业投资和生产性服务业投资不足有关。

从历年数据看，舟山社会消费品零售总额占地区生产总值的比重低于全省、全国平均水平，对经济增长的拉动作用不强。社会消费品零售总额的增长低于GDP的增长和投资规模的扩张。

（二）海洋资源环境和科技创新有待进一步提高

2014年，舟山近岸海域一类、二类、三类、四类和劣四类水质的海域面积分别占舟山海域面积的12.6%、8.2%、4.4%、17.6%和57.2%，一类海水比例比上年下降，四类海水比例比上年提高。海洋科技创新有待进一步提高。2014年度舟山市科技进步变化情况综合评价居全省第七位，全社会R&D经费支出14.8亿元，居全省第九位；R&D经费支出相当于GDP的1.46%（全省2.26%），舟山居第九位。

五、经验借鉴

（一）国外海洋经济发展经验

韩国：依赖技术进步的海洋产业比较发达。韩国的船舶修造业、跨海大桥建设、滨海旅游业举世闻名。其海洋经济发展以技术密集型的高端产业为主，在海工装备、潮汐能发电、跨海大桥建设、健康养殖等领域具备世界一流先进技术。韩国是世界三大主力造船国之一，海工装备渐成主力。2013年韩国造船完工量、新接订单都超过全球的30%。韩国船企在液化天然气（LNG）船、大型集装箱船等高附加值船型建造领域占优势，这也是韩国占订单总额方面取得较好成绩的主要原因。2012年韩国钻井船的订单量占全球市场的67%，韩国（含韩国企业在国外的造船厂）获得了全球成品油船83%的订单。2013年，韩国LNG船手持订单占全球市场的76%。韩国滨海旅游业突破了自然资源禀赋等局限，成功构建“韩国旅游模式”，通过优惠政策扶持旅游业发展，着力打造济州岛旅游度假区和多个海岸旅游群开发区，大力发展医疗旅游、影

视旅游、留学旅游等特色旅游。其以跨海大桥为主的海上建筑业，建立了四通八达的交通体系，且具有较高的美学价值。

日本：为实现海洋经济战略，日本政府实施了一系列财政政策。金融政策、产业与区域政策、科技与人力资本政策、保险政策和环境政策等，使海洋经济得到更快发展。如日本制定和完善了促进本国海洋循环经济发展的税费政策。加大拨款，大力推进那些与物质形态变化、化石燃料枯竭、信息共享化等相适应的海上港湾、海上机场、海上桥梁、海洋牧场、海底隧道以及海洋能源基地等方面的海洋空间利用项目；利用财政拨款充实、强化和完善海洋监测系统。在海洋科技政策方面的举措有：一是推进研发体制改革，如引入竞争机制，改善研发环境；广泛普及任期制，加强人才流动；实行有弹性、讲效率的工作制度；开拓人才活用和多样化发展途径等。二是产学官合作的改革，构筑信息流通系统，实施共同研究，促进人员交流，研发设施共同利用，设立成果转让机构，召开产学官合作峰会。三是推进科技活动国际化。四是加强计划和组织管理。

（二）国外海岛旅游经验

马尔代夫：注重特色发展。其始终采取四个一的模式：一座海岛及周边海域只允许一个投资开发公司租赁使用；一座海岛只建设一个酒店（或度假村）；一座海岛突出一种建筑风格和文化内涵；一座海岛配套一系列功能齐备的休闲娱乐及后勤服务等设施。从而使马尔代夫海岛旅游形成了一个独立、封闭、完整的度假区。正是这种一岛一店的小、清、静的开发模式使马尔代夫海岛开发取得了极大的成功，成为世界各国发展海岛旅游学习的典范。生态旅游理念。采用了“三低一高”的开发原则（即：低层建筑、低密度开发、低容量利用、高绿化率），以尽量使到此旅游的游客能够感受到大自然的亲切，享受到休闲的舒适。加强政府监管。注重发展科学的管理体制和监管系统，强化旅游部门的行业综合管理协调和监督能力。国家旅游部门负责组织审查海岛开发规划和各海岛的建设布局，进行日常监督管理，并且实行极为严格的审查制度。

地中海海岛群：交通设施完善。高效、直达、便捷是海岛休闲度假的首要条件。地中海著名的海岛休闲度假区，基本上都有大飞机起落的空港和固定航班。各岛特色突出，建筑文化各异。散落在爱琴海上的众多岛屿各有特色。同时通过会议、展览等方式来弥补旅游淡季。

西班牙巴利阿里群岛：以休闲度假旅游、航海旅游为主的旅游产品体系，平衡旅游淡旺季，大力发展高尔夫旅游、自行车旅游、文化旅游、会展旅游等休闲度假旅游项目，并取得良好的效果。

澳大利亚大堡礁:侧重政府主导、分工协作推进旅游开发;侧重立法保护、严格执行促进持续发展;侧重构建合作平台、发动全员参与推进综合协调;侧重市场推广和宣传策划。在开发旅游的过程中,政府联合当地居民和旅游经营企业共同开发、保护当地旅游资源,形成了社区共管、专业公司与土著居民共同开发的经营管理格局。

巴厘岛:侧重政府主导,有序开发;侧重环境优先和文化保护;侧重引进西方投资和管理经验;侧重强化旅游地宣传促销;侧重营造安全、文明、好客的社会环境;侧重挖掘地方特色。

韩国济州岛:侧重赋予济州岛高度自治的权力;侧重政府直接投资;侧重借助文化产业、国际会议等加强国际化营销;重视便捷设施与多样化旅游产品打造。如韩国政府赋予了济州岛高度自治的权力,允许济州岛设立面向韩国国民的免税店,济州岛的高尔夫球场也减免部分税金,整个济州岛实施"无签证""无关税",实行人员、商品和资本自由流动。

六、加快新区海洋经济发展的几点建议

(一)重大项目引领,助推海洋经济发展

舟山群岛新区经济总量不大,要通过引进对地方经济有明显拉动作用的大项目,尽快形成大产出,做大经济总量规模,优化舟山产业布局,早日成为长三角经济增长极。同时,注重供给侧改革,提高全要素生产率,进一步提高经济运行质量和效益。加快引进启动实施一批重大项目。加快推进绿色石化、波音飞机装备中心及通航产业园、宁波—舟山港主通道、甬舟铁路等"三重"项目和一批民生实事项目。完善督查考核和责任机制,确保项目落到实处。建立建设用地投入产出考核评价奖惩机制,切实加大对企业囤储土地和低效利用土地的依法处置力度。

(二)构建良好创业创新环境,打造海洋经济创业创新热土

发挥新区体制机制优势,吸引人才和项目落户;积极构建有利于大众创业、万众创新的政策制度环境和公共服务体系;创立舟山群岛新区政府高效率服务品牌,以优质高效的政府服务合力打造良好的创业创新环境;努力创造公平环境,加快海上花园城建设,营造美丽人居环境,降低企业、居民在舟山的生产生活成本,提高创业回报率和生活幸福感。突出与其他地区比较优势,扩大投资者在舟山的获利空间,使其看好新区发展,吸引优秀企业、团队和人才落户舟山。创新人才引进机制,积极引进对舟山新区发展有实实在在贡献的各类人才,同时努力挖掘本地人才的潜力,为对新区发展投入满腔热情的人提供更大的舞台,便是发挥更大作用。

多途径提升海洋科学城科技创新水平,发挥辐射带动作用。积极学习借鉴国际高水平知名科学城成功运作模式,创新开发运营模式,提升辐射带动和经济社会效益。继续引进高端科研院所团队,依托现有的浙大海洋学院、浙大海洋研究所、浙江海洋大学等资源,打造在海洋科技创新领域处于全国领先水平的中国(舟山)海洋科学城。做大做强海洋卫星通信、电子商务、文化创意、工业设计、大数据等五大海洋科技产业园区。

加快数字海洋和信息化建设。适应当前"互联网+"的发展大趋势,推动海洋信息化与制造业、服务业等产业的深度融合。加快推进海洋数据中心建设,完善江海联运信息与数据服务体系。不断创造新的市场、新的业态、新的经济增长点。以创新和信息化为动力,向智能制造转型。凭借信息化提高资源配置效率和整合力度。加快数字海洋、智慧舟山建设,并不断拓宽领域。支持基于互联网的各类创新,推动电子商务等新业态、新产业发展。

打造舟山新区优质教育品牌。探索建立国际名校、国内名校的舟山分校,带动舟山的基础教育、职业教育和高等教育有质的飞跃,提升水平至全国全省前列,从而为新区发展提供强有力的人才支撑,也成为吸引人才和企业、项目落户的重要亮点之一。充分发挥舟山在国防军事中的重要地位,把研学旅行、夏令营、冬令营等作为青少年爱国主义和革命传统教育、国情教育的重要载体,纳入中小学生日常德育、美育、体育教育范畴,增进学生对自然和社会的认识,培养其社会责任感和实践能力,强化中小学素质教育。如可以进一步发挥舟山市中小学素质教育实践学校的功能,使其成为面向全国的海洋教育实践基地。

(三)科学保护和开发岛屿,加快国际生态休闲岛建设

突出旅游惠民理念。发展旅游业,不但要扩大外来旅游者人数规模,更需要吸引中高端旅游群体,提升消费水平和城市品质,从而促进舟山本地旅游相关产业加快发展。旅游业的加快发展最终将更多惠及舟山新区居民,不仅仅会带来旅游人数的增加,还会带来生活品质和幸福指数的提高。继续推广创新旅游惠民各项措施,也能吸引外地游客享受舟山的旅游福利,使淡季不淡,从而解决旅游旺季的交通等系列问题和困境。数字化与旅游结合,建立智慧旅游信息系统平台。营造软件和硬件的细节完美,打造"美丽舟山"的乐游品牌。

突出健康养生发展。舟山市早在20世纪90年代就提前进入了老龄化社会,并呈现出进程加快的势头。但人口老龄化程度快于全国、全省平均水平。2010年舟山市65岁及以上老年人口占全市的10.50%,位于衢州、丽水和湖

州之后，居全省第四位，高出全国(8.87%)、全省(9.34%)平均水平。人口老龄化速度超越经济发展水平，人口老龄化的物质基础还相当脆弱，需要加快构建面向本地和外地居民的多层次新型养老模式。同时，海洋生态环境破坏、生产生活环境污染、气候异常变化等也给我们提出了严峻挑战，建设生态功能网络，打造“绿色舟山”“美丽海岛”，充分利用舟山生态环境优美、海洋气候优势，加快海岛休闲基地建设，大力发展健康养生产业。

突出海洋海岛主题特色。舟山市目前正着手自由贸易港区项目课题研究，并以此为契机，加强国内外交流与合作，引进项目对舟山某些岛屿进行整岛开发，建设一岛一品牌，一岛一主题。整岛开发的范围不仅是旅游，还可以是产业、科研、文化等各类领域。加快建设观音文化园、海洋主题游乐园、特色小镇等。如建造一个将海洋特色、城市文化品位、科技创意、休闲娱乐融合起来的大项目，把舟山具有浓郁海洋特色的手工艺、非物质文化遗产等融合起来，通过真人演示、现场体验等活态传承方式，保护非物质文化遗产，促进旅游和文化产业的良性互动，大力发展文化产业，形成特色鲜明的舟山海洋文化。

(张欣南　张　荣　孔海英)

台州生产性服务业比较研究

本文在对生产性服务业的内涵与外延界定基础上，运用详实的数据分析比较了台州生产性服务业的规模、占 GDP 比重、结构、从业人数、重点行业规模以上企业单位数和营业收入等发展状况指标，使用 SWOT 方法分析探讨了台州生产性服务业发展的优势、劣势、机遇和挑战，最后从政府层面、产业层面、集群层面和企业层面分别提出相应的对策建议。

生产性服务业是现代服务业的核心与重要组成部分。近年来，生产性服务业的发展越来越受到社会各界的重视。国务院、浙江省人民政府先后出台了《关于加快发展生产性服务业促进产业结构调整升级的指导意见》(国发〔2014〕26号)、《浙江省人民政府办公厅关于加快发展生产性服务业促进产业结构调整升级的实施意见》(浙政发〔2015〕37 号)，文件中明确指出，加快发展生产性服务业，是向结构调整要动力、促进经济稳定增长的重大措施。台州市服务业“十二五”发展规划提出“以生产性服务业集聚发展促进产业融合”的发展思路，计划到“十二五”期末，“基本构建起与沿海开发相适应的生产性服务业体系”。台州市委市政府把加快发展生产性服务业作为培育经济新增长点、加快经济转型升级的重要举措。如何在新常态下进一步推动生产性服务业的提升和进步，是台州转变经济发展方式、促进经济结构转型升级的关键之一。

一、生产性服务业的内涵与外延界定

由于研究的背景和侧重点的不同，国内外理论界对生产性服务业的界定并不一致，但对生产性服务业的内涵基本达成共识，即生产性服务业是指市场化的非最终消费服务，是直接或间接为生产过程提供中间服务的服务性产业，它贯穿于生产过程的各个环节。

生产性服务业除了具有服务业的一般特点以外，还具有自身的显著特征：一是中间投入性。中间投入特征是生产性服务业的最基本特征，它作为产品或其他服务的投入，发挥着中间功能。二是知识性。生产性服务业以先进科技、专业人才为主要生产要素，技术和知识含量较高。三是创新性。生产性服务业是高技术和新产品研发的重要推动力，能够对制造业的技术变革和产品创新起到引导作用。四是产业关联性。生产性服务业作为提供中间投入的行业，与制造业和其他服务业之间有较强的前向和后向关联性，突出表现为生产性服务业通过满足制造业及其他服务业的中间需求，对制造业和其他服务业形成较大的带动作用。五是地理集聚性。研究表明，生产性服务业尤其是高端生产性服务业倾向于分布在大城市，具有较强的地理集中特性。

根据2011年重新修订并批准发布的《国民经济行业分类》(GB/T 4754—2011)划分，综合考虑生产性服务业的含义及特征，本文将交通运输、仓储和邮政业、信息传输、软件和信息技术服务业、批发和零售业、金融业、租赁和商务服务业、科学研究和技术服务业6个行业作为生产性服务业的研究范畴。

二、生产性服务业发展状况比较分析

(一)生产性服务业规模、比重比较

1.从纵向比较，生产性服务业规模扩大，比重提高。近几年来，台州产业结构不断调整优化，服务业经济呈现较快发展态势，服务业占GDP的比重稳步提高。这一切都离不开生产性服务业的发展。2009年，台州生产性服务业增加值为415.02亿元，2014年增至738.74亿元。生产性服务业增加值占GDP的比重也不断提高，2009年为20.3%，除去2012年回落之外，之后几年基本保持平稳上升态势，2014年提高至21.8%。考虑价格因素，2010—2014年5年间除2012年生产性服务业增加值增长4.9%低于GDP增速(7.3%)外，其余4年生产性服务业增加值增速均高于GDP增速，2010年、2011年、2013年和2014年生产性服务业增加值增速分别高于同期GDP增速0.9个百分点、3.9个百分点、2.7个百分点和1.5个百分点。

2.从横向比较，台州生产性服务业增加值占GDP的比重低于全省同期水平，增加值增速亦低于全省同期水平。2009—2014年6年间，台州生产性服务业增加值占GDP的比重与全省差距最大年份为2012年(低3.5个百分点)，差距最小的年份为2014年(低2.1个百分点)，其余年份差距基本维持在2.1个百分点至3.5个百分点之间。2010—2014年5年间，台州生产性服务业增加值增速除2012年比全省低4.9个百分点、2013年与全省持平外，其余年份基本比全省低0.7个百分点以内。

(二)生产性服务业结构比较

1.从纵向比较，传统生产性服务业比重有所提高，新兴生产性服务业比重有所下滑。一般，我们将交通运输、仓储和邮政业、批发零售业2个行业划分为传统服务业，而将信息传输、软件和信息技术服务业、金融业、租赁和商务服务业、科学研究和技术服务业这4个行业划分到新兴服务业之中。传统服务业在国民经济运行中起着基础、基石的作用，但新兴服务业在其创新性、运行

效率等多方面都比传统服务业有着更大的优势，与其他产业的联系更为紧密，对现代经济的推动作用巨大。2009—2014 年六年间，传统生产性服务业与新兴生产性服务业的比重交叉起伏，但从 2014 年与 2009 年比较来看，传统生产性服务业比重 2014 年比 2009 年提高 0.9 个百分点，2014 年新兴生产性服务业比重比 2009 年下降 0.9 个百分点。传统生产性服务业内，交通运输、仓储和邮政业比重 2014 年比 2009 年下降 2.2 个百分点，批发和零售业比重 2014 年比 2009 年提高 3.1 个百分点。新兴生产性服务业内，6 年间金融业在生产性服务业所含各行业中所占比重最大，各年所占比重均高于 33.1%，但 2014 年比 2009 年仅提高 0.8 个百分点，同期信息传输、软件和信息技术服务业比重下降 4.1 个百分点，租赁和商务服务业、科学研究和技术服务业比重分别提高 0.8 个百分点和 1.5 个百分点(鉴于篇幅，数据表略)。

2. 从横向比较，新兴生产性服务业比重较大程度落后于全省同期水平。2009—2014 年 6 年间，浙江新兴生产性服务业比重最低年份为 2014 年(54.9%)，最高年份为 2012 年(56.7%)。台州新兴生产性服务业比重与全省差距最大的年份为 2012 年，比全省低 8.0 个百分点，差距最小的年份为 2010 年，比全省低 4.2 个百分点。

表 1　2009—2014 年台州与浙江传统、新兴生产性服务业所占比重比较

单位：%

指标＼年份	2009	2010	2011	2012	2013	2014
台州传统生产性服务业所占比重	49.5	48.3	48.5	51.3	50.1	50.4
浙江传统生产性服务业所占比重	43.4	44.1	43.7	43.3	43.8	45.1
台州新兴生产性服务业所占比重	50.5	51.7	51.5	48.7	49.9	49.6
浙江新兴生产性服务业所占比重	56.6	55.9	56.3	56.7	56.2	54.9

(三)生产性服务业从业人数比较

1. 从纵向比较，生产性服务业从业人数不断增加，比重总体上升。随着生产性服务业的不断壮大，其从业人员数量也在不断增加，占全社会从业人员数量的比例也在不断增大。2009 年，台州生产性服务业年末从业人员为 60.1 万人，至 2014 年末已增加到 67.17 万人，共增加 7.07 万人，每年平均增加约 1.41 万人。6 个行业中，批发和零售业从业人员数量始终居首位，2009 年和 2014 年分别为 27.39 万人和 27.01 万人，分别占当年生产性服务业从业人员的 45.6%和 40.2%，但是比重则在逐年下降。5 年间，金融业的从业人员增加量最多,2014 年较 2009 年增加 2.64 万人,平均每年增加 0.53 万人。生产性服务业从业人员占全社会从业人员总量的比重也在不断上升。2009 年,生产性服务业从业人员占全社会从业人员总量的比重为 15.9%,之后总体趋势处于上升通道,2014 年为 16.7%,5 年共上升 0.8 个百分点,平均每年上升 0.16 个百分点。

2. 从横向比较,台州生产性服务业从业人数比重高于全省同期水平。2009 年,台州生产性服务业从业人数比重比全省高出 1.4 个百分点,到 2014 年,比重比全省仅高出 0.5 个百分点,差值呈总体缩小趋势。

(四)台州重点发展行业规模以上企业比较

台州提出充分把握产业“高端化、智能化、低碳化”发展趋势,促进产业集聚,着力在研发设计、第三方物流、金融服务、信息技术服务、节能环保服务、电子商务、商务服务、服务外包、人力资源服务和品牌建设等重点领域发展上求突破。上述几个重点领域行业基本包含在生产性服务业六大组成行业内。一个地区的规模以上企业数量的多少和规模的大小代表了该地区该行业的发展程度。下面着重选取第三方物流、金融服务、信息服务、商务服务、研发设计这 5 个行业(节能环保服务、电子商务、服务外包行业单位数较少,人力资源服务和品牌建设行业已包括在商务服务业内,故不选取),对其规模以上企业单位数、营业收入等指标进行比较分析。

1. 金融服务业单位数占全省比例最高,信息服务业占比最低,其他行业居中。台州规模以上金融服务业企业(不含证券业)单位数为 77 家,占全省比例为 9.9%,居全省第五位。金融服务业是 5 个行业中与行业单位数最多市差距最小的行业。信息服务业单位数为 7 家,占全省比例仅为 1.0%,居全省第九位。第三方物流、商务服务、研发设计行业单位数分别为 32 家、108 家和 41 家,均居全省第六位。(见表 2)

表 2 2014 年全省部分行业规模以上企业单位数、营业收入比较

指标/地区	第三方物流		金融服务		信息服务		商务服务		研发设计	
	单位数(家)	营业收入(亿元)	单位数(家)	营业收入(亿元)	单位数(家)	营业收入(亿元)	单位数(家)	营业收入(亿元)	单位数(家)	营业收入(亿元)
浙江省	771	814.3	776	9283.0	694	1602.3	1875	1727.0	994	563.5
杭州市	113	174.0	139	3344.0	510	1509.3	730	924.2	407	379.1

续　表

指标 / 地区	第三方物流		金融服务		信息服务		商务服务		研发设计	
	单位数（家）	营业收入（亿元）	单位数（家）	营业收入（亿元）	单位数（家）	营业收入（亿元）	单位数（家）	营业收入（亿元）	单位数（家）	营业收入（亿元）
宁波市	403	480.9	101	1898.5	101	39.0	383	382.3	229	77.6
温州市	56	32.4	87	872.2	8	3.2	144	49.1	86	18.4
嘉兴市	45	30.7	69	470.5	15	5.9	146	110.5	61	16.7
湖州市	20	8.0	55	293.9	11	1.5	59	33.8	31	8.9
绍兴市	27	13.2	79	669.8	10	1.2	127	52.6	59	26.1
金华市	46	35.4	47	678.7	22	37.7	83	96.9	39	12.1
衢州市	5	2.3	37	147.1	2	0.6	11	3.4	11	2.9
舟山市	22	17.4	32	141.5	3	0.7	53	35.3	14	3.3
台州市	32	17.3	77	598.5	7	2.4	108	30.8	41	14.1
丽水市	2	2.7	53	168.0	5	0.8	31	8.3	16	4.3
台州占全省比重（%）	4.2	2.1	9.9	6.4	1.0	0.1	5.8	1.8	4.1	2.5

2.户均营业收入规模较小。从五大行业看，各行业营业收入占全省比重皆低于单位数比重，商务服务业单位数比重为5.8%，营业收入比重仅为1.8%，两者相差最大。除研发设计户均营业收入居全省第三位外，金融服务、信息服务、第三方物流和商务服务行业营业收入分别居全省第六位、第六位、第八位和第十位。金融服务业户均营业收入为7.77亿元，与全省比较的比率为65.0%，是五大行业中比率最高的；信息服务业户均营业收入为0.34亿元，与全省比较的比率为14.6%，是五大行业中比率最低的。

三、生产性服务业发展SWOT分析

台州生产性服务业在目前和未来的发展中既充满机遇，又面临挑战。接下来本文将利用SWOT分析方法，从优势（Strength）、劣势（Weakness）、机遇（Opportunity）和威胁（Threat）4个方面，对台州生产性服务业的发展进行比较分析。

(一)发展优势(Strength)

1. 三产比重超过二产比重。单纯从结构方面来看,由于第一产业份额较小,台州第二产业与第三产业占GDP的比重成此消彼长的关系。近10年来,第二产业增加值占GDP的比重总体呈下降趋势,第三产业增加值占GDP的比重总体呈上升趋势。2014年,第三产业增加值占GDP的比重为47.0%,超过第二产业比重(46.6%),仅次于杭州(55.2%)、温州(50.1%)、金华(48.7%)和舟山(48.2%),使台州成为全省第三产业比重超过第二产业比重的5个地市之一。三产比重提高既是由生产性服务业较快发展带动的,反过来又能促进生产性服务业占GDP比重提升。

2. 服务业集聚区初具规模。截至2014年底,全省100个省级服务业集聚示范区中,台州有10个,与湖州并列第四。其中,在10强榜单中,台州市占据1席,即台州市金融服务集聚区。台州市金融服务集聚区是浙江省仅有的两家金融类集聚区之一,在2014年省级服务业集聚区考核评价中排名第九位。台州金融服务集聚区位于开发区核心区块,集中在中央商务区、市府大道、中心大道,其发展目标是立足台州,面向全省和长三角地区,打造一个机构齐全、融资渠道多样、服务高效、环境诚信的区域性金融集聚平台。从上文比较也可以看出,台州金融业单位数达77家,居全省第五位,仅次于杭州、宁波、温州和绍兴,在数量上具有相对优势。

3. 专业化分工进一步深化。工业增加值占工业总产值的比重越小,专业化分工越深化,就越有利于生产性服务业的发展。从2000年到2014年,台州专业化分工不断深化,工业增加值占工业总产值的比重逐渐下降,从2000年的25.7%下降到2014年的20.3%。传统的工业企业逐渐意识到光靠初级生产加工不利于企业长远发展,要想在激烈竞争中立于不败之地,就必须提高产品质量,加大信息化、研发设计等投入。制造业的这种需求就刺激了生产性服务业的发展,一部分活动在企业内部完成,而由于专业知识技术等的限制,大部分活动则通过服务外包,如由专业从事某一行业的公司来完成。台州专业化分工程度加深,促使生产性服务业新兴行业出现并使经营更加专业化,从而促进生产性服务业不断发展。

(二)发展劣势(Weakness)

1. 生产性服务业发展相对滞后。一是规模偏小,比重偏低。通过上文比较可以看出,2009—2014年,台州生产性服务业增加值占GDP的比重与全省差距在2.1个百分点至3.5个百分点之间,处于偏低水平。二是传统生产性服务业比重偏高,新兴生产性服务业比重偏低。台州经济发展以工业为主导的特征明显，与工业关系更为密切的批发业、交通运输、仓储和邮政业发展较快，比重较大，导致传统生产性服务业比重有所提高。三是台州生产性服务业重点发展行业除金融服务业外，其他行业单位数较少，户均营业收入偏低。

2. 生产性服务业市场化程度较低。台州的生产性服务业由于缺乏市场运作的经验，行业的市场化程度普遍较低，表现为：服务领域较为狭小，服务品种少，本地化现象明显，服务成本高，服务水平无法满足市场的需求。正如前文所述，台州节能环保服务、电子商务行业、人力资源服务和品牌建设业、信息服务业单位数偏少，而且单位规模较小，无法满足当地较大的市场需求。

3. 生产性服务业投资比重偏低。固定资产投资（不仅仅是生产性服务业投资）的增长，一部分并不是直接用于某一具体行业，而是用于道路、公共设施、教育、卫生等，改善了基础设施条件，增强了供给的保障能力，是服务业尤其是生产性服务业持续发展的可靠保证。实证研究表明，生产性服务业投资和生产性服务业增加值之间具有显著的正相关性，生产性服务业投资对生产性服务业增加值的拉动作用较为明显。2009—2013 年，台州生产性服务业投资比重在 8.2%—10.8%之间波动，同期，浙江生产性服务业投资比重在 9.9%—13.7%之间，台州与全省相比比重偏低。

4. 对外贸易程度有待提升。扩大对外开放，发展进出口贸易，一方面促进了交通运输、仓储和邮政业等物流业的发展，另一方面也促进了信息服务业的发展。同时，随着对外贸易的扩大，国际结算的增加，货物运输等保险需求的增加，在一定程度上又促进了金融保险业的发展。因此，对外贸易程度与生产性服务业发展息息相关。对外开放程度一般用进出口总额占生产总值的比率（对外贸易比率）来衡量。2014 年，台州进出口总额占台州生产总值的比率为 40.0%，居全省第七位，比比率最高的宁波（84.5%）低 44.5 个百分点，有待提升的空间较大。

5. 政府支持力度不够。台州市政府虽然已开始加大对生产性服务业的支持力度，但是相比之下仍然不够。另外，政府在教育、培训高素质从业人员方面所做的支持也不够。

（三）发展机遇（Opportunity）

1. 政策引导和支持。2015 年浙江省政府正式出台《关于加快发展生产性服务业促进产业结构调整升级的实施意见》（以下简称《实施意见》），提出要加快生产性服务业发展，引导企业向价值链高端发展，促进农业生产和工业制造现代化，加快生产制造与信息技术服务融合，实现三次产业在更高水平上有机融合。《实施意见》提出，要重点推进 11 个设区市生产性服务业核心区、15 个省级产业集聚区的生产性服务业功能区以及 61 个生产性服务业集聚示范区建设，依托各类开发区加快建设一批生产性服务业公共服务平台，形成金融、科技、信息、商务、节能环保等一批重点特色生产性服务业集群。

2. 市场需求潜力较大。台州地处长江三角洲，生产性服务业以长江三角洲制造业企业为主要服务对象，而长江三角洲是世界重要的制造业中心，该地区对生产性服务业的需求一直较大，同时为生产性服务业发展所依托的物流、资金流和信息流提供了基础条件，这些都给台州生产性服务业的发展带来了很大的市场。

3. 城市发展空间拓展。根据城市空间发展结构理论，城市化带来的城市规模扩容、城市基础设施完善、城市功能强化等，客观上为生产性服务业发展提供了良好的物理空间和物质条件，有助于生产性服务业的区位集聚及产生集聚效应，并迅速带动生产性服务业在量上的增长。台州市城市总体规划(2002—2020 年)的出台和“ 都二城”战略的提出，都会在一定程度上促进城市化进程的加快，因此，相关的商业、交通运输、信息传输等的需求也会进一步加大，这对台州生产性服务业的发展是个重要契机。

(四)发展威胁(Threat)

1. 生产性服务业发展较强城市的挤出效应。由于生产性服务业与制造业的空间具有可分离性，可以独立于制造业企业所在地而进行，台州周边的上海、杭州、宁波等地的生产性服务业在某些行业规模更大，实力更强，对台州的生产性服务业需求有分流作用，抑制了当地生产性服务业的发展。

2. 生产性服务业企业外流。目前企业外流有两种形式，一是把企业搬迁到宁波、上海等地；二是企业销售人员和业务仍旧在台州，但在宁波、上海等地注册了新的企业，把销售发票开到了外地。从企业调研了解，国内不少省(区、市)，还有宁波部分地区的企业可以免交水利建设基金，上海、杭州等地印花税还可以有折扣优惠，在一些自贸区和保税区，税费优惠力度还要更大。相比较而言，不少贸易企业反映台州税负比较重，尽管部分县(市、区)最近开始实施水利建设基金返还 70%或 80%的政策，但是与外地相比，差距还比较明显。按销售额 10 亿元计算，台州的企业至少要多缴水利建设基金 20 万—100 万元。

四、生产性服务业发展对策建议

鉴于生产性服务业的主要作用之一是降低制造业交易成本和促进制造业产业升级，目前台州尚处于工业化转型时期，台州应重点发展与现阶段制造业性质与发展水平相适应的生产性服务业。因此，台州生产性服务业发展方向可以定位在物流业、金融服务业、信息服务业、科技服务业和商务服务业。

（一）政府层面：完善四项保障措施

一是构建发展的体制与机制环境，二是打造发展的良好税收环境，三是编制发展的战略性规划，四是设立发展的专项引导基金。

（二）产业层面：坚持五个重点发展

一是整合提升物流业规模质量，二是进一步突破发展金融业，三是大力提升信息服务业，四是着力提高科技服务业，五是快速推进商务服务业。

（三）集群层面：构筑四大服务平台

按照服务内容或功能，生产性服务体系主要包含了基础服务、生产服务、研发服务和商务服务等四大平台。通过财政专项资金引导建立各种基础服务平台、生产服务平台、研发服务平台和商务服务平台等，创造集群内互动的良好环境，密切集群主体之间的关系，增强集群竞争优势。

（四）企业层面：优化四种路径模式

1. 升级模式：推进生产性服务企业自身提升。2. 转型模式：加快制造业企业服务化发展。3. 外包模式：推动制造业企业生产性服务外包。4. 剥离模式：鼓励制造业企业服务剥离。

课题负责人：陈敏志
课题组成员：颜海彬　潘　洪　李　华
执　　　笔：李　华

海曙区楼宇经济发展比较研究

楼宇经济是现代城市经济社会发展到一定阶段出现的一种新型经济形态，其发展水平是衡量一个地区经济发展状况、综合实力的重要指标。海曙区作为宁波市的中心城区，具备优先发展楼宇经济的优越条件，经过10年的大力发展，已成为经济增长的重要支撑力量。根据第三次经济普查数据，2013年海曙区楼宇经济发展载体有157个，入驻各类单位达6224家，收入百亿元楼有6幢，税收亿元楼达17幢，楼宇经济发展成效斐然。但与发达城区相比，楼宇经济的产出水平、辐射能力仍有待提高，楼宇总体品质不高、配套不足等问题也制约着楼宇经济的进一步发展。

一、海曙区楼宇经济的发展现状

（一）楼宇载体的发展状况

1.体量居全市首位。随着恒泰大厦、科创大厦、人寿大厦等楼宇相继投入使用，楼宇载体不断增多。2013年末，海曙区拥有各类楼宇载体157处186幢，其中9层以上的商务楼宇达154幢，分别比2008年、2004年增加了34幢和63幢；商务办公面积达373.00万平方米，占市中心四区的比重保持在四成左右，总量位列全市首位。

2.写字楼是主体类型。按楼宇载体建筑形式来看，纯写字楼的比例最高。在154幢9层以上商务楼宇中，中行大厦、外运大厦、恒泰大厦等纯写字楼达104幢，面积达249.75万平方米，分别占全部楼宇的67.5%和67.0%；其次是大公馆、城市广场、天之海大厦等商居两用楼宇，共有27幢，面积达67.89万平方米，分别占全部楼宇的17.5%和18.2%；而华侨豪生、威斯汀、万豪商务等酒店式楼宇相对较少，共有21幢，面积达51.36万平方米，分别仅占全部楼宇的13.6%和13.8%。

3.单体规模不断提升。从9层以上商务楼宇的建成年份看，"九五"期间投入使用的楼宇数最多，达43幢；"十一五"期间投入使用的楼宇面积最大，达107.51万平方米。从单幢平均面积来看，单体规模呈逐步上升趋势。楼宇单幢平均面积1995年、2000年、2005年和2010年分别达2.20万平方米、2.26万平方米、2.26万平方米和2.42万平方米。2013年末，建筑面积达5万平方米以上的楼宇有 43 幢，占全部楼宇面积的 48.0%，楼宇单幢平均面积为 2.42 万平方米，土地利用集约度不断提高。

4. 地域分布呈“双轮驱动”。从楼宇载体的地域分布来看，初步形成了一东一西两个相对集聚区。东集聚区是以“三江口”为地理核心，西沿护城河呈扇形展开，主要覆盖江厦、鼓楼、月湖 3 个街道，集聚区内既有环球中心、恒泰大厦、人寿大厦等现代化高端商务楼宇，也有长春大厦、中山大厦等 20 世纪 90 年代初建造的老旧存量楼宇，楼宇分布密度大。西集聚区是以环城西路为中轴，呈南北带状分布，主要覆盖望春、白云、段塘 3 个街道，随着海曙区打造城西北商贸商务区的进程加快，集聚区内新建楼宇不断涌现，如恒茂商务楼、21 码头、丽园尚都、香溢泛亚中心等。

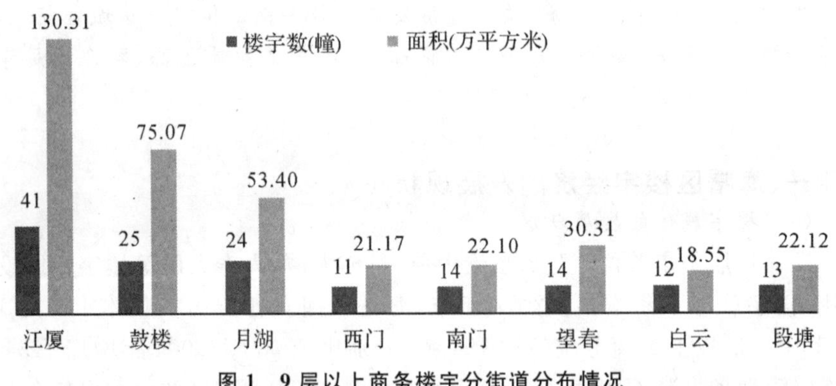

图 1　9 层以上商务楼宇分街道分布情况

(二) 楼宇经济的数量特征

2013 年，辖区各类楼宇载体中入驻各类单位数、吸纳从业人员数分别占全区的 48.2%和 48.3%，按照法人口径计算的增加值占全区的比重达 69.0%，分别较 2008 年提高了 13.4、7.7 和 12.2 个百分点，楼宇经济占全区经济份额不断提升，支撑经济发展的主导地位进一步巩固。

1. 总量规模更大。2013 年末，入驻各类楼宇载体的产业活动单位达 6224 家，分别比 2008 年和 2004 年增长了 49.2%和 169.1%。其中，法人单位有 5129 家，分别较 2008 年和 2004 年增长了 55.9%和 205.2%；楼宇单位共吸纳从业人员 16.99 万人，分别较 2008 年和 2004 年增长了 64.8%和 106.4%，占全区所有单位从业人数的 48.3%，比重较 2008 年提高了 7.7 个百分点。

2.盈利能力更强。按照法人在地口径测算[①],2013 年楼宇单位实现增加值达 400.27 亿元,比 2008 年增长 75.6%;若剔除金融业,分别比 2008 年和 2004 年名义增长了 121.7%和 433.8%;实现营业收入 2519.90 亿元,分别比 2008 年和 2004 年增长 90.0%和 3.7 倍;实现利润总额 213.94 亿元,分别比 2008 年和 2004 年增长 57.8%和 8.7 倍;按照法人口径计算,楼宇企业人均实现增加值 23.60 万元,分别较 2008 年和 2004 年增长 27.1%和 99.8%,楼宇企业的盈利能力不断提高。

3.单体产出更高。从营业收入来看,电力总部、石油大厦、浦发大厦、新兴大厦、科创大厦、中信银行大厦等 6 幢楼宇年营业收入超百亿,营业收入 10 亿元以上楼宇有 51 幢,营业收入超亿元楼宇达 81 幢,分别较 2008 年增加了 4 幢、18 幢和 35 幢。从税收来看,中信银行大厦、华联写字楼、维科大厦、石油大厦等 17 幢楼宇成长为税收亿元楼,分别较 2008 年和 2004 年增加了 6 幢和 14 幢;汇金大厦、亚细亚大厦、天封大厦等 49 幢楼宇年税收达千万元以上,分别较 2008 年和 2004 年增加了 16 幢和 32 幢,提升幅度明显。

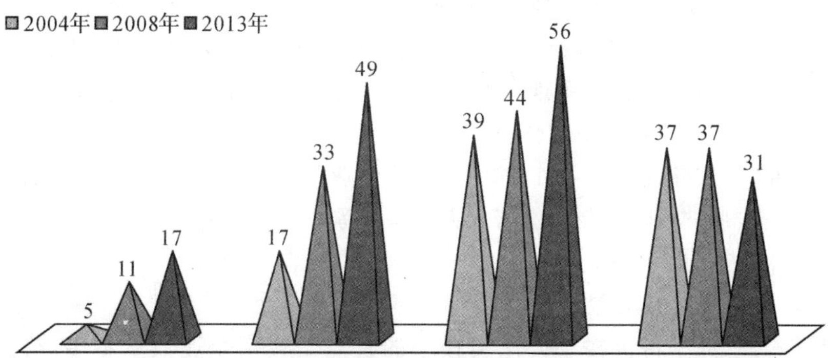

图 2　楼宇年产税规模对比(幢)

(三)楼宇经济的结构特征

1.产业结构:现代服务业占据主导地位。2013 年末,在 5129 个楼宇法人单位中,工业、建筑业仅 267 家,占比不到 5.2%;而服务业单位则占 94.8%。现代服务业主导地位进一步稳固。入驻楼宇的现代服务业法人企业达 2577 家,较 2008 年增长 59.2%;占全部楼宇法人企业的比重达 50.3%,高出非楼宇现代服务业企业比重 24.3 个百分点,较 2008 年和 2004 年提高 1.1 和 10.8

① 为便于计算,本课题中楼宇单位增加值未考虑总部企业地区分摊因素,相关数据做同口径调整。

个百分点。楼宇现代服务业企业实现增加值 298.94 亿元，较 2008 年增长 2.5 倍，占全部楼宇企业的 74.7%；吸纳从业人员 7.64 万人，较 2008 年增长 18.6%。

2.企业结构：两极分化现象凸显。从企业数量上看，小微企业数量占绝对地位。2013 年末，楼宇企业中大型企业、中型企业、小型企业和微型企业分别为 51 家、241 家、735 家和 3722 家，小微企业占比达 93.9%，占绝对主导地位。从产出规模上看，大中型企业是楼宇产出的支柱。2013 年，数量占比仅 6.1% 的大、中型企业分别实现营业收入 820.91 亿元和 678.54 亿元，占比分别达 32.6%和 26.9%；实现增加值 145.31 亿元和 23.29 亿元，占比分别达 68.0% 和 10.9%。而数量占比 93.9%的小微企业实现营业收入 277.87 亿元，实现增加值 44.95 亿元，占比分别为 15.7%和 21.0%。企业之间两极分化现象十分显著。

3.区域结构：东中西区块趋势各异。东集聚区优势明显，单位数量、效益均处于龙头地位。90 幢楼宇共入驻企业 3836 家，实现营业收入 2029.14 亿元，实现增加值 332.80 亿元，吸收从业人员 11.72 万人，分别占全部楼宇企业的 61.6%、80.5%、83.1%和 69.0%。西集聚区共入驻楼宇企业 1268 家，实现营业收入 213.15 亿元，实现增加值 30.48 亿元，吸收从业人员 2.57 万人，分别占全部楼宇企业的 20.4%、8.5%、7.6%和 15.1%。覆盖西门、南门街道的“中间带”共入驻楼宇企业 1120 家，实现营业收入 277.61 亿元，实现增加值 37.00 亿元，吸收从业人员 2.71 万人，分别占全部楼宇企业的 18.0%、11.0%、9.2%和 16.0%。

(四)楼宇经济的集聚特征

1.综合总部型特色楼宇。该类楼宇的特点是楼宇企业数量不多，行业分布不广，但凭借重点企业的支撑，呈现经营规模较大，税收贡献度高，行业带动性强等特点，成为独具一格的总部型楼宇。如中行大厦、中保大厦、石油大厦、中西大厦、南苑大楼等楼宇，这些楼宇入驻企业虽不超过 20 家，但依靠金融企业、重点批发零售、住宿餐饮业企业等总部企业的巨大影响力，成为海曙区的重点楼宇。目前，全区共有总部型的楼宇 20 余幢。

2.单一行业型特色楼宇。从入驻企业 30 家以上的 54 幢楼宇来看，总体呈现商贸流通型楼宇为主，专业服务型楼宇为辅的格局。其中，批发零售企业占比超过 30%以上的楼宇达 38 幢，占据半壁江山，时代金领、星河湾商务楼等楼宇中批发零售企业超六成。其次是以货运代理为主的交通运输型楼宇，银亿时代大厦、外运大厦成为货代企业最为集中的两个楼宇。其中，银亿时代大厦依靠外运大厦的辐射效应，楼宇企业中半数以上从事货运代理业，并有35家国内外知名企业的分公司入驻。

3. 产业链条型特色楼宇。该类楼宇中各行业企业分布较为均匀，但彼此呈现高度的关联性，形成了较为明显的产业链。如电子商务大厦入驻的47家企业中，集合了批发零售、商务服务、信息技术、科学研究等多行业的企业，这些企业以电商批发零售企业为核心，涵盖了平台服务、金融扶持、软件服务、网络销售、物流服务等产业一条龙，实现了楼宇经济的产业链条式发展模式。此外，中农信大厦、天一豪景、汇金大厦、都市仁和等天一商圈周边楼宇，形成了国际贸易为主、货运代理为辅的格局，4幢楼宇共集合了批发零售、交通运输企业279家，占全部企业的56.9%。

二、海曙区楼宇经济发展的比较分析

（一）纵向比较

考虑到楼宇经济的集聚性、辐射力、高效率和高效益等特性，在借鉴相关经验的基础上，我们尝试从总量规模、集聚能力、辐射能力、生产效率和效益水平等5个方面选取了9个统计指标，采用IMD的国际竞争力指数评价方法，对指标进行简单平均赋权法进行科学评价，结果如下：

1. 发展水平总体呈现量质齐升的趋势。从三次经济普查三个节点来看，海曙区楼宇经济发展处于不断壮大的过程。分年度来看，楼宇经济发展指数综合评价得分在2013年最高，达85.38分，较2004年和2008年分别提高了68.45分和38.54分。

分领域来看，2013年9项指标中仅有1项指标得分不是最高，其他指标综合得分均位居首位。其中，注册资金亿元以上企业资本占有率，由于近几年新注册小微企业比重增多，招商引资规模较前几年有所下降，导致辐射能力综合得分三个年份基本维持小幅波动。其余各领域指标综合得分均呈现明显的上升趋势。

表1　三次经济普查楼宇经济发展分项指标得分

指标名称	2004年	2008年	2013年
总评价得分	16.9294	46.8433	85.3780
总量规模	1.0402	10.9639	20.9700

续　表

指标名称	2004 年	2008 年	2013 年
楼宇面积	0.3267	7.0635	10.2946
楼宇企业营业收入	0.7135	3.9004	10.6755
集聚能力	1.3411	8.9937	21.2165
楼宇单位数比重	0.9178	3.1630	10.7139
增加值占 GDP 比重	0.4233	5.8307	10.5026
辐射能力	10.9545	11.1487	10.9929
现代服务业企业占比	0.8391	3.4126	10.7022
注册资金亿元以上企业资本占有率	10.1154	7.7361	0.2907
生产效率	0.4114	6.9278	11.3767
劳动生产率	0.4114	6.9278	11.3767
效益水平	3.1822	8.8093	20.8220
资产利润率	2.8940	1.0169	10.7248
楼宇企业税金	0.2881	7.7924	10.0971

2.发展速度在后金融危机时代呈现先扬后抑的趋势。由于经济普查为 5 年一次，为了准确反映楼宇发展的趋势，本课题对原有指标进行修正，采用规模以上企业的数据进行替代，以反映 2008—2013 年楼宇经济发展的具体走势。

从走势来看，楼宇经济发展呈现“先降后增再回落”的发展态势。2009 年由于受金融危机的影响，企业盈利能力、生产效率出现下降，导致综合得分降至 6 年内最低点，较 2008 年下降了 23.40 分。2010—2012 年随着实体经济的逐步复苏，楼宇综合得分呈现回升，但回升的幅度呈现先缓后快的态势。其中，2010 年综合得分比上年提高了 2.42 分，2011 年比上年提高了 9.07 分，而 2012 年随着金融危机影响的逐渐减弱，综合得分比上年大幅提高了 20.35 分。进入 2013 年，随着国内外形势的趋变，综合得分小幅下降至 60.45 分，较 2012 年降低了 3.16 分，仍为 6 年内第二高分。

图 3　2008—2013 年楼宇经济发展综合评价

(二)横向比较

1. 与周边城区比，总量领先但先发优势不断弱化。与市区其他城区相比，海曙区楼宇经济总体规模仍保持宁波市领先地位，但先发优势在逐步弱化。至 2013 年前三季度，江东区已拥有各类商务楼宇 120 余幢，使用面积 290 万平方米，比海曙区少 70 万平方米。税收亿元楼 6 幢，比海曙区少 11 幢。但是江东区近 3 年内新建成商务楼宇 15 幢，新增面积 90 万平方米，而同期海曙区仅新建成商务楼宇 9 幢，新增面积 33 万平方米，远低于江东区的发展速度。2013 年上半年，鄞州区拥有商务楼宇 45 幢共 161 万平方米，累计入驻企业 2752 家，楼宇数量、楼宇面积和企业家数分别比海曙区少 111 幢、212 平方米和 3472 家，发展规模仍处于起步阶段。但是根据规划，未来鄞州南部商务区总共将建 52 幢商务楼宇，总建筑面积达 220 万平方米，预计整个商务区建成后每年可产生 30 亿元税收。而海曙区近 5 年来只新增了 36 幢楼宇，而且无论从楼宇品质和政策扶持上来看，较鄞州区都有差距。

2. 与先进城区比，水平居中但发展后劲相对不足。与国内先进城市的中心城区相比，海曙区楼宇经济发展水平位于中游水平。楼宇最优租金是指一个地区最佳地段最佳楼宇的平均租金，能直接反映一个地区楼宇经济发展的水平。2013 年，海曙区的最优租金为 120 元/平方米·月。据戴德梁行的报告显示，海曙区这一最优租金水平低于北京、上海、深圳、广州、沈阳、杭州、成都等城市，但高于青岛、西安、武汉、大连、重庆等城市，总体处于中游水平。

先进城区的楼宇发展水平高于海曙区。上海市静安区共有商务楼宇 200 多幢，建筑面积约 430 万平方米，聚集了国泰君安、光大证券和爱建证券等总部企业，吸引了瑞士银行、高盛国际、摩根士丹利等跨国公司驻华办事处入驻。2011 年税收亿元楼已达 19 幢，100 幢重点楼宇税收合计 140.7 亿元，占全区税收总额的 64.7%。天津市和平区共有商务楼宇近百座，使用面积达 361 万平方米，并且每年楼宇在建规模 500 万平方米、竣工 100 万平方米。商务楼宇入住率达 90%以上，入住企业总数近 6000 家，税收亿元楼 23 座。

三、海曙区楼宇经济发展存在的问题

(一)辐射能力有待加强

1. 部分楼宇特色不够明显。目前，海曙区的特色主题楼宇主要有两类，一类是以电力大楼、石油大厦、外运大楼、交行大厦等“总部楼”为主，一类是数量众多的以批发零售业为主的“商贸流通楼”。由于海曙区一直实行全区招商模式，同时又缺乏明确的特色楼宇发展规划的导引，靠市场自发形成特色楼宇正在不断弱化。如华联写字楼，2004 年入驻的货运代理比重高达 78.0%；但到 2013 年，入驻企业从事交通运输的企业比重下降到 42.6%，原本特色鲜明的“货代楼”已名不副实。

2. 比较优势产业不够突出。根据 2012 年宁波市投入产出调查结果发现，纺织服装及其制品业为强辐射、弱制约的成熟行业，是带动经济发展的增长极；租赁和商务服务业等 3 个行业为强辐射且强制约的行业，是拉动经济发展的重要支柱行业；批发和零售、金融业等 3 个行业为弱辐射、强制约的行业，是制约经济发展的主要行业。教育、文化等四大行业为弱辐射、弱制约的行业，与其他行业的耦合度不高。对经济发展推动作用明显的 4 个强辐射行业，其单位家数占全部楼宇单位家数的比重仅为 28.7%，实现营业收入占比仅为 12.1%，楼宇经济的产业结构不合理制约了其辐射能力的提升。

3. 区域产业布局不够合理。由于街道招商工作缺乏区域化详细规划，引进企业的同质化、同业化趋势比较明显，除了电商园区等少量几幢楼宇外，各区域的楼宇经济产业结构总体上非常类似，如 8 个街道的主导产业比较一致，楼宇产业均是以批发零售业和商务服务业为主，造成楼宇企业质量参差不齐，楼宇群难以形成集约化布局，资源要素分流现象严重，楼宇内部、楼宇与楼宇之间很难形成完善的产业链，导致楼宇经济的产业耦合度不高。

(二)效益产出有待提升

1. 利税增速趋缓。一方面，从企业的平均利润来看，由于企业增长速度远快于市场需求增长速度，再加上金融危机下导致的企业用工成本、融资成本、经营成本大幅上升，企业经济效益普遍下降，2013 年户均利润总额较 2008 年仅增长 1.2%。另一方面，从楼宇的税收产出来看，仍然主要依靠金融、物流、批零等行业的支撑，能大幅拉动楼宇税收增长的新企业不多，能成为新的税收亿元的楼宇屈指可数。再加上近年来的结构性减税，财政对新兴产业的税收优惠影响，楼宇税收新的增长点不足。

2.企业稳定性弱。一方面,部分老旧楼宇成为小企业的成长孵化器。2013年末,楼宇企业中小微型企业的比重达95%以上,这些小微企业受宏观形势影响大,抗风险能力相对较弱,关、停、并、转现象频发。2013年末,楼宇企业中,成立时间不足5年的“新生代”有2533家,比重高达54.4%。另一方面,外流现象不断加剧。2008年末,入驻楼宇的各类单位中,5年后仍在经营的仅占55.0%,有1183家法人单位是因搬迁、业务转移等形式离开海曙区。

3.新进企业规模小。从近5年新引进的楼宇企业来看,主要从事对外贸易、货运代理、商务服务三大行业,企业无论从知名度、资产规模还是行业影响力,较楼宇经济发展初期均出现了一定的下降。从注册资本来看,5年内新开楼宇企业户均注册资本468.5万元,2004—2008年新开楼宇企业的户均注册资本达3105.1万元,2004年前新开楼宇企业的户均注册资本高达4053.5万元。

(三)发展环境有待改善

1.楼宇品质相对不高。一方面,新建楼宇比重不高。由于海曙土地资源稀缺,近五年来竣工的新建楼宇面积较上一个5年有较大幅度的减少。从存量楼宇看,甲级写字楼数量较少,面积占比不足10%;大部分楼宇建成于20世纪90年代,缺乏办公通信自动化、消防报警智能化、安保监控自动化等星级标准配置,导致存量楼宇对跨国公司区域性总部、高端商务服务企业的吸引力降低。另一方面,针对老旧楼宇的提升改造工程总体推进较为艰难。灵桥广场、天封大厦等改造项目因楼宇业主之间的利益难以协调而陷入停滞;亚细亚A座、世贸中心两幢多产权楼宇改造因对市场预判不准而几经波折,尚难言成功。此外,停车难也制约了楼宇品质的进一步提升。

2.物业管理水平普遍不高。目前,全区楼宇载体的物业管理水平相对不高,具有国家一级资质的物业管理公司所管理的楼宇数量还不到楼宇总数的一半,大多数楼宇物业仅停留在安保、公共卫生打扫、收发报纸信件、日常维修等,没有更多的附加功能。有些物业公司仅仅只是收取租金,未能为客户提供高效及时的物业服务。在杭州的商务楼宇中,仅戴德梁行等国际物业公司的管理面积比重就达30%左右,海曙区这方面尚是空白,这从侧面反映出楼宇开发商后续服务精细化管理意识较淡薄。

四、海曙区楼宇经济发展的对策建议

(一)强化规划引领,提升长期发展力

一是优化新建楼宇规划。要坚持高起点规划、高标准建设、高效能管理的方针,建设一批规模大、布局优、配套全、特色强、服务精的高品质现代化楼宇;

在开发商的选择上，要坚持开放的视野和国际化的理念，鼓励实力雄厚、声誉良好、眼光长远的知名开发商参与开发。二是优化存量楼宇规划。对全区商务楼宇开展全面排摸，针对老旧楼宇制订改造计划，探索实力企业收购回租，大业主主导、小业主参与自主改造，国内外优秀物业管理公司主导等模式，建立分步推进机制，以存量带增量，实现原有楼宇的全面改造提升和有机更新。三是优化产业布局规划。要注意规划好楼宇的产业定位，协调好各方利益关系，避免重新出现混杂式的发展模式，引导楼宇朝高端化发展。

（二）强化要素集聚，提升辐射带动力

一是整合楼宇资源，促招商选资。要对辖区范围内的楼宇进行排摸、分类，盘活和有效整合现有楼宇资源，根据产业集聚的要求，有序推进楼宇业态的调整。二是打造特色楼宇，促品牌效应。着力打造专业特色鲜明、行业集聚度高、产业关系紧的特色品牌楼宇，增强楼宇经济的核心竞争力。引导楼宇产权单位合理定位楼宇功能，扶持特色楼宇的开放式共用平台建设。重点培育一批特色楼宇，引导产业链的集中布局，增强企业间、楼宇间的互动交流，打造宁波市楼宇经济发展的高地。三是坚守定位，促产业集群。针对海曙区的总体发展布局，结合各区块功能定位，着力引进一批国内外大型企业的区域性总部；通过“退二进三”，积极吸纳一批区域内规模较大、实力较强的企业管理、营销、研发和投资等总部机构，形成以企业为中心，楼宇为载体，相关行业企业在产业特点明显的楼宇内集聚。

（三）强化优胜劣汰，提升综合竞争力

一是突出招商重点。改革招商考核机制，避免出现唯税收、唯注册资金的导向，注重技术、人才等软实力的引进。着力引进创新性团队和创新性领军人才，从技术上和管理上加大企业创新，从源头上推进总部经济、电商经济的发展。二是突出服务留企。尽全力留住经济效益好、税收贡献大的企业，为企业发展留足空间。有条件地选择一两幢楼宇作为改革试点，在总部企业入驻的楼宇引进一批与之产业链相匹配的企业，推动重点企业在资本、技术、信息方面的反哺作用，带动中小企业发展壮大。三是突出做大做强。对于区内条件成熟的企业，鼓励其通过资本市场实现资源优化配置以及管理制度创新，不断推进产业转型升级。重点关注“新三板”IPO 相关政策，出台推进企业对接多层次资本市场的实施意见和奖励政策，在上市政策解读、资金奖励、募投项目、人才政策、公司并购等方面加大对企业的支持力度。

（四）强化机制保障，提升配套服务力

一是搭建多元化融资机制。针对楼宇企业中九成为小微企业的特点，在政府引导下，探索构建多元化的投融资渠道。加强政府、银行和企业三方的沟通，完善楼宇小微企业融资担保运行机制，引导商业银行向科技研发类、文化创意类、电子商务等新兴产业的楼宇企业和项目提供贷款，扶持小微企业发展壮大。二是搭建无障碍信息交流机制。加强部门与企业之间、企业与企业之间、企业家与企业家之间的信息互通，引导企业参加各类会展、洽谈会，扩大企业的业务范围。有计划地组织行业内的在职人员进行培训，提高企业应对政策变化的能力，及时与企业做好信息共享。三是搭建一站式快速服务机制。借助行政审批制度改革的契机，不断精简审批层级，缩短审批时间，提高行政审批效率。加强商圈对企业的服务能力，指导企业在注册、纳税、宣传、安全生产等方面的工作要求，让企业少走弯路。特别是在政策落地上，提高政策兑现的时效性，及时让企业享受政策红利。

（宁波市海曙区统计局）

基于多指标综合评价方法的嘉兴五县市经济竞争力比较研究

近年来，受国内外复杂多变的宏观经济环境影响，平湖市外向型经济驱动减弱、资源要素遭遇瓶颈、投资增长后劲不足等问题逐步凸显，制约了平湖市经济持续稳健增长。同时，周边海宁、桐乡、嘉善、海盐等县市的较快发展对平湖市经济发展形成的压力也越来越大。深入比较研究平湖市与周边县市经济发展的现状，把握平湖市经济发展的优势与劣势已成为重要课题。本研究基于2003年、2008年与2013年的嘉兴五县市三次经济普查数据，采用因子分析法与主成分分析法两种分析方法综合评价平湖市在嘉兴五县市中的经济竞争力，并基于实证分析的结果提出相应的对策建议。

一、经济竞争力评价指标体系与研究方法

（一）指标体系

参考国内外相关研究成果，结合平湖市实际情况选取如下19项指标构建了经济竞争力评价指标体系：X1——地区生产总值（GDP），X2——GDP年均增长速度，X3——人均GDP（常住人口），X4——固定资产投资，X5——规上工业总产值，X6——一般公共预算收入，X7——人均一般公共预算收入，X8——一般公共预算收入年均增长速度，X9——社会消费品零售总额，X10——实际利用外资，X11——外贸依存度，X12——人均居民储蓄，X13——工业企业密度，X14——城市化水平，X15——第三产业增加值比重，X16——进出口总额，X17——居民储蓄，X18——工业企业单位数，X19——行政区域面积。

（二）研究方法

本研究涉及嘉兴多个县市多项指标，所选取的样本容量较大，需要采用多指标综合评价方法。由于传统的多指标综合评价方法不适合处理多指标大样本的复杂问题，因此选取了主成分分析法与因子分析法，这两种方法能有效克服传统评价方法的短板，并采用少数变量（因子）来综合反映原始变量的主要信息，虽然进行了降维处理，但其所包含的信息量仍然占原始信息的85%左右，因此其可信度依旧很高，可以有效地分析问题。

二、嘉兴五县市经济竞争力实证分析

本文采用 SPSS 软件对嘉兴五县市 2013 年的第三次经济普查数据进行了定量分析，囿于篇幅，正文仅列出相关结果。主成分分析法与因子分析法均提取了 3 个公共变量，其方差累积贡献率在三次经普截面数据中分别达 93.041%、92.879%、92.283%，表明所提取的公因子信息已充分反映了各县市的经济发展水平。现将主成分分析与因子分析结果按三次经普截面数据分别梳理如下。（注：囿于篇幅，本文着重对 2013 年截面数据进行分析，2008 年、2003 年分析省略）

（一）2013 年经济普查截面数据分析

表 1　2013 年经普截面数据分析

	地区	C1 得分	C1 排名	C2 得分	C2 排名	C3 得分	C3 排名	综合得分	综合排名
主成分分析	嘉善	−0.532	4	0.997	2	−1.187	5	−0.204	4
	平湖	−0.196	3	1.069	1	1.226	1	0.380	2
	海宁	1.276	1	−0.332	3	0.490	2	0.640	1
	海盐	−1.248	5	−1.221	5	0.332	3	−0.896	5
	桐乡	0.700	2	−0.513	4	−0.860	4	0.080	3
因子分析	地区	F1 得分	F1 排名	F2 得分	F2 排名	F3 得分	F3 排名	综合得分	综合排名
	嘉善	−0.624	4	−0.845	5	−0.981	5	−0.696	5
	平湖	−0.482	3	1.664	1	−0.431	3	0.119	3
	海宁	0.901	2	0.152	2	1.181	1	0.689	1
	海盐	−1.026	5	−0.591	4	0.961	2	−0.516	4
	桐乡	1.230	1	−0.381	3	−0.730	4	0.404	2

1. 主成分分析。

C1：体现了地区经济发展规模。该主成分主要体现了地区生产总值、固定资产投资、规上工业总产值、一般公共预算收入、社会消费品零售总额、居民储蓄、工业企业单位数、行政区域面积等主要总量指标信息，上述指标在主成分 C1 上具有高荷载（载荷值均高于 0.80）。2013 年，平湖市 C1 主成分得分在嘉兴五县市排名第三，但取值为负数−0.482（见表 1），且大幅低于前两位的桐乡 1.230 与海宁 0.901。对照图 1 不难发现，尽管平湖经济规模在嘉兴五县市排名第三，但是与海宁、桐乡相比尚有较大差距。

C2：体现了地区经济发展质量。该主成分主要反映了 GDP 年均增长速度、人均 GDP、一般公共预算收入年均增长速度、实际利用外资、外贸依存度、人均居民储蓄、工业企业密度等经济效益指标信息。数据显示，平湖市 2013 年 C2 得分为 1.069，在嘉兴五县市中排名第一，除嘉善县外其他县市均为负值，表明平湖市 2013 年在经济发展质量上要优于嘉兴其他县市，经济发展具有较好的可持续性。

C3：体现了地区经济发展效益。该主成分对应体现了人均一般公共预算收入、城市化水平、进出口总额等指标信息。2013 年，平湖市 C3 得分为 1.226，在嘉兴五县市排名第一，远高于其他县市，表明平湖市经济发展效益总体表现良好，三大指标在嘉兴五县市均名列前茅，从而拉高了 C3 的整体得分。

主成分分析结果显示，2013 年平湖经济竞争力在嘉兴五县市中综合得分 0.380，排名第二，高于以综合得分 0.080 排名第三的桐乡，但得分大幅低于综合得分为 0.640 排名第一的海宁，而海盐与嘉善得分均为负值。就主成分分析而言，C3 对综合得分的贡献最大，C2 次之，而 C1 对综合得分贡献则为负值，整体评价结果表明，平湖市 2013 年经济发展相对较好，主要受益于经济增效显著，经济质量大幅提升，但经济规模较排名第一的海宁还有较大差距，相对排名靠后县市的领先优势也并不明显。

2.因子分析。

F1：体现了地区经济发展的要素制约。其中地区生产总值、固定资产投资、规上工业总产值、一般公共预算收入、社会消费品零售总额、第三产业增加值比重、居民储蓄、行政区域面积等指标主要受到 F1 因子的影响（因子载荷值均高于 0.80）。尽管 2013 年平湖市 F1 因子得分在嘉兴五县市中排名第三，但其评价结果呈负值，表明平湖市经济发展面临的资源要素制约问题近年来已逐步凸显。

F2：反映了外向型经济对地区经济发展的作用。对应于人均一般公共预算收入、外贸依存度、进出口总额等指标信息。2013 年平湖市 F2 得分为 1.664（见表 1），在嘉兴五县市中排名第一，远高于排名第二、F2 得分为 0.152 的海宁，其他县市 F2 得分为负值，表明外向型经济对平湖市经济发展的驱动作用依然显著。

F3：体现了消费与民生对地区经济发展的影响。对应体现了人均 GDP、一般公共预算收入年均增长速度。2013 年平湖市消费与民生因子尽管在嘉兴五县市中处于第三位，但是该因子得分为－0.431，表明近年来平湖市民生建设与居民消费增长相对不足，未能与经济发展形成良性互动。

因子分析结果表明，2013 年平湖市经济竞争力综合得分 0.119，在嘉兴五县市中排名第三，低于综合得分为 0.404、排名第二的桐乡，大幅低于综合得分为 0.689、排名第一的海宁，海盐与嘉善的综合得分则均为负值。就各个因子分析而言，F2 外向型经济对平湖市整体经济竞争力综合得分的贡献最大，而 F1 要素因子与 F3 消费与民生因子得分均为负值，表明 2013 年平湖市经济发展主要依靠外向型经济推动，而要素因子的驱动作用已遭遇了瓶颈，消费与民生因子的发展相对滞后，未能与经济发展形成良性互动。

(二)2008 年经济普查截面数据分析(略)

表 2 2008 年经普截面数据分析

	地区	C1得分	C1排名	C2得分	C2排名	C3得分	C3排名	综合得分	综合排名
主成分分析	嘉善	−0.163	4	−1.030	4	−0.025	5	−0.405	4
	平湖	0.497	3	−1.127	5	0.118	3	−0.081	3
	海宁	0.785	1	0.935	1	1.288	1	0.821	1
	海盐	−1.674	5	0.458	3	0.138	2	−0.706	5
	桐乡	0.555	2	0.764	2	−1.519	5	0.371	2
因子分析	地区	F1得分	F1排名	F2得分	F2排名	F3得分	F3排名	综合得分	综合排名
	嘉善	−0.582	4	−0.809	4	0.745	2	−0.476	4
	平湖	−0.530	3	1.580	1	0.610	3	0.277	3
	海宁	0.947	2	0.399	2	−1.241	5	0.488	2
	海盐	−1.029	5	−0.623	4	−0.931	4	−0.814	5
	桐乡	1.194	1	−0.547	3	0.816	1	0.526	1

(三)2003 年经济普查截面数据分析(略)

表 3　2003 年经普截面数据分析

	地区	C1 得分	C1 排名	C2 得分	C2 排名	C3 得分	C3 排名	综合得分	综合排名
主成分分析	嘉善	−0.530	4	0.484	2	−1.469	5	−0.387	4
	平湖	0.127	3	1.512	1	0.660	2	0.571	2
	海宁	1.132	1	−0.354	3	0.609	3	0.573	1
	海盐	−1.403	5	−0.756	4	0.812	1	−0.756	5
	桐乡	0.674	2	−0.885	5	−0.612	4	−0.001	3
因子分析	地区	F1 得分	F1 排名	F2 得分	F2 排名	F3 得分	F3 排名	综合得分	综合排名
	嘉善	−1.345	5	−0.279	3	1.132	1	−0.548	4
	平湖	−0.158	3	1.708	1	−0.493	4	0.284	3
	海宁	0.927	2	−0.115	2	0.592	2	0.531	1
	海盐	−0.467	4	−0.909	5	−1.442	5	−0.716	5
	桐乡	1.044	1	−0.405	4	0.211	3	0.448	2

(四)三次经普截面数据对比分析

综合三次经普截面数据的分析不难发现,主成分分析与因子分析方法的分析结果基本一致。整体而言,主成分分析法得到的结果略好于因子分析法,表明平湖市经济发展的外在指标表现要好于内在驱动因素,这一结论表明平湖市经济发展的内在因子驱动乏力,经济发展面临较大的转型升级压力。为准确把握相关因子与经济指标的变动趋势,进而引导平湖市经济良性发展,以下我们分别从评价因子与主要指标两方面对三次经普截面数据进行趋势比较分析。

评价因子变动趋势分析：

表 4　平湖市经济竞争力相关因子评价结果排名

方法	主成分分析								因子分析							
	C1		C2		C3		综合		F1		F2		F3		综合	
	得分	排名	得分	排名	得分	排名	得分	排名	得分	排名	得分	排名	得分	排名	得分	排名
2003 年	0.127	3	1.512	1	0.660	2	0.571	2	−0.158	3	1.708	1	−0.493	4	0.284	3
2008 年	0.497	3	−1.127	5	0.118	3	−0.081	3	−0.530	3	1.580	1	0.610	3	0.277	3
2013 年	−0.196	3	1.069	1	1.226	1	0.380	2	−0.482	3	1.664	1	−0.431	3	0.119	3

就主成分分析结果而言，平湖市三次截面数据分析得到的经济竞争力在嘉兴五县市中排名在 2003 年与 2013 年均处于第二位，而 2008 年则处于第三位（见表 4），而且 2008 年综合得分为负值，表明平湖市外向型经济受 2008 年全球金融危机影响较大，制约了整体经济的稳健增长。其中经济规模主成分（C1）始终处于第三位，不过其得分在 2013 年也出现负值，表明平湖市经济规模排名尽管相对稳定，但是经济增速逐步趋缓带来的竞争压力渐次加大。经济质量主成分（C2）在 2003 年与 2013 年均排名第一，而在 2008 年则下降至第五位，C2 得分也大幅逆转为负值，表明全球金融危机的传导效应对平湖市高度外向型经济形成了较大影响，外部市场的冲击导致平湖市经济质量相应大幅下滑。而经济效益主成分（C3）则呈现出上下波动状态，近年来又得以大幅提升，表明平湖市经济发展效益渐次向好，要素分配逐步向集约化发展。

就因子分析结果而言，平湖市综合排名在嘉兴五县市中始终稳定在第三位（详见表 4），但综合得分却呈现出逐步下降的趋势，表明平湖市经济发展的内在因子对经济的驱动作用正在逐渐降低。其中要素因子（F1）始终排名第三，其取值始终为负值并呈现出不断下降的趋势，表明平湖市经济增长正处于要素瓶颈期，要素对经济增长的驱动作用正在不断下降。相对而言平湖市外向型经济因子（F2）始终表现强劲，在嘉兴五县市中蝉联首位，不过 F2 得分近年来有所下降，表明外经外贸长期以来一直是平湖市经济增长的主要动因，但平湖市外经外贸的领先优势正在逐渐削弱。消费与民生因子（F3）表现相对落后，排名始终徘徊在第三与第四位，并且该因子在 2013 年与 2003 年的取值均为负值，相反 2008 年其取值为正值，表明平湖市民生建设与居民消费相对不足，未能与经济发展形成良性互动，而 2008 年由于受全球金融危机影响，平湖市出口与投资两架马车驱动乏力，倒逼企业转向拓展内需，使得 F3 因子有所改观。

三、主要指标变动趋势分析

在多指标综合评价分析的基础上，对相关主要指标也展开了深入考察，结果表明，平湖市在诸如 GDP 及其年均增速、固定资产投资、一般公共预算收入及其年均增速等经济规模与经济效益指标上多数均落后于海宁与桐乡，人均 GDP、人均居民储蓄等人均指标甚至落后于综合排名最后的海盐，这表明平湖市经济发展既需要规模增长又需要效益提升，经济正面临较大的转型升级压力。以下是具体指标的趋势分析。

1. 经济规模相关指标分析

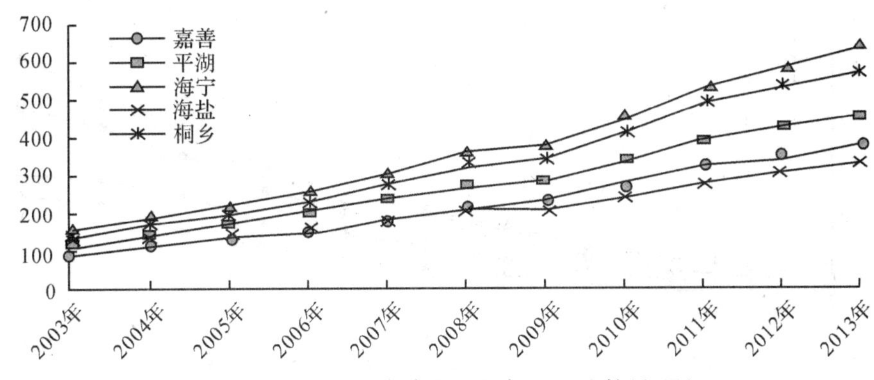

图 1 2003—2013 年嘉兴五县市 GDP 比较(亿元)

三次经普截面数据分析表明,平湖市经济规模在嘉兴五县市排名相对稳定,始终处于第三位,但经济增速有所放缓。图 1 显示平湖市经济规模近年来与海宁、桐乡的差距正在逐年加大,同时嘉善经济增速不减,对平湖市紧追不舍。就经济增速而言,由于海盐 GDP 基数最小,GDP 增速波动也最大,与之比较相对困难,比较的结果也不可靠,因此我们将海盐数据从比较序列中排除。2006 年以前平湖市 GDP 增速始终领先于嘉兴余下三县市,经济规模与"排头兵"海宁与桐乡的差距有逐年缩小的趋势,但自 2007 年起,平湖市 GDP 增速急转直下,在四县市中排名最后,直至 2012 年方有所回升。若以名义值计算,近年来年平湖市 GDP 名义增速在嘉兴五县市中排名仍处于最后。显然,在"标兵渐远,追兵渐近"的态势下,平湖市经济正面临较大的竞争压力。值得注意的是,平湖市近 5 年来经济平均增速已落后于经济规模排名第四的嘉善,若平湖市经济持续以低速增长则有被排名靠后县市赶超的可能。

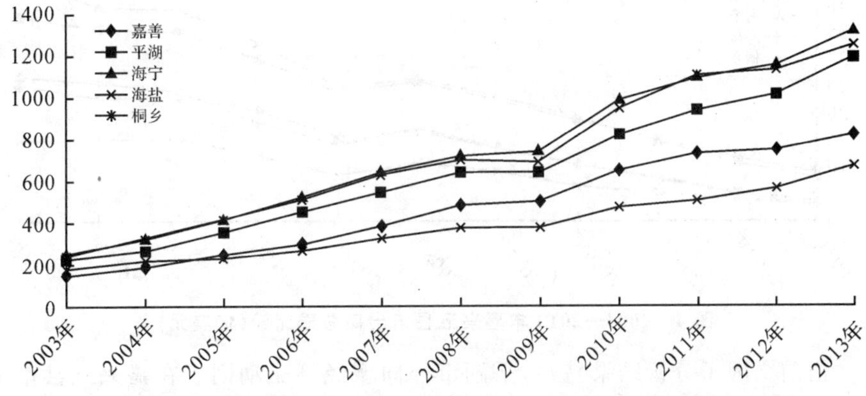

图 2 2003—2013 年嘉兴五县市规上工业总产值比较(亿元)

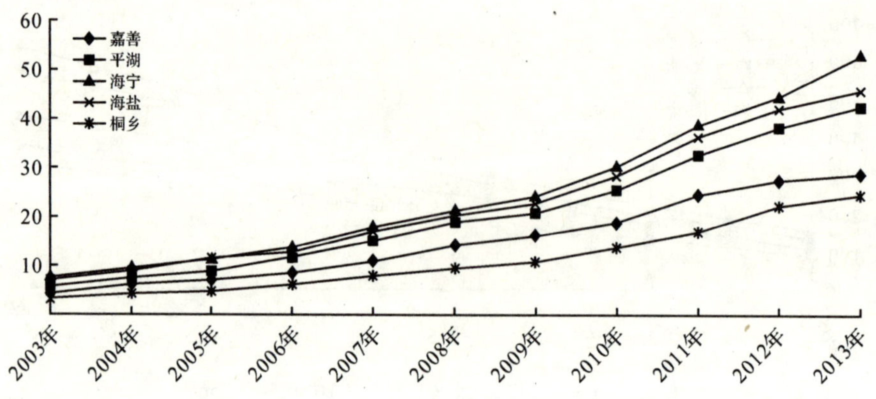

图 3 2003—2013 年嘉兴五县市一般公共预算收入比较(亿元)

图 2 表明,近年来平湖市规上工业发展势头迅猛,增速始终趋于高位,明显领先于海盐与嘉善,2013 年来甚至有迎头赶上海宁与桐乡的趋势。相对照图 1 经济规模相对平稳的走势不难发现,平湖市经济发展更加注重效益与质量,经济结构正在逐步优化,图 3 进一步印证了上述观点。平湖市一般公共预算收入近年来得以稳步增长,与桐乡的差距正在不断缩小,对嘉善与海盐的领先优势也在不断扩大。不过海宁近年来一般公共预算收入增长强劲,与嘉兴余下县市的差距明显拉开。因此,平湖市仍需大力加快经济转型升级步伐,不断提升经济效益与增长质量,进一步优化经济结构,进而增强平湖市经济竞争力。

2. 外经外贸相关指标分析

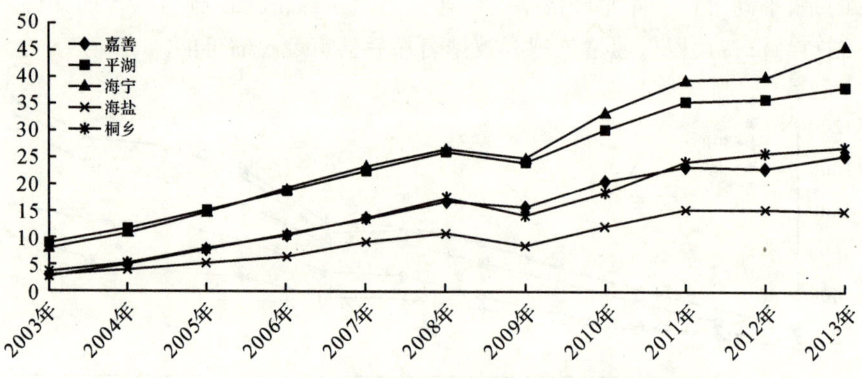

图 4 2003—2013 年嘉兴五县市出口总额比较(亿美元)

由前文因子分析结果易知,平湖市外向型经济驱动因子在嘉兴五县市中始终大幅领先，表明外向型经济始终是平湖市经济发展的主要驱动因子。自2003年以来，平湖市外贸依存度在嘉兴五县市中始终高居榜首，且基本维持在100%以上，不过自2009年全球金融危机后，平湖市外贸依存度出现大幅下滑，近年来方有所回升。这表明对外贸易始终是平湖市经济主要的驱动力，不过其驱动作用正在逐步减弱。图4历年出口总额比较显示，尽管平湖市外贸依存度在嘉兴五县市蝉联榜首，但出口总额自2005年开始已逐步落后于海宁，并且该差距有逐年扩大的趋势。这进一步表明平湖市外经外贸在嘉兴五县市中的绝对领先优势正在逐步减弱，出口对经济的拉动作用正在逐步减少。

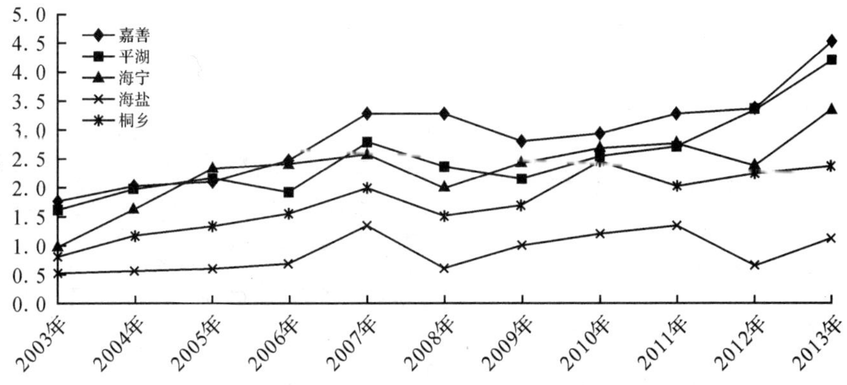

图5　2003—2013年嘉兴五县市实际利用外资比较(亿美元)

图5显示，平湖市实际利用外资近年来得以快速增长，在嘉兴五县市中仅次于嘉善，排名第二，而且外商投资增长势头不减，这表明平湖市吸引外资能力相对较强。目前，世界经济复苏仍存有诸多不确定性，出口引擎对平湖市经济增长的驱动作用短期内难有较大改观，若要维持平湖市经济平稳增长，必须另辟蹊径。

3.经济转型升级相关指标分析

基于前文分析不难发现，平湖市经济正面临较大的转型升级压力，在投资增长乏力、出口增长面临更大不确定性前提下，大力拓展内需势在必行。

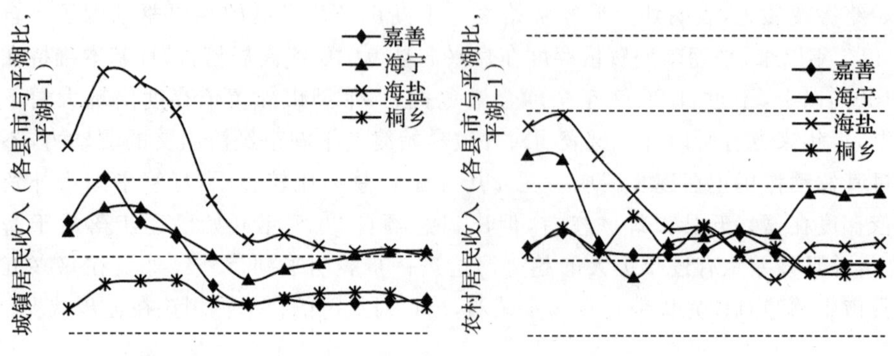

图 6　嘉兴五县市 2013 年城乡居民人均可支配收入比较(万元)

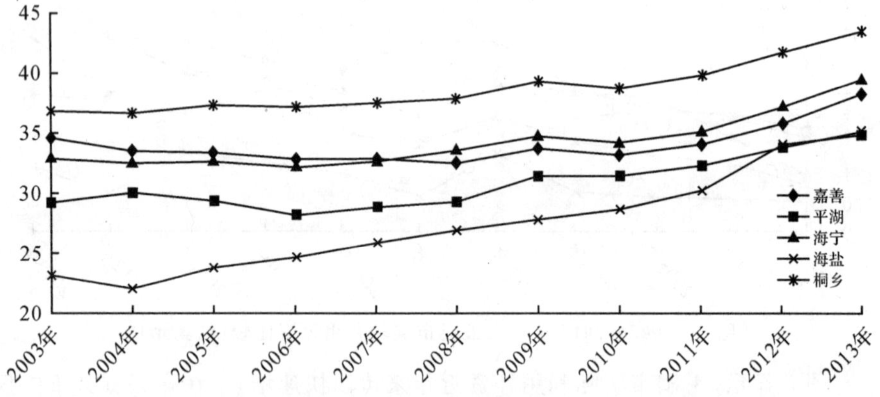

图 7　2003—2013 年嘉兴五县市第三产业增加值比重比较(%)

图 6 表明，平湖市城乡居民人均可支配收入在嘉兴五县市中均处于总体稳定，城镇收入水平差距缩小，逐步赶上高水平地区，而农村虽然位次在前移，但收入差距在拉大，更接近低水平地区。平湖市常住人口近年来也稳中有升，这对本地消费市场形成了良好支撑，平湖市应加大专业市场、消费市场与生活性服务业集聚建设的力度，以本地消费为突破口，逐步辐射周边区域进而拓展内需，形成平湖市新的经济增长极。同时，图 7 第三产业增加值的比较表明，平湖市第三产业的发展在嘉兴五县市中相对落后，长期处于倒数第二位，近年来更是基本与海盐同步位于榜末。不言而喻，平湖市第三产业发展严重滞后，产业结构亟待优化。

就创新驱动而言，平湖市研发投入占比近年来在嘉兴五县市中排名逐步靠后，表明平湖市创新驱动力正在逐渐弱化，而嘉善近年来创新驱动发展迅速，从 2003 年排名倒数第二到 2013 年跃居榜首，其后发优势表现抢眼，对经济增长形成了良好支撑。今后平湖市应积极响应国家创新驱动发展战略，强化供给侧改革，提高全要素生产率，提高经济增长的质量和效益，降低资源能源消耗，改善生态环境，实现经济集约式增长。

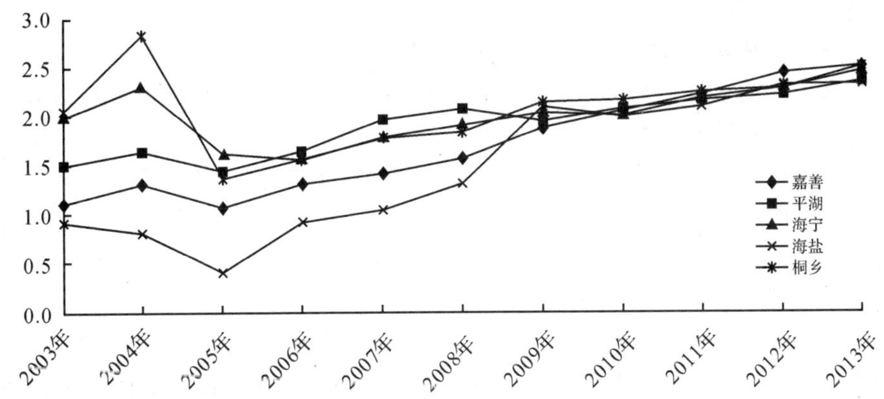

图 8　2003—2013 年嘉兴五县市 R&D 占 GDP 比重比较(%)

四、平湖市经济发展优势与劣势分析

根据前文主成分分析与因子分析的结果，结合平湖市近年来主要经济指标的变动趋势，本文总结了平湖市相对嘉兴五县市经济发展的优势与劣势，分别如下：

1. 平湖市经济发展的优势

相对周边县市而言，近年来平湖市经济发展较为平稳，工业发展势头良好，经济发展的质量较好；平湖市外向型经济的驱动作用明显领先于其他县市，但在当前持续低迷的世界经济大环境下，高度外向型的经济发展模式正面临较大的外部风险；平湖市居民人均可支配收入增长与稳定的常住人口近年来对刺激本地消费形成了良好支撑；此外，平湖市近年来尽管遭遇了要素瓶颈，但是“面向大海，背靠上海”的区位优势却随着新的国内外政治经济环境变化而进一步增强，今后“临沪、临港”经济必将成为平湖市新的经济增长极。

2. 平湖市经济发展的劣势

与周边县市相比，平湖市经济规模尚处于一般水平，经济增速相对滞后，经济发展的效率也有待提升，整体经济实力离前两位海宁、桐乡尚有不小的差距(2013 年，平湖市 GDP 仅为海宁的七成)；在世界经济复苏仍存有诸多不确定性因素的背景下，平湖市高企的外贸依存度正由传统优势演变为当下劣势；平湖市第三产业发展在嘉兴五县市中相对落后，经济结构正面临较大的转型升级压力，若能适时引导服务业发展形成后发优势，进而拓展内需促进经济增长，这一当前劣势也将转化为新的优势；就创新驱动而言，平湖市研发投入在嘉兴五县市中相对落后，创新驱动力弱，制约了经济增长的可持续性；此外，近年来资源要素对平湖市经济发展的制约也日益凸显，消费与民生增速相对滞后也成为平湖市经济发展的短板。

五、提升平湖市经济竞争力的政策建议

基于主成分分析与因子分析的结果以及平湖市经济发展的优势与劣势分析，本文认为平湖市经济发展总体表现良好，但与周边的海宁、桐乡等县市在某些方面存在一定的差距。今后平湖市经济发展应“扬长补短”，充分发挥“临沪、临港”的区位优势与外向型经济的领先优势，全面推进创新转型，克服资源要素瓶颈制约，积极致力于经济、社会、生态的可持续发展，提升平湖市经济综合竞争力。

1. 加大接轨上海力度，推动产业转型升级。今后平湖市应进一步打好“面向大海，背靠上海”两张牌，抓住长三角区域一体化的机遇，加快接轨上海步伐，大力发展临港经济。全面推进与沪基础设施接轨、产业接轨、公共事业接轨，实现优势互补、资源共享。把平湖市打造成为上海高端制造业配套基地、上海全球科创中心产业化基地和上海休闲旅游重要目的地。在区域产业布局上，以产业接轨为重点，形成临沪特色产业集群，促进产业从多样化转为特色化，使“临沪经济”成为平湖市经济增长的新亮点。

2. 大力发展现代服务业，形成经济增长新动力。“十三五”期间，平湖市应大力发展现代服务业，扭转第三产业在嘉兴五县市相对落后的现状，推动产业结构转型升级，形成后发优势，实现经济可持续发展。应立足现有产业条件和区位优势，突出发展现代物流、科技研发、商务金融等生产性服务业，大力发展休闲旅游、现代商贸、公共服务等生活性服务业，积极发展总部经济、服务外包、文化创意等新兴服务业。大力实施“专业市场培育、服务业大企业培育、商贸综合体建设、服务业集聚区建设、星级酒店提升”五大工程，增强地方财力，推动平湖市产业转型升级和改善人民生活水平，形成消费驱动经济增长的新动力。

3. 抓住战略机遇期，进一步提升外向型经济水平。伴随世界经济特别是欧美经济的逐步复苏以及我国“一带一路”战略的实施，平湖市开放型经济发展将迎来新的发展机遇。平湖市需提升利用外资水平，通过引进外资带动经济结构调整和产业转型升级，把利用外资与促进自主创新、推动产业结构优化升级、打造先进制造业基地结合起来，提高引进外资的产业层次和技术含量，努力引进科技含量高、税收贡献大、资源节约、环境污染小的项目。引导企业

积极参与国家“一带一路”开放战略，不断提升出口国际竞争力，全面提升平湖市对外开放水平，保持外向型经济新优势。

4.强化创新增效，破解要素制约。“十三五”期间，平湖市在大力发展需求侧的同时，应积极推进供给侧改革，逐步提升全社会要素生产率。把增强自主创新能力作为调整产业结构、转变增长方式的中心环节，引导与鼓励企业增加研发投入，提高企业创新能力，推动产业链向高端跃升。加大创新平台建设力度，支持创新要素向重点企业集聚，培育壮大创新企业，提升科技创新成果产业化水平。全面推进“四换三名”工程，推动经济增长从资源依赖型、投资驱动型向创新驱动型转变。

5.改善社会民生，支撑经济平稳发展。聚焦民生突出领域，深化社会建设和社会治理，优化公共资源配置，创新服务机制，探索完善新型多元社会治理体制，提高公共服务水平，推动社会民生进一步改善，增加居民收入，刺激社会消费，将需求侧管理与供给侧改革相结合，支撑平湖市经济社会和谐平稳发展。

嘉兴市统计局、嘉兴学院联合课题组
课题组成员：顾利鹤　戴　晋　杨在忠　纪海亚
执　　笔：戴　晋　纪海亚

绍兴越城区“三区”建设推进综合评价分析

全面推进“三区”(即宜居宜业示范区、城乡一体先行区、城市管理精品区)建设,是越城区第八次党代会提出的总体目标。2015 年,城区“三区”建设指标体系综合目标实现程度达 93%,比 2014 年提高 1.1 个百分点,达到了“三区”建设战略目标明确定位的基本实现阶段。实现程度逐年提高,2012 年、2013 年、2014 年分别为 81.48%、86.55%和 91.90%。

一、“三区”建设总体评价

(一)总体指标实现情况

“三区”建设评价指标包括客观发展指标和主观感受指标,是一个集经济、政治、文化、社会、生态、环境于一体的综合性评价体系。2015 年,“三区”建设综合目标实现程度为 93%,其中“宜居宜业示范区”“城乡一体先行区”“城市管理精品区”的实现程度分别为 95.16%、89.50%、94.55%,比 2014 年提高 1.08、2.3、0.15 个百分点。(见图 1)

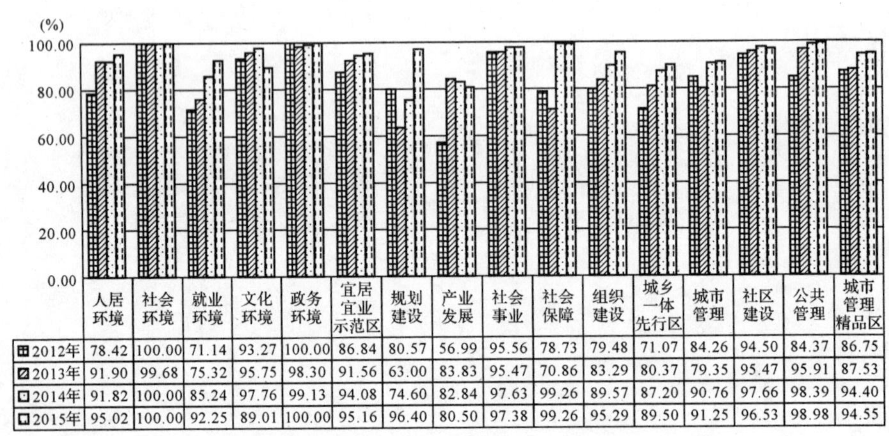

	人居环境	社会环境	就业环境	文化环境	政务环境	宜居宜业示范区	规划建设	产业发展	社会事业	社会保障	组织建设	城乡一体先行区	城市管理	社区建设	公共管理	城市管理精品区
2012年	78.42	100.00	71.14	93.27	100.00	86.84	80.57	56.99	95.56	78.73	79.48	71.07	84.26	94.50	84.37	86.75
2013年	91.90	99.68	75.32	95.75	98.30	91.56	63.00	83.83	95.47	70.86	83.29	80.37	79.35	95.47	95.91	87.53
2014年	91.82	100.00	85.24	97.76	99.13	94.08	74.60	82.84	97.63	99.26	89.57	87.20	90.76	97.66	98.39	94.40
2015年	95.02	100.00	92.25	89.01	100.00	95.16	96.40	80.50	97.38	99.26	95.29	89.50	91.25	96.53	98.98	94.55

图 1　2012—2015 年“三区”建设各维度实现程度对比(%)

(二)分领域指标实现程度分析

1.“宜居宜业示范区”建设指标实现程度。2015 年,越城区以“无违建区”“清三河达标区”创建等为抓手,切实加大节能减排力度,继续推进“五水共治”

“五气合治”等工作，改善环境质量，“宜居宜业示范区”建设维度实现程度达95.16%。分领域看，“社会环境”“政务环境”实现程度达100%；以下依次是“人居环境”“就业环境”和“文化环境”领域，实现程度分别为95.02%、92.25%和89.01%。在组成“宜居宜业示范区”建设的18项指标中，有10项指标的实现程度超过95%，其中“城市区域环境噪声等效声级值”“群众安全感满意率”“党务、政务、村(居)务公开规范化率”等7项指标实现程度为100%。与2014年相比，提升幅度较快的是“城镇新增就业人数”，2015年新增就业人员1.31万人次，其中：城镇失业人员再就业5070人，就业困难人员就业达1710人，目标实现程度提升10.8个百分点。主要污染物排放基本达标，完成越梅印染、镜湖印染、越大实业、兴发印花、金时针织、时运纺织等6家印染企业的关停工作。白鹭印染经上级部门同意，搬迁事项延期至2016年底前。“氨氮排放削减率”目标实现程度提升33.5个百分点。城乡居民收入稳步增长，城镇和农村常住居民人均可支配收入实现程度分别提升7.9和8.3个百分点。(见表1)

表1 “宜居宜业示范区”建设相关指标实现程度

<table>
<tr><th>领域</th><th>指　　标</th><th>2015年实现程度(%)</th></tr>
<tr><td rowspan="10">人居环境</td><td>城市空气质量优良率(%)</td><td>98.93</td></tr>
<tr><td rowspan="4">主要污染物排放削减率(COD/NH_3-N/SO_2/NO_X)(%)</td><td>90.00</td></tr>
<tr><td>94.21</td></tr>
<tr><td>83.16</td></tr>
<tr><td>72.50</td></tr>
<tr><td>城市区域环境噪声等效声级值(分贝)</td><td>100.00</td></tr>
<tr><td>地表水环境质量合格率(%)</td><td>83.22</td></tr>
<tr><td>人均公园绿地面积(平方米)</td><td>98.04</td></tr>
<tr><td>生态环境公众满意度(主观)(%)</td><td>100.00</td></tr>
<tr><td>小计</td><td>95.02</td></tr>
<tr><td rowspan="3">社会环境</td><td>省“平安县(市、区)”创建(分)</td><td>100.00</td></tr>
<tr><td>群众安全感满意率(主观)(%)</td><td>100.00</td></tr>
<tr><td>小计</td><td>100.00</td></tr>
</table>

续　表

领域	指　　标	2015年实现程度(%)
就业环境	城镇新增就业人数(万人)	82.58
	重大欠薪事件次数(起)	100.00
	城镇常住居民人均可支配收入(元/人)	93.05
	农村常住居民人均可支配收入(元/人)	92.73
	小计	92.25
文化环境	全区人均体育文化活动场所(地)面积(平方米)	88.76
	经常参加体育锻炼人数比率(%)	98.27
	教育文化娱乐支出占消费性支出比重(%)	80.00
	小计	89.01
政务环境	党务、政务、村(居)务公开规范化率(%)	100.00
	群众对政府依法行政满意度(主观)(%)	100.00
	群众对机关行风效能满意度(主观)(%)	100.00
	小计	100.00
合　计		95.16

2.“城乡一体先行区”建设指标实现程度。2015年,“城乡一体先行区”建设以产业发展为支撑,统筹抓好规划建设、社会事业、社会保障和组织建设等,实现新发展。“城乡一体先行区”建设维度实现程度达89.5%,提升最快,比2014年提升2.3个百分点。分领域看,“社会保障”领域实现程度最高,为99.26%;其次依次为“社会事业”“规划建设”“组织建设”和“产业发展”领域,实现程度分别为97.38%、96.40%、95.29%和80.50%。在组成“城乡一体先行区”建设的22项指标中,有15项指标实现程度超过95%,其中“城市化率”“农村生活污水行政村治理率”“第三产业占地区生产总值比重”“粮食功能区建成”“企业退休人员社区管理服务率”“当年后进村(社区)整转率”等9项指标实现程度为100%。与2014年相比,提升幅度最大的是“农村生活污水行政村治理率”。顺利完成16个的农村生活污水治理工作,提升68.8个百分点,2015年新增9个村、6137户农户受益,建设终端54个,铺设主管38761米,铺设支管50993米,改造化粪池6482户,累计投入建设资金约7236万元;等价

能源消费量继续大幅下降，2015 年累计下降 16.7%，“能源消费总量增速”实现程度提升 33.3 个百分点；“三星级以上基层党组织创建率”达 50.1%，实现程度提升 20 个百分点。2015 年，通过选派区级部门（单位）优秀干部到村担任“第一书记”，进一步强化村级班子领导力量，开展后进村党组织整转提升工作，当年后进村（社区）整转率达 100%；粮食功能区建成面积累计达 12509 亩，提前完成 2016 年目标。（见表 2）

表 2 “城乡一体先行区”建设相关指标实现程度

领域	指　　标	2015 年实现程度（%）
规划建设	城市化率（%）	100.00
	人均城市道路面积（平方米）	89.06
	农村生活污水行政村治理率（%）	100.00
	小计	96.40
产业发展	人均地区生产总值（人均 GDP）（实辖）（元/人）	92.22
	第三产业占地区生产总值比重（实辖）（%）	100.00
	高新技术产业增加值占工业增加值的比重（%）	100.00
	社会消费品零售总额（亿元）	86.40
	万元工业增加值能耗下降率（%）	96.00
	能源消费总量增速（%）	66.67
	粮食功能区建成（亩）	100.00
	现代农业园区（精品园）建成（个）	71.43
	地方财政收入增长率（%）	4.68
	小计	80.50
社会事业	省等级幼儿园创建率（%）	96.35
	义务教育学校省万校标准化达标率（%）	98.96
	社区卫生服务机构标准化率（%）	96.83
	小计	97.38

续 表

领域	指 标	2015 年实现程度(%)
社会保障	机构养老人数占老年人口总数比例(%)	97.42
	人均期望寿命(年)	99.63
	城乡居民医疗保险参保率(%)	100.00
	企业退休人员社区管理服务率(%)	100.00
	小计	99.26
组织建设	三星级以上基层党组织创建率(%)	83.50
	当年后进村(社区)整转率(%)	100.00
	“两新”组织党的组织和工作覆盖率(%)	100.00
	小计	95.29
合 计		89.50

3.“城市管理精品区”建设指标实现程度。2015 年,越城区文明指数测评始终保持在市区各区块前列,全国卫生城市通过复评。常态化推进“洁净越城”和“无违建区”创建,强化智慧城管规范管理,为改善市容环境、提升绍兴城市品位做出了积极贡献。“城市管理精品区”维度实现程度达 94.55%。分领域看,“城市管理”“社区建设”和“公共管理”领域实现程度分别为 91.25%、96.53%和 98.98%。在组成“城市管理精品区”建设的 17 项指标中,有 12 项指标的实现程度超过 95%,其中“市容秩序文明指数”“注册志愿者人数占城市建成区常住人口的比例”“居民对社区服务工作满意率”“食品安全抽查检验合格率”“亿元生产总值安全事故死亡率”等 7 项指标实现程度为 100%。与 2014 相比,提升幅度最大的是“门前三包责任制管理落实到位率”,2015 年以网格化管理为基础,通过“分级包干,责任到人”的方式,落实各个路段“门前三包”责任人,加大对门前三包的日常监督管理,签订“门前三包”责任书 23686 份,立案处理随意堆放生活垃圾 26 起,占道经营、店外经营等行为 300 余起,门前三包责任制管理落实到位率达 80%,实现程度较 2014 年提升 12.8 个百分点;目前越城区数字城管各终端累计受理案件 88277 件,应结案 88045 件,结案 87661 件,结案率 99.56%,按时结案率 98.39%,多次派遣率 1.67%。其次是“城市归属感”主观指标,经 2015 年抽样调查看,居民城市归属感有所上升,得分为 78 分,比上年提高 2.5 分,目标实现程度提升 3.13 个百分点,其中

居民对所居住社区(村)的环境卫生、空间舒适度、邻里交流及邻里关系、政府为居民服务的政策制度满意度达80%以上,比上年有较大提高;省检市民文明程度继续提升,实现程度达100%。(见表3)

表3 "城市管理精品区"建设相关指标实现程度

领域	指标	2015年实现程度(%)
城市管理	"数字城管"按时结案率(%)	99.38
	市容秩序文明指数(分)	100.00
	门前三包责任制管理落实到位率(%)	90.91
	道路清扫垃圾机械化收集率(%)	67.44
	道路循环保洁效率(分钟)	97.56
	无违建村(社区)覆盖率(%)	48.70
	注册志愿者人数占城市建成区常住人口的比例(%)	100.00
	文明单位创建数(个)	100.00
	市民文明程度(主观)(%)	100.00
	小计	91.25
社区建设	社区标准化建设覆盖率(%)	94.00
	契约化创建签约单位数(家)	93.75
	四星级及以上和谐社区创建率(%)	97.56
	居民对社区服务工作满意率(主观)(%)	100.00
	小计	96.53
公共管理(公共服务、公共秩序、公共安全)	食品安全抽查检验合格率(%)	100.00
	亿元生产总值安全事故死亡率(人/亿元)	100.00
	流动人口居住登记率(%)	97.89
	城市归属感(主观)(分)	97.50
	小计	98.98
合计		94.55

二、"三区"建设推进中值得关注的几个问题

从2012—2015年连续4年的检测结果看,"三区"建设指标体系评价综合

目标实现程度从 81.48%至 93%，提升了 11.52 个百分点，年均提升 2.88 个百分点，广大居民的生活质量日益提高。然而，制约“三区”建设水平提升的因素依然存在，主要有以下几个方面：

（一）维度之间发展不平衡，部分领域有待提升

一是三大维度之间发展不平衡。组成“三区”建设指标体系的三大维度的分项目标实现程度分别为 95.16%、89.50%、94.55%，分别比“三区”建设综合目标实现程度平均水平（93%）高 2.16、低 3.5 和高 1.55 个百分点。其中“城乡一体先行区”建设指标 4 年来均低于平均水平，与其余两大维度分别相差 5.66、5.05 个百分点，拉低了“三区”建设总体实现程度。二是部分领域有待提升。在组成“三区”建设三大维度的 13 个领域中，实现程度在 95%以上的有 9 项，占所有领域的 69.2%，实现程度在 90%—95%的有 2 项，在 80%—90%的有 2 项；实现程度最高的“社会环境”“政务环境”（100%）与实现程度最低的“产业发展”（80.5%）相差 19.5 个百分点。三是指标之间存在差异性。在“三区”建设评价体系的 56 项监测指标中，实现程度在 95%以上的指标共有 37 项，占所有指标的 66.1%，其中实现度达 100%的指标有 23 项，除每年会波动的时点指标外，“城市化率”“农村生活污水行政村治理率”“第三产业占地区生产总值比重”“高新技术产业增加值占工业增加值的比重”“粮食功能区建成”5 项指标已经提前实现“三区”建设目标。另外，有 13 项指标的目标实现程度低于 90%，其中“氮氧化物削减率”“教育文化娱乐支出占消费性支出比重”“现代农业园区（精品园）建成”“地方财政收入增长率”“道路清扫垃圾机械化收集率”“无违建村（社区）覆盖率”等指标未达到 80%。

（二）存在困难的问题较为突出，部分目标难以实现

从目前情况看，较难实现 2016 年目标的指标有“人均公园绿地面积”“人均城市道路面积”“人均地区生产总值”“社会消费品零售总额”“现代农业园区（精品园）建成”“地方财政收入增长率”“道路清扫垃圾机械化收集率”等。一是人均面积提升难。随着人口的不断增长，城区人均公园绿地面积、人均城市道路面积提升难。2014 年越城区人均绿地面积为 14.98 平方米，2015 年预计将为 15.03 平方米；2014 年人均城市道路面积为 17.06 平方米，2015 年预计将为 17.1 平方米，提升困难，短期内无法快速增长，预计难以实现 2016 年目标，也满足不了人们对城区道路、绿地、交通便捷性日益增长的需求。二是人均 GDP 实现难。2014 年以来全国经济进入新常态，普遍下调 GDP 增速，虽然越城区也相应将目标从 9%下调至 7%，但 2014 年 GDP 增长最终仅为 6.2%，2015 年 GDP 增长 5.6%，人均 GDP 达 8.2 万元，若 2016 年要实现人均 9 万元

的目标，全区 GDP 需增长 8%以上，就目前工业、投资、出口大幅下滑形势来看难以完成。三是财政、消费增长难。2015 年是经济运行困难的一年，主要经济指标中仅个别指标增长，地方财政收入、社会消费品零售总额无法延续前几年的高增长。特别是地方财政收入受缓交因素影响，上年基数、房地产成交量增价降、实体经济复苏不明显、第三产业发展不强劲、“营改增”进一步压缩地税税基等因素影响，2015 年大幅下降，全年下降 12.3%，与原先设定的 3 年累计增长 21.35%的目标相去甚远，预计难以完成；受消费需求不足等影响，社会消费品零售总额也无法达到 2016 年 250 亿元的目标总量。四是文明城市常态化管理难。虽然全国文明城市创建成功，但市民文明程度、公共卫生意识、对城市的归属感指标等短期内快速提升难，需要通过持续有效的载体和活动潜移默化地提高。市区交通隔离栏逐年增加，增加了机械作业难度，预计难以实现到 2016 年道路清扫垃圾机械化收集率达 90%的目标；无违建村(社区)覆盖率目前仅为 38.96%，争取到 2016 年实现覆盖率 80%的目标。另外，空气、水质量仍是 2016 年关注的重点，环保部门考虑到两项指标实现难度大而下调目标，目前看来 2016 年能够实现下调后的目标，但会导致目标值设定过低、主观感受和实现程度有一定距离。近年来全国性的雾霾天气有增多趋势，输入性雾霾影响扩大，同时天然气管网建设覆盖面小，煤改气工程难以推进，清洁能源改造推广力度有待加强，城市扬尘治理、禁止垃圾露天焚烧和农村秸秆焚烧等工作落实不够到位，优良天气比例(AQI)未明显好转，且在各县(市、区)中排名靠后。涉及空气污染方面的信访投诉数量依然居高不下，占信访投诉总量 60%以上；监测水质断面难度增加，2014 年考核为 9 个断面，监测指标 3 项，2015 年考核增加到 14 个断面，监测指标增加到 21 项，影响了水环境改善。

(三)部分指标下滑，提升空间有限

一方面，部分指标有下滑可能。2015 年文化环境领域较 2014 年下滑 8.75 个百分点，主要由于“教育文化娱乐支出占消费性支出比重”为 11.3%，下滑 2.9 个百分点。城乡一体化住户调查统计口径变更后，城镇居民中消费性支出比重变大导致该比重下降，新口径下全省平均值也未达到设定目标值 15%。产业发展领域较 2014 年下滑 2.34 个百分点，主要由于地方财政收入增长率大幅下降，实现程度下降 54.3 个百分点，影响全区实现程度下滑 1.0 个百分点。另外，主观指标把控困难，有下滑可能。2015 年，7 项主观指标实现程度为 99.6%。除城市归属感外，其他 6 项指标实现程度达 100%，主客观指标相差 8.2 个百分点。而主观指标容易受被调查对象主观感受的影响，对于空气、水质量，安全生产，食品质量高合格率与百姓满意度不匹配等问题，主观满意度存在不确定因素，有下滑的可能性。另一方面，受边际效用递减影响，总体实现程度环比增长率逐年下降，如 2014 年较 2013 年实现程度增加 5.35 个百分点，而 2015 年较 2014 年仅增加 1.1 个百分点。由于优势指标实现程度大多已达 95%以上，甚至为 100%，目前已有 37 项指标达到 95%以上，且有 23 项指标实现程度为 100%。2016 年在保持 23 项指标为 100%的情况下，假设这 14 项指标也达 100%，对总体目标实现程度贡献也仅为 0.5 个百分点。故要拉动整体实现度增长需在努力保持目前水平基础上，提升“地表水环境质量合格率”“城镇、农村常住居民人均可支配收入”、能耗下降两项指标、“三星级以上基层党组织创建率”“无违建村（社区）覆盖率”以及“地方财政收入增长率”等目前实现程度不太理想的指标，尤其是确保 2016 年地方财政收入增长率能实现增长 5%的目标和无违建村（社区）覆盖率达到 80%以上，预计 8 项指标合计对总体目标实现程度贡献 2 个百分点，勉强达到“三区”建设的战略目标定位全面实现阶段。

三、在区域融合发展中共建共享“三区”的几点建议

（一）补短板，谋划产业发展

2015 年是困难叠加的一年，经济短板现象愈加明显，财政收入大幅下降，投资、消费、出口一蹶不振，大部分经济指标下滑。“三区”建设综合指标体系中“产业发展”领域实现程度最低，2015 年实现程度仅为 80.5%，比上年下滑 2.34 个百分点，拉低“三区”综合目标实现程度 2.5 个百分点。2016 年也是实施“十三五”规划的开局之年，必须坚定信心、创新发展。一是要认清形势，迎难而上，使税源增长有突破；要准确研判经济形势对区域财政收入的影响，税源管理为中心，积极谋划布局，主动作为，力保财政收支平稳运行。二是要深挖“四下”潜力，借“产业活动单位转法人、大个体转法人”促增企业数量。加强基层单位的摸底了解，挖掘越城区税源的增长点，对符合规模以上的个体户、分公司要尽快督促其登记为独立法人企业；想尽办法留住优质企业，着力破解制约因素，优化服务环境，用政府的服务、环境的改善、老百姓的口碑留住企业，防止税源流失。三是坚持招商引资“一号工程”不动摇。继续实行区领导领衔重大招商项目制度和重点楼宇（厂房）招商“包保制”。加强已签约项目跟踪、落地服务，如黄酒小镇（东浦）、越城吾悦广场、国际跨国公司广场、镜湖游船中心等项目。突出镜湖新区核心区、鉴湖镇龙虎山等重点地块，积极引入总部企业、楼宇经济。加强招商服务，强化以商引商，促进越商回归。

（二）抓管理，提升城市品质

一是抓整治。抓“五气合治”“五水共治”工作，完成印染行业转型升级，进

一步扩充水质监测断面，力争生态环境有新提升；扎实开展“控违拆违”“四边三化”、交通治堵、食品药品安全、市容秩序、小餐饮整治等重点工作，及时回应群众反映热烈的问题及网上热点舆情；全面推进垃圾分类工作。二是抓创建。继续深化平安越城创建、枫桥式镇街创建；常态化推进“洁净越城”和省级“无违建区”创建等。三是抓保障。从严治党，严明政治纪律和组织建设，强化发展保障；加强人才支撑体系建设，营造创业创新就业环境；丰富精神文化生活，巩固和深化文明城市创建成果；提升教育品质，打造高水平教育区；深化医疗卫生体系建设，缓解看病难的问题；全面提升养老服务水平，加强养老机构建设；不断提升城市社区服务和自治管理水平；加快建立完善全覆盖的社会保障体系。

（三）强督查，攻坚有可能完成的指标

2016 年是“三区”建设收官之年，也是“十三五”规划的开局之年，事关能否达到“三区”建设战略目标定位的全面实现阶段(95%(含)- 100%)。2016 年的工作意义重大。必须以“三区”建设体系为载体，对照 2016 年目标值，加强对相关指标的督查，使创建成果不断深化。区级各部门要树立信心，做到心中有数，同时对接“十三五”规划，加强对上、对下的沟通联系，尤其是市级指标要提前把握好，合力攻坚有可能完成的指标，对完不成的指标强化督查、分析原因、提前预警、早做打算，为圆满完成“三区”建设目标、开创全区“十三五”经济社会发展新局面而努力奋斗。

课题负责人：韩江新
课题组成员：梁伟庆　马维娜
执　　　笔：马维娜

定海区低收入群体实现全面脱贫的路径探析

所谓低收入群体，是定海区根据实际确定的家庭年人均纯收入低于 9000 元的人员。根据有关部门提供的数据，截至 2015 年 11 月，这类群体约有 5000 户，共计约 8500 人。近年来，随着定海区经济建设的快速发展，低收入群体的生活水平得到了逐步改善，但与城乡居民家庭平均水平相比，仍有较大差距。今年，党中央、国务院发布了关于打赢脱贫攻坚战的决定，强调消除贫困、改善民生、逐步实现共同富裕，是社会主义的本质要求，是党的重要使命。为此，促进低收入群体收入增长，缩小贫富差距，成为定海区今后一段时期的重要任务。本文根据定海区低收入群体的主要特征，简要分析其致贫原因和存在的主要困难，并对如何改善其生活现状，逐步实现全面脱贫进行了粗浅的思考。

一、定海区低收入群体的主要特征

为全面了解定海区低收入群体的家庭情况，通过抽样调查，对样本单位低收入群体的身体状况、文化程度、经济来源、支出负担等情况进行了详细调查，总体了解到有以下几方面特征。

（一）身体素质差，老、残、病人员比例高

抽样调查显示，低收入群体中，身体素质普遍较差，其中健康的仅占 28.2%，年老体弱的占 21.8%，残疾的占 30.9%，长期有病的占 19.1%，可见低收入群体中老年人、残疾人、病患者占了绝大多数。在此情况下，多数低收入家庭显得劳动力不足，甚至有部分家庭完全丧失劳动能力。

（二）年龄结构偏大，中老年人群占据多数

从年龄结构来看，低收入群体中，16 岁及以下的占 9.1%，17—39 岁的占 20.0%，40—59 岁的占 35.5%，60—79 岁的占 30.9%，80 岁及以上的占 4.5%，青壮年人口比例优势不明显，而 40 岁以上中老年群体比例较高。

（三）文化水平较低，受教育程度不高

文化程度普遍不高，是低收入群体的又一特点。抽样调查发现，低收入群体中不识字或识字很少的竟然占 36.4%，小学学历占 36.4%，初中占 20.0%，高中占 1.8%，中专占 0.9%，大专及以上占 4.5%，可见定海区低收入群体受

教育的程度主要集中在初中及以下。

(四)收入结构单一,政府补助是主要来源

调查显示,低收入家庭的主要收入来源是转移性纯收入,占人均纯收入的72.7%;其次是工资性收入,占25.6%;另外还有一些微薄的家庭经营纯收入和财产性纯收入,但仅占1.1%和0.6%。转移性纯收入主要包括最低生活保障费、离退休金、养老金、救济金、医疗救助、赡养费、亲友赠送等项目,其中收入最高的分别是最低生活保障费、新型农村养老保险和医疗救助款等政府补助,分别占转移性纯收入的43.9%、11.7%和8.6%。

二、低收入群体生活中存在的主要困难

抽样调查显示,低收入群体致贫的主要原因受自身身体素质影响,无法就业或从事较高收入的职业,经济来源不充分。为此,生活各方面压力较大,多数低收入家庭日常生活负担较重,一些人还饱受疾病困扰,受歧视现象也时有发生,生活质量普遍较低。

(一)就业岗位层次较低,劳动工资难有大的增长

由于低收入群体总体身体素质较差,加上文化水平不高,多数人员缺乏技术特长,因此工作选择面狭窄,只能从事竞争力不高、技术含量较低的工作,多数集中在加工业、餐饮业、居民服务业等劳动密集型行业,劳动报酬相对较低。且个人在业务上、职位上的提升和发展空间都有限,工资收入也难有大的增长余地。

(二)家庭负担重,面临物质、精神双重压力

低收入家庭中,青壮年人员不多,除去其中年长和年幼者,以及残疾人和长期患病者之外,健康的劳动力仅占全部常住人口的19.1%。因此,低收入家庭中可就业的人员不多,实际从业人员仅占23.6%,平均每个从业人员需负担4.23人,经济压力较大。另外,健康劳动力工作之余,还要照顾家里的老弱病残,需要花费大量时间精力,一定程度上也会影响工作,影响其自身发展和提高。

(三)消费层次低,生存性支出比重大

低收入家庭的主要消费支出集中于食品消费和医疗保健消费,分别占人均生活消费支出的33.8%和39.0%。在食品消费上,主要用于一日三餐,食材多以当季蔬菜为主,价格相对低廉;医疗保健支出上,尽管新型农村合作医疗覆盖面非常广,低收入家庭参保率达93.6%,但报销的范围和比例毕竟有限,对大部分病患家庭来说仍然是个沉重负担,庞大的医疗费开销在很大程度上挤压了低收入家庭改善生活条件的空间,影响生活水平的提高。

（四）居住条件差，大件消费品拥有量低

低收入群体多数居住于农村平房中，建筑年代久远，面积狭小、家具陈旧，居住环境普遍较差，甚至还有接近危房的情况。据调查，18.3%的家庭有修缮房屋的意愿，但受限于经济条件无法实施。从家用设备来看，大件耐用消费品拥有数量较少，拥有量最多的是电视机，拥有率在70%以上，而其他像电冰箱、洗衣机、空调、热水器、吸排油烟机之类在一般居民家庭中已经普及的电器，在低收入家庭中拥有率不足1/4。电脑、相机等高档消费品几乎没有，只有个别为子女读书需要才购买了电脑。

三、改善低收入群体生活质量实现全面脱贫的对策建议

要从根本上改善低收入群体的生活质量，“输血”与“造血”两者缺一不可，既要加强社会保障制度，倡导社会帮扶关爱，也要落实就业创业，促进低收入家庭增收。同时，还要大胆探索借助社会公益力量，建立帮扶机制，多渠道解决低收入群体生活中的各种困难，帮助他们实现物质上和精神上的双脱贫。

（一）明确规划路径，打好脱贫攻坚战

定海区应根据上级的统一部署，结合定海区实际，对全区属于低收入群体的人员范围进行界定，对贫困人员进行精准的识别认定，掌握主要致贫原因。在此基础上制订详细可行的脱贫攻坚规划，具体帮扶措施要注重与促进劳动力就业创业、与旅游业发展、与基础设施建设、与推进新型城镇化、与社会保障兜底相结合。同时严格脱贫验收办法，明确贫困人员脱贫摘帽的标准和程序。有关部门和镇（街道）在落实中要建立完善脱贫计划进度、脱贫措施办法、脱贫帮扶责任“三本账”，逐户立足实际，探索有针对性、切实管用的脱贫攻坚路径，并做好进展台账、信息录入、作战挂图、退出情况等动态管理，掌握脱贫进程。

（二）完善保障机制，逐步提高低收入群体生活水平

应根据定海区经济社会发展的实际，对定海区现有的保障制度进行不断完善。首先是最低生活保障制度，目前低保标准自2015年12月1日起由每人每月588元提高至664元，今后还应根据物价指数变化及时做好跟进调整，另外应考虑低收入群体文化程度较低的情况，进一步简化审批手续，使符合条件的贫困人员在提供必要的材料后，尽快享受福利政策；其次是医疗保障，根据当前的健康保障需求，可进一步扩大医保范围、提高就医报销比例，缓解低收入家庭的生活压力；再次是养老保险，目前定海区低收入家庭参加养老保险的比例不高，应考虑如何将更多低收入者纳入养老保险体系，使他们老有所依；最后是住房保障，继续推进经济适用房、廉租房建设，帮助更多低收入家庭在购房、租房上节省开支，财政还应安排一定的资金，用于低收入群体的住房

维修，消除安全隐患。

（三）拓展岗位强化培训，增加低收入群体就业渠道

鉴于低收入群体文化素质相对较低、专业技能掌握较少的特点，拓宽其就业渠道可以从两方面入手：一方面是增加一些公益性岗位，例如城区的泊车管理员、交通协管员等，农村的护林员、养路员等，这些岗位技术含量不高，劳动强度适中，绝大部分低收入群体都能胜任。另一方面是加强技能培训，提高低收入者的就业能力。可以通过开办免费培训班、赠送专业实用书籍、举办公开讲座等方式，帮助低收入群体全方位了解就业信息，尽快提升素质以达到岗位要求，从而增强就业竞争力。

（四）加强宣传引导，发挥社会公益力量关爱低收入群体

应进一步加强宣传和舆论引导，让社会各界了解定海区低收入家庭面临的困境，共同伸出援助之手来进行帮扶，弘扬社会主义正能量。近来来定海区开展的“微心愿”活动，就是一个很好的范例，它为双方搭建了一个良好沟通的平台，一件件小礼物既帮助他们解决一些实际问题，又让他们感受到社会的温暖。在此还应进一步探索借助社会公益力量对低收入群体的帮扶机制，实行定点帮扶、一对一帮扶，在给予一定物质支持的同时，更要给予精神上的关怀，定期对低收入家庭进行走访和探望，了解他们的所思所虑，帮助他们消除负面情绪和自卑心理，鼓励他们积极向上，促进他们的身心健康。

（周利军　丁立群　鲍赛敏）